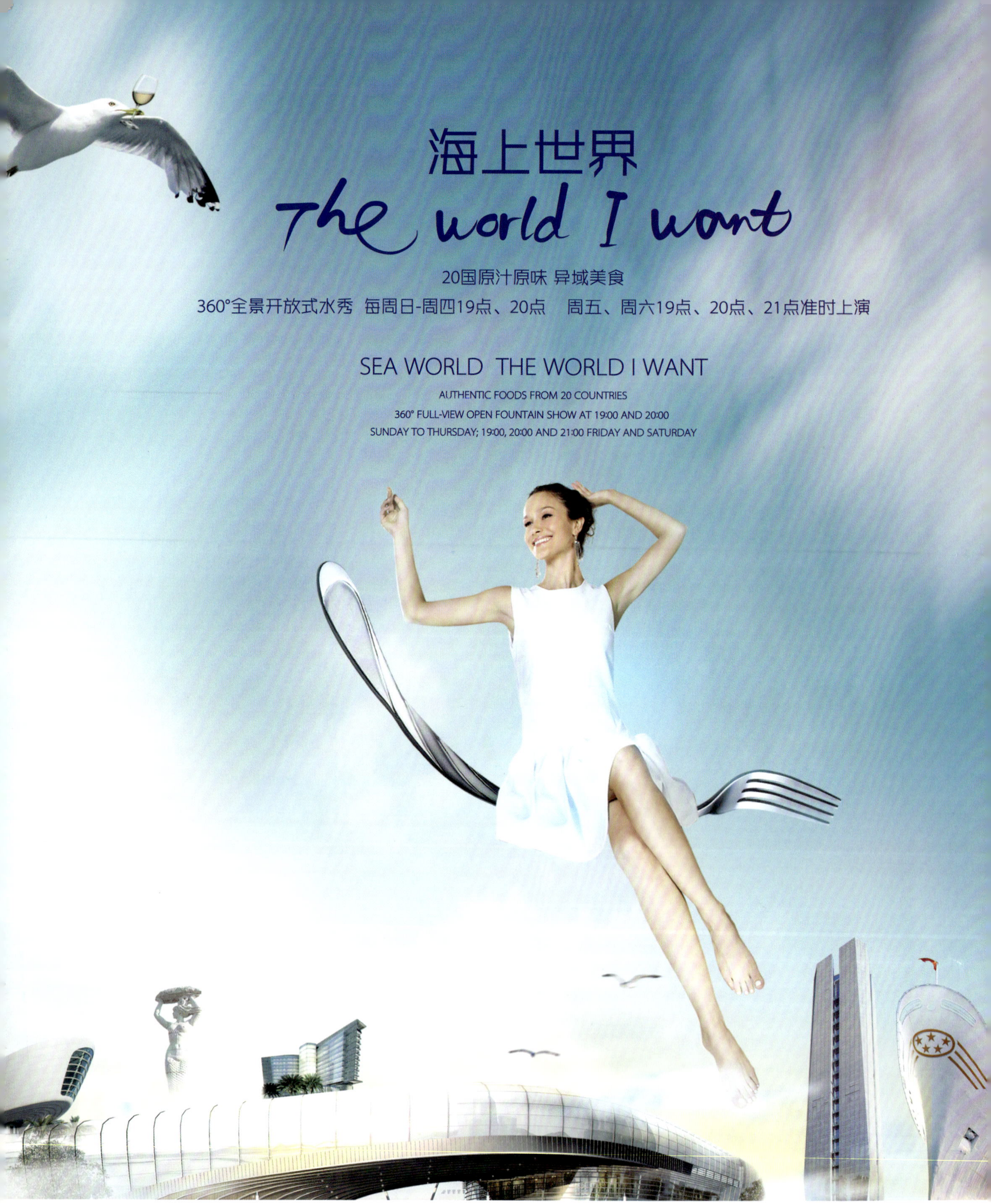

海上世界
The world I want
20国原汁原味 异域美食
360°全景开放式水秀 每周日-周四19点、20点 周五、周六19点、20点、21点准时上演
SEA WORLD THE WORLD I WANT
AUTHENTIC FOODS FROM 20 COUNTRIES
360° FULL-VIEW OPEN FOUNTAIN SHOW AT 19:00 AND 20:00
SUNDAY TO THURSDAY; 19:00, 20:00 AND 21:00 FRIDAY AND SATURDAY

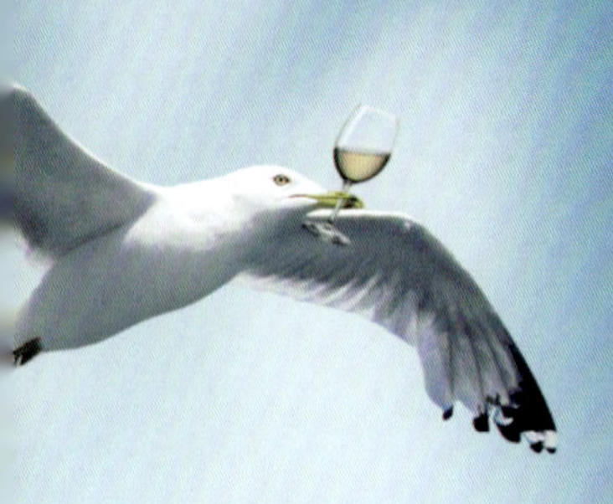

海上世界

包容都市精英心灵 最自在的国际滨海新城

不必说那漫溢的山海风情，也不必说200亿的巨资注入，只跟随着心的脚步，在海上世界漫游，
你会发现，整个海上世界，
是以"明华轮"为中心，周围的海上世界广场、深圳蛇口希尔顿南海酒店、
文化艺术中心、招商局广场、太子广场及高端海滨住宅，
组成应有尽有海上城邦。
光阴缓缓，不同肤色的人们步履娴雅，或许你不会相信，
八种语言的"你好"在不同的笑容里，是如此和谐。
地址：深圳市南山区蛇口望海路1128号

文化艺术中心

文化艺术中心

陶冶艺术情操的文化殿堂

一个国际水平的公共文化艺术机构、以创意文化为主题的，以设计艺术为依托的博物馆，并以打造世界首个文化展览集群为基本设计理念，营造出展厅、附属展厅、剧场、多功能厅、配套餐饮休闲空间等复合的文化休闲特色空间。它是桢文彦在中国的第一个作品。2014年6月17日，招商局集团与世界上最重要的艺术设计史博物馆英国国立维多利亚和艾尔伯特博物馆（V&A）就于海上世界文化艺术中心共同创办中国首个大型设计博物馆签署合作协议，双方将在博物馆管理、展览、文化人才培训、创新理念交流等方面寻求深度合作。蛇口馆将是中国首个与国外一流博物馆形成合作的艺术类机构。此外，中国第一个私人博物馆观复博物馆也即将进驻。

海上世界广场

海上世界广场

穿梭时光的海洋

海上世界广场错落分布的建筑，以丰富的建筑语言体现着不同的时间主题。明华轮作为招商悠久历史与文化的见证，代表了它辉煌的过去；海上世界广场的A区和B区则以时尚的建筑风格代表了今天令人骄傲的成就；而特色建筑与C区超前、大胆的未来主义设计手法则代表了充满理想的未来和招商局不息的探索。A区由电影《阿凡达》的场景设计师设计的金元宝建筑，充满科幻与未来感；C区的"双鱼"则是环船体验的一个高潮，整个建筑的外观形如两条戏水的鱼儿，优美典雅，富于动感，诉说着对海洋无边无际的向往。

应有尽有 悠享城邦

罗马康帝酒庄哪一年份的勃艮第红酒最好？82年的拉菲有什么样的独特香味？这样的问题对于海上世界广场酒吧的调酒师而言可谓手到擒来。因为现在这美丽的滨海商业广场以前就是深圳著名的酒吧一条街，渊源不浅。如今，海上世界广场分为A、B、C三大区域，A区：国际精品时尚荟萃，精选来自世界不同国家和地区的精品。B区精选来自20个国家的特色休闲美食及高端商务美食。C区：这里有丰富多彩的都市休闲娱乐充分满足不同年龄层次消费群体的休闲娱乐需求。

海上世界美食

海上世界的美食融贯东西，新元素、皖厨、德国帕拉娜自酿啤酒餐厅、猫屎咖啡、自在火锅、鑫泰等餐厅，风情十足；

罗曼尼斯、初见缘、致胜餐厅等酒吧主题各异，可尽情尝试。

大型水秀

深圳规模最大的免费水秀

周日至周四19:00、20:00；周五周六19:00、20:00、21:00定时随着悠扬音乐起舞，时而腾飞冲天，时而伏首昵喃，讲述着声色光影的故事，在炫目的灯光中，如幻如仙。

海上世界水秀

招商局广场

深圳唯一山海全景式写字楼

当你站在深圳唯一360度观山看海的5A甲级写字楼——招商局广场的玻璃幕墙前，山海风景都在眼底的时候，就会对掌控天下有更深的体会，所有的平淡都会化为壮志凌云的豪气。俯瞰着大南山、小南山、深圳湾、海上世界城区、香港的写字楼，整个世界都在脚下，而你，一杯清酒，邀青山共饮，傲然而立，却不会在意有多少目光在仰望。

地址：深圳市南山区蛇口工业二路与望海路交汇处

深圳蛇口希尔顿南海酒店

深圳蛇口希尔顿南海酒店

欧洲贵族的顶级礼遇

不是艺术家，不是电影明星，不是欧洲贵族，但在深圳蛇口希尔顿南海酒店，依然可以享受到和他们一样的尊贵礼遇，甚至和他们的身影交错而过……海上世界的深圳蛇口希尔顿南海酒店，总建筑面积约56000平方米，包括一座13层、60米高的塔楼和3层高的裙楼，是集中餐饮、会务、庆典等配套服务为一体的五星级休闲商务酒店。设有约320间客房、宴会厅、中餐厅及特色餐厅等。用餐之后，还可以去体验一下水疗护理，也可以尽情享受滨海美景、璀璨城市。

地址：深圳市南山区望海路1177号

海上世界|双玺
SEA WORLD IMPERIAL PARK

30年 40国 600亿

30 Years 40 Countries 600 Hundred Million

海上世界
包容都市精英心灵，最自在的多元滨海综合体

建筑面积约100万平米，依山傍海，由海上世界广场、太子广场、金融中心、招商局广场、伍兹公寓、希尔顿酒店、女娲滨海公园、文化艺术中心和双玺等28个项目组成，是一个集餐饮、娱乐、购物、酒店、办公、艺术、度假、休闲、居住于一体的国际滨海休闲片区。

太子湾邮轮母港
深圳未来的“海上门户”，南中国邮轮旅游中心

邮轮被称为漂浮在水面上的黄金产业，可为临岸产业带来1:10的经济效益。太子湾邮轮母港定位于未来的“海上门户”，南中国邮轮旅游中心，将能带动整个蛇口片区功能的完善升级，进而提升深圳城市的现代化、国际化水平。母港片区规划总用地面积约72.6公顷，建成后将形成客运枢纽、历史文化博览、文化艺术表演、会议展览、宾馆、酒店配套、商务办公、商务公寓、餐饮、商业、娱乐配套以及欢乐岛海上活动、庆典等为一体的现代化海滨休闲、游览及商务活动的综合国际社区。

30年 家在情在

诞生于1984年，邓小平同志南巡当年的招商地产，迄今已三十而立。

三十年沧海桑田，招商地产以“百年招商，家在情在”为愿景，以“筑造绿色家园，推动社会进步”为使命，在各个历史时期所开发的项目总成为时代的代表作品，从碧涛苑、鲸山别墅、龟山别墅、兰溪谷、泰格公寓到双玺，莫不如此。

40国 人文沉淀

从来没有一个区域如海上世界这般，拥有如此多元的文化形态。

来自世界40余个国家，万余位国际友人长居于此，茵蕴出中西合璧的独特气质，海上世界已成为特色独具的国际化人文城区典范。

600亿 城市配套

招商局集团携600亿巨资，再造新蛇口，持续重点打造三大区域：海上世界综合体、太子湾邮轮母港及蛇口网谷。双玺位于海上世界综合体滨海一线，三大项目环绕，如众星拱月，启动价值腾飞之势。

效果图

鸟瞰效果图

海上世界 | 双玺

从大西洋到太平洋，占尽山海资源又雄踞城市中央的建筑，犹如点缀在地球版图上耀眼的明珠：利奥波德、吉宝湾、西九龙天玺……在深圳，唯双玺可与之比肩。山海相拥处，不可复制的绝版栖地，俯瞰海上世界，无与伦比的城市会客厅，如此双玺，一生一遇。

建筑 以优雅向极致献礼

双玺以海之门作为设计灵感，创造出双子塔建筑，项目布局围而不合，点式塔楼，勾勒滨海岸线丰富的天际轮廓线。特邀全球设计领导者美国SBA 建筑设计有限公司担纲设计。双玺一期产品由6栋多层滨海洋房和2栋超高层山海大宅组成，其中多层滨海洋房户型面积约为230m²。

独具稀缺 滨海洋房

滨海一线，如此稀缺地段的多层洋房，不仅独领深圳，放眼世界亦属罕见。不辜负山海厚赐，双玺以最极致的产品形态，描绘从大南山到伶仃洋500米山海通廊景观带，西临女娲公园，北接海上世界广场，城市与自然在此交汇，生活的两面，自在随心而变。

享受奢侈
全球顶尖品牌精装

双玺以奢侈品般的顶级工艺，带来前所未有的极致享受。不仅户型设计匠心独具，电梯入户，50m²大客厅，3.3米层高……更精选全球顶级奢侈品牌，美诺、博德宝、唯宝、高仪、TOTO等极致精装，优雅由内而外。

效果图

深港一体
国际化交通门户

深港一小时都会生活圈，蛇口以核心地域，三口岸、双国际机场、三大主干道、三条地铁线路、两大高速公路的便捷立体的交通网络，成为当之无愧的第一站。

示意图

时光无处不动容

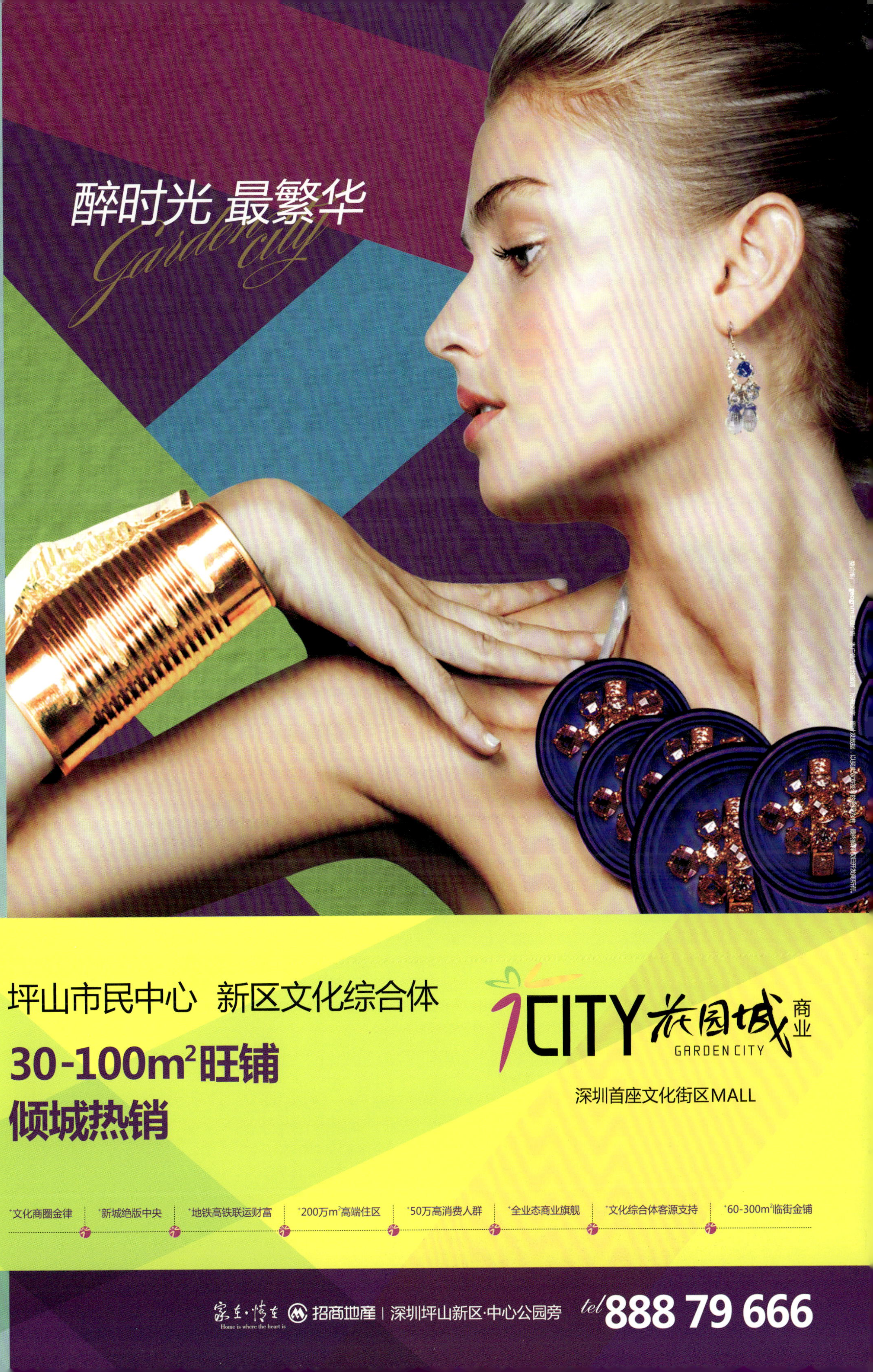

醉时光 最繁华
Garden city
坪山市民中心 新区文化综合体
30-100m²旺铺
倾城热销
CITY 花园城 商业
GARDEN CITY
深圳首座文化街区MALL
文化商圈金律
新城绝版中央
地铁高铁联运财富
200万m²高端住区
50万高消费人群
全业态商业旗舰
文化综合体客源支持
60-300m²临街金铺
家在·情在
Home is where the heart is
招商地產 | 深圳坪山新区·中心公园旁
tel 888 79 666

领创 时代传奇

专业｜敬业｜团结｜廉洁

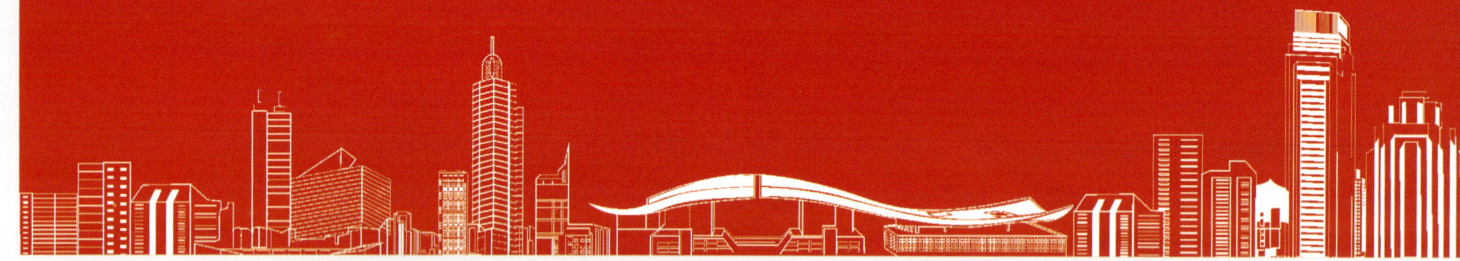

深房集团简介

SHENZHEN PROPERTIES GROUP

深圳经济特区房地产（集团）股份有限公司（简称深房集团）成立于1980年1月8日，前身为“深圳经济特区房地产公司”。1992年2月经深圳市政府批准更名为“深圳经济特区房地产总公司”，成为深圳市政府直属的一级企业。同年8月，公司进行了股份制改造。1993年7月，经深圳市人民政府批准，正式成立“深圳经济特区房地产（集团）股份有限公司”，9月15日深深房A（证券代码：000029）在深圳证券交易所挂牌交易；1994年1月10日深深房B（证券代码：200029）在深圳证券交易所挂牌交易。公司总股本为101,166.00万股，其中：A股89,166.00万股，B股12,000.00万股；2006年2月17日，公司完成了股权分置改革，2009年3月26日，公司股份全部上市流通。

作为深圳经济特区最早成立的房地产开发公司，曾在中国房地产开发史上创造了多个“第一”，包括：第一个有偿使用国有土地；第一个引入外资合作开发土地；第一个采用楼宇预售手段筹集开发资金；第一个按国际惯例实行建设工程公开招标；第一个成立物业管理公司对开发的楼宇、住宅进行全方位管理；在深圳经济特区举行的第一次土地使用权拍卖会上夺标等等。深房集团以“敢为天下先”的精神，为中国房地产业、深圳特区的经济建设和社会发展作出了巨大的贡献。

30多年来，深房集团累计开发了高层楼宇60余栋，多层住宅500余栋，花园别墅400余栋，合计竣工面积300多万平方米。投资区域以深圳为中心，遍及广州、汕头、江门、肇庆、北京、上海、哈尔滨、沈阳、西安、武汉、昆明、昆山等广东省及全国范围内的各大中城市；此外，在香港及境外如美国、加拿大、澳洲等地均有投资项目。至目前为止，深房集团注册资本101166万元人民币，营业期限为永续经营，已发展成为一家以房地产开发与经营为主业，集物业管理与经营、建筑工程设计、施工与管理、旅游开发与经营等多元化经营于一体的企业集团。

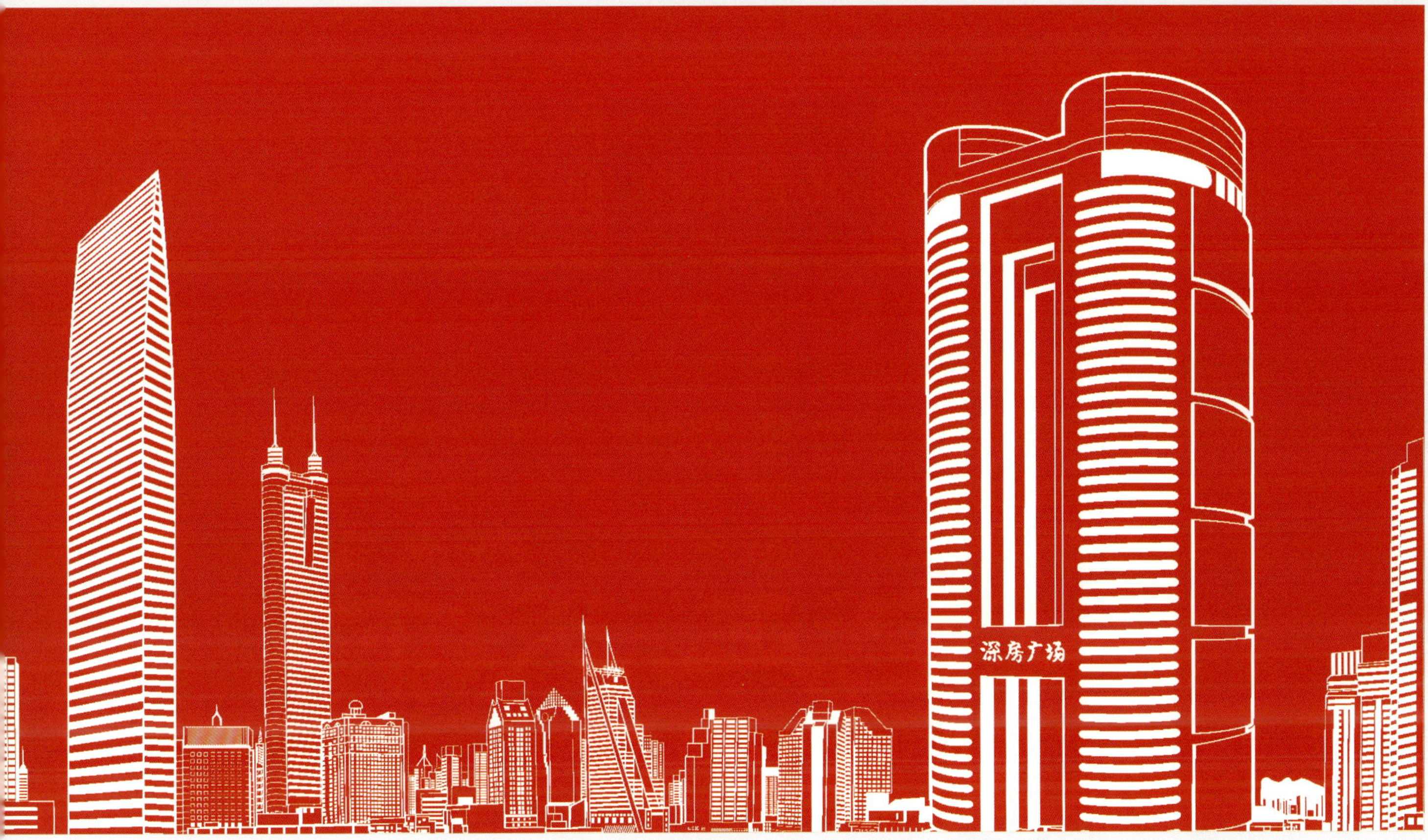

深圳在售项目

SHENZHEN SOLD IN PROJECT

传麒山 深房 KYLIN LEGEND

新中心·生态城·首席墅

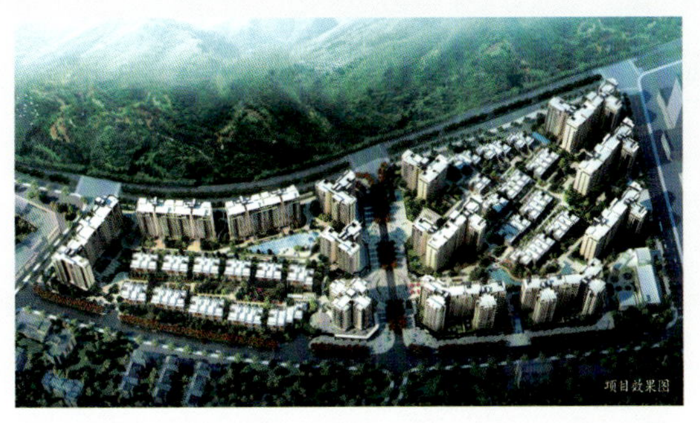

深房·传麒山，位于全国首个低碳生态示范区、深圳唯一绿色新城——光明新城，匠心精筑28万m^2光明CBD首席生态智能墅区。项目择山之福地，规划取意“玉如意”之吉祥寓意，零距离为56万m^2山景公园一线怀抱，背山朝南，上风上水；以独有145-180m^2御景大宅，及稀缺260-310m^2山景别墅，礼献中心家族，承载传世梦想。致力于创造绿色人居新体验的深房传麒山，内建6.8万m^2现代坡地园林，并于全球各地采集数十种珍贵树种植入园内，同时在产品上更重金引入十大生态智能系统：太阳能热水、楼板隔声、新风交换、中央吸尘……构筑360°绿色居住全体验，项目现已获“深圳金级绿色建筑”荣誉，成为光明绿色建筑的典范。

深房 传麒尚林 Legend Scenery

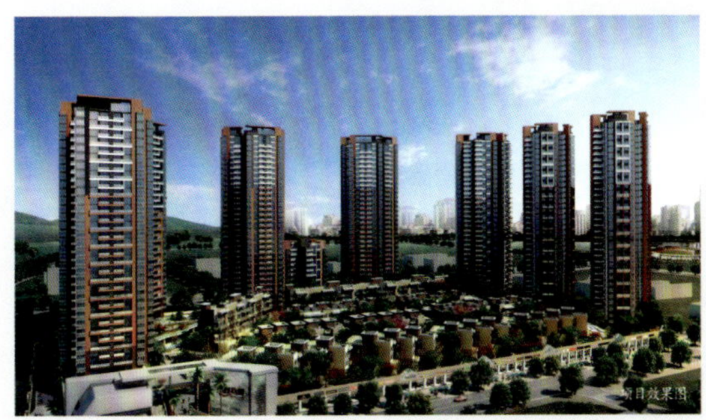

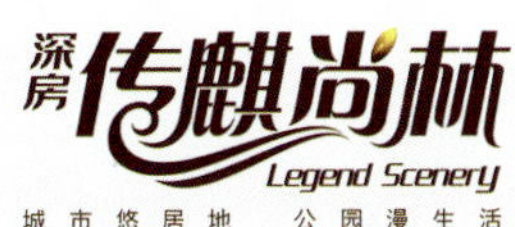

城市悠居地　公园漫生活

深房·传麒尚林位于龙岗中心城、龙城、坪地三区黄金交汇处，力争打造城市公园住宅新标杆，创建28万m^2深圳青年纯居样本。

项目以“提升城市功能、打造绿色宜居城区”为目标，以“国际公园住宅”为定位方向，巧妙地将高层、联排、叠拼等不同产品形式有机融合，并创新性地设计了“独联体”别墅，打造品质墅区。项目通过宏大的园林、齐全的配套，为客户诚献幸福的“城市公园之家”。

一号地位 KYLIN LEGEND

光明正央 世界级绿色中心

一线山景 KYLIN LEGEND

首排视野 傲视全山

一等配置 KYLIN LEGEND

十大生态智能 国家绿色双认证

一类圈层 KYLIN LEGEND

纯粹大宅住区 只与巅峰为邻

一级实力 KYLIN LEGEND

开拓特区传奇 定义光明首席

+ 效果图

+实景图

ONE SHENZHEN BAY
深圳湾1号

深圳市鹏瑞地产开发有限公司
VIP: 86-755-8666-6668 | www.oneshenzhenbay.com
ADD: 深圳市科苑大道与东滨路交汇处（后海公园西岸）

Developer: Shenzhen Parkland Real Estate Development Co., Ltd.
Project Address: Intersection of Keyuan Avenue and Dongbin Road, Shenzhen(north of Shenzhen Bay Port and western bank of Houhai Park)

One Shenzhen Bay is located on the west bank of Neihuwan Park at Houhai of Shenzhen Bay, China, with a gross floor area of 470,000 sq m. Its main tower is 338 metres high and marks a new landmark complex in Shenzhen Bay, combining top-grade residential buildings, high-end commercial buildings, international deluxe Raffles Hotel and commercial office space. The project launched a host of new plans in June, including the Shenzhen Bay Art Park Plan, the Bay Area Circle Plan, the Creativity Space Plan, the Commercial Service Plan and the Enterprise Club House Plan. International brands such as Cavalli, Baker and CCA International Private Club Management Company are launching their businesses at One Shenzhen Bay.

The project is located between Shenzhen Bay and the urban centre. Overall planning is by KPF and the landscape design by AECOM. Last year, the project launched residences featuring large floor plans ranging from 430 sq m to 640 sq m. T4 was launched in June, featuring 10 full-floor units with floor-to-ceiling glass walls and 360-degree views of Shenzhen and Hong kong's New Territories. Amenities include Poggenpohl cabinets, Miele appliances, Villeroy & Boch bathroom finishes and Sub-Zero appliances.

深圳湾1号位于中国深圳湾后海公园西岸，总建筑面积约47万平方米，主塔楼建筑高度338米，是融合顶级公寓、尖端商业、国际奢华酒店莱佛士以及总部型商务办公为一体的深圳湾地标综合体。项目于今年6月推出全新的品牌计划，包括深圳湾艺术公益计划、湾区圈层计划、创意空间计划、商业服务计划以及企业会馆计划，全球奢华品牌意大利CAVALLI CAFFE、国际定制级奢侈家具品牌美国Baker、享誉全球的国际私人会所管理公司CCA重磅加盟签约深圳湾1号，继顶级奢华莱佛士酒店2013年签约入驻深圳湾1号后，又一批国际品牌倾力加盟。

项目位于深圳湾与城市结合的完美地带，从设计之初，就从总体规划、建筑立面、平面布局等方面，充分考虑了自然、建筑与城市的融合，KPF的整体规划加上AECOM的园林打造，使山、海、自然、文化与艺术融为一体。去年推出430平米和640平米精装单位受到市场追捧，成为深圳城市顶级公寓新标杆。今年6月推出T4艺术生活馆十余套大平层，一层一户，360度全玻璃幕墙无边际景观视野，能够将山、海、湖、湾、公园、深港双城的景观最大化。精装修采用Poggenpohl橱柜、Miele厨电、Dorn Bracht龙头、Villeroy & Boch卫浴系统、Sub-Zero冰箱酒柜等世界顶级品牌。

+实景图

+实景图

OFFICE MALL HOTEL

@KPR佳兆业广场

深圳滨海 难得有空

首付30万起 45-70m²酒店级公寓

最美的风景，不在熟悉的路上。丢掉包袱，探寻鹏城之美。

来大鹏所城，发现鹏城历史车轮的轨迹；

来金山湾、南澳、东西涌，感受白色的帆船从天际摇曳而过，阳光下游艇与海鸥交错滑行的美景；

来观音山，呼吸原生态植被释放的负氧离子，与大自然拥吻；

当然还有最新鲜的美食挑逗你的味蕾；

来吧，伙伴们！度过一个比商场血拼更有收获的周末。

扫一扫 有惊喜

KPR 佳兆业广场 深圳

你来玩 我买单

10万人滨海狂欢季 大鹏一站免费游

* 自驾路线

盐坝高速 — 葵涌出口(大鹏方向) — 坪西快速 — 王母立交 — 岭南街 — 迎宾路 — 坪西路 — KPR

K9金心服务体系

远见KPR 大鹏国际半岛高端眼界 / 千亿巨资 深圳全新价值版图 / 不限购不限贷 酒店级公寓 / 精装酒店级公寓 拎包入住 / 代租代管 全套理资服务 / 4.8万m²国际半岛 顶级商业中心

8970 8888

K1 接待及礼宾服务 / K2 客服专员服务 / K3 生活照料服务 / K4 事务代办服务 / K5 私人管家服务 / K6 度假助手服务 / K7 商务秘书服务 / K8 安防服务 / K9 维护服务

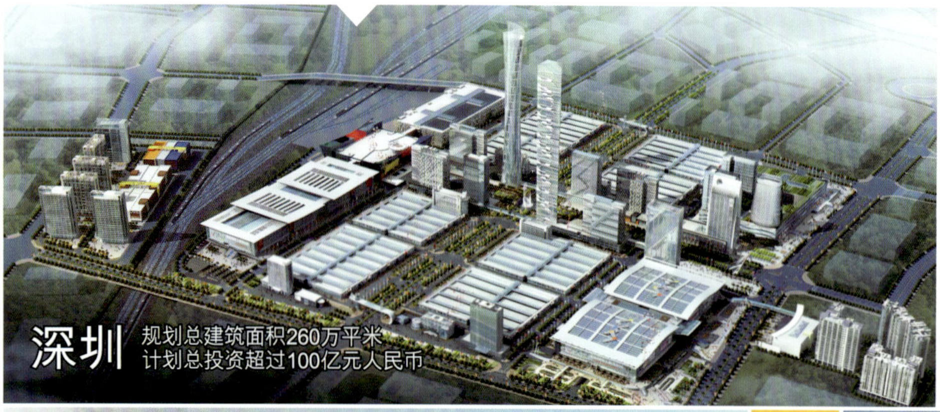
深圳
规划总建筑面积260万平米
计划总投资超过100亿元人民币

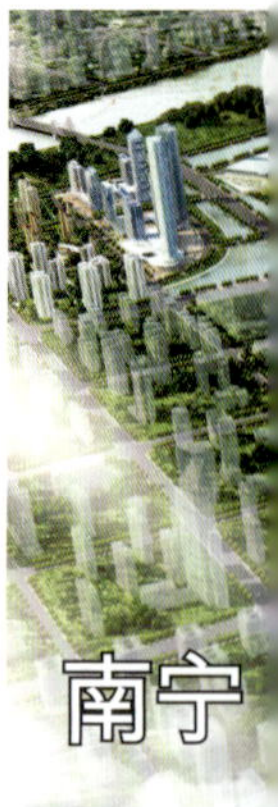
南宁

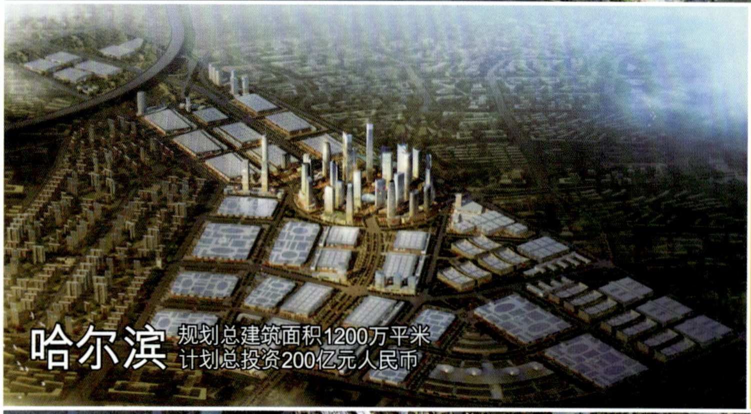
哈尔滨
规划总建筑面积1200万平米
计划总投资200亿元人民币

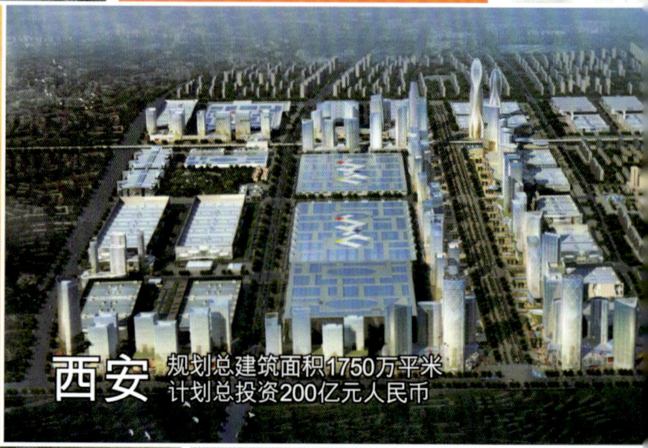
西安
规划总建筑面积1750万平米
计划总投资200亿元人民币

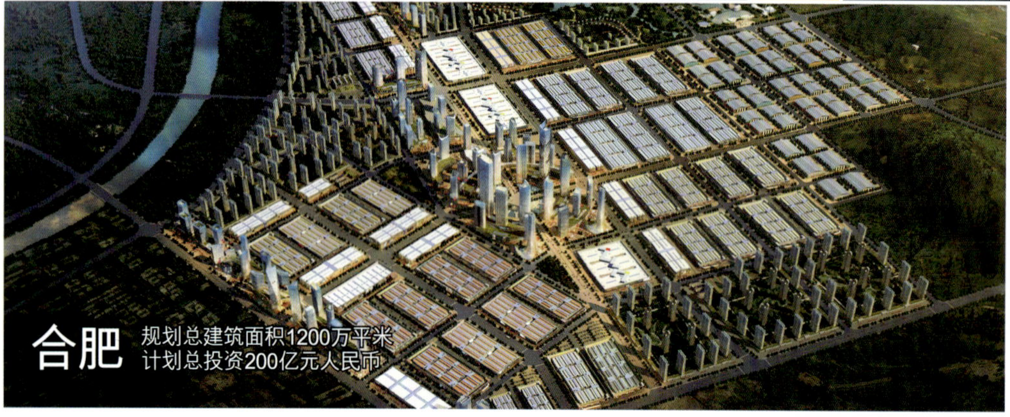
合肥
规划总建筑面积1200万平米
计划总投资200亿元人民币

香港咨询处：
香港九龙尖沙咀广东道15号港威大厦永明金融大楼22楼2205-07室
Suites 2205-07, 22/F Sunlife Tower, The Gateway, 15 Canton Road, TST, HK
电话 Tel:852-3188 3118　　传真 Fax:852-3188 1323

项目地址：
中国深圳市龙岗区平湖华南大道一号(邮编：518111)
No.1 Hua Nan Main Road, Pinghu, Longgang District, Shenzhen, PRC
电话 Tel:86-755-2849 8888-8108　　传真 Fax:86-755-6126 6518

华南城控股有限公司是香港上市公司，为中国最大的实体电商网络平台，是中国规划、建设、运营大型综合商贸物流中心的领航者，致力于开发建设集多个产业门类为一体的现代综合商贸物流基地。迄今开发建设并运营着深圳、南宁、南昌、西安、哈尔滨、郑州、合肥、重庆等项目。业态涵盖：专业批发市场、仓储物流、综合商业、电子商务、会议展览、生活配套、高端家居、规划设计及综合物业。

腾讯控股有限公司于2014年1月入股华南城，双方以各自的资源优势，在线上线下一体化商贸领域进行全面合作，加快“实体+网络”的服务融合，为商户提供更高效的一体化商贸服务，形成一个跨地区的全国商贸网络。

每座华南城都将为当地城市贡献巨大税收，增加创业机会，解决就业问题，提升周边投资环境，将分散的专业市场进行集中整合，提高城市综合商贸物流水平。

香港咨询处：
香港九龙尖沙咀广东道15号港威大厦永明金融大楼22楼2205-07室
Suites 2205-07, 22/F Sunlife Tower, The Gateway, 15 Canton Road, TST, HK
电话 Tel:852-3188 3118 传真 Fax:852-3188 1323

项目地址：
中国深圳市龙岗区平湖华南大道一号(邮编：518111)
No.1 Hua Nan Main Road, Pinghu, Longgang District, Shenzhen, PRC
电话 Tel:86-755-2849 8888-8108 传真 Fax:86-755-6126 6518

3号交易广场 Trade Plaza Three

总建筑面积17万平米

项目规划定位为集美食餐饮、休闲娱乐、商务写字楼、主题商业街为一体的大型商业综合体。

4号交易广场 Trade Plaza Four

好百年家居

主要经营中高档家居商品，并为家居商品供应商提供商品展示、分销、物流配送及信息服务。

5号交易广场 Trade Plaza Five

总建筑面积约33万平米

华利嘉电子市场是国内至今为止最大的电子市场单体建筑，主要经营电子元器件、电脑、数码、手机等产品,可满足电子制造商与电子贸易商一站式采购的需求，全面实现产、销、贸一体化发展，已逐步成为深圳巨量级电子交易中心。

鸿荣源 Horoy Group

三大城市综合体全面起航

Three Hopscas Step Forward At Full Sail

鸿荣源集团创建于1991年，历经二十多年稳健发展，逐步发展成为集商业地产、住宅地产、产业地产、金融投资、矿业投资、高新科技六大产业并驾齐驱的多元化大型企业集团。在商业地产领域，鸿荣源确立了“标杆型城市综合体开发+商业综合运营”的发展模式，大举进军商业地产，实现集团商业品牌战略升级。

壹方置业（深圳）有限公司，是鸿荣源集团旗下全资子公司，专注于商业地产投资、开发及运营。公司坚持以市场需求为导向，以创新创意为动力，厚积薄发、勇于开拓，凭借国际一流的发展模式和专业高效的管理团队，立足于1000多万平米的储备开发用地，精耕深圳，布局全国，力争打造成为国际化知名的城市运营商。2014年，公司借力壹方中心、壹城中心、前海项目三大城市综合体全面开发契机，实现跨越式发展。

01 BRIEF INTRODUCTION 壹方中心

壹方中心（UNICENTER），中国·前海首个国际都会综合体，地处国家级战略新区深圳前海的核心位置，项目占地10万㎡，总建面88万㎡，汇集36万平米多元主题体验MALL壹方城、超甲级生态写字楼、高端海景豪宅、顶级休闲会所、风情商业街等多种物业形态于一体，倾力打造前海地标性城市建筑群，开启大前海时代国际都会的梦想。

02 BRIEF INTRODUCTION 壹城中心

壹城中心位于深圳龙华中心的核心位置，项目占地50万㎡，总建筑面积206万㎡，以“自商圈”为总体规划理念，汇集城市云际建筑，融合多元城市功能，形成集主题商业ShoppingMall、商务办公、星级酒店、特色商业步行街、高端公寓、精品豪宅等多种功能物业于一体的超大型城市功能集合区，打造展示龙华城市形象新地标、都市时尚生活体验中心。

03 BRIEF INTRODUCTION 前海城市综合体项目

鸿荣源前海城市综合项目位于中国战略级新区、世界级投资沃土深圳前海的金融核心区，项目占地约5万㎡，总建筑面积42万㎡，坐拥深圳未来的城市中心，尽享前海湾区一线海景资源，以“前海明珠”为整体规划理念，集合320米地标性超甲级海景写字楼、高端国际品牌星级酒店、无敌海景奢华公寓、精致精品集中商业等多种物业形态，倾力打造成为全天候立体复合式的活力体验空间。

香蜜湖北　最后揽山楼王　347m²空中墅在售

香蜜湖北，中央别墅区的第一居所

香蜜湖北，中央别墅区，是深圳密度最低、最纯粹、别墅规模最大的别墅生活区。熙园山院，作为中央别墅区最后的王者，傲踞“城市新中心”，成为城市领袖争藏入主的第一居所。熙园山院，占据深圳版图的心脏地段，毗邻福田中心区、香蜜湖山姆会员店仅10分钟，距离前海中心、龙岗中心城只需15分钟。伴随新彩隧道、坂银新通道、南坪延长线、龙海大道的建设与开通，20分钟生活圈即可覆盖整个深圳。

福田CBD之上，深圳北站CBD强势崛起

福田中心区已经成熟，前海中心区也炙手可热，而熙园山院所在的深圳北站CBD，凭借先天的地理位置和政府计划投入2000亿重金，将建设成为深圳特区一体化示范城区，未来的深圳第二个福田中心区。

这里，23分钟直达香港九龙

即将开通的广深港高铁，从熙园山院家门口的深圳北站出发，第二站可直达香港九龙，只需23分钟车程。每15分钟一班次的高铁频率，将深圳与香港九龙的时间距离拉到从未有过的亲近。

超越，从未有过的超越，尽在熙园山院。

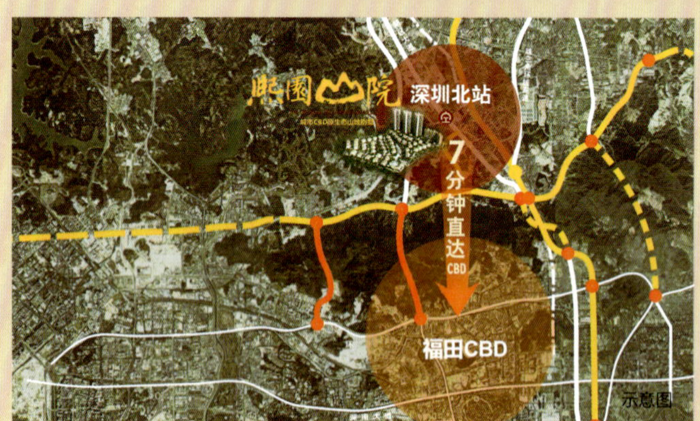

深圳北站，“世界就在脚下”的高铁站

中国高铁时代已经来临，预计2015年，全国将形成四横四纵高铁网络，全国50万人口以上的城市，绝大部分将开通高铁，带动高铁城市的集群效应。高铁，改变中国。

深圳北站，作为中国高铁网的南大门，具备深港口岸功能，衔接京广深港高铁，厦深高铁，与地铁4、5、6号线，长途汽车站，公交汽车总站，形成特大型的城市综合交通枢纽。深圳北站，超高起点规划，掌控城市发展的脉搏。

地铁4、5、6号线，就在家门口

深圳北站的建成，正是深圳城市向北扩展的结果。

目前，深圳北站不仅开通了广深高铁，同时还引入了城市轨道地铁4、5、6号线，半小时轻松通达全深圳，无论是行色匆匆赶赴一个商务会晤，或是归心似箭赶回家与家人团聚，抑或是背着行囊去旅行……

于熙园山院的家门口，步行5分钟，即可到达深圳北站，便利尽享。

中央别墅区 墅级大宅 全城共鉴

当城市CBD有了半山空中墅，稀世难求

熙园山院，深圳北站CBD半山空中墅，绿化率高达40%，容积率1.2，其中别墅区的容积率低至罕见的0.48，被誉为深圳最顶级别墅，目前已通过深圳市“金级”绿色建筑认证，是深圳市评选出的绿色级别最高的建筑之一，中心繁华与罕见精工兼具，一山易得，熙园山院此后难寻。

出则CBD繁华，入则3.5万m^2原生态山体公园

熙园山院不仅位居城市中心，拥享城市繁盛，更拥有城市不可再生的原生态森林公园——塘朗山、银湖山和羊台山森林公园，占有城央86%生态环境。于此之上，同时私享3.5万m^2山体公园，真正的出则繁华、入则宁静，他处无可比拟。

鸿荣源——熙园之上的山院生活

“豪宅专家”鸿荣源每一次出品，均是高端人居标准的一次重新定义，2003年，鸿荣源以香蜜湖·熙园一举开创城市豪宅之先河。如今，熙园山院，集鸿荣源集团23载豪宅开发之大成，传承香蜜湖·熙园精工品质与纯正豪宅血统，实现从城市豪宅到城市别墅的华丽转身，历经数年潜心磨砺，携手荷兰国际管家服务，再造深圳顶级豪宅传奇。

鸿荣源 2930 8888 中国深圳·香蜜湖北·深圳北站旁 注册名：熙元山院 推广名：熙园山院

深圳生长力

新浩e都

中心区 · 4D生态 · 鼎层商务总部

新浩e都以其优越的气度，始终代言深圳高端商务标准，腾跃城央CBD之珍罕宝地，

融合办公、居住、购物、娱乐四大业态于一体，

成就顶级生态商务办公首选。

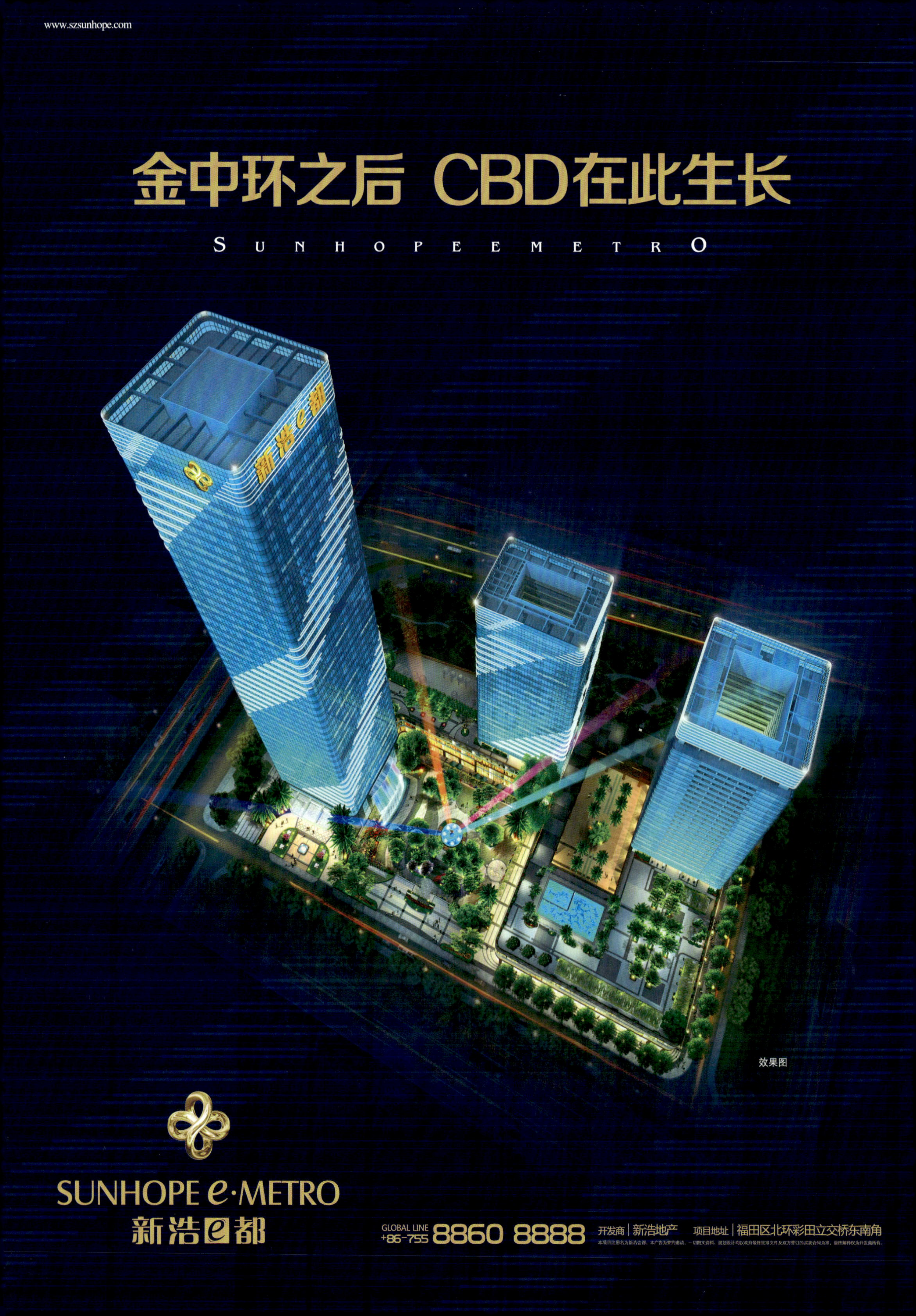

www.szsunhope.com
金中环之后 CBD在此生长
SUNHOPEEMETRO
新浩e都
效果图
SUNHOPE e·METRO
新浩e都
GLOBAL LINE +86-755 8860 8888
开发商 | 新浩地产
项目地址 | 福田区北环彩田立交桥东南角
本项目注册名为新浩壹都，本广告为要约邀请，一切图文资料、规划设计均以政府最终批准文件及双方签订的买卖合同为准，最终解释权为开发商所有。

效果图

效果图

新浩地产 与您共叙巅峰

二十年精筑地产开发，夯实品质管理，
从首创福田CBD都会综合体标杆——金中环商务大厦，
到再塑中心区商务传奇——新浩e都，深圳新浩房地产有限公司一直以作品见证实力，
未来将继续共叙事业巅峰，拓展新浩辽阔新版图。

世界商务标杆 中心生长力

福田中心区汇聚70%的甲级写字楼，百余家世界500强企业，
全市80%的创投机构，300多家备案的私募基金，管理着全国30%以上的资本。
新浩e都坐拥北环大道、彩田干道双首排商务视野，
依托福田中心区最成熟的CBD配套和完善的宜商环境，成为资本竞逐的价值高地。

尊崇商务体验 总部生长力

1600m²的恢弘大堂盛呈国际资本，特设双VIP电梯、VIP地下停车位、
深圳首个VIP山地车阳光运动管理站、每层尊配总裁VIP盥洗室，
以细节彰显世界掌控者的非凡尊贵体验。

4D生态“森”活 健康生长力

荣膺全球最具权威的绿色建筑体系——LEED金级预认证，
鼎力打造深圳首个养生商务总部。紧邻莲花山、笔架山、彩田公园城央三公园，
主楼每三层设置空中花园，中心广场首创“下沉式”花园平台，
稀缺城市绿肺尽享绿色办公佳境。

“云·后台”联袂金钥匙 资本生长力

深圳首个全服务平台——云·后台，通过资源整合为企业成长所需的经验、
资金、平台，提供投资融资服务、人力资源服务、管理咨询、科研合作、
市场开拓上的财智之源，更引入国际顶级物业联盟金钥匙组织，
提供国际化、皇室管家资产管理和运营服务，全面助力资本腾飞。

福田CBD 顶配环伺 莲花山笔架山彩田公园三公园环抱 下沉式广场 生态空中花园 LEED全球绿色建筑权威 国际金钥匙 金牌物管

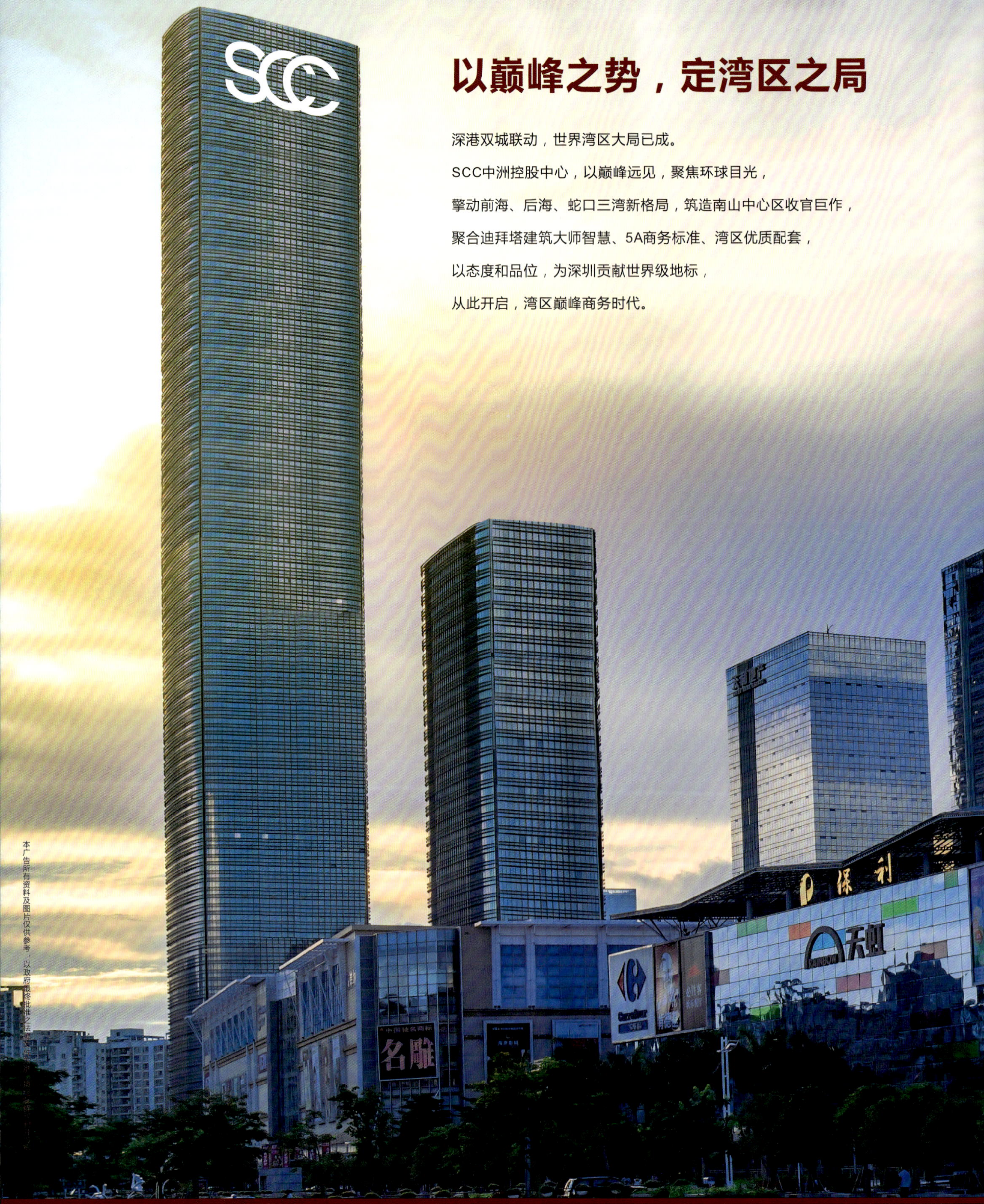
SCC
以巅峰之势，定湾区之局
深港双城联动，世界湾区大局已成。
SCC中洲控股中心，以巅峰远见，聚焦环球目光，
擎动前海、后海、蛇口三湾新格局，筑造南山中心区收官巨作，
聚合迪拜塔建筑大师智慧、5A商务标准、湾区优质配套，
以态度和品位，为深圳贡献世界级地标，
从此开启，湾区巅峰商务时代。
名雕
保利
天虹
本广告所有资料及图片仅供参考，以政府最终批准之法律文件

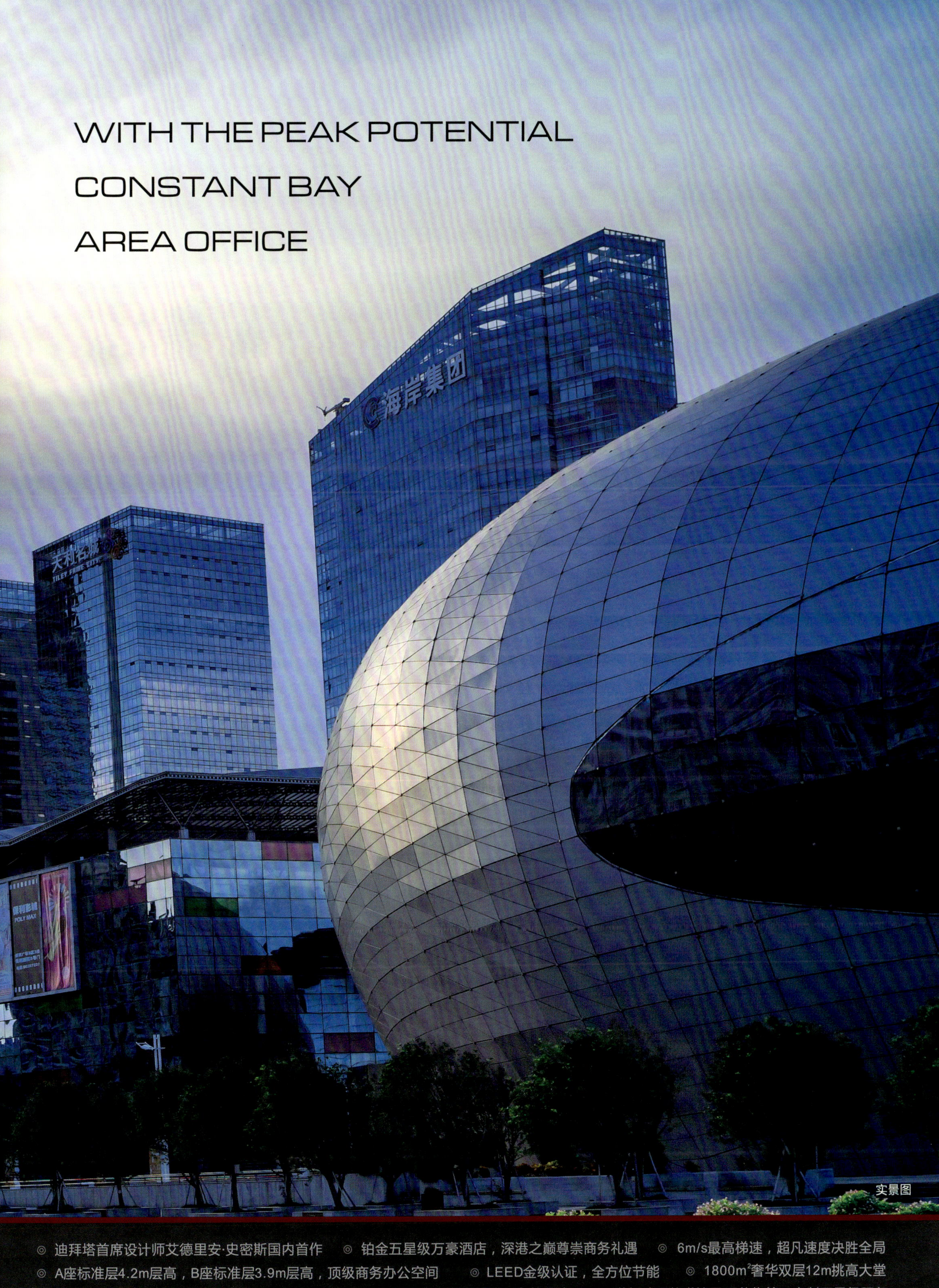
WITH THE PEAK POTENTIAL
CONSTANT BAY
AREA OFFICE
海岸集团
实景图
◎ 迪拜塔首席设计师艾德里安·史密斯国内首作
◎ 铂金五星级万豪酒店，深港之巅尊崇商务礼遇
◎ 6m/s最高梯速，超凡速度决胜全局
◎ A座标准层4.2m层高，B座标准层3.9m层高，顶级商务办公空间
◎ LEED金级认证，全方位节能
◎ 1800m²奢华双层12m挑高大堂
◎ 特灵中央空调，24小时舒适空间
◎ 1198席停车位，超出甲级写字楼30%车位配比
◎ 世邦魏理仕联袂圣廷苑物管，定制五星级服务

300M超甲级综合体，全球顶配携手湾区地标

SCC中洲控股中心，深圳湾CBD首座超甲级商务综合体，总建筑面积233273.65m²，由A座、B座、商业裙楼组成。其中，A座地上61层300.8m，B座地上34层157.75m，涵盖五星万豪酒店、精品商业、白金物管等优质商务配套，未来，将成为深港双城走向世界的资本舞台。

效果图

铂金五星级万豪酒店，顶级标准礼遇层峰商务

SCC中洲控股中心，坐拥高区优质景观资源，以高标准商务配套，匹配五星级万豪酒店。万豪酒店位于A座43-61F，拥有341套客房，大堂位于43F，45-58F为客房层，59为行政客房层，包含约350m²的行政酒廊，60层为总统套房层，SPA、健身房、泳池位于A座的屋顶即61F。

效果图

实景图

300万m²超大商业配套
助力世界级商务

SCC中洲控股中心，聚集海岸城、天利名城、保利文化广场 等近300万m²豪华商业配套，与茂业百货、海雅百货等大型购物商场一起，满足精英人士各类商务、生活需求。

文博宫座落于深圳凤仪山南麓，占地面积达16万平方米，是南中国最大的仿古集群式建筑群，由荣获“深圳30年30家杰出贡献企业”和“深圳市百强企业”双项殊荣的深圳美丽集团投资20多亿元倾情打造的新型文化创意产业项目。其门楼巍峨庄严，巧妙融合秦、汉、唐、宋、元、明、清七大朝代的建筑风格，荟萃中华传统建筑艺术的杰作。

作为目前国内单项面积最大的古玩艺术品国际交易中心，文博宫内设有28个主题馆。以古玩珠宝、玉器、陶瓷、书画、家具、铜器、杂项及工艺品和艺术品等为经营业态，以高端化、精品化、国际化为经营策略，以“文化+旅游”、“文化+金融”和“文化+科技”为经营模式，打造集展销、鉴赏、拍卖为一体的国际性古玩艺术品交易平台，构建集工艺制作、艺术沙龙、创作体验、展示交易、休闲旅游为一体的综合性文化产业链。新兴的产业模式及良好的经营环境吸引了来自全国各地的客商，一、二期的招商进驻率均为百分之百。

文博宫作为深圳市重点文化创意产业园区已连续成功举办了多届文博会分会场活动，并迎接了刘云山、李长春、汪洋、厉无畏等党和国家领导和多个省、市领导的视察，并给予了文博宫高度评价。

观千年，阅世界，中国深圳文博宫。

0755 招商热线 | 89798888/89675561

网址:www.wenbogong.com　地址:深圳市布吉西环路88号文博宫

文博宫
文化
藝術
文博宫

2014

SHENZHEN REAL ESTATE YEARBOOK

深圳房地产

年鉴

□《深圳房地产年鉴》编辑委员会 编

深圳报业集团出版社
SHENZHEN PRESS GROUP PUBLISHING HOUSE

责任编辑：彭春红　罗建邦
排版制作：深圳市尊达设计制作有限公司
美术设计：邱　婷　张展芎
摄　　影：汪秦生

图书在版编目（CIP）数据

2014深圳房地产年鉴/《深圳房地产年鉴》编辑委员会编. -- 深圳 : 深圳报业集团出版社, 2014
ISBN 978-7-80709-619-1

Ⅰ. ①2… Ⅱ. ①深… Ⅲ. ①房地产业—深圳市—2014—年鉴 Ⅳ. ①F299.276.53-54

中国版本图书馆CIP数据核字(2014)第210842号

2014深圳房地产年鉴
2014 Shenzhen Fangdichan Nianjian

《深圳房地产年鉴》编辑委员会 编

深圳报业集团出版社出版发行
（518009　深圳市深南大道6008号）
深圳市彩霸美印刷有限公司印制　新华书店经销
2014年9月第1版　2014年9月第1次印刷
开本：889mm×1194mm　1/16
字数：980千字　印张：38.5
ISBN 978-7-80709-619-1　定价：268.00元

鄧小平同志
江澤民
二〇〇〇年十月一日

编辑单位：深圳市规划和国土资源委员会

编著单位：深圳房地产年鉴编辑委员会

协办单位：深圳招商房地产有限公司

深圳经济特区房地产（集团）股份有限公司

东部集团
华安保险

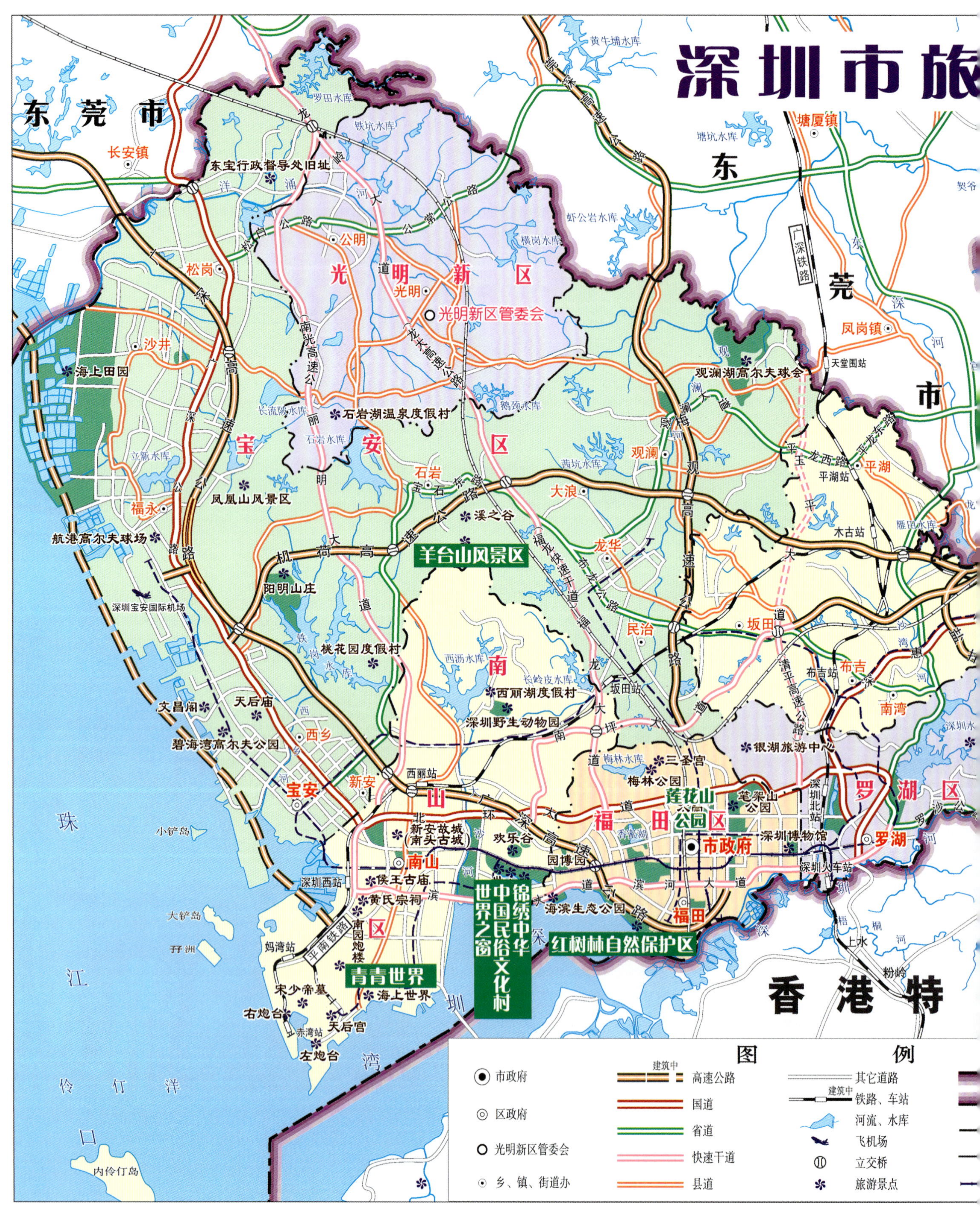

深圳市旅
东莞市
长安镇
塘厦镇
塘坑水库
黄牛埔水库
凤岗镇
天堂围站
东宝行政督导处旧址
罗田水库
铁坑水库
虾公岩水库
横岗水库
公明
松岗
光明新区
光明
光明新区管委会
沙井
海上田园
观澜湖高尔夫球会
鹅颈水库
长流陂水库
石岩湖温泉度假村
石岩水库
立新水库
宝安区
观澜
茜坑水库
平湖
平湖站
平龙西路
平龙东路
福永
石岩
大浪
凤凰山风景区
溪之谷
航港高尔夫球场
木古站
雁田水库
羊台山风景区
龙华
机荷高速公路
阳明山庄
深圳宝安国际机场
坂田
民治
桃花园度假村
西沥水库
南山区
长岭皮水库
布吉
布吉站
西丽湖度假村
坂田站
文昌阁
天后庙
深圳野生动物园
南湾
碧海湾高尔夫公园
西乡
银湖旅游中心
梅林水库
三圣宫
梅林公园
西丽站
新安
宝安
莲花山公园
笔架山公园
罗湖区
福田区
新安故城（南头古城）
欢乐谷
深圳博物馆
深圳站
市政府
罗湖
小铲岛
南山
园博园
深圳火车站
深圳西站
侯王古庙
黄氏宗祠
滨河大道
海滨生态公园
锦绣中华
中国民俗文化村
世界之窗
南园炮楼
福田
大铲岛
孖洲
红树林自然保护区
妈湾站
平南铁路
上水
粉岭
青青世界
香港特
宋少帝墓
海上世界
右炮台
赤湾站
天后宫
左炮台
珠江口
伶仃洋
深圳湾
内伶仃岛
图例
市政府
区政府
光明新区管委会
乡、镇、街道办
建筑中
高速公路
国道
省道
快速干道
县道
其它道路
铁路、车站
河流、水库
飞机场
立交桥
旅游景点

交通图
新圩镇
沙田镇
沙田水库
惠
州
市
秋长
淡水
惠阳
6600m 3300m 0 3300m
比例尺 1:330 000
吉坑世居
坪地
龙
清林径水库
龙岗革命纪念碑
龙平公路
龙岗
龙城
岗
盐高速
龙岗植物园
大田世居
丰田世居
东氏宗祠
铜锣径水库
区
三洲田水库
园山风景区
东部华侨城
山海大观
区
田
盐
盐田
明思克航母世界
中英街历史博物馆
物园
梧桐山
风景区
谭仙庙
坑梓
荣田世居
盘龙世居
深汕高速公路
松子坑水库
坪山新区管委会
坪山
大万世居
坪山新区
马峦山风景区
赤坳水库
红花岭水库
葵涌
东江纵队司令部旧址
东江纵队北上抗日纪念处
溪冲工人度假村
小梅沙海滨
大梅沙海滨公园
澳头
白寿湾
纯洲
谭仙古庙
罗屋田水库
白沙湾
坳仔湾
坝光风景区
径心水库
龙
岗
区
岭澳水库
打马坜水库
大鹏
大鹏所城
东山寺古庙
咸头岭沙兵遗址
龙岩寺
金水湾度假村
深圳海滨乡村俱乐部
狮子湾
金沙湾海滨度假区
深圳青少年度假村
浪骑游艇会
天后古庙
南澳海滨旅游中心
桔钓沙湾
盆仔湾
南澳
香车水库
七娘山风景区
西涌河
东涌河
西涌湾
西涌风帆游艇休憩区
赖氏洲
天后宫（妈祖庙）
大三门岛
大亚湾
喜洲
大鹏湾
吉澳
平洲
往湾岛
赤岛
船湾淡水湖
行政区
南海
香港特别行政区界
地级界
县级界
新区界
地铁及建筑中地铁

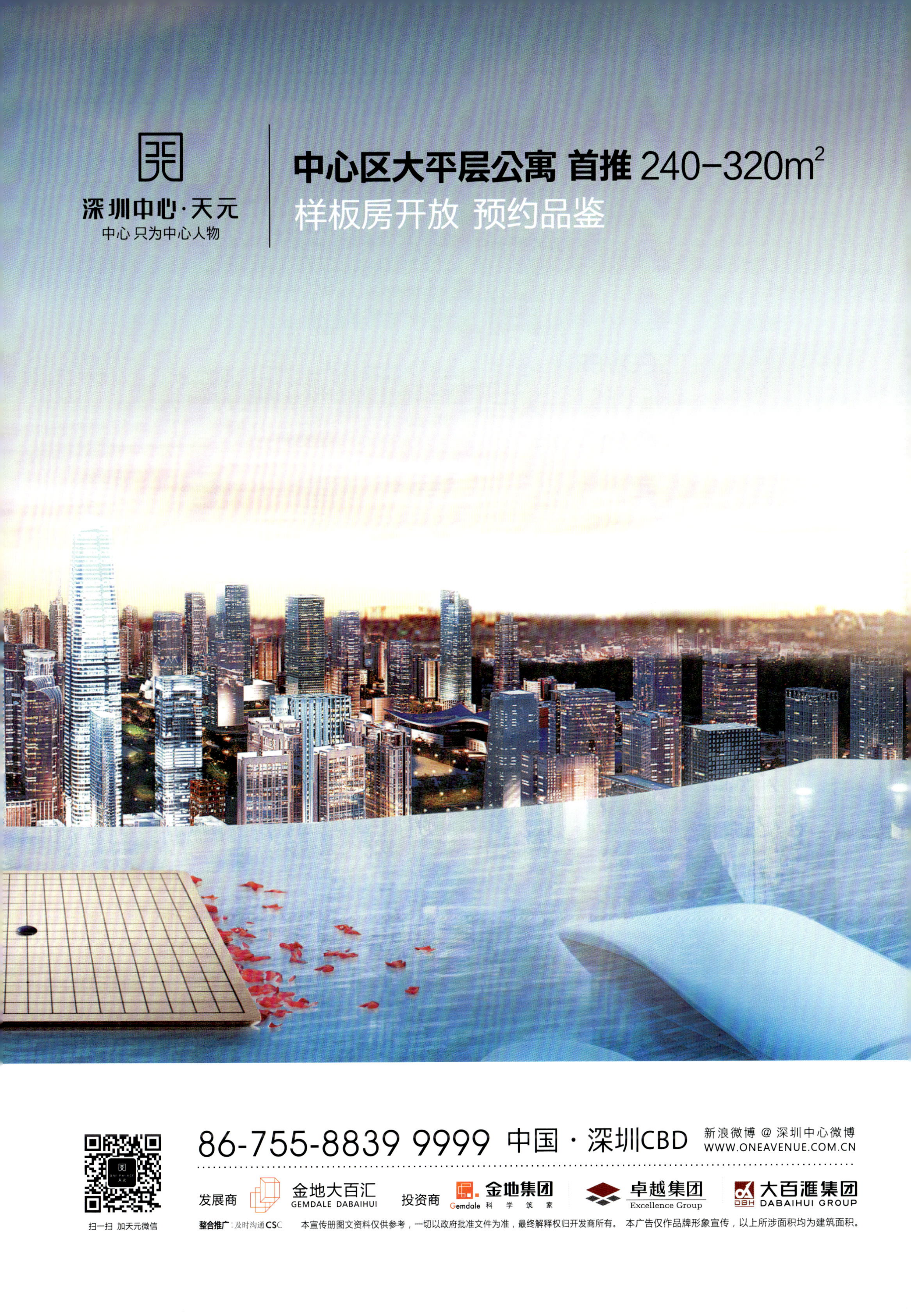
深圳中心·天元
中心 只为中心人物
中心区大平层公寓 首推240-320m²
样板房开放 预约品鉴
扫一扫 加天元微信
86-755-8839 9999 中国·深圳CBD
新浪微博 @ 深圳中心微博
WWW.ONEAVENUE.COM.CN
发展商 金地大百汇 GEMDALE DABAIHUI
投资商 金地集团 Gemdale 科学筑家
卓越集团 Excellence Group
大百滙集团 DBH DABAIHUI GROUP
整合推广：及时沟通CSC
本宣传册图文资料仅供参考，一切以政府批准文件为准，最终解释权归开发商所有。 本广告仅作品牌形象宣传，以上所涉面积均为建筑面积。

成为人物，
是时代的选择。
回到中心，
是时间的沉淀。

DISCOVER
THE BEST
OF
CITY LIVING

他们闯出深圳一个版图 深圳欠他们一个应有的位置

有人说，走出深圳的版图，是少数人物的脚步。

34年，从边陲到中心，从弹丸渔村到滨海国际大都会，

深圳之大，因他们的眼界，深圳之重，因他们的分量。

34年，他们一直是这座城市的中心。

拼闯年代里，追随者的中心；会议桌上，决策的中心；聚光灯外，是家庭围绕的中心。

34年，他们在哪里？在山，在海，从不在深圳最好的中心。

或者说，深圳的前34年，还没有创造出一个可以匹配他们的中心。

让中心人物回到中心 深圳用了34年

伦敦用400年，沉淀一个肯辛顿中心区，回馈中心人物一个海德公园1号；
纽约用150年，沉淀一个曼哈顿中心区，回馈中心人物一个ONE57；
深圳用34年，沉淀一个深圳中心区，回馈中心人物一个天元。

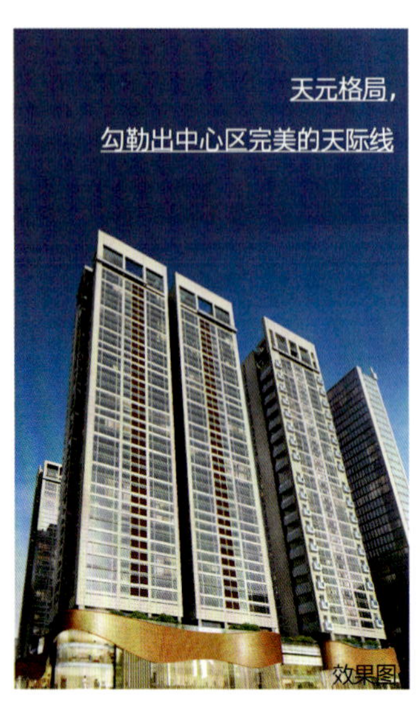

34年，中心沉淀出了丰盛。

市政建筑市民中心、会展中心、市民中心公园、最大的亚洲全地下高铁站、深圳最大的图书馆、深圳最大的音乐厅、最全面的广电影视中心、超五星级的酒店、TOP级的商务公寓、顶级的商业综合体，高端全面的汽车展厅……在此汇聚。

触手可及的资源，自由切换的平台，是中心人物的完美生活。

34年，中心沉淀出了繁华。

首屈一指的140万平方米综合街区，奢华满目的800米品牌森林大街，显赫的500个国际大牌，演绎500种生活方式。

第一时间触摸国际时尚，是中心人物的应有礼遇。

34年，中心沉淀出了质感。

设计艺术中心、纪念馆、广场、情景街道和全球艺术大师的雕塑，艺术弥漫的文化空间，优雅时尚的温馨一刻，只为中心人物的精致品位。

空间的尺度，
匹配人生的高度

从资本的自由 到时间的自在 两种境界 中心 是分界

当中心成为资本的优先选择，中心给你自由。
当时间成为决策者最大的成本，中心给你自在。
像时间一样不可复制的只有中心。
在寸土寸金的都市上空，寻觅苏州园林的影子。
在自家的泳池，感受新加坡金沙酒店的假日。
在13米IMAX环幕观景客厅里，体悟风轻云淡的味道。
一天的步行享受一个世界，一小时的丰盛品味一切质感，
一秒钟的从容实现一种切换。
中心，快也好，慢也好，高效也好，丰盛也好，
都只被少数住在中心的人享用。
领略过湾的壮阔，湖的平缓，山的起伏，
回到中心，唯有中心人物懂得。

ONE PALACE

34年 倥偬的时光，
深圳，见证你走过的路程。

34年 唯一的中心，
天元，回馈你应在的位置。

松中皇族——黑松调整到最佳状态，
在无边际泳池边静静伫立。

品质物业 精彩生活

深物业集团秉承“品质物业，筑恒久经典；精彩生活，建生态家园”的开发理念，执着“至臻服务，至善管理”的管理法则，植根深圳，强势打造深港都会系列精品楼盘，为城市提供精美艺术品，为客户提供美居空间。依托房地产主业优势，深物业集团立足珠三角、辐射长三角、放眼全中国，科学定位、精心设计，紧跟市场需求，不断推陈出新，开发出多个中高端房地产项目；在做大做强主业的同时，物业管理、物业租赁、出租汽车运营、餐饮服务、仓储、工程监理等辅业取得稳健发展；深物业集团主业与辅业“双轮”并驾齐驱的发展态势，全面提升了企业品牌和企业竞争力。

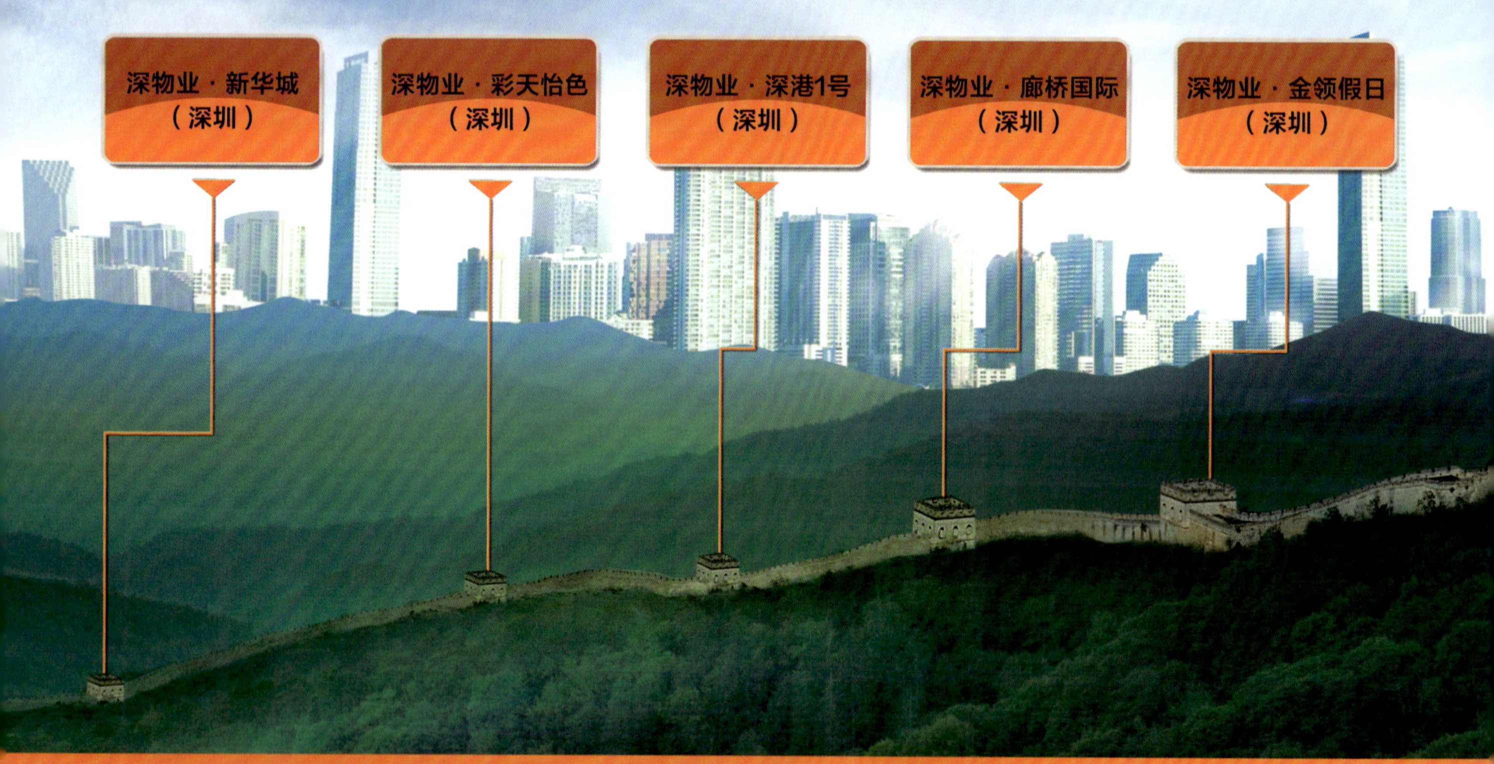

深物业 · 新华城（深圳）

深物业 · 彩天怡色（深圳）

深物业 · 深港1号（深圳）

深物业 · 廊桥国际（深圳）

深物业 · 金领假日（深圳）

深物业 · 新华城（深圳）

深物业 · 彩天怡色（深圳）

深物业 · 深港1号（深圳）

深物业 · 廊桥国际（深圳）

深物业 · 金领假日（深圳）

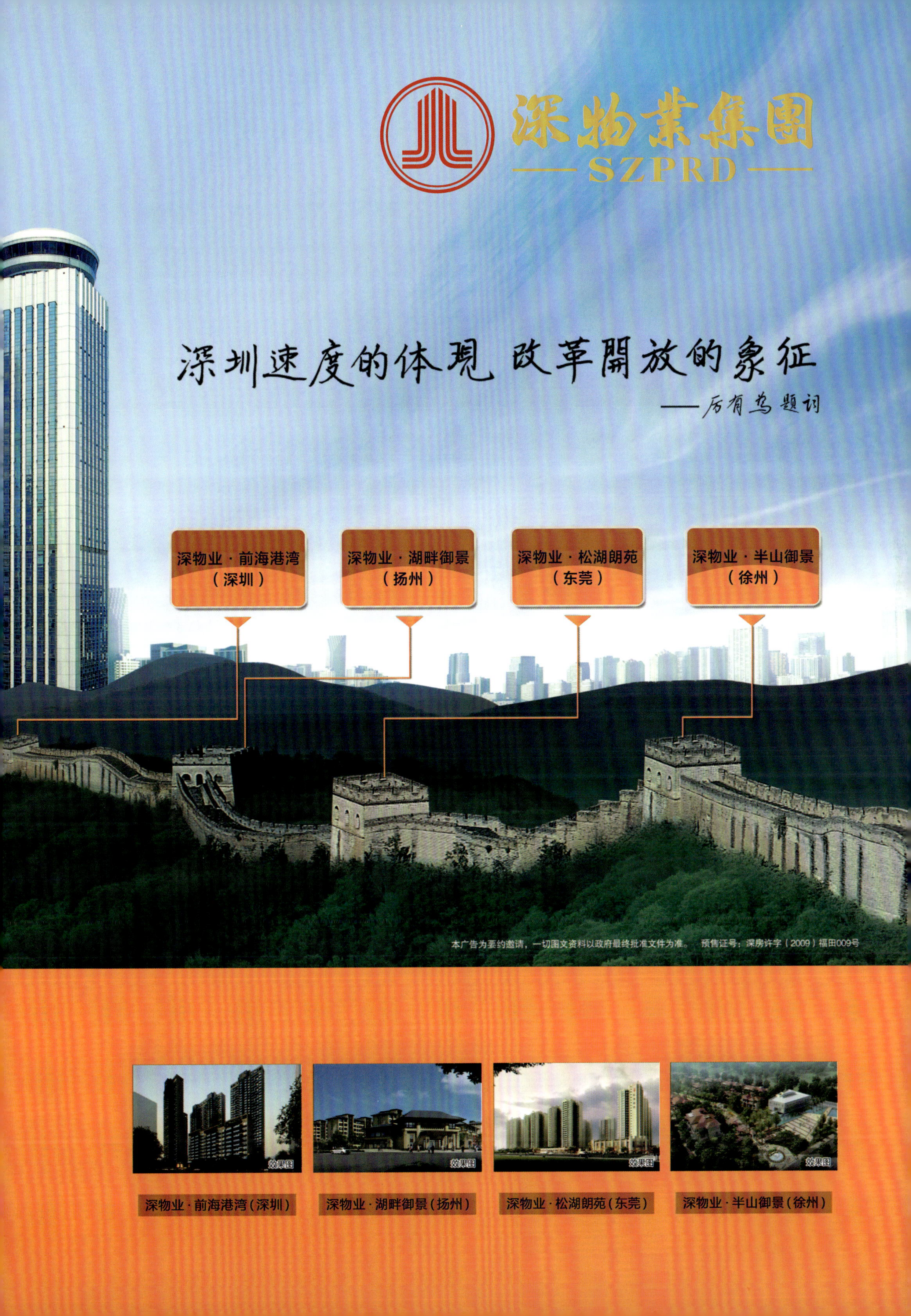
深物業集團
SZPRD
深圳速度的体現 改革開放的象征
——厉有为题词
深物业·前海港湾（深圳）
深物业·湖畔御景（扬州）
深物业·松湖朗苑（东莞）
深物业·半山御景（徐州）
本广告为要约邀请，一切图文资料以政府最终批准文件为准。 预售证号：深房许字（2009）福田009号
效果图
效果图
效果图
效果图
深物业·前海港湾（深圳）
深物业·湖畔御景（扬州）
深物业·松湖朗苑（东莞）
深物业·半山御景（徐州）

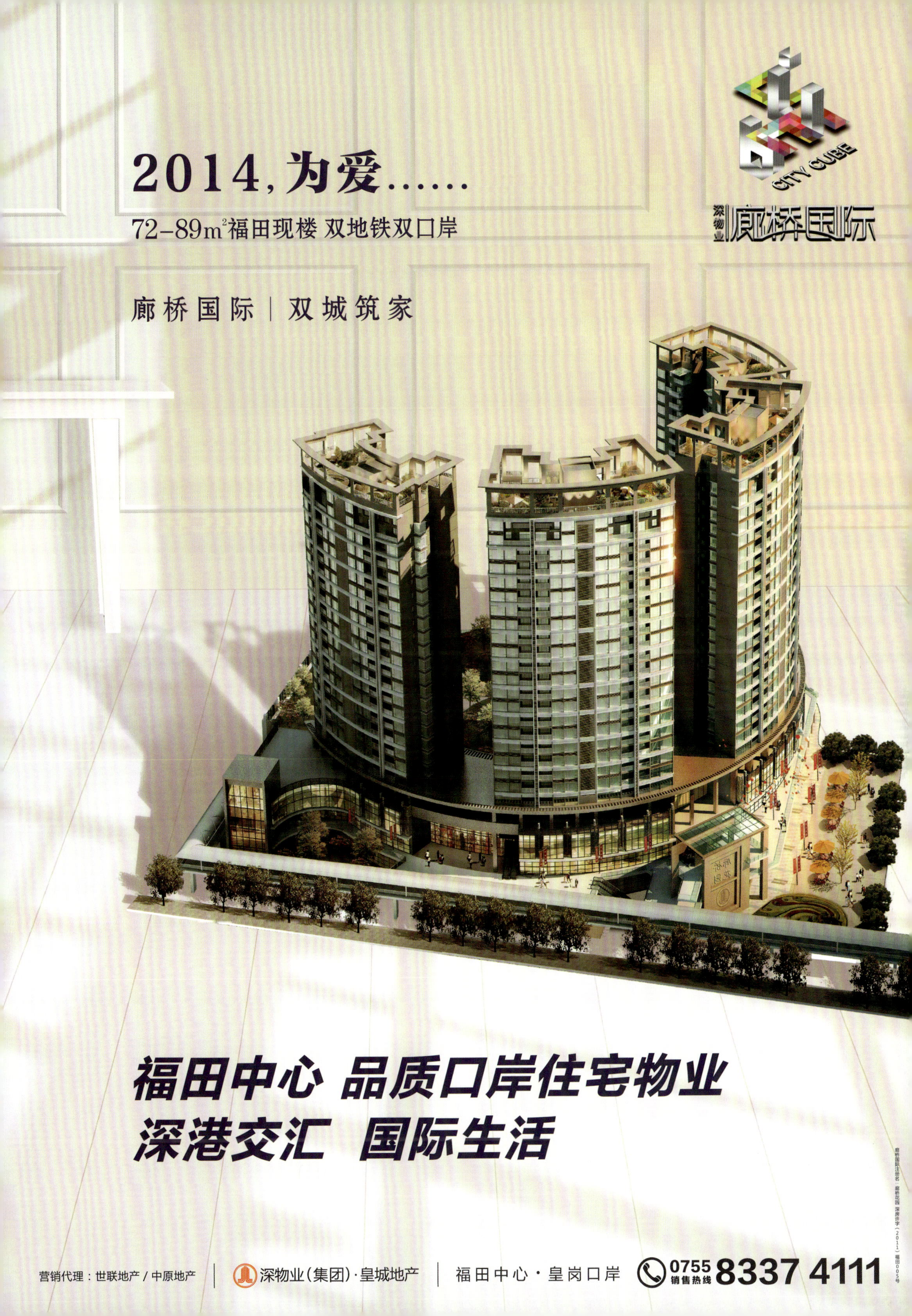

2014，为爱……
72-89m²福田现楼 双地铁双口岸
CITY CUBE
深物业 廊桥国际
廊桥国际｜双城筑家
福田中心 品质口岸住宅物业
深港交汇 国际生活
廊桥国际注册名：廊桥花园 深房许字（2011）福田005号
营销代理：世联地产／中原地产
深物业（集团）·皇城地产
福田中心·皇岗口岸
0755 销售热线 8337 4111

品质华侨城 幸福千万家

现代服务业成片综合开发运营的领跑者

28年创想征程，怀纳对自然与人的尊重，

华侨城地产不懈努力，构筑中国人优质生活的美好梦想。

独特的现代服务业成片综合开发运营模式，

将艺术与品质融为一体，

启迪城市，筑就幸福。

华侨城，优质生活的创想家！

OCT 華僑城地产

离开路面 山海浮现

巴厘岛风情园林 独创格栅帷幕 户户下沉SPA 德系品牌幼儿园 城市精英会客厅 途家酒店管理

RARE PROPERTY BAY RESIDENCE

山海资产 湾区会馆

承翰·半山海位于梅沙与大鹏交汇之处，这个区域是目前深圳最顶级的豪宅片区，华侨城天麓、万科十七英里、天琴湾等亿元级豪宅都汇聚于此，被定位为“世界第九大富人区”。项目与城市及山海之间保持非常合适的距离，25分钟车程轻松切换工作与度假生活，是深圳高效休闲度假首盘！

承翰·半山海原生于马峦山麓，背山面海，风水宝地。项目依山而建，创造出拥有30m高差的山麓台地景观，融于翠色之中。私家登山道两旁种植数千株健康养生的树木和花草，漫步其中,健康之余，沐风观海，登高远眺，海景一览无余。

承翰·半山海是深圳整个海岸线上唯一有靠山面海小户型产品的项目，产品设计上均户户同时观山瞰海，产品线丰富，充分利用项目的景观资源,精心打造了36-65m²精装山海会馆、78-115m²山海会馆，X百变创新复式住宅系列和43席159-518m²藏山别墅，是集居住、度假、商务办公、会客甚至商业功能的城市理想之地。独创“荟CLUB”“仕SALON”双会所，营造人性私享的双重社交平台，打造休闲、时尚、展览、商务为一体的高雅艺术空间。

半山海
坪葵公路
葵涌
盐坝高速
东部华侨城
天麓
大小梅沙
盐坝高速
洋城路
深葵公路
天使湾
玫瑰海岸
土洋出口
十七英里
小梅沙
大梅沙
天琴湾
京基天涛轩
盐梅路
坪葵路
葵鹏路
大鹏
鹏飞路
坪西路
银滩路
新大路
凯旋湾
新丰路
南澳
三门岛

34年特区，33年特发

特发集团，特区发展重要参与者

伴随着特区的成长，特发集团精著开发特发小区、嘉隆星苑、

泊林花园、海洋世界极地馆、岳阳鹏瑞珑庭、特发和平里花园等一系列精品项目，

依托龙华地铁上盖物业，借助香蜜湖片区、小梅沙片区的整体开发，立足深圳，布局华南，

专注打造“精品建筑、绿色生态”的特发精品。

其中龙华特发和平里花园项目更是夺得2013年开盘当日深圳推盘量、销售量第一，

见证特发集团发展新高度，

2014，特发集团携特发和平里项目再踏征程！

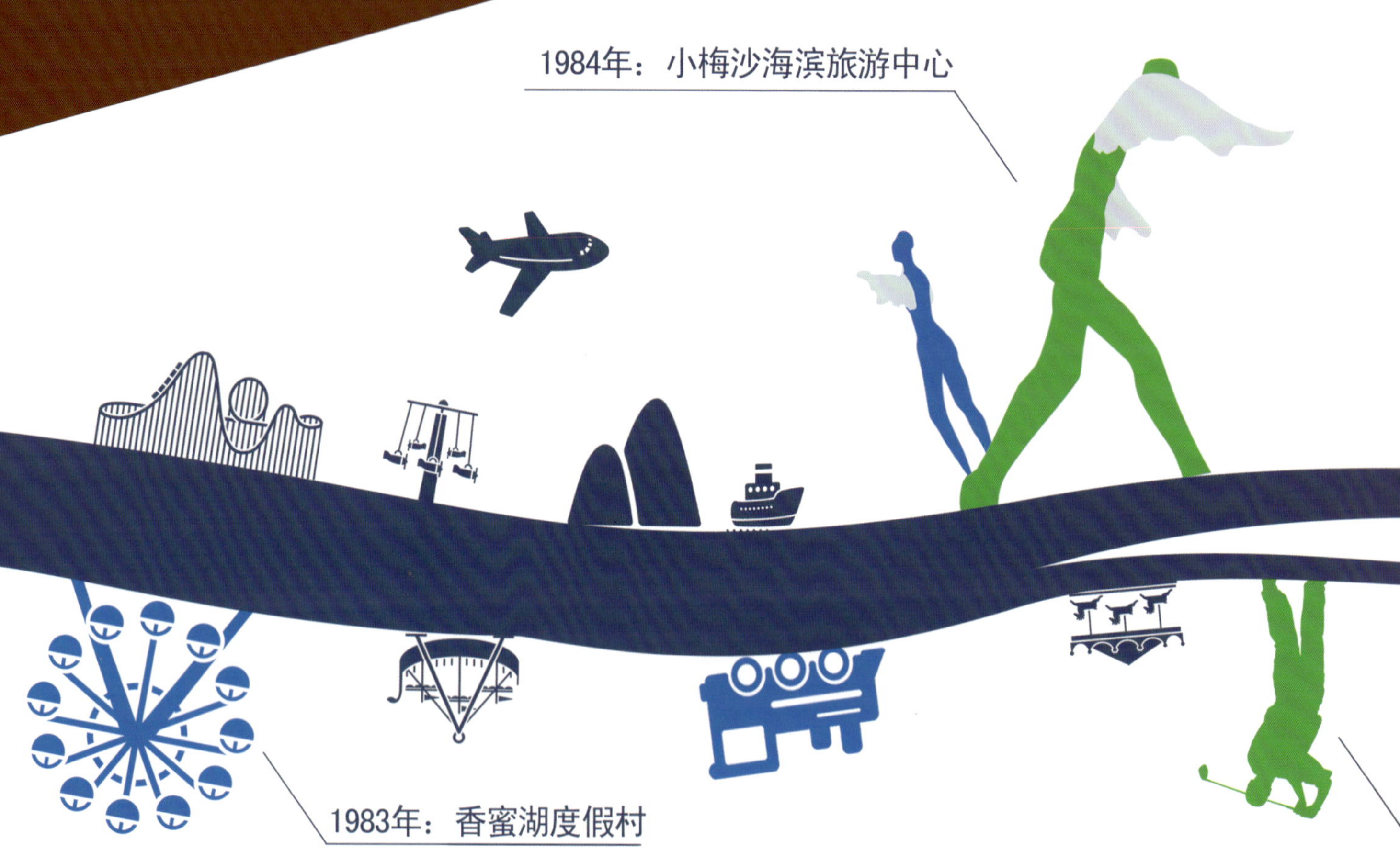

特发集团

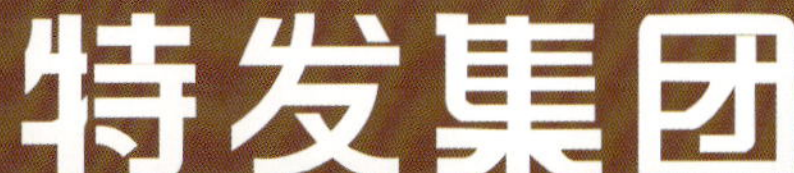

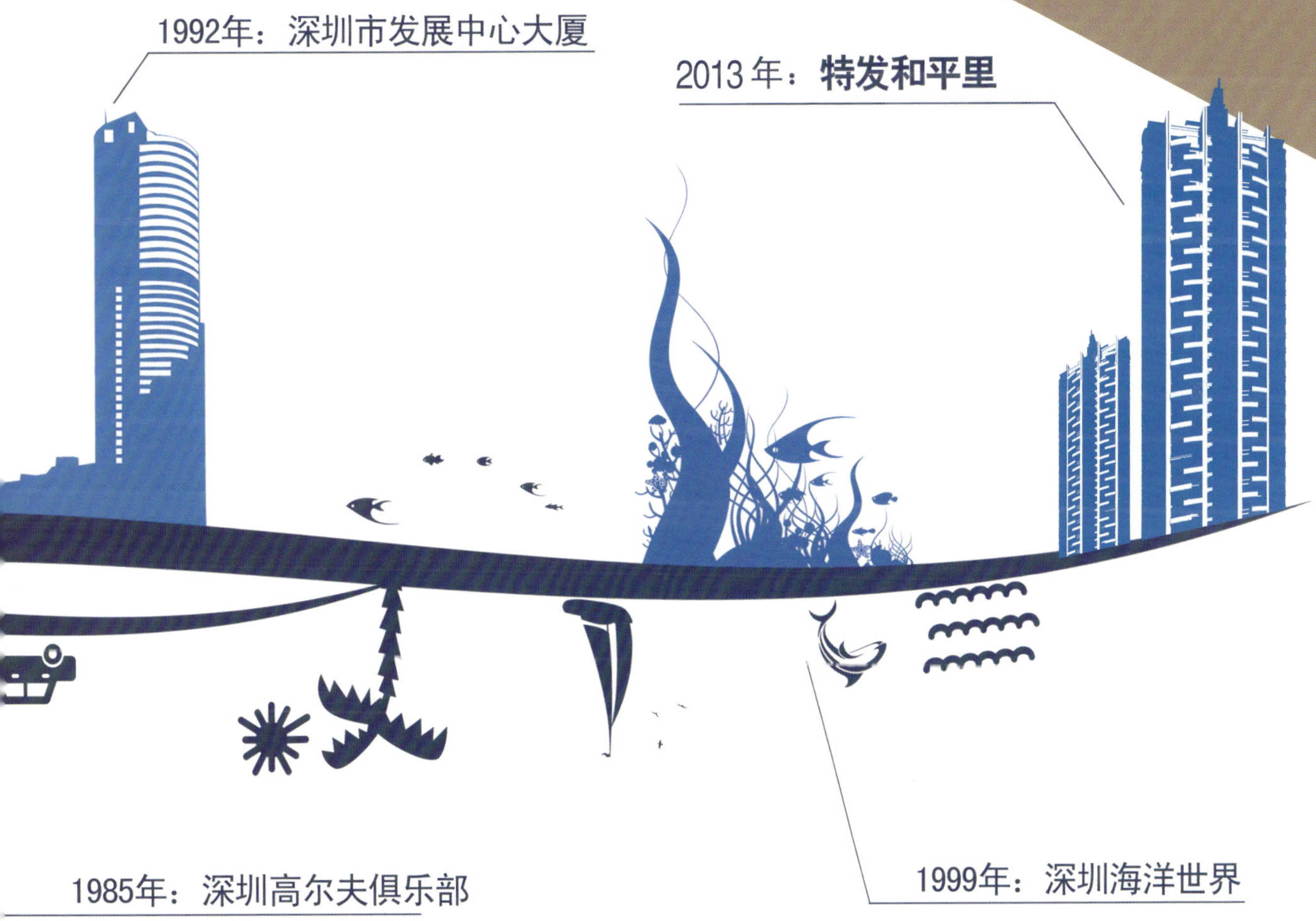
1992年：深圳市发展中心大厦
2013 年：特发和平里
1985年：深圳高尔夫俱乐部
1999年：深圳海洋世界

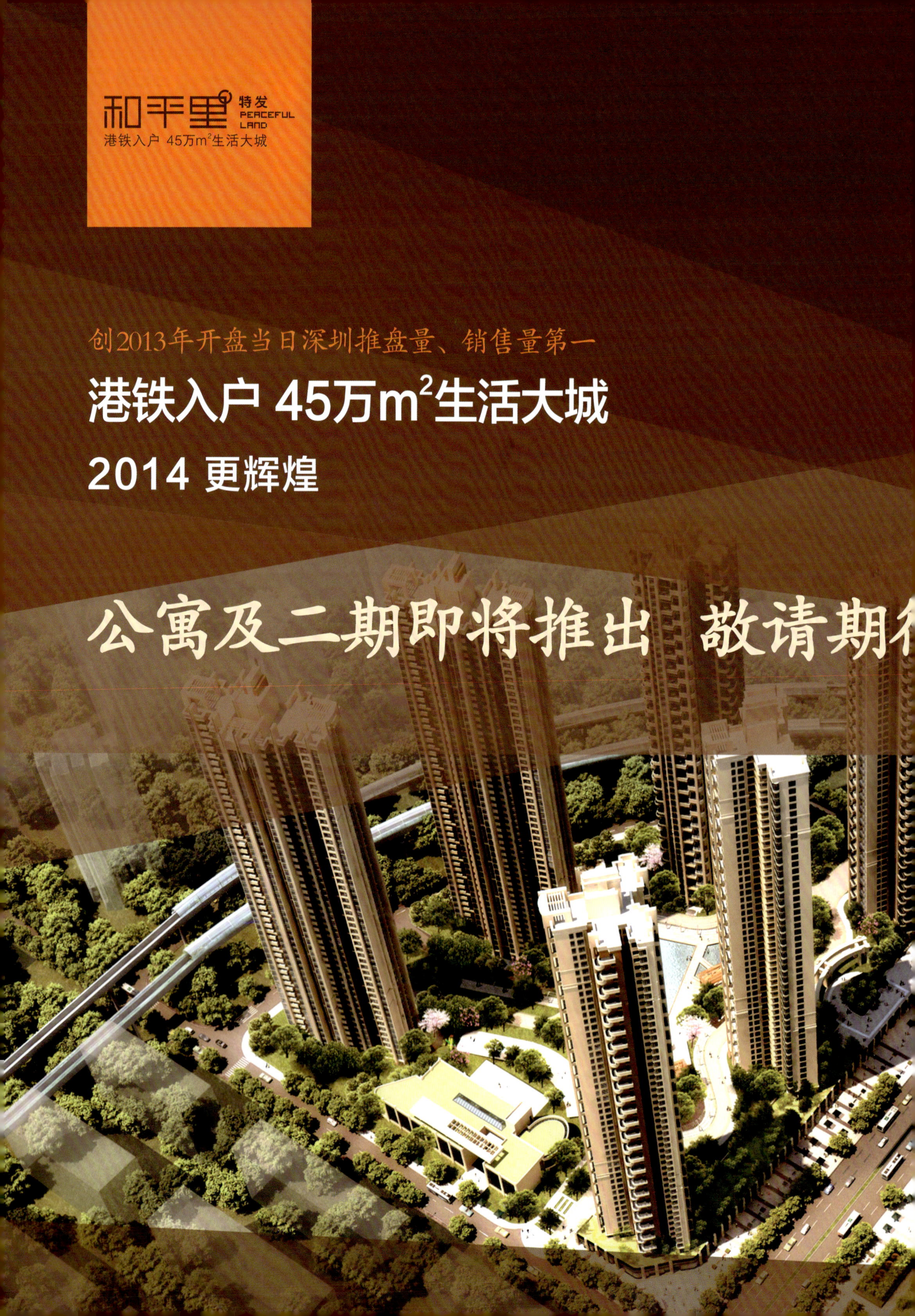
和平里
特发
PEACEFUL LAND
港铁入户 45万m^2生活大城
创2013年开盘当日深圳推盘量、销售量第一
港铁入户 45万m^2生活大城
2014 更辉煌
公寓及二期即将推出 敬请期

地铁连廊 双首层商业
地铁无缝接驳商业 地铁公园式休闲消费体验空间
特发集团 精著开发
特发集团33年深耕深圳， 沉淀精著打造特发品牌
尊贵专线:280 66666
项目地址：龙华线·龙胜站·A/D出口
开发商：特发集团
效果图

2000亿资本布局新中心，远见成就价值

政府2000亿巨资流向龙华新区，其前景今非昔比。由九方、沃尔玛、佐阾等引领的高端商业格局的成形，各品牌开发商争相进驻，新区正历经着脱胎换骨式的升级。与此同时，新区的交通设施正史无前例地进行优化，政府5大举措均已动工，其中梅观高速、彩田路北延线、皇岗路、五和南坪连接线与坂银隧道的改造正全力推进中；预计2014年年底通车的新彩隧道，将无缝连接龙华与福田两区，让生活与城市精彩零距接壤。

尽揽羊台山风光，藏风聚水大格局

懿墅坐落于深圳八景之一的羊台山脚下，拥揽羊台叠翠的天然鲜氧，天赋优越上风上水之地，不仅是周末游玩的最佳去处，更是呵护家中老人与小孩身心健康的最佳屏障。

6大价值体系，筑建32席城市别墅

2003年的一纸禁墅令，让别墅几近“断供”，十年后的今天，深圳中心区别墅存量仅约200套，随着土地资源的日益稀缺，别墅产品愈发珍稀难觅。懿墅，位于香蜜湖片区后花园位置的龙华中轴线上，坐拥32席独门院墅，同时兼具城市和资源两种生活形态，以得天独厚的稀缺位置，真正成为理想中的“第一居所”。

效果图

空间/大面宽与窄进深的人居进化

约10米阔绰面宽与窄进深的设计，使空间的价值和舒适度都得以最大化的人本彰显。

石材/尊贵黄洞石装点你的家

立面采用的尊贵大理石-黄洞石，形成于百余年前的意大利，质朴而天然，与别墅的整体风格互为映衬。

T H E T H I R T Y - T W O S E A T S C E N T E R

立面/铝合金格栅的艺术应用

国际大师本·纳道霍亲自执笔，将铝合金格栅直接融入建筑机体，形成理性的竖向妆饰线条，在极大程度丰富建筑外形与内在的同时，又保证足够的私密性能。

层高/极限层高的双倍生活享受

户户层高约3.6米，客厅挑空高达约7.2米，最大化满足三代同堂的家庭需求。拓展空间层高约5.4米，自然采光，不仅可以布置为私家红酒屋，还可以作为家庭健身区。

意向图

效果图

效果图

庭院/中心之上的独门院墅

32席独门院墅，户户坐享前庭后院，端头户更有侧院环伺，各个空间划分灵活合理，大户人家或是三代同堂置业首选。

物管/极致服务，24小时呵护

卓越集团以18年物业管理实力，量身定制私人管家服务，对三十二席别墅实行专属封闭式管理，集智能化安防系统与约2.6米高围墙防护于一身，且单独设置保安岗位24小时躬身以待，高效解决各类生活难题，使主人足不出户即可奢享VIP顶配生活。

Tel 8860 9999

Add 中国·深圳·龙华新区·新区大道与人民路交汇处

卓越集团 Excellence Group

 销售代理 中原地产 整合推广 主观广告

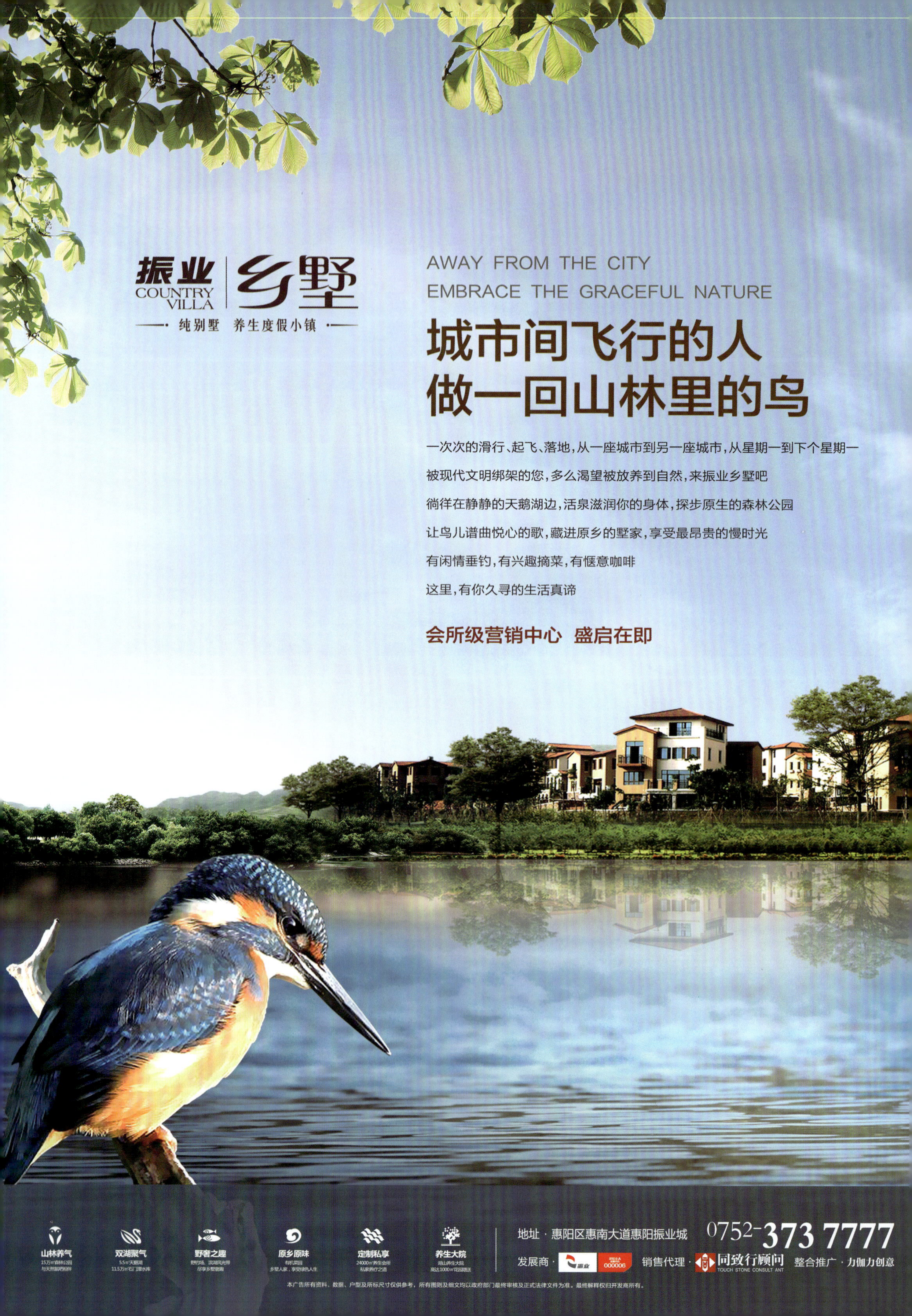

AWAY FROM THE CITY
EMBRACE THE GRACEFUL NATURE

城市间飞行的人
做一回山林里的鸟

一次次的滑行、起飞、落地，从一座城市到另一座城市，从星期一到下个星期一

被现代文明绑架的您，多么渴望被放养到自然，来振业乡墅吧

徜徉在静静的天鹅湖边，活泉滋润你的身体，探步原生的森林公园

让鸟儿谱曲悦心的歌，藏进原乡的墅家，享受最昂贵的慢时光

有闲情垂钓，有兴趣摘菜，有惬意咖啡

这里，有你久寻的生活真谛

会所级营销中心　盛启在即

发展商· 振业 000006　销售代理· 同致行顾问 TOUCH STONE CONSULT ANT　整合推广·力伽力创意

振业 COUNTRY VILLA 乡墅

纯别墅　养生度假小镇

实景图

深圳后花园
墅造一个王国

当深莞惠迈入世界都会群的队列时，谁来承启都会群的终极居住梦想；在深莞惠都市一体化已被提上政策日程的时候，大特区的同城生活观谁来演绎；当特区精英在功成之后渴望一处心灵居所时，什么样的建筑能闯入他们的心灵原乡，振业乡墅，居深惠经济带咽喉，坐拥300万平米藏天下峰水，纳一城精髓，是融汇度假、休闲、居住为一体的超大型原乡别墅小镇。

25载振业，以超凡决心墅基山水

25载振业，集考工研磨，于山水绵延中淬炼精纯别墅传奇。振业乡墅，首个跨深圳、惠阳的百万平米超大型山湖住区。依循大地的机理，以象山为依傍，谱写一阙南中国原乡生活的精神牧歌，萃取大师智慧，谨为释放纯粹南加州闲适风情，为世间呈现万里挑一的考究建筑。

Country villa

示意图

深惠门户之上，300万平米原乡墅国

振业乡墅，深惠经济带咽喉，紧邻惠淡交通动脉的惠南大道，距深汕高速6公里，经地铁3号线达深圳，莞惠城轨亦将接驳；15分钟直抵惠阳主城区，1小时切换双城CBD繁华与绵绵山水；占据以百万平米之势，藏天下峰水，纳一城精髓；以低密度、宜居环境、更纯粹的原乡独栋，尽纳高端生活舒适与奢华，圈定自成一统的百年荣耀领地；非纯粹难称别墅。振业乡墅建筑面积近300万平方米，是集居住、度假、休闲娱乐为一体的大型别墅小镇。

示意图

山水大境藏墅家，生活自成一格

振业乡墅，天赋山水大境，为世人轻松勾勒自成一格的绝美人居大片，内享石门潭水库、天鹅湖双湖，外拥5.3万亩国家森林公园；以绵延浩荡湖山屏障，退却一切世事烦忧。2万平米独家养生会所，在惠阳可谓独一无二，星级酒店、湖滨国际商业街、文教示范基地、体育公园、定制型24小时精细服务体系，在振业乡墅，全系高端配套，领略自成一格的奢华生活格局。

多元墅品，私家阔邸礼遇尊崇

振业乡墅，取山之地貌，列排绝版纯独栋，打造前院、庭院、后园的超想象三进庭院；借原乡之景创作双拼意趣，入口门廊、玄关、露台与套房，成就家庭私密与仪仗。部分户型最大赠送面积高达1000平米，其中花园赠送面积达750平米，与阁下气度相照应，更是大多数人的向往，少数人仅有的原乡休闲度假梦想领地。

独门独院有天有地，才是别墅生活。然而，振业为别墅生活重新定义，藏城市原乡，栖大美静湖，得森林公园，才是新时代的别墅生活。

发展商·振业　销售代理·同致行顾问 TOUCH STONE CONSULT ANT　整合推广·力伽力创意　地址·惠阳区惠南大道惠阳振业城　0752-373 7777

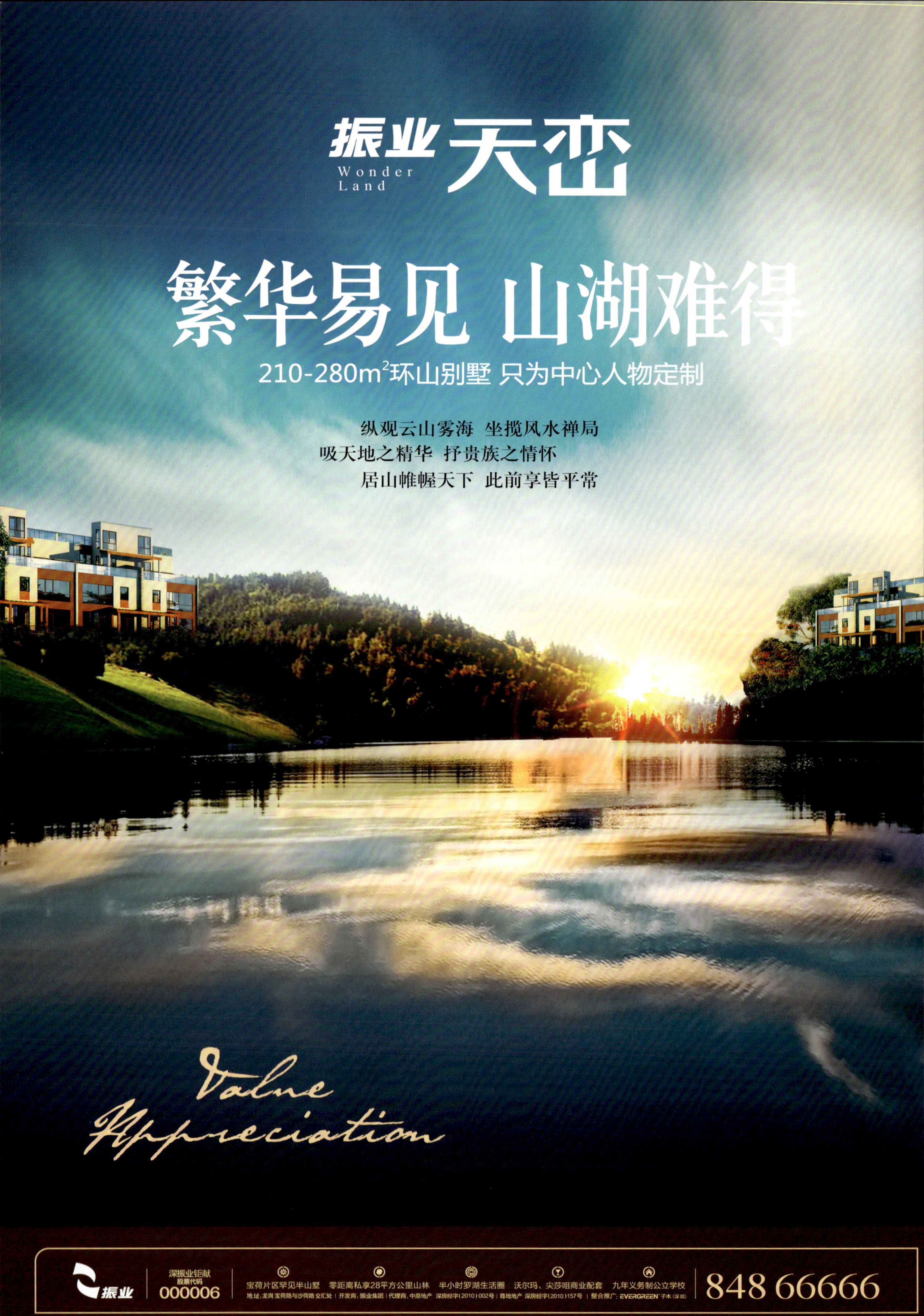
振业
Wonder Land
天峦
繁华易见 山湖难得
210-280m²环山别墅 只为中心人物定制
纵观云山雾海 坐揽风水禅局
吸天地之精华 抒贵族之情怀
居山帷幄天下 此前享皆平常
Value Appreciation
振业
深振业钜献
股票代码
000006
宝荷片区罕见半山墅 零距离私享28平方公里山林 半小时罗湖生活圈 沃尔玛、尖莎咀商业配套 九年义务制公立学校
地址：龙岗 宝荷路与沙荷路交汇处 | 开发商：振业集团 | 代理商：中原地产 深房经字(2010)002号 | 尊地地产 深房经字(2010)157号 | 整合推广：EVERGREEN 子木(深圳)
848 66666

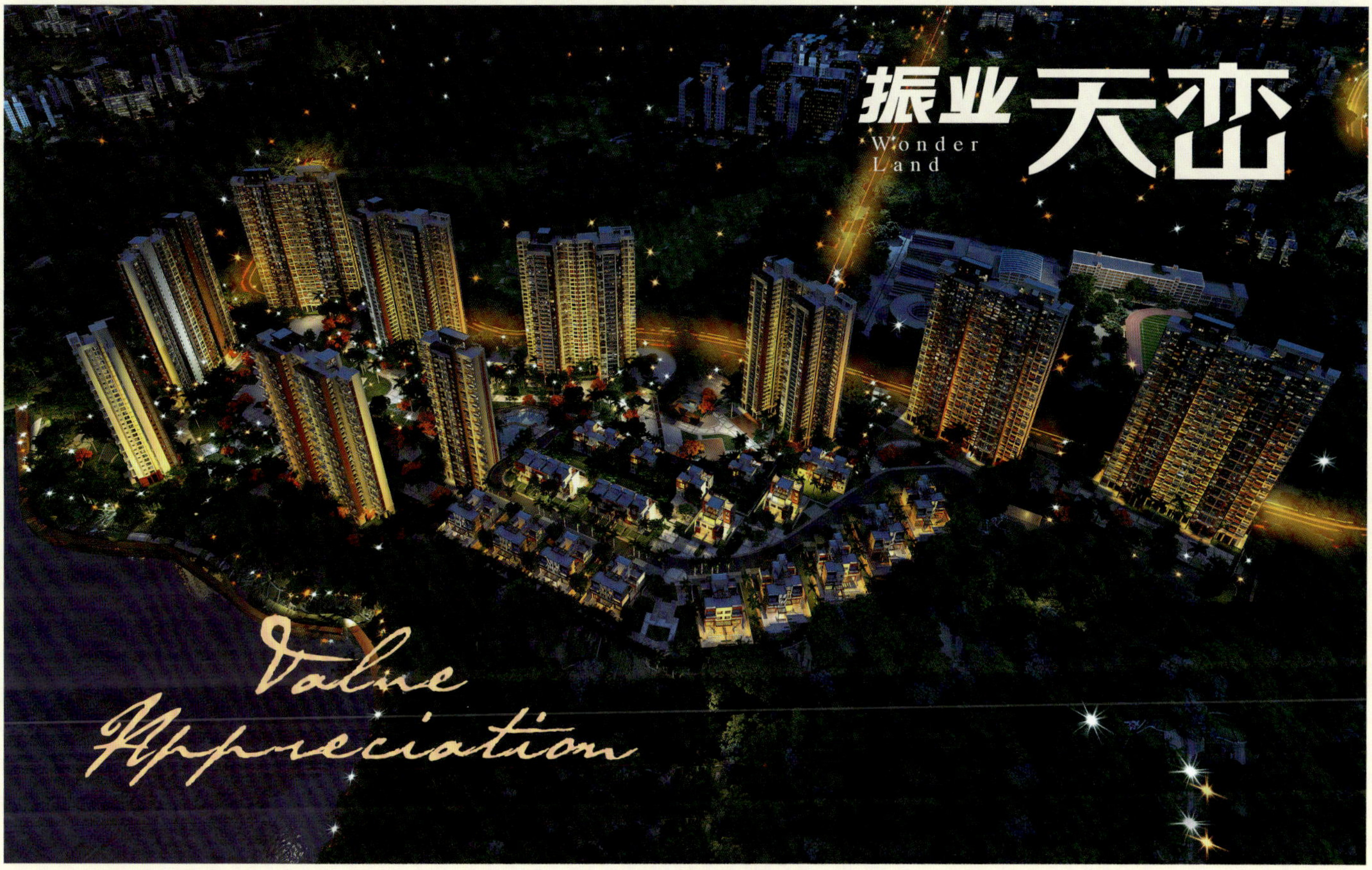

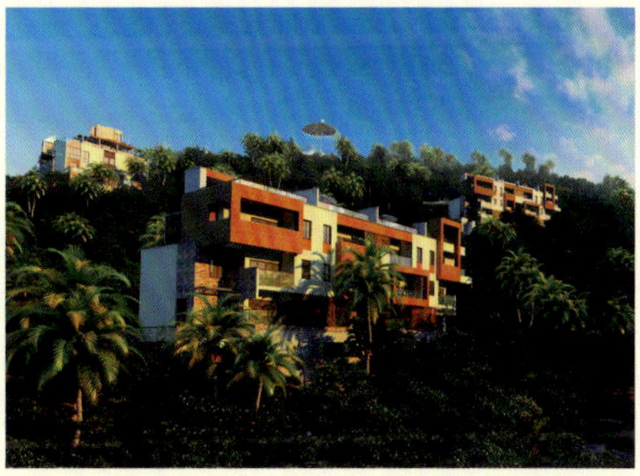

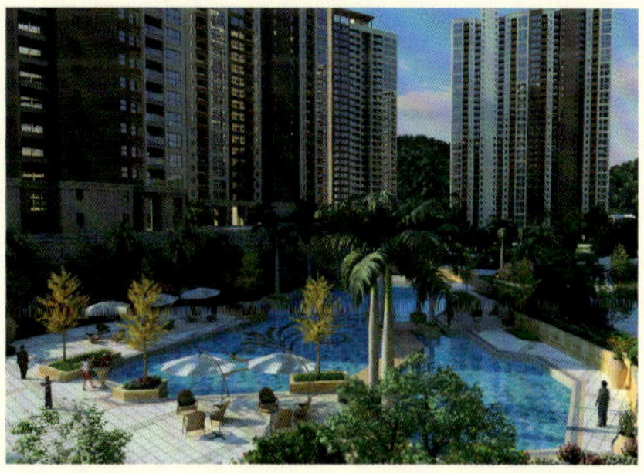

2 8888
路东行约700米

一座龙光城

Logo

教育中心

15年一站式名校教育体系

龙光城引进九所名校，让业主孩子享有从幼儿园到高中的15年名校教育，成就深圳顶级名校圈。省一级晶晶国际幼儿园、百年名校华中师大附小九月开学，已投入使用两年的大亚湾三中近在咫尺，名校奠基孩子成长，孩子学而无忧，家长轻松自在。

效果图

实景图

体育中心

近万平全能健康

自建近万平体育中心，健身房、
施应有尽有，更有2.6公里环墅
出门即享运动乐趣。在社区内
运动爱好。

示意图

商业中心

26万m²深圳东购物娱乐中心

26万m²商业中心，近11万m²集中商业，有机融合大型购物中心、一站式商业综合体、名品旗舰店等商业形态，成就片区唯一核心商圈。特设1.8公里滨湖商业风情街，华润万家现已营业，百佳超市意向进驻……一站式从容购物，随心所享大城精彩。

效果图

效果图

交通中心

跨多元都会生活

龙光城，地铁、高铁、轻轨、
山各大商圈，半小时融汇深圳
数条深惠公交线路出门即达，
华中心；三线楼巴天天发，上

六大中心生活

City

中心

羽毛球、乒乓球、网球等运动设
。住进龙光城，不用驱车外出，
身康体，挥洒汗水，培养更多的

效果图

景观中心

南北双湖景观生态大氧吧

85万m^2地中海园林，内拥南北双湖景观，空气质量远远高于国家优质标准，成就深圳东真正的天然氧吧。6万m^2龙光湖域，深圳最大人工湖，为龙光城调节环境微循环，让生活更显生态与自然。湖域特设水上单车、风情木栈道、游艇码头等一系列水上设施，让您玩转水上世界。

实景图

枢纽站

交通轨道交汇于此，15分钟衔接坪
小时轻松跨港。近2万m^2公交枢纽，
都会生活版图，直通深惠主城区繁
通无阻，事业生活从容掌控。

意图

示意图

酒店中心

五星级服务标准酒店中心

龙光城戴斯酒店，以五星标准打造，华丽的雕刻、璀璨闪烁的水晶灯，将奢华演绎地淋漓尽致。拥有超豪华客房、大小宴会厅、异国风味餐饮、商务会议中心、运动健身房、美容水疗SPA、水岸咖啡厅等……让您体验无可比拟的五星级礼遇，感受国际标准化的接待规格。

实景图

实景图

ZOLL 佐阾
虹湾购物中心
Hongwan Shopping Mall
彩虹生活
星际空间
佐阾系列第三个品质力作 佐阾虹湾购物中心

英郡年华三期

英郡年华三期

深圳·英郡年华三期

位于龙岗区南湾街道深惠路南侧，无缝对接地铁三号线丹竹头站，总建面积约24万㎡。一站式生活场，无限风光尽藏，为深圳精英人士打造精彩的都会舞台。项目为集商业、写字楼及住宅为一体的新型城市综合体。国际商业中心涵盖百货超市、大型影城、休闲娱乐、餐饮美食等，预计总投资18.5亿元。缔造龙岗大道居住坐标，勾勒片区生活领域，以领航者资源，开启区域璀璨都心生活。

深圳·鹏城智慧创意工业园

鹏城智慧创意工业园是东部地产涉足产业地产的开篇之作。项目位于深圳市龙岗大道西侧，占地10万㎡，规划建筑面积约为34万㎡，集研发、办公、高端成产、公共配套服务、商业生活等多种功能于一体，能有效满足高新技术企业对环境优美、配套完善的现代高新科技园区的追求，满足园区企业各项需求。项目将打造成龙岗区产业发展创新高地，成为龙岗区域园区代表。

筑多元精品 树城市標杆

贵州六盘水·东部国际城

东部国际城，200万㎡一站式国际综合城邦，位于六盘水水城县明硐湖风水宝地。以“健康休闲、低碳产业、绿色家园”为指导原则，全力打造以“情景商业、酒店商来、休闲湿地、高端地产”为目标的新型国际综合体，总投资约70亿元。结合优越的城市自然山水资源，倾力打造六盘水唯一环湖而建，上风上水的低密度国际大城。集五星级酒店、国际商业中心、高端别墅、阔景高层、商务公寓、休闲旅游度假圣地、学校、银行、娱乐设备等商业、生活一站式高端大城。

浙江杭州·玲珑天城

杭州玲珑山项目位于浙江省杭州临安市城西，玲珑山风景区玲珑山脉山脚。距离杭州市区三十分钟车程，距离杭州萧山机场一小时车程，处于杭州市一小时生活圈，是杭州至安徽的黄金旅游线交汇点。项目占地面积约24万㎡，容积率仅为0.62，总建筑面积约14万㎡。项目是以地中海风格的联排别墅、西班牙风格的独栋别墅为主的纯别墅低密度住宅。整体项目分两期开发，一期一组团联排别墅已于2014年面市。

江苏东海·天地国际公馆

天地国际公馆，位于东海重点打造区域滨河新区，紧邻县政府，濒临石安河，由联排别墅、多层花园洋房、高层、小高层等高端产品组成，为东海带来墅区尊崇体验，开启东海大型生态住区之典范，提供比肩豪门的国家级物管，更斥资千万造园，以欧式皇家园林景观为蓝本，以水养园，零距离接触天然水系网脉，缔造世界级高品质国际社区。

目前项目周边已规划建设五星级酒店、高档住宅、风情商业街、酒店式公寓、部分政府机关等建筑，集中形成东海一站式商务、居住、购物以及旅游、办公、教育等标志性建筑群。商业氛围逐步成熟，一个崭新的魅力新区、时尚之都正在冉冉升起。

甘肃庆阳·城中央

城中央项目是拥有30万㎡体量的大型城市综合体，涵盖住宅、商业、公寓及办公多种业态。项目位居庆阳新城中心，坐拥长庆大道中轴位置，北临老城区繁华商圈、咫尺新市府中心，未来将汇集居住、办公、购物多种中心价值，真正成就庆阳中心高尚消费地标！随着世界500强【华润万家】超市的强势入驻，周边商业巨头、品牌连锁等主力店群汇集，吸引了来自全城各层精英人群的居住，城中央项目的潜力优势正逐步凸显，发展空间不可估量！

陕西眉县·英郡年华

项目位于眉县中心区，总用地面积为3.8万㎡，总建筑面积为11万㎡。周边配套设施相对完善，交通便利，是眉县唯一Art-Deco新古典主义建筑风格小区。一期用地面积6792㎡，总建筑面积21890㎡，为三栋18层高层建筑。项目建成后将开创眉县人居环境新高度。

陕西眉县·霸王河项目

眉县霸王河项目位于霸王河工业园眉兴大道与310国道交界处，总占地面积13万㎡，总建筑面积26万㎡，目前一期开发以双子楼及商业街。双子楼层高17层，其中：写字楼41500㎡，酒店54228㎡，已成为眉县标志性建筑。商业街及住宅项目约17万㎡，为霸王河工业园区提供相关配套服务。该项目区位优势明显，交通便利，有望打造眉县县城全新商业中心。

深圳市东部开发（集团）有限公司

深圳复式代表作

Class top

名仕生活样板

金地名峰89平精装复式四房，金地集团名仕系华南区登峰之作，以其超高拓展空间，带入户花园、阔绰大主卧、豪华入户大堂的产品设计，将豪宅与超高实用率相融合，而成为金地名仕系列的品牌代表作，也将成为深圳主流产品中的杰出代表。

79-129m²精致理想家

区域大不同

政府重点投入的科技生态新城，比肩前海!

金地大不同

26载金地品牌引领城市的发展方向

生活大不同

天虹商圈、国际网球中心、山体公园等配套

服务大不同

品牌金地物业，十分骄傲生活系统

产品大不同

阔绰楼间距的新古典主义美学建筑

金地朗悦

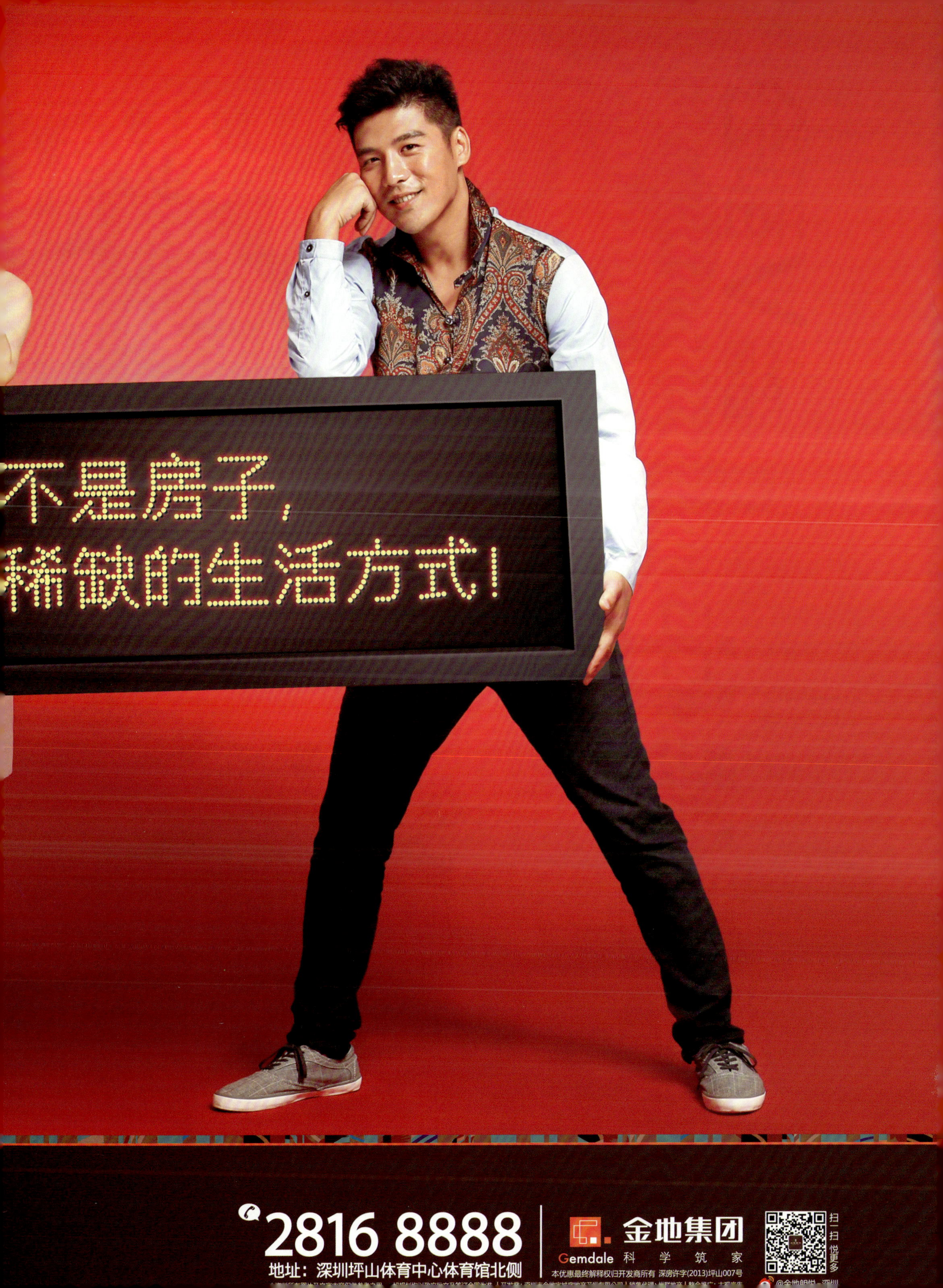

不是房子，
稀缺的生活方式！
2816 8888
地址：深圳坪山体育中心体育馆北侧
金地集团
Gemdale 科 学 筑 家
本优惠最终解释权归开发商所有 深房许字(2013)坪山007号
扫一扫 悦更多

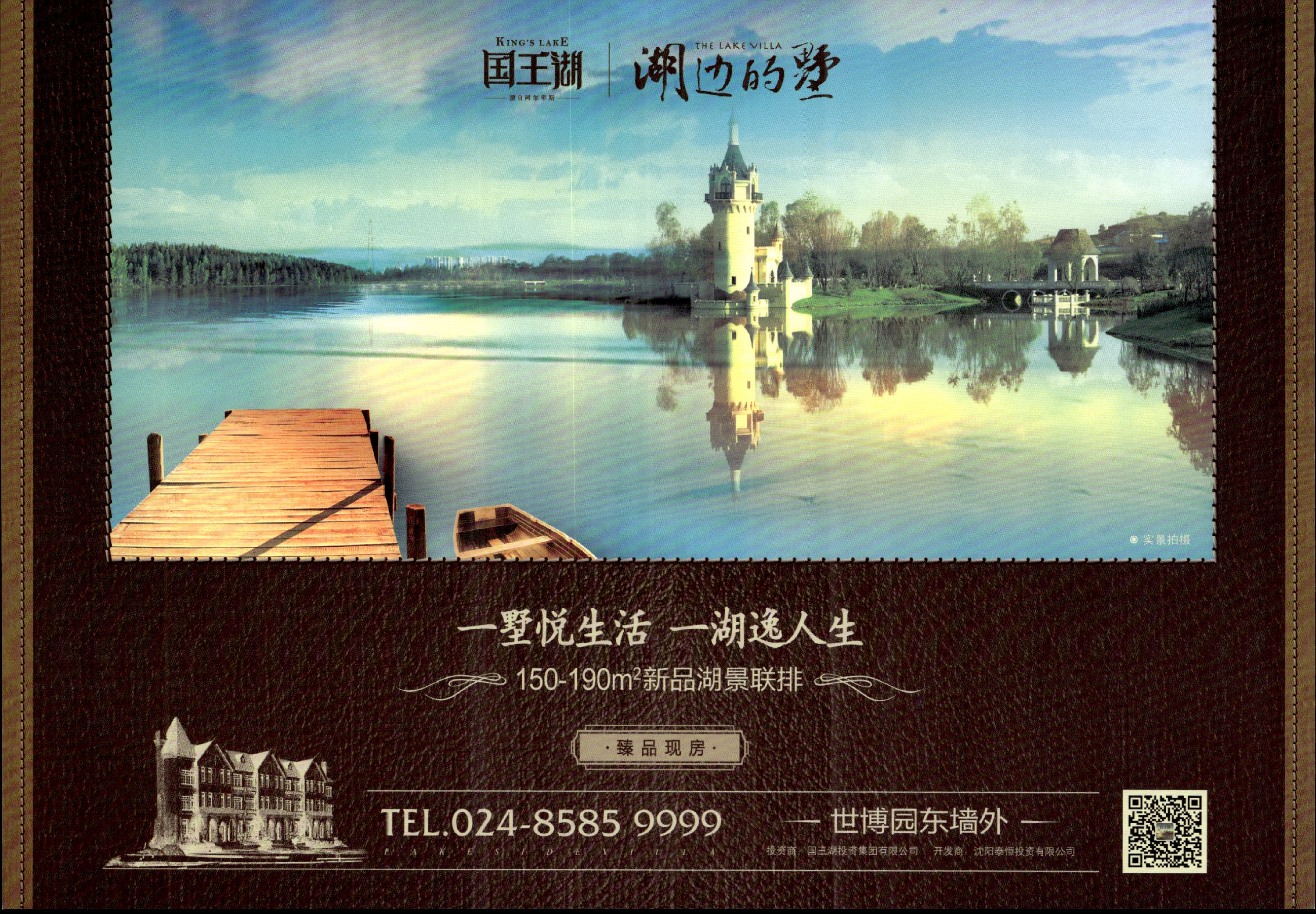
KING'S LAKE
国王湖
THE LAKE VILLA
湖边的墅
实景拍摄
一墅悦生活 一湖逸人生
150-190m²新品湖景联排
·臻品现房·
TEL.024-8585 9999
LAKESIDE VILLA
— 世博园东墙外 —
投资商：国王湖投资集团有限公司 开发商：沈阳泰恒投资有限公司

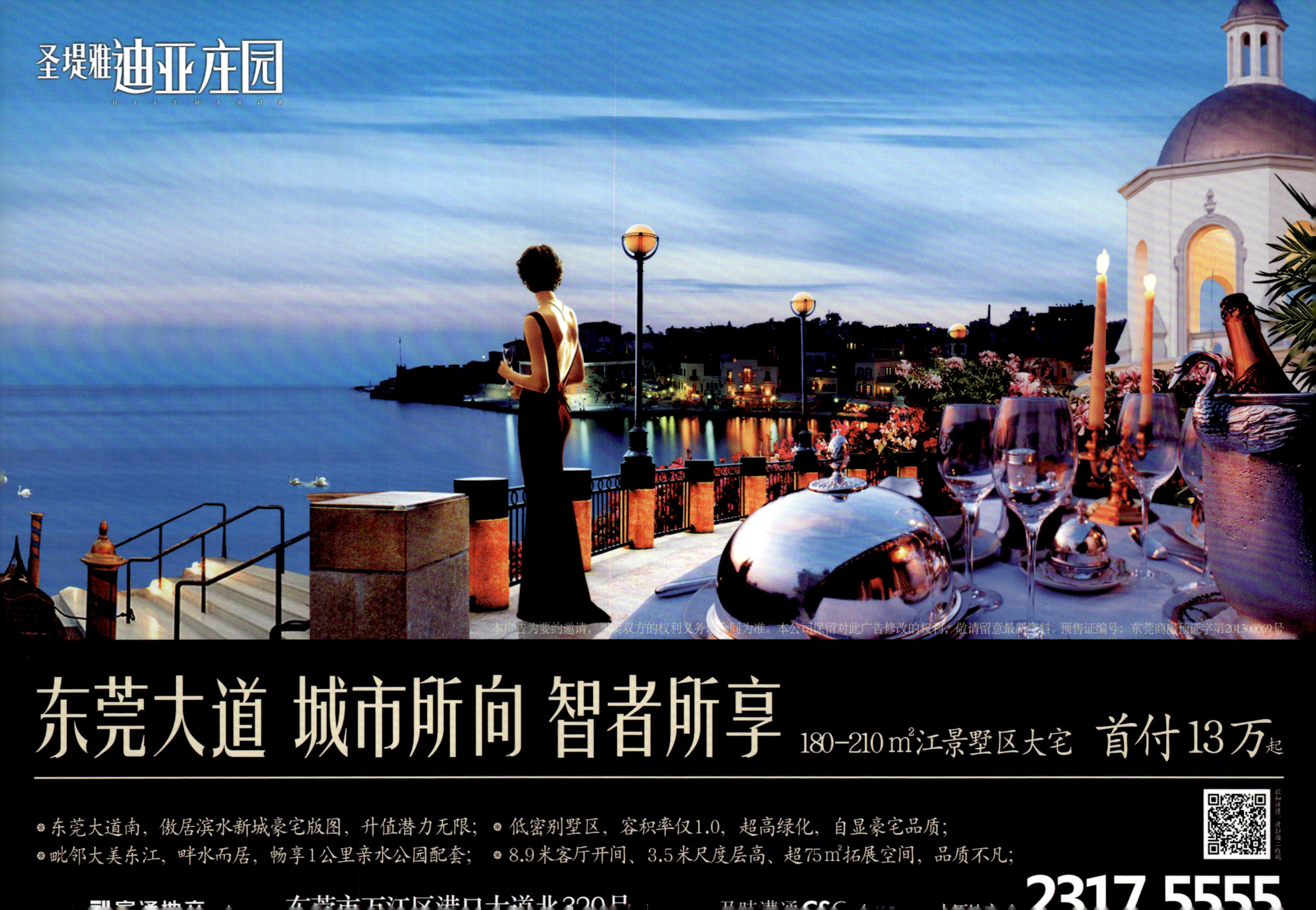
圣堤雅迪亚庄园
D I A Z M A N O R
本广告为要约邀请，买卖双方的权利义务以合同为准。本公司保留对此广告修改的权利，敬请留意最新资料。预售证编号：东莞商房预证字第201300069号
东莞大道 城市所向 智者所享
180-210㎡江景墅区大宅 首付13万起
东莞大道南，傲居滨水新城豪宅版图，升值潜力无限；
低密别墅区，容积率仅1.0，超高绿化，自显豪宅品质；
毗邻大美东江，畔水而居，畅享1公里亲水公园配套；
8.9米客厅开间、3.5米尺度层高、超75㎡拓展空间，品质不凡；
2317 5555

深圳市天健房地产开发实业有限公司（以下简称“天健地产”）成立于1988年6月，注册资金6亿元。2004年7月被建设部评定为国家一级房地产开发企业，为天健集团全资子公司。20多年来，公司开发的项目包括香蜜新村、香蜜二村、香蜜三村、天健名苑、天健阳光华苑、天然居、景田天健花园、天健世纪花园。之后逐渐形成产品系列，如时尚小户型系列及城邦系列。时尚系列代表楼盘如时尚天健、时尚新天地、天健时尚空间、天健时尚名苑。城邦代表楼盘如：天健郡城、天健现代城、阳光天健城。开发产品类型涵盖住宅、写字楼、商业综合等。

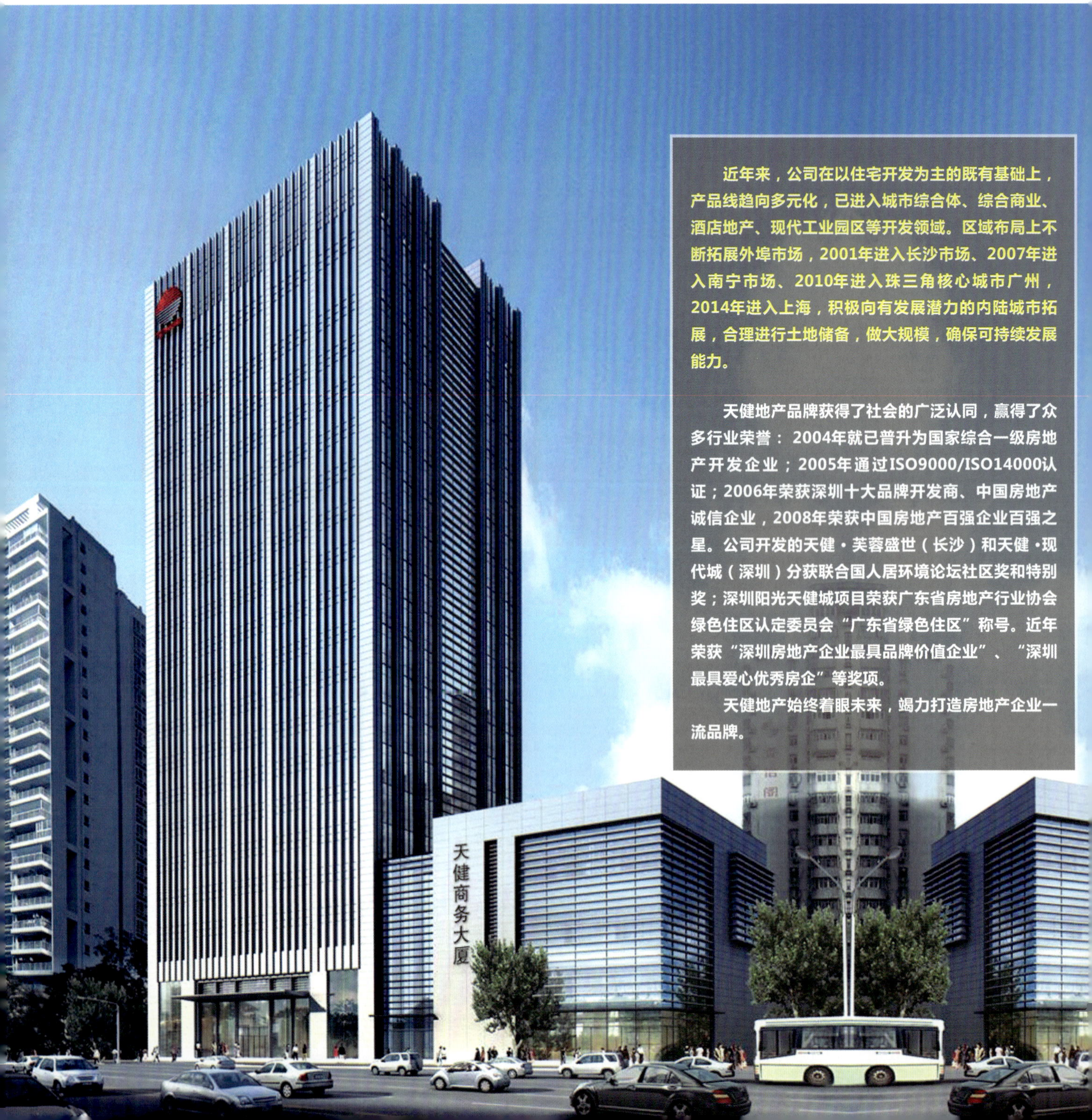

近年来，公司在以住宅开发为主的既有基础上，产品线趋向多元化，已进入城市综合体、综合商业、酒店地产、现代工业园区等开发领域。区域布局上不断拓展外埠市场，2001年进入长沙市场、2007年进入南宁市场、2010年进入珠三角核心城市广州，2014年进入上海，积极向有发展潜力的内陆城市拓展，合理进行土地储备，做大规模，确保可持续发展能力。

天健地产品牌获得了社会的广泛认同，赢得了众多行业荣誉：2004年就已普升为国家综合一级房地产开发企业；2005年通过ISO9000/ISO14000认证；2006年荣获深圳十大品牌开发商、中国房地产诚信企业，2008年荣获中国房地产百强企业百强之星。公司开发的天健·芙蓉盛世（长沙）和天健·现代城（深圳）分获联合国人居环境论坛社区奖和特别奖；深圳阳光天健城项目荣获广东省房地产行业协会绿色住区认定委员会“广东省绿色住区”称号。近年荣获“深圳房地产企业最具品牌价值企业”、“深圳最具爱心优秀房企”等奖项。

天健地产始终着眼未来，竭力打造房地产企业一流品牌。

天河核心
奥体新城
马鞍山公园
奥体场馆
30载天健品牌
天健金管家

扫扫我
有惊喜

马鞍山公园
车陂路
奥体中心
天健上城 TAGEN
中海康城
广园快速
中信广场
地铁4号线
天河城
科韵路
中山大道

TAGEN 天健地产

TAGEN

天健地产·用建筑感动城市

百强实力造城 精工布局广西

深圳市天健（集团）股份有限公司，属全国百强、深圳十强房地产开发企业，专注地产30年，不断创造传奇，自成标杆；继成功打造南宁三大经典代表作：天健·商务大厦、天健·国际公馆、天健·世纪花园后，2014年，再次发力江南，高价竞拍两大核心地块，以雄厚实力打磨传世4号、5号力作，臻品即将呈现，敬请期待！

天健·世纪花园

中心区38-58m²珍稀户型
最后一栋经典准现房 限时抢购

电话:0771-5888 111

天健·商务大厦

生态写字楼
企业总部基地全球招租

电话:0771-5111 888

天健国际公馆

东盟商务区核心 万象城旁
40-60m²酒店式豪装公寓 即买即住

电话:0771-5111 888

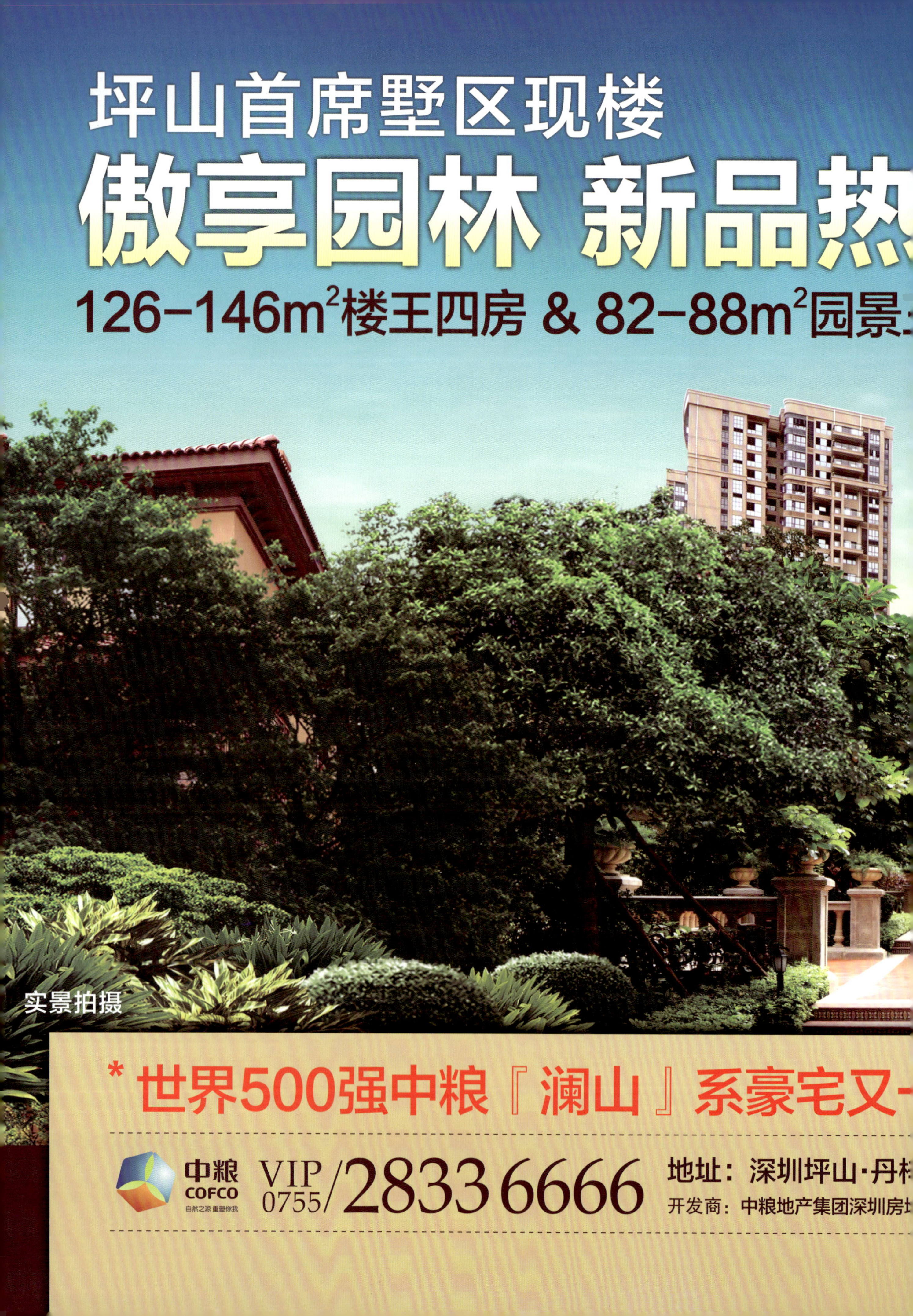

坪山首席墅区现楼
傲享园林 新品热
126-146m²楼王四房 & 82-88m²园景
实景拍摄
*世界500强中粮『澜山』系豪宅又
中粮 COFCO
自然之源 重塑你我
VIP 0755/2833 6666
地址：深圳坪山·丹
开发商：中粮地产集团深圳房

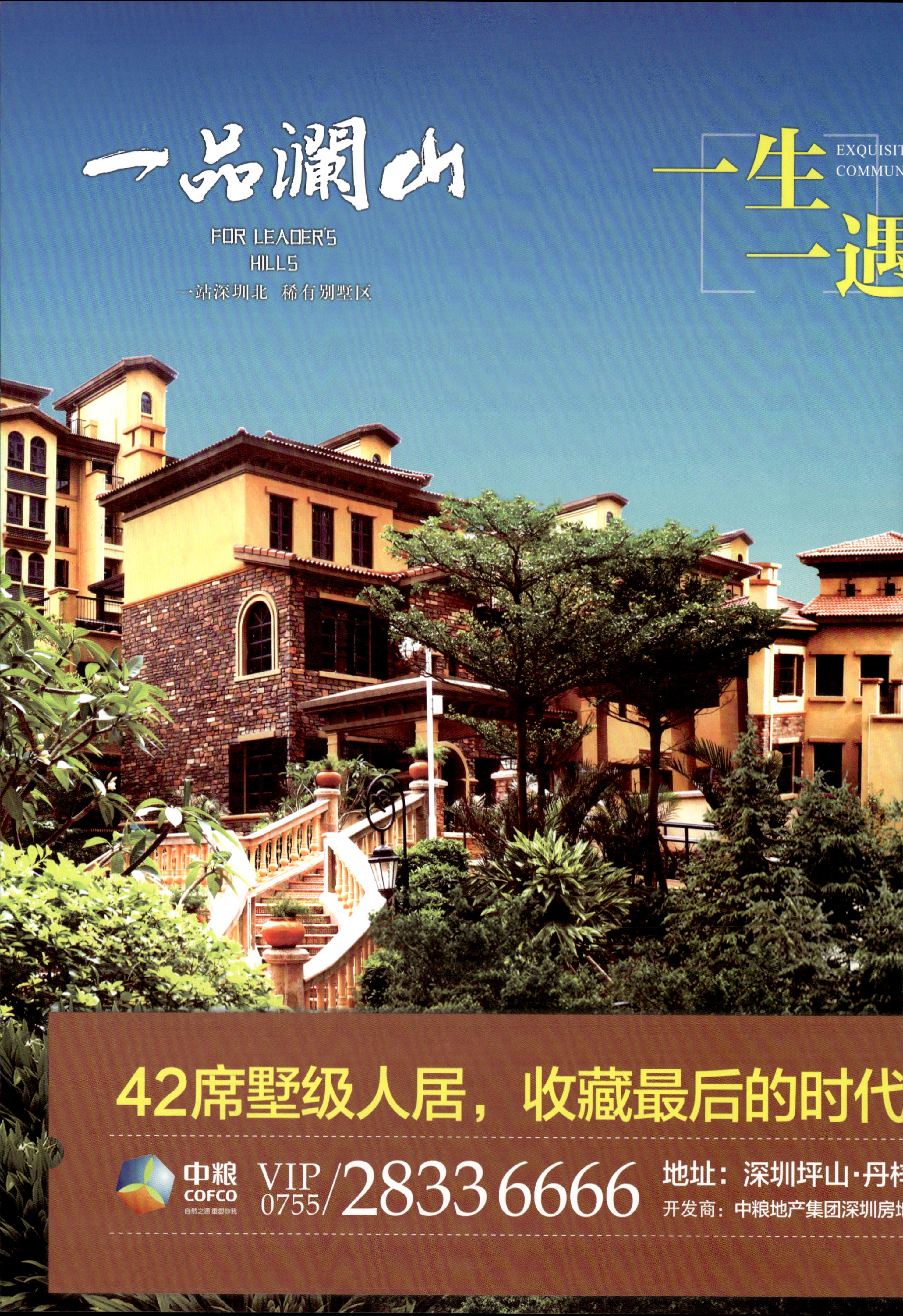
一品澜山
FOR LEADER'S HILLS
一站深圳北 稀有别墅区
一生
一遇
42席墅级人居，收藏最后的时
中粮
COFCO
VIP 0755/2833 6666
地址：深圳坪山·
开发商：中粮地产集团深圳房

金亨利·首府
CITY MANSION
TEL 2817 8888

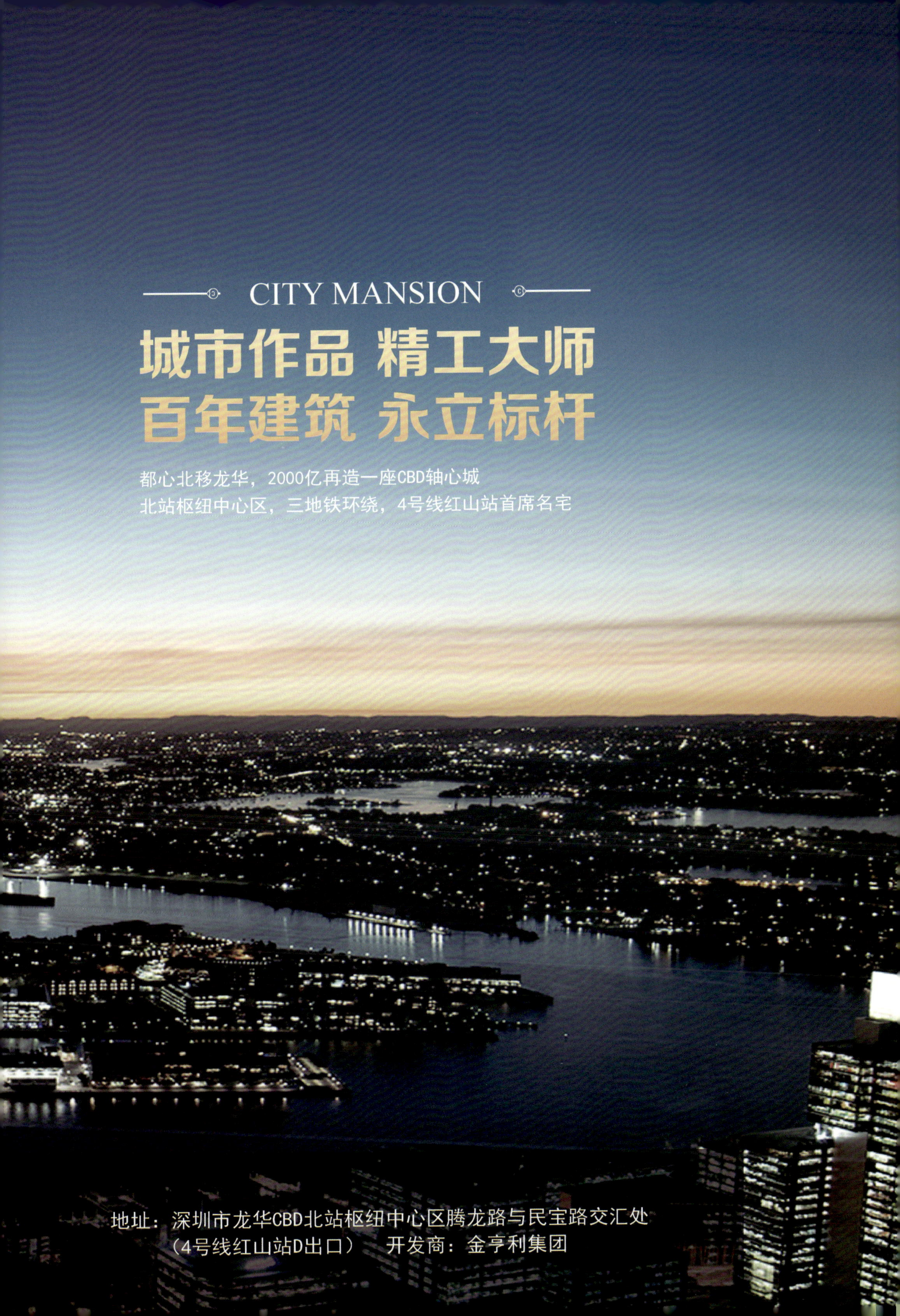
CITY MANSION
城市作品 精工大师
百年建筑 永立标杆
都心北移龙华，2000亿再造一座CBD轴心城
北站枢纽中心区，三地铁环绕，4号线红山站首席名宅
地址：深圳市龙华CBD北站枢纽中心区腾龙路与民宝路交汇处
（4号线红山站D出口）　开发商：金亨利集团

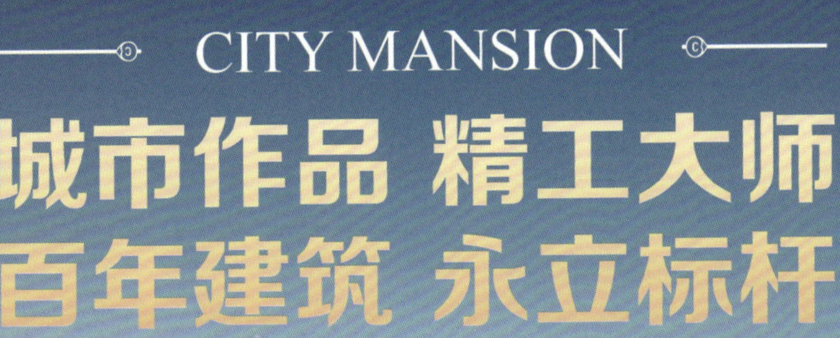

CBD轴心 · 枢纽群 · 公园府

[你未曾领略的极致]

金亨利 铸就辉煌

CITY MANSION RESPLENDENCE ACCOMPLISHMENT

专注务实 | 创造精品

集团在“以项目为中心、以‘金亨利’为品牌”的战略规划指导下，致力打造精品楼盘建设宜居的高尚生活社区和高档甲级写字楼，实现企业的集约化、精细化经营。

始终坚持“专注务实、创造精品”的企业宗旨，做有实力、有社会责任感、持续

四季御园效果图
深房许字（2013）罗湖005号

GATEWAYCITY GATEWAYCITY GATEWAYCITY GATEWAYCITY

深港口岸物业

纵享地铁之便

悦览三山一水

醇熟商业配套

23万m^2大社区

灵动百变空间

罗外优质学校

泰式皇家园林

GATEWAYCITY GATEWAYCITY GATEWAYCITY GATEWAYCITY GATEWAYCITY

NO. 8000 SHENNAN AVENUE

MOUNTAIN SEA C

世界顶级席位，少数人的商务未来

中心，全球资本与权力的角力场；山海，风云人物必争的天成大景。

建安 · 山海中心，占踞园博园旁“深南大道8000号”稀有坐标，坐享福田、南山双核心商务资源，收纳山/海/园/林/高尔夫五重胜境。

深圳独一无二的顶级席位，少数人的商务未来，尽在建安 · 山海中心。

效果图

示意图

示意图

示意图

深南大道8000号

福田南山商务圈

0距离园博园

11公里海岸线

368公顷红树林

近享海滨高尔夫

5A甲级写字楼

30年品牌巨献

*VIP TEL 0755 8891 8888 地址：深圳市福田区深南大道8000号(园博园东侧)

开发商:深圳市建安(集团)股份有限公司　营销代理:尊地地产　整合推广:深圳长城盛花

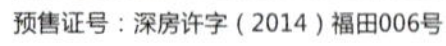
预售证号：深房许字（2014）福田006号

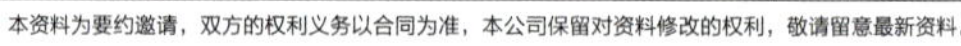
本资料为要约邀请，双方的权利义务以合同为准，本公司保留对资料修改的权利，敬请留意最新资料。

OMMERCIAL CENTER

“深南大道8000号”稀有坐标，非巨鳄所不能远见

建筑，不仅是企业商务气度的体现，更是对战略资源占有的远见。建安·山海中心，雄踞深圳中心西区深南大道8000号，商务头排。既零距离整合了深圳湾山海资源，同时又与福田CBD市政、商业、商务、会展等资源高效互动。作为政府战略规划重地，大型企业总部和高新技术产业已开始先后抢占布局。

山/海/林/园/高尔夫，中心之上的天然享用

企业对不可再生资源的占有，也是对员工高效办公的无限激发。项目北靠福山南向大海，66公顷园博园美景，368公顷红树林原生态景观，于办公桌前尽收眼底。客户到访时，不妨漫步到海滨高尔夫球场，在蓝天碧海间从容挥杆，共叙未来。

国际领先配置，只为匹配全球商务精英

建安·山海中心，聚集国际领先技术为项目配置5A智能化系统和顶级硬件，全面优化现代商务服务。外立面巴西进口金伯利花岗岩、LOW-E中空钢化玻璃、南北双奢阔大堂，造就世界级商务气度；4.2米国际标准层高、95-1600㎡商务空间设计,多方位满足企业发展需求；12部进口日立锋速电梯，分高低区同时运行，高效驾驭环球资本；世界一流大金VRV空调，绿色办公标准；地下四层无梁结构停车场，智能化车库管理环境，高效商务自如泊车。每一处细节的精心考量，都是建安·山海中心对客户高效商务的尊重。

30年风云历练，筑就百年基业

过去伟绩不能代表将来，却足以印证实力。建安集团，躬耕深圳30余年，先后参与并承建了深圳市民中心、宝安机场候机楼、会展中心、深港西部通道、深圳大学城图书馆、南坪快速路二期、电信滨海机楼等众多重点工程。每一个经典工程，都为建安集团打造商务巅峰奠定了夯实基础。

中洲·中央公园

前海都会群 中央生活圈

前海中心，首席百万都会综合体

中洲·中央公园，前海中心首席百万旗舰综合体，全面汇聚城市精华，是集高端住宅、大型购物中心、顶级公寓、星级酒店、生态公园、会所等于一体的多功能综合性城市多维空间，只为缔造城市前所未有的顶端生活。

中洲·中央公园高端住宅云集六大名校和五大公园等千亿城市繁华，选取全石材打造ArtDeco经典建筑，并匹配“联合国”式尊荣配套与英国皇家级服务，共襄深圳顶尖圈层极致生活。致美公园大宅一经面市即火爆追崇，荣膺令人瞩目的销售业绩。目前，高端商业已倾城盛启，顶级公寓众望待发。中洲地产，用作品再定义城市豪宅新标准。

中洲π mall，中洲·中央1街启幕一城丰盛生活

承一城荣耀，中央1街联袂大型购物中心π mall盛大启幕。中洲π mall——作为项目首发的6万m²都会商业旗舰，涵盖"潮流时尚"、"家居生活"、"家庭欢聚"、"休闲娱乐"四大主题业态打造一站式购物中心，强势引进嘉禾影院、佳宁娜大酒楼等多个主力品牌商家，以全方位丰盛体验，完美都会生活享受，赋予一城前所未有的繁华，致力于成为前海中心购物休闲新地标。

πmall效果图

街铺效果图

—LINK—

50-168m²前海中央双地铁街铺，新品争藏

中洲·中央1街占据前海最具升值潜力区域，拥享百万实力消费客群；无缝对接五号线和十号线交汇的灵芝地铁站，咫尺互动空港、海港、高铁，承接港、深、内陆三地客流，人气至旺；依托6万m²π mall集中商业，将打造成前海首席综合体名品街，更拥享70年产权、58-168m²最具投资价值面积段和超高实用率，无限投资价值，一触即发。

中洲·中央公园TOP级公寓钜作，即将震撼面世

汇经验之极，揽一城之粹，2014年中洲·中央公园载誉之上，以超越极致的气度与雄心，钜献TOP级公寓新作！秉承顶端生活样板精髓，136-330m²公寓甄选被誉为贵族典范的西班牙皇家风格精装，尽揽中央千亿城市资源，奢享顶级酒店、会所私属配套和五星级物管服务，将成为突破深圳豪宅天际线的地标之作，匹配居者被仰望的顶级尊荣。磅礴巨作，瞩目以待！

公寓效果图

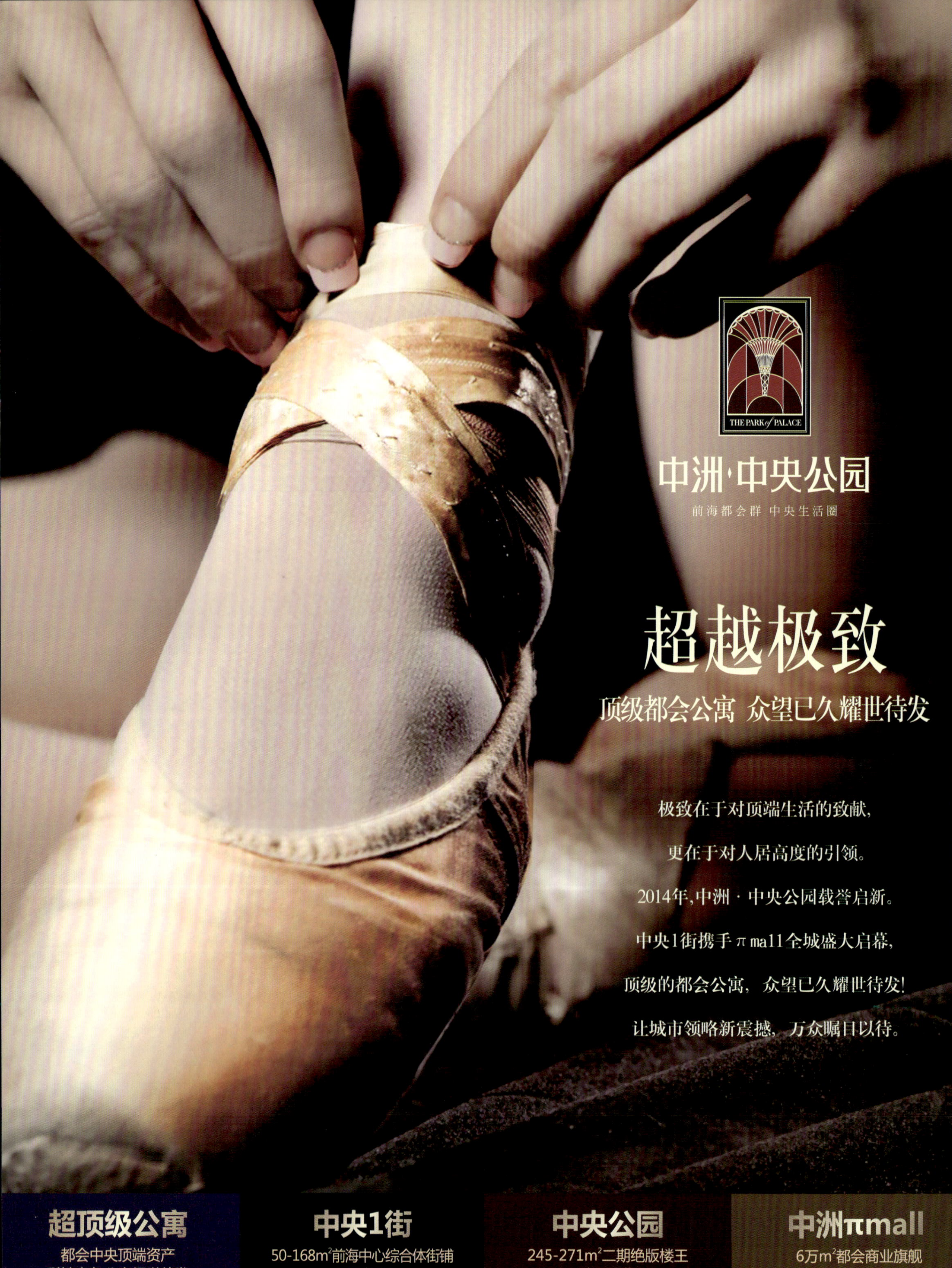
THE PARK of PALACE
中洲·中央公园
前海都会群 中央生活圈
超越极致
顶级都会公寓 众望已久耀世待发
极致在于对顶端生活的致献，
更在于对人居高度的引领。
2014年，中洲·中央公园载誉启新。
中央1街携手π mall全城盛大启幕，
顶级的都会公寓，众望已久耀世待发！
让城市领略新震撼，万众瞩目以待。
超顶级公寓
都会中央顶端资产
中央1街
50-168m²前海中心综合体街铺
中央公园
245-271m²二期绝版楼王
中洲πmall
6万m²都会商业旗舰

城市海景巅峰所在 后海片区上善之居

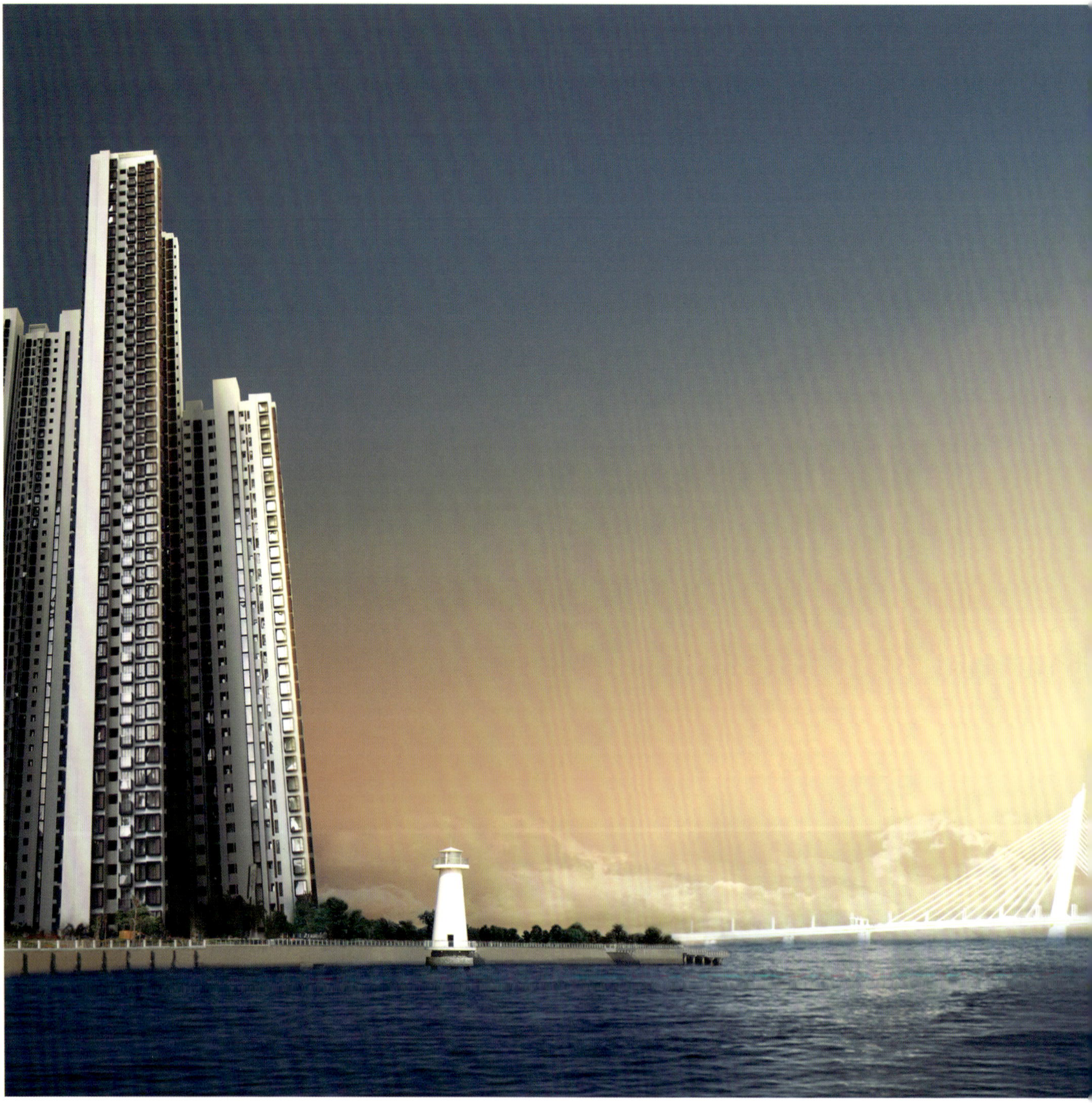

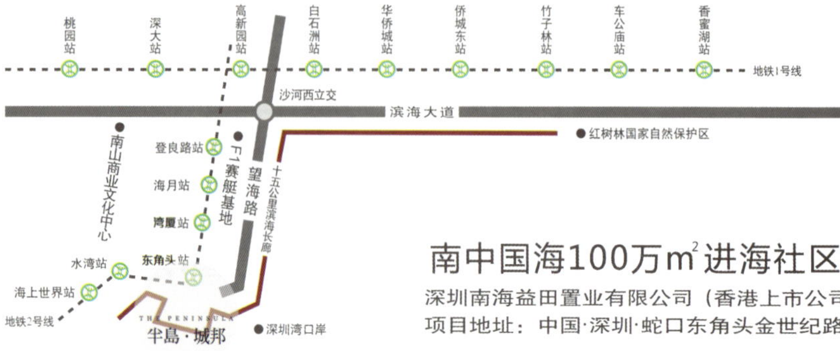

南中国海100万m²进海社区 聆海热线：86-755-2686888

深圳南海益田置业有限公司（香港上市公司南海控股有限公司下属企业 香港联交所股票代码：0680

项目地址：中国·深圳·蛇口东角头金世纪路与望海路交汇处 ┊ http://www.the-peninsula.cr

画海为疆 定义未来

半岛·城邦三面环海，一面依山，专享1.5公里滨海长廊
位踞深港半小时生活圈，尽拥都市生活的繁华与便利
建筑V型进海布局 深圳率先拥有国际游艇俱乐部的社区

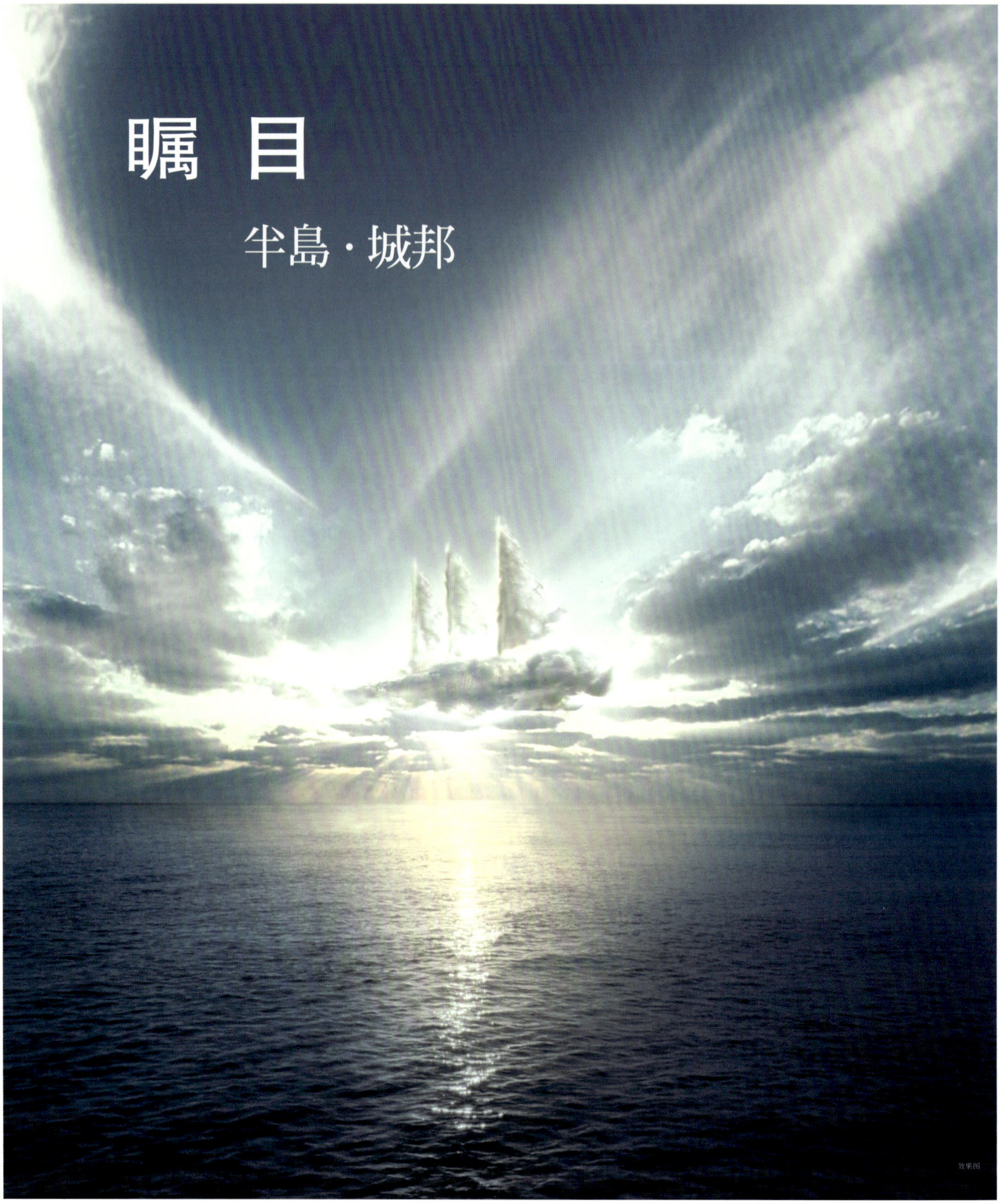

瞩目
半島·城邦
效果图

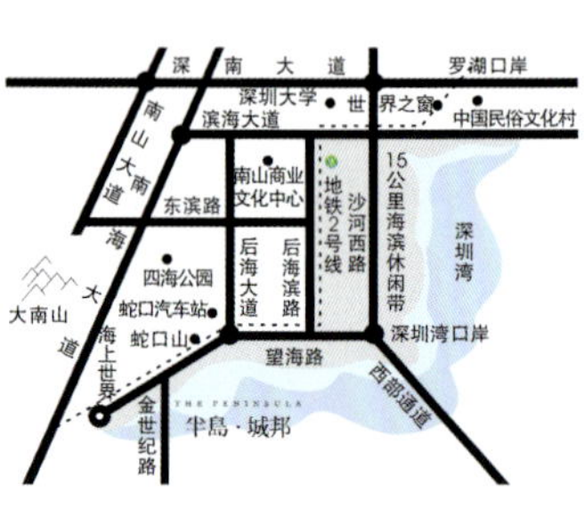

深南大道
罗湖口岸
深圳大学
世界之窗
中国民俗文化村
滨海大道
南山大道
南海大道
东滨路
南山商业文化中心
地铁2号线
沙河西路
15公里海滨休闲带
深圳湾
四海公园
后海大道
后海滨路
蛇口汽车站
大南山
蛇口山
深圳湾口岸
望海路
西部通道
海上世界
金世纪路
THE PENINSULA
半島·城邦

编 辑 说 明

一、《深圳房地产年鉴·2014》（以下称本书）是一部例行出版的资料性工具书，主要反映2013年度深圳市以商品房为主的房地产市场发展变化及其相关环境、管理制度等方面的情况，部分追列出历年数据。

二、本书的综合性资料，来自深圳市统计局；专业性资料，来自深圳市规划和国土资源委员会（市海洋局）、深圳市发展和改革委员会、深圳市住房和建设局、深圳市重点工程办公室、深圳市房屋租赁办公室、深圳市人居环境委员会、中国人民银行深圳中心支行等房地产业主管与相关部门。缘于资料出处的不同和统计口径的差异，编者虽做过一些技术处理，但仍不尽完善。

三、本书主要通过表式或图示以披露各类相关数据，供读者分析使用；部分属文字性的，也以描述事实为主，基本不含价值判断。

四、本书所称的“全市”为六区和四新区之总体范围。

五、本书的度量单位采用国际统一标准。其中，涉及长度、面积或体积时，正文中以米、公里、平方米、公顷、立方米表示，图、表中用对应符号表示，如米为m、公里为km、公顷为hm^2、平方米为m^2、立方米为m^3等。

六、本书的货币单位，除特别注明为港元（HKD）、美元（USD）外，均为人民币“元”、“万元”或“亿元”。

七、本书附表、附图均以章号冠前，表序随后。表内，凡有“—”符号者，为不应发生数或应发生但数据为零的；空格者，为应发生而未采集到数据的。

八、本书的增减比较多以“±%”表示。如负增长23.4%，写作“-23.4%”，但正增长43.5%，则写作“43.5%”，而不作“+43.5%”。

九、本书发生之序数多以“~”省略之。如1、3、4、5、6写作“1、3~6”，A、C、D、E、F写作“A、C~F”。

目 录

第一章　深圳概况

第一节　自然条件与行政区划

一、地理环境

深圳市是中国南部海滨城市，属亚热带海洋性气候区，四季温润、阳光充沛，盛产水果，位于北回归线以南，东经113° 46′ 至114° 37′，北纬22° 27′ 至22° 52′。深圳市地处祖国南疆、广东省南部，珠江口东岸，东临大亚湾和大鹏湾；西濒珠江口和伶仃洋；南边深圳河与香港相联；北部与东莞、惠州两城市接壤；辽阔海域连接南海及太平洋。深圳市所辖范围呈狭长形：东西长、南北窄，行政辖区内土地总面积1991.64平方公里，海岸线长229.9公里，海域面积1145平方公里（其中滩涂面积70平方公里），有大、小岛屿24个，岛岸线总长12.78公里，海洋资源丰富，有优良的海湾港口，通海条件优越。深圳全境地势东南高，西北低，多为低丘陵地，间以平缓的台地，西部沿海一带是滨海平原，平原占陆地面积的22.1%。梧桐山、七娘山、羊台山、大南山等山脉绵延，最高山峰为梧桐山，海拔943.7米。全市境内流域面积大于1平方公里的河流共有310条，分属珠江、东江、粤东沿海水系，较大的河流有深圳河、茅洲河、龙岗河、观澜河和坪山河等。

二、气候条件

（一）常年气候

2013年深圳市年平均气温为23.1℃，比近5年同期平均值高0.2℃；全年降雨量偏多，降水分布极为不均，局地雨强较大，降水阶段性集中；全年总降雨量为2203.6mm，比近5年同期平均值偏多25%；全年总日照时数为1906.6小时，比近5年平均值偏多5.3小时；全年平均相对湿度为75%，比近5年同期平均值偏高3%。

（二）气象灾害

2013年深圳市全年主要天气气候特点表现为“台风多，暴雨强，冬暖夏凉”的特征。

1.台风影响数量多，“天兔”风雨最严重。全年有8个热带气旋进入深圳500公里范围内，有5个造成风雨影响，其中有1个造成严重影响。有风雨影响的热带气旋数量较同期气候平均值

（3.5个）明显偏多，为近5年影响数量最多年份。全年共发布各级台风预警20次，为近5年最多。

2.降水集中暴雨多，短时强降水多发。2013年深圳市降水有几大特点。一是入汛早，3月26日入汛，较气候平均入汛日期早25天；二是入汛前后雨量差异大。由2月的偏少9.9成一跃到3月的偏多1倍多；三是强降水多发、阶段集中、短时雨强大。2013年总雨量2203.6mm，较气候平均值（1935.8mm）偏多14%，全年深圳国家基本站记录到的暴雨日数10天，为近5年最多年份；而根据全市120个区域自动气象站记录，年内共有14天出现全市范围暴雨，为近5年最多；年内降水集中，全年降水日数129天，有105天集中在汛期；短时雨强大，以滑动小时雨量≥70mm出现的总站次作为短时强降水指标进行统计，2013年全市雨强（小时雨量）超过70mm 的年度总次数为35站次，为近5年最多。全年共发布分区暴雨红色预警4次，发布分区暴雨橙色预警达13次，均为近5年最多。

3.冬无严寒夏无暑，寒冷炎热日数少。表现为2013年1~3月深圳气温持续偏高，全年共记录到10℃以下寒冷日数15天，其中1~3月记录到10℃以下寒冷日数4天，与1991年同期（1~3月）并列为历史同期最少；而盛夏（6~8月）受雨日偏多影响，平均气温28.2℃，较同期气候平均值（28.5℃）低0.3℃，为近10年同期第二低值，仅次于2008年同期（27.7℃）。2013年盛夏（6~8月）共记录到33℃以上高温炎热日数21天，为1986年以来同期第二少，仅次于2008年的13天。

4.灰霾十年第二少，旱季多发雨季少。2013年共记录到灰霾98天，为近10年第二少年份，其中对市民健康影响较大的重度灰霾连续5年为0天。夏季6、7月份连续两个月灰霾日数为0，“大运蓝”重现深圳。全市灰霾表现为西部多于东部，北部多于南部。分析表明，今年灰霾在秋冬季节因降水稀少且偏北风盛行而多发，而夏季因雨水多于常年且南风盛行，灰霾日很少。

三、行政区划

1979 年 3 月，中央和广东省决定将原宝安县改为深圳市，同年 11 月改为省辖市。1980 年深圳经济特区成立，并恢复宝安县建制。1988年国务院批准深圳市为计划单列市，赋予相当于省一级的经济管理权限。1993 年，撤宝安县建制改为深圳市属的宝安、龙岗两区。1997 年 10 月，国务院批准深圳市增设盐田区，至此，全市共辖 6 个区：特区内 4 个区，即福田区、罗湖区、南山区、盐田区；特区外两个区，即宝安区、龙岗区。2003 年 10 月 30 日，《中共深圳市委深圳市人民政府关于加快宝安龙岗两区城市化进程的意见》颁布实施，原为特区外的宝安、龙岗两区转为城区，撤销镇设立街道办事处；同时撤销村民委员会成立社区居民委员会，街道办事处作为区级政府派出机构，受政府委托行使管理社会经济的职能。为了贯彻实施《深圳市综合配套改革总体方案》提出的全面启动大部制体制改革的精神，创新基层管理体制，2007 年 5 月 31 日，光明新区挂牌成立；2009 年 6 月 30 日，坪山新区挂牌成立；2010 年 7 月 1 日起，深圳经济特区范围延伸到全市； 2011 年 12 月 30 日，龙华新区、大鹏新区挂牌成立；2012 年 7 月 3 日，国务院正式批复关于支持深圳前海深港现代服务业合作区开发开放有关政策。目前，深圳共有罗湖、福田、南山、盐田、宝安、龙岗六个市辖行政区和光明、坪山、龙华、大鹏四个市辖功能区。

第二节　经济发展

2013 年，面对十分复杂的国内外形势，深圳坚持稳中求进的工作总基调，坚定不移推进改革，努力创造科学发展的“深圳质量”，全市经济呈现稳中有进、稳中向好的发展态势，完成了全年经济发展主要目标。各项社会事业取得新发展。

一、综合

初步核算，2013 年本地生产总值 14500.23 亿元，比上年增长 10.5%。其中，第一产业增加值 5.25 亿元，下降 19.8%；第二产业增加值 6296.84 亿元，增长 9.0%；第三产业增加值 8198.14 亿元，增长 11.7%。第一产业增加值占全市生产总值的比重不到 0.1%；第二和第三产业增加值占全市生产总值的比重分别为 43.4% 和 56.6%。人均生产总值 136947 元/人，增长 9.6%，按 2013 年平均汇率折算为 22112 美元。

现代产业中，现代服务业增加值 5492.37 亿元，比上年增长 12.6%；先进制造业增加值 4162.87 亿元，增长 12.2%；高技术制造业增加值 3370.67 亿元，增长 12.3%。在第三产业中，交通运输、仓储和邮政业增加值 504.09 亿元，增长 9.0%；批发和零售业增加值 1765.43 亿元，增长 14.2%；住宿和餐饮业增加值 269.77 亿元，增长 2.5%；房地产业增加值 1334.42 亿元，增长 10.8%。民营经济增加值 5620.82 亿元，增长 11.2%。

四大支柱产业中，金融业增加值 2008.16 亿元，比上年增长 15.0%；物流业增加值 1445.62 亿元，增长 11.4%;文化产业增加值 1085.94 亿元，增长 14.5%；高新技术产品增加值 4652.00 亿元，增长 12.4%。

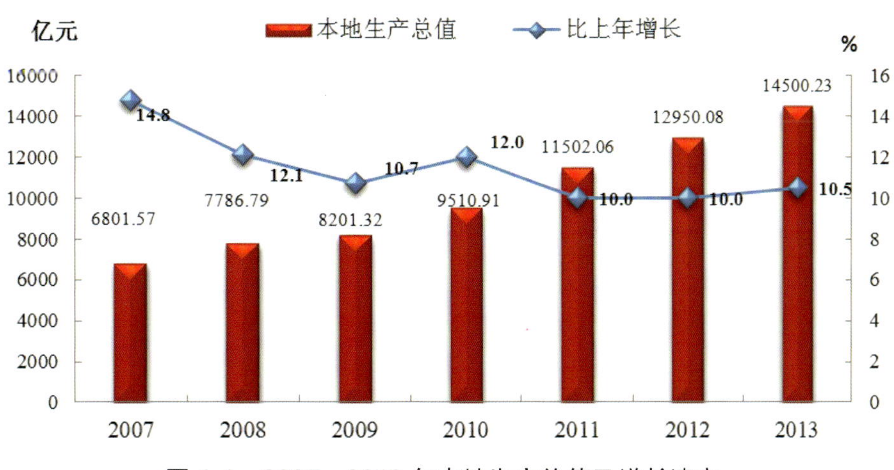

图 1-1　2007～2013 年本地生产总值及增长速度

表 1-1　2013 年分区本地生产总值

单位：亿元

	本地生产总值		第一产业		第二产业		第三产业	
	绝对值	增速（%）	绝对值	增速（%）	绝对值	增速（%）	绝对值	增速（%）
全市合计	**14500.23**	**10.5**	**5.25**	**-19.8**	**6296.84**	**9.0**	**8198.14**	**11.7**
福田区	2700.30	10.3	0.77	-3.4	200.12	6.9	2499.40	10.7
罗湖区	1488.43	9.2	0.09	-11.0	108.20	7.8	1380.14	9.3
盐田区	408.51	10.1	0.03	-35.6	82.28	6.9	326.20	10.9
南山区	3206.57	12.0	0.92	8.3	1875.60	12.1	1330.05	11.8
新宝安区(不含光明、龙华新区)	2033.09	11.6	0.61	-5.0	1019.18	10.9	1013.31	12.2
光明新区	580.56	15.5	1.02	-4.9	408.79	16.0	170.76	14.6
龙华新区	1309.10	4.0	0.37	-4.8	801.70	0.0	507.03	11.9
新龙岗区(不含坪山、大鹏新区)	2143.48	11.2	0.39	-21.9	1372.23	11.7	770.86	10.3
坪山新区	385.12	13.1	0.59	-21.8	272.47	13.3	112.06	12.9
大鹏新区	245.07	3.6	0.45	-22.0	156.28	1.1	88.33	9.7

六大战略性新兴产业中，生物产业增加值228.28 亿元，比上年增长 11.3%；互联网产业增加值 590.59 亿元，增长 28.2%；新能源产业增加值 335.97 亿元，增长 14.1%；新一代信息技术产业增加值 2180.30 亿元，增长 23.6%；新材料产业增加值 310.36 亿元，增长 11.9%；文化创意产业增加值 1357.00 亿元，增长 18.0%。

全年完成公共财政预算收入 1731.26 亿元，比上年增长 16.8%，其中税收收入 1498.40 亿元，增长 12.7%。公共财政预算支出 1690.20 亿元，增长 7.7%；其中，教育支出 280.99 亿元，增长 14.2%；文化体育与传媒支出 32.69 亿元，减少 0.5%；医疗卫生支出 105.61 亿元，增长 0.3%；一般公共服务支出 148.03 亿元，增长 3.2%。

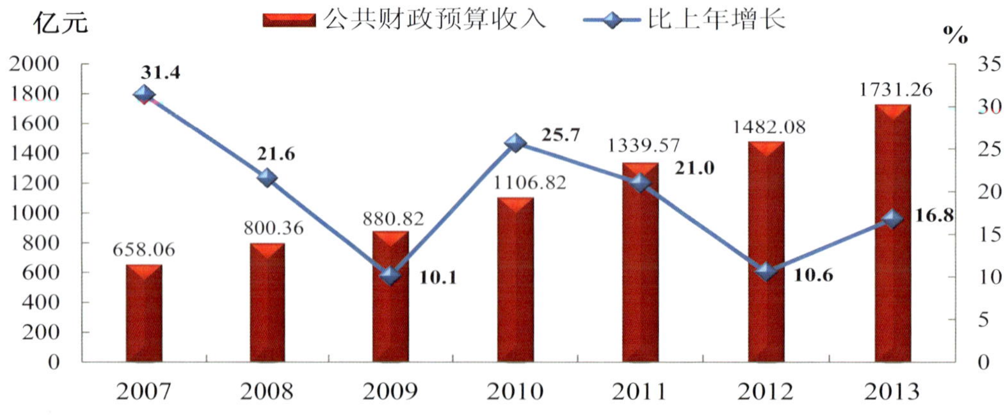

图 1-2　2007～2013 年地方财政一般预算收入及增长速度

全年居民消费价格总水平比上年上升2.7%。全年工业生产者购进价格指数为98.3%；工业生产者出厂价格指数为98.0%。

图 1-3　2013 年居民消费价格涨跌幅度（月度同比）

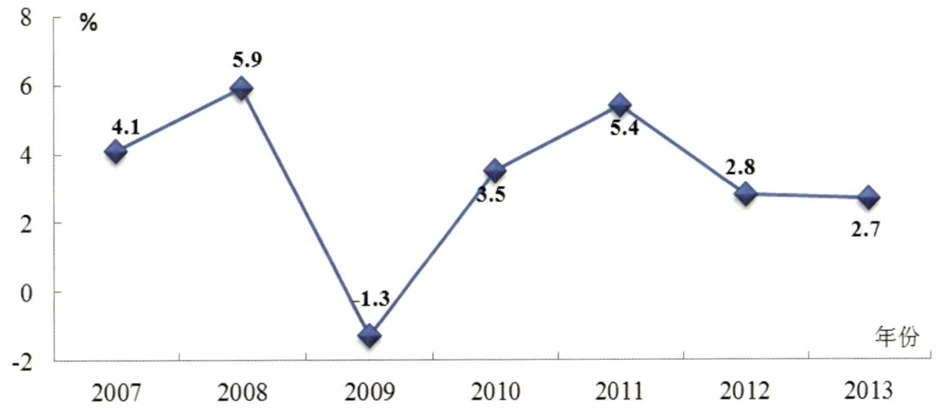

图 1-4　2007～2013 年居民消费价格涨跌幅度

表 1-2　2013 年居民消费价格指数

指标名称	价格指数（%）
居民消费价格总指数（以上年为 100）	102.7
食品	102.9
烟酒	98.8
衣着	101.9
家庭设备用品及维修服务	101.9
医疗保健和个人用品	101.8
交通和通讯	100.2
娱乐教育文化用品及服务	103.3
居住	104.8

二、农业

2013 年农作物播种面积 81472 亩，比上年减少 6.7%，其中，蔬菜播种面积 81057 亩，下降 4.3%。水果播种面积 38035 亩，下降 19.1%。

全年蔬菜产量 101324 吨，比上年下降 2.5%；水果产量 1745 吨，下降 35.3%。主要畜产品产量见表 1-3。

全年水产品总产量 19107 吨，比上年下降 33.5%。其中，海产品 18062 吨，下降 34.2%；淡水产品 1045 吨，下降 20.1%。

表 1-3　主要畜产品产量

指　标	单位	产量	比上年增长（%）
肉猪出栏量	头	121794	-34.1
猪肉产量	吨	8609	-30.6
家禽饲养量	只	2640075	-48.2
鲜奶产量	吨	13759	3.3

三、工业和建筑业

2013 年实现规模以上工业增加值 5695.00 亿元，比上年增长 9.6%。其中，国有企业增加值 222.63 亿元，增长 1.8%；股份制企业增加值 2541.52 亿元，增长 16.5%；外商及港澳台投资企业增加值 2863.94 亿元，增长 5.4%。分轻重工业看，轻工业增加值 1124.40 亿元，增长 3.1%；重工业增加值 4570.59 亿元，增长 11.4%。

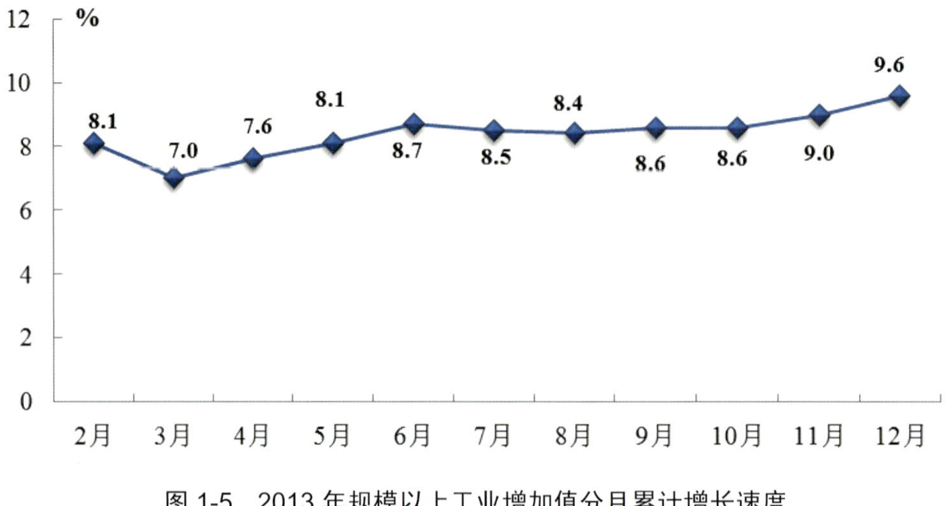

图 1-5　2013 年规模以上工业增加值分月累计增长速度

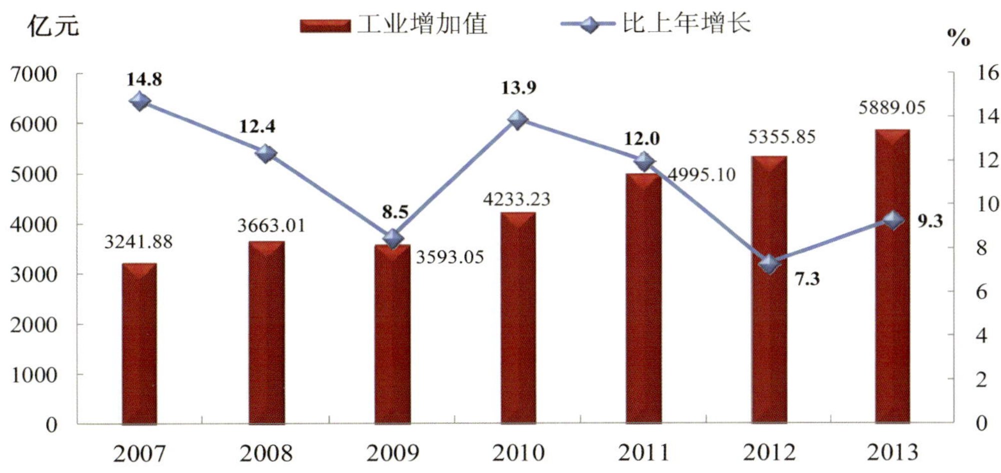

图 1-6 2007～2013 年工业增加值及增长速度

全年规模以上通信设备、计算机及其他电子设备制造业增加值 3159.49 亿元，比上年增长 12.8%，占规模以上工业增加值比重 55.5%。

全年高新技术产品产值 14133.00 亿元，比上年增长 9.3%，其中具有自主知识产权的高新技术产品产值 8649.00 亿元，增长 9.6%。

全年规模以上工业销售产值 21774.47 亿元，比上年增长 3.2%。其中，出口交货值 10765.13 亿元，下降 1.8%，占规模以上工业销售产值比重 49.4%，比上年下降 2.6 个百分点。工业产品销售率 98.2%，比上年下降 0.3 个百分点。主要工业产品产量见表 1–4。

表 1-4　2013 年主要工业产品产量及增长速度

产品名称	单位	数量	比上年增长（%）
微型计算机	万台	1910.10	14.1
其中：笔记本计算机	万台	953.85	3.9
程控交换机	万线	1645.30	35.6
其中：数字程控交换机	万线	1002.49	7.1
移动通讯基站设备	万信道	11268.91	21.8
新能源乘用车（客车）	辆	1615	-20.7
金属集装箱	万立方米	1472.12	30.3
数码照相机	万台	396.76	-17.7
复印和胶版印制设备	万台	296.99	3.6
光缆	万芯千米	1163.76	6.3
打印机	万台	1721.10	-24.1
硬盘存储器	万台	6850.58	-15.5
半导体存储盘	万个	13894.10	-7.8
GPS 接收机	万部	37.84	-35.2
移动通讯手持机（手机）	万台	38200.86	15.2
彩色电视机	万台	3320.12	1.1
电视接收机顶盒	万台	6187.95	2.5
半导体分立器件	亿只	63.49	-0.5
集成电路	亿块	145.58	-4.9
液晶显示屏	万片	53436.60	-11.0
电子元件	亿只	1741.58	0.8
服装	万件	15129.90	-14.8
家具	万件	2007.71	-2.1
中成药	万吨	4.86	76.9
钟	万只	1031.18	-23.7
表	万只	6399.28	-6.2
精炼食用植物油	万吨	81.21	3.3
包装饮用水	万吨	576.92	23.5
卷烟	亿支	195.16	1.7
塑料制品	万吨	88.81	4.4
家用电风扇	万台	1809.56	3.9
家用吸尘器	万台	1459.67	1.2

全年规模以上工业企业主营业务收入比上年增长 1.6%；实现利税总额增长 17.3%；实现利润总额增长 18.3%。

全年建筑业增加值 407.79 亿元，比上年增长 4.6%。

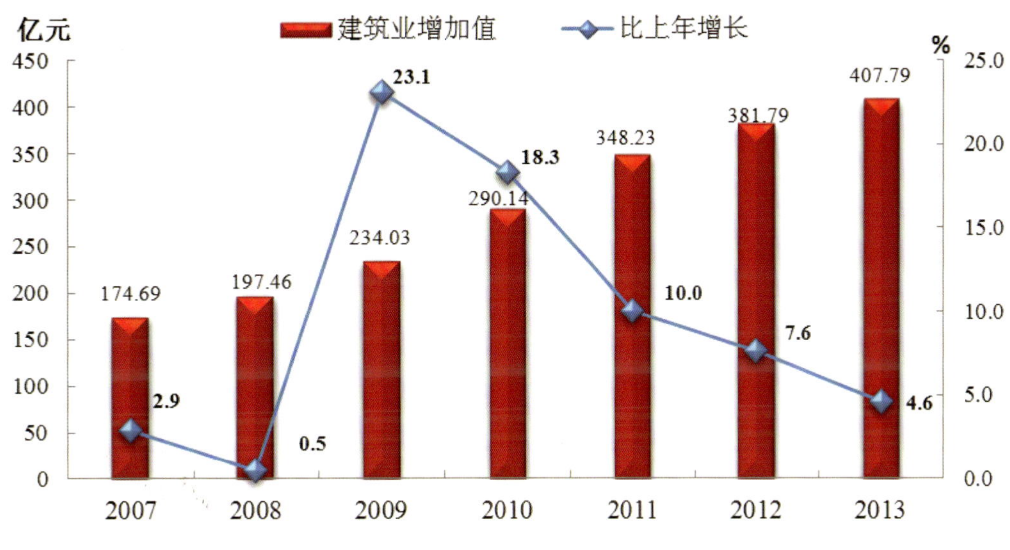

图 1-7　2007～2013 年建筑业增加值及增长速度

四、固定资产投资

2013 年完成固定资产投资额 2501.01 亿元，比上年增长 14.0%。其中，房地产开发项目投资 887.71 亿元，增长 20.5%；非房地产开发项目投资 1613.30 亿元，增长 10.7%。

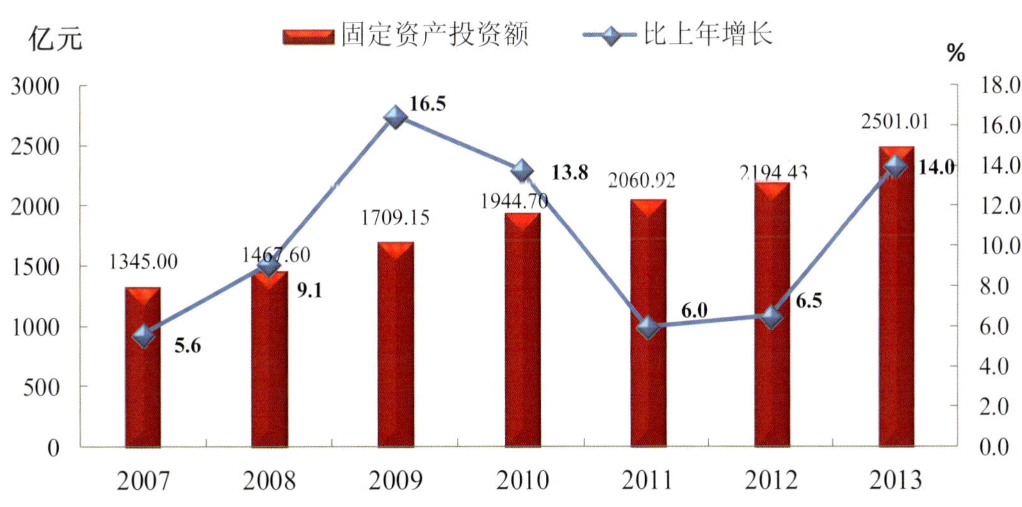

图 1-8　2007～2013 年固定资产投资及增长速度

表 1-8　2013 年分区社会消费品零售总额

	绝对值（亿元）	比上年增长（%）
全市合计	**4433.59**	**10.6**
福田区	1392.91	9.5
罗湖区	924.38	10.7
盐田区	53.31	10.0
南山区	593.79	9.5
新宝安区（不含光明、龙华新区）	614.09	11.2
光明新区	86.57	22.6
龙华新区	202.86	10.6
新龙岗区(不含坪山、大鹏新区)	475.48	11.6
坪山新区	54.23	18.0
大鹏新区	35.96	10.5

2013 年商品销售总额 19393.34 亿元，比上年增长 23.2%。其中批发销售总额 15361.65 亿元，增长 26.1%。全年限额以上批发零售业商品销售中，十大类商品销售情况为：文化办公用品类增长 64.5%；通讯器材类增长 56.3%；食品饮料烟酒类增长 31.6%；日用品类增长 19.2%；金银珠宝类增长 18.5%；汽车类增长 13.4%；家用电器和音响器材类增长 12.1%；服装鞋帽针织类增长 7.9%；体育娱乐用品类增长 4.8%；书报杂志类下降 0.6%。

六、对外经济

2013 年外贸进出口总额 5373.59 亿美元，比上年增长 15.1%。其中出口总额 3057.18 亿美元，增长 12.7%，占全国出口总额的 13.8%，占全省出口总额的 48.0%；进口总额 2316.41 亿美元，增长 18.5%。外贸出口总额连续 21 年居内地城市首位。

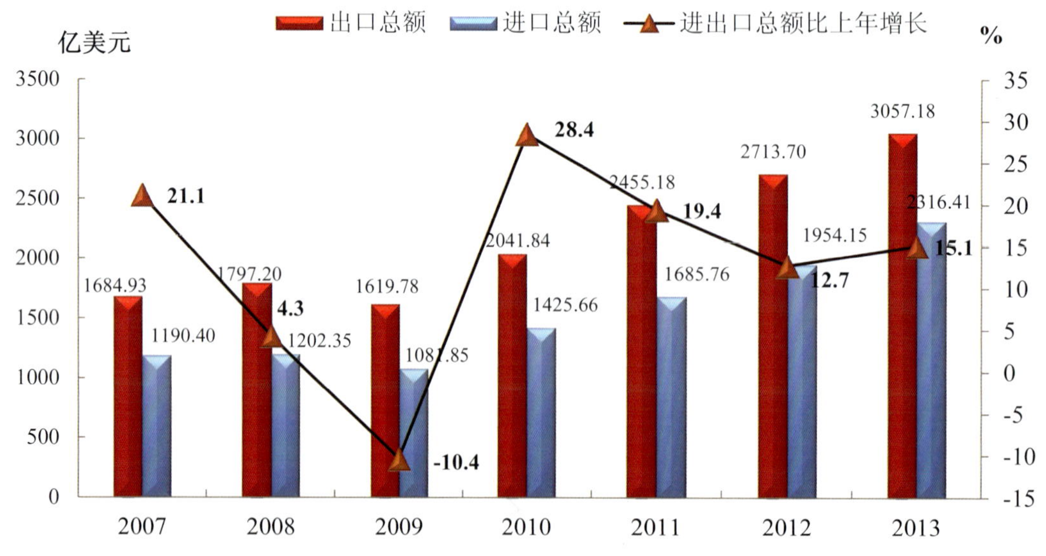

图 1-10　2007～2013 年进出口总额及增长速度

表 1-9　2013 年外贸进出口总额及增速

指标名称	金额（亿美元）	比上年增长（%）
外贸进出口总额	**5373.59**	**15.1**
外贸出口总额	**3057.18**	**12.7**
总额中：国有企业	265.24	-6.8
民营、集体企业	1333.41	29.8
“三资”企业	1485.53	4.1
总额中：一般贸易	809.55	6.6
“三来一补”贸易	75.51	-39.7
进料加工贸易	1284.8	-2.2
其他贸易	887.33	72.4
总额中：机电产品	2347.68	18
总额中：高新技术产品	1690.18	19.7
外贸进口总额	**2316.41**	**18.5**
总额中：国有企业	117.07	-16
民营、集体企业	1255.3	44.3
“三资”企业	944.04	-0.1
总额中：一般贸易	663.69	19.7
“三来一补”贸易	28.13	-49.1
进料加工贸易	866.39	-3.7
其他贸易	758.2	70.1

表 1-10　2013 年主要商品出口金额及增长速度

商品名称	金额（亿美元）	比上年增长（%）
自动数据处理设备及其部件	337.06	-8.1
电话机	242.17	3.7
自动数据处理设备的零件	73.58	-9.9
服装及衣着附件	82.12	-6.4
打印机（包括多功能一体机）	44.88	23.5
家具及其零件	45.15	17.5
鞋类	42.46	1.2
集成电路	379.16	142.6
录、放像机	22.24	-21.2
液晶显示板	78.53	13.1
纺织纱线、织物及制品	33.18	3.9
玩具	32.20	9.7
塑料制品	30.85	10.5

表 1-11　2013 年主要商品进口金额及增长速度

商品名称	金额（亿美元）	比上年增长（%）
集成电路	728.61	44.0
自动数据处理设备及其部件	98.73	-12.5
液晶显示板	124.81	23.6
自动数据处理设备的零件	57.79	-0.1
初级形状的塑料	42.21	0.2
二极管及类似半导体器件	82.56	62.9
印刷、装订机械及零件	20.77	-30.4
农产品	47.63	13.0
未锻造的铜及铜材	21.29	10.2
钢材	10.40	-3.3
纺织纱线、织物及制品	11.28	4.4
成品油	11.58	-9.7

全年新签外商直接投资合同项目 2056 项，比上年下降 15.3%；合同外资金额 67.00 亿美元，增长 7.0%；实际使用外商直接投资金额 54.68 亿美元，增长 4.6%。

全年对外承包工程业务完成营业额 222.07 亿美元，比上年增长 45.3%。

表 1-12　2013 年对主要国家和地区进出口总额及增长速度

国家和地区	出口（亿美元）	比上年增长（%）	进口（亿美元）	比上年增长（%）
香港	1809.4	23.6	25.96	52.8
美国	296.33	-4.1	116.70	95.3
日本	85.49	-4.7	150.52	-6.1
欧盟 27 国	266.59	5.1	84.74	11.4

表 1-13　2013 年分行业外商直接投资及增长速度

行业	合同外资金额（万美元）	比上年增长（%）	实际使用金额（万美元）	比上年增长（%）
总计	**670003**	**7.0**	**546789**	**4.6**
制造业	107429	-55.4	168822	-6.3
电力、燃气及水的生产和供应业	14527	468.1	18641	1753.0
建筑业	594	-49.8	3224	298.0
交通运输、仓储和邮政业	2490	-91.3	14732	-54.3
信息传输、计算机服务和软件业	8517	-50.6	7258	41.3
批发和零售业	137288	57.9	64835	-45.5
住宿和餐饮业	4101	43.7	1881	-23.9
金融业	160495	425.1	19972	1392.7
房地产业	34874	-26.1	71830	29.6
租赁和商务服务业	167760	39.7	130046	70.7
科学研究、技术服务和地质勘查业	28016	-6.6	39518	-0.4
水利、环境和公共设施管理业	—	—	—	—
居民服务和其它服务业	-61	-119.5	76	-81.4
文化、体育和娱乐业	2506	-85.3	5661	-35.4

七、交通、邮电与旅游

2013 年货物运输总量 29685.02 万吨，比上年增长 3.5%。货物运输周转量 2101.91 亿吨公里，增长 6.1%。

表 1-14　2013 年各种运输方式完成货物运输量及增长速度

指标	单位	数量	比上年增长（%）
货运量	万吨	29685.02	3.5
铁路	万吨	391.08	-2.5
公路	万吨	22242.00	1.2
水运	万吨	6983.67	12.0
民航	万吨	68.27	13.2
货物周转量	亿吨公里	2101.91	6.1

表 1-15　2013 年各种运输方式完成旅客运输量及增长速度

指标	单位	数量	比上年增长（%）
客运量	万人	201721.57	9.0
铁路	万人	2594.50	4.6
公路	万人	195597.00	9.1
水运	万人	400.88	12.8
民航	万人	3129.19	11.5
旅客周转量	亿人公里	984.58	26.2

2013 年深圳港港口货物吞吐量 23397.98 万吨，比上年增长 2.6%；集装箱吞吐量 2327.84 万标箱，增长 1.5%，其中，出口集装箱吞吐量 1208.30 万标箱，增长 3.0%。全市年末拥有港口泊位数 159 个，其中万吨级泊位 67 个。

全年深圳机场货邮吞吐量 91.35 万吨，比上年增长 6.9%；机场旅客吞吐量 3226.81 万人次，增长 9.1%。年末开通运营国内航线 128 条；国际航线 20 条；港澳台航线 3 条。

全年全市民用汽车拥有量 258.08 万辆，比上年增长 16.7%，其中，私人小汽车拥有量 196.95 万辆，增长 20.5%。

全年邮电业务总量（按 2010 年价格）586.66 亿元，比上年增长 26.5%。其中，邮政、快递业务量 220.36 亿元，增长 89.6%；电信业务量 366.31 亿元，增长 5.4%。全年订销报纸 1.10 亿份；订销杂志 785 万份；收寄函件 1.46 亿份；特快专递 93.60 万件（邮政口径）。年末全市有邮政、电信局（所）797 所。全市固定电话交换机总容量 597 万门，增长 2.8%；年末固定电话用户 490.15 万户。移动电话交换机容量 2812 万门；年末移动电话用户 2553.52 万户。国际互联网宽带用户 433.26 万户。

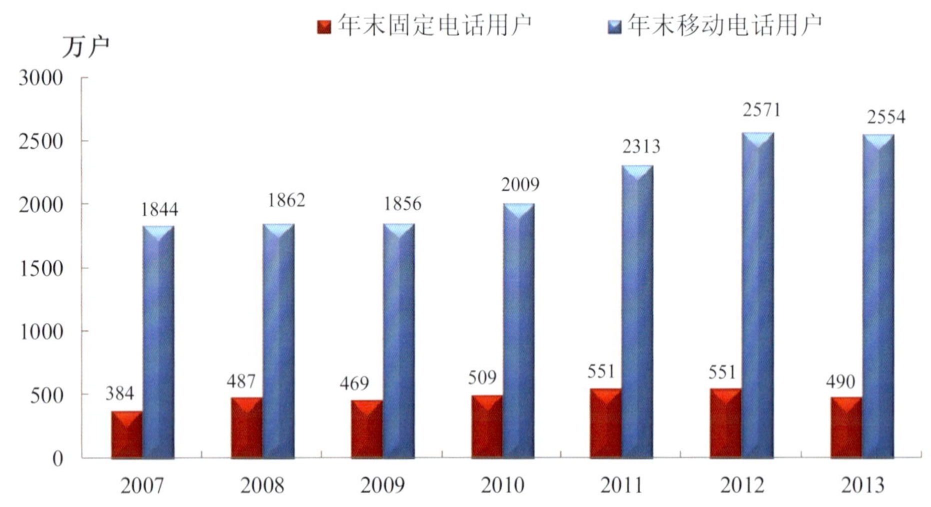

图 1-11　2007～2013 年年末电话用户数

全年旅游住宿设施接待过夜游客 4566.80 万人次，比上年增长 10.1%。其中海外游客 1214.89 万人次，增长 0.7%；国内游客 3351.91 万人次，增长 14.0%。在过夜海外游客中，外国游客 166.82 万人次，下降 1.3%；港澳同胞 1004.88 万人次，增长 1.3%；台湾同胞 43.19 万人次，下降 5.1%。全年旅游外汇收入 45.31 亿美元，增长 4.7%。宾馆、酒店、度假村开房率 64.1%，比上年提高 1.1 个百分点。

全年经过一线口岸入出境人数 2.25 亿人次；入出境交通工具 1600 万辆(艘)次。经特区管理线进入特区人数 6.00 亿人次；车辆 2.10 亿辆次。

八、金融、证券和保险

2013 年末全市国内金融机构人民币存款余额 29830.99 亿元，比年初增长 15.1%；国内金融机构人民币贷款余额 19803.58 亿元，比年初增长 14.1%。

表 1-16　2013 年末国内金融机构人民币存贷款及增长速度

指标	绝对数（亿元）	比年初增长（%）
国内金融机构各项存款余额	29830.99	15.1
其中：单位存款	17414.71	17.0
个人存款	9289.37	10.7
国内金融机构各项贷款余额	19803.58	14.1
其中：短期贷款	5276.36	24.3
中长期贷款	13172.47	11.4

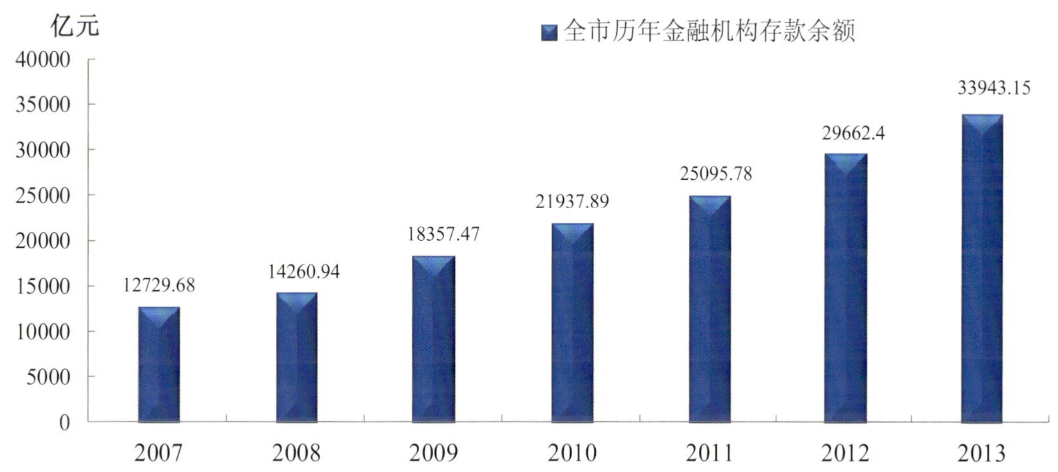

图 1-12　2007～2013 年全市金融机构本外币存款余额

2013 年末全部金融机构本外币各项存款余额 33943.15 亿元，比年初增长 14.1%；金融机构本外币各项贷款余额 24680.07 亿元，比年初增长 12.9%。

年末深圳证券交易所上市公司 1536 家，比上年减少 4 家。上市股票 1577 只，减少 4 只，其中，A 股 1524 只，减少 4 只；B 股 53 只，与上年持平。总发行股本 8070.35 亿股，增长 11.8%；总流通股本 6265.99 亿股，增长 19.2%。上市公司市价总值 87911.92 亿元，增长 22.7%。上市公司流通市值 63053.16 亿元，增长 33.1%。全年证券市场总成交金额 296671.46 亿元，增长 66.1%。其中，A 股总成交金额 237713.21 亿元，增长 58.8%；B 股总成交金额 749.38 亿元，增长 64.8%。总成交股数 21653.82 亿股，增长 55.4%。

全年保险机构原保险保费收入 468.76 亿元，比上年增长 16.8%。其中，财产险 172.80 亿元，增长 11.8%；人身险 295.97 亿元，增长 19.9%。各项赔付支出 125.19 亿元，增长 16.2%。其中，财产险业务支出 86.30 亿元，增长 10.3%；人身险业务支出 38.89 亿元，增长 31.9%。

表 1-17　深圳市历年国内生产总值（当年价格）

单位：万元

年份	国内生产总值	第一产业	第二产业			第三产业	人均 GDP（元）
				工业	建筑业		
1979	19638	7273	4017	2313	1704	8348	606
1980	27012	7803	7036	3726	3310	12173	835
1981	49576	13343	16019	8311	7708	20214	1417
1982	82573	18960	31439	9540	21899	32174	2023
1983	131212	22614	55848	22466	33382	52750	2512
1984	234161	25932	106606	51802	54804	101623	3504
1985	390222	26111	163586	102137	61449	200525	4809
1986	416451	32907	163185	106606	56579	220359	4584
1987	559015	46519	220463	164445	56018	292033	5349
1988	869807	57005	359230	274787	84443	453572	6477
1989	1156565	68615	505361	400579	104782	582589	6710
1990	1716665	70220	769319	644947	124372	877126	8724
1991	2366630	80836	1126084	928846	197238	1159710	10746
1992	3173194	105914	1522432	1176087	346345	1544848	12707
1993	4531445	108615	2420214	1810085	610129	2002616	15005
1994	6346711	134152	3357972	2671299	686673	2854587	16954
1995	8424833	124122	4221435	3370548	850887	4079276	19550
1996	10484421	148796	5065924	4186130	879794	5269701	22498
1997	12974208	147660	6174083	5193120	980963	6652465	25675
1998	15347272	151764	7434976	6315047	1119929	7760532	27701
1999	18040176	150445	9005486	7801018	1204468	8884245	29747
2000	21874515	155656	10860852	9627492	1233360	10858007	32800
2001	24824874	160143	12297665	11053418	1244247	12366796	34822
2002	29695184	166587	14647171	13367060	1280111	14881426	40369
2003	35857235	142048	18174235	16724227	1450008	17540952	47029
2004	42821428	123264	22112353	20597743	1514610	20585811	54236
2005	49509078	97385	26334427	24834947	1499480	23077266	60801
2006	58135624	69675	30495319	28866206	1629113	27570630	69450
2007	68015706	69412	34047608	32300702	1746906	33898686	79645
2008	78065400	66600	38157800	36183200	1974600	39841000	89814
2009	82012300	64700	38316400	35976100	2340300	43631200	92771
2010	95109100	60000	45233600	42332200	2901400	49815500	102877
2011	115020600	57000	53433300	49951000	3482300	61530300	110387
2012	129500800	55600	57376400	50914200	3817900	72068800	123247
2013	145002300	52500	62968400	56950000	4077900	81981400	136947

表 1-18 深圳市历年全社会固定资产投资额

单位：万元

年份	投资总额	基本建设	更新改造	房地产开发	其他
1979	5938	4988	90		860
1980	13801	12487	390		924
“六五”时期	**739561**	**610488**	**5770**		**123303**
“七五”时期	**2093234**	**1617070**	**49522**	**112000**	**314642**
1986	248551	191490	10140		46921
1987	285193	215701	3009		66483
1988	436191	347307	2572		86312
1989	499919	435438	9140		55341
1990	579222	427134	24661	112000	59585
“八五”时期	**10750177**	**5174744**	**239096**	**4333168**	**1003169**
1991	912324	528725	36949	255600	91050
1992	1782322	741573	44678	714900	281171
1993	2477875	1222146	20794	1027700	207235
1994	2819413	1281065	66191	1304600	167557
1995	2758243	1401235	70484	1030368	256156
“九五”时期	**23902699**	**11485121**	**1073098**	**9051885**	**2292595**
1996	3275270	1569208	113836	1248251	343975
1997	3930657	2015620	167033	1366545	381459
1998	4803901	2395732	201514	1674854	531801
1999	5695878	2724871	274707	2152541	543759
2000	6196993	2779690	316008	2609694	491601
“十五”时期	**46972337**	**20311862**	**3307791**	**19746742**	**3605942**
2001	6863749	2844010	338886	3156364	524489
2002	7881459	2861079	385050	3884445	750885
2003	9491016	3599182	561722	4126636	1203476
2004	10925571	5009246	879996	4342432	693897
2005	11810542	5998345	1142137	4236865	433195
“十一五”时期	**57954230**	**32251857**	**6058925**	**18010862**	**1632686**
2006	12736693	6396794	1389864	4620940	329095
2007	13450037	7140463	1441061	4610422	258091
2008	14676000	8278300	1558400	4404900	434400
2009	17091500	10436300	1669600	4374600	611100
2010	19447000	12262900	1872300	4584700	7271
2011	21363900	—	2864300	5902100	—
2012	23144300	—	2251647	7368421	—
2013	25010100	—	—	8877100	

注：1. 1989 年以前的“房地产开发”归总于“基本建设”。

2. 2011 年起，国家统计局、深圳统计局开始采用新的统计方案，即仅统计“投资总额”、“房地产开发项目投资额”和“非房地产开发项目投资中改建和更新改造投资额”三项指标。

第三节 社会发展

一、教育和科学技术

2013 年末全市各级各类学校总数达 1997 所，比上年增加 141 所；毕业生 36.75 万人，招生数 48.14 万人，在校学生数 164.13 万人，分别增长 6.1%、8.7%和 8.1%。年末全市有幼儿园 1313 所，增加 127 所；在园幼儿 36.89 万人，增长 16.4%。有小学 335 所，增加 2 所；在校学生 73.02 万人，增长 6.9%。有普通中学 314 所，增加 12 所；在校学生 37.17 万人，增长 3.4%。学龄儿童入学率和小学毕业生升学率均保持在 100%，初中毕业生升学率 78.5%。全年普通高等学校 10 所，招生 2.76 万人，增长 7.1%；毕业生 1.86 万人，增长 1.6%；在校学生 8.24 万人，增长 9.0%。

表 1-19 2013 年各类教育招生、在校生和毕业生人数及增长速度

指标	招生数（万人）	比上年增长（%）	在校生（万人）	比上年增长（%）	毕业生（万人）	比上年增长（%）
普通高校	2.76	7.1	8.24	9.0	1.86	1.6
成人高校	1.05	26.7	2.38	7.4	0.74	-7.1
各类中等职业技术（不含技工学校）	1.21	-1.3	3.36	4.8	0.89	-6.1
普通高中	3.96	5.7	11.36	5.3	3.41	6.8
初中	9.15	1.1	25.81	2.5	7.56	2.8
小学	14.71	7.2	73.02	6.9	9.87	-0.7

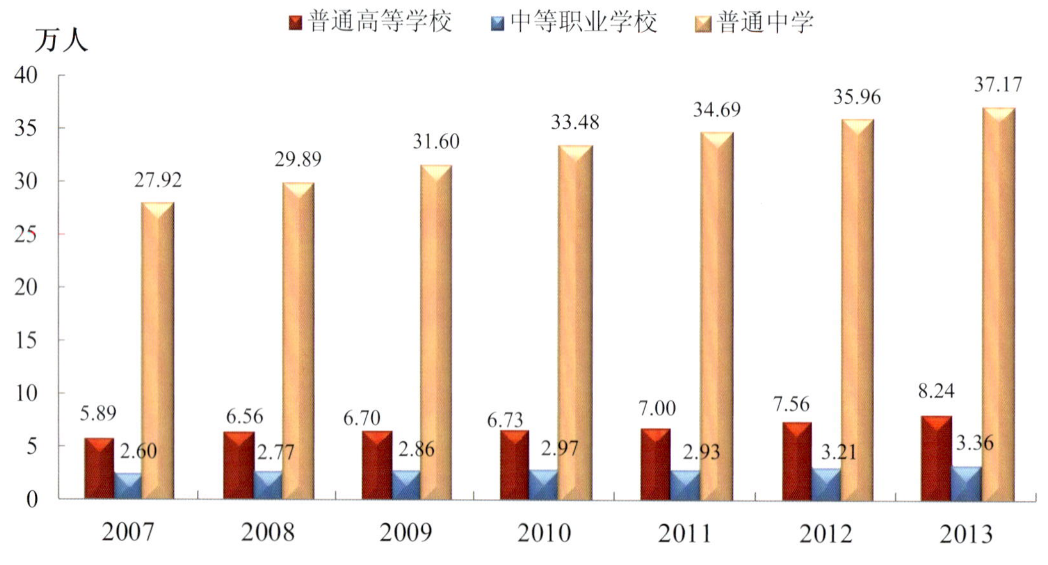

图 1-13 2007～2013 年各类教育在校生人数

2013年末全市各类专业技术人员121.63万人，其中具有中级技术职称及以上的专业技术人员39.21万人，分别比上年增长5.2%和4.2%。年末三项专利申请受理量80657件，增长10.3%。专利授权量49756件，增长2.2%。

二、文化、卫生和体育

2013年全市有各类公共图书馆633座，公共图书馆总藏量2865.65万册（件），比上年增长6.3%。全市拥有博物馆、纪念馆28座，拥有广播电台1座，电视台2座，广播电视中心3座，有线广播电视站20座，广播、电视人口覆盖率达100%。全年报纸出版印数72707万份；杂志2619万册；图书1072万册。

2013年年末全市有卫生医疗机构2228个，比上年增加220个，其中医院117个，增加2个。卫生机构拥有床位29261张，增长4.6%，其中医院病床27079张，增长3.7%。全市有卫生技术人员65782人，增长6.2%。全年各级各类医疗机构完成诊疗量9112.14万人次，增长5.5%，其中处理急诊747.34万人次，增长8.8%。入院人数109.44万人，增长3.8%。病床使用率84.2%。

2013年全市国民体质综合评定达到《体质测定标准》合格以上人数比例（简称“综合达标率”）为90.2%。其中，3~6岁幼儿综合达标率为98.3%；7~18岁学生为87.4%；19~59岁成年人为90.3%。成年人达到优秀、良好和合格的比例分别为12.5%、40.4%和37.4%。

三、城市建设、环境和安全生产

2013年基本建设投资中用于城市基础设施的投资617.28亿元，比上年增长26.1%。全年全市用电量729.77亿千瓦时，增长1.3%。其中城乡居民生活用电103.94亿千瓦时，增长0.8%。全市自来水日供应能力674万立方米，全年供水总量15.91亿立方米。其中居民家庭用水量5.42亿立方米。全市自来水普及率达100%。

全市2013年末公共汽车营运线路881条，比上年末增加27条。公共交通营运线路总长度19087公里，增加751公里。年末实有公共汽车营运车辆30590辆，增加2.5%。其中，公共汽车14617辆，增加0.5%；出租小汽车15973辆，增加4.4%。全年公共汽车客运总量26.34亿人次，减少2.1%。轨道交通线路长度177公里，轨道交通客运总量9.17亿人次，增长17.4%。

2013年全市建成区面积871.19平方公里。建成区绿化覆盖率45.1%。全市生活垃圾无害化处理率98.4%。

2013年全年亿元本地生产总值生产安全事故死亡率0.039人，比上年减少0.004人/亿元；道路交通万车死亡率1.93人，减少0.34人/万车。

四、人民生活和社会保障

2013年，全市年末常住人口1062.89万人，比上年末增加8.15万人，增长0.8%。其中户籍人口310.47万人，占常住人口比重29.2%；非户籍人口752.42万人，占比重70.8%。全市各区人口分布见表1-20。

2013年，根据居民家庭抽样调查资料显示，全年居民人均可支配收入44653元，比上年增长9.6%。居民人均消费性支出28812元，增长7.8%。恩格尔系数为36.1%。

2013年末全市有835.54万人参加了基本养老保险，930.45万人参加了失业保险。

2013年末社区服务设施8100个，比上年增加1157个。社会福利院数32个，社会福利院床位数5894张。年末居民最低生活保障线以下人数7095人，减少17.5%；全年共发放最低生活保障金3657.79万元，下降11.9%。

表 1-20　2013 年末分区常住人口

	常住人口（万人）	户籍人口（万人）	非户籍人口（万人）
全市	**1062.89**	**310.47**	**752.42**
福田区	133.95	78.32	55.63
罗湖区	94.15	53.84	40.31
盐田区	21.39	5.50	15.89
南山区	111.91	67.17	44.74
新宝安区（不含光明、龙华新区）	270.38	37.99	232.39
光明新区	49.64	5.96	43.68
龙华新区	141.85	14.34	127.51
新龙岗区（不含坪山、大鹏新区）	194.47	39.17	155.30
坪山新区	31.96	4.07	27.89
大鹏新区	13.19	4.10	9.09

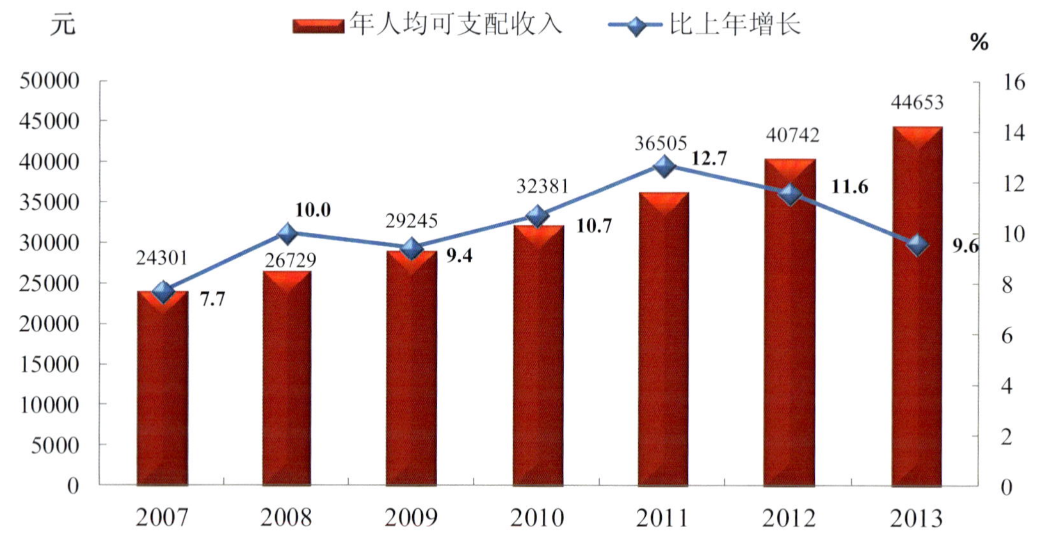

图 1-14　2007～2013 年居民人均可支配收入及增长速度

表 1-21　2013 年末全市参加各类保险人数

指标	参保人数（万人）
基本养老保险年末参保人数	835.54
社会医疗保险年末参保人数	1157.65
其中：综合医疗保险	313.22
住院医疗保险	409.77
异地务工医疗保险	434.65
失业保险参保人数	930.45
生育医疗保险年末参保人数	580.46
工伤保险年末参保人数	987.96
其中：异地务工工伤保险年末参保人数	867.45

第二章　城市规划

第一节　城市总体规划（2010~2020）

《深圳市城市总体规划（2010~2020）》简介

在深圳由一个边陲小镇崛起为一个现代化特大城市的过程中，城市规划特别是总体规划对于城市的有序发展发挥了重要的引导调控作用。在经历了超常规的快速发展历程后，深圳率先遭遇到严重的土地和空间瓶颈约束，面临巨大的发展需求与紧缺的资源供给尖锐矛盾，必须尽快转变发展模式，探索一条紧约束条件下的城市可持续发展道路。2006 年 6 月，经原国家建设部同意，深圳市人民政府启动了新一轮的城市总体规划的修编工作，于 2008 年 8 月完成上报国务院，2010 年 8 月正式获批。

一、规划目标

一是构建指引城市长远的空间结构和政策框架，为促进城市全面、协调和可持续发展提供有效保障；二是为有效突破“四个难以为继”的瓶颈约束、建设“和谐深圳、效益深圳”和国际化城市指明行之有效的路径。

二、主要内容

本次规划是以《深圳市 2030 城市发展策略》为指导，在开展 20 个专题研究的基础上制定的，主要内容包括：

1. 确立了“经济特区、全国性经济中心城市和国际化城市”的新的城市性质和定位，提出

了深港合作共建国际都会、打造世界级都市区的发展目标，并上升为国家发展战略。

2. 制订了引导城市转型的发展目标指标体系和路径。在城市发展总目标下提出了区域协作、经济转型、社会和谐、生态保护四个方面的分目标。以可持续发展决策支持系统研究为支撑，结合深圳市已出台的各类城市发展指标，并突出空间属性，制定了城市发展目标指标体系，作为检测和评价规划实施效果的手段和依据。

3. 延续已有的轴带组团空间格局，强化区域空间联系，构筑了“三轴两带多中心”的开放空间结构。提出南北贯通、西联东拓的区域空间策略，与《珠江三角洲城镇群协调发展规划》确定的“一脊三带五轴”总体布局充分对接。

4. 实施四区五线的空间管制，划定密度分区，构筑包括产业、住房、公共服务、生态与绿地系统在内的城市经济社会环境支撑体系，以及由综合交通与市政设施构成基础设施支撑体系。

5. 强化规划实施的政策研究，构建完整的政策保障体系。包括高效集约利用土地的政策、与产业升级和空间优化相协同的人口政策、保障性住房政策、城市更新政策、生态环境保护政策、公共财税政策、深港合作机制的完善以及行政管理体制改革等。

三、特点和创新

本次规划积极探索紧约束条件下深圳城市成功转型和可持续发展的动力机制和发展模式，力求为国家经济社会全面转型和科学发展闯出一条新路。

（一）探索适应转型的非土地扩张型总体规划编制模式

本次规划改变传统总体规划以新增建设用地为主的思路，提出了增改用地概念。规划期末建设用地规模控制在 890 平方公里以内，相比 2009 年净增不到 90 平方公里。新增用地主要用于引导城市转型的战略性新兴产业、公共服务和基础设施、保障住房等需要；确定了规划期更新改造用地规模为 190 平方公里，超过新增用地，实现土地利用模式由增量扩张转为存量优化为主的转变，并提出了土地利用渐进转型的路径。新增用地，特别是城市重要节点地区要提高开发强度，提升土地利用效益；加快城市更新，开发地下空间，清退违法用地，促进土地集约节约利用。

（二）提出了基于社会和谐的管理服务人口概念

本次规划立足于深圳资源环境容量，建立适应社会经济转型、以稳定为政策取向的人口调控目标和管理模式。以生态环境、土地、水资源等承载力为前提，核算出规划期内适宜的人口规模，据此进行产业用地和居住用地的配置，再通过就业岗位和住房数量等要素来调控未来人口的规模和结构，保证人口的合理稳定。同时为应对人口发展可能存在的不确定性，在设施配置上按照弹性系数进行适当超前预留，以适应社会经济发展的实际需求。贯彻以人为本的理念，从建设和谐社会出发，考虑和满足不同社会阶层的多样化需求。

（三）探索规划编制与环境影响评价同步展开、相互反馈的机制

本次规划贯彻生态优先的理念，在前期研究中开展了包括环境容量、水资源和能源利用、城市气象气候影响、城市公共安全和防灾减灾等一系列有关生态建设和环境保护相关的课题研究，作为规划的重要前提。并由专业机构承担规划环

境影响评价研究，改变了通常的事后评估的方式，采取前期介入、全过程参与、充分反馈和互动的工作方式，保证了规划结果始终处于环境影响评价的可控范围内。此种工作模式得到国家环保部领导和全国著名专家的高度评价，并作为范例向全国推介。

（四）突出城市总体规划的公共政策属性

本次规划由传统的空间设计为主转为空间与政策设计并重，在内容上以政策为出发点，最后归属和落实于政策，保障规划目标的实现。提出了区域协作、经济转型、社会和谐、生态保护四方面的政策内容，最后又构建完整的政策保障体系，提出深圳转型期总体规划实施所需要的创新性政策和体制保障，使本次总体规划成为一个具有空间统筹功能的综合性政策规划。

（五）全过程、全方位的公众参与

除采取了“政府组织、专家领衔、部门合作、公众参与、科学决策”的工作机制外，将市民的全过程参与作为工作重点，充分贯彻以人为本的指导思想，保障公共利益。建立了广泛的民意收集平台，设立热线电话、电子邮件、移动短信、书面接访等多种沟通方式；开展了多途径前期调查，收回有效问卷近 10 万份；进行了深入全面的公开展示，全市共设立七个主展点并在 300 个社区进行公告，同时通过网络进行公示，吸引观展人数逾 10 万人。首创于深圳总体规划的全过程公众参与模式目前已在全国推广。

第二节　土地利用规划

土地利用总体规划是指导土地管理的纲领性文件，是落实土地宏观调控和土地用途管制、规划城乡建设的重要依据，是实行最严格土地管理制度的基本手段。根据国家和省的统一部署，深圳市新一轮土地利用总体规划先后经历了前期研究、大纲编制和成果编制三个阶段。2012 年 9 月 18 日，《深圳市土地利用总体规划（2006~2020 年）》正式获国务院批复。2013 年 1 月，全市宝安片区、龙岗片区、光明片区、坪山片区四个片区相关文件《片区土地利用总体规划（2010~2020 年）》获市政府批复，同时，市政府下发《深圳市人民政府办公厅关于做好土地利用总体规划实施工作的通知》。2013 年 3 月 22 日，深圳召开全市土地利用总体规划宣讲大会。6 月，按照国土资源部的要求，深圳市开展了土地利用总体规划中期评估工作，对规划实施的主要成效、重大难题进行评估。

一、规划定位与战略

新一轮土地利用总体规划定位为适应中国国情和深圳市实际的高度城市化背景下的约束、转型和创新规划，探索建设用地减量增长的土地利用规划新模式。规划体现了高度城市化地区的鲜明特色，提出了空间拓展、循环集约和生态和谐三大土地利用战略。

（一）空间拓展战略

为破解土地资源的瓶颈难题，积极探索土地利用可拓展空间，保障城市可持续发展能力，规划提出：在保护生态环境前提下，充分论证，科学规划，适度实施围填海造地，拓展用地新空间；通过地下公共空间系统、交通系统、市政系统和人防系统等统一规划建设，拓展城市建设发展空间，构建功能齐全、安全方便、环境优美的地下空间利用体系；适当增加地上建设用地的利用强度，优化土地利用结构和布局。

（二）循环集约战略

合理安排土地资源的更新时序，加大存量建设用地二次开发力度，强化土地资源的可更新属性，积极推动土地资源循环利用，提高土地利用效率。主要包括：健全“储备－供应－使用－收回－储备”流程，完善土地资源循环利用机制；推动土地管理的重点从新增供地管理为主向存量土地管理为主转变，加快城中村、旧工业区、旧城区等城市用地的更新改造，完善城市更新改造管理机制；强化用地的批后监管评价，充分应用经济、行政、法律等杠杆调节手段，形成低效用地的退出机制；促使工业向园区集中，农田向规模经营集中，健全城市生产生活生态用地的规模集聚机制。

（三）生态和谐战略

严格管理基本生态控制线，优化生态用地内部结构和空间布局，提升耕地的生态服务功能，确保城市基本生态安全；促进特区一体化发展，注重实现基本公共服务均等化，提高居民的基本居住条件，优化教育、卫生等社会事业用地的区域配置，提高基础设施用地比例，不断提高民生福利水平；储备预留建设用地，提高生态环境质量。合理协调未来重大建设项目建设与生态保护，确保土地利用的可持续发展。

二、规划体系

深圳市土地利用规划体系分为市级和功能片区两个层级。市级规划含中心城区，包括福田区、罗湖区、南山区、盐田区；中心城区外编制四个功能片区土地利用规划，分别是宝安片区、龙岗片区、光明片区、坪山片区。

市级土地利用总体规划由深圳市人民政府组织编制，国务院批准后，由深圳市人民政府组织实施。国家和省主要管控深圳市市域建设用地、农用地、其他土地总规模，中心城区土地利用规模和布局，以及基本农田数量和位置。功能片区土地利用总体规划按镇级土地利用总体规划规程编制。各功能片区设置方案经广东省人民政府同意后，依据市级土地利用总体规划，编制功能片区土地利用规划，由深圳市人民政府审批和调整，并报省政府备案后组织实施。

三、主要规划指标

（一）建设用地控制目标

1. 建设用地总控制目标

2020 年，建设用地比例控制在市域面积的 50%以内，建设用地总规模控制在 97600 公顷以内，其中城乡建设用地规模控制在 83700 公顷以内，交通水利及其他土地规模控制在 13900 公顷以内。城乡建设用地中，城镇工矿用地规模控制在 83700 公顷以内。

2. 新增建设占用农用地、耕地目标

2020 年，新增建设用地占用农用地和其他土地不超过 13700 公顷（其中建设占用农用地不超过 7119 公顷，建设占用耕地不超过 1164 公顷；建设占用其他土地 6581 公顷）。

（二）耕地和基本农田保护目标

2020 年耕地保有量保持在 4288 公顷以上，规划期间，全市基本农田保护面积保持在 2000 公顷以上。

（三）土地节约和集约利用规划目标

1. 人均城镇工矿用地指标

按常住人口和国土统计口径计算，2020 年，全市的人均城镇工矿用地控制在 78 平方米以内。

2. 建设用地地均 GDP

2020 年，全市建设用地产出率≥20 亿元/平方公里，全市每年万元 GDP 建设用地年均下降 7%。

3. 地均工业增加值

2020 年，全市地均工业增加值≥45 亿元/平方公里。

（四）土地生态环境建设规划目标

2020 年，具有重要生态功能的耕地、园地、林地、水域和部分自然保留地面积达到 105000

公顷以上，占全市土地总面积的比例不小于53%，形成安居乐业的城市生态环境和人文环境。建成区绿化覆盖率不小于45%。

四、土地利用功能分区

根据深圳市社会经济发展现状，以及土地开发、利用、保护、整治要求，将深圳市划分为基本农田集中区、一般农业发展区、城镇发展区、生态环境安全控制区和自然与文化遗产保护区五个土地利用功能区。

1. 基本农田集中区。全市共27个片区，面积3031公顷，占全市土地规划总面积的2%。基本农田地块以经广东省国土资源厅、农业厅验收的实际范围为准。

2. 一般农业发展区。面积61127公顷，占全市土地规划总面积的30%。该区域以发展农业为主，主要包括林地、园地、畜禽水产养殖地和直接为农业生产服务的道路、农田水利、农田防护林及其他农业设施用地等。

3. 城镇发展区。面积107051公顷，占全市土地规划总面积的53%。该区域为人口和二、三产业集聚，在土地利用上以城镇建设发展为主的区域。

4. 生态环境安全控制区。面积10974公顷，占全市土地规划总面积的5%。该区域为基于维护生态环境安全需要进行土地利用特殊控制的区域，主要为一级水源保护区。

5. 自然与文化遗产保护区。面积19035公顷，占全市土地规划总面积的9%。该区域为各种自然保护区核心区、森林公园以及其他具有重要自然与文化价值的区域，包括内伶仃–福田国家级自然保护区、大鹏半岛自然保护区，大鹏所城、南头古城两个历史古城，燕川村古村落、贵湖塘老围、新二村古村落、凤凰村古村落、观澜老街、浪心村古村落、西坑村古村落、大鹏王母围八个历史文化村落（街区）。

第三节 法定图则与专项规划

一、法定图则

法定图则编制管理一直是深圳市规划国土资源委员会的一项重要工作，法定图则大会战过后，委内要求各职能部门和图则编制单位继续稳步推进法定图则编制工作。为实现全市范围内法定图则的全覆盖，市规划国土委组织编制了法定图则231项，其中已通过审批的法定图则有224项，覆盖率达97%。目前在编的法定图则有7项，法定图则全覆盖的目标基本实现，为全市建设发展及管理提供法定规划依据。其中，2013年全年有12项法定图则（含修编）草案经图则委通过。

表 2-1　2013 年通过图则委审批的法定图则一览表

序号	图则编号	图则名称
1	BA203-11	[松岗燕川地区]
2	BA203-12&13&14	[松岗燕罗地区]
3	BA203-09	[沙井新桥地区]
4	NS07-01&02&03&04&05&06&07	[南山高新技术区]（修编）
5	BA103-16&18&T5	[西乡中心地区]
6	BA202-T2	[松岗谭头地区]
7	LG104-06&07	[横岗大康—安良片区]
8	LG403-01	[南澳中心地区]
9	FT02-03&04	[华强北地区]
10	BA401-06&10	[观澜中心地区西片]
11	BA202-04&08	[海上田园东地区]
12	BA402-23&25	[民治中心地区]

二、专项规划

1. 深圳市养老设施专项规划（2011~2020）

为适应全市人口老龄化需求，构建适应深圳特色的养老设施规划体系，科学合理地安排布局养老设施，预控设施用地，引导和推进全市养老设施建设，市规划国土委组织编制了《深圳市养老设施专项规划（2011~2020）》，并经市政府审批通过。

2. 全市公共基础设施规划实施台账

为保证规划公共基础设施的落实，市规划国土委开展编制《深圳市公共基础设施规划实施台账》。该工作结合现状需求与现有设施建设情况，分析公共基础设施缺口，结合已有规划，形成公共设施实施建议。一期选取教育、医疗卫生、环卫、交通等民生热点类设施先期开展研究，现已编制完成并发给相关部门参考。同时，市规划国土委在编制文体设施、社会福利设施民生热点类公共基础设施实施台账。

3. 深圳市步行和自行车交通系统规划设计导则

按照国家住建部要求，为促进城市交通节能减排，推进城市步行和自行车交通系统建设，促进城市交通发展模式的转变，市规划国土委组织编制了全市步行和自行车交通系统专项规划和设计导则，目前该规划已审批通过，并配合市交通运输委制定有关政策措施等，指导全市率先建成若干个具有一定规模的示范段或区域等。

4. 坝光片区规划

按照市政府要求，市规划国土委已编制完成了《深圳市坝光片区规划》，项目成果和规划理念得到了市政府的充分肯定。规划不仅注重空间规划内容，同时，充分考虑了空间布局与产业需求的结合，并提出项目实施、开发模式等内容，将对该片区的规划建设起到很好的指导作用。

5. 加快推进全市撤销“二线”涉及的用地整合和空间规划。

根据市委、市政府的统一部署，撤销“二线”是全市今年的重点工作，市规划国土委全面负责撤销“二线”涉及的用地整合和空间规划编制工作，目前已形成相关用地整合方案，该方案得到市委市政府领导的充分认可和肯定。

第四节 住房建设规划 2014 年度实施计划

深圳市住房建设规划 2014 年度实施计划（送审稿）根据住房和城乡建设部《关于做好住房建设规划与住房建设年度计划制定工作的指导意见》（建规〔2008〕46 号）、《城市住房建设规划编制导则》（建房改研〔2012〕1 号）以及《深圳市住房建设规划（2011~2015）》（深规土〔2011〕288 号）编制。该计划适用范围为深圳市行政辖区，适用年限为 2014 年，是深圳市 2014 年度住房建设和住房政策制定的重要依据，年度内在深圳市域范围内涉及住房的有关工作应符合该计划，与住房相关的各项计划，应与该计划相协调。

一、上年度计划实施情况评估

（一）商品住房用地供应与市场情况

2013 年，全市商品住房计划用地 90 公顷，落实商品住房用地共 197 公顷，完成率为 218.89%。其中，招拍挂供应商品住房用地 46 公顷,通过城市更新安排商品住房用地约 72 公顷,批准征地返还用地 79 公顷。

2013 年，全市房地产开发投资累计完成 887.71 亿元，同比增长 20.5%；其中，住宅累计开发投资完成 594.10 亿元，同比增长 25.2%。住宅新开工面积为 910.13 万平方米，同比增长 62.0%。

2013 年，商品住房累计批准预售 608.43 万平方米、65152 套，同比分别增长 20.5%和 18.8%；新建商品住房累计成交 437.63 万平方米、47691 套，分别同比增长 21.2%和 20.5%；二手住宅累计成交 727.10 万平方米、86335 套，同比分别增长 55.2%和 54.6%。

（二）保障性安居工程建设分配情况

2013 年，根据国家、广东省的部署，本市计划年度新安排保障性安居工程用地 15 公顷，并通过城市更新配建、产业用地配套、拆迁安置及企业自有用地建设等方式，安排筹建保障性安居工程项目 4 万套。全年实际新增安排保障性安居工程建设用地 15.97 公顷,完成计划的 106.5%；并通过安排城市更新住房项目用地、工业配套用地、拆迁安置用地共落实保障性安居工程项目 40614 套，完成计划的 101.5%。

2013 年，全市计划新开工保障性安居工程 1.5 万套，基本建成 3.02 万套，竣工 2 万套，供应 2.5 万套，实际全市新开工保障性安居工程 1.79 万套，基本建成 4.27 万套，竣工 2.21 万套，供应 2.7 万套，均超额完成任务目标。

（三）上年度计划实施成效评估

2013 年，全市继续落实国家房地产市场宏观调控精神，加强住房供应，严格执行“限购”、“限贷”、差别化信贷等各项调控政策，有效抑制了房地产市场投资投机行为，确保自住需求得到满足；加强差别化信贷政策执行力度，提高二套以上住房贷款首付比例和利率，鼓励首套房置业；加强商品住房预售管理工作，引导开发商理性定价，严格执行商品房销售价格备案、“一房一价”等各项规定，优化供应区域布局，合理引导市场预期；通过加快城市更新审批、推进土地整备、加强闲置土地监管等多项措施，增加普通商品住房用地供应，全年累计供应住宅用地面积 201 公顷，较前五年平均量（约 148 公顷）增加 35.8%；继续加强房地产市场监测与巡查，强化价格分析，以周与月为单位对各行政区、各片区房地产市场运行情况和价格情况进行跟踪与分析，即时了解市场动态与价格变化；加强土地增值税清算工作力度，促进开发企业增加市场供应，缓解供需矛盾。

2013 年，根据国家、广东省的部署，全市持续推进保障性安居工程建设，超额完成了上年度计划的保障性安居工程建设目标，全年开工任务超计划目标 8%；积极引入社会力量开展保障性安居工程建设，探索推进 BOT 等新渠道新方式的应用，首个 BOT 项目——龙珠八路西项目顺利开工，开拓了建设与合作的新领域，全年保障安居工程社会投资约 66 亿元，占总投资比例达 60%；不断推进保障性安居工程分配管理工作，建立全市安居型商品房、公共租赁住房轮候库，实现了申报工作的信息化管理，提高分配管理效率，并为以需定建打下基础；加大力度推进保障性安居工程有效供应，切实解决民生住房问题。

（四）上年度计划实施存在问题

2013 年，随着全市交通设施的不断优化和新区配套设施快速完善，结合年度住房供应区位结构特征，房地产市场成交较为旺盛，新建商品住房累计成交面积同比增长 21.2%，二手住房累计成交面积同比增长 55.2%，房价上涨的结构性因素较为突出，价格涨幅较高的区域供应和成交规模回升，自住刚性需求较为旺盛。

2013 年，全市住房保障需求层次与结构情况尚待完善，未能形成系统全面的数据结构，以需定建工作尚待进一步沟通推进；新增安排保障性住房用地项目受新增用地资源紧缺、城市更新项目推进周期等多因素局限，选址与居民住房保障实际需求不尽一致，部分项目周边配套设施未能与项目实现同步建设、同步交付使用，有待进一步完善；由于保障性住房规模不断扩大将引致大批量政府回购，若出现回购时滞则会影响社会力量参与保障性住房建设的积极性和项目推进进度。

二、年度发展目标

（一）住房发展形势

2014 年国家对住房工作的要求是，实现住房的经济和社会功能，推动社会发展不断满足人民的住房需求，建立市场配置和政府保障相结合的住房制度，继续加强保障性住房建设和管理，增加保障性住房供应，建立和完善住房调控的长效机制。

（二）年度发展目标

1. 发挥住房经济和社会功能

住房是人民群众生活品质的重要载体，高度重视住房问题在国计民生中的重要性，坚持住房经济和社会功能并重，推进住房发展与人民群众不断增长的物质需求相适应，促进住房经济与社会功能均衡发展。切实保障人民安居乐业，保障和改善民生，加快推进住房保障和供应体系建设，满足群众基本住房需求，实现住有所居目标及社会公平正义。

2. 协调市场配置与政府保障

市场是进行资源配置的有效手段，充分发挥市场配置住房资源的力量，积极吸引社会投资，扩大住房存量并带动保障房建设，确保保障住房的稳定增长。发挥政府在住房建设和调控方面的作用，提高相关政策的适应性和务实性，建立与完善调控的长效机制，协调处理公共服务和市场

化的关系，切实满足低收入人群和有需要人群的住房需求，为困难群众提供基本住房保障。

3. 加强住房保障和规范管理

以保障房建设进度为基础，强化住房保障的建设与分配管理，持续扩大住房供应，切实使真正需要帮助的住房困难群众受益，实现公平分配。加强准入、使用、退出等方面管理，建立规范机制，实现公共资源公平善用。

三、计划内容

（一）商品住房

1. 年度用地安排

本年度供应商品住房用地 90 公顷。其中，新安排商品住房用地 20 公顷，城市更新商品住房用地 70 公顷。本年度住房用地选址于出让安排中，中小套型普通商品住房及保障性住房用地总量应不低于 70%。

2. 年度建设安排

加强普通商品住房有序供应指引，安排建设商品住房 5.7 万套、建筑面积 520 万平方米。其中，年度新安排住房用地建设 1 万套、建筑面积 90 万平方米，城市更新用地安排建设 3.2 万套、建筑面积 280 万平方米，征地返还用地等其他方式安排建设 1.5 万套、建筑面积约 150 万平方米。

3. 合理空间布局，规范用地计划

通过配套设施完善，引导人口住房布局均衡化。加强宝安、龙岗、龙华等地区的周边配套设施建设，引导人口平衡输出，优化土地与人口布局，引导居住空间均衡发展。

4. 完善市场监管，建立长效调控机制

继续加强房地产市场调控工作，并继续加大普通住房用地供应，增加商品住宅供应规模，促进房地产市场平稳健康发展；完善住房供应结构调整政策，促进市场实际供应与有效需求自然调节；开展“十三五”住房建设规划前期调研工作，为规划编制打下基础；做好市场监测，完善市场分析和报告制度；加强房地产市场巡查，加大对违法违规行为的查处力度。坚持限购、差别化信贷等调控政策，继续抑制房地产投资投机行为，鼓励自住需求，推进住房市场金融和税收政策体系的进一步改革，建立房地产市场长效调控机制。

（二）存量住房交易与租赁

充分发挥存量住房的作用，规范存量住房交易和租赁的平台构建，并将其纳入住房供给的重要环节，深度挖掘存量住房交易和租赁对平抑本市房地产价格的效用，加强对存量住房的监管和引导，完善包括存量住房在内的各层次住房供应体系。

加强存量房交易税收工作，通过房地产交易税费系统联网强化“先税后证”，确保规范征税，进一步完善存量房计税参考价的核定和计征，促进存量住房市场规范有序发展。

（三）保障性安居工程

1. 年度用地安排

优先保证保障性安居工程用地供应。2014 年，继续增加保障性安居工程建设用地供应，年度计划供应土地 80 公顷，其中，新供应土地 20 公顷，存量用地 60 公顷。

2. 年度建设安排

推进保障性安居工程新增筹建。2014 年，计划新增安排保障性安居工程项目 4.5 万套，建筑面积约 272 万平方米。

其中，年度新安排住房用地建设1.5万套，90万平方米；城市更新用地配建0.8万套，48万平方米；产业用地配套住房建设0.9万套，45万平方米；拆迁安置房建设0.7万套，56万平方米；企业自有用地建设及筹集0.6万套，33万平方米。

持续加大保障性安居工程支持力度，确保年度用地及住房供应双增涨，用地规模较去年同比增长6.7%，其中新增用地增加33.3%，并通过调整容积率等方式，住房套数较去年同比增长12.5%。

3. 多元化确保保障性新增住房项目安排，持续加大货币补贴力度

保障性住房类型多元化，探索将产业园区配套宿舍和拆迁安置房纳入保障性安居工程体系，并探索将政府依法没收、清退、罚没等方式筹集的住房纳入保障性安居工程体系，以增加存量用地与存量住房的利用，扩大住房规模，实现保障扩面；实行多元化货币补贴，通过廉租住房补贴、人才租房补贴、人才购房补贴等补贴形式，形成“租售补”并重的保障方式。

4. 加强全市工业用地住房配套建设，增加人才公寓等保障房供应

加强全市工业用地住房配套建设，增加人才公寓等政策倾向型保障性住房供给，降低人才住房压力，吸引各个产业所需人才投身特区经济、文化建设，助力特区产业结构调整升级。

5. 政府引导和市场运作相结合，加大安居型商品房建设

拓宽安居型商品房建设渠道，鼓励企业自有用地建设安居型商品房；明确城市更新配套建设保障住房类型，加大安居房的配建规模，增加可购买的保障性住房，满足居民安居需求；统筹全市保障性住房结构与布局，将规划、区位、配套等符合条件的公共租赁住房项目适度调整为安居型商品房项目；对于新增安排项目，原则上原特区内的安排公共租赁住房，原特区外的安排安居型商品房，并且依规定优先向本区在册轮候人配售和本区企业在册轮候人配售。

6. 由“房的保障”向“人的保障”转变

土地资源难以为继，实物保障远不能适应当前全市大力提高保障房覆盖的要求，应坚持以人为本，充分利用货币补贴等财政手段，实行低保、人才、公租房轮候分层次、分类别、多样化的补贴形式，根据个人的需求，灵活有效实施住房保障工作，由“房的保障”向“人的保障”转变。

7. 强化安居力度，提升住房品质，体现人文关怀

实现住宅产业化，提高住宅的整体质量，降低成本、物耗、能耗，促进资源集约利用，扩大保障性住房供给；在保障性住房建设中逐步优化设计，推进设计标准化，坚持实用、经济、美观的基本设计原则，全面提升建筑品质、居住感受，保障即时度、改善实际居住效果；加强配套设施建设，住房质量与居住环境并重，提高居住满意度。

四、附则

（一）落实机制

相关部门要依据本计划制定的用地供应与住房建设渠道，落实年度住房供应、相关用地安排及城市更新审批指标管理；年度供应用地项目的调整，应及时报送住房主管部门。市有关部门根据计划实施情况进行监督检查和考核。

（二）实施解释

本计划自批准之日起实施，由深圳市规划和国土资源委员会负责解释。

表 2-2 2013 年保障性安居工程任务完成情况汇总表

单位：套、%

任务	全年工作计划		
	年度目标/套	实际完成/套	完成率（%）
新增安排	40000	40100	100.30%
新开工	15000	17964	119.76%
竣工	20000	22118	110.59%
基本建成	30200	42663	141.27%
供应	25000	27582	110.33%

表 2-3 2014 年度实施计划的各类住房供应安排

单位：万套、万平方米

类别	总量		结构		
	套数	建筑面积	供应方式	套数	建筑面积
商品住房	5.7	520	新供应住房用地建设	1	90
			城市更新用地建设	3.2	280
			征地返还用地等其他方式建设	1.5	150
保障性安居工程	4.5	272	新供应住房用地建设	1.5	90
			城市更新用地建设	0.8	48
			产业用地配套住房建设	0.9	45
			拆迁安置房	0.7	56
			企业自有用地建设	0.6	33
总 计				10.2	792

第五节　城市设计

《深圳湾超级总部基地城市设计研究》

深圳湾超级总部基地位于华侨城地区南部的滨海地区，是塘朗山–华侨城–深圳湾城市功能空间轴的核心城市功能区段之一。项目范围西临沙河高尔夫球场，南边连接深圳湾 15 公里滨海休闲带，北临华侨城内湖，东面是华侨城的欢乐海岸主题社区，周边现状建设以居住及生活配套功能为主，现规划总占地面积约 117 公顷。该片区以其得天独厚的资源禀赋成为环深圳湾地区（深圳一侧）未来最有效和价值最高的土地。

超级总部基地作为城市在全球经济产业链条中终级地位的典型代表，将是未来深圳发展成为世界城市的一个功能中心。规划依托超级区位优势，吸引超级经济功能，打造超级城市形象，使之成为提供体验深圳滨海生活方式的城市地区；展现城市社会面貌与建设标准的核心地区；同时也将成为应对深圳市文化创新和新经济需求的平台与深圳参与区域和城市间竞合的有效载体。

秉持“深圳湾云城市”这一核心理念，打造基于智慧城市和立体城市，虚拟空间与实体空间高度合一的未来城市典范，构建世界级滨海城市天际线。

规划以“1 个立体城市中心＋2 个特色顶级街区＋N 个立体城市组团”作为整体结构；以轨道枢纽区为核心，建立圈层式跌落的强度模型；通过地面、地下与二层步行系统等多维度交通模式串联各功能组团，优化人性化交往尺度空间。

规划总建筑面积约 450 万～550 万平方米，以各行业门类的产业链最顶端的总部办公为主导功能，辅以服务于总部基地的国际会议、展览、文化传播、信息交互及商业、公寓等功能。

为体现规划的灵活性和适应性，加强政府公共职能，适应市场经济的需求，本规划根据主次干路、绿廊等将本片区划分 9 个开发控制单元。重点建设“云俱乐部”和“云中心”两大网络系统。

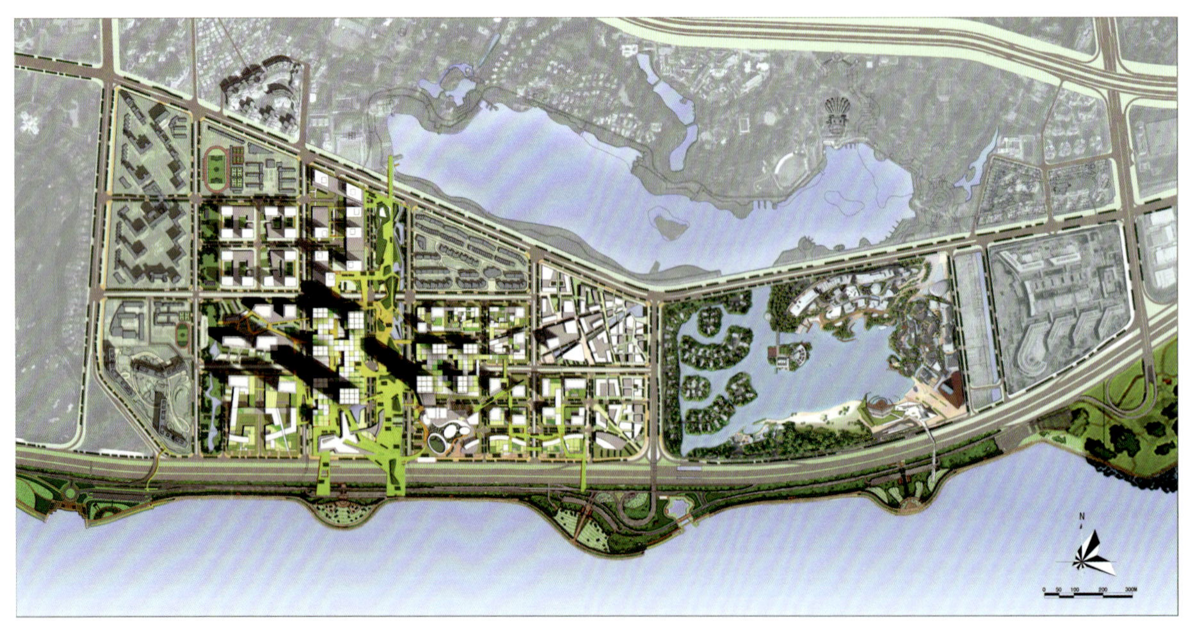

第六节 住房保障发展规划

一、2013 年度计划实施情况

（一）新增用地供应

2013 年，计划新增安排用地 15 公顷，实际供应用地 15.97 公顷，完成年度目标的 106.5%。

（二）新增安排任务

2013 年，计划新增安排建设保障性安居工程项目 4 万套，实际新增安排约 4.01 万套，完成年度目标 100.3%，占“十二五”规划目标的 16.7%。

（三）新开工任务

2013 年，计划新开工保障性安居工程项目 1.5 万套，实际新开工项目 21 个，约 1.79 万套，建筑面积 112.3 万平方米，完成年度目标 119.3%，占“十二五”规划目标的 8.5%。其中，公共租赁住房项目 14 个，约 1.12 万套，建筑面积约 65.59 万平方米；安居型商品房项目 5 个，约 0.57 万套，建筑面积约 39.6 万平方米；拆迁安置房项目 2 个，约 0.1 万套，建筑面积约 7.1 万平方米。

（四）竣工及基本建成任务

2013 年，计划基本建成保障性安居工程项目 3.02 万套，实际基本建成（含竣工）保障性安居工程项目 27 个，约 4.27 万套，建筑面积约 270 万平方米，完成计划目标的 141.4%。

（五）供应任务

2013 年，计划供应保障性安居工程项目 2.5 万套，实际供应约 2.76 万套，完成年度目标 110%。其中，公共租赁住房约 0.79 万套，经济适用住房约 0.1 万套，安居型商品房约 1.14 万套，拆迁安置房约 0.67 万套。

（六）低收入家庭住房货币补贴

2013 年，全市发放货币补贴 3609 户，覆盖 8600 余人，共计约 2897.06 万元。其中，低保家庭住房货币补贴 1699 户，约 1363.53 万元；低收入住房困难家庭货币补贴 1910 户，约 1533.53 万元。

表 2-4　2013 年低保和低收入家庭住房货币补贴情况

区域	低保（低保边缘）家庭住房补贴情况			低收入家庭住房补贴情况		
	户数（户）	人数（人）	金额（万元）	户数（户）	人数（人）	金额（万元）
合计	**1699**	**3884**	**1363.53**	**1910**	**4724**	**1533.53**
福田	432	700	330.96	510	1121	442.10
罗湖	328	779	322.63	382	877	410.94
南山	182	421	187.69	198	429	188.77
盐田	36	91	26.14	60	163	49.71
宝安	124	295	79.60	218	621	133.70
龙岗	137	334	85.80	415	1173	244.45
光明	337	962	237.21	-	-	-
坪山	62	148	41.81	21	53	11.72
大鹏	-	-	-	33	90	8.20
龙华	61	154	51.69	73	197	43.94

（七）人才安居工程实施情况

2013 年，市、区安排人才安居住房补贴 10 亿元，人才住房 18100 套，惠及约 15.7 万人才，全市约 1 万家企业纳入人才安居工程试点。

（八）住房公积金缴存使用情况

2013 年，全市住房公积金新增缴存开户人数约 122 万人，缴存额 296 亿元，公积金提取金额 116 亿元，发放公积金贷款 84 亿元。

（九）建设投资完成情况

2013年，全市保障性安居工程项目建设完成投资约121亿元。其中，市财政投资13.5亿元，占11.2%；区财政投资34.1亿元，占28.1%；社会投资73.5亿元，占60.7%。

（十）公共配套设施

积极推进保障性安居工程项目周边配套设施的规划和建设，年度竣工项目周边公共配套设施能基本满足居民生活需要，在建项目公共配套设施有序推进，“同步规划、同步建设、同步交付”状况得到改善。

二、2014年度计划目标

（一）新增安排目标

2014年，通过新增用地、城市更新项目配建、产业园区配建、企业自有用地建设、拆迁安置建设等渠道新增安排建设保障性安居工程项目4.5万套。

（二）新开工目标

2014年，计划新开工保障性安居工程项目2.5万套，其中，公共租赁住房约1.72万套，安居型商品房约0.59万套，棚户区改造约0.16万套，华侨农场危房改造0.03万套。

按责任单位分，市本级约0.85万套；福田区约0.3万套；南山区约0.05万套；宝安区约0.15万套；龙岗区约0.59万套；光明新区约0.1万套；坪山新区约0.25万套；龙华新区约0.21万套。

（三）竣工目标

2014年，计划竣工保障性安居工程项目2.5万套，其中，公共租赁住房约1.39万套，经济适用住房约0.07万套，安居型商品房约0.46万套，限价房约0.14万套，拆迁安置房约0.44万套。

按责任单位分，市本级约1.86万套，福田区约0.02万套，罗湖区约0.1万套，南山区约0.5万套，宝安区约0.01万套，大鹏新区约0.01万套。

（四）基本建成目标

2014年，计划基本建成保障性安居工程项目5万套，其中，公共租赁住房约2.83万套，经济适用住房约0.28万套，限价房约0.14万套，安居型商品房约1.31万套，拆迁安置房约0.44万套。

按责任单位分，市本级约2.89万套，福田区约0.3万套，罗湖区约0.1万套，南山区约0.5万套，盐田区约0.1万套，宝安区约0.04万套，龙岗区约0.25万套，坪山新区约0.57万套，大鹏新区约0.01万套，龙华新区约0.24万套。

（五）供应目标

2014年，计划供应保障性安居工程项目2.8万套，其中，公共租赁住房约2.04万套，安居商品房约0.62万套，限价房约0.14万套。

按责任单位分，市本级约2.51万套，罗湖区约0.1万套，龙岗区约0.19万套。

（六）资金计划

2014年，低保及低收入货币补贴。全市将继续参照2013年的标准发放住房补贴，对2014年符合条件的家庭实现应保尽保。人才租房补贴。根据市政府最终确定的方案安排补贴资金，完成补贴发放工作。

在建项目建设投资。全市保障性安居工程在建项目建设资金总需求约123.9亿元，其中，市财政约8.5亿元，区财政约31.1亿元，社会投资约84.3亿元。

（七）质量与品质目标

2014年，继续推行保障性安居工程项目工程质量追溯制度，全面实施质量责任追究制度，全面推广保障性住房项目样板引路制度，新建保障房项目100%推行绿色建筑标准。

第三章 城市建设

第一节 基础设施建设

一、轨道交通建设

（一）国家铁路及其场站工程建设

根据2007年12月由国务院审议通过的《综合交通网中长期发展规划》，深圳被列为全国42个综合交通枢纽城市之一。深圳市地区铁路枢纽最终将形成以厦深铁路为横轴，京广深港客运专线、广深铁路为两竖轴的双“十”字结构，以深圳北站（原龙华火车站）、深圳站为主，福田站、布吉站及深圳东站为辅的“两主三辅”的铁路客运格局。

1.穗莞深城际线

穗莞深城际线自广州东引出，新建起点位于广深四线新塘站附近，经广州新塘，东莞麻涌、中堂、望牛墩、洪梅、沙田、厚街、虎门、长安，至深圳机场，远期延伸至前海。新建线路全长约74公里。深圳境内长约18.5公里，总投资约为51亿元，由东莞市长安金沙至深圳机场，并在T3、T4航站楼设站，远期延伸至前海。

2.前海综合交通枢纽

前海综合交通枢纽工程位于前海深港现代服务业合作区，占地约21公顷，总建筑面积约84.16万平方米，分近期和远期两期开发，是深圳市西部最重要的综合交通枢纽之一。近期实施工程总投资约91亿元，占地11.6公顷，总建筑面积约42.9万平方米，包括1、5、11号线，穗莞深城际线和港深西部快轨的前海湾站，以及相关配套设施工程。

（二）地铁规划建设

《深圳市城市轨道交通近期建设规划(2011~2016年)》于2011年4月25日获国家发展和改革委员会批准。本次规划建设以下线路：11号线由福田中心区至松岗，线路全长约51.7公里；9号线自向西村至深圳湾，线路全长25.3公里；7号线自太安至动物园，全长30.3公里；6号线自深圳北站至松岗，全长37.9公里；根据前期工作的进展情况，适时建设8号线，自国贸至小梅沙，线路长约26.4公里。上述线路合计

总长度约 169.6 公里，新增车站数量 95 座。规划实施后，深圳市轨道交通线路将达到 10 条，通车里程约 348 公里。其中：

7 号线工程。全长 30.3 公里，全部为地下线，共设站 28 座，其中换乘站 11 座，设车辆段与停车场各 1 处，主变电站 2 座。至 2013 年底，累计完成投资 43 亿元，车站围护结构（除个别站），车辆段土方完成 70%，停车场土方完成 100%。

9 号线工程。全长 25.3 公里，全部为地下线，共设车站 22 座，其中换乘站 10 座，设车辆段和停车场各 1 处，主变电站 2 座。至 2013 年底，累计完成投资 36 亿元，全线车站围护结构 60%，车辆段土方开累完成 100%，桩基完成 80%，笔架山停车场围护结构累计完成 100%。

11 号线工程。全长 51.7 公里，共设车站 17 座，其中地下站 13 座，高架站 4 座，设松岗车辆段 1 座，机场北停车场 1 座，全线设主变电所 4 座。至 2013 年底，累计完成投资 92 亿元，围护结构完成(南山站、福永站除外)，车站主体结构完成 10%(南山站、福永站除外)；高架下部结构完成 30%；停车场桩堆载卸载完成。

二、主要道桥工程建设

（一）深圳外环高速公路深圳段

深圳外环高速公路与深圳市所有纵向疏港通道交叉，是《深圳市干线道路网规划》中“七横十三纵”的一横，同时也是广东省“九纵五横两环”高速公路主骨架网中的加密线。起于广深沿江高速，经沙井、松岗、公明、光明、观澜、东莞凤岗、龙岗、坪地、坑梓、坪山、葵涌等，终于盐坝高速。深圳段全长 58.7 公里，总投资约 175 亿元，按六车道高速公路标准建设。

（二）坪盐通道

坪盐通道总投资约 39 亿元，全长 11.3 公里（含锦龙大道改线 2.4 公里，特长隧道 7.8 公里），自南坪快速三期锦龙立交至盐坝高速盐港东立交，按城市快速路标准，双向六车道，设计车速 80 公里/小时。项目建成后有利于深圳城市发展，促进坪山新区和盐田区发展，完善盐田港疏港体系，缩短市中心区与坪山新区之间时空距离，拓展城市发展空间。

（三）东部过境高速公路

深圳市东部过境高速公路是泛珠三角区域综合交通运输体系的组成部分之一，是加强深港对外联系和拓展经济腹地的重要通道。本项目同时也是深圳市干线路网规划“七横十三纵”中高速公路网的重要组成部分，是实现深港过境交通“东进东出，西进西出”规划目标的三条过境疏港通道之一。 该项目起于莲塘水厂处（与莲塘口岸、爱国路相连接），向南通过莲塘口岸与香港一号干线相接，向北与深惠、深汕高速公路相接，路线全长 31.1 公里，总投资 62 亿元，采用高速公路标准建设，双向八车道，设计行车速度 80 公里/小时。设特大桥 4 座、大桥 25 座，互通立交 6 处，综合服务区 1 处。2013 年主要进行征地拆迁、施工招标和路基四标、五标施工。

（四）南坪快速路（二期）A 段工程

南坪快速路是《深圳市干线路网规划》提出的“一横八纵”建设计划中的核心工程，南坪二期是南坪快速路西段工程，其贯通南山、宝安、福田三区，将南坪快速路一期与深圳港西部港区连接，充分发挥了南坪快速路在路网中的轴带作用。该工程路线全长 11.2 公里，双向八车道。截至 2013 年底，已完成工程投资 23.5 亿元，占

项目总投资的 84.8%。

三、公用事业工程建设

（一）公明供水调蓄工程

项目位于光明新区，总投资 10.13 亿元，建设公明水库扩建工程、鹅颈水库至公明水库连通隧洞、公明水库至石岩水库供水工程和雨洪利用工程等，库容 1.42 亿立方米。项目建成后，与铁岗水库、石岩水库、西丽水库一起，共同承担宝安区、光明新区、南山区、福田区的供水保障任务，供水范围覆盖市内 950 平方公里，供水保障时间由现在的 20 天提高到三个月。

截至 2013 年底，供水隧洞洞挖及初衬已完成总工程量的 69.09%，连通隧洞洞挖及初衬已完成总工程量的 28.31%。1 号坝目前已全部完工，正在进行竣工验收准备工作。2 号分区坝已完成合同工程量的 38%；3 号均质坝坝基防渗墙施工已全部完成。4 号粘土心墙坝现已完成开挖 108 万立方米 ，填筑 256 万立方米 。5 号分区坝已完成全部填筑及大坝面板工程。6 号均质坝已完成填筑及大坝面板工程。

（二）深圳抽水蓄能电站

项目地址位于深圳市盐田区和龙岗区内，装机容量 1200 兆瓦，项目总投资 59.91 亿元，建设年限为 2011~2018 年。项目建设有利于优化电源结构，减轻西电故障和大机组跳闸引起的事故风险，改善核电、火电运行条件，提高输电线路输送效率和利用率，降低输电成本，提高电网运行经济性。

截至 2013 年底，主体工程建设稳步推进，上水库大坝标主坝土石方明挖累计完成设计量 101%，1#副坝土石方明挖基本完成。水道厂房 Ⅰ 标进出水口土石方明挖基本完成，引水上平洞洞挖完成设计量 84%。Ⅱ 标主厂房 Ⅰ 层完成开挖，主变洞 Ⅰ 层中导洞开挖完成 133 米，完成设计量 34%，交通洞和通风洞支护基本完成。Ⅲ 标下库进出水口土方明挖完成设计量 83%，碎石系统全部安装完成。

四、其他公共配套设施工程建设

（一）深圳当代艺术馆与城市规划展览馆

项目位于福田区鹏程四路东侧，总投资 16 亿元，用地面积 2.97 万平方米，建筑面积 8 万平方米，由当代艺术馆与城市规划展览馆两个馆组成。项目将建成为现代化标志性文化设施，对促进文化产业发展具有积极意义，将成为城市规划宣传、城市旅游和文化教育产业的一部分。

截至 2013 年底，项目累计完成投资 1.4 亿元，已完成土石方及支护工程、抗浮锚杆、砖胎膜及承台施工，进入地下室底板施工。

（二）香港中文大学（深圳）一期工程

香港中文大学（深圳）一期工程位于龙岗区大运公园南侧，龙翔大道以北用地，总投资 19.2 亿元，用地面积 100 万平方米，总建筑面积 32 万平方米，办学规模 7000 人，包括教室、实验室、图书馆、室内体育用房、行政及教师办公用房、会堂、食堂、学生宿舍、附属用房及相关室外工程等。该项目建设是密切深港合作、增加我市优质高等教育资源供给、提高我市长远发展竞争力的一个重要举措。

截至 2013 年底，项目已完成环境影响评估、可行性研究、初勘、设计招标、方案设计等相关的前期工作；正在进行初步设计和详细勘察工作。

第二节　重点工程建设

一、2013 年投资完成情况

2013 年，全市共安排重大项目 374 个，年度计划投资 836 亿元，约占全市固定资产投资总额的 33.7%。其中，建设（含续建、新建）项目 219 个，前期预备项目 155 个。1~12 月，全市重大建设项目完成投资 864.6 亿元，完成年度计划的 103.4%，占全市固定资产投资完成额的 34.6%，为我市国民经济和社会健康稳定发展贡献了重要力量。

（一）重大项目整体投资完成比例超前

2013 年以来，219 个重大建设项目各月完成情况均好于 2012 年。其中，1~3 月、1–6 月、1~9 月、1~12 月分别完成年度计划 18.9%、40.3%、69.0%、103.4%，分别高于 2012 年同期 4.9、3.0、5.7、1.2 个百分点，重大项目投资呈现平稳增长的态势。长安标致雪铁龙合资项目、深超光电第五代低温多晶硅薄膜晶体管液晶显示器件项目、博罗至深圳高速公路、龙跃居保障性住房 1~4 期、国际低碳城会展中心等项目已经建成并投入使用，为我市经济社会发展贡献了重要力量。

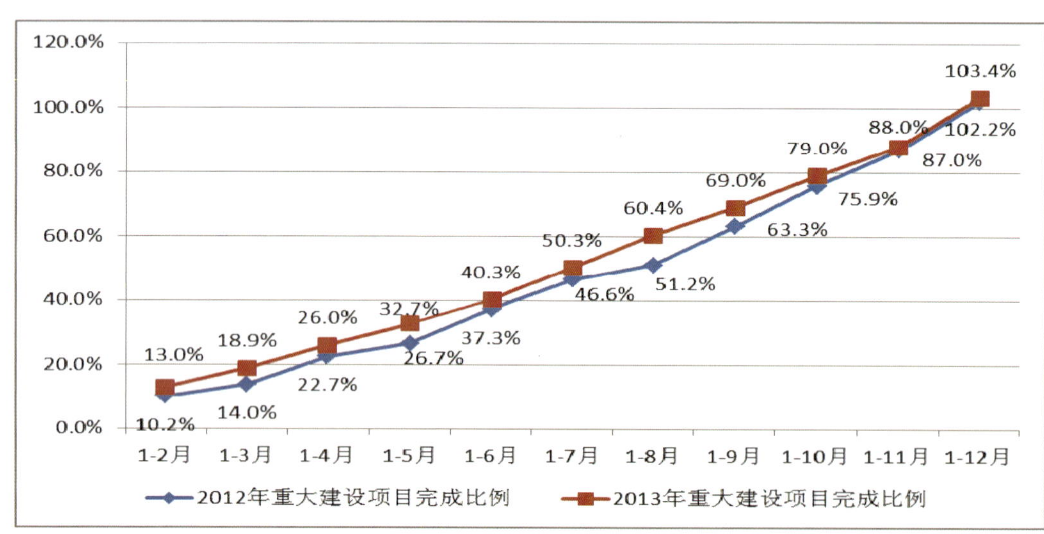

图 3-1　2012、2013 年 1~12 月我市重大项目完成进度对比图

（二）续建项目保持快速增长

163 个重大续建项目，2013 年计划投资 701.3 亿元，1~12 月份完成投资 759.5 亿元，完成年度计划的 108.3%，较重大建设项目整体完成比例（103.4%）高 4.9 个百分点，占全部重大项目投资完成额的 87.8%。其中，厦深铁路开通运行，深圳至厦门时间缩短至 3 小时。深圳机场扩建工程全面完工，机场二跑道、T3 航站楼正式投入使用，标志着深圳进入到大航站区、双跑道运作的时代。广深沿江高速建成通车，深圳至广州的距离较现有的广深高速公路缩短近 1 / 3。

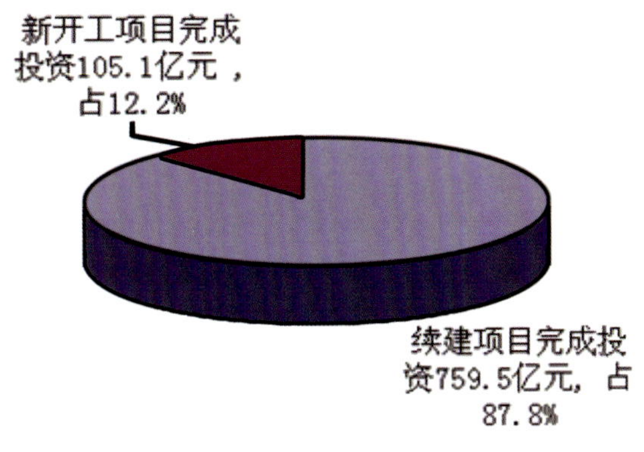

图 3-2　2013 年 1~12 月续建项目和新开工项目完成情况

（三）社会投资继续发挥骨干作用

2013 年 1~12 月，160 个社会投资项目完成投资 747.1 亿元，完成年度投资计划 100.6%，占全部重大项目投资完成额的 86.4%。地铁三期工程建设全面开展，1~12 月完成投资 143.8 亿元。其中，11 号线完成投资 74.2 亿元，全线 49 个工点主体全面开工；9 号线完成投资 27.8 亿元，车站主体围护结构完成 81%；7 号线完成投资 41.8 亿元，全线 40 个工点已全部进场施工。生命保险大厦、中心银行大厦、星河雅宝高科技创新园等一批项目推进迅速，均超额完成全年计划，有效带动续建项目加快建设。

（四）省重点项目投资大幅增长

我市列入省重点建设项目 34 个，总投资 2814 亿元，年度计划投资 375.5 亿元，1~12 月完成投资 436.1 亿元，完成年度计划 116.2%，较去年同期大幅增长 18.9 个百分点，广深港客运专线（福田站）、东部过境高速公路、深圳抽水蓄能电站、华大基因国家基因库、腾讯滨海大厦等省重点项目加快推进，为我市重大项目投资稳定增长提供了重要支撑作用。

（五）项目协调力度进一步增强

根据市领导指示，为加强项目协调工作力度，市发改委积极创新项目协调机制，提高协调效率，主动为企业和项目单位提供服务，实现了各项目建设单位、各区（新区）、各部门的数据“网上共享”，减少了公文流转的程序和时间，有效提高了项目协调效率。市发改委每月通过重大项目协调平台收集项目存在问题，经征求意见、初步协调后将重要问题及时提交市领导及各区（新区）、各部门协调解决。全年，市发改委共上报市政府协调问题 292 个。其中，提请市领导召开会议协调解决 35 个问题；其余问题分别由各区（新区）、各部门协调解决，有效地推动了项目建设。许勤市长协调解决南坪快速路二期中山园段改线、梅观高速取消收费等问题，吕锐锋常务副市长协调解决平安金融中心南塔质监安监提前介入、桂庙路快速化改造等问题，唐杰副市长协调解决深圳抽水蓄能电站土地权属、深圳湾科技生态园土方外运等问题，在各方面的共同努力下，项目问题均得到了较快的推进和解决，项目建设进度大幅加快。

二、深圳市 2014 年重大项目计划

1．前期项目

表 3-1　前期项目表

单位：万元

序号	项目代码，建设单位及项目名称	建设周期	建设规模及建设地址	总投资	至上年止完成投资	本年度计划完成投资	资金来源	本年度建设内容	备注
合计（共 159 项）				41664502					
社会民生 17 项				776216					
	前期 17 项			776216					
1	301201000023 市卫生人口计生委 深圳市肿瘤医院		建设规模 1000 张床位，建设一家集医疗、科研、预防于一体的三级甲等肿瘤专科医院。 申请选址龙岗区坂田街道	110058				开展前期工作。	◆上一年度重大项目 ◆标志性重大项目
2	301200900776 深圳市公立医院管理中心 深圳市健宁医院		建设规模 800 张床位，建设综合性现代化精神病专科医院。 坪山新区坪山办事处汤坑社区	70241				开展前期工作。	◆上一年度重大项目 ◆标志性重大项目
3	Z201203596 深圳市大鹏新区公共事业局 深圳市大鹏新区人民医院		建设规模为 1000 张床位，一期工程按 600 张床位规模建设。 申请选址大鹏新区葵涌办事处	50107				开展前期工作。	
4	301201004643 市卫生人口计生委 市医学科学研究院		主要建设科研试验用房、学术交流用房、行政办公用房、后勤服务用房、专家和学生公寓等。 申请选址南山区沙河街道	28940				开展前期工作。	◆上一年度重大项目
5	S201200812 中国人民武装警察部队广东省边防总队医院 中国人民武装警察部队广东省边防总队医院住院大楼建设工程		新建一栋地上 19 层、地下 2 层的综合性住院大楼，建成后医院新增床位约 700 张。 罗湖区清水河街道	31770				开展前期工作。	◆上一年度重大项目

（续表）

序号	项目代码，建设单位及项目名称	建设周期	建设规模及建设地址	总投资	至上年止完成投资	本年度计划完成投资	资金来源	本年度建设内容	备注
6	301200502310 龙华新区管委会 深圳市第八高级中学		建设 60 个班，3000 学位寄宿制高中。 龙华新区观澜办事处	20945				开展前期工作。	◆上一年度重大项目
7	L201300081 光明新区管委会 深圳市第十高级中学		建设 60 个班，3000 学位全寄宿制普通高级中学。 光明新区光明办事处	24513				开展前期工作。	
8	Z201200566 大鹏新区管委会 深圳市第十一高级中学		建设 60 个班，3000 学位全寄宿制普通高中。 大鹏新区葵涌办事处	26122				完成前期工作。	◆上一年度重大项目
9	S201200171 深圳市康馨养老事业投资发展有限公司 罗湖康馨养老中心		建设集养老、休闲、医护等生活便利设施配套于一体的养老服务中心。 罗湖区莲塘街道	23000				开展前期工作。	
10	301201101893 深圳市康馨养老事业投资发展有限公司 福田区康馨长者颐养康乐中心		建设一座满足深圳市退休老干部、老职工及原老村民等各种老年人群需求，并集居住、购物、通讯、银行、医护等配套于一体的小型颐养康乐中心。 申请选址福田区梅林街道	16950				开展前期工作。	◆上一年度重大项目
11	301201000315 深圳市特种设备安全检验研究院 深圳市特种设备安全检验测试基地		建设检验、检测、试验、技术研发、考试、管理服务、业务及附属配套等用房。 申请选址宝安区石岩街道	20641				办理用地手续，开展前期工作。	◆上一年度重大项目
12	L201300050 深圳市福田区城中村（旧村）改造办公室 深圳安托山博物公园		以安托山公园的山体修复和景观生态建设为主，在不影响和破坏公园生态环境的前提下，通过规划调整和用地整合，注入文化内涵，规划建设安托山博物公园。 申请选址福田区香蜜湖街道	77000				办理用地手续，开展前期工作。	

（续表）

序号	项目代码，建设单位及项目名称	建设周期	建设规模及建设地址	总投资	至上年止完成投资	本年度计划完成投资	资金来源	本年度建设内容	备注
13	301200901164 深圳市民政局 深圳市殡仪馆改扩建工程		保留现有用房建筑面积 18000 平方米，新建建筑面积 50978 平方米。 龙岗区南湾街道	23603				开展前期工作。	
14	L201200012 深圳市龙岗区住房和建设局 龙岗区“三馆”项目		建设科技馆、青少年宫、公共艺术馆及商业配套等。 申请选址龙岗区龙城街道	95000				开展前期工作。	◆上一年度重大项目
15	S201200185 深圳市汇清科技有限公司 深圳市微软 IT 培训学院		建设内容包括软件咨询服务中心、软件认证考试中心、办公楼、教学楼及图书馆、学生宿舍及食堂、教师宿舍、体育馆等。 申请选址龙华新区观澜办事处	89909				办理用地手续，开展前期工作。	◆上一年度重大项目
16	301201004089 深圳市金融产业服务基地项目建设领导小组办公室 深圳市金融产业服务基地平湖大新南片区水门地块拆迁安置工程		根据深圳市金融产业服务基地规划和建设发展的需要，对大新南片区进行拆迁安置，建设安置用房。 龙岗区平湖街道	22620				开展前期工作。	
17	301201004178 深圳市金融产业服务基地项目建设领导小组办公室 深圳市平湖金融产业服务基地山厦社区拆迁安置工程		根据深圳市金融产业服务基地规划和建设发展的需要，对山厦社区进行拆迁安置，建设安置用房。 申请选址龙岗区平湖街道	44797				完成前期工作。	
环境资源 14 项				2854655					
	前期 14 项			2854655					

（续表）

序号	项目代码，建设单位及项目名称	建设周期	建设规模及建设地址	总投资	至上年止完成投资	本年度计划完成投资	资金来源	本年度建设内容	备注
18	301200901702 深圳市城市管理局 大鹏半岛市级自然保护区		建立保护深圳大鹏半岛生态系统和饮用水源的自然保护区。建设基础设施、生物多样性保护、科研设施和监测、森林防火等。 大鹏新区大鹏办事处大鹏新区大鹏、葵涌、南澳街道	51293				完成项目可行性研究、方案设计等前期工作，办理用地、施工等手续。	◆上一年度重大项目 ◆列入“十二五”重大项目计划 ◆标志性重大项目
19	L201300034 北京能源投资（集团）有限公司、深圳市燃气集团股份有限公司 深圳国际低碳城分布式能源项目		总发电容量约54MW的燃气分布式能源机组，配套建设智能电网、沼气采集、太阳能等能源利用项目。 申请选址龙岗区坪地街道	108798				方案设计，办理项目用地、核准等手续。	
20	S2013D4400021 华电国际电力股份有限公司深圳公司 深圳华电坪山分布式能源项目		建设 3×100MW（6FA 级）燃气—蒸汽联合循环热电联供机组，装机容量 321 兆瓦，配套建设热网工程。 申请选址坪山新区坑梓办事处	180699				方案设计，办理用地手续等前期工作。	◆上一年度重大项目 ◆列入“十二五”重大项目计划
21	L201300004 国电广东电力有限公司 国电深圳坪山分布式能源项目		规划建设3×40MW级燃气—蒸汽联合循环发电机组。 申请选址坪山新区坪山办事处	102502				办理项目核准、用地手续等前期工作。	◆上一年度重大项目
22	S201102811 深圳大唐宝昌燃气发电有限公司 广东大唐国际宝昌燃气热电 2×400MW 级扩建工程		新增扩建 2×400MW（9F 级）燃气蒸汽联合循环发电机组，采用低氮燃烧技术，实施冷热电三联供，建设供应龙华新区有关用户和集中制冷站的蒸汽、冷冻水管网。 龙华新区观澜办事处人民路 233 号	303647				完成初步设计，办理项目用地等前期手续。	◆上一年度重大项目 ◆列入“十二五”规划纲要 ◆列入“十二五”重大项目计划
23	301201000043 深圳能源集团股份有限公司 深圳月亮湾改扩建（光明燃机电厂）项目		规划建设 3×400MW（9F 级）燃气蒸汽联合循环发电机组，并开展余热利用。 申请选址光明新区公明办事处	432615				争取获得国家批准开展前期工作，推进项目可研、核准等前期工作。	◆上一年度重大项目 ◆列入“十二五”重大项目计划

（续表）

序号	项目代码，建设单位及项目名称	建设周期	建设规模及建设地址	总投资	至上年止完成投资	本年度计划完成投资	资金来源	本年度建设内容	备注
24	S2013D4400022 深圳钰湖电力有限公司 2×9F 级燃气－蒸汽联合循环热电联产项目		建设 2×400MW（9F 级）燃气蒸汽联合循环发电机组，至平湖片区内各工业蒸汽用户的蒸汽管网以及集中制冷站至园区内用冷用户冷水管网。 申请选址龙岗区平湖街道	360000				完成初步设计，办理项目用地等前期工作。	◆上一年度重大项目 ◆列入“十二五”重大项目计划
25	L201200006 深圳市广前电力有限公司 深圳前湾燃机电厂二期扩建工程		在已有的厂址内扩建深圳前湾燃机电厂二期工程 3×400MW（9F 级）燃气蒸汽联合循环机组。 南山区南头街道妈湾大道北	378300				争取获得国家批准开展前期工作，推进项目可研、核准等前期工作。	
26	301201100412 深圳能源集团股份有限公司 深圳东部电厂二期工程		建设 3×400MW 级燃气蒸汽联合循环机组。 大鹏新区大鹏办事处下沙秤头角	350000				完成环评报告、接入系统方案设计等，办理项目核准等前期手续。	
27	301200904148 深圳市城市管理局 深圳市东部垃圾焚烧处理项目		建设处理量为 5000 吨/日生活垃圾焚烧处理厂及其配套设施。 龙岗区坪地街道上坑塘	349803				完成项目可行性研究报告等编制工作，办理用地、环评等手续。	◆上一年度重大项目 ◆列入“十二五”重大项目计划
28	301200800517 深圳市能源环保有限公司 南山垃圾焚烧发电厂二期工程		新增加 2 台 400 吨/日焚烧炉和一台 18MW 凝汽式汽轮发电机组及附属设备，处理能力为 800 吨/日（2×400 吨/日）。 申请选址南山区南山街道	37626				办理新增用地手续及环评审批手续等。	◆上一年度重大项目 ◆列入“十二五”重大项目计划
29	301200704374 深圳市发展和改革委员会 光明吊神山成品油仓储区		规划仓储规模 80 万立方米。 龙岗区，光明新区	154672				开展规划设计、选址等前期工作。	◆上一年度重大项目
30	L201300070 深圳中兴新源环保股份有限公司 深圳市福田区餐厨垃圾综合处理厂建设运营服务采购		拟建设餐厨废弃物转化饲料添加物、地沟再生燃料油、肥料生产线及其辅助配套设施，餐厨废弃物处理规模为 300 吨/日。 申请选址龙华新区民治办事处	17600				方案设计，办理用地、施工手续等。	

（续表）

序号	项目代码，建设单位及项目名称	建设周期	建设规模及建设地址	总投资	至上年止完成投资	本年度计划完成投资	资金来源	本年度建设内容	备注
31	Z12013CJ0035 深圳市坪山新区发展和财政局 深圳国家生物医药产业基地配套集中废水处理厂及干管工程		近期废水处理规模为 1.5 万立方米/日。主要建设污水处理构（建）筑物、设备购置及安装、生产辅助用房等，新建 DN400—DN800 配套污水干管总厂 12010 米，新建 DN600 尾水管道总长 3800 米。 申请选址坪山新区坑梓办事处	27100				完成项目可研、方案设计、初步设计与概算等前期工作。	
轨道交通 10 项				11554855					
	前期 10 项			11554855					
32	301201100400 深圳市地铁集团有限公司 深圳市轨道交通 6 号线工程		起于深圳北站枢纽，止于松岗，线路全长约 37.85 公里，设车站 20 座。 宝安区，光明新区，龙华新区	2672855				开展初步设计、招商谈判等前期工作。	◆上一年度重大项目 ◆列入“十二五”规划纲要 ◆列入“十二五”重大项目计划 ◆标志性重大项目
33	301201100392 深圳市地铁集团有限公司 深圳市轨道交通 8 号线工程		起于罗湖区，止于盐田区小梅沙，线路全长约 28.5 公里，设车站 14 座。 罗湖区，盐田区	2000000				开展工可研、初步设计等前期工作。	◆上一年度重大项目 ◆列入“十二五”规划纲要 ◆列入“十二五”重大项目计划 ◆标志性重大项目
34	L201300052 深圳市地铁集团有限公司 深圳市轨道交通 2 号线东延线（新秀-莲塘）工程		起于 2 号线新秀站，止于罗湖区莲塘片区，线路全长约 3.9 公里，设车站 3 座。 罗湖区	312000				开展可行性研究等前期工作。	
35	L201300055 深圳市地铁集团有限公司 深圳市轨道交通 3 号线东延线、南延线工程		东延线起于 3 号线双龙站，止于坪地，线路长约 8 公里，设车站 6 座；南延线起于 3 号线益田站，止于福田保税区，线路长 1.5 公里，设站 1 座。 福田区，龙岗区	485000				开展可行性研究等前期工作。	

（续表）

序号	项目代码，建设单位及项目名称	建设周期	建设规模及建设地址	总投资	至上年止完成投资	本年度计划完成投资	资金来源	本年度建设内容	备注
36	L201300042 龙华新区发展和财政局 深圳市轨道交通4号线北延线工程		起于4号线清湖站，止于观澜，线路全长约10.6公里，设车站8座。 龙华新区	560000				开展可行性研究等前期工作。	
37	L201300053 深圳市地铁集团有限公司 深圳市轨道交通5号线南延线工程		起于5号线前海湾站，止于2号线赤湾站，线路全长约8.6公里，设车站7座。 前海合作区，南山区	650000				开展可行性研究等前期工作。	
38	L201300056 深圳市地铁集团有限公司 深圳市轨道交通6号线南延线工程		起于深圳北站枢纽，止于福田区上步南，线路全长约11.5公里，设车站6座。 福田区，罗湖区，龙华新区	857000				开展可行性研究等前期工作。	
39	L201300051 深圳市地铁集团有限公司 深圳市轨道交通9号线西延线工程		起于9号线深圳湾站，止于前海合作区航海路，线路全长约10.7公里，设车站10座。 前海合作区，南山区	848000				开展可行性研究等前期工作。	
40	z20112596 深圳市地铁集团有限公司 深圳市轨道交通10号线工程		起于福田保税区，止于龙岗平湖片区，线路全长约28.8公里，设车站23座。 福田区，宝安区，龙岗区	2670000				开展工可研、初步设计等前期工作。	◆上一年度重大项目
41	L201300071 深圳市地铁集团有限公司 深茂铁路深圳段		深茂铁路全长387公里（深圳境内约37公里），属国家I级双线电气化铁路，与广深港客运专线、厦深铁路交汇于深圳北站。 宝安区，龙华新区	500000				进行项目前期研究和线位比选等工作。	
道路机场港口 9 项				4936723					
	前期 9 项			4936723					

（续表）

序号	项目代码，建设单位及项目名称	建设周期	建设规模及建设地址	总投资	至上年止完成投资	本年度计划完成投资	资金来源	本年度建设内容	备注
42	301200600239 深圳市广深沿江高速公路投资有限公司 广深沿江高速公路（深圳段）二期工程		起于广深沿江高速深圳段，终止于机荷高速起点，设机场互通、鹤洲互通及沙井互通。深中通道深圳侧接线长 6.1 公里，双向八车道高速公路标准，设计车速 100 公里/小时。 宝安区，前海合作区	530000				开展可行性研究、初步设计等前期工作，以及征地拆迁等前期工程。	
43	L201300054 深圳至中山跨江通道工程领导小组办公室 深圳至中山跨江通道工程（跨江桥隧工程）		起于宝安区西乡黄鹤互通，与机荷高速对接，止于中山市港口镇新隆立交，与中江高速对接。跨江桥隧工程全长约 22.09 公里，采用桥隧组合方案，设两处通航孔。 宝安区	3240000				开展规划选线、环境评价及可行性研究等前期工作。	
44	Z201102563 深圳市交通运输委员会 桂庙路快速化改造（一期）工程		起于前海规划振海路，止于后海滨立交，线路全长 4.9 公里，采用城市快速路标准建设，新建双向六车道主线下沉隧道，改造双向六车道地面道路等。 南山区南山街道粤海街道	180000				开展管线迁改、绿化迁移涵等工作。	◆上一年度重大项目 ◆列入“十二五”重大项目计划
45	301201101657 深圳市交通运输委员会 南坪快速路三期工程		西起水官高速横坪立交，东至聚龙路（规划外环高速田头立交），全长约 22.2 公里，采用城市快速路标准，路基宽度 33 米，双向六车道，设计车速 80 公里/小时。 龙岗区，坪山新区	424490				开展初步设计、交通疏解等前期工作。	◆上一年度重大项目 ◆列入“十二五”规划纲要 ◆列入“十二五”重大项目计划 ◆标志性重大项目
46	301201101219 深圳市交通运输委员会 坂银通道工程		南起泥岗立交，北接坂雪岗大道，全长约 7.5 公里（含隧道 9135 米，桥梁 5448 米），采用城市主干道标准，双向六车道，设计车速 50 公里/小时，全线设置立交 3 座。 福田区，罗湖区，龙岗区	233077				开展初步设计、交通疏解等前期工作。	◆上一年度重大项目 ◆列入“十二五”规划纲要 ◆列入“十二五”重大项目计划 ◆标志性重大项目

（续表）

序号	项目代码，建设单位及项目名称	建设周期	建设规模及建设地址	总投资	至上年止完成投资	本年度计划完成投资	资金来源	本年度建设内容	备注
59	L201200027 深圳市龙岗佳兆业房地产开发有限公司 大鹏第二工业区 B 区更新单元		拟拆除重建用地面积 139672 平方米，建设包括产业研发用房、产业配套用房、公共配套设施等。 大鹏新区大鹏办事处大鹏街道鹏飞路与迎宾北路交汇处	500000				开展专项规划报审、项目拆迁谈判、租户清理及建筑物拆除。	◆上一年度重大项目
60	L201300063 深圳市恒明置业发展有限公司 龙城街道回龙埔新工业区片区城市更新项目		拟拆除重建用地面积 196369 平方米，建设包括住宅、商业、办公、公寓、产业研发用房、产业配套、公共配套设施、保障性用房等。 龙岗区龙城街道回龙埔新工业区片区	498765				进行拆迁谈判、补偿协议的签订、专项规划的审批等前期工作。	
61	L201300043 深圳市桂芳园实业有限公司 平湖街道旧墟镇片区改造项目		拟拆除重建用地面积约 294000 平方米，建设包括商业、办公、文教、娱乐、配套住宅等。 龙岗区平湖街道守珍街、平湖大街、建设路、上大街围合区域	400000				开展工程报建等前期准备工作。	
62	L201300083 深圳市沙浦巨帆投资有限公司 松岗沙浦工业区城市更新项目		拟拆除重建用地面积 379912 平方米，建设包括展览展销、设计研发、总部商务办公和住宅。 宝安区松岗街道沙浦工业片区	387583				办理项目一期用地审查、建设用地方案图、建设用地规划许可证、土地使用权出让合同等行政许可手续。	
63	L201300066 中粮地产集团深圳房地产开发有限公司 宝安 22 区中粮工业园更新项目		拟拆除重建用地面积 40597 平方米，建设包括住宅、商业办公、配套等。 申请选址宝安区新安街道 22 区新安二路与公园路交汇处	315398				开展地价缴交、施工准备工作。	
64	S201102633 深圳市锦鸿新成投资发展有限公司 南油大厦城市更新项目		拟拆除重建用地面积 13447 平方米，建设包括办公、商业等。 南山区粤海街道南海大道与登良路交汇处	291004				开展各项开工准备工作。	◆上一年度重大项目

（续表）

序号	项目代码，建设单位及项目名称	建设周期	建设规模及建设地址	总投资	至上年止完成投资	本年度计划完成投资	资金来源	本年度建设内容	备注
65	L201300064 华润（深圳）地产发展有限公司 银湖蓝山（银湖三九城市更新）项目		拟拆除重建用地面积 89075 平方米，建设包括住宅、商业、小学、幼儿园、体育设施等。 罗湖区清水河街道罗湖区北环大道 1028 号	202351				完成项目施工准备工作。	
66	L201300069 深圳市万科南苑房地产开发有限公司 蛇口渔一村改造项目		拟拆除重建用地面积 25283 平方米，建设包括住宅、商业、商务公寓、配套设施等。 南山区湾厦路东南侧	202321				开展基础工程施工准备工作。	
67	L201300013 深圳市共乐经济发展有限公司 骏业工业区城市更新单元		拟拆除重建用地面积 47300 平方米，建设包括产业用房、商业服务设施、配套办公、配套单身宿舍、公共配套设施等。 宝安区西乡街道铁仔路	201802				开展补缴地价、施工准备等工作。	◆上一年度重大项目
68	L201300038 深圳市宏发房地产开发有限公司 石岩官田改造项目（一期）		拟拆除重建用地面积 26442 平方米，建设包括住宅、商业、商务公寓、公共配套设施等。 宝安区石岩街道宝石东路、顺达路、石岩塘坑路、石岩河所围合的区域	186519				开展基础结构工程等前期工程报批工作。	
69	L201300059 深圳市德润创展房地产开发有限公司 坂田荣兴工业园城市更新项目		拟拆除用地面积 22511 平方米，建设包括住宅、商业、商务公寓、公共配套设施等。 龙岗区坂田街道布龙路以南，坂雪岗大道以西 150 米（原荣兴工业园）	156483				开展各项工程报建工作。	
70	L201300047 深圳市方大置业发展有限公司 方大城更新单元		建筑面积 212400 平方米，包括产业研发用房、产业配套用房、公共配套设施、地下车库及配套设备库房等。 南山区桃源街道西丽龙珠四路 2 号方大城	153939				补交地价签订土地出让合同，取得设计方案批复。	

（续表）

序号	项目代码，建设单位及项目名称	建设周期	建设规模及建设地址	总投资	至上年止完成投资	本年度计划完成投资	资金来源	本年度建设内容	备注
71	L201300037 深圳市佳华房地产开发有限公司 观澜旧村城市更新项目（二期）		拟拆除重建用地面积 52078 平方米，建设包括住宅（含保障性住房）、商业、酒店、商务公寓、公共配套设施等。 龙华新区观澜办事处观澜旧村第二工业区	153000				办理土地用地手续，签订土地出让合同；选定建筑设计方案；制定工程施工方案。	
72	L201300062 深圳市葵涌文发房地产开发有限公司 葵涌综合市场二期改造		建设用地范围面积 60625 平方米，分为二期开发：一期主要为保障性住房、还建房、中高档住宅、底商、幼儿园，二期为高端住宅、购物中心。 大鹏新区葵涌办事处原第一工业区	150000				开展项目一期报建及前期工程准备工作。	
73	S20112586 丰隆集团有限公司 佳兆业环球中心（丰隆中心）		占地面积 14411 平方米，拟定高度 399 米，总建筑面积 142000 平方米，包括商业、写字楼、社会多层停车库等。 福田区南园街道深南路上步路交叉口西南侧	108962				开展环评、立项核准、方案招标等相关工作。	◆上一年度重大项目 ◆标志性重大项目
战略性新兴产业 37 项				4162512					
	前期 37 项			4162512					
74	S201200395 深圳市博纳药品包装材料有限公司 博纳精密给药技术研发中心和生产基地		建设符合美国 FDA 和欧盟标准的 10 万级洁净车间、标准厂房、原材料及成品仓库、研发试验测试中心等。 申请选址龙华新区	28800				办理用地手续，开展前期工作。	◆上一年度重大项目
75	301201003612 深圳市绿微康生物工程有限公司 绿微康生物酶研发与产业化基地		建设工业酶、食品酶、饲料酶、医药酶生产车间、酶工程技术中心以及综合办公楼。 申请选址龙华新区观澜办事处	23000				办理用地手续，开展前期工作。	◆上一年度重大项目 ◆列入“十二五”重大项目计划
76	L201300073 深圳市森赛生物科技有限公司 森赛酶制剂产业园研发中心及生产中心项目		本项目主要是建设酶制剂产业园，主要建设内容包括厂房、实验室、研发及办公大楼等。 申请选址光明新区光明办事处	10000				办理用地手续，开展前期工作。	

（续表）

序号	项目代码，建设单位及项目名称	建设周期	建设规模及建设地址	总投资	至上年止完成投资	本年度计划完成投资	资金来源	本年度建设内容	备注
77	301201101705 腾讯科技（深圳）有限公司 腾讯研发总部基地		建设内容包括研发办公、培训、宿舍等建筑，建成后成为腾讯研发总部基地。 申请选址光明新区光明办事处	1040519				办理用地手续，开展前期工作。	◆上一年度重大项目 ◆列入“十二五”重大项目计划
78	S2013I6300004 深圳市同洲电子股份有限公司 同洲电子总部研发大楼		购置编码器、示波器、逻辑分析仪、服务器等设备，搭建研究开发环境。 申请选址宝安区新安街道	29532				办理用地手续，开展前期工作。	◆上一年度重大项目
79	301201100436 深圳市中企信星电子商务有限公司 深圳电子商务信用之都：技术、标准、服务平台、应用推广及产业园		建设中企信星公司的电子商务信用体系管理基地，为全国乃至全世界电子商务交易主体提供高端的信用披露服务。 申请选址南山区南山街道	32023				办理用地手续，开展前期工作。	◆上一年度重大项目
80	S20112559 深圳市广兴源互联网产业发展有限公司 宝安互联网产业研发中心		建设互联网高端产业研发中心，引进全国大中型互联网企业。 宝安区西乡街道	19600				开展前期工作。	◆上一年度重大项目
81	S2013I6400010 深圳市易讯天空网络技术有限公司 深圳市易迅天空网络技术有限公司研发总部基地		新建研发总部场地，购置服务器、交换机、路由器等软硬件设备，搭建易迅天空彩票交易平台研发测试环境。 申请选址龙岗区龙城街道	32738				办理用地手续，开展前期工作。	
82	S201200261 深圳华强集团有限公司 光明新区华强文化创意及出口基地项目		建设创意基地、影视制作拍摄及设备生产基地、实验展示基地、华强人才学院、文化企业创业园和人才公寓等。 光明新区光明办事处	458245				规划设计、报建及勘探等前期工作。	◆上一年度重大项目 ◆列入“十二五”重大项目计划 ◆标志性重大项目

（续表）

序号	项目代码，建设单位及项目名称	建设周期	建设规模及建设地址	总投资	至上年止完成投资	本年度计划完成投资	资金来源	本年度建设内容	备注
83	S2013I6500029 深圳中兴网信科技有限公司 深圳中兴网信科技有限公司总部基地项目		建设中兴网信科技有限公司总部基地，建设内容包括研发办公大楼、数据中心、物流中心及其他配套设施等。 申请选址龙岗区龙城街道	45000				办理用地手续，开展前期工作。	◆上一年度重大项目
84	s201200134 深圳市华艾实业发展有限公司 华艾信息产业园		建设物联网产业项目孵化基地、物联网核心技术研发及其产品应用和创新产业园。 龙岗区龙岗街道新生社区	36000				开展前期工作。	◆上一年度重大项目
85	S201102854 深圳思创光电信息技术有限公司 基于物联网的农产品质量追溯系统		建设基于物联网的农产品质量追溯系统，主要产品为 RFID 标签、手持式 RFID 读写器、生产基地追溯子系统等。 大鹏新区大鹏办事处龙歧湾	26519				开展前期工作。	
86	S2013C4100028 深圳市易尚展示股份有限公司 易尚3D影像生产制造基地		主要建设内容包括 3D 数字成像生产基地、3D 打印中心等。 申请选址宝安区西乡街道	22000				办理用地手续，开展前期工作。	
87	S201200280 深圳数字电视国家工程实验室股份有限公司 深圳数字电视国家工程实验室大厦		建设深圳市数字电视产业基地，主要包括数字电视国家工程实验室、国家标准地面数字电视推广、产品测试中心和产业孵化中心等。 申请选址南山区西丽街道	31907				办理用地手续，开展前期工作。	◆上一年度重大项目
88	L201400002 深圳市贝特瑞新能源材料股份有限公司 锂离子电池用硅系负极材料的产业化		建设内容包括实现硅碳复合负极材料、纳米硅负极材料、氧化亚硅负极材料三种材料的规模化生产，并建成三条中试线。 光明新区公明办事处	11000				开展前期准备工作。	
89	L201300076 深圳波士顿动力电池有限公司 锂离子电池及成组技术的研发应用与产业化		建设锂离子动力电池包生产基地，购置生产设备、测试设备以及配套动力设备，形成年生产锂离子电池包产品 2125 组的能力。 申请选址宝安区	29389				开展前期工作。	

（续表）

序号	项目代码，建设单位及项目名称	建设周期	建设规模及建设地址	总投资	至上年止完成投资	本年度计划完成投资	资金来源	本年度建设内容	备注
90	Z20112758 深圳市龙岗区科技创新局 深圳新能源产业基地		建设全国核电产业引擎中心，新能源产业总部、研发设计和高端制造基地。 申请选址龙岗区龙岗街道	1150000				开展土地招拍挂、企业引进及推动市政基础设施建设等前期工作。	◆上一年度重大项目 ◆列入“十二五”重大项目计划
91	S201308100001 深圳市沙企经济发展有限公司 沙企新能源产品研发及产业化中心		拟规划建设为新能源产品研发、技术交流及展示等提供相关服务的平台，建设内容包括用于新能源产品研发、技术交流及展示等服务的配套设施。 申请选址宝安区沙井街道	20000				办理用地手续，开展前期工作。	
92	S2013I6500060 深圳市鹏城建筑集团有限公司 鹏城智慧创意都市工业园		新建研发、科研创新大楼及配套设施，建设3D显示、物联网、智能家居、创意设计产业园区，打造产学研合作示范区。 申请选址龙岗区横岗街道	97883				开展前期工作。	
93	S201102659 华视传媒集团有限公司 华视传媒集团文化创意大厦		建设移动电视媒体研究院、移动电视媒体技术研究院、移动电视媒体文化研究院、移动电视媒体节目中心以及移动电视媒体产业人才培训学院等。 申请选址前海合作区	149228				办理用地手续，开展前期工作。	◆上一年度重大项目
94	S201200406 北大青鸟音乐文化（深圳）有限公司 国家音乐产业基地		主要建设内容包括音乐会展中心、音乐家工作室、流行音乐学校、办公基地、演播厅、音乐人公寓等。 申请选址待定	25000				办理用地手续，开展前期工作。	◆上一年度重大项目
95	S2013R8700031 深圳市中盈贵金属股份有限公司 李朗珠宝文化创意产业园		主要建设内容包括珠宝创意设计研发中心、国家珠宝玉石首饰质量检测鉴定中心、珠宝培训中心、交易展示中心等。 龙岗区南湾街道	107768				开展前期工作。	

（续表）

序号	项目代码，建设单位及项目名称	建设周期	建设规模及建设地址	总投资	至上年止完成投资	本年度计划完成投资	资金来源	本年度建设内容	备注
96	S2013C2400002 深圳翠绿珠宝集团有限公司 深圳翠绿黄金珠宝产业园		建设珠宝产业研发用房、工业样品制造及仓储用房、配套设施等；集黄金珠宝设计研发、样品生产、仓储、展示、交易、培训、检验检测于一体的专业性园区。 龙岗区龙岗街道	57585				开展前期工作。	◆上一年度重大项目
97	S201200808 深圳市中孚泰文化建筑建设股份有限公司 中孚泰总部基地		主要建设内容为建设办公业务用房，为建筑设计服务的展厅、剧场、实验室、培训中心等相关配套设施。 申请选址龙华新区民治办事处	83000				办理用地手续，开展前期工作。	◆上一年度重大项目
98	301201100454 深圳报业集团 深圳报业集团新媒体文化产业基地		建筑面积约为52000平方米，建筑楼高99米，共24层，主要用于报业集团下属新媒体文化项目及入驻企业的生产和运营。 福田区莲花街道	34192				方案设计等前期工作。	◆上一年度重大项目
99	L201200049 深圳市甘坑生态文化发展有限公司 深圳甘坑生态文化创意村		对甘坑村进行改造，建设初步划分为农副产品区、庭院式客家美食区、客家传统生活体验区、蔬菜种植区等。	10150				开展前期工作。	◆上一年度重大项目
			申请选址龙岗区布吉街道甘坑村						
100	S201300061 深圳东方逸尚服饰有限公司 东方逸尚名师总部基地项目		建设东方逸尚名师总部基地，主要包括多品牌创意研发中心和品牌展示中心、中外设计名师工作室、品牌独立孵化基地、五国名师设计成果交流站及综合建筑区等。 申请选址龙华新区大浪办事处	50000				办理用地手续，开展前期工作。	
101	S201102824 深圳广田装饰集团股份有限公司 中国（深圳）绿色创意设计基地		建设中国（深圳）绿色创意设计基地大厦，包含国际创意设计基地、绿色低碳技术研发基地及广田股份总部管理等基地。 申请选址罗湖区笋岗街道	92401				办理用地手续，开展前期工作。	◆上一年度重大项目

（续表）

序号	项目代码，建设单位及项目名称	建设周期	建设规模及建设地址	总投资	至上年止完成投资	本年度计划完成投资	资金来源	本年度建设内容	备注
102	S2013R8700029 深圳市百旺文化科技投资有限公司 UTCP•百旺创意工厂		主要建设内容为文化创意展示与办公用房、艺术会所、培训基地、检测中心、人才公寓及园区服务中心等。 南山区西丽街道松白路1051号	11000				开展前期工作。	
103	S2013R8700030 深圳市德顺宝创意陶瓷有限公司 艺德国际花世界中心		对三栋旧物业进行升级改造，建立展览展示等公共服务平台，打造较具规模的集创意设计、展示交易、培训讲座为一体的特色园区。 申请选址龙华新区民治办事处	20500				开展前期工作。	
104	S201200805 深圳清华大学研究院 深圳清华大学研究院光明创新中心（一期）		依托清华大学，建设实验室、研发中心、工程技术中心、公共检测实验室等技术平台，进行应用性研发。 申请选址光明新区光明办事处	25000				办理用地手续，开展前期工作。	◆上一年度重大项目
105	Z201102598、Z20120015 中国农业科学院深圳生物育种创新研究院 中国农业科学院深圳生物育种创新研究院		主要建设科研试验地、科研实验房、生态保育及生活配套等。 大鹏新区大鹏办事处鹏城社区	80000				开展前期工作。	◆上一年度重大项目
106	301201100052 深圳市宗正汽车贸易有限公司 深圳市宗正科技LED光电创新中心		建设集研发、设计、中试、检测、产品展示、路灯电子远程监控网络枢纽、财务结算中心、总部办公于一体的LED光电创新发展中心。 南山区桃源街道	53000				开展前期工作。	
107	301201003569 深圳市嘉泉水处理科技有限公司 海水淡化工程中心		建设海水淡化设计中心、海水淡化中试基地、海水淡化超滤膜及元件研制基地等。 申请选址龙华新区观澜办事处	10000				办理用地手续，开展前期工作。	◆上一年度重大项目

（续表）

序号	项目代码，建设单位及项目名称	建设周期	建设规模及建设地址	总投资	至上年止完成投资	本年度计划完成投资	资金来源	本年度建设内容	备注
108	S2013M7300009 深圳市建筑科学研究院有限公司 中美低碳建筑与社区创新实验中心		主要建设内容包括研发办公、实验检测、专家公寓及相关配套设施等。 申请选址龙岗区坪地街道	42688				开展前期工作。	
109	S2013I6400011 深圳市神州通投资集团有限公司 神州通集团总部及研发中心建设项目		购置移动互联网研发运营设备，打造研产销一体化产业链的移动互联网产业基地。 申请选址宝安区新安街道	146970				方案设计，办理用地、施工手续等。	
110	L201300074 深圳市金凯新瑞光电有限公司 光电功能涂层材料研发中试中心		新建光电功能涂层材料研发中试中心，主要包括研发中心、PVD 镀膜、卷绕涂布、平面涂布四个建筑区域。 申请选址光明新区公明办事处	19875				办理用地手续，开展前期工作。	
现代服务业 32 项				5231863					
	前期 32 项			5231863					
111	L201300057 深圳市经济贸易和信息化委员会 深圳第二会展中心		规划建设展馆、酒店及会议建筑、其他配套建筑（含商业、公寓等）等。 申请选址宝安区福永街道	1086730				规划设计等前期工作。	
112	L201200028 深圳市特区建设发展集团有限公司 科技馆（新馆）与创新大厦		规划建设展示深圳高新技术发展水平和成就的科技馆，以及为自助创新科技企业提供孵化场所和公共技术支撑与服务平台的创新大厦。 申请选址南山区粤海街道	274961				方案设计，办理用地、施工手续等。	◆上一年度重大项目 ◆列入“十二五”重大项目计划
113	L20120051 深圳市特区建设发展集团有限公司 平湖金融与现代服务业基地配套服务启动区一期		规划建设公共租赁房 1682 套，安居型商品房 2247 套。 申请选址龙岗区平湖街道	520928				方案设计，办理核准、用地、施工等手续。	◆上一年度重大项目

（续表）

序号	项目代码，建设单位及项目名称	建设周期	建设规模及建设地址	总投资	至上年止完成投资	本年度计划完成投资	资金来源	本年度建设内容	备注
114	L201400001 深圳市中意安娜国际传媒有限公司 世模总部基地项目		规划建设演艺中心、训练馆、品牌发布厅、世模组委会办公等。 申请选址福田区福田街道	80000				方案设计，办理用地及相关手续。	
115	S201102848 安信证券股份有限公司、民太安保险公估集团股份有限公司 安信金融大厦（暂定）		建设安信证券和民太安保险公司共用的高档总部办公大楼，包括总部办公区、金融业务区、金融会所、金融营业厅等。 福田区福田街道福华一路	169288				方案设计，办理施工手续等。	◆上一年度重大项目
116	S201200922 银盛电子支付科技有限公司 深圳银盛金融集团总部及第三方支付产业基地		规划建设办公区域、支付结算中心、呼叫中心、信息中心、研发中心、商务中心、培训与会展中心、核心机房及其他相关辅助设施。主要开展互联网支付、移动电话支付、固定电话支付、银行卡收单业务等。 申请选址龙华新区民治办事处	64000				方案设计，办理用地、施工手续等。	◆上一年度重大项目
117	S2013J6900003 深圳市龙岗区产业投资服务集团有限公司 产融创新城		建设中小总部经济区、金融创新服务区、商务商业配套区和生活配套区。 申请选址龙岗区龙城街道	80716				方案设计，办理用地、施工等手续。	
118	301201004199 深圳市东方银座集团有限公司 现代服务业总部大厦		建设集商务、办公、购物于一体的现代服务业总部。 申请选址南山区南头街道	303833				完成更新范围内拆迁补偿协议签订，纳入更新计划单元，完成规划设计方案编制，办理用地手续等。	◆上一年度重大项目 ◆列入“十二五”重大项目计划
119	L201300024 深圳康泰生物制品股份有限公司 康泰生物产业研发总部基地		拟对现有生产厂房进行更新改造，新建企业研发及总部用房、康泰生物产业用房、中小企业孵化园、配套用房等。 申请选址南山区粤海街道	138704				编制《城市更新单元规划方案》、《项目交通影响分析》等，办理用地、施工手续等。	◆上一年度重大项目 ◆列入“十二五”重大项目计划

（续表）

序号	项目代码，建设单位及项目名称	建设周期	建设规模及建设地址	总投资	至上年止完成投资	本年度计划完成投资	资金来源	本年度建设内容	备注
120	S201102610 深圳市金活医药有限公司，深圳中联广深医药（集团）股份有限公司 金中大厦		金活集团与中联集团的医药研发及总部大厦，包括医药研发中心、采购中心、结算中心、管理中心、培训中心、信息中心等。 申请选址南山区粤海街道	88600				方案设计，办理用地、施工等手续。	◆上一年度重大项目
121	S201200796 深圳市龙岗国商企业有限公司 深圳科创谷中小企业总部基地（暂定）		建设集总部空间、NO-collar空间、专业服务平台和科技展览、大型会议中心等，建成后为华为科技城提供配套服务。 申请选址龙岗区坂田街道	126068				方案设计，办理施工手续等。	◆上一年度重大项目
122	L201300080 深圳北车南方总部建设有限责任公司 中国北车集团南方总部大厦		建设中国北车集团南方总部，设立现代物流业务、融资租赁业务、国际贸易业务以及区域性营销平台等。 申请选址宝安区新安街道	300000				方案设计、办理用地规划等前期筹备工作。	
123	S2013I6500032 深圳市北大方正数码科技有限公司 方正信息产业集团南方总部（北大方正新一代信息技术产业基地）		规划建设方正信息产业集团南方总部，包括会议中心、大数据产业基地及配套产业基地、云基地、创新服务带及其相关配套设施等。 申请选址宝安区石岩街道	200000				方案设计，办理用地、施工手续等。	◆上一年度重大项目 ◆列入“十二五”重大项目计划
124	S2013C2400003 深圳市齐心控股有限公司 齐心总部大厦项目		建设总部办公用房、技术服务平台、孵化服务平台、产品展示体验中心、会议中心及相关配套设施等。 申请选址宝安区新安街道	130213				规划设计，办理用地、施工报建手续等。	
125	S2013L7200001 深圳市怡亚通供应链股份有限公司 怡亚通总部大厦		规划建设全球总部行政管理中心、采购管理中心、结算管理中心、研发管理中心、信息管理中心及全球呼叫中心和商业配套。 申请选址宝安区新安街道	100000				方案设计，办理用地、施工手续等。	

（续表）

序号	项目代码，建设单位及项目名称	建设周期	建设规模及建设地址	总投资	至上年止完成投资	本年度计划完成投资	资金来源	本年度建设内容	备注
126	S2013C2100003 深圳市中意集团有限公司 中意集团研发办公基地		拟新建研发办公用房及配套设施，用于公司产品研发、新产品展示及行政办公等。 申请选址宝安区新安街道	51000				方案设计，办理用地、施工手续等。	
127	S2013J6900004 深圳市信利康供应链管理有限公司 信利康大厦		规划建设融资租赁中心、信托产品中心、小额贷款服务中心、电子商务中心、投资管理中心及其他配套设施等。 申请选址宝安区	80000				方案设计，办理用地、施工等手续。	
128	S201200630 深圳市易尚展示股份有限公司 易尚创意科技大厦		建设总部运营管理中心、创意设计研究中心、数字化品牌互动展示博物馆、展览展示新材料研究院、创意设计产学园、三维数字成像及显示技术工程中心及配套设施。 申请选址宝安区新安街道	51858				方案设计，办理用地、施工手续等。	
129	S201201008 深圳市大铲湾港口投资发展有限公司 大铲湾港区集装箱码头辅建区 2#楼、3#楼		建设港口商贸物流中心，包括货物仓储、流通加工、展示展览、配套设施等。 宝安区西乡街道大铲湾港区辅建区	97640				规划设计，办理施工手续等。	◆上一年度重大项目
130	S2013R8700027 深圳中传国际文化产业集团有限公司 中传原创艺术城		主要建设研发总部、公共服务平台、创新服务平台、教育培训中心、营销中心、艺术品仓储中心、宿舍楼（含专家公寓）、员工食堂、商务中心等功能区。预计建成后入驻文化创意设计公司约 600 家。 申请选址坪山新区坪山办事处	301276				方案设计，办理用地、施工等手续。	
131	S2013R8600006 深圳华谊兄弟文化创意产业有限公司 深圳华谊兄弟文化城（一期）		建设影视摄影棚、大师工作室及相关配套用房及设施。 申请选址坪山新区坪山办事处	99625				方案设计，办理用地、施工手续等。	

（续表）

序号	项目代码，建设单位及项目名称	建设周期	建设规模及建设地址	总投资	至上年止完成投资	本年度计划完成投资	资金来源	本年度建设内容	备注
132	S2013R8700021 周大生珠宝股份有限公司 坪山新区周大生珠宝产业园		拟建设周大生全国连锁经营管理中心、生产制造中心、创意设计中心、供应链管理服务中心等。 申请选址坪山新区坪山办事处	86472				方案设计，办理用地、施工等手续。	◆上一年度重大项目
133	S2013C3300002 深圳市百泰珠宝首饰有限公司 坪山新区百泰黄金珠宝生产基地建设项目		建设集百泰总部大厦（含黄金珠宝交易中心、创意设计中心、行政办公中心、物流仓储配送中心、珠宝学院等）、黄金珠宝生产中心、员工宿舍生活配套中心等。 申请选址坪山新区坪山办事处	66092				方案设计，办理用地、施工手续等。	◆上一年度重大项目
134	S2013F5100005 深圳市海吉星国际食品产业发展有限公司 深圳海吉星全球食尚港一期——食尚电商港项目		规划建设食尚电商中心、深港“中央大厨房”、实体交易中心、配套服务中心四大功能区。 申请选址龙岗区平湖街道	365299				编制片区专项产业规划，办理城市更新报建手续等。	◆上一年度重大项目
135	301201004073 深圳市南方农产品物流有限公司 深圳国际农产品物流园西区项目		拟新建集大宗农产品批发、肉类批发、干货批发、水产品批发、大型农产品加工配送、花卉集散等功能的综合性农产品物流园区。 申请选址龙岗区平湖街道	65000				方案设计，办理用地、施工手续等。	◆上一年度重大项目 ◆列入“十二五”重大项目计划
136	S201200594 深圳市深国际华南物流有限公司 华南国际物流中心二期工程项目		拟扩大龙华片区物流园区立体仓库及配套建设规模，内容包括仓储设施、配套办公及地下室等。 龙华新区民治办事处民康路 1 号	60000				方案设计，办理施工手续等。	◆上一年度重大项目
137	S201308100006 深圳市宝运达物流有限公司 现代物流研发基地		对现有建筑进行更新改造，建设物流企业总部、物流金融基地、物流产业交易基地、物流培训与教育基地、物流设备与研发基地等。 宝安区西乡街道凤凰岗	40000				城市更新专项规划设计等前期工作。	

（续表）

序号	项目代码，建设单位及项目名称	建设周期	建设规模及建设地址	总投资	至上年止完成投资	本年度计划完成投资	资金来源	本年度建设内容	备注
138	S2013M7300012 深圳市深车联合投资有限公司 深圳市南山曙光汽车交易展示中心		规划建设总部金融、产品研发、新车发布及销售、配套服务、汽车零配件配送及现代智能新车存放楼、汽车现代科技及历史文化博览馆、汽车培训及维护检测及地下室。 申请选址南山区西丽街道茶光路	58000				方案设计，办理用地、施工手续等。	
139	S201200821 深圳市天健龙岗房地产开发有限公司、深圳市汽车经销商商会 龙岗国际汽车交易展示中心		建设展示销售（4S店）、物流仓储、产品研发、配套服务、总部金融等，打造集高端汽车交易展示及物流仓储为一体的城市综合体。 申请选址龙岗区龙城街道	30035				方案设计，办理用地、施工手续等。	◆上一年度重大项目
140	S201102729 深圳海源恒业投资有限公司 海源恒业高端塑胶商贸物流基地		规划建设商贸物流及设计研发基地，物流控制、电子商务及总部办公，生活服务配套及地下室。 龙岗区平湖街道富安大道北面	52000				方案设计，办理施工手续等。	◆上一年度重大项目
141	S2013G5900003 深圳康利置地有限公司 康利四方物流信息港		拟建设展示、研发、信息技术、电子商务、“云”服务等中心及配套等。提供信息技术、电子商务、物流解决方案。 龙岗区南湾街道平吉大道与友信路东南侧	32875				完成方案设计，办理施工手续等。	◆上一年度重大项目
142	301200900295 深圳深业物流集团股份有限公司 深业物流信息中心		规划建设公共物流信息平台、物流信息产业孵化基地、国际物流信息管理交流中心、高端物流研究所和实验室、海关单证处理中心及相关配套设施。 申请选址罗湖区笋岗街道	30650				方案设计，办理用地、施工手续等。	
高技术制造业 17 项				1020649					
	前期 17 项			1020649					
143	301201101124 中国长城计算机深圳股份有限公司 长城研发办公综合大楼项目		建设汇聚科研开发、商业办公、总部经济等综合性业态的长城研发办公综合大楼。 南山区粤海街道	193232				开展前期工作。	◆上一年度重大项目 ◆列入“十二五”重大项目计划

（续表）

序号	项目代码，建设单位及项目名称	建设周期	建设规模及建设地址	总投资	至上年止完成投资	本年度计划完成投资	资金来源	本年度建设内容	备注
144	301201004115 深圳市新国都技术股份有限公司 电子支付研发基地及电子支付数据支持中心		建设研发生产基地，主要产品为互联网支付产品、手机支付产品。 申请选址宝安区	55000				办理用地手续，开展前期工作。	◆上一年度重大项目
145	301201001593 深圳市繁兴科技有限公司 AIC 烹饪机器人及其精确配菜产品 DR 产业化项目		新建年产 2000 台烹饪机器人的生产线，年加工 1000 吨配菜。 申请选址龙华新区	25000				办理用地手续，开展前期工作。	◆上一年度重大项目
146	301201100435 深圳市聚作照明股份有限公司 “LED 绿色照明系列产品”产业基地建设项目		建设新产品生产厂房、技术研发及检测中心楼、产品展厅及办公综合楼、专家和技术及员工宿舍区。 申请选址坪山新区坪山办事处	52020				办理用地手续，开展前期工作。	◆上一年度重大项目
147	S201102826 电连精密技术有限公司 微型化、高可靠性射频连接器及互连系统研发和产业化(二期)		建设生产制造中心、工程技术中心和产品检测测试中心。 申请选址坪山新区	39000				办理用地手续，开展前期工作。	◆上一年度重大项目 ◆列入“十二五”重大项目计划
148	301201100482 宏通精密电子（深圳）有限公司 蓝光高清光学头		建设蓝光高清光学头生产基地，包括生产厂房、员工宿舍、食堂和生活配套等。 申请选址龙华新区观澜办事处	57000				办理用地手续，开展前期工作。	◆上一年度重大项目
149	S201200787 深圳市麦捷微电子科技股份有限公司 麦捷科技总部及高端产品中试生产基地建设项目		建设企业总部、研发中心和生产基地（包括设备采购）。 申请选址坪山新区坑梓办事处	62012				办理用地手续，开展前期工作。	◆上一年度重大项目
150	S201200799 深圳市英威腾电气股份有限公司 城市轨道交通车辆电气牵引设备研发及产业化		建设城市轨道交通车辆电气牵引设备研发及生产基地，项目建成后预计年能将达到 720 套。 光明新区光明办事处	52500				开展前期工作。	◆上一年度重大项目

（续表）

序号	项目代码，建设单位及项目名称	建设周期	建设规模及建设地址	总投资	至上年止完成投资	本年度计划完成投资	资金来源	本年度建设内容	备注
151	S2013C3400004 深圳市捷顺科技实业股份有限公司 捷顺科技总部基地建设项目		项目建设总部及产业新技术研发基地。 申请选址龙华新区民治办事处	70000				办理用地手续，开展前期工作。	
152	20121023001 泰祥汽车配件(深圳)有限公司 泰祥汽车配件扩建项目		在现有土地上新建厂房及仓储大楼。 龙岗区坪地街道	20011				开展前期工作。	◆上一年度重大项目
153	S201200927 深圳市富上佳实业发展有限公司 车体支架及汽车零部件的生产		项目拟将现有的场地建成为一个车体支架及汽车零部件生产与配套基地。 龙华新区观澜办事处	35894				完成前期工作，完成施工前准备。	◆上一年度重大项目
154	S2013I6500030 科通通信技术（深圳）有限公司 嵌入式创新产业基地		建设高端嵌入式研发基地、微软嵌入式相关实验室及科通动能设备嵌入式实验室、科通总部办公及嵌入式高端企业产业基地及其他相关服务用房。 申请选址龙岗区龙城街道	40000				办理用地手续，开展前期工作。	◆上一年度重大项目
155	S201200998 深圳市共进电子股份有限公司 宽带网络终端设备产业基地项目		建设总部办公地点、资金中心、研发中心、生产基地、销售中心和产品展示及配送中心。 申请选址坪山新区	113880				办理用地手续，开展前期工作。	◆上一年度重大项目
156	S2013C3900096 深圳市金环宇电线电缆有限公司 金环宇现代数字高速网线研发总基地		建设金环宇现代数字高速网线研发基地，主要包括研发及业务用房、配套宿舍、配套商业等。 宝安区松岗街道	67000				开展前期工作。	

（续表）

序号	项目代码，建设单位及项目名称	建设周期	建设规模及建设地址	总投资	至上年止完成投资	本年度计划完成投资	资金来源	本年度建设内容	备注
157	S2013C4100025 深圳市裕富照明有限公司 裕富 LED 绿色照明研发设计与产业化基地		建设内容含生产厂房 2 栋、办公研发大楼 1 栋、后勤综合大楼 1 栋，共 4 栋建筑。 申请选址龙岗区坪地街道	42500				办理用地手续，开展前期工作。	
158	S201308100007 深圳市粤深钢投资集团有限公司 光机电一体化产品产业化基地（粤深钢工业厂区二期工程）		建设 1 栋研发大楼、1 栋展示中心。 宝安区松岗街道芙蓉东路粤深钢工业厂区	33000				开展前期工作。	
159	L201300046 耀骏贸易（深圳）有限公司 沙井锦胜工业园更新项目		建设研发大楼、生产用房、宿舍、公共配套设施等。 宝安区沙井街道	62600				完成前期工作，开始基础施工。	

2. 建设项目

表 3-2 建设项目表

单位：万元

序号	项目代码， 建设单位及项目名称	建设 周期	建设规模及建设地址	总投资	至上年止 完成投资	本年度计划 完成投资	资金来 源	本年度 建设内容	备注
	合计（共 226 项）			61560511	17134867	9122008	政府投资 1039457 社会联单 投资 8082551		
	社会民生 45 项			3478720	1261193	680236			
	续建 31 项			2663415	1261193	514706			
1	301200900790 市建筑工务署，市卫生人口计生委 深圳市新明医院	2013.04 ～ 2017.03	用地面积 80503 平方米，建筑面积为 137900 平方米，建筑规模 800 床位。 光明新区光明办事处凤新路东侧	80661	16500	6000	政府投资 6000	病房楼 7 层以下塔楼主体结构完成，行政楼、门急诊楼及医技楼主体结构封顶，砌体完成 20%，外立面门窗、幕墙施工中。	◆上一年度重大项目 ◆列入“十二五”重大项目计划 ◆标志性重大项目
2	301201003867 市建筑工务署，市公立医院管理中心 深圳市宝荷医院	2010.08 ～ 2014.08	用地面积 96403 平方米，建筑面积 138965 平方米，设计规模病床 800 床。 龙岗区龙城街道宝荷路南侧	82274	62540	15000	政府投资 15000	完成室内装修、机电安装工程、室外工程等，工程全部完工并移交。	◆上一年度重大项目 ◆列入“十二五”重大项目计划
3	301201100530 市建筑工务署，市公立医院管理中心 深圳市新安医院	2011.01 ～ 2014.12	用地面积 82412 平方米，建筑面积为 171204 平方米，设计病床位 1000 张。 宝安区新安街道新湖路与湖滨西路交汇处	102224	61500	32000	政府投资 32000	项目全部竣工。	◆上一年度重大项目 ◆列入“十二五”重大项目计划
4	301201101859 市建筑工务署，市公立医院管理中心 深圳市孙逸仙心血管医院迁址新建	2012.09 ～ 2015.12	用地面积 22458 平方米，建筑面积 88470 平方米，设计床位 500 张。 南山区西丽街道朗山路	51419	17200	4200	政府投资 4200	地上主体部分完成至 13 层。	◆上一年度重大项目 ◆列入“十二五”重大项目计划 ◆标志性重大项目

（续表）

序号	项目代码， 建设单位及项目名称	建设 周期	建设规模及建设地址	总投资	至上年止 完成投资	本年度计划 完成投资	资金来源	本年度 建设内容	备注
5	301200900775 市建筑工务署，市公立医院管理中心 北京大学深圳医院外科住院楼	2010.10 ～ 2014.09	用地面积 11000 平方米，建筑面积 99556 平方米，新建外科住院楼 1 栋，设计床位 630 床。 福田区莲花街道，福田区莲花路 1120 号北大医院院内	65190	47300	15000	政府投资 15000	项目竣工，移交使用单位。	◆上一年度重大项目 ◆列入“十二五”重大项目计划
6	L201300033 坪山新区管委会 聚龙医院	2012.12 ～ 2016.08	用地面积 67945 平方米，总建筑面积 133039 平方米，设计病床 600 张，建设包括住院楼、医技楼和门诊楼。 坪山新区坪山办事处燕子岭片区	69552	18000	27200	政府投资 27200	完成主体工程建设。	◆标志性重大项目
7	301201000021 深圳市罗湖区建筑工务局 罗湖区中医院莲塘新院建设工程	2012.12 ～ 2016.07	用地面积 24903.45 平方米，总建筑面积 72600 平方米，设计病床数 400 张，建设包括门急诊楼、住院楼、医技楼、综合办公楼、后勤服务楼等。 罗湖区莲塘街道莲塘仙桐路北侧	47133	4500	9500	政府投资 9500	完成大楼基础工程和主体工程的施工招标工作并计划 2014 年下半年实施主体施工工作。	◆上一年度重大项目 ◆列入“十二五”重大项目计划
8	301201100949 深圳市建筑工务署 深圳市慢性病防治院改扩建工程	2013.10 ～ 2016.10	用地面积 8726 平方米，总建筑面积 28800 平方米，新建综合楼包括预防医学门诊、科研实验、教学培训、业务用房及后勤五大功能。 罗湖区东湖街道布心路南侧 2021 号	20485	1950	2000	政府投资 2000	主体结构工程施工至 10 层楼板。	
9	L201300016 深圳市福田区建筑工务局 福田区中医院后期工程建设项目	2013.01 ～ 2016.06	用地面积 17505 平方米，总建筑面积 75624 平方米，主要建设内容：拆除旧门诊楼，在原址上建设新门诊楼及新综合楼。 福田区莲花街道景田北三街福田中医院内	45830	6000	11000	政府投资 11000	基坑内支撑施工及土方外运，完成基坑支护工程，施工总承包招标，主体开工建设及地下室施工。	◆上一年度重大项目
10	L201300017 深圳市福田区建筑工务局 福田区人民医院后期建设工程	2013.01 ～ 2015.07	用地面积为 20888 平方米，总建筑面积为 186602 平方米，新建大楼，为门急诊、医技、住院部等功能。 福田区福田街道深南路以南，福明路以东，福华路以北	112600	8000	35000	政府投资 35000	土方和基坑支护工程完成，施工总承包招标，施工主体开工建设；基础、地下室以及主体裙楼施工。	◆上一年度重大项目

（续表）

序号	项目代码，建设单位及项目名称	建设周期	建设规模及建设地址	总投资	至上年止完成投资	本年度计划完成投资	资金来源	本年度建设内容	备注
11	Z201107073 深圳市盐田区建筑工程事务局 盐田高级中学	2012.06 ～ 2014.08	用地面积 67583 平方米，总建筑面积为 724619 平方米，提供 3000 个学位，建设电教室、阶梯教室、阅览室、教学综合楼、艺术及办公楼、体育馆等。 盐田区盐田街道盐田港后方陆域西南片区	35680	25000	10680	政府投资 10680	完成全部建筑主体施工和室外工程施工，交付使用。	◆上一年度重大项目 ◆列入“十二五”重大项目计划
12	301201003619 市建筑工务署，清华大学深圳研究生院 清华大学深圳研究生院创新基地建设工程（一期）	2013.07 ～ 2015.10	用地面积 9660 平方米，建筑面积 66180 平方米，建设深海研究创新基地和能源与环境、材料学科、新型光电与先进装备制造战略几个学科的研究创新基地。 南山区西丽街道西丽大学城清华校区东侧	33433	5200	11000	政府投资 11000	完成主体结构封顶。	◆上一年度重大项目
13	301201004059 深圳证券交易所 中国资本市场学院建设工程	2013.03 ～ 2015.12	用地面积 100501 平方米，建筑面积 111128 平方米，可形成 500 学位办学规模。 南山区西丽街道西丽湖水库宗地号 T403-0275 (地块原编号为 2012-003-0044)	101829	31745	40000	社会投资 40000	完成项目的幕墙工程、机电安装工程、室内装修工程、以及室外配套工程和景观绿化工程。	◆上一年度重大项目 ◆列入“十二五”重大项目计划
14	301200800564 深圳大学 深圳大学扩建工程	2010.01 ～ 2018.12	总规划约 70 多万平方米，建设实验与信息中心、南校区 1#天桥、设计教学楼、基础实验室、西丽校区等 10 个子项目。 南山区粤海街道深圳大学北校区，深圳大学南校区	416995	40246	53100	政府投资 53100	全力推进实验与信息中心、南校区 1#天桥、设计教学楼、基础实验室、西丽校区等 10 个子项目的建设工作。	◆上一年度重大项目 ◆列入“十二五”重大项目计划 ◆标志性重大项目
15	Z201102667 深圳市宝安区住宅局 坪洲新村三期	2010.12 ～ 2015.06	用地面积 21343 平方米，总建筑面积 65710 平方米，包括 5 栋 25-29 层住宅，共 933 套住房。 宝安区西乡街道海滨大道和海城路交汇处	35224	13350	12000	政府投资 12000	主体施工、电梯安装，室内精装工程、室外工程、高低压配电工程、消防报警系统设备工程等。	◆上一年度重大项目

（续表）

序号	项目代码，建设单位及项目名称	建设周期	建设规模及建设地址	总投资	至上年止完成投资	本年度计划完成投资	资金来源	本年度建设内容	备注
16	301201100893 市住房建设局，市住宅工程管理站 平湖保障性住房	2011.04～2015.04	用地面积 20450 平方米，建筑面积 117560 平方米，规划总户数 2124 户，由 4 栋 34 层的折板型高层住宅围合而成。 龙岗区平湖街道山厦社区	43232	29307	11000	政府投资 11000	装修工程完成 90%；燃气工程完成 95%，太阳能工程完成 95%，室外工程完成 20%，电梯安装 100%，高低压配电 100%。	◆上一年度重大项目 ◆列入“十二五”重大项目计划 ◆标志性重大项目
17	301200823024 市住房建设局，市住宅工程管理站 益田大厦项目	2010.10～2015.04	用地面积为 13601 平方米，建筑面积约 76106 平方米，建筑高度 83 米，总户数 456 户。 福田区福保街道益田社区	29820	22800	4000	政府投资 4000	砌体、抹灰施工完成 100%，安装工程完成 80%，装饰装修完成 80%。	◆上一年度重大项目 ◆标志性重大项目
18	301201001958 市住房建设局，市住宅工程管理站 龙泽苑（原名白石龙保障性住房项目）	2011.11～2015.04	用地面积 8902 平方米，建筑面积 61550 平方米，建设两栋塔楼，地上 30 层，地下 2 层，裙房和地面设公交首末站。 龙华新区民治办事处	28173	20793	4500	政府投资 4500	装修工程完成 90%，燃气工程完成 95%，太阳能工程完成 95%，室外工程完成 20%，电梯安装完成 100%，高低压配电完成 100%。	◆上一年度重大项目 ◆列入“十二五”重大项目计划
19	S201102872 深圳市地铁集团有限公司 塘朗保障性住房工程	2011.12～2015.08	用地面积 171206 平方米，建筑面积 269800 平方米，是地铁五号线塘朗车辆段上盖物业的一部分，将建设 3818 套公共租赁住房。 南山区西丽街道塘朗山北侧，留仙大道南侧	235800	201682	24118	社会投资 24118	室外园林景观工程，安装装修。	◆上一年度重大项目 ◆列入“十二五”重大项目计划
20	301201101424 深圳市地铁集团有限公司 横岗车辆段上盖保障性住房及配套工程	2010.10～2015.08	用地面积 87580 平方米，建筑面积 264037 平方米，拟建 18 栋保障性住房、商业及配套设施，规划总户数 3024 户。 龙岗区横岗街道六约中心片区西南	105366	97709	4657	社会投资 4657	二期工程室内精装修。	◆上一年度重大项目 ◆列入“十二五”重大项目计划

（续表）

序号	项目代码，建设单位及项目名称	建设周期	建设规模及建设地址	总投资	至上年止完成投资	本年度计划完成投资	资金来源	本年度建设内容	备注
21	301200900828 罗湖区建筑工务局 莲塘地块罗湖区保障性住房	2010.12～2015.12	用地面积为 37298.04 平方米，建筑面积 123240 平方米，建设 1996 套保障性住房。 罗湖区莲塘街道国威路	64000	11500	22800	政府投资 22800	北地块工程 1#~6# 楼 34 层主体结构封顶并验收，幼儿园、商场的主体结构、砌体结构、屋面及防水工程完成。	◆上一年度重大项目 ◆列入“十二五”重大项目计划
22	301201100395 深圳市地铁集团有限公司 前海车辆段上盖保障性住房工程	2008.11～2014.12	用地面积 134766 平方米，总建筑面积 602150 平方米，共建设 11000 套住房，并进行适度精装修，全部为公共租赁用房。 南山区南山街道前海片区	320000	316445	3555	社会投资 3555	装修工程、小学施工。	◆上一年度重大项目 ◆列入“十二五”重大项目计划
23	301201100396 深圳市地铁集团有限公司 蛇口西保障性住房	2010.12～2016.08	用地面积 65900 平方米，总建筑面积 187090 平方米，共建设 3208 套公共租赁住房。 南山区蛇口街道大南山西南侧	139700	90000	17304	社会投资 17304	主体结构全部封顶；室内精装修累计完成 50%。	◆上一年度重大项目 ◆列入“十二五”重大项目计划
24	L201300030 深圳市龙华新区建设管理服务中心 文澜苑	2011.12～2014.12	用地面积 19553 平方米，总建筑面积 73260 平方米，建设 3 栋 31 层高层住宅，2 栋 30 层高层住宅，1 栋幼儿园，部分商业，地下一层。 龙华新区观澜办事处环观南路和沿河路交叉口东侧	31886	17338	14548	政府投资 14548	完成收尾工程，争取年底竣工验收。	
25	L201300032 深圳市龙华新区建设管理服务中心 祥澜苑	2011.12～2014.12	用地面积 17357 平方米，总建筑面积 89470 平方米，建设 5 栋高层住宅，商业用房，社区配套用房，地下室和一栋幼儿园。 龙华新区观澜办事处南侧	38141	21178	16963	政府投资 16963	完成收尾工程，争取年底竣工验收。	
26	L201300031 深圳市龙华新区建设管理服务中心 民兴苑	2011.12～2014.12	用地面积 17294 平方米，总建筑面积 100062 平方米，建设有 5 栋 34 层建筑，住宅共 1206 户。 龙华新区民治办事处新区大道与宁远路交叉口东侧	41292	22711	18581	政府投资 18581	公共区域装修工程、室内精装修工程、室外工程、园林工程、调试验收。	

（续表）

序号	项目代码，建设单位及项目名称	建设周期	建设规模及建设地址	总投资	至上年止完成投资	本年度计划完成投资	资金来源	本年度建设内容	备注
27	S201200733 深圳市隆泰投资集团有限公司 深圳市康达养老公寓	2013.08～2015.12	用地面积 222281 平方米，建筑面积 208000 平方米，建设包括养老居住，商业服务设施、文体及医疗设施和宿舍及附属设施等。可至少提供 1300 个养老床位 宝安区石岩街道园岭村上屋社区元径居民小组北环路口	38759	16000	8000	社会投资 8000	主体，框架结构建设。	◆上一年度重大项目
28	301201004178 深圳市金融产业服务基地项目建设领导小组办公室 深圳市平湖金融产业服务基地良安田社区拆迁安置工程	2013.06～2015.12	用地面积 15358.81 平方米，总建筑面积 94441.26 平方米，主要包括地下室、5 栋高层住宅楼、小区幼儿园及室外配套工程。 龙岗区平湖街道良安田社区	30465	2665	16000	政府投资 4800 社会投资 11200	主体建筑封顶。	
29	L201300027 坪山新区建设管理服务中心 深圳市坪山新区体育中心二期网球中心	2013.03～2014.06	用地面积 60000 平方米，总建筑面积 42540 平方米，建设室外中心球场 1 片、简易室内场 4 片、简易风雨场 4 片、室外场地 16 片、网球培训和接待中心及相关配套。 坪山新区坪山办事处	30000	15000	15000	政府投资 15000	完成主体工程并竣工验收。	◆上一年度重大项目
30	301200704355 深圳中海地产有限公司 深圳当代艺术馆与城市规划展览馆	2013.04～2016.12	用地面积 29688 平方米，建筑面积 80000 平方米，由当代艺术馆与城市规划展览馆两个馆组成。 福田区莲花街道鹏程四路东侧	160000	14000	40000	社会投资 40000	进入主体阶段施工。	◆上一年度重大项目 ◆列入“十二五”重大项目计划 ◆标志性重大项目
31	301200901767 深圳市建筑工务署 深圳市青少年活动中心改扩建项目	2012.09～2015.12	用地面积 19596 平方米，建筑面积 38171 平方米，改造为与国际化创新型城市相适应的公益性、综合性、现代化的社会教育绿色基地。 福田区园岭街道红荔路与红岭路交叉口	26252	3034	10000	政府投资 10000	主楼基坑支护、土石方及桩基工程完成，主体结构完成，机电安装完成30%。	◆上一年度重大项目

（续表）

序号	项目代码，建设单位及项目名称	建设周期	建设规模及建设地址	总投资	至上年止完成投资	本年度计划完成投资	资金来源	本年度建设内容	备注
	新建 14 项			815305		165530			
32	301200900852 市建筑工务署，市公立医院管理中心 深圳市人民医院内科住院大楼	2014.07 ～ 2018.12	用地面积 15913 平方米，建筑面积 81370 平方米，设计床位 1200 张，新建内科住院大楼及相关配套。 罗湖区翠竹街道东门北路 1017 号深圳市人民医院院内	70092		1200	政府投资 1200	开始基础施工。	◆上一年度重大项目
33	L201300029 深圳市宝安区松岗街道办事处 松岗人民医院扩建工程	2014.03 ～ 2015.12	用地面积 22380 平方米，总建筑面积 89399 平方米，扩建后医院规模病床位数由 320 张增加到 600 张，建设住院综合楼、地下室及附属设施。 宝安区松岗街道松岗人民医院原址西侧	46806		10000	政府投资 10000	场地平整及基础施工。	
34	301200703493 市建筑工务署，深圳大学 深圳大学学府医院	2014.01 ～ 2017.03	用地面积 89828 平方米，总建筑面积 135665 平方米，建设门诊医技楼、病房楼、后勤保障楼、高压氧舱、污水处理、雨水回收、门卫、原有建筑等单体及室外工程。 南山区西丽街道大学城	79383		16000	政府投资 16000	完成土方挖运及基坑支护施工；完成门诊医技楼、病房楼地下室主体施工；完成门诊医技楼主体地上二层。	
35	Z201102743 市建筑工务署，市教育局 香港中文大学（深圳）一期工程	2014.02 ～ 2017.05	用地面积 100 万平方米，总建筑面积 50 万平方米，办学规模 7000 人，包括教室、实验室、图书馆、室内体育用房、行政及教师办公用房、会堂、食堂、学生宿舍、附属用房及相关室外工程等。 龙岗区龙城街道大运公园南侧，龙翔大道以北用地	191972		31830	政府投资 31830	完成土方开挖及边坡支护工程，完成基础工程，主体工程开工。	◆上一年度重大项目 ◆标志性重大项目
36	Z201203594 宝安区政府 深圳市第七高级中学	2014.01 ～ 2016.08	用地面积 97551 平方米，总建筑面积 66000 平方米，建设 60 个班/3000 个高中学位的全寄宿制高中。 宝安区沙井街道锦程路与民主大道交汇处	29197		10000	政府投资 10000	完成堆载，进行桩施工。	

（续表）

序号	项目代码，建设单位及项目名称	建设周期	建设规模及建设地址	总投资	至上年止完成投资	本年度计划完成投资	资金来源	本年度建设内容	备注
37	301201001250 坪山新区管委会 深圳市第九高级中学	2014.10 ～ 2016.07	用地面积 96301 平方米，总建筑面积 68400 平方米，建设 60 个班/3000 个高中学位的全寄宿制高中。 坪山新区坪山办事处田心田头片区	28876		10000	政府投资 10000	完成预算编制、施工招标、消防设计审批、节能审查、排水审查、施工许可证及开始进场施工。	◆上一年度重大项目
38	301200901778 市土地投资开发中心，市口岸办 莲塘口岸工程	2014.04 ～ 2017.12	用地面积 17.2 公顷，单体建筑面积 81112 平方米；定位为客货运综合性口岸，设计交通量为旅客 3 万人次/日，车辆 17850 自然车/日。 罗湖区莲塘街道莲塘片区	151281		6500	政府投资 6500	完成场地平整工程、110KV 迁改工程以及口岸联检楼基坑支护工程等。	◆上一年度重大项目 ◆列入“十二五”重大项目计划
39	301201100484 深圳市总工会 深圳市职工继续教育学院校园建设工程	2014.03 ～ 2015.12	用地面积 87653 平方米，总建筑面积 80767 平方米，建设教学楼、实训楼、宿舍楼、图书馆、职工继续教育综合楼等。 坪山新区坪山办事处创景南路	24828		15000	社会投资 15000	完成施工前准备，开始基础施工。	◆上一年度重大项目
40	301200800153 深圳市司法局 深圳市司法局第二强制隔离戒毒所（第二劳教所）改建工程	2014.10 ～ 2016.04	用地面积 25000 平方米，总建筑面积 39760 平方米，新建收容量 4000 人劳教所。 龙华新区龙华办事处梅林海关西侧	9036		2000	政府投资 2000	开展场地平整及基础开挖工程。	◆上一年度重大项目
41	Z12013D20002 市住宅工程管理站，市民政局 深圳市社会福利中心（新址）建设工程（一期）项目	2014.01 ～ 2016.12	用地面积 32311 平方米，总建筑面积 44862 平方米，建设儿童用房、老人用房、行政办公用房、附属用房、地下车库和设备用房以及室外配套工程等。 龙华新区观澜办事处观光路北侧	19756		9000	政府投资 9000	完成桩基、地下室工程，主体结构工程基本完成。	
42	Z12013D20003 市住宅工程管理站，市民政局 深圳市养老护理院	2014.01 ～ 2016.12	用地面积 10000 平方米，总建筑面积 39922 平方米，共 800 张床位，新建老年人用房、行政办公用房以及室外配套工程等。 南山区桃源街道龙苑路	19171		8000	政府投资 8000	完成桩基、地下室工程，主体结构完成至 50%。	

（续表）

序号	项目代码，建设单位及项目名称	建设周期	建设规模及建设地址	总投资	至上年止完成投资	本年度计划完成投资	资金来源	本年度建设内容	备注
43	L201300048 深圳市龙华新区建设管理服务中心 观澜文化体育公园(北地块)	2014.06 ～ 2015.12	用地面积 65000 平方米，建筑面积 13000 平方米，建设公共文体设施。 龙华新区观澜办事处库坑片区	25000		5000	政府投资 5000	完成前期工作并开工。	◆上一年度重大项目
44	20120060701 坪山新区建设管理服务中心 坪山新区中心区文化综合体项目	2014.05 ～ 2015.12	用地面积 73689 平方米，总建筑面积 98400 平方米，建设内容包括图书馆、书城、影院、美术馆、展览馆、文化活动中心、剧院等。 坪山新区坪山办事处坪山中心区半月环中心公园西侧，丹梓大道南侧	81881		31000	政府投资 31000	基础施工完成，主体工程开工。	◆上一年度重大项目
45	301200701261 深圳市文学艺术界联合会 深圳文学艺术中心	2014.06 ～ 2017.06	用地面积 10000 平方米，建筑面积 62200 平方米，建设包括展厅、演讲厅、研究室、表演厅、图书馆、公共服务、办公和设备用房。 福田区莲花街道深圳市福田区彩田路与红荔路交汇处西南角	38026		10000	社会投资 10000	基坑支护、地基与基础。	◆上一年度重大项目
环境资源 17 项				4654004	832523	620400			
	续建 12 项			3621490	832523	499400			
46	301201004443 深圳市水务局 布吉河（特区内）水环境综合整治工程（第二阶段）	2012.09 ～ 2015.12	项目为布吉河笋岗桥下游综合治理工程，范围从笋岗路到鹿丹村调节池，治理河道长 2.7 公里。包括河道防洪、水质改善及安装、景观绿化及广深铁路桁基加固等工程，新建鹿丹村调节池 1 座。 罗湖区桂园街道笋岗路至滨河路下游	68108	21000	8000	政府投资 8000	河岸支护、景观绿化、沿河截流箱涵、河口水闸、广深铁路桩基加固及路基支护、鹿丹村调蓄池等建设。	◆上一年度重大项目 ◆列入“十二五”重大项目计划

（续表）

序号	项目代码，建设单位及项目名称	建设周期	建设规模及建设地址	总投资	至上年止完成投资	本年度计划完成投资	资金来源	本年度建设内容	备注
47	301201003586 深圳市水务局 治理深圳河第四期工程	2013.08～2017.03	拟治理河道总长 4465 米，从平原河口至莲塘/香园围口岸上游约 620 米处，防洪标准为 50 年一遇。包括河道治理、滞洪区建设、截污工程、堤岸覆绿、边界巡逻路及保安围网重配工程等。 罗湖区莲塘街道深圳河上游（莲塘河）	61292	4300	5000	政府投资 5000	土方工程、导流围堰、基坑支护、河道防护、罗芳耕作桥、深圳侧截污工程等施工。	◆上一年度重大项目 ◆列入“十二五”重大项目计划
48	L201200043 深圳市龙华新区建设管理服务中心 观澜河“一河两岸”景观提升工程	2013.03～2014.08	对观澜河沿河两岸长约 14.6 千米景观进行改造和提升建设，总面积 395939 平方米。建设游憩建筑、景观构筑物、巡河路等。 龙华新区观澜办事处观澜河	23000	5000	5000	政府投资 5000	完成启动段 C 段、D 段的施工。	◆上一年度重大项目
49	301200600370 深圳蓄能发电有限公司 深圳抽水蓄能电站	2011.12～2018.08	电站安装 4 台 300MW 立轴单级混流可逆式水轮发电机组，总装机容量 1200MW，年发电量 15.11 亿千瓦时。枢纽工程由上水库、下水库、输水系统、地下厂房洞室群及开关站等部分组成。 盐田区，龙岗区	599060	115358	50000	社会投资 50000	上水库大坝、水道厂房等施工。	◆上一年度重大项目 ◆列入“十二五”规划纲要 ◆列入“十二五”重大项目计划
50	301200822605 深圳市水务局 深圳市清林径引水调蓄工程	2010.08～2016.12	总库容 1.86 亿立方米，校核蓄水位 79 米，龙清输水规模 60 万立方米/天，东清输水规模 40 万立方米/天，设计洪水标准 500 年一遇。 龙岗区龙城街道龙城、横岗、坪地街道	116075	45800	6500	政府投资 6500	东清输水线路管道及隧洞部分工程，龙清输水线路 1 号隧洞部分工程，清林径水库扩建部分 1 号坝及 2 号坝坝基处理工程等。	◆上一年度重大项目
51	301200901268 深圳市水务局 深圳市公明供水调蓄工程	2007.10～2015.12	库容 1.42 亿立方米，新建 6 座大坝，坝体总长 4.39 公里；鹅颈水库至公明水库连通隧洞全长 4.66 公里；公明水库至石岩水库供水工程总长 6.067 公里，以及雨洪利用工程等。 光明新区光明办事处，公明、光明街道	101285	59050	10000	政府投资 10000	供水隧洞、连通隧洞、2 号坝、3 号坝、4 号坝等施工，设备标预计完成总工程量的 79%。	◆上一年度重大项目 ◆列入“十二五”重大项目计划

（续表）

序号	项目代码，建设单位及项目名称	建设周期	建设规模及建设地址	总投资	至上年止完成投资	本年度计划完成投资	资金来源	本年度建设内容	备注
52	301200812864 深圳市水务局 铜锣径水库扩建工程	2008.08～2015.12	建设一座主坝、三座副坝、溢洪道、输水洞、环库道路及生活办公区，扩建后总库容2188万立方米，抽水蓄能电站装机容量1200兆瓦。 龙岗区横岗街道保安社区简龙村	42663	23200	6000	政府投资6000	坝体防渗墙施工、1、2号副坝基础土方开挖、放空洞基本施工完成、输水隧洞土石方开挖、2、3、4、6号边坡治理。	◆上一年度重大项目 ◆列入“十二五”重大项目计划
53	301200600349 深圳供电局有限公司 深圳电网重点工程	2010.02～2016.06	2014年建设主变容量约352万千伏安，线路长度约296千米。 福田区，罗湖区，南山区，盐田区，宝安区，龙岗区，光明新区，坪山新区，龙华新区，大鹏新区	1295000	150000	276900	社会投资276900	建设变电容量约352万千伏安，线路长约312千米。	◆上一年度重大项目 ◆列入“十二五”重大项目计划
54	Z200900015 深圳市建筑工务署 深圳电网北环110kV架空线改造入地电缆隧道工程	2013.11～2017.09	线路全长约24.43KM，由西线、东线和南线组成，起于龙珠大道北侧220KV翡翠变电站，向南止于彩田路西侧220KV福华变电站，向东止于罗湖区太白路东侧220KV下围岭变电站，隧道标准按8回220千伏、110千伏电缆设计。 福田区，罗湖区，南山区	152194	53000	2000	政府投资2000	完成绿化迁移、管线迁改60%，竖井工程30%，隧道区间5%。	
55	301200812354 中海石油深圳天然气有限公司 深圳液化天然气项目（迭福站址）	2012.08～2016.03	建设4座16万立方米LNG储罐及配套气化等设施，建设1个8～26.6万立方米LNG船接卸泊位及接收站取排水口工程，规划接收液化天然气规模400万吨/年。 大鹏新区大鹏办事处迭福片区	807605	114247	100000	社会投资100000	接收站工艺厂、BOG厂房、公用工程区、动力控制区厂房、储罐EPC工程、冷排水工程等施工。	◆上一年度重大项目 ◆列入“十二五”规划纲要 ◆列入“十二五”重大项目计划
56	301200600166 广东大鹏液化天然气有限公司 广东大鹏LNG接收站四号罐工程	2012.11～2015.10	建设16万立方米储罐，配套增加低压泵3台、蒸发器（BOG）压缩机1台、空气压缩机两套、制氮设备1套。 大鹏新区大鹏办事处下沙村称头角	97188	31568	20000	社会投资20000	四号罐储罐外罐完成，罐顶钢平台完成，储罐内罐完成第六带板，设计完成95%，国外设备、材料采购完成90%。	◆上一年度重大项目 ◆列入“十二五”重大项目计划

（续表）

序号	项目代码， 建设单位及项目名称	建设 周期	建设规模及建设地址	总投资	至上年止 完成投资	本年度计划 完成投资	资金来源	本年度 建设内容	备注
57	301200704351 深圳市燃气集团股份有限公司 深圳市天然气高压输配系统工程	2009.09 ～ 2016.12	建设4座天然气门站，1座高-次高调压站，5座高-中压调压站、8座电厂调压站及约146公里高压输气管线。 福田区，罗湖区，南山区，盐田区，宝安区，龙岗区，光明新区，坪山新区，龙华新区，大鹏新区	258020	210000	10000	社会投资 10000	建设天然气高压管道2公里，完成坪山高-中压调压站及有关阀室建设。	◆上一年度重大项目 ◆列入“十二五”重大项目计划
	新建 5 项			1032514		121000			
58	S2013N7700007 深圳市水务（集团）有限公司 福田污水处理厂工程	2014.01 ～ 2016.12	建设总规模60万吨/日，一期建设规模40万吨/日。建设污水厂、出水排放管、污泥处理、除臭系统等。 福田区沙头街道福田汽车站04-01地块	117992		30000	社会投资 30000	桩基础工程基本完工，主体工程开始施工。	
59	S201200455 深圳市绿发鹏程环保科技有限公司 部九窝余泥渣土受纳场建筑废弃物综合利用项目	2014.01 ～ 2014.09	建设建筑废弃物分类堆放场及处理车间、再生干混及再生混凝土的生产车间、再生砌块生产及养护车间、再生预制产品制造及养护车间，以及相关配套设施等。建筑废弃物年处理量100万吨。 龙华新区民治办事处部九窝余泥渣土受纳场一期A区	20000		18000	社会投资 18000	主体建设并竣工投入使用。	
60	301200901103 中国石油天然气股份有限公司深圳液化天然气项目经理部 西气东输二线深圳LNG应急调峰站	2014.07 ～ 2017.01	规模为300万吨/年，包括1个可停靠8～26.7万立方米LNG船接卸泊位、4座16万立方米LNG储罐、与西气东输二线相连接的外输管道以及配套设施。 大鹏新区葵涌办事处迭福北	700076		30000	社会投资 30000	完成项目核准，开始陆域形成施工、EPC承包商进场，完成接收站围堤施工。	◆上一年度重大项目 ◆列入“十二五”规划纲要 ◆列入“十二五”重大项目计划
61	301201102829 深圳市燃气集团股份有限公司 深圳市天然气储备与调峰库工程	2014.03 ～ 2016.12	一座罐容为8万立方米的液化天然气（LNG）储罐、LNG气化系统、LNG槽车装卸系统及相应的辅助生产设施。投产后，天然气应急供应量为440万标准立方米/天。 大鹏新区葵涌办事处土洋社区下洞	147795		28000	社会投资 28000	库区工场地平整、地质改良、储罐基础施工；码头工程进场施工。	◆上一年度重大项目 ◆列入“十二五”重大项目计划

（续表）

序号	项目代码， 建设单位及项目名称	建设 周期	建设规模及建设地址	总投资	至上年止 完成投资	本年度计划 完成投资	资金来源	本年度 建设内容	备注
62	301200703308 深圳市燃气集团股份有限公司 深圳市求雨岭天然气安全储备库	2014.03 ～ 2015.12	拟建设两座单罐容积为 2 万立方米的 LNG 储罐及配套气化、液化、装卸等设施。 龙华新区观澜办事处牛湖社区求雨岭	46651		15000	社会投资 15000	工程总体形象进度完成 60%，主要设备安装完成。	◆上一年度重大项目 ◆列入“十二五”重大项目计划
轨道交通 9 项				10064019	2606800	1622159			
	续建 6 项			8571971	2606800	1575759			
63	301201001659 深圳市地铁集团有限公司 深圳市轨道交通 11 号线工程	2012.08 ～ 2017.01	起于福田站，止于碧头站，线路全长 51.7 公里，共设车站 17 座，其中地下站 13 座，高架站 4 座，设松岗车辆段 1 座，机场北停车场 1 座，全线设主变电所 4 座。 福田区，南山区，宝安区	2845900	915900	664015	社会投资 664015	开展车站及区间主体施工，车辆段及停车场建设，以及部分设备招标。	◆上一年度重大项目 ◆列入“十二五”规划纲要 ◆列入“十二五”重大项目计划 ◆标志性重大项目
64	301201001658 深圳市地铁集团有限公司 深圳市轨道交通 7 号线工程	2012.08 ～ 2017.03	起于南山区丽水站，止于罗湖区太安站，线路全长约 30.256 公里，全部为地下线，共设站 28 座，其中换乘站 11 座，设置车辆段与停车场各 1 处，主变电站 2 座。 福田区，罗湖区，南山区	2410614	430000	447925	社会投资 447925	开展车站和区间主体施工，车辆段及停车场建设，以及部分设备招标。	◆上一年度重大项目 ◆列入“十二五”规划纲要 ◆列入“十二五”重大项目计划 ◆标志性重大项目
65	301201000452 深圳市地铁集团有限公司 深圳市轨道交通 9 号线工程	2012.08 ～ 2017.06	西起深圳湾，止于罗湖文锦站，线路全长约 25.35 公里，全部为地下线，共设站 22 座，其中换乘站 10 座，设车辆段和停车场各 1 处，主变电站 2 座。 福田区，罗湖区，南山区	2025817	355900	374484	社会投资 374484	开展车站及区间主体施工，车辆段及停车场建设，以及部分设备招标。	◆上一年度重大项目 ◆列入“十二五”规划纲要 ◆列入“十二五”重大项目计划 ◆标志性重大项目
66	301201101624 深圳市地铁集团有限公司 车公庙综合交通枢纽工程	2012.12 ～ 2016.12	包括主体工程（7、9、11 号线车公庙站及附属设施，共 6.06 万平米）、接驳设施（公交首末站 5000 平米等）、香蜜湖路改造、既有 1 号线车公庙站改造及配套景观绿化等。 福田区香蜜湖街道车公庙	286000	47000	55335	社会投资 55335	开展围护结构及主体结构的施工。	

（续表）

序号	项目代码， 建设单位及项目名称	建设 周期	建设规模及建设地址	总投资	至上年止 完成投资	本年度计划 完成投资	资金来源	本年度 建设内容	备注
67	301200900925 广深港客运专线有限责任公司 广深港客运专线深圳福田站及相关工程	2008.12 ～ 2015.12	起点连接深圳北站，终点位于深圳河深港交界处，包括福田站和2条隧道（益田路隧道和深港连接隧道）等，线路全长11.42公里。 福田区，龙华新区	591640	450000	30000	社会投资 30000	继续开展深港隧道施工，福田站安装和装修工程等。	◆上一年度重大项目 ◆列入“十二五”规划纲要 ◆列入珠三角规划 ◆列入“十二五”重大项目计划
68	301201001651 深圳市地铁集团有限公司 厦深铁路深圳段	2008.07 ～ 2014.06	厦深铁路全长502公里，深圳市境内46.5公里，属国家I级双线电气化铁路，设深圳坪山站，并与广深港客运专线交汇于深圳北站。 宝安区，龙岗区，坪山新区	412000	408000	4000	社会投资 4000	完成站场及线路配套设施。	
	新建 3 项			1492048		46400			
69	301200700597 深圳市地铁集团有限公司 前海湾综合交通枢纽工程	2014.12 ～ 2017.01	占地约20公顷，总建筑面积约82.13万平米，包括1、5、11号线、穗莞深城际线和港深西部快轨的前海湾站，以及相关配套设施工程。分近期和远期两期开发。 前海合作区	850103		1000	社会投资 1000	初步设计，施工招标及相关工作。	◆上一年度重大项目
70	301201001656 深圳市地铁集团有限公司 穗莞深城际铁路深圳段	2014.03 ～ 2017.06	穗莞深城际铁路全长约74公里，深圳境内长约18.5公里，由东莞市长安金沙至深圳机场，并在T3、T4航站楼设站，远期延伸至前海合作区。 宝安区	510000		10000	社会投资 10000	完成深圳境内拆迁工作约50%。	
71	Z201204091 深圳市龙华新区建设管理服务中心 龙华新区现代有轨电车示范线工程	2014.04 ～ 2015.08	线路南起4号线清湖站，北至观澜大道路口，并沿环观南路设支线。主线和支线总长约11.5公里，设21站，平均站距 560 米，设横坑车辆段 1 座。 龙华新区	131945		35400	政府投资 35400	上半年完成施工图设计，下半年开始施工。	◆上一年度重大项目

（续表）

序号	项目代码， 建设单位及项目名称	建设 周期	建设规模及建设地址	总投资	至上年止 完成投资	本年度计划 完成投资	资金来源	本年度 建设内容	备注
道路机场港口 21 项				6601978	2081149	664321			
	续建 14 项			4245481	2081149	423321			
72	301200600704 深圳华昱东部高速公路有限公司 深圳市东部过境高速公路	2012.12 ～ 2016.12	线路全长约 31.1 公里，采用高速公路标准建设，双向八车道，设计行车速度 80 公里/小时；设特大桥 4 座、大桥 25 座，互通立交 6 处，综合服务区 1 处。 罗湖区，龙岗区，坪山新区	618158	57000	75000	社会投资 75000	开展征地拆迁，路基、桥梁、隧道等工程施工。	◆上一年度重大项目 ◆列入“十二五”规划纲要 ◆列入珠三角规划 ◆列入“十二五”重大项目计划 ◆标志性重大项目
73	301201003443 深圳市交通运输委员会 彩田路北延段工程	2010.08 ～ 2015.03	南起彩梅立交，北至新区大道，线路全长 3.25 公里，采用城市一级主干道标准，双向六车道，设计行车速度 60 公里/小时。新建彩田－皇岗立交 1 座、主线隧道 1 座。 福田区，龙华新区	92461	55000	30000	政府投资 30000	开展桥梁、隧道、路基路面、给排水、绿化、机电等施工。	◆上一年度重大项目 ◆列入“十二五”规划纲要 ◆列入“十二五”重大项目计划 ◆标志性重大项目
74	301200600183 深圳市交通运输委员会 南坪快速路二期工程 A 段	2008.06 ～ 2014.12	起于南头立交，止于塘朗立交，全长 11.178 公里，道路等级为城市快速路，主车道设计速度 80 公里/小时，路基宽度 36～45 米，双向八车道。 南山区，宝安区	277317	234996	39321	政府投资 39321	实施中山园段（沿平南铁路高架）工程以及部分平南铁路电气化改造工程。	◆上一年度重大项目 ◆列入“十二五”规划纲要 ◆列入“十二五”重大项目计划
75	301200901102 深圳市交通运输委员会 南坪快速路二期工程 B 段	2009.11 ～ 2015.12	线路全长 4.35 公里，起于前海立交，止于南头立交，按城市快速路标准建设，双向八车道，设计行车速度 80 公里/小时。 南山区，前海合作区	160464	30000	15000	政府投资 15000	完成兴海大道与沿江高速连接工程（第 9 合同段）建设。	◆上一年度重大项目 ◆列入“十二五”规划纲要 ◆列入“十二五”重大项目计划 ◆标志性重大项目
76	301200502417 深圳市交通运输委员会 丹平快速路一期工程	2007.05 ～ 2015.12	丹平一期起于爱国路高架桥，终点接机荷高速，全长 9.7 公里，主车道按双向 6 车道快速路标准设计。东湖立交，占地面积 17 万平方米，设 4 条匝道，总长度 1758 米。 罗湖区东湖街道	242822	197449	20000	政府投资 20000	开展桥梁下部结构及隧道主体施工。	◆列入“十二五”规划纲要 ◆列入“十二五”重大项目计划

（续表）

序号	项目代码，建设单位及项目名称	建设周期	建设规模及建设地址	总投资	至上年止完成投资	本年度计划完成投资	资金来源	本年度建设内容	备注
77	Z12013YS0014 深圳市交通运输委员会 坪盐通道工程	2013.12 ～ 2017.12	全长 11.3 公里（含锦龙大道改线 2.4 公里，特长隧道 7.8 公里），自南坪快速三期锦龙立交至盐坝高速盐港东立交，按城市快速路标准，双向六车道，设计车速 80 公里/小时。 盐田区，坪山新区	395441	3000	18000	政府投资 18000	开展道路、桥梁、隧道、管线等施工。	◆上一年度重大项目 ◆列入“十二五”规划纲要 ◆列入“十二五”重大项目计划 ◆标志性重大项目
78	301200800159 深圳市交通运输委员会 石清大道一期道路工程	2013.12 ～ 2016.12	全长 7.29 公里，包括石岩段（长约 4.47 公里，双向八车道）和龙华段（长约 2.82 公里，双向六车道），设计车速 50 公里/小时。 宝安区，龙华新区	120829	22100	6000	政府投资 6000	完成一标段软基处理及桥梁工程，四标段软基处理及隧道工程，五标段软基处理及立交工程等。	
79	301201004728 深圳市交通运输委员会 坂李大道（含冲之大道）道路工程	2012.11 ～ 2015.05	位于机荷高速以南，坂田雪岗路以北，线路全长 6.47 公里，包含桥梁 3 座、隧道 2 座，按城市主干道标准建设，双向六车道，设计行车速度 50 公里/小时。 龙岗区坂田街道	95527	38000	25000	政府投资 25000	完成隧道、桥梁、道路及相关给排水、电气、燃气工程。	◆上一年度重大项目
80	L201300039 坪山新区建设管理服务中心 龙坪路（坪山段）市政工程	2013.09 ～ 2015.12	根据坪山新区综合发展规划，道路全长 5.86 公里，北接龙坪路（龙岗段），南至南坪三期，采用城市主干道标准，设计车速 50 公里/小时，双向六车道。 坪山新区	48598	10000	20000	政府投资 20000	完成土石方工程、软基处理、桥梁基础及桥墩等工程。	
81	301201003445 深圳市交通运输委员会 丹梓西路（含龙坪立交）道路工程	2013.01 ～ 2015.06	道路总长约 4 公里，包括丹梓西路、龙坪立交及站前路东段（龙平路至丹梓西路段）三部分，按城市主干道标准建设，双向 6 车道，设计车速 60 公里/小时。 龙岗区，坪山新区	79000	45400	10000	政府投资 10000	开展第 II 标段土方工程、边坡防护、桥梁基础等施工。	◆上一年度重大项目

（续表）

序号	项目代码， 建设单位及项目名称	建设周期	建设规模及建设地址	总投资	至上年止完成投资	本年度计划完成投资	资金来源	本年度建设内容	备注
82	301200600186 深圳市交通运输委员会 深圳港西部港区疏港道路工程	2008.05 ～ 2015.03	总长 17.8km，双向四车道，分上下两层，上层为疏港高架桥约 10 公里，按一级公路标准建设，设计速度 60 公里/小时；下层为市政道路约 11.9 公里，匝道桥约 8.1 公里。 南山区南头街道前海	233578	165806	15000	政府投资 15000	开展第 5、6、7 合同段桥梁工程等施工。	◆上一年度重大项目 ◆列入“十二五”重大项目计划
83	301200704369 深圳市机场（集团）有限公司 深圳机场飞行区扩建工程	2008.07 ～ 2014.12	新建 3800 米长、60 米宽的第二跑道，110KV 机场专用变电站输变电工程（3 条 110KV 供电线路）、客货码头迁建工程、供油工程、空管工程，一跑道西区软基处理等。 宝安区西乡街道深圳宝安国际机场	111498	83000	20000	政府投资 20000	继续进行供电工程二期、一跑道西区软基处理工程施工，开展已完工程的收尾及结算等工作。	◆上一年度重大项目 ◆列入“十二五”规划纲要 ◆列入珠三角规划 ◆列入“十二五”重大项目计划
84	301200700895 深圳市机场（集团）有限公司 深圳机场航站区扩建工程	2008.08 ～ 2014.12	分航站区主体工程、配套工程及扩建补充项目，包括 T3 航站楼、停车楼及捷运系统等，扩建补充项目包括 T3 配套商务酒店、快捷酒店及航空业务综合楼、1 号和 2 号商务贵宾楼。 宝安区西乡街道深圳宝安国际机场	1385988	1125598	100000	社会投资 100000	继续写字楼及停车场、供电调度中心等未完成工程的施工，开展已完工程的收尾及结算。	◆上一年度重大项目 ◆列入“十二五”规划纲要 ◆列入珠三角规划 ◆列入“十二五”重大项目计划
85	301200700845 深圳盐田西港区码头有限公司 深圳港盐田港区西作业区集装箱码头工程	2009.09 ～ 2015.12	陆域纵深 600 米，码头岸线长 1142 米，占地面积 38.38 万平方米。新建 4~6 号 3 个 5 万吨级集装箱专用泊位，扩建 3 号泊位，设计年吞吐能力 180 万标准箱。 盐田区盐田街道	383800	13800	30000	社会投资 30000	港池疏浚工程和 #5、#6 泊位及配套堆场建设	◆上一年度重大项目 ◆列入“十二五”规划纲要 ◆列入“十二五”重大项目计划 ◆标志性重大项目
	新建 7 项			2356497		241000			
86	301200600421 深圳市外环高速公路投资有限公司 深圳外环高速公路深圳段	2014.09 ～ 2017.12	起于广深沿江高速，经沙井、松岗、公明、光明、观澜、东莞凤岗、龙岗、坪地、坑梓、坪山、葵涌等，终于盐坝高速。深圳段全长 58.7 公里，按六车道高速公路标准建设。 宝安区，龙岗区，光明新区，坪山新区，龙华新区，大鹏新区	1755，500		100000	政府投资 100000	完成初步设计及施工图设计，与项目投资方案相关的合同谈判，以及征地拆迁等工作。	◆上一年度重大项目 ◆列入“十二五”规划纲要 ◆列入“十二五”重大项目计划 ◆标志性重大项目

（续表）

序号	项目代码，建设单位及项目名称	建设周期	建设规模及建设地址	总投资	至上年止完成投资	本年度计划完成投资	资金来源	本年度建设内容	备注
87	301200822009 深圳市交通运输委员会 深圳市东部过境高速公路连接线工程	2014.03 ～ 2017.12	西起爱国路立交，以隧道穿越东湖公园，与东部过境高速近期起点相接，全长约3.1公里，采用城市快速路标准，双向六车道，设计车速60公里/小时。 罗湖区东湖街道	186478		50000	政府投资 50000	进行施工准备、隧道进洞及洞身施工等工作。	◆上一年度重大项目 ◆列入“十二五”重大项目计划
88	301201101655 深圳市交通运输委员会 坪西公路坪山至葵涌段扩建工程	2014.01 ～ 2016.12	起于坪西公路与东纵路节点，终于盐坝高速公路节点，全长7.88公里，绿梓大道至葵涌环城西路段（约4.16公里）按城市快速路标准建设，双向六车道，其余段按城市主干道标准建设。 坪山新区，大鹏新区	85975		24000	政府投资 24000	完成施工招标工作，项目开工建设。	◆上一年度重大项目
89	L201300044 深圳市前海开发投资控股有限公司 前海合作区高压线下地通道及相关道路（临海路、十二号路）市政工程	2014.03 ～ 2017.05	高压线下地通道工程包括电力隧道约5.98公里和临海路电缆沟约1.1公里，设电力通道桥2座；相关道路工程包括临海路、十二号路，总长约4.82公里，双向六车道，均为城市次干道。 前海合作区	95449		20000	政府投资 20000	完成企业公馆段施工，高压线下地通道工程及相关道路完成30%。	
90	L201300036 深圳市交通运输委员会 片区交通综合整治（2014年全市打通断头路项目）	2014.03 ～ 2014.12	打通24条断头路，改善片区交通，其中市交通运输委负责5条，各区政府负责19条。继续开展全市108个片区交通整治工作（包括莲塘尾片区市政道路工程一期）。 福田区，罗湖区，南山区，盐田区，宝安区，龙岗区，光明新区，坪山新区，龙华新区，大鹏新区	53333		32000	政府投资 32000	全市实施片区交通改善工程，并打通24条断头路。	◆上一年度重大项目

（续表）

序号	项目代码， 建设单位及项目名称	建设 周期	建设规模及建设地址	总投资	至上年止 完成投资	本年度计划 完成投资	资金来源	本年度 建设内容	备注
91	S201300107 鑫科贤实业投资有限公司 深圳港宝安综合港区一期工程	2014.02 ~ 2016.12	码头岸线总长 548.7 米，陆域总面积 27.435 万平方米，建设 3 个 1000 吨级集装箱驳船泊位、3 个 5000 吨级通用件杂货泊位及相应配套设施，年设计吞吐量 250 万吨。 宝安区福永街道西海堤外侧	120867		10000	社会投资 10000	开展围堰施工、港池挖泥、陆域吹填、地基处理等工作。	◆上一年度重大项目
92	S201300104 深圳市大铲湾港口投资发展有限公司 深圳市大铲湾港区填海区域（远期区）软基处理工程	2014.03 ~ 2017.03	采用真空预压工艺，对远期范围约 110 万平方米围海吹填形成的大铲湾港区陆域开展地基处理，为后续土地开发提供基础工程条件，同时美化大铲湾港区环境。 宝安区西乡街道大铲湾港区	58895		5000	社会投资 5000	开展施工招标及 A 区平整、吹填等工作。	◆上一年度重大项目
城市更新 17 项				9184668	1772495	1385547			
	续建 11 项			7720664	1772495	1060757			
93	301200800418 华润置地（深圳）有限公司 华润大冲旧村改造项目	2012.03 ~ 2017.10	大冲旧改项目一期工程主要为原村民回迁物业，总建筑面积约 150 万平方米，主要建设内容为住宅和办公楼。 南山区粤海街道大冲村	2627536	241158	264332	社会投资 264332	主体结构及配套设施建设。	◆上一年度重大项目 ◆列入“十二五”重大项目计划 ◆标志性重大项目
94	301201100649 深圳市金地大百汇房地产开发有限公司 岗厦河园片区城中村改造项目	2010.10 ~ 2015.10	用地面积 220800 万平方米，总建筑面积 363100 平方米，包括住宅、商业建筑（含地下商业）、商务办公、商务公寓、配套设施等。 福田区福田街道福华路与岗厦路交汇处	800000	530000	200000	社会投资 200000	部分地块完成标准层施工、精装修施工及封顶。	◆上一年度重大项目 ◆标志性重大项目
95	L201200025 宝能地产股份有限公司 建业小区北区城市更新项目	2013.05 ~ 2016.12	用地面积 53044 平方米，开发建设用地面积 36268.68 平方米，计容建筑面积 199800 平方米，包括普通住宅、安居型商品房、商业、商务公寓、公共配套设施等。 福田区香蜜湖街道竹子林片区建业小区北区	300000	171157	114820	社会投资 114820	桩基工程、地下室结构和主体工程施工。	◆上一年度重大项目

（续表）

序号	项目代码， 建设单位及项目名称	建设 周期	建设规模及建设地址	总投资	至上年止 完成投资	本年度计划 完成投资	资金来源	本年度 建设内容	备注
96	S201102670 深圳市盐田佳兆业房地产开发有限公司 盐田三、四村和西山吓村整体搬迁项目	2012.08 ～ 2017.08	规划计容积率总建筑面积 1070886 平方米，包括住宅、商业、办公、配套设施等。 盐田区盐田街道 盐田后方陆域	291881	25000	110900	社会投资 110900	01 地块办理竣工验收手续，05、10 地块开展前期方案审批及办理施工许可手续。	◆上一年度重大项目 ◆标志性重大项目
97	S201102653 宝吉工艺品（深圳）有限公司 龙岗天安岗头·宝吉厂改造	2011.06 ～ 2016.11	拆迁用地面积 335876.9 平方米，建设用地面积 283573 平方米，包括住宅、保障性住房、学校等。 龙岗区坂田街道布澜一级路、布吉路、中浩五路围合区域	385289	210000	80064	社会投资 80064	二期 03-04、03-05、03-06 及 03-11 地块建设，三期 03-02、03-03 地块建设。	◆上一年度重大项目 ◆标志性重大项目
98	301200700572 深圳市中航城置业发展有限公司；深圳市中航华城置业发展有限公司 中航城改造项目	2009.11 ～ 2014.12	占地面积 31940.92 平方米，总建筑面积 221670 平方米，包括办公、商业、公寓、酒店等。 福田区华强北街道深南中路	393807	219000	65782	社会投资 65782	D2 地块基础工程建设，G/M、H 地块建设，中航苑内配套工程建设。	◆上一年度重大项目
99	S201200803 深圳市金沙湾大酒店有限公司 大鹏金沙湾大酒店更新单元	2012.09 ～ 2014.12	用地面积 34450 平方米，计容建筑面积 41700 平方米，包括酒店、公共配套设施等。 大鹏新区大鹏办事处南至下沙规划滨海公园、西至下沙规划中心广场、东临规划酒店、北接金沙路	150000	80000	65000	社会投资 65000	完成主体建设并封顶，开展竣工验收，完成配套设施建设。	◆上一年度重大项目
100	301200821301 招商局蛇口工业区有限公司 太子湾片区综合开发项目	2011.12 ～ 2020.12	建筑面积约 1700000 平方米，包括客运枢纽、历史文化博览、文化艺术表演、会议展览、宾馆、酒店配套、商务公寓、餐饮、商业、娱乐配套等。 南山区招商街道太子湾片区	1890000	28180	56573	社会投资 56573	邮轮母港项目完成陆域形成、生活岸线及疏浚工程施工；太子湾联检楼完成联检楼基坑防渗及支护工程，桩基工程，地下室工程施工。	◆上一年度重大项目 ◆标志性重大项目

（续表）

序号	项目代码，建设单位及项目名称	建设周期	建设规模及建设地址	总投资	至上年止完成投资	本年度计划完成投资	资金来源	本年度建设内容	备注
101	S201300047 深圳市龙康弘投资发展有限公司 沙嘴一期旧改项目	2010.10～2018.05	计容建筑面积 221522 平方米，包括住宅、商业、酒店、商务公寓、商业办公、配套设施等。 福田区沙头街道金地一路和沙嘴路交汇处	200201	47180	45000	社会投资 45000	完成基坑支护、桩基础及地下室施工。	
102	S2013K7000015 新旺实业发展（深圳）有限公司 黄贝岭旧村改项目	2013.04～2016.10	建筑面积 337100 平方米，包括住宅、商业、托幼、老年人活动站等配套设施。 罗湖区黄贝街道深南东路黄贝岭村	561950	144720	38286	社会投资 38286	桩基、地下室工程、裙房结构、水电设备安装工程、砌体工程施工。	
103	S201102625 深圳市皇庭房地产开发有限公司 岗厦皇庭大厦（暂定名）	2011.12～2015.12	建设用地面积 7891.89 平方米，计容总建筑面积 122500 平方米，包括办公和配套商业。 福田区福田街道福华路与金田路交汇处	120000	76100	20000	社会投资 20000	主体结构与设备安装施工。	◆上一年度重大项目
	新建 6 项			1464004		324790			
104	L201300014 华联控股股份有限公司 新安27区华联片区城市更新单元	2014.01～2015.12	用地面积 37466.9 平方米，总建筑面积 197024 平方米，包括住宅（含保障性住房和物业管理用房）、商业、商务公寓等。 宝安区新安街道创业二路与公园路交汇处	250000		73100	社会投资 73100	基坑支护工程和桩基础工程施工，地下室至裙楼施工，地价款缴清。	◆上一年度重大项目
105	S2011102678 深圳市茂骏投资有限公司 今日健康产业中心（坪地长美岭工业区更新单元）	2014.04～2016.12	总建筑面积 56 万平方米物业，建设内容包括商业、办公、商务公寓、酒店和公共配套设施等。 龙岗区坪地街道坪西社区长美岭工业区	400000		70000	社会投资 70000	办理报建手续；进行十石方工程，桩基工程；取得施工许可证；一期主体工程施工。	◆上一年度重大项目

（续表）

序号	项目代码，建设单位及项目名称	建设周期	建设规模及建设地址	总投资	至上年止完成投资	本年度计划完成投资	资金来源	本年度建设内容	备注
106	L201300058 深圳市宏发房地产开发有限公司 西乡商业中心旧城旧村改造项目（一期）	2014.03 ～ 2016.09	拟拆除建设用地 84053 平方米，建设包括住宅、商业、商务公寓、其他配套设施、地下商业等。 宝安区西乡街道碧海片区，由宝安大道、海城路、新湖路、码头路围合而成	380000		57644	社会投资 57644	完成基坑开挖、基坑验收、基坑放线、基础垫层、基础结构工程施工、桩基等工程项目。	
107	S201102866 深圳市保利置地房地产开发有限公司 保利龙华东风汽车厂城市更新项目	2014.01 ～ 2015.12	计容建筑面积 95350 平方米，包括住宅、商业、公共配套设施等。 龙华新区龙华办事处龙观东路	107004		52646	社会投资 52646	完成土地款支付，完成桩基础施工，进行主体施工。	◆上一年度重大项目
108	S201200242 深圳市明泰润投资发展有限公司 罗湖区水贝国际珠宝交易广场城市更新单元（一期）	2014.01 ～ 2016.10	用地面积 21428.82 平方米，总建筑面积 230260 平方米，5 层裙房，4 层地下室，主塔 48 层，副塔 36 层，包括产业研发、产业配套、公共配套、地下商业等用房及停车库等。 罗湖区东晓街道布心路 3008 号	170000		50000	社会投资 50000	土石方开挖，桩基工程及地下室结构施工。	
109	L201300045 深圳市佳华房地产开发有限公司 坂田村旧工业区更新项目南片区（一期）	2014.01 ～ 2017.06	建设用地面积 32188.96 平方米，建筑面积 140889 平方米，包括住宅、商业、办公、旅馆、配套设施等。 龙岗区坂田街道五和大道与吉华路交汇处	157000		21400	社会投资 21400	开展地下室基坑支护工程、土石方挖运工程、桩基础工程、地下室主体结构工程、主体工程等。	
战略性新兴产业 42 项				4279074	756705	500390			
	续建 31 项			3299017	756705	421112			
110	S201200117 S201200073 深圳华大基因研究院 深圳国家基因库（一期）	2012.10 ～ 2014.12	用地面积 25000 平方米，建筑面积 37906 平方米，建设基因数据库（一期）和生物样本资源库（一期），拟实现 1000 万份可溯源性生物样本的存储能力。 大鹏新区大鹏办事处大鹏街道下沙片区“禾塘仔”地块	78000	51900	26100	政府投资 10000 社会投资 16100	完成主体工程施工、机电设备安装、园林景观和装修施工等。	◆上一年度重大项目 ◆列入“十二五”重大项目计划 ◆标志性重大项目

（续表）

序号	项目代码，建设单位及项目名称	建设周期	建设规模及建设地址	总投资	至上年止完成投资	本年度计划完成投资	资金来源	本年度建设内容	备注
111	301201002808 深圳康泰生物制品股份有限公司 康泰生物疫苗研发生产基地	2013.11～2016.12	用地面积 62449 平方米，建筑面积 156120 平方米，建设 5 个符合新版 GMP 认证的生产厂房和辅助厂房及相关配套设施用房，建成后主要生产乙肝疫苗、甲肝灭活疫苗等产品。 光明新区公明办事处内衣基地科裕三路东侧，民生大道北侧	79000	18000	10000	社会投资 10000	桩基础工程、主体工程和一般装修工程的施工等。	◆上一年度重大项目 ◆列入“十二五”重大项目计划
112	301200900088 深圳信立泰药业股份有限公司 信立泰药业创新药物产业化基地项目	2011.02～2017.12	用地面积 49933 平方米，建筑面积 124345 平方米，建设研发中心和生产厂房，设计产能片剂 63.5 亿片/年、胶囊剂 11 亿粒/年。 坪山新区坪山办事处聚龙山三号信立泰医药科技园	80572	20086	5000	社会投资 5000	1#制剂楼、1#冻干粉针剂及水针剂车间，以及其配套设施的建设完善等。	◆上一年度重大项目 ◆列入“十二五”重大项目计划 ◆标志性重大项目
113	301201100459 先健科技（深圳）有限公司 介入医疗器械产业化基地	2013.12～2016.02	用地面积 4715 平方米，建筑面积 28270 平方米，建设总部、研发中心、工艺测试中心、洁净室等，实现生物可吸收材料、镍钛记忆合金、神经起搏器等产品的产业化。 南山区粤海街道高新园	30000	11000	6220	社会投资 6220	土建工程施工，非招标设备的购置、招标设备的招标与购置、工装设计及制造。	◆列入“十二五”重大项目计划
114	S201200038 西门子（深圳）磁共振有限公司 西门子（深圳）磁共振有限公司研发与生产基地（三期）	2012.11～2015.12	在原址进行项目扩建，扩建面积约为 30000 平方米，用以满足磁共振系统和 AX 系统的研发和生产经营需要。扩建达产后，年新增 300 台磁共振系统生产能力。 南山区粤海街道高新区高新中二道 32 号西门子磁共振园	20000	12000	2000	社会投资 2000	新厂房、研发场地投入使用；引进新的生产、测试、研发设备，安装、调试以至投入正常使用。	
115	301201100419 深圳市北科生物科技有限公司 北科总部及国际干细胞研发基地	2010.09～2014.09	用地面积 4017 平方米，建筑面积 33972 平方米，建设干细胞库及处理中心、干细胞技术研究中心、药物筛选与评价中心等。 南山区粤海街道科苑南十道	19519	14519	5000	社会投资 5000	基建验收，功能单位设计、装修，设备采购、调试，启动运营。	◆上一年度重大项目 ◆列入“十二五”重大项目计划

（续表）

序号	项目代码，建设单位及项目名称	建设周期	建设规模及建设地址	总投资	至上年止完成投资	本年度计划完成投资	资金来源	本年度建设内容	备注
116	301201100439 深圳市康哲药业有限公司 康哲药业有限公司新药生产基地建设工程	2011.12～2015.05	用地面积 36422 平方米，建筑面积 80130 平方米，建设新药酪丝亮肽生产基地，设计产能 600 万瓶/年。 坪山新区坑梓办事处金沙地区	35681	17000	11000	社会投资 11000	土建工程、装修工程及设备安装调试。	◆上一年度重大项目
117	301201002788 国药集团一致药业股份有限公司 国药集团一致药业（坪山）医药研发制造基地	2013.03～2016.12	用地面积 73352 平方米，安装面积 46800 平方米，建设内容主要包括厂房、研发楼、办公楼、员工食堂及宿舍等。 坪山新区坑梓办事处生物医药基地兰竹东路北侧	50000	6000	18000	社会投资 18000	综合厂房及综合库房的建设（封顶）、内部装修、设备购进、安装。	◆上一年度重大项目 ◆列入“十二五”重大项目计划
118	301201100432 深圳市信立泰生物医疗工程有限公司 生物医疗器械研发和生产基地项目	2011.06～2015.12	用地面积 2440 平方米，建筑面积 17940 平方米，建设冠脉支架研究开发中心和生产厂房。 坪山新区坪山办事处聚龙山三号路	30460	12000	3610	社会投资 3610	生产车间、检测实验室及办公室等配套设施建设。	◆上一年度重大项目 ◆列入“十二五”规划纲要 ◆列入“十二五”重大项目计划 ◆标志性重大项目
119	301201001149 深圳市理邦精密仪器股份有限公司 深圳市理邦精密仪器股份有限公司企业研究开发中心及产业化基地	2012.04～2014.10	用地面积 38954 平方米，进展面积 97490 平方米，建设办公用房、研发中心、试生产车间及其他配套用房等。 坪山新区坑梓办事处金沙片区	35557	20000	15557	政府投资 3064 社会投资 12493	主体工程、消防工程及装修工程等。	◆上一年度重大项目 ◆列入“十二五”规划纲要 ◆列入“十二五”重大项目计划
120	301201003229 深圳国家高技术产业创新中心 深圳国家工程实验室大楼	2012.02～2015.12	用地面积 12293 平方米，拟建北侧研发大楼，楼高 100 米 23 层，南侧实验室大楼，楼高 67 米 16 层以及会议中心、展览厅等设施。 南山区粤海街道高新南七道	75357	10000	6000	政府投资 6000	A 栋塔楼主体结构完成至地上 18 层，B 栋塔楼完成主体结构，C 栋完成主体结构。	◆上一年度重大项目 ◆列入“十二五”重大项目计划

（续表）

序号	项目代码，建设单位及项目名称	建设周期	建设规模及建设地址	总投资	至上年止完成投资	本年度计划完成投资	资金来源	本年度建设内容	备注
121	301201100718 腾讯科技（深圳）有限公司 腾讯滨海大厦	2011.10～2016.10	用地面积 18651 平方米，进展面积 266200 平方米，建设动漫游戏、移动互联网、搜索研发中心等设施。 南山区粤海街道填海六区	191845	63000	30000	社会投资 30000	完成地下室施工，完成主体建筑的百分之六十。	◆上一年度重大项目 ◆列入“十二五”重大项目计划 ◆标志性重大项目
122	S201102663 深圳巴斯巴科技发展有限公司 新能源汽车高压大电流连接系统产业化项目	2011.10～2014.06	建筑面积 13500 平方米，对原有厂房 12000 平方米进行装修改造，以实现产能扩充。主要产品为电动汽车充电连接器、电池连接系统专用母排和高压连接系统等。 龙华新区大浪办事处上横朗建滔工业园	10800	8800	2000	社会投资 2000	厂房装修改造和设备、仪器投入。	◆上一年度重大项目
123	301201004542 传云科技（深圳）有限公司 阿里巴巴集团商业云计算研发中心	2012.04～2016.08	用地面积 6903 平方米，建筑面积 5369 平方米，建设阿里巴巴集团商业云计算中心的研发、经营、业务办公场所。 南山区粤海街道后海中心区	99802	44524	10000	社会投资 10000	主体工程、初步装修及幕墙工程等。	◆上一年度重大项目 ◆列入“十二五”重大项目计划 ◆标志性重大项目
124	301201004539 传云网络技术（深圳）有限公司 阿里巴巴集团国际运营总部	2012.04～2016.08	用地面积 9387 平方米，建筑面积 67011 平方米，建设阿里巴巴集团国际运营总部的研发、经营、业务办公场所。 南山区粤海街道后海中心区	108996	52427	10000	社会投资 10000	主体工程、初步装修及幕墙工程等。	◆上一年度重大项目 ◆列入“十二五”重大项目计划 ◆标志性重大项目
125	301201001655 百度国际科技（深圳）有限公司 百度国际总部、华南总部及研发中心	2012.02～2016.12	建设百度国际总部、华南总部及研发中心，地由东、西两栋超高层塔楼组成。其中东塔楼 180 米，西塔 150 米。 南山区粤海街道学府路	179748	18000	30000	社会投资 30000	东塔主体封顶，设备安装完成，精装修施工至 20 层。西塔完成地下室工程。	◆上一年度重大项目 ◆列入“十二五”重大项目计划 ◆标志性重大项目

（续表）

序号	项目代码， 建设单位及项目名称	建设 周期	建设规模及建设地址	总投资	至上年止 完成投资	本年度计划 完成投资	资金来源	本年度 建设内容	备注
126	310200704372 深圳市航天高科投资管理有限公司 航天科技广场	2010.04 ～ 2015.06	用地面积 12618.67 平方米，总建筑面积 196594 平方米，两栋单体建筑，主要用于航天科技集团在珠三角的总部管理中心、军民两用产业技术研发中心、国际经济技术合作交流中心。 南山区粤海街道海德三道以北与后海滨路以东交汇处	210000	130000	44000	社会投资 44000	公共区域精装修、机电安装、幕墙安装、园建施工、粗装修施工等。	◆上一年度重大项目 ◆列入“十二五”重大项目计划
127	301200902053 深圳市住宅工程管理站 创业投资 （VC&PE）大厦	2011.02 ～ 2015.05	用地面积 5159.01 平方米，总建筑面积 93513 平方米，建设一栋地下三层、地上四十四层的超高层建筑，包括工业研发用房、商业用房、研发展厅及配套等，总建筑高度 202 米。 南山区粤海街道滨海大道	65425	21450	30000	社会投资 30000	主体结构、砌体工程等完工；幕墙工程完成 90%，安装及装修工程完成 80%。	◆列入“十二五”重大项目计划
128	L201300010 深圳市特区建设发展集团有限公司 留仙洞战略性新兴产业总部基地 1 街坊项目	2013.09 ～ 2018.09	用地面积 137284 平方米，总建筑面积 1278684 平方米，建设留仙洞战略性新兴产业总部基地，主要包含产业用房、商业配套和人才公寓等。 南山区西丽街道留仙大道、创科路、兴科路及仙茶路围合的区域。	1437843	414	64913	社会投资 64913	完成一期基坑支护及土石方工程、一期桩基工程工程、二期基坑支护及土石方工程。	◆上一年度重大项目
129	S201200636 深圳市迪蒙网络科技有限公司 淘金地优势产业电子商务孵化基地	2012.10 ～ 2015.12	项目通过对原有厂房进行升级改造建设电子商务大厦、技术研发中心、电子商务体验中心等。 龙华新区大浪办事处建设南路与腾龙路交汇处	25000	13100	7900	社会投资 7900	电子商务大厦、技术研发中心基础施工，外墙幕墙装修、室内装修，设备安装。	◆上一年度重大项目
130	L201300009 深圳报业集团电子商务有限公司 深商 e 天下	2013.01 ～ 2014.12	项目建设内容主要包括电子商务平台、移动平台、业务运营、服务业务、ESB 企业服务总线、商务智能 6 大模块。 福田区莲花街道深南大道特区报业大厦乘长风 7 楼	12286	8660	3626	社会投资 3626	进一步完善系统、继续研发后继产品的相关核心技术等。	◆上一年度重大项目

（续表）

序号	项目代码，建设单位及项目名称	建设周期	建设规模及建设地址	总投资	至上年止完成投资	本年度计划完成投资	资金来源	本年度建设内容	备注
131	S201200840 深圳科能先进储能材料国家工程研究中心有限公司 中国储能大厦建设项目	2012.12～2016.12	建筑面积 100000 平方米，建设中国储能大厦，包括先进储能材料国家工程研究中心、国家轻工业电池及储能材料质量监督检测中心和科力远新能源系统集成运营中心等。 南山区粤海街道高新园南区	90000	30000	11100	社会投资 11100	基础工程、主体工程施工等。	◆上一年度重大项目
132	S201200016 深圳市力能加电站有限公司 新能源公交车基础设施运营网络项目	2012.08～2015.08	新建充电站主要用于服务纯电动公交车，同时兼容纯电动出租车和电动公务车的充电需求，预计将满足新增 1000 辆纯电动大巴、100 辆纯电动中巴、150 辆纯电动出租车、1000 辆电动公务车的充电需求。 福田区，罗湖区，南山区，盐田区，宝安区，龙岗区，坪山新区	40000	30000	2000	社会投资 2000	充电站建设。	◆上一年度重大项目
133	301200703905 深圳市星源材质科技股份有限公司 锂电池隔膜产业化项目	2009.12～2015.02	新建厂房及配套用房，新建 13 条生产线，形成年产 9600 万平方米锂电池隔膜的生产规模。 光明新区光明办事处北环大道南侧	75168	52019	15846	社会投资 15846	完成研发厂房证件办理；新建 6 条干法生产线，并完成配套公用工程。	◆上一年度重大项目 ◆列入“十二五”重大项目计划
134	S201200259 深圳市德塔电动汽车科技有限公司 德塔纯电动防爆车	2013.12～2015.05	用地面积 28267 平方米，建筑面积 70700 平方米，建设生产厂房和专用车研发大楼等，主要产品为德塔纯电动防爆指挥车等。 坪山新区坑梓办事处丹梓东路与禾田路交汇处	12000	1100	3500	社会投资 3500	主体工程、装修工程施工等。	◆上一年度重大项目
135	S201200820 深圳奥特迅电力设备股份有限公司 电动汽车充电设施关键技术研究及产业化	2013.10～2015.12	用地面积 2000 平方米，建筑面积 6000 平方米，建设生产用房、管理及研发用房等，主要产品为电动汽车充电桩和充电机。 光明新区公明办事处光明高新区技术园区邦凯 2 号	13149	2000	2000	社会投资 2000	基础工程、主体工程施工等。	◆上一年度重大项目

（续表）

序号	项目代码，建设单位及项目名称	建设周期	建设规模及建设地址	总投资	至上年止完成投资	本年度计划完成投资	资金来源	本年度建设内容	备注
136	S2013C4100017 深圳市沃特玛电池有限公司 沃特玛新一代动力电池的研发和产业化	2013.01 ～ 2016.06	购置研发、检测、生产设备，对研发出的高性能锂离子动力电池和 OPT 型号电池管理系统 BMS 进行规模化生产。 坪山新区坪山办事处坪山兰景北路 68 号	31500	8680	6740	社会投资 6740	设备购置及安装调试。	◆上一年度重大项目 ◆列入“十二五”重大项目计划
137	S201200818 深圳市多彩实业有限公司 移动互联周边设备及云计算产业化基地	2013.01 ～ 2014.12	建立多彩研发总部、多彩北航云计算实验室，以及移动互联周边设备的现代化生产制造基地。 龙华新区观澜办事处观澜高新技术产业园	30000	25000	5000	社会投资 5000	研发大楼，重点试验室，总部大楼等的建设。	◆上一年度重大项目
138	301200700856 深圳广播电影电视集团 深圳国家动漫画产业基地动漫大厦	2012.07 ～ 2016.06	用地面积 3943 平方米，建筑面积 50677 平方米，在动漫基地现址拆除一栋 6 层楼建筑，建设一栋地上 28 层、地下 3 层的动漫大厦，并购置安装公共技术服务平台设备和软件。 罗湖区黄贝街道怡景路和黄贝路交汇处	31047	5000	7000	政府投资 4800 社会投资 2200	基坑、地下室、主体工程及幕墙施工等。	◆上一年度重大项目 ◆列入“十二五”重大项目计划
139	S201200674 深圳市锦绣大地投资有限公司 深圳康体文化创意产业园	2011.12 ～ 2015.06	占地面积 185221.02 平方米，总建筑面积 304941.73 平方米，建设康体文化创意工厂与总部经济区、创意艺术公寓与休闲区、康体文化创意体验与孵化区等。 龙华新区观澜办事处松元社区内	88462	40226	25000	社会投资 25000	一期工程收尾工程。二期工程开工建设，完成桩基础施工，进行主体工程施工。	◆上一年度重大项目
140	S201200204 深圳多彩汇威文化发展有限公司 深圳多彩汇威文化创意博览城	2012.06 ～ 2014.06	拟利用原自有的工业园内的旧厂房及宿舍楼更新改造为集文化创意企业办公、知名品牌销售等功能为一体的文化创意博览城。 宝安区西乡街道宝安大道 5010 号（深圳邮件处理中心正对面）	11800	9800	2000	社会投资 2000	室内外二次装修、配套设备安装和二次水电安装等。	◆上一年度重大项目

（续表）

序号	项目代码， 建设单位及项目名称	建设周期	建设规模及建设地址	总投资	至上年止完成投资	本年度计划完成投资	资金来源	本年度建设内容	备注
	新建 11 项			980057		79278			
141	S2013M7500001 深圳华大基因科技有限公司 华大基因中心	2014.01～2017.12	建筑面积 206000 平方米，建立华大从事基因组科学研究的总部基地，主要包括生物科技研发厂房、配套职工食堂、配套宿舍及管理用房等。 盐田区梅沙街道成坑片区盐坝高速以北	150000		20000	社会投资 20000	桩基和地下室施工，以及红线内地下连通道施工。	
142	S201102563 深圳市海普瑞药业股份有限公司 深圳市海普瑞生物医药研发制造基地项目（一期）	2014.08～2016.01	用地面积 154111 平方米，建筑面积 270200 平方米，建设研发中心、中试中心、办公用房及配套宿舍等。包含肝素钠原料药、肝素钠制剂等 8 条生产线和在研的 2 条生产线。 坪山新区坑梓办事处坪山国际生物技术园区	514200		10000	社会投资 10000	基础工程和主体工程施工。	◆上一年度重大项目 ◆列入“十二五”重大项目计划
143	S201102514 深圳万和制药有限公司 万和创新药物研发与产业化基地	2014.03～2015.12	用地面积 6211 平方米，建筑面积 56740 平方米，建设生产中心、研发质量中心、总部办公大楼及相关配套设施与公用工程等。 光明新区光明办事处光明高新技术园	30025		13000	社会投资 13000	项目桩基础及地下室与人防配套建设等。	◆上一年度重大项目 ◆列入“十二五”重大项目计划
144	301201100406 深圳市开立科技有限公司 高端彩超和五分类血液分析仪研发及产业化基地	2014.05～2015.12	用地面积 9608 平方米，建筑面积 43235 平方米，建设彩色多普勒超声成像系统研发及产业化基地，主要包括总部办公研发及彩超、血液分析仪产业化两大部分。 光明新区光明办事处光明高新技术产业园东片区	47000		2000	社会投资 2000	设计、勘察等前期工作，基础工程和主体工程建设等。	◆上一年度重大项目 ◆列入“十二五”规划纲要 ◆列入“十二五”重大项目计划

（续表）

序号	项目代码，建设单位及项目名称	建设周期	建设规模及建设地址	总投资	至上年止完成投资	本年度计划完成投资	资金来源	本年度建设内容	备注
145	S201200435 深圳市民治沙元埔股份合作公司 深圳市泰安物联网产业服务基地	2014.03～2015.10	对原有厂房拆除后建设南座和北座两栋综合类高层建筑，用于物联网成果展示、公共服务及办公。 龙华新区民治办事处民治民福路东侧沙元埔工业区内	20099		5000	社会投资5000	基础工程及主体工程施工。	◆上一年度重大项目
146	S2013I6500031 深圳市赛格新城市建设发展有限公司 赛格国际电子产业中心	2014.01～2016.12	新建研发办公厂房及配套设施，建设赛格电子元器件研发中心、品牌运营中心及电子商务总部、电子元器件交易中心、电子市场、电子技术展示中心等。 龙岗区布吉街道布龙路18号	60000		12000	社会投资12000	前广场改造工程、基坑支护工程、桩基础工程施工。	◆上一年度重大项目
147	301201102047 深圳华溢云计算科技有限公司 同方（深圳）云计算研发应用中心	2014.07～2016.06	建筑面积12400平方米，建设办公研发大楼、展示交易厅和地下室等。主要产品为云计算端对端平台、虚拟桌面集成系统和新型数据中心集成等系列产品。 南山区南头街道南光路	50000		5000	社会投资5000	完成土方开挖、基坑支护、基础施工、地下室底板施工。	◆上一年度重大项目 ◆列入“十二五”重大项目计划
148	S2013R8700006 宝钻园创意设计（深圳）有限公司 182创意设计产业园二期	2014.06～2015.12	用地面积28997平方米，建筑面积115989平方米，该项目主要建设内容包括产业研发、创意设计等业务用房及展厅、宿舍等。 龙岗区南湾街道布澜路182号	32555		4278	社会投资4278	土方开挖、基坑支护、桩基础、地下车库施工、主体施工。	◆上一年度重大项目
149	S2013C41000018 深圳市鹏桑普太阳能股份有限公司 平板太阳能热利用系统产品总部研发生产基地	2014.07～2015.07	用地面积9097平方米，建筑面积42585平方米，建设总部办公与研发技术中心、接待中心（宿舍与食堂）等商业配套设施等，主要产品为平板型太阳能集热器等。 光明新区光明办事处光明高新区东片区	30000		4000	社会投资4000	桩基础、地下结构、裙房结构工及其他部分结构施工等。	

（续表）

序号	项目代码，建设单位及项目名称	建设周期	建设规模及建设地址	总投资	至上年止完成投资	本年度计划完成投资	资金来源	本年度建设内容	备注
150	L201300079 深圳广晟数码技术有限公司 音频编解码技术国家工程实验室大厦	2014.04～2016.06	建设音频编解码技术国家工程实验室大厦，主要为数字建设音频编解码技术国家工程实验室提供科研开发、小试、中试服务。 南山区粤海街道滨海大道北侧填海六区	24950		2000	社会投资 2000	桩基础、边坡支护、土石方工程及主体工程施工。	
151	S201300071、72 深圳市飞荣达科技股份有限公司 电磁屏蔽及导热器件研发与生产项目	2014.05～2017.03	建设生产厂房、试验室和办公用房，购置精密冲床、高速冲床等生产设备，优化生产工艺，扩大现有产品的生产规模。 光明新区公明办事处南光高速东侧、环玉路南侧	21228		2000	社会投资 2000	确定施工单位、监理单位，动工建设。	
现代服务业 49 项				16684418	6398885	2474155			
	续建 43 项			15830244	6398885	2422755			
152	301200700882 深圳平安金融中心建设发展有限公司 平安金融中心	2009.08～2018.03	用地面积 30439.02 平方米，总建筑面积 646634 平方米，建设商业、办公及酒店，其中，北楼 459187 平方米、地上 115 层、地下 5 层；南楼 182880 平方米、48 层。 福田区福田街道福华三路	1254540	123520	250000	社会投资 250000	北楼外框混凝土楼板浇筑到 105 层，南楼完成基坑开挖。	◆上一年度重大项目 ◆列入“十二五”规划纲要 ◆列入“十二五”重大项目计划
153	301200900369 太平财产保险有限公司 太平金融大厦	2010.06～2014.12	用地面积 8056.02 平方米，总建筑面积 130060 平方米，建设一栋地上 48 层，地下 4 层高档甲级总部办公大楼。 福田区莲花街道福中三路	209000	140000	69000	社会投资 69000	完成幕墙施工，项目竣工验收。	◆上一年度重大项目 ◆列入“十二五”规划纲要 ◆列入“十二五”重大项目计划
154	301201003810 国信证券股份有限公司 国信金融大厦	2012.09～2015.12	用地面积 5454.78 平方米，总建筑面积 104998 平方米，建设高度不超过 208 米的自用型综合性营运大厦。 福田区福田街道民田路与福华路交汇处	192370	66350	50000	社会投资 50000	完成基坑支护工程、地下室，以及裙楼主体施工。	◆上一年度重大项目 ◆列入“十二五”重大项目计划

（续表）

序号	项目代码，建设单位及项目名称	建设周期	建设规模及建设地址	总投资	至上年止完成投资	本年度计划完成投资	资金来源	本年度建设内容	备注
155	301201101870 国银金融租赁有限公司 国银金融中心大厦	2013.05 ～ 2016.12	用地面积 5500.12 平方米，总建筑面积 79600 平方米，建设地上 35 层的办公楼。 福田区莲花街道福中三路南、金田路北、海田路西	128100	59893	8000	社会投资 8000	完成桩基础、地下室工程施工。	◆上一年度重大项目 ◆列入“十二五”重大项目计划
156	301201101766 民生金融租赁股份有限公司 民生金融大厦	2012.11 ～ 2016.03	用地面积 4634.02 平方米，总建筑面积 56258 平方米，建设地上 22 层，高度为 99.7 米的中国民生银行深圳分行及民生金融租赁股份有限公司的办公大楼。 福田区莲花街道福中三路南侧，金田路北侧，海天路西侧	82483	10985	30000	社会投资 30000	完成主基坑底、地下室施工，开始主体工程施工。	◆上一年度重大项目 ◆列入“十二五”重大项目计划
157	301201004214 南方基金管理有限公司、博时基金管理有限公司 基金大厦	2011.04 ～ 2016.12	用地面积 7260.06 平方米，总建筑面积约 109726 平方米（含地下室），是由南方基金管理有限公司和博时基金管理有限公司联合投资兴建的甲级总部办公写字楼。 福田区福田街道深南路与益田路交汇处	107516	15766	15000	社会投资 15000	完成地下室施工；主体结构施工至二十五层。	◆上一年度重大项目 ◆列入“十二五”重大项目计划
158	301200903998 深圳市生命置地发展有限公司 生命保险大厦	2011.09 ～ 2015.04	用地面积 8089.94 平方米，总建筑面积 162129.67 平方米，建设地下 4 层、地上 44 层，建筑高度 199.8 米的总部办公楼。 福田区莲花街道金田路与福中一路交汇处	232000	173500	40000	社会投资 40000	主体工程、外立面幕墙、室内装修工程施工。	◆上一年度重大项目 ◆列入“十二五”规划纲要 ◆列入“十二五”重大项目计划
159	301201004276 中国人寿保险股份有限公司 中国人寿大厦	2011.10 ～ 2016.06	用地面积 5009.35 平方米，总建筑面积 76496.87 平方米，集经营业务、商业、办公于一体的高层综合体项目。 福田区福田街道新洲路与福华路交叉口	128820	71000	17000	社会投资 17000	主体工程、幕墙安装工程、消防工程施工。	◆上一年度重大项目 ◆列入“十二五”重大项目计划

（续表）

序号	项目代码，建设单位及项目名称	建设周期	建设规模及建设地址	总投资	至上年止完成投资	本年度计划完成投资	资金来源	本年度建设内容	备注
160	301201002233 华安财产保险股份有限公司 华安保险总部大厦	2009.05～2014.10	用地面积 5908.07 平方米，建筑面积 60000 平方米，建设 1 栋高度 80 米，地上 18 层，地下 3 层的综合性总部办公楼。 福田区福田街道福华一路南侧	106000	97750	8250	社会投资 8250	玻璃幕墙、室内装饰装修、园林绿化完工，项目竣工验收。	◆上一年度重大项目 ◆列入“十二五”规划纲要 ◆列入“十二五”重大项目计划
161	301200700611 中国建设银行股份有限公司深圳市分行，中国中投证券有限责任公司 深圳建设银行大厦	2013.02～2017.09	用地面积 7095.58 平方米，总建筑面积 106320 平方米，建筑高度 180 米，其中地上 40 层，包括办公区、营业区、大堂、避难层等；地下 4 层。 福田区福田街道福中三路与民田路交汇处	188000	5445	10000	社会投资 10000	完成大厦主体设计，完成基坑支护工程施工，开始桩基和地下室施工。	◆上一年度重大项目 ◆列入“十二五”重大项目计划
162	301200700211 招商银行股份有限公司 招商银行深圳分行大厦项目	2011.07～2015.07	用地面积 7593.95 平方米，总建筑面积 105845 平方米，由一座 165 米高塔楼及 3 个裙楼组成。 福田区香蜜湖街道深南大道与鹏程一路交汇处	131592	55342	50000	社会投资 50000	主体封顶施工。	◆上一年度重大项目 ◆列入“十二五”重大项目计划
163	301200703727 招商证券股份有限公司 招商证券大厦	2010.05～2015.02	用地面积 4847.92 平方米，总建筑面积 77938.96 平方米，建设甲级金融证券总部大厦。 福田区福田街道福华一路与民田路交汇处西南角	104000	72000	20000	社会投资 20000	完成建筑装饰及安装工程，幕墙及外立面装饰专业工程。	◆上一年度重大项目 ◆列入“十二五”重大项目计划
164	301200900839 中信银行股份有限公司信用卡中心 中信银行大厦	2011.09～2015.04	用地面积 4400.84 平方米，总建筑面积 63670.68 平方米，建设地上 24 层，地下 4 层的中信银行股份有限公司信用卡中心自用办公楼。 福田区莲花街道福田中心区 23-2-5 金融发展地块	78000	54984	13000	社会投资 13000	完成机电安装、幕墙、电梯、智能化、精装修、室外工程等。	◆上一年度重大项目 ◆列入“十二五”重大项目计划

（续表）

序号	项目代码，建设单位及项目名称	建设周期	建设规模及建设地址	总投资	至上年止完成投资	本年度计划完成投资	资金来源	本年度建设内容	备注
165	301201100460 中国海洋石油总公司 中海油大厦	2011.04～2016.12	用地面积 12712.51 平方米，总建筑面积 260150 平方米，建设地上 45 层的中国海油南方区域总部大厦。 南山区粤海街道后海滨路与创业路交叉口东南角	250677	121800	26000	社会投资 26000	完成地下室、地上 1 至 5 层施工。	◆上一年度重大项目
166	301201004678 深圳能源集团股份有限公司 能源大厦	2013.04～2017.10	用地面积 9047.06 平方米，总建筑面积 142520.3 平方米，建设南北两座塔楼及裙楼，其中，南塔楼 116 米，20 层；北塔楼 218 米，42 层。 福田区福田街道滨河大道与金田路交汇处东北角	246600	86400	19000	社会投资 19000	土石方、桩基础工程施工完成；北塔楼完成地下室顶板结构施工；南塔楼主体结构施工。	
167	S201200804 海信南方有限公司 海信集团深圳南方总部基地（海信南方大厦）	2013.10～2016.12	用地面积 4322.29 平方米，总建筑面积 81693.61 平方米，建筑高度 150 米，包括销售总部、研发中心、区域性研究及决策中心、展示接待和公关总部、产业公司管理总部。 南山区蛇口街道后海滨路东、创业路南、中心路西	139000	67000	20000	社会投资 20000	完成地下工程施工，主体工程完成 1/4。	◆上一年度重大项目 ◆列入“十二五”重大项目计划
168	S201200456 S201200869 中海信科技开发（深圳）有限公司 中海信总部中心	2012.12～2015.06	用地面积 83713.78 平方米，总建筑面积 334852 平方米，主要包括厂房、检测大楼、综合服务楼、行政办公、商业及生活配套设施等。 龙岗区布吉街道布澜路甘李科技园内	105252	41453	40000	社会投资 40000	主体工程、装饰装修工程、水电及设备安装工程、室外管网、高低压配电工程、园林景观工程等完工。	◆上一年度重大项目
169	301200902686 中国移动通信集团广东有限公司深圳分公司 中国移动深圳信息大厦	2010.09～2015.08	用地面积 5630.72 平方米，总建筑面积 103174.71 平方米，分为主塔楼和附楼，总建筑高度 180 米，地下四层，地上 36 层。 福田区福田街道中心区 26-3-2 地块	121000	87400	10000	社会投资 10000	主楼封顶，主、副楼屋面工程、幕墙、室内精装饰、机电安装工程等完工。	◆上一年度重大项目 ◆列入“十二五”重大项目计划

（续表）

序号	项目代码，建设单位及项目名称	建设周期	建设规模及建设地址	总投资	至上年止完成投资	本年度计划完成投资	资金来源	本年度建设内容	备注
170	301201001836 天虹商场股份有限公司 天虹商场股份有限公司总部大厦	2011.03～2014.10	项目及地下空间建设工程占地9566.66平方米，总建筑面积87000平方米，共20层高，地下4层（其中-1至8层为商场，9至20层为办公楼），建设天虹总部和高端旗舰店。 南山区粤海街道东滨路与中心路交汇处	92000	73400	18600	社会投资18600	完成项目土建、安装工程施工，项目竣工验收。	
171	301201002540 新百丽鞋业（深圳）有限公司 百丽大厦	2011.09～2015.04	用地面积2763.5平方米，总建筑面积46808平方米，建设自用型总部办公楼。 南山区粤海街道东滨路与后海滨路交汇处	50000	31000	10000	社会投资10000	完成主体施工，开始幕墙安装、智能化调试、暖通设备、配电柜安装等。	◆上一年度重大项目 ◆列入“十二五”重大项目计划
172	S201102521 深圳市投资控股有限公司 深圳湾科技生态园	2011.12～2016.12	用地面积203080.8平方米，总建筑面积1875736.44平方米，主体建筑物性质为研发，包括产业用房、办公、商业、酒店、公寓等。项目建筑限高250米，停车位6800个。 南山区粤海街道市高新区南区	1951619	881000	150000	社会投资150000	一区1、4、5栋和二区主体结构施工；三、四区桩基和地下室结构施工。	◆上一年度重大项目 ◆列入“十二五”重大项目计划
173	S2013K7000075、76、81 华润深圳湾发展有限公司、华润置地（深圳）发展有限公司、华润万家（深圳）发展有限公司 华润深圳湾综合发展项目	2012.10～2017.12	一区、二区、三区地块总用地面积6.8万平方米，总建筑面积60万平方米，包括总部办公25.6万平方米、商业8万平方米、商务公寓5万平方米、酒店4万平方米、住宅17万平方米及配套。 南山区粤海街道后海中心区	1500000	291020	200000	社会投资200000	桩基础工程、底板施工、地下室、主体结构工程等施工。	◆上一年度重大项目 ◆列入“十二五”重大项目计划

（续表）

序号	项目代码，建设单位及项目名称	建设周期	建设规模及建设地址	总投资	至上年止完成投资	本年度计划完成投资	资金来源	本年度建设内容	备注
174	S201200392 深圳招商房地产有限公司 海上世界城市综合体	2010.04～2016.03	用地面积 439000 平方米，总建筑面积 1045000 平方米，建设环船广场、船尾广场、船后广场、女娲广场、金融中心（二期）、文化艺术中心、滨水岸线等。 南山区招商街道蛇口海上世界	2123182	1320000	280000	社会投资 280000	海上世界广场、希尔顿酒店竣工并投入使用；雨水泵站、污水泵站竣工验收；金融中心二期主体建设；文化艺术中心开工。	◆上一年度重大项目 ◆列入“十二五”重大项目计划
175	301201101924 深圳观澜湖房地产开发有限公司 观澜湖商业中心（一期、二期、三期）	2011.12～2014.12	总用地面积 135322.02 平方米，总建筑面积 525605.81 平方米，建设购物中心及休闲、办公场所 379546 平方米，国际音乐主题酒店和高档办公楼、文化展示厅 89238 平方米，商务型酒店 56820 平方米。 龙华新区观澜办事处高尔夫大道两侧	500000	350000	150000	社会投资 150000	完成安装、装修工程建设，项目竣工验收并投入使用。	◆上一年度重大项目
176	S2013J6700001 深圳市金龙房地产开发有限公司 南油购物公园	2011.04～2016.12	用地面积 53724.71 平方米，总建筑面积 401709.78 平方米，建设集购物商场、甲级办公楼、酒店式服务公寓为一体的综合性开发项目。 南山区粤海街道南海大道与创业路交汇处	274835	116954	50000	社会投资 50000	来福士广场、公园一号广场桩基础、地下室、主体工程施工。	◆上一年度重大项目 ◆列入“十二五”重大项目计划
177	301200601609 深圳市特区建设发展集团有限公司 翡翠岛广场项目	2012.11～2016.03	用地面积 55117.97 平方米，总建筑面积 229204.03 平方米，包括甲级写字楼、特色商业、星级酒店、文化展示中心等。 盐田区盐田街道西山吓	201900	61478	60000	社会投资 60000	完成项目塔楼、裙楼主体施工。	

（续表）

序号	项目代码，建设单位及项目名称	建设周期	建设规模及建设地址	总投资	至上年止完成投资	本年度计划完成投资	资金来源	本年度建设内容	备注
178	S201200823 深圳市创佶置业有限公司 天佶湾国际广场	2013.01～2018.10	用地面积 24859.83 平方米，总建筑面积 418480 平方米，地上及地下商业 8 万平方米，办公 17 万平方米，酒店 3 万平方米，高级人才公寓 3 万平方米。 南山区粤海街道后海滨路与创业路相汇处的东北角	180965	9000	60000	社会投资 60000	土方、桩基、地下室等工程施工。	◆上一年度重大项目
179	S201200277、775、415、776、777、416 深圳市万科滨海房地产有限公司 壹海城一区至六区	2012.06～2016.12	用地面积 137247 平方米，计入容积率建筑面积 345270 平方米，其中商业约 8.9 万平方米，公寓和写字楼各 10 万平方米，酒店 5.5 万平方米。 盐田区沙头角街道海山路与海景二路交汇处	163903	39001	46000	社会投资 46000	三区 3-1、3-2 主体结构施工；完成六区主体结构施工。	◆上一年度重大项目
180	S201200716 壹方置业（深圳）有限公司，深圳市鸿荣源房地产开发有限公司 壹方商业中心	2012.08～2018.02	一期用地面积 52676.72 平方米，总建筑面积 438530 平方米，包括商业裙楼 101000 平方米，两栋办公塔楼 115000 平方米，两栋住宅塔楼 67592 平方米及配套等。 宝安区新安街道新湖路西面与创业一路南面交汇处	150231	23414	15000	社会投资 15000	桩基、地下室、部分裙楼及部分主体工程施工。	
181	S201102578 深圳市科之谷投资有限公司 赛格日立工业区升级改造项目	2010.08～2017.12	用地面积 121225.1 平方米，总建筑面积 788910 平方米，建设企业总部、高新产业研发孵化中心、金融服务中心、国际信息交流中心、绿色节能、循环生态展示空间等。 福田区华富街道赛格日立工业区	1915540	531765	200000	社会投资 200000	南区低塔主体结构完成 20 层、高塔地下室结构完成、商业及 LOFT 主体结构完成 2 层；北区商务公寓竣工并投入使用。	◆上一年度重大项目 ◆列入“十二五”重大项目计划

（续表）

序号	项目代码，建设单位及项目名称	建设周期	建设规模及建设地址	总投资	至上年止完成投资	本年度计划完成投资	资金来源	本年度建设内容	备注
182	301201100474 深圳雅宝房地产开发有限公司 星河雅宝高科创新园	2011.09 ～ 2021.04	用地面积 203000 平方米，总建筑面积 1052600 平方米，建设产业用房、配套商业和宿舍等。 龙岗区坂田街道五合大道北侧，民治水库西北侧	1300000	600000	100000	社会投资 100000	1#地块完成项目竣工验收；2#样板房达到开放条件、销售展示区施工并达到开放条件。	◆上一年度重大项目
183	S2013K7000043 深圳天安骏业投资发展有限公司 天安云谷产业园（一期）	2012.12 ～ 2015.12	用地面积 51604 平方米，总建筑面积 517110 平方米，建设产业研发用房，小型商业服务设施，物业管理用房等。 龙岗区坂田街道岗头社区雪岗北路	296000	120000	122000	社会投资 122000	完成 1 栋 A、B 座主体建设并达到验收标准，完成 3 栋 A、B 座主体结构施工并封顶。	
184	301201003238 宝能酒店投资有限公司 宝能桔钓沙国际度假酒店	2012.05 ～ 2015.03	用地面积 66541.65 平方米，建筑面积 87242 平方米，建设白金五星级滨海国际度假酒店，包括豪华客房、独立式高档客房、私家游艇码头等，提升大鹏半岛旅游生态环境。 大鹏新区南澳办事处桔钓沙片区	178202	146268	25000	社会投资 25000	室内精装修、机电安装及调试、室外场平及道路、园林及景观工程等施工。	◆上一年度重大项目
185	S201200108 深圳市彭年中外企业家俱乐部（深圳）有限公司 彭年企业家度假村	2012.04 ～ 2015.04	用地面积 66667 平方米，建筑面积 92251 平方米，建筑五星级酒店一栋、专家公寓十五栋，集旅游度假、医疗保健和游乐为一体。项目建成后投入运营所得利润将用于慈善事业。 大鹏新区大鹏办事处水头片区银滩路南侧	36898	4800	20000	社会投资 20000	完成桩基础工程，继续进行主体工程施工。	◆上一年度重大项目
186	L201200001 深圳市盐田区建筑工程事务局 盐田现代产业服务中心	2013.08 ～ 2017.12	用地面积 19153.38 平方米，总建筑面积 119278.06 平方米，集办公及商业为一体的超高层综合体，其中地上建筑面积 86777.44 平方米，地下建筑面积 32500.62 平方米。 盐田区沙头角街道沙盐路	73000	6500	8000	政府投资 8000	地下室施工。	◆上一年度重大项目

（续表）

序号	项目代码，建设单位及项目名称	建设周期	建设规模及建设地址	总投资	至上年止完成投资	本年度计划完成投资	资金来源	本年度建设内容	备注
187	301200602222 深圳市农产品股份有限公司 深圳国际农产品物流园	2008.08～2015.12	用地面积 303000 平方米，总建筑面积 820000 平方米，主要建设冷链存储及物流区、交易及配送加工区、综合配套及服务区。 龙岗区平湖街道白坭坑社区	180000	150000	20000	社会投资 20000	冷库、商务办公楼、宿舍楼、名优土特产综合交易楼、世界名优特产综合交易楼等施工。	◆上一年度重大项目 ◆列入“十二五”重大项目计划
188	301200700590 深圳中外运物流有限公司 中外运平湖物流中心	2012.02～2014.07	用地面积 125306.98 平方米，总建筑面积 255508.9 平方米，建设仓储中心、行政办公中心、维修中心、海关查验处理中心、查验平台、设备用房、停车场等。 龙岗区南湾街道下李朗村（平湖物流园区 9 号地块）	71791	38236	33555	社会投资 33555	主体工程及配套工程完工，整体竣工验收。	◆上一年度重大项目 ◆列入“十二五”重大项目计划
189	S201200637 深圳市美泰国际物流有限公司 龙岗公路货运枢纽工程二期	2010.05～2015.05	用地面积 49323.39 平方米，总建筑面积 153136.22 平方米，建设货运信息交易中心、公铁联运和甩挂挂车接驳中心、电子商务及供应链管理中心。 龙岗区南湾街道下李朗村	66800	29000	10000	社会投资 10000	完成地勘、桩基础、地下室施工，主体施工至五层。	◆上一年度重大项目 ◆列入“十二五”重大项目计划
190	301201004008 301201004658 深业泰富物流集团股份有限公司 清水河国际汽车物流产业园（一期、二期）	2011.10～2017.07	用地面积 43074.11 平方米，总建筑面积 214930 平方米，主要建设品牌汽车博览中心、展示交易中心、储运中心、汽车零部件配送中心、信息中心等。 罗湖区清水河街道清水河三路	181060	72056	50000	社会投资 50000	二期主体工程、室外装修工程等完工。	◆上一年度重大项目 ◆列入“十二五”重大项目计划
191	S2013G5900008 深圳深业物流集团股份有限公司 深业物流中心	2013.03～2016.12	用地面积 59313.62 平方米，总建筑面积 452600 平方米，建设内容包括国际物流采购中心（H303-0017 宗地）、国际物流总部基地（H303-0059 宗地）及配套设施（H303-0058 宗地）。 罗湖区笋岗街道宝安北路与梨园路交汇东南侧	423094	107000	70000	社会投资 70000	进行基础工程施工，完成地下负五层至正负零的施工，完成裙楼部分层数的施工。	◆上一年度重大项目

（续表）

序号	项目代码，建设单位及项目名称	建设周期	建设规模及建设地址	总投资	至上年止完成投资	本年度计划完成投资	资金来源	本年度建设内容	备注
192	301201003531 深业进智物流发展有限公司 深业进智现代物流分拨中心一期（清水河北区）	2013.07 ～ 2015.12	用地面积 19762 平方米，总建筑面积 119868 平方米，建设两栋裙楼和塔楼，包括仓储和配套办公。 罗湖区清水河街道清水河一路 112 号	47144	6000	13150	政府投资 150 社会投资 13000	1#楼、2#楼封顶。	◆上一年度重大项目
193	30120302307 深圳深业物流集团股份有限公司 深业物流平湖中心	2012.03 ～ 2014.03	用地面积 44223.03 平方米，总建筑面积 147047.79 平方米，建设物流信息中心、多式联运市场、保税和监管仓、多功能仓库、停车场及堆场等。 龙岗区平湖街道新木地区	31605	30405	1200	社会投资 1200	项目竣工验收及开业准备。	◆上一年度重大项目 ◆列入“十二五”重大项目计划
194	S201102873 深圳市粤信创意文化有限公司 粤信物流基地二期	2011.12 ～ 2015.06	用地面积 80006.66 平方米，计容积率建筑面积 199986.76 平方米，由 2 栋高层和 11 栋多层组成，建设提供尾货交易、展示、仓储、配送、加工等服务的尾货集散、批发中心。 龙岗区平湖街道下李朗平吉大道 2 号	35525	10000	15000	社会投资 15000	主体结构封顶，完成室内外墙体砌筑及外立面施工等。	◆上一年度重大项目
	新建 6 项			854174		51400			
195	S2013J6600004 深圳农村商业银行股份有限公司 深圳农村商业银行总部大厦	2014.03 ～ 2017.12	用地面积 7665.64 平方米，总建筑面积 87215 平方米，包括商业办公 46390 平方米，商业营业 8690 平方米，物业服务用房 110 平方米，地下室 32025 平方米。 宝安区新安街道宝安中心区宝兴路与海秀路交叉口处	136448		8000	社会投资 8000	完成施工图设计及施工招标，进行基坑及桩基础工程施工。	
196	S201200765 大成基金管理有限公司 大成基金管理有限公司总部办公大楼	2014.02 ～ 2017.04	用地面积 4101.26 平方米，总建筑面积 73037 平方米，包括办公部分 48000 平方米，商业部分 10000 平方米，地下车库 14280 平方米。 南山区粤海街道后海中心区	114677		8400	社会投资 8400	土石方、基坑支护及桩基础工程。	◆上一年度重大项目 ◆列入“十二五”重大项目计划

（续表）

序号	项目代码，建设单位及项目名称	建设周期	建设规模及建设地址	总投资	至上年止完成投资	本年度计划完成投资	资金来源	本年度建设内容	备注
197	S201102681 中山证券有限责任公司 中山金融大厦（暂定名）	2014.01～2017.06	用地面积 3726.99 平方米，总建筑面积 57059.7 平方米，包括 2 栋连通的塔楼，其中北塔 27 层，为办公楼；南塔 5 层，为商业楼。 南山区粤海街道滨海大道南侧，科苑大道以西	83953		9000	社会投资 9000	完成基坑支护、桩基础工程施工，主体结构完成 50%。	
198	301200703687 深圳市长城物流有限公司 长城国际物流中心	2014.06～2017.12	用地面积 69606.23 平方米，计容建筑面积 318900 平方米，包括物流及时尚消费中心、国际物流总部基地、配套公寓、配套商业等。 罗湖区笋岗街道宝岗北路笋岗库一区	435289		8000	社会投资 8000	完成初步设计及施工图设计，完成土方开挖，开始桩基础施工。	◆上一年度重大项目 ◆列入“十二五”重大项目计划
199	S201300064 深圳市盐田港集团有限公司 能源物流盐田 VMI 中心	2014.01～2016.03	用地面积 20930.61 平方米，总建筑面积 67437.21 平方米，建设一座六层物流仓库，包括仓储配送区及配套服务等设施。 盐田区盐田街道盐田港保税物流园北片区	33807		8000	社会投资 8000	完成地下室施工，主体结构施工至二层。	
200	S2013G590011 深圳市泛亚物流有限公司 泛亚国际果蔬（食品）冷链物流产业园	2014.05～2015.11	用地面积 31687.27 平方米，总建筑面积 105441.32 平方米，包括仓库（配送）58750 平方米，配套办公（营运中心）1850 平方米，食堂及单身宿舍 2770 平方米；地下建筑面积 42071.32 平方米。 龙岗区平湖街道新木村	50000		10000	社会投资 10000	完成项目三通一平、桩基础、地下室施工等。	
高技术制造业 26 项				6613630	1425117	1174800			
	续建 19 项			3366032	1425117	563800			

（续表）

序号	项目代码， 建设单位及项目名称	建设 周期	建设规模及建设地址	总投资	至上年止 完成投资	本年度计划 完成投资	资金来源	本年度 建设内容	备注
201	301201002806 长安标致雪铁龙汽车有限公司 长安标致雪铁龙合资项目	2011.11 ~ 2015.12	用地面积 996092 平方米，建筑面积 1294910 平方米，建设整车生产四大工艺厂房、发动机工厂，设计产能 20 万辆/年。 龙华新区观澜办事处原哈飞汽车工业园	961500	616200	128000	社会投资 128000	整车工厂建设，EB 发动机工厂建设，研发中心建设。	◆上一年度重大项目
202	S2013C4100019 旭硝子显示玻璃(深圳)有限公司 旭硝子显示玻璃（深圳）有限公司工厂扩建项目	2013.11 ~ 2014.10	用地面积 24669 平方米，总建筑面积 47925 平方米，主要建设为主体厂房污水处理站，垃圾放置场所及生产设备一批用于生线一期和二期。 光明新区公明办事处高新技术园区科裕路 8 号	124000	2000	122000	社会投资 122000	主要建设厂房及安装生产线。	◆标志性重大项目
203	S201200062 深圳市盛波光电科技有限公司 TFT-LCD 用偏光片二期项目	2012.09 ~ 2016.04	用地面积 78323 平方米，建筑面积 133150 平方米，分两期建设，二期项目将新建生产厂房、研发大楼及相关配套设施，建设两条幅宽为 1490mm 的 TFT-LCD 用偏光片生产线。 坪山新区坪山办事处青松西路 8 号盛波光电科技园	147093	17951	50000	社会投资 50000	6 号线项目设备采购、净化装修投资，以及 7 号线项目基建、设备采购投资等。	◆上一年度重大项目 ◆列入“十二五”重大项目计划
204	301200900396 深圳市怡化电脑股份有限公司 金融自助设备研发、测试中心	2010.08 ~ 2014.12	用地面积 5581 平方米，建筑面积 68100 平方米，新建研发与测试中心。 南山区粤海街道科技园填海六区	72042	66042	6000	社会投资 6000	完成精装修、夜景灯光及室外园林绿化等收尾工程，完成工程竣工验收。	◆上一年度重大项目
205	301201001242 创维半导体（深圳）有限公司 创维半导体设计中心	2010.08 ~ 2015.12	用地面积 17025 平方米，建筑面积 85128 平方米，建设研发大楼及中试厂房各一栋。主要产品为 TV 视频芯片、多媒体芯片、控制主芯片等。 南山区粤海街道高新南四道	101134	70000	10000	社会投资 10000	内部装修，建立相关实验室并投入使用。	◆上一年度重大项目 ◆列入“十二五”重大项目计划

（续表）

序号	项目代码，建设单位及项目名称	建设周期	建设规模及建设地址	总投资	至上年止完成投资	本年度计划完成投资	资金来源	本年度建设内容	备注
206	301201100415 科通通信技术（深圳）有限公司 深圳嵌入式技术研发服务产业基地暨微软亚太研发集团南方总部	2013.03 ～ 2015.12	用地面积 6684 平方米，总建筑面积 28750 平方米，建设嵌入式产业基地和微软亚太研发集团南方总部。 南山区粤海街道科园路与学府路交汇处	59037	5100	20000	社会投资 20000	1-23 层主体结构施工。	◆上一年度重大项目 ◆列入“十二五”重大项目计划
207	301200900315 深圳市讯美科技有限公司 红外非致冷热像仪	2012.08 ～ 2016.12	用地面积 37196 平方米，建筑面积达 148800 平方米，新建年产 50 万台套生产线及产品研发中心等。 南山区粤海街道高新园中区科苑大道东侧	120000	38000	20000	社会投资 20000	主体结构工程建设，幕墙工程建设与安装，水、电、气、消防工程与电梯安装。	◆上一年度重大项目 ◆列入“十二五”重大项目计划
208	301201100377 电连精密技术有限公司 微型化、高可靠性射频连接器及互连系统研发和产业基地(一期)	2012.10 ～ 2014.07	用地面积 14731 平方米，建筑面积 44193 平方米，建设生产制造中心、综合厂房、科研楼及综合楼等。 光明新区公明办事处南环大道钟表基地	21800	9000	12800	社会投资 12800	主体工程竣工验收，装饰，设备安装调试。	◆上一年度重大项目 ◆列入“十二五”重大项目计划
209	301200903381 深圳劲嘉彩印集团股份有限公司 劲嘉集团包装印刷及材料加工项目	2011.10 ～ 2014.06	用地面积 247550 平方米，总建筑面积 311912 平米，主要建设内容：厂房 2 栋，宿舍 3 栋，食堂 1 栋，制版中心一栋。 宝安区松岗街道广田路北侧	71443	63443	8000	社会投资 8000	进一步完善基础设施，引进先进设备、技术与材料。	◆上一年度重大项目
210	301200302420 深圳市迅宝投资发展有限公司 GT 环保食品包装容器基地建设项目	2009.12 ～ 2015.12	用地面积 86000 平方米，总建筑面积 155000 平方米，新建三条可回收食品包装容器生产线，可形成年产 100 亿只能力。 大鹏新区葵涌办事处金业路金涌小区迅宝工业园	100000	50000	20000	社会投资 20000	厂房建设及设备引进。	◆上一年度重大项目

（续表）

序号	项目代码，建设单位及项目名称	建设周期	建设规模及建设地址	总投资	至上年止完成投资	本年度计划完成投资	资金来源	本年度建设内容	备注
211	301201003692 深圳市华测检测技术股份有限公司 华测中国总部及华南检测基地建设项目(华测检测大楼)	2013.12～2015.09	用地面积 10074 平方米，总建筑面积 44289 平方米，建设 1 栋总部大厦、2 栋实验室，为华南区客户提供涉及工业品检测、消费品检测、贸易保障及生命科学等技术服务。 宝安区新安街道留仙二路	35000	3650	12000	社会投资 12000	土建工程、部分设备购置。	◆上一年度重大项目 ◆列入“十二五”重大项目计划
212	301200702107 招商局光明科技园有限公司 招商局光明“科技企业加速器”	2009.03～2018.12	用地面积为 207692 平方米，建筑面积为 527200 平方米，建设招商局光明“科技企业加速器”。 光明新区光明办事处观光路 3009 号	256308	61404	10000	社会投资 10000	二期工程两栋主体研发办公楼完成室外工程；三期工程一栋高级公寓主体工程建设。	◆上一年度重大项目 ◆列入“十二五”重大项目计划
213	S201300069 深圳新一代信息技术产业园投资有限公司 福田新一代信息技术产业园	2013.11～2016.12	建设用地面积 32834.2 平方米，计容建筑面积 262680 平方米，包括研发办公楼及产业配套设施等。 福田区梅林街道中康路 26-446 号	235000	20532	20000	社会投资 20000	完成基坑支护工程、土方工程施工；完成桩基础工程施工。	◆上一年度重大项目
214	301200703439 格兰达技术（深圳）有限公司 格兰达半导体装备产业基地	2013.10～2015.12	用地面积 53553 平方米，总建筑面积 14 万平方米，建设厂房及行政办公研发楼等。 坪山新区坪山办事处大工业区翠景路 33 号	50000	32000	10000	社会投资 10000	建设包括 1 栋 7 层行政研发综合楼，1 栋 5 层厂房，投入生产线设备。	◆上一年度重大项目 ◆列入“十二五”重大项目计划
215	301200600324 中兴发展有限公司 中兴国际研发培训中心	2011.07～2015.07	用地面积 110236 平方米，建筑面积 140846 平方米，建设研发、培训及配套宿舍社区等。 盐田区梅沙街道盐田深华石场片区	68000	45000	20000	社会投资 20000	所有工程完成主体工程，所有工程完成安装工程。	◆上一年度重大项目 ◆列入“十二五”重大项目计划
216	301201100372 深圳中集天达空港设备有限公司 中集天达工业园	2011.09～2015.06	用地面积 132221 平方米，建筑面积 184482 平方米，新建办公大楼、钢板库、登机桥及其他产品车间等。 宝安区福永街道福园二路	52808	20630	20000	社会投资 20000	办公楼装修、员工饭堂土建及装修工程、电力设施、各种设备安装调试。	◆上一年度重大项目

（续表）

序号	项目代码，建设单位及项目名称	建设周期	建设规模及建设地址	总投资	至上年止完成投资	本年度计划完成投资	资金来源	本年度建设内容	备注
217	S2012000738 深圳市中林实业发展有限公司 宝能科技园	2013.09～2018.12	用地面积 300400 平方米，总建筑面积 1440754 平方米，建设 IT 产业和孵化中心、办公研发中心及相应的配套设施用房等。 龙华新区龙华办事处	620867	157365	30000	社会投资 30000	桩基础施工，地下室施工，厂房、仓库、宿舍、活动中心、办公及研发中心等主体施工。	
218	301200500336 创维平面显示科技(深圳)有限公司 创维科技工业园（二期）	2009.12～2016.07	用地面积 41.1 万平方米，总建筑面积约为 100 万平方米，计划分期完成建设，建设厂房、办公楼、员工宿舍。 宝安区石岩街道塘头村 18 号	120000	57000	25000	社会投资 25000	石岩二期桩基础、地下室、厂房区域主体。	◆上一年度重大项目
219	301201101914 深圳市兆驰股份有限公司 兆驰创新产业园	2012.03～2015.12	用地面积为 148845 平方米，建筑面积 476329 平方米，建设厂房、仓库、研发及配套宿舍。 龙岗区南湾街道下李朗	150000	89800	20000	社会投资 20000	1#厂房、2#厂房、3#厂房主体工程全部竣工，6 栋宿舍楼完成内外装饰装修，水电安装，以及其他附属工程。	◆上一年度重大项目
	新建 7 项			3247598		611000			
220	S2013C3900082 深圳市华星光电技术有限公司 华星光电第 8.5 代 TFT-LCD（含氧化物半导体及 AMOLED）生产线建设项目	2014.05～2018.06	新建一条第 8.5 代非晶硅半导体技术（含氧化物半导体及 AMOLED）的 TFT-LCD 液晶显示器件生产线，内容包括生产及辅助生产设施、动力设施以及相应的建（构）筑物等。 光明新区光明办事处塘明大道9-2号	2440000		500000	社会投资 500000	基础建设、动力设施建设及设备购置。	
221	301201101542 深圳市奋达科技股份有限公司 奋达工业园二期工程	2014.05～2016.12	用地面积 80000 平方米，建筑面积 202100 平方米，二期建设厂房、宿舍及研发办公楼。 宝安区石岩街道洲石路	106061		10000	社会投资 10000	土石方挖运、基坑支护、桩基础、验桩、地下室墙板、防水、回填土、一到八层框架。	◆上一年度重大项目 ◆列入“十二五”重大项目计划

（续表）

序号	项目代码，建设单位及项目名称	建设周期	建设规模及建设地址	总投资	至上年止完成投资	本年度计划完成投资	资金来源	本年度建设内容	备注
222	301201100389 深圳市银星投资集团有限公司 激光打印机及耗材的生产与配套	2014.08～2016.08	用地面积 56000 平方米，建筑面积 169630 平方米，建设 4 栋厂房、1 栋办公楼、4 栋宿舍、1 栋综合楼。 龙华新区观澜办事处观澜街道大布巷银星高科技工业园紧邻片区	67380		8000	社会投资 8000	完成前期工作，开始基础施工。	◆上一年度重大项目
223	301200903255 深圳市怡化电脑股份有限公司 金融自助设备制造基地	2014.01～2015.08	用地面积 37000 平方米，总建筑面积 86460 平方米，新建 8 栋标准厂房（6 层和 7 层各 4 栋），1 栋 6 层综合楼，1 层地下停车场。 光明新区光明办事处高新技术产业园西片区	54415		8000	社会投资 8000	完成土建和水电安装、空调、电梯、消防、人防。	◆上一年度重大项目 ◆列入“十二五”重大项目计划
224	S2013C3900005 深圳深爱半导体股份有限公司 6 英寸 0.35 微米功率半导体器件芯片生产线项目	2014.05～2015.12	用地面积 10080 平方米，总建筑面积 34300 平方米，建设一条 6 英寸 0.35 微米功率半导体器件芯片生产线，生产能力 4 万片/月。 龙岗区龙岗街道宝龙工业城宝龙七路三号	46026		10000	社会投资 10000	完成土建工程及机电安装工程开工。	◆上一年度重大项目
225	L201200030 深圳市特区建设发展集团有限公司 光明光电企业产业加速器及高端人才房	2014.04～2017.05	用地面积 86850 平方米，总建筑面积 419005 平方米，建设厂房，住宅，研发办公楼及商铺等。 光明新区公明办事处光明高新技术产业园木墩组团内，北侧紧邻规划中的光明新城	218590		28000	社会投资 28000	完成前期工作，开始基础施工。	◆上一年度重大项目
226	L201200031 深圳市特区建设发展集团有限公司 光明平板显示园中小企业总部基地综合体	2014.11～2018.01	用地面积 55332 平方米，总建筑面积 321820 平方米，主要的建设内容包括 SOHO 公寓、商业、办公以及配套用房。 光明新区公明办事处地铁 6 号线观光站北侧，南侧紧邻行政中心区	315126		47000	社会投资 47000	完成前期工作，开始基础施工。	◆上一年度重大项目 ◆标志性重大项目

第三节 环境保护和环境建设

2013 年，我市以生态文明建设为统领，以建设美丽深圳为目标，深化环境形势分析，推进大气环境质量提升行动和鹏城水更清行动，在全国率先启动生态文明建设考核工作，取得了明显成效。全市环境质量保持较好水平，环境保护和建设工作稳步推进。

一、环境质量

全市环境质量总体保持良好水平。环境空气质量指数达到国家一级（优）和二级（良）的天数 324 天，占全年监测有效天数（364 天）的 89.0%，首要污染物为二氧化氮。二氧化硫年平均浓度 11 微克/立方米，比上年下降 0.002 毫克/立方米；二氧化氮年平均浓度 40 微克/立方米，与上年持平；可吸入颗粒物（PM10）年平均浓度 62 微克/立方米，比上年上升 8 微克/立方米；细颗粒物（PM2.5）年平均浓度 39.6 微克/立方米，比上年上升 1.6 微克/立方米；一氧化碳日平均浓度 1.2 毫克/立方米，比上年上升 0.2 毫克/立方米；臭氧小时平均浓度 52 微克/立方米，比上年下降 7 微克/立方米。降尘量年平均 3.5 吨／平方公里•月，比上年下降 0.2 吨／平方公里•月，达到广东省推荐标准。降水年平均 pH 值为 5.01，比上年上升 0.07；酸雨频率 55.6%，比上年下降 3.9 个百分点。

主要饮用水源水质达到国家地表水Ⅲ类标准，饮用水源水质达标率为 100%，与上年持平。部分河流上游河段水质相对较好，主要河流中下游水质仍普遍受到污染，水质劣于国家地表水Ⅴ类标准，主要污染物为氨氮和总磷。东部海域水质良好，达到国家海水水质第二类标准；西部海域水质劣于第四类标准，主要污染物为无机氮、活性磷酸盐和粪大肠菌群；近岸海域环境功能区水质达标率为 81.82%。

城市声环境质量基本稳定，区域环境噪声平均值 56.8 分贝，比上年下降 0.1 分贝；城市交通干线噪声平均值 68.9 分贝，与上年持平。辐射环境处于安全状态，各项指标与上年同期相比无明显变化。

二、环境法规政策

组织开展特区环保法规规章和规范性文件的梳理，起草《深圳经济特区生态文明建设条例》，修订《深圳市污染物排放许可证管理办法》，出台《深圳市环境行政处罚裁量权实施标准》《深圳市大气环境质量提升补贴办法》《深圳市黄标车提前淘汰奖励补贴办法（2013～2015 年）》《深圳市人居环境委员会关于机动车环保检验机构监督管理的暂行规定》等规范性文件。组织开展建章立制工作，完成 42 项重点制度的立、改、废工作，推进与商事登记制度改革相配套的环保审批制度和监管制度建设，形成较为系统的环境管理制度体系。

推进环境污染责任保险工作，扩大环境污染强制责任保险范围，329 家企业参加环境污染责任保险，保险金额 3.90 亿元。制定《深圳市电镀、印制电路板行业企业环境风险评估技术指南》，启动重点企业环境风险评估和等级划分工作，公布 452 家企业环境风险状况。开展环境污染损害鉴定评估调研，筹建环境损害鉴定评估中心，被环保部列为国家环境污染损害鉴定评估试点单位。推进排污权有偿使用和交易工作，加强与省排污权交易的衔接工作，进一步完善深圳市排污权交易制度。

三、建设项目环境管理

全年共对 1.42 万个项目进行了环境影响审批，其中编制环境影响报告书 295 项。继续加大服务企业力度，推进地铁 9 号线的环评审批、地铁 4 号线的环保验收工作。出台《深圳市人居环境委员会审批环境影响评价文件的建设项目名录》，进一步细化市区环评审批分工。将“建设项目环保设施投入试运行”和“建设项目环保设施投入生产或使用”两项行政许可事项合并为“建设项目环境保护设施专项验收”，审批时限降低为 20 个工作日。推进建设项目环评审批制度改革，实行建设项目环境影响登记表备案制度，制定《建设项目竣工验收环境保护验收管理办法》，推行建设项目竣工环保验收“分类分级”管理。强化规划环评指导作用，对开展过专项规划环评的具体建设项目环评降低评价等级。

四、污染减排

印发实施 2013 年度主要污染物总量减排任务和主要污染物总量控制目标分解方案。强化季度减排核算、形势分析和通报制度，积极推进污水处理厂、火电厂和机动车等重点领域减排。完成“十二五”减排中期评估，制定《深圳市“十二五”后半期主要污染物总量减排行动计划》。经初步核算，全市化学需氧量、氨氮、二氧化硫、氮氧化物等 4 项主要污染物均超额完成年度减排任务，圆满完成 2013 年度广东省下达全市的各项主要污染物总量控制目标。

五、大气污染防治

市政府召开以大气环境质量为主题的第二次环境形势分析会，印发《深圳市大气环境质量提升计划》，提出十大类 40 项工作措施；制订《深圳市加快淘汰黄标车工作方案》和《深圳市大气重污染应急预案》，出台《深圳市黄标车提前淘汰奖励补贴办法》《深圳市大气环境质量提升补贴方案》和《深圳市 2013 年扬尘污染整治工作方案》，开展《深圳市大气污染防治条例》起草工作。对机动车注册登记全面执行国 IV 以上排放标准，在深圳市范围内推广应用国 IV 车用燃油。示范推广新能源汽车 5701 辆，深圳市成为全国在公交领域推广新能源汽车数量最多的城市。疏堵结合淘汰黄标车 29883 辆，提前淘汰黄标车 9117 辆，路检、抽检 6.48 万高污染车辆，查处 1249 辆超标车，查处黑烟车举报投诉 3931 辆。实施第十八阶段黄标车限行措施，在全市范围对黄标车实施单双号限行，查处黄标车冲禁令等违法行为 3 万余宗。完成妈湾电厂 1、2、5、6 号机组和盐田、南山、宝安 3 座垃圾发电厂烟气脱硝改造。改造高污染锅炉 55 台，治理企业 270 家。持续开展工业企业生产线挥发性有机物治理工作，关停无牌无证喷涂生产线 41 条，完成工业生产线治理共 202 条。开展扬尘污染专项整治。

六、水污染防治

通过广东省人大淡水河、石马河污染整治第三方评估，名列深莞惠三市第一。全面推行河长制，宝安区、坪山新区、福田区等6区120条河流纳入河长制管理；制定实施鹏城水更清行动计划，提出综合整治、设施建设等六大类123项工程；建成公明污水处理厂，新增污水处理能力10万吨/日；推进沙井、燕川、龙华、观澜等污水厂配套管网建设，新增污水管网218公里；建成上洋污泥深度脱水处理厂，新增污泥处理能力1000吨/日；加快推进茅洲河干流中上游段综合整治工程和深圳河四期、布吉河二阶段、大沙河中下游综合整治等重点工程建设；深化龙岗河、坪山河、观澜河整治，完成聚龙山人工湿地生态园建设并通水试运行，为坪山河实施生态补水；完成丁山河水质改善及低碳城段景观提升工程；开展大浪河、南约河等6条支流整治工程，实施沿河截污、河道清淤、两岸生态化改造。推进饮用水源保护区划调整，开展“雨季行动”专项执法和水源保护稽查专项行动，出动执法人员7848人次。开展陆源入海排污口调查，进一步加强对重点海域排海工程和海洋环境状况的监测监控。开展地下水基础状况调查，建立垃圾填埋场、危险废物处置场、加油站、高尔夫球场、工业园区等重点污染源清单。

七、固体废弃物处置

积极推进危险废物处理处置能力建设，建设完成深圳市危险废物焚烧处置工程和东江龙岗危废填埋基地。加强危险废物跨市转移管理，对有毒化学品进口企业、进口废物加工利用企业开展专项检查工作。开展垃圾减量分类工作，全年共创建527个垃圾减量分类示范单位（小区）。加强全市12座余泥渣土处理设施的管理，采取措施防止余泥渣土处理设施的扬尘和垃圾扩散等环境污染。全年全市共收集处置利用工业危险废物31.57万吨，处置利用率为100%；医疗废物9944吨，集中处置率为100%；生活垃圾产生总量为521.69万吨，无害化处理总量为513.12万吨，无害化处理率为98.36%。

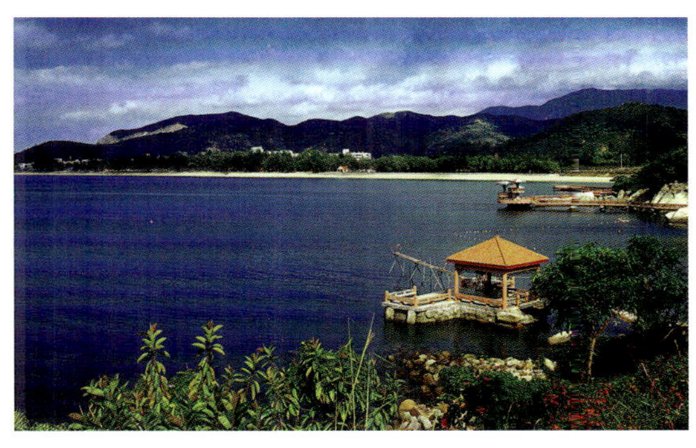

八、宜居生态建设

继续推进生态市建设工作，罗湖区获得“国家生态区”称号，龙岗区完成“国家生态区”建设规划修编，深开工业园等4个工业园获得“深圳市生态工业园区”称号。推动“四带六廊”生态安全网络建设，完成6、7号关键生态节点生态恢复工程初步设计。推动市级自然保护区建设，铁岗–石岩湿地市级自然保护区和田头山市级自然保护区获深圳市政府批准建立。推进绿道网建设，建成国际低碳城论坛会展中心等8个“公共目的地”，举办“快乐徒步深圳绿道”、‘爱在路上2013深圳首届绿道健行节”、“深圳福田梅林绿道2013春节赏梅”、“2013全民健身日深圳湾绿道骑行活动等大型活动”、“2013龙岗自行车绿色出行大型城市绿道骑行活动”等大型文化体育活动。引导社区科学有序推进宜居创建，其中，278个社区获得广东省宜居社区称号；“深圳市深圳湾滨海休闲带建设项目”获2013年“中国人居环境范例奖”；“深圳市盐田区餐厨垃圾（含厨余垃圾）无害化处理和资源化利用项目”等4个项目获2013年“广东省宜居环境范例奖”，深圳市连续4年成为广东省获奖项目最多的城市。

第四节　2013 年城市更新工作情况

2013 年是全面贯彻落实党的十八大精神，打造深圳质量取得显著成效的一年。城市更新工作以重点推进城市更新实施为导向，坚持质量引领、创新驱动、积极主动、扎实有效地推进相关工作，并取得显著成效。

一、进一步完善和充实城市更新政策体系

一是在《关于加强和改进城市更新实施工作的暂行措施》（深府办〔2012〕45 号，以下简称《暂行措施》）的指引下，制定出台了《深圳市城市更新历史用地处置暂行规定》和《深圳市城市更新土地、建筑物信息核查及历史用地处置操作规程（试行）》，细化了历史用地处置相关事项。二是完成了《城市更新单元规划审批操作规则》的修订工作，部分规划审批权限进一步下放。拟订了《关于规范城市更新项目建设用地报审工作的通知》，以进一步规范城市更新用地报审工作。三是研究草拟了新的推动城市更新工作的暂行措施，将建立旧工业区以综合整治为主的更新政策、规范小地块城市更新和细化地价计收方式等。四是开展《深圳经济特区城市更新条例》立法工作。

二、有序开展城市更新单元计划审批并加强计划管理工作

一是合理确定更新单元计划审批总量及节奏。2013 年，全市共形成 2 批次 28 项城市更新单元计划，涉及拆除用地面积约 2.3 平方公里。二是积极组织更新单元计划清理工作。按照《深圳市城市更新办法实施细则》和《关于加强和改进城市更新实施工作的暂行措施》的有关规定，会同各区政府针对已纳入城市更新计划但不具备继续推进条件的 13 个城市更新单元进行了清理淘汰，此举对提高城市更新单元计划的监管力度和推动城市更新高效有序实施具有重要意义。

三、积极推进更新单元规划审批

2013 年，审批通过城市更新单元规划 56 项，涉及拆除用地面积约 2.95 平方公里。规划批准总建筑面积约 1155 万平方米（含保障性住房约 45 万平方米，产业研发用房约 182 万平方米）。规划配建中小学校（含九年一贯制）14 所、幼儿园 23 所、社区健康服务中心 24 处、公交首末站 17 处及其他配套设施一批，各类配套设施总建筑面积约 24 万平方米。

四、重点推进城市更新项目实施

2013 年，全市城市更新项目签订土地合同并已开工 62 项，涉及用地面积约 200.56 公顷。正在改造项目 66 项，涉及改造用地面积约 501.2 公顷。全年所有改造项目累计投入改造资金超过 358 亿元。

五、创新旧工业区综合整治试点

为进一步提高综合整治尤其是产业园区综合整治的比例，经市查违和城市更新工作领导小组会议审议，罗湖区笋岗街道笋岗艺展中心等 9 个项目列入全市首批旧工业区综合整治试点。目前，试点项目正在开展规划设计等工作。

第四章　土地市场

第一节　土地资源及利用

根据 2013 年度土地利用变更调查，截至 2013 年 12 月 31 日，深圳市行政区土地总面积 1996.78 平方公里，其中：农用地 909.35 平方公里，占 45.54%；建设用地 945.07 平方公里，占 47.33%；未利用地 142.36 平方公里，占 7.13%。

表 4-1　深圳市历年土地利用分类构成

单位：平方公里

年份	辖区面积	农用地					建设用地			未利用地	
		耕地	园地	林地	牧草地	其他农用地	居民点及工矿	交通运输用地	水利设施用地	未利用地	其他土地
1995	1948.69	65.32	221.36	720.09	3.91	—	494.86	37.57	—	166.34	239.24
1996	1948.69	64.65	219.14	715.29	3.91	—	499.74	46.80	—	160.66	238.50
1997	1948.69	64.43	218.53	713.22	3.91	—	505.57	46.81	—	158.65	237.57
1998	1948.69	64.16	217.48	706.92	3.89	—	515.57	47.00	—	158.86	234.81
1999	—	—	—	—	—	—	—	—	—	—	—
2000	1952.85	63.72	275.61	644.78	0.66	—	559.32	60.77	—	121.94	226.05
2001	1952.85	61.47	281.57	615.76	1.91	—	597.88	64.21	—	114.71	215.34
2002	1952.84	60.14	302.62	605.10	0.74	113.02	615.10	73.70	60.18	73.51	48.73
2003	1952.84	46.94	290.25	595.03	0.51	91.69	679.35	74.84	60.12	65.76	48.35
2004	1952.84	45.22	277.90	590.04	0.48	86.26	700.79	77.80	60.44	64.68	49.23
2005	—	—	—	—	—	—	—	—	—	—	—
2006	1952.84	40.89	264.21	582.03	1.39	75.64	743.07	89.03	59.73	49.60	47.26
2007	1952.84	38.47	254.23	573.44	1.35	72.42	762.02	98.34	59.60	49.93	43.04
2008	1952.84	38.16	249.91	569.87	1.32	70.41	769.85	102.21	59.46	49.20	42.63
2009	1991.63	31.60	236.50	585.78	0.18	75.81	636.96	207.32	49.57	94.43	73.48
2010	1991.64	31.60	236.50	585.78	0.18	75.82	763.63	80.65	49.57	61.78	106.13
2011	1991.64	29.67	225.60	579.14	0.18	72.33	801.77	86.58	44.53	57.76	94.07
2012	1996.78	30.27	224.76	582.03	0.18	61.95	805.26	91.88	45.61	93.75	52.68
2013	1996.78	41.65	213.90	585.19	0.12	68.49	808.66	90.81	45.6	92.39	49.97

第二节　土地储备

一、储备土地管理机构

深圳市土地储备中心是深圳市土地储备工作的承办机构，主要履行以下职责：根据全市国民经济发展计划、城市近期建设规划，负责组织对全市土地供需状况的调查，为政府职能部门编制全市土地储备计划、土地储备年度计划提供服务。根据土地储备年度计划制定具体地块的土地储备方案，经报批后组织实施。受政府委托依法适时收购土地。对政府征用、转用、收回、收购、土地整备的建设用地及地上建（构）筑物、附着物进行管理；对城市更新项目中按规定移交政府的建设用地进行管理。负责筹集和管理土地储备资金；受托承担土地投融资职责；作为储备土地权利人代表，申办储备土地房地产证书，作为借款主体开展储备土地的融资工作。参与编制土地整备专项规划、整备项目评审和验收、整备成本核算等工作。

二、2013 年土地储备情况

截至 2013 年 12 月，全市已纳入储备机构管理的土地共计 239.99 平方公里，其中原特区内 47.77 平方公里，龙岗 36.88 平方公里，宝安 21.27 平方公里，龙华 22.06 平方公里，滨海 75.38 平方公里，坪山 34.6 平方公里，光明 2.03 平方公里。随着划线移交、违法查处、数据梳理和确权登记工作的不断推进，储备中心在管储备土地将进一步向可建设用地集中。

三、储备土地管理

2013 年，储备中心综合运用巡查监管、绩效考评、航卫片辅助巡查、3s 技术平台辅助日常管理、纳入查违监测网络等各种有效手段，加强储备土地巡查力度，有效遏制了储备土地违法侵占现象。全年共计制止违法侵占行为 5 次，制止违法倒土、乱倒淤泥渣土行为 41 起，制止在储备土地上非法动工建设行为 23 起，制止破坏储备土地围墙 2 起，配合执法部门执行非法侵占清理 11 次，协调辖区政府组织查处泥头车专项行动 7 次，发送清场通知书 507 份，发送检查通知书 12 份，整改通知书 29 份，移送相关清理、执法函件 69 份，现场协助抓获不法分子多名。同时中心积极协调、主动配合辖区执法部门推进储备土地违法侵占清理工作，全年全市共计清理储备土地涉及面积 16.34 平方公里。另外，为大力推动储备土地违法侵占清理工作，储备中心拟定了《深圳市政府储备土地清理专项行动工作方案》将在 2014 年实施。

除直接委托基层政府管理、招标委托企业管理进行日常看管方式外，2013 年，储备中心大力推广了自行管理模式，即由储备中心自建管理队伍看管储备土地，管理队伍稳定，人员素质有保障，管理效果明显，截至 2013 年底，光明新区储备土地基本全面实现自行管理；大鹏新区葵涌办事处 11.56 平方公里国有储备土地开展了自行管理。

四、储备土地综合整治

2013 年，中心通过政府采购，完成采购围墙

33000 米、围网 70000 米、绿化 48 万平方米的招标计划，2013 年，全市共计完成围墙 35671 米，围网约 84500 米，绿化面积 82112 万平方米，储备土地简易整治地块 30 余块，并对存在安全隐患、侵占风险的地块竖立各类标识牌及警示牌共计 1535 块，自行清理储备土地面积约 72 万平方米。通过简易整治，既提升了储备土地环境，又有效保护储备土地不被违法侵占。

五、地籍调查与土地登记

依托新一轮土地管理制度改革的平台，以全市地籍调查与土地登记造册工作为契机，储备中心 2013 年拟定了《深圳市政府储备土地地籍调查和土地总登记试点实施方案》，目前正在推动全市地籍调查与土地登记试点工作，在总结试点经验的基础上，逐步实现对全市政府储备土地产权化管理。

六、储备土地确权登记及投融资工作

2013 年，储备中心紧紧围绕年度土地整备计划，进一步完善整备服务，实施土地确权、融资管理，为开展土地整备提供了资金保障。

（一）积极推进储备土地确权发证工作

截至 2013 年年底，储备中心申请储备土地确权共六批次，面积 2303.15 公顷，给予确权批复的用地共 185 块，面积 681.15 公顷，确权批复率为 38.81 %。在已确权地块中，有 93 块面积为 258.24 公顷的用地办理了权属登记，领取了房地产证书。已经评估的储备土地 49 宗，面积为 131.2 公顷，评估总价值为 345.72 亿元，已办理抵押登记的储备土地 28 块，面积 78.8 公顷，抵押物评估价值 178.19 亿元。剩余可用于抵押的土地面积为 178.43 公顷，其中已评估的土地为 99.63 公顷，评估价值为 167.53 亿元。

（二）开展土地整备融资，保障土地整备资金需求

截至 2013 年 12 月，取得银行授信额度共计 450 亿元；签订借款合同 10 份，借款合同金额共计 124.28 亿元；签订土地抵押合同 11 份，抵押储备土地 28 块，抵押物评估价值为 178.19 亿元；拨付土地整备资金 76.526 亿元，其中支付项目资本金共计 26.384 亿元，银行实际放款 50.142 亿元，支持了 80 个土地整备项目。

（三）推动整备土地验收以及移交入库工作

截至 2013 年 12 月，整备土地中经验收合格的土地共 27 块，面积 4.37 平方公里。已验收合格的土地中，已办理入库手续的地块 23 块，面积 4.12 平方公里。

七、土地收购

2013 年，中心共计完成土地收购项目两个：一是中电长城坪山收购项目，收购了位于深圳市坪山新区宗地编号为 G12302-0774 的土地使用权、宗地编号为 G12203-0119 的土地使用权、地上建筑物以及与建筑物密切相关的配套设备的所有权的土地整备项目；二是深圳中华自行车（集团）股份有限公司委托法院拍卖项目，通过公开竞得深圳中华自行车（集团）股份有限公司管理人（以下简称管理人）委托拍卖的第 08210004 号土地使用权及地上的投资性房产、房

屋建筑物、构筑物及工业园电力设施。其中深圳中华自行车（集团）股份有限公司委托法院拍卖项目是通过公开竞买方式收购，是土地收购的又一次成功突破。

八、土地储备相关法律政策文件

《土地储备管理办法》国土资源部、财政部、中国人民银行联合发布，2007 年 11 月 19 日开始实施。

《深圳市土地储备管理办法》（深圳市人民政府令 153 号），2006 年 8 月 1 日起施行。

《深圳市土地储备管理办法实施细则》（深国房〔2006〕775 号），2007 年 1 月 1 日起实施。

《深圳市土地收购实施细则》（深国房〔2007〕628 号）。

《深圳市国有未出让土地管理暂行办法》（深府〔2010〕122 号），从 2010 年 11 月 1 日起施行。

《关于推进土地整备工作的若干意见》（深府〔2011〕102 号）。

《深圳市储备土地登记规程》（深规土〔2011〕341 号）。

《关于做好土地整备地块验收和移交入库工作的通知》（深规土〔2012〕180 号）。

第三节　土地出让

2013 年，包括历史用地、原农村用地、行政划拨用地补办出让手续在内，全市共签订出让合同 219 宗，土地面积 568.01 公顷，比上年减少 26.05%。

从出让方式看，全年协议方式出让 170 宗，土地面积 389.41 公顷，同比减少 24.0%；招标、拍卖、挂牌方式出让 48 宗，土地面积 178.18 公顷，同比减少 30.3%。

从土地用途看，全年出让商服用地 39 宗，土地面积 103.16 公顷，同比减少 21.8%；工矿仓储用地 44 宗，土地面积 111.02 公顷，同比减少 23.6%；公用设施用地 25 宗，土地面积 87.95 公顷，同比增加 298.3%；公共建筑用地 25 宗，土地面积 59.21 公顷，同比减少 75.3%；住宅用地 80 宗，土地面积 200.70 公顷，同比减少 9.6%；交通运输用地 6 宗，土地面积 5.98 公顷，同比增加 116.7%。

表 4-2 深圳市 2013 年公开招标、拍卖、挂牌出让土地使用权项目一览

单位：宗、平方米、元、元/平方米

序号	交易日期	宗地号	出让方式	用途	出让年期（年）	位置	土地面积（平方米）	建筑面积（平方米）	总地价（元）	地面地价（元/平方米）	楼面地价（元/平方米）	竞得人	备注
1	2013/1/8	G14316-0101	挂牌	工业用地	30	坪山新区坑梓街道	50721.33	145900	107550000	525.06	258.47	深圳市海普瑞药业股份有限公司	两宗地块捆绑出让
2	2013/1/8	G14321-0112	挂牌	工业用地	30	坪山新区坑梓街道	154111.36	270200					
3	2013/1/8	A503-0079	挂牌	工业用地	30	光明新区光明高新区	16211.84	56740	13370000	824.71	235.64	深圳万和制药有限公司	
4	2013/1/8	G13122-8007	挂牌	工业用地	30	坪山新区坑梓街道	8001.7	19760	5000000	624.87	253.04	深圳市永恒乐彩科技开发有限公司	
5	2013/1/8	T107-0029	挂牌	商业服务业设施用地	40	南山区后海中心区	4322.29	63800	630000000	145756.07	9874.61	海信南方有限公司	
6	2013/1/10	A926-0134	挂牌	工业用地	30	龙华新区观澜街道	35140.08	105420	67330000	1008.20	336.11	深圳市银星投资集团有限公司	两宗地块捆绑出让
7	2013/1/10	A926-0138	挂牌	工业用地	30	龙华新区观澜街道	31642.39	94900					
8	2013/1/10	B119-0064（B）	挂牌	公共绿地+社会停车场库用地	40	福田区彩田路西侧，福华三路北侧	1801.07	3426	34500000	19155.28	10070.05	深圳市昌盛投资发展有限公司	
9	2013/1/11	T204-0130	一次竞价（定地价、竞房价）	工业用地（新型产业用地）	50	南山区高新区	5307.3	101900	203000000	38249.20	1992.15	深圳荣超实业有限公司	竞得人以研发办公用房销售均价 6800 元/平方米竞得

（续表）

序号	交易日期	宗地号	出让方式	用途	出让年期（年）	位置	土地面积（平方米）	建筑面积（平方米）	总地价（元）	地面地价（元/平方米）	楼面地价（元/平方米）	竞得人	备注
10	2013/1/15	A614-0479	挂牌	居住用地	70	光明新区光明高新区	47175.81	188710	1410000000	29888.20	7471.78	普宁市盛迪嘉置业投资有限公司	
11	2013/1/24	T204-0133	挂牌	高等院校+工业用地（新型产业用地）+公共绿地	30	南山区高新区虚拟大学园区	6912.57	60500	78170000	11308.38	1292.07	深圳北航新兴产业技术研究院有限公司	
12	2013/1/25	T106-0047	挂牌	商业性办公用地	40	南山区商业文化中心区	3427.94	15000	116000000	33839.57	7733.33	深圳供电局有限公司	
13	2013/1/29	G13115-0107	挂牌	工业用地	30	坪山新区聚龙山片区	24995.68	62500	16370000	654.91	261.92	深圳市凯中精密技术股份有限公司	
14	2013/2/19	T205-0008	挂牌	工业用地（新型产业用地）	30	南山区高新南区	4715.41	28270	37020000	7850.85	1309.52	先健科技（深圳）有限公司	
15	2013/3/7	A622-0106	拍卖	工业用地	30	光明高新技术产业园	9544.88	66810	67360000	7057.19	1008.23	深圳市新宇龙信息科技有限公司	
16	2013/3/7	A518-0101	拍卖	工业用地	30	光明高新技术产业园	8255	76770	78080000	9458.51	1017.06	深圳市灵星雨科技开发有限公司	
17	2013/3/13	T204-0135	挂牌	工业用地（新型产业用地）	30	南山区高新南区	5654.8	73200	465200000	82266.39	6355.19	深圳市投资控股有限公司	

（续表）

序号	交易日期	宗地号	出让方式	用途	出让年期（年）	位置	土地面积（平方米）	建筑面积（平方米）	总地价（元）	地面地价（元/平方米）	楼面地价（元/平方米）	竞得人	备注
18	2013/3/22	G14316-0101	挂牌	工业用地	30	坪山新区坑梓街道	26904.92	53800	15870000	589.85	294.98	深圳新悟通生物科技有限公司	
19	2013/4/23	A646-0057	挂牌	工业用地	30	光明新区光明办事处	13536.41	40600	13100000	967.76	322.66	深圳万润科技股份有限公司	
20	2013/4/23	A517-0054	挂牌	工业用地	30	光明高新区东片区	9608.41	43235	35800000	3725.90	828.03	深圳市开立科技有限公司	
21	2013/4/23	A517-0053	挂牌	工业用地	30	光明高新区东片区	7097.99	42585	33400000	4705.56	784.31	深圳市鹏桑普太阳能股份有限公司	
22	2013/4/23	A517-0052	挂牌	工业用地	30	光明高新区东片区	7808.41	35135	47000000	6019.15	1337.70	深圳市富森供应链管理有限公司	
23	2013/5/9	A603-0386	挂牌	工业+商业服务业设施用地	30	光明新区公明办事处	16470.73	49410	24100000	1463.20	487.76	中节能（深圳）投资集团有限公司	
24	2013/6/26	A543-0423	挂牌	工业用地	30	光明新区高新园区东片区	230864.42	583210	557300000	2413.97	955.57	深圳华强集团有限公司	
25	2013/6/28	A518-0103	挂牌	工业用地	30	光明高新园区东片区	24949.06	112940	47100000	1887.85	417.04	康佳集团股份有限公司	
26	2013/7/23	T205-0114	挂牌	工业用地（新型产业用地）	30	南山区高新南区	5004.18	43400	32300000	6454.60	744.24	深圳市迅雷网络技术有限公司	

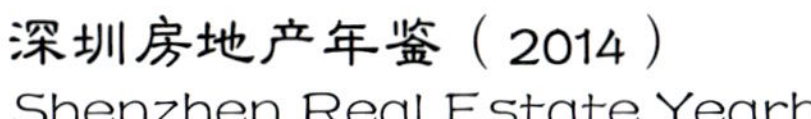

（续表）

序号	交易日期	宗地号	出让方式	用途	出让年期（年）	位置	土地面积（平方米）	建筑面积（平方米）	总地价（元）	地面地价（元/平方米）	楼面地价（元/平方米）	竞得人	备注
27	2013/7/26	T201-0077	一次竞价	商业性办公用地	40	桂湾片区二单元03街坊	49152.18	320400	5188999999	105570.09	16195.38	卓越置业集团有限公司	
28	2013/7/26	T201-0075	一次竞价	商业性办公用地	40	桂湾片区二单元04街坊	57481.45	450200	7180000322	124909.87	15948.47	卓越置业集团有限公司	
29	2013/8/16	T201-0078	一次竞价	商业性办公用地	40	桂湾片区二单元02街坊	61831.29	503000	10900000000	176286.15	21669.98	华润置地有限公司	
30	2013/9/4	T501-0069	一次竞价	工业用地（新型产业用地）+商业服务业用地+绿地	40	南山区留仙洞同发南路两侧	394043.8	1335510	5399000000	13701.52	4042.65	深圳市万科房地产有限公司	
31	2013/9/18	T205-0027	挂牌	工业用地（新型产业用地）	50	南山区高新南区	39869.01	384730	1397000000	35039.75	3631.12	深圳市投资控股有限公司	
32	2013/9/24	T107-0074	挂牌	公共绿地+道路+文化设施用地+地下社会停车场库	40	南山区后海中心区	4468.69	300	5900000	1320.30	19666.67	中建钢构有限公司	
33	2013/10/16	A816-0050	挂牌	居住用地+商业用地	70	龙华新区民治街道	52460.08	262300	3820000000	72817.27	14563.48	深圳中海地产有限公司	

（续表）

序号	交易日期	宗地号	出让方式	用途	出让年期（年）	位置	土地面积（平方米）	建筑面积（平方米）	总地价（元）	地面地价（元/平方米）	楼面地价（元/平方米）	竞得人	备注
34	2013/10/28	B116-0045	挂牌	商业办公用地	40	福田区中心区	5581.12	14000	153000000	27413.85	10928.57	上海黄金交易所深圳备份交易中心	
35	2013/10/28	T107-0073	挂牌	商业服务业设施用地+社会停车场库用地	40	南山区后海中心区	10438.7	108300	930000000	89091.55	8587.26	深圳市创新投资集团有限公司	
36	2013/10/28	T107-0070	挂牌	商业服务业设施及商业办公用地	40	南山区后海中心区	4953.74	61500	583000000	117688.86	9479.67	中国工商银行股份有限公司深圳市分行、华商银行	
37	2013/10/28	T107-0072	挂牌	商业服务业设施及商业办公用地	40	南山区后海中心区	4197.4	38000	407000000	96964.79	10710.53	五矿期货有限公司	
38	2013/10/28	T107-0071	挂牌	商业服务业设施及商业办公用地	40	南山区后海中心区	4336.83	58000	561000000	129357.16	9672.41	中国中投证券有限责任公司	
39	2013/10/30	T205-0115	一次竞价(定地价、竞房价)	工业用地（新型产业用地）	30	南山区高新南区	4422.45	30830	100000000	22611.90	3243.59	深圳市传承房地产开发有限公司	竞得人以研发办公用房最高销售价14888元/平方米竞得

（续表）

序号	交易日期	宗地号	出让方式	用途	出让年期（年）	位置	土地面积（平方米）	建筑面积（平方米）	总地价（元）	地面地价（元/平方米）	楼面地价（元/平方米）	竞得人	备注
40	2013/11/13	T205-0116	挂牌	工业用地（新型产业用地）	30	南山区高新南区	5136.76	53600	44600000	8682.52	832.09	深圳市彩讯科技有限公司	
41	2013/11/27	T102-0244	拍卖	商业性办公用地	40	前海深港合作区十九单元3街坊	12746.66	150000	2433000000	190873.53	16220.00	前海世茂投资（深圳）有限公司	
42	2013/11/27	T102-0245	拍卖	商业性办公用地	40	前海深港合作区十九单元3街坊	4223.5	64000	1630000000	385935.84	25468.75	深圳市香江供应链管理有限公司	
43	2013/12/20	A217-0315	挂牌	工业用地（新型产业用地）	30	宝安区福永街道	14568.29	69900	116000000	7962.50	1659.51	深圳市方格精密器件有限公司	
44	2013/12/23	G11339-8013	挂牌	工业用地（新型产业用地）	30	坪山新区坪环片区	4000.1	24800	53000000	13249.67	2137.10	深圳新宙邦科技股份有限公司	
45	2013/12/23	G11339-8014	挂牌	工业用地（新型产业用地）	30	坪山新区坪环片区	25515.26	136300	338000000	13246.97	2479.82	深圳市坪山新区城市建设投资有限公司	
46	2013/12/23	G14304-0279	挂牌	工业用地	30	坪山新区金沙社区	19573.34	48900	39190000	2002.21	801.43	深圳浩宁达仪表股份有限公司	
47	2013/12/23	G12208-0007	挂牌	普通仓库用地	20	坪山新区出口加工区	32896.8	82240	50830000	1545.14	618.07	骏德商贸（深圳）有限公司	

（续表）

序号	交易日期	宗地号	出让方式	用途	出让年期（年）	位置	土地面积（平方米）	建筑面积（平方米）	总地价（元）	地面地价（元/平方米）	楼面地价（元/平方米）	竞得人	备注
48	2013-12-23	G11340-8019	挂牌	商业性办公用地	40	坪山新区坪环片区	15000.23	80250	288000000	19199.71	3588.79	深圳市潮商东部投资有限公司	
49	2013-12-23	G11337-0095	挂牌	居住用地	70	坪山新区	33035.28	132140	980000000	29665.25	7416.38	江西政力房地产开发有限公司	
合计							1620118.94	6847321	46732440321				

表 4-3 深圳市历年签订土地出让合同情况（按出让方式分）

单位：宗、公顷、万元

年份	合计			其中							
				协议		招标		拍卖		挂牌	
	宗数	面积	合同地价	宗数	面积	宗数	面积	宗数	面积	宗数	面积
1987～1993	1636	3782.93		1574	3739.65	59	42.33	3	0.95	—	—
1994	500	1351.00		495	1342.93	3	4.27	2	3.80	—	—
1995	739	1878.55		739	1878.55	—	—	—	—	—	—
1996	668	1249.83		666	1247.14	2	2.69	—	—	—	—
1997	573	1272.73	705005.00	573	1272.73	—	—	—	—	—	—
1998	560	1978.86	573178.00	556	1968.47	2	5.81	2	4.58	—	—
1999	590	969.67	465915.00	584	934.40	6	35.27			—	—
2000	502	1076.58	519649.71	491	1034.29	7	15.56	4	26.73	—	—
2001	524	1250.99	799422.01	514	1146.03	6	79.90	4	25.06	—	—
2002	427	1332.32	428330.00	415	1273.09	2	7.61	10	51.62	—	—
2003	332	1409.62	592594.00	322	1301.60	—	—	10	108.02	—	—
2004	326	1072.97	756300.00	303	938.56	—	—	12	104.67	11	29.74
2005	288	918.92	534862.23	278	856.28	—	—	5	50.70	5	11.94
2006	368	1688.97	1348305.82	342	1570.04	9	65.38	8	34.79	9	18.76
2007	517	1899.27	1615342.08	487	1787.90	2	5.31	—	—	28	106.05
2008	260	543.48	1273288.08	201	264.91	1	2.95	—	—	58	275.62
2009	232	629.31	1266256.49	176	394.67	—	—	3	18.07	53	216.57
2010	305	1035.97	1317358.19	223	559.50	1	2.40	5	14.45	76	459.62
2011	221	622.95	1413097.70	153	352.90	—	—	—	—	68	270.05
2012	241	768.09	2948044.53	177	512.29	—	—	—	—	64	255.80
2013	219	568.01	5763103.42	170	389.41	0	0	1	0.4223	48	178.18

表 4-4　深圳市历年签订土地出让合同情况（按土地用途分）

单位：宗、公顷

年份	合计		其中																	
	宗数	面积	商服用地		工矿仓储用地		公用设施用地		公共建筑用地		住宅用地				交通运输用地		水利设施用地		特殊用地	
			宗数	面积	宗数	面积	宗数	面积	宗数	面积	宗数	面积	经济适用房	宿舍	宗数	面积	宗数	面积	宗数	面积
1987～1993	1690	3784.00	231	151.80	596	1635.45	131（宗）		760.55（公顷）		689	1198.75	—	45.24	13	17.05	—	—	30	20.40
1994	500	1351.01	84	152.29	179	350.73	66（宗）		509.97（公顷）		149	315.54	—	6.70	7	4.42	—	—	15	18.06
1995	739	1878.54	128	96.14	226	451.72	53（宗）		763.85（公顷）		317	542.63	—	6.61	11	10.03	—	—	4	14.17
1996	668	1249.83	97	53.85	180	396.20	103（宗）		191.44（公顷）		266	459.29	—	9.95	19	147.51	—	—	3	1.54
1997	573	1272.72	105	100.67	113	177.70	65（宗）		87.91（公顷）		258	361.33	—	10.91	27	524.16	—	—	5	20.95
1998	560	1976.80	79	79.54	155	332.25	38（宗）		197.75（公顷）		233	404.23	—	9.80	4	1.16	18	703.64	33	258.23
1999	590	969.65	71	91.34	268	402.21	17（宗）		9.29（公顷）		188	226.65	—	5.78	7	6.37	2	1.81	37	231.98
2000	502	1076.58	65	42.33	139	359.24	30（宗）		64.28（公顷）		176	259.51	—	1.62	8	140.17	11	11.08	73	199.97
2001	524	1250.94	68	40.70	167	513.23	55（宗）		100.53（公顷）		154	359.02	—	2.00	16	81.64	10	7.42	54	148.40
2002	427	1332.32	57	61.64	143	389.22	28（宗）		289.94（公顷）		112	244.24	—	—	29	86.04	6	2.29	52	258.95
2003	332	1409.62	29	34.47	105	449.75	46	91.18	26	15.43	98	261.56	25.12	—	9	34.35	—	—	19	522.88
2004	326	1072.97	37	62.81	144	539.92	15	58.19	58	162.64	63	177.77	13.16	—	2	63.17	—	—	7	8.47
2005	288	918.92	16	19.90	127	427.94	38	84.86	42	207.36	58	136.14	4.32	0.92	6	12.68	—	—	1	30.04
2006	368	1688.97	47	331.72	150	519.64	55	248.73	34	94.24	68	232.08	—	2.99	11	258.97	—	—	3	3.59
2007	517	1899.27	22	20.59	291	1397.63	74	76.17	48	114.65	57	136.98	0.50	—	19	146.07	1	0.45	5	6.70
2008	260	543.48	33	20.33	43	154.61	48	39.67	69	146.69	41	122.11	1.70	—	20	52.57	—	—	6	7.50
2009	232	629.31	20	12.33	37	175.09	47	44.96	49	203.89	49	136.84	—	—	24	47.91	—	—	6	8.29
2010	305	1035.97	31	85.37	67	382.65	68	58.95	57	146.46	63	145.78	29.71	—	17	192.20	—	—	2	24.56
2011	218	542.86	20	21.78	45	161.21	22	37.49	30	59.98	90	258.43	77.73	—	9	3.01	1	0.15	1	0.80
2012	241	768.09	38	131.93	61	145.37	16	22.08	42	240.18	76	221.94	7	14.84	5	2.76	1	0.06	2	3.77
2013	219	568.01	39	103.16	44	111.02	25	87.95	25	59.21	80	200.70	3.44	—	6	5.98	0	0	0	0

注：因土地分类标准发生变化，2002 年及以前的土地分类按以下方式转换为新的地类。原住宅用地、宿舍用地以及以住宅为主的综合楼用地计入新分类标准的住宅用地；原商业、经营性办公用地以及以办公或商业为主的综合楼用地计入商服用地；原工业、仓储用地计入工矿仓储用地；原能源水利用地计入水利设施用地；原非经营性办公用地、公益用地合并计入公用设施用地、公共建筑用地的合并项目中；原交通用地计入交通运输用地；原其他用地均计入特殊用地。

第四节　土地转让

2013 年，深圳市通过有形土地市场转让土地 2 宗，转让土地面积共 0.18 公顷，成交金额共 40509 万元。 其中，商业办公用地 1 宗，实际交易土地面积 0.17 公顷，成交金额 40500 万元；工业用地 1 宗，实际交易土地面积 0.01 公顷，成交金额 9 万元。

表 4-5　深圳市历年土地转让情况

单位：公顷、万元

年份	合　计		其　中							
	面 积	金 额	商服用地		工矿仓储用地		住宅用地		其他用地	
			面积	金额	面积	金额	面积	金额	面积	金额
2001	34.24	50686.60	0.52	1850.00	7.49	6290.60	26.23	42546.00	—	—
2002	62.72	94922.64	8.29	40148.40	15.72	6374.20	38.71	48400.04	—	—
2003	141.14	283900.00	5.44	44770.00	16.29	11590.50	114.01	219529.50	5.40	8010.00
2004	68.84	182182.15	—	—	18.29	8542.00	50.55	173640.15	—	—
2005	24.70	51206.80	0.67	965.00	5.20	3748.00	14.18	31589.80	4.65	14904.00
2006	4.77	47462.50	1.82	31800.00	1.50	1660.00	1.45	14002.50	—	—
2007	0.95	6931.00	—	—	0.03	81.00	0.92	6850.00	—	—
2008	2.67	2311.00	—	—	2.47	2011.00	0.20	300.00	—	—
2009	3.33	9656.15	1.00	6912	2.25	2444.15	0.08	300.00	—	—
2010	0.04	2216.00	—	—	—	—	0.04	2216.00	—	—
2011	2.74	15836.00	—	—	2.30	7000.00	0.44	8836.00	—	—
2012	4.94	3550.52	—	—	4.25	2888.52	—	—	0.69	662.00
2013	0.18	40509	0.17	40500	0.01	9	—	—	—	—

表 4-6　深圳市 2013 年公开拍卖、挂牌转让土地使用权项目一览

交易日期	标的名称	交易方式	用途	位置	宗地土地总面积（平方米）	实际交易土地面积（平方米）	宗地总建筑面积（平方米）	成交金额（万元）
2013-4-16	A625-0017	挂牌	工业用地	宝安公明街道西环大道东侧	14528.32	145.28	31900	9
2013-5-14	B124-0027	挂牌	商业办公	深南中路	14411.11	1657.28	142000	40500

第五节 土地市场管理

为进一步创新土地利用方式，充分挖掘土地资源潜力，推进深圳市土地管理制度改革，保障空间资源优化配置和有效供给，提升土地节约集约利用能力和管理水平，促进产业转型升级发展，2013 年深圳市在推进土地市场管理方面进行了以下工作。

（一）产业用地供需服务平台

在产业用地资源供需极度不平衡的情况下，政府主导模式的产业用地供应模式越来越不可持续。通过市场化的机制来配置产业用地资源，以适度市场竞争促进土地节约集约高效利用，成了全市产业用地供应模式改革的必然选择。2013 年 1 月，《深圳市人民政府关于优化空间资源配置促进产业转型升级的意见》(深府〔2013〕1 号）等 1 加 6 文件出台，提出建设全市统一的产业用地供需服务平台。2013 年 11 月 22 日，深圳市规划和国土资源委员会发布《关于启动产业用地供需服务平台的通告》，正式启动深圳市产业用地供需服务平台。标志着全市产业用地供应模式迎来一次重大改革创新，首批 23 宗产业用地已通过供需服务平台发布供应信息。供需平台将集中收集企业需求，权威发布用地信息，公开组织土地交易，及时公布成交结果。实现企业需求与空间资源供应信息的市场化高效衔接。

搭建产业用地供需服务平台，是贯彻落实党的十八届三中全会精神、深化全市土地管理制度改革的重要举措，有利于优化全市产业空间资源配置，创新全市产业用地供应模式，促进全市产业结构升级，服务并推动企业转型发展。

一是充分发挥了市场在产业用地资源配置中的决定性作用。产业用地供需服务平台，改变了以往的产业用地供应模式，是“先有土地信息公开，再通过市场化方式确定落地项目”，在兼顾产业发展特点的基础上，放宽了产业准入门槛，强化了市场在资源配置中的决定性作用，提高了资源配置的公平性，解决了传统资源配置模式的信息不对称问题，建立了全市统一、常设性的产业用地需求申报渠道，有利于鼓励更多优秀企业参与产业用地竞买。二是推动政府职能由审批型向服务型转变。建立产业用地供需服务平台后，将政府从个案审批中解放出来，政府工作重心向产业规划上转移，通过制定全市统一的产业政策、产业规划和产业引进标准，在宏观和微观上为产业用地招拍挂提供产业导向，有利于政府更好服务产业、服务企业。三是健全完善了产业用地的准入机制，有利于优化配置空间资源、缓解产业用地资源紧缺的供需矛盾，促进全市产业经济转型升级发展。

通过产业用地供需服务平台运作机制，在用地公示期间，凡符合准入产业类别的企业均可提出用地预申请和申报用地需求信息，市产业主管部门可在充分考虑市场用地需求情况、企业综合实力、拟建项目前景的基础上，再科学合理设定拟出让产业用地的准入条件，对符合全市产业规划、产业转型升级和环保要求的重点产业、高科技产业等优质项目优先供地，在全市土地资源紧约束的背景下，鼓励有真实用地需求的优秀企业以市场竞争手段竞得产业用地，将有限土地资源最优化配置，促进全市产业经济转型升级发展。

（二）社区工业用地入市

深圳在快速工业化、城市化进程中率先遇到土地资源紧约束的问题，用地供需矛盾突出。与此同时，原农村集体（尤其是特区外）实际占有大量土地，却因土地权益不明晰、缺乏相关政策支持无法入市。因此，盘活原农村集体土地，有利于缓解产业空间不足的问题，促进原农村社区发展转型、推动特区一体化发展。对此，深圳市于 2013 年 1 月 8 日以市政府 1 号文的形式出台了《深圳市人民政府关于优化空间资源配置促进产业转型升级的意见》（深府〔2013〕1 号）及其 6 个配套文件（简称 1 加 6 文件）。其中，配套文件之一《深圳市完善产业用地供应机制拓展产业用地空间办法（试行）》（深府办〔2013〕1 号），提出原农村集体经济组织继受单位符合规划的工业用地可进入全市统一土地市场。

该办法主要规定了以下核心内容：一是建立全市统一的产业用地供需服务平台，明确供需平台的运作模式；二是规定社区工业用地入市的前提和方式，即必须通过政府指定的公开交易平台，以挂牌方式公开出让土地使用权；三是规定利益共享的办法。对于符合规划的合法工业用地，所得收益归原农村集体经济组织继受单位；对于尚未完善征转地补偿手续的，原农村集体经济组织继受单位在先行理清经济关系后，交易收益由政府与原农村集体经济组织继受单位按照 5：5 或者 3：7 加不超过 20% 的物业进行分成。

社区工业用地入市主要创新举措是允许原集体工业用地通过收益共享入市交易。2013 年 12 月 20 日，深圳市首例原农村集体工业用地成功入市，深圳市方格精密器件有限公司在全市土地房产交易大厦，以 1.16 亿元竞得 A217-0315 宗地。该地块位于宝安区福永街道凤凰社区，面积 14568.29 平方米，建筑面积 69900 平方米，规划用途为工业用地（新型产业用地），土地使用年期 30 年，准入产业类别为新一代信息技术通信终端设备制造业，挂牌起始价为人民币 1.16 亿元。

根据《土地管理法》第 43 条、63 条规定，任何单位和个人进行建设，需要使用土地的，必须依法申请国有土地，农民集体所有的土地的使用权不得出让、转让或者出租用于非农业建设。深圳原农村集体土地，尽管经过 1992 年和 2004 年的统征统转，名义上已经全部变为国有土地，实际上仍然存在很多历史遗留问题，包括尚未完善征转地补偿手续，导致大量土地依然为原农村集体经济组织继受单位占有使用。十八届三中全会通过的《关于全面深化改革若干重大问题的决定》明确提出，发挥市场配置资源的决定性作用，建立城乡统一的建设用地市场，允许农村集体经营性建设用地出

让、租赁、入股，实行与国有土地同等入市、同权同价，建立兼顾国家、集体、个人的土地增值收益分配机制等。凤凰社区“农地”成功出让，高度契合三中全会精神，意义重大。

一是推动了原农村集体建设用地入市。该宗土地并非法律意义上的集体建设用地，而是原农村集体经济组织继受单位实际占用的土地，该类土地在城市化过程中，土地权益尚未充分厘清，通过“1 加 6”文件的政策创新得以入市交易，盘活利用，为实现不同权利主体土地的同价同权开辟了新路，对于建立全国城乡统一的建设用地市场具有借鉴意义。

二是实现了利益共享。土地出让收益将按照相应比例由政府和原村集体共享，采取现金、物业等灵活多样的利益分成方式，实现社区股份公司、企业、政府等多方共赢。该地块以 1.16 亿元成交，凤凰社区可按 30% 获得 3480 万元，同时可以无偿取得 20% 的商品房性质配套物业 13980 平方米。

三是拓展了产业发展空间。该地块依托近期启动的产业用地供需服务平台得以成功出让，充分发挥了市场配置作用，实现了有需求的企业与原农村集体建设用地的对接，将“政府拿不走、社区用不好、市场难作为”的历史遗留用地纳入交易范围，增强了产业空间的供给能力。

四是促进了社区发展转型。产业与社区的合作模式，改变了过去社区以地建厂、以房收租、粗放经营、效益低下模式，推动社区集体股份公司由“地主”向“资本家”转变，对社区经济转型有巨大推动作用，有利于社区融入城市，实现原村民“人的城市化”，对于其他社区土地入市，也是有力的示范和推动。

社区工业用地入市具有推广价值，在快速工业化、城市化大背景下，各地均面临“保耕地、保发展”的“双保”难题，盘活存量建设用地和节约集约利用土地是唯一出路。与此同时，农村建设用地利用却极为粗放，城市化快速推进没有带来建设用地“城进乡退”，反而呈现农村建设用地“逆增长”的格局。因此，未来在不突破耕地保护红线的前提下，保持经济持续健康发展，必须解决城市土地资源短缺与农村建设用地闲置的悖论。显然，深圳市通过利益分成与共享模式以推动原集体工业用地入市，解决原集体建设用地利用效率低下的问题，落实十八届三中全会关于推进集体土地和国有土地同地、同权、同价的决议，堆动社区转型和城市深度发展具有重要意义。

（三）深圳市国有土地使用权作价出资暂行办法

深圳市已进入轨道网络化时代，但由于轨道交通的外部效益返还机制尚未建立，当前轨道交通建设运营资金短缺。深圳地铁二期虽然进行了投融资体制创新，但尚未建立全面、系统的轨道交通外部效益内部化机制，影响轨道交通的可持续发展。在地铁三年前开发建设中，借鉴香港地铁沿线一体开发的轨道运行模式经验，通过土地使用权作价出资，充分利用了土地的资产属性，丰富土地资产资本化的途径与方式，避免产生新的地方政府负债，有效降低了政府负债风险。2013 年 5 月 13 日，深圳市人民政府办公厅印发了《深圳市国有土地使用者作价出资暂行办法》（深府办〔2013〕50 号），提出国土土地使用权作价出资在市地铁集团有限公司、市机场（集团）有限公司、市特区建设发展集团有限公司先行先试。

该办法主要规定了以下核心内容：一是明确市发改委、市规土委和市国资委在作价出资中各自的职责；二是明确了作价出资合同签订、土地使用权初始登记等问题；三是规定了三家公司对作价出资的土地使用权享受的权利，即在使用期限内可以依法转让、出租、抵押或者用于其他经济活动。

深圳市国有土地使用权作价出资暂行办法主要创新举措是明确了作价出资的适用范围和具体方案，大力推行“地铁+物业”捆绑联动经营模式。目前，全市已向地铁集团土地作价出资总金额约225亿元。按照市发展改革委提出的需求，2013年需向市地铁集团新注入价值约150亿元的土地资源，2014年需向市地铁集团新注入约375亿元的土地资源，即两年之内还将作价出资约508亿元。初步估算，综合开发总建筑量达778万平方米，其中：居住360万平方米、办公261万平方米、商业157万平方米。已向特建发集团土地作价出资总金额约21亿元。按照特建发集团提出，市规划国土委正在办理的拟作价出资用地的作价出资金额已近400亿元，如再加上大外环建设所需约49亿元的额度（据市发展改革委研究报告，拆迁补偿费49亿元），总额将达449亿元。初步估算，开发量将达到498万平方米，其中：居住约200万平方米、办公约200万平方米、商业98万平方米。综上，2013年及2014年度，全市土地作价出资金额将达到1203亿元，开发总量共计1276万平方米，其中居住560万平方米、办公461万平方米、商业255万平方米。

根据《中华人民共和国土地管理法实施条例》（以下简称《实施条例》）第二十九条规定：“国有土地有偿使用的方式包括：（一）国有土地使用权出让；（二）国有土地租赁；（三）国有土地使用权作价出资或者入股。”即国有土地使用权作价出资或入股是与出让、租赁并列的有偿使用方式，为全市解决地铁三期综合开发用地供地问题提供了法规依据。但国家层面并没有出台土地使用权作价出资的具体规定。从全市土地实践来看，政府在土地一级市场上直接以土地出资的方式供应土地，也暂无配套规定和操作实践。2011年12月，国务院办公厅下发了《关于加强鲜活农产品流通体系建设的意见》（国办发〔2011〕59号），就农产品批发市场的土地供应问题，明确提出了对于政府投资建设不以盈利为目的、具有公益性质的农产品批发市场，可按作价出资（入股）方式办理用地手续，确认了在一级土地市场上以土地使用权作价出资的供地模式。深圳市探索推行国有土地使用权作价出资至少具有如下几点意义：

一是创新投融资体制。地铁等大型轨道交通建设一方面带来交通便利、城市升级，另一方面巨大的建设投资和运营亏损补贴也给当地财政造成了巨大压力，必须创新投融资体制，从单一的政府主导负债型投融资模式逐渐向社会化多元化的投融资模式转变。借鉴香港成功经验，以国有土地使用权作价出资为基础，采取土地及上盖物业等资源资本化、资产资本化的运作，将开发收益用于地铁建设投资和运营亏损补贴，以此建立地铁企业盈利模式，充分利用了土地的资产属性，避免产生新的地方政府负债，有效降低了政府负债风险。二是深化土地管理制度改革。《深圳市土地管理制度改革总体方案》提出要创新土地资产资本运作机制，

完善土地利用和管理模式，以土地资本化为重点，丰富完善土地资源、资产、资本“三位一体”的理论体系，探索土地资产资本转化途径和方式。在近期实施内容中，提出实行差别化土地供应和地价管理标准，探索租赁、作价入股等土地有偿使用方式。因此，以土地使用权作价出资和地价管理标准，探索租赁、作价入股等土地有偿使用方式。因此，以土地使用权作价出资方式解决地铁三期开发用地的供地问题，顺应了新一轮土地改革要求，是对全市实施土地管理制度改革的快速反应，也是全市土地管理制度改革的重要组成部分。三是有利于增强地铁运营活力。作为世界上唯一盈利的地铁公司，香港地铁采取“地铁+物业”捆绑经营的模式，并成功运行了25年。地铁三期工程开发中，通过借鉴香港经验，采用地铁建设与地铁站点上盖大型物业开发联动方式，一方面有利于通过地铁延伸来实现城市总体拓展，在地铁沿线建设住宅区，为地铁带来客流，为地铁运营带来活力；另一方面将开发经营沿线物业所得收益反哺轨道交通建设，有利于缓解地铁建设资金筹措难题，实现地铁建设和运营可持续发展。

以土地使用权作价出资为前提，实行“地铁+物业”的模式是我国地铁投融资模式的一种创新和改革，从传统的政府出资主导的负债型投融资模式，过渡为政府以土地、上盖物业开发等资源作为地铁建设资金来源　推动地铁再融资的社会多元化投融资模式。在该模式下，地铁项目建设资金主要来源于地铁沿线上盖空间开发所获得的收益，包括地价转项目资本金所获得的地价收益和上盖物业开发所获得的开发利润。因此，深圳市推进国有土地使用权作价出资对于各地大型基础设施建设，尤其是地铁建设融资具有重要的借鉴意义。

第六节　地价指数

一、指数编制说明

（一）编制对象

深圳市综合地价指数、深圳市住宅用地地价指数、深圳市商业用地地价指数、深圳市工业用地地价指数；罗湖区、福田区、南山区、盐田区的居住、商业、工业用地的地价指数。

（二）指数基期

以2000年12月31日为基期，各类用地类型的指数其基期均设为100。

（三）指数编制的数据来源

国土资源部部署的深圳市城市地价动态监测项目始于2007年，全市2007年以后（含2007年）的地价指数编制的数据来源于该项目；2007年以前的数据来自深圳市规划国土委发布的深圳市地价指数。

（四）指数编制办法

由于编制指数所采用的数据分别来自城市地价动态监测和深圳市地价指数，二者的地价水平值的内涵虽然不同，但均能正确反映深圳市土地价格的变化趋势。通过适当的数据处理手段，将两个时期的地价水平值调整为连续可比，并以此计算各期的地价指数。

表 4-7　深圳市历年地价动态监测的土地评估价值指数

年度/类型	2000	2001	2002	2003	2004	2005	2006	2007	2008	2009	2010	2011	2012	2013			
	4季	4季	4季	4季	4季	4季	4季	4季	4季	4季	4季	4季	4季	1季	2季	3季	4季
综合	100	101.05	101.13	103.02	103.83	104.88	137.13	305.65	208.82	278.07	343.43	408.46	424.59	442.51	453.46	482.77	504.96
住宅	100	101.58	101.70	104.23	105.06	106.15	145.79	268.99	204.62	279.64	300.08	338.34	359.78	380.30	389.58	415.12	433.68
商业	100	99.31	99.09	99.59	100.17	100.96	116.59	329.40	213.36	282.05	418.66	533.71	536.92	547.90	563.81	600.74	632.34
工业	100	99.47	100.74	102.34	104.15	106.06	126.49	269.79	158.19	167.13	199.04	207.87	228.76	241.83	241.46	253.23	255.92

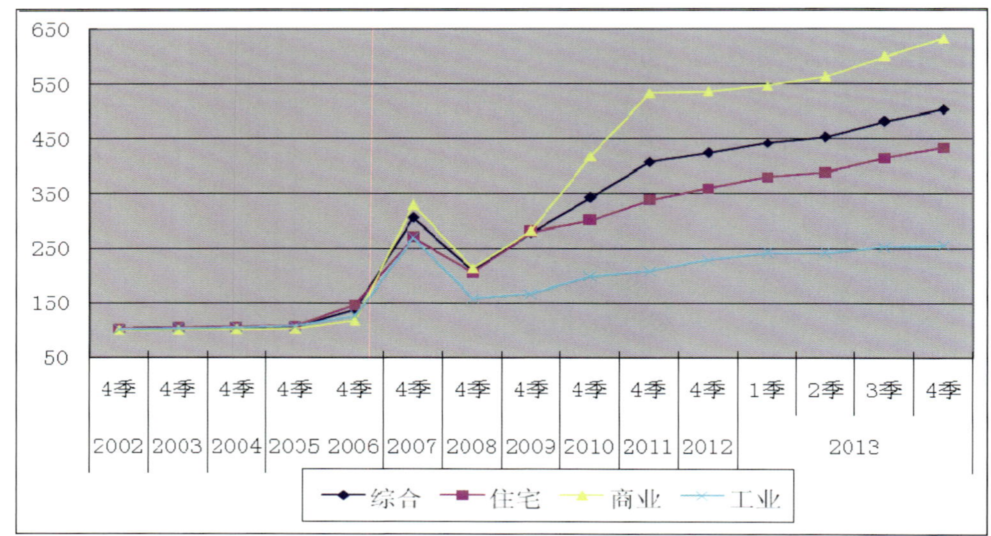

图 4-1　深圳市历年地价动态监测的土地评估价值指数示意图

表 4-8　深圳经济特区历年居住用地地价动态监测的土地评估价值指数

年度/区域	2000	2001	2002	2003	2004	2005	2006	2007	2008	2009	2010	2011	2012	2013
	4季	4季	4季	4季	4季	4季	4季	4季	4季	4季	4季	4季	4季	4季
罗湖区	100	100.89	99.76	103.59	104.26	104.63	133.66	214.59	198.84	221.75	266.78	233.94	240.33	277.22
福田区	100	99.60	100.00	102.24	103.03	104.28	147.96	279.69	260.21	344.72	335.67	358.36	395.24	465.91
南山区	100	104.29	105.57	106.45	107.54	109.21	156.04	417.29	245.77	378.07	413.70	515.78	549.82	631.03
盐田区	100	105.71	106.42	114.70	116.24	118.38	128.44	242.20	218.52	422.47	445.55	425.33	447.06	485.09

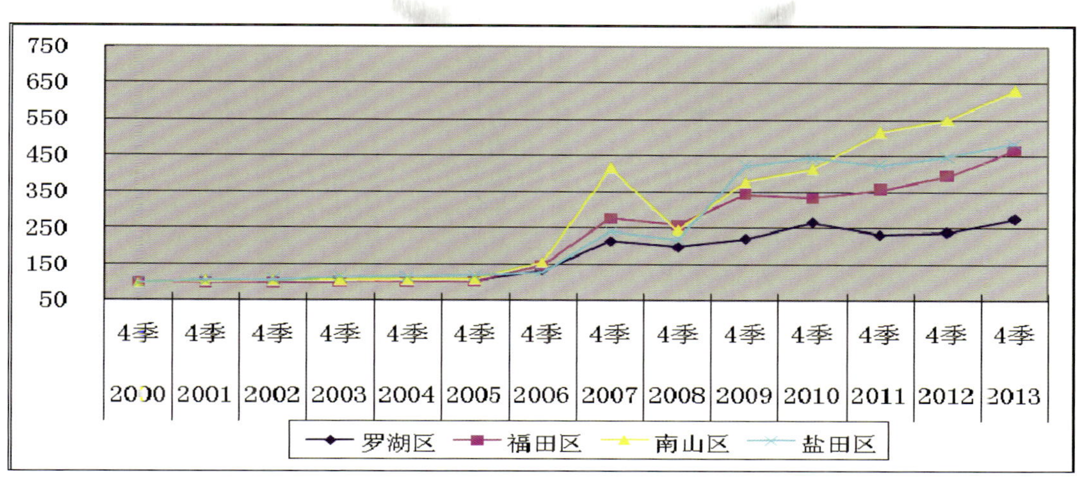

图 4-2 深圳经济特区历年居住用地动态监测的土地评估价值指数示意图

表 4-9 深圳经济特区历年商业用地地价动态监测的土地评估价值指数

年度 / 区域	2000	2001	2002	2003	2004	2005	2006	2007	2008	2009	2010	2011	2012	2013
	4 季	4 季	4 季	4 季	4 季	4 季	4 季	4 季	4 季	4 季	4 季	4 季	4 季	4 季
罗湖区	100	99.41	98.82	99.45	99.49	99.95	101.54	254.47	221.37	220.72	243.85	231.45	229.51	234.32
福田区	100	98.73	97.92	96.47	96.87	97.40	114.64	354.06	247.78	318.90	486.82	662.00	679.15	715.65
南山区	100	99.93	99.71	100.03	100.94	101.80	116.09	381.57	246.37	390.31	641.24	857.70	831.63	1180.00
盐田区	100	99.05	99.33	99.16	99.78	100.11	101.18	239.11	211.84	197.54	216.32	215.37	230.94	259.93

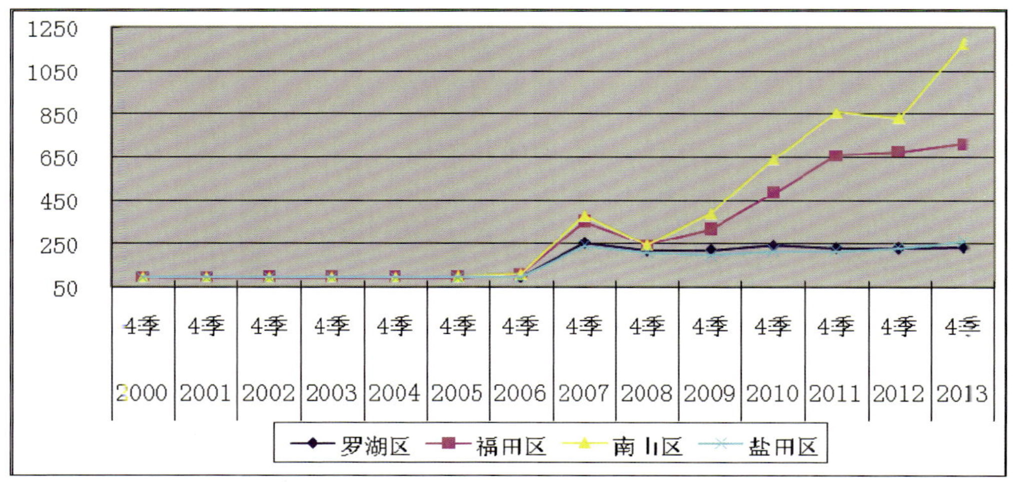

图 4-3 深圳经济特区历年商业用地动态监测的土地评估价值指数示意图

表 4-10　深圳经济特区历年工业用地地价动态监测的土地评估价值指数

年度 区域	2000	2001	2002	2003	2004	2005	2006	2007	2008	2009	2010	2011	2012	2013
	4 季	4 季	4 季	4 季	4 季	4 季	4 季	4 季	4 季	4 季	4 季	4 季	4 季	4 季
罗湖区	100	101.52	102.60	104.33	106.71	108.66	119.69	164.23	154.97	143.47	153.71	143.75	158.66	181.64
福田区	100	100.38	102.47	104.17	105.22	107.11	140.78	327.28	182.44	181.69	224.33	309.82	333.86	334.81
南山区	100	99.54	99.94	101.22	103.54	105.22	117.42	442.21	157.83	153.65	188.60	197.49	230.69	262.93
盐田区	100	105.82	106.06	107.24	110.80	115.06	123.59	183.06	162.41	165.02	181.07	165.64	189.91	207.89

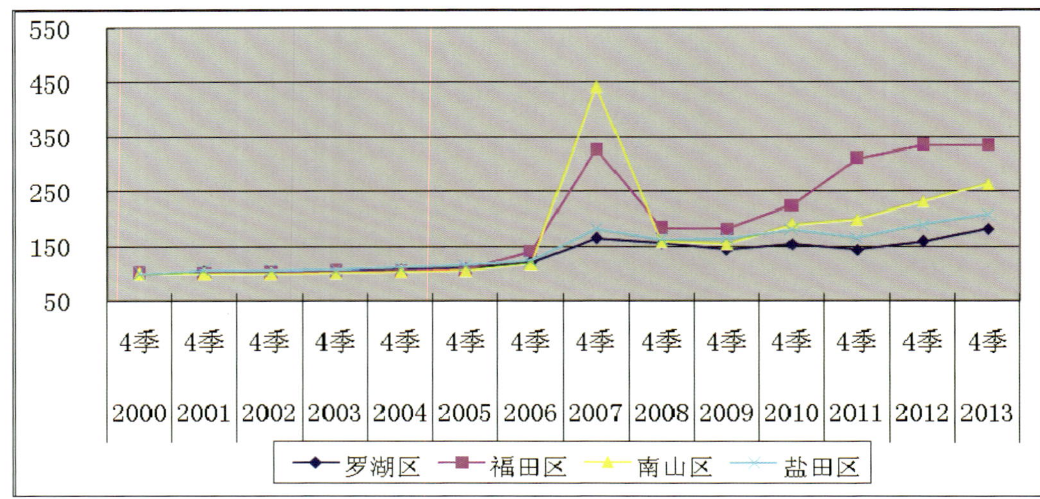

图 4-4　深圳经济特区历年工业用地动态监测的土地评估价值指数示意图

第五章 房地产开发

第一节 房地产开发投资

一、完成投资情况

2013 年，深圳市共完成房地产开发投资 887.71 亿元，同比增加 20.5%。从用途结构来看，住宅完成投资 594.10 亿元，同比增加 25.2%。其中，90 平方米以下住宅投资 330.14 亿元，同比增加 24.3%；办公楼投资 64.63 亿元，同比增加 139.5%；商业用房投资 90.22 亿元，同比增加 0.1%；其他用房投资 138.76 亿元，同比减少 4.4%。从投资计划来看，2013 年，全市房地产计划总投资 4898.05 亿元，同比增加 45.1%。实际完成房地产开发投资额 887.71 亿元，占年度计划总投资比例的 18.1%，同比增加 0.7 个百分点。

总体而言，2013 年全市的房地产开发投资呈现以下特点：一是全市房地产开发投资仍以住宅为主，住宅所占份额为 66.9%，高于上年 2.5 个百分点。90 平方米以下住宅投资额所占份额 37.2%，比上年提高 1.3 个百分点；二是办公楼投资占比份额较上年有所上升，所占份额为 7.3%，较上年增加 3.6 个百分点；三是商业用房和其他类商品房份额则有所回落，商业用房所占份额 10.2%，较上年下降 2.1 个百分点，其他类用房包括工业厂房、仓储、研发等物业投资所占份额为 15.6%，较上年减少 4.1 个百分点。

表 5-1　深圳市历年房地产开发完成投资构成（按房屋用途分）

单位：亿元

年份	本年完成投资	其中					
		住宅	普通住宅	别墅、高档住宅	办公楼	商业用房	其他
1996	124.83						
1997	136.65	85.50			18.18	14.78	18.19
1998	181.01	117.15			16.45	16.82	30.59
1999	261.45	184.25			19.34	21.34	36.52
2000	271.02	193.96			11.61	23.97	41.48
2001	322.85	220.34			9.25	27.30	65.96
2002	410.36	282.81			16.61	36.99	73.95
2003	449.05	308.76			19.20	49.60	71.49
2004*	434.24	255.84	251.36	4.48	24.51	57.44	96.46
2005	423.69	265.53	229.57	35.96	28.04	53.07	77.04
2006	462.09	325.05	252.30	72.75	30.63	67.39	39.02
2007	461.05	331.73	276.25	55.48	30.08	53.53	45.71
2008	440.49	314.98	227.47	6.08	26.12	51.97	47.42
2009	437.46	289.78	284.29	5.49	35.34	53.22	59.12
2010	458.47	304.89	296.01	8.87	37.90	59.36	56.32
2011	590.21	393.35	381.22	12.13	40.55	70.68	85.63
2012	736.84	474.60	264.57	32.64	26.99	90.11	145.13
2013	887.71	594.10	538.27	55.83	64.63	90.22	138.76

注：从 2005 年 12 月起，深圳市国土资源和房产管理局、深圳市统计局分别取消了原房地产统计系统，统一使用新的统计系统，致使 2005 年统计口径较以前年度发生变化。目前，已对 2004 年度的统计数据做了追溯调整，调整后的口径与 2005 年相同，2003 年及以前年度数据不作调整，下同。

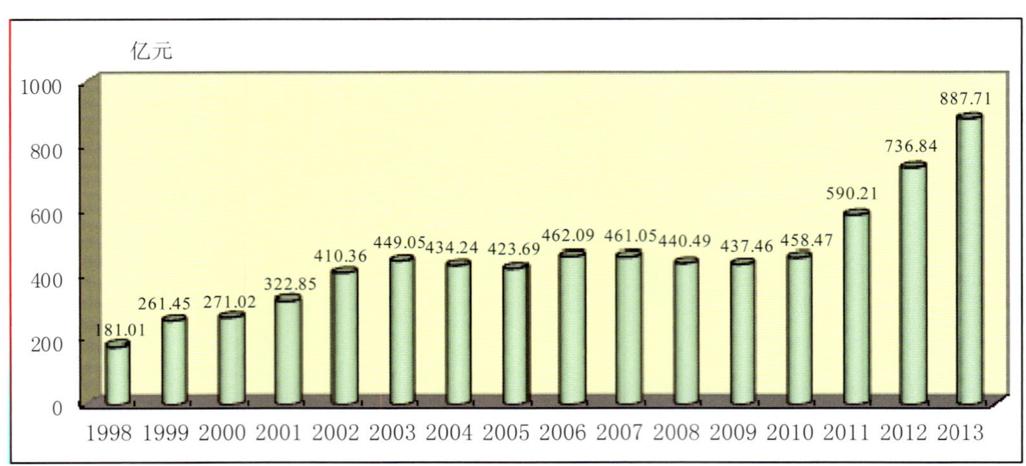

图 5-1　深圳市历年房地产开发完成投资示意图

表 5-2　深圳市历年房地产开发完成投资构成（按投资去向分）

单位：亿元

年　份	本　年 完成投资	其　中				
		商品房建设投资	土地开发投资	土地购置费	旧建筑物购置费（2004 年以前） 配套工程投资（2004 年以后）	其　他
1985年及以前	35.27	29.27	6.00		—	—
1986	9.71	8.04	1.67		—	—
1987	9.02	6.94	1.54		—	0.54
1988	6.80	5.58	1.22		—	—
1989	12.16	9.37	1.06		—	1.73
1990	11.12	9.39	1.73		—	—
1991	25.56	15.42	9.18		—	0.96
1992	71.49	33.83	35.14		—	2.52
1993	102.77	69.96	26.98		—	5.83
1994	130.46	90.17	30.17		—	10.12
1995	103.04	91.45	11.11		—	0.48
1996	124.82	99.26	9.26	5.72	—	10.58
1997	136.65	109.91	7.78	13.52	—	5.44
1998	181.02	125.40	18.68	34.10	—	2.84
1999	261.45	198.95	16.11	42.46	—	3.93
2000	271.02	196.54	25.24	47.57	—	1.67
2001	322.85	217.57	25.07	80.21	—	—
2002	411.12	304.00	26.25	72.42	1.02	7.43
2003	449.05	321.04	37.63	90.38	—	—
2004*	434.24	343.93	11.69	71.80	6.82	
2005	423.69	325.57	24.84	64.05	9.23	
2006	462.09	399.58	6.71	43.86	11.95	
2007	461.05	369.46	10.23	62.22	19.14	
2008	440.49	357.27	6.67	65.98	10.57	
2009	437.46	364.42	7.31	45.25	20.49	
2010	453.47	370.88	5.96	60.99	15.75	
2011	590.21	—	—	111.03	14.38	
2012	736.34	—	—	129.77	14.96	
2013	887.71	—	—	98.88	22.07	

注：自 2011 年 1 月起，国家统计局和深圳市统计局取消了对商品房建设投资、土地开发投资两项指标的统计。

二、开发资金来源

2013 年，全市商品房开发资金来源合计为 2255.87 亿元，同比增加 43%，其中：上年结余 568.96 亿元，同比增加 47.3%，占年度总资金来源的 25.2%；在新增资金中，国内贷款 441.09 亿元，同比增加 45.6%，占新增资金的 26.1%；利用外资 0.12 亿元；自筹资金 456.97 亿元，同比减少 3.4%；其他资金来源 788.73 亿元，同比增加 90.1%。

表 5-3　深圳市历年房地产开发资金来源构成

单位：亿元

开发资金 年份	合 计	上年末结余资金	本年资金来源小计	国内贷款	银行贷款	非银行机构贷款	利用外资	国家预算内资金	自筹资金	自有资金	其他资金来源	集资（2005年以前） 个人按揭贷款（2005年以后）	定金及预收款
1991			39.11	6.43					12.42	12.42	20.26		11.33
1992			97.16	25.37					28.99	28.99	42.80		22.54
1993			175.06	39.05					49.14	49.14	86.87		66.01
1994			189.90	40.01					63.56	63.56	86.33		40.43
1995			194.13	31.43					34.94	34.94	127.76		33.77
1996			187.92	29.46					45.49	45.49	112.97		39.43
1997			207.66	30.91					61.19	61.19	115.56		47.28
1998	309.21	59.43	249.78	60.20			12.50		103.69	59.00	73.39	0.77	62.00
1999	391.66	62.22	329.44	85.56			13.91		95.94	56.59	134.03	4.90	107.45
2000	472.68	85.16	387.52	84.09			15.40		125.91	66.74	162.12	4.75	119.33
2001	638.43	127.16	511.27	129.04			9.99		177.42	94.40	194.82	3.33	153.79
2002	737.97	141.87	596.10	152.99			8.62	6.96	165.23	90.71	262.30	6.72	208.01
2003	715.15	125.45	589.70	163.32			5.23	5.92	163.90	100.32	251.32	9.85	210.79
2004*	842.35	179.00	663.35	149.33			7.03	—	197.98	120.34	309.00	2.06	254.21
2005	867.74	173.73	694.01	159.87	152.98	6.88	2.38	—	216.49	132.76	315.27	72.96	184.10
2006	1008.19	170.34	837.85	229.39	220.61	8.78	8.94	—	174.78	128.64	424.74	158.3	213.91
2007	1043.45	195.53	847.92	169.83	163.91	5.92	11.78	—	241.43	176.60	424.88	154.54	223.97
2008	1016.59	262.22	754.37	289.14	269.55	19.6	1.49	—	203.35	149.52	260.39	97.37	134.64
2009	1054.08	172.32	881.76	258.83	236.39	22.44	1.39	—	171.95	115.09	449.59	223.16	205.02
2010	1044.72	271.63	773.09	199.89	177.72	22.16	10.33	—	203.97	157.18	358.90	184.44	154.67
2011	1205.73	314.88	890.85	220.02	189.62	30.40	2.06	—	342.60	281.23	326.17	105.32	203.69
2012	1577.11	386.15	1190.97	302.88	283.07	19.82	—	—	473.24	242.45	414.84	169.20	227.26
2013	2255.87	568.96	1686.91	441.09	417.44	23.65	0.12	—	456.97	223.65	788.73	489.61	242.49

注：按 2005 年新的统计口径，删除原“债券”项；原“国内贷款”项包含“银行贷款”和“非银行机构贷款”项，“其他”项包含“定金及预收款”和“集资”项，其中“集资”项改为“个人按揭贷款”项。

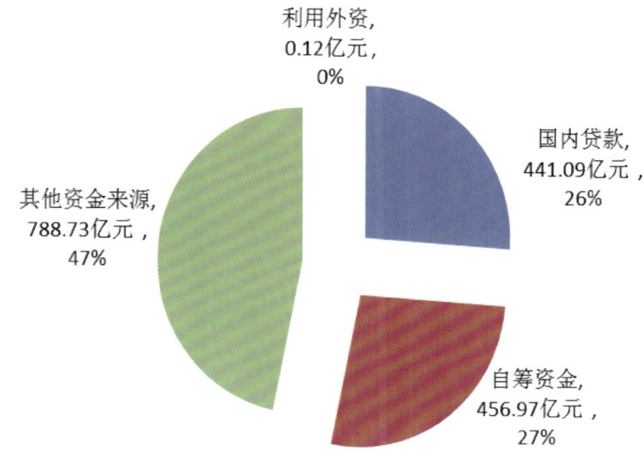

图 5-2 深圳市 2013 年房地产开发资金来源构成示意图（亿元）

第二节 商品房开发

一、施工情况

2013 年，全市商品房施工面积 4003.49 万平方米，同比增加 24.5%。按用途分，住宅 2608.29 万平方米，同比增加 23.8%；其中 90 平方米以下住宅 1469.16 万平方米，同比增加 20.1%；办公楼 261.51 万平方米，同比增加 66.6%；商业用房 383.62 万平方米，同比增加 13.1%；其他用房 750.06 万平方米，同比增加 22.4%。从区域分布看，罗湖区311.03 万平方米，同比增加 55.8%；福田区404.18 万平方米，同比增加 54.7%；南山区 344.80 万平方米，同比减少 6.8%；盐田区 145.12 万平方米，同比减少 4.0%；宝安区 525.70 万平方米，同比减少 44.6%；龙岗区 1454.39 万平方米，同比增加 13.0%；光明新区 90.80 万平方米；龙华新区 516.54 万平方米；坪山新区 177.82 万平方米；大鹏新区 33.10 万平方米。

2013 年，全市商品房新开工面积 1366.40 万平方米，增长 50.9%。按用途分，住宅 910.13 万平方米，增加 62.6%，其中 90 平方米以下住宅 549.27 万平方米，增加 62.6%；办公楼 114.88 万平方米，增长 126.6%；商业用房 120.68 万平方米，增长 16.7%；其他用房 220.70 万平方米，增长 16.7%。

表 5-4　深圳市历年商品房施工及新开工面积（按用途分）

单位：万平方米

面积 年份	施工面积	新开工	其中							
			住宅	新开工	办公楼	新开工	商业用房	新开工	其他	新开工
1985年及以前	1091.95	—	711.19	—	121.38	—	148.51	—	110.87	—
1986	503.65	—	327.37	—	51.37	—	58.49	—	66.42	—
1987	331.12	—	201.23	—	33.77	—	45.03	—	51.09	—
1988	345.93	—	193.17	—	45.28	—	57.05	—	50.41	—
1989	392.33	—	201.29	—	55.00	—	63.35	—	72.69	—
1990	304.62	—	192.15	—	31.07	—	41.43	—	39.97	—
1991	467.82	—	279.00	—	47.72	—	73.62	—	67.48	—
1992	950.06	—	601.10	—	101.91	—	139.21	—	107.84	—
1993	1396.44	—	909.51	—	152.43	—	199.92	—	134.58	—
1994	1298.82	—	868.86	—	132.75	—	176.36	—	120.85	—
1995	1371.06	—	844.20	—	214.51	—	187.71	—	124.64	—
1996	1495.27	337.43	940.61	233.99	238.93	—	193.68	—	122.05	—
1997	1454.17	386.35	966.18	300.60	181.76	—	185.17	—	121.05	—
1998	1646.38	490.17	1218.86	393.52	130.58	17.86	180.07	39.46	116.87	39.33
1999	2142.88	745.15	1629.11	620.05	140.44	13.44	245.46	56.49	127.87	55.17
2000	2182.66	737.56	1661.57	577.62	111.56	26.05	230.30	68.83	179.23	65.06
2001	2462.75	884.86	1916.02	712.40	97.26	22.88	240.43	69.52	209.04	80.06
2002	2672.46	944.54	2100.82	730.94	100.54	44.13	251.47	104.85	219.63	64.62
2003	2737.48	957.62	2053.24	715.42	136.82	25.96	291.97	102.43	255.46	113.80
2004*	3120.25	1025.55	2257.68	766.91	147.78	25.32	379.15	123.24	335.64	110.09
2005	3058.90	1054.19	2152.58	753.90	155.67	39.90	370.34	127.15	380.31	133.25
2006	3122.09	798.12	2157.39	609.46	171.88	19.91	385.71	69.98	407.11	98.77
2007	3160.94	876.40	2185.53	621.91	189.65	40.06	337.42	72.94	448.34	141.49
2008	3276.30	752.60	2210.36	471.80	201.55	46.61	346.45	84.90	517.94	149.28
2009	3112.36	489.18	2087.47	328.04	189.09	29.82	328.27	60.70	507.53	70.63
2010	2939.94	470.96	2025.14	355.17	182.36	15.26	298.62	38.69	433.82	61.85
2011	3082.46	628.47	2089.87	417.49	194.57	25.89	325.14	64.46	472.88	120.63
2012	3216.69	905.24	2107.59	561.89	156.93	50.69	339.25	103.47	612.92	189.18
2013	4003.49	1366.40	2608.29	910.13	261.51	114.88	383.62	120.68	750.06	220.70

表 5-5　深圳市历年商品房施工及新开工面积（按区域分）

单位：万平方米

年度	全市合计		其中																			
			罗湖区		福田区		南山区		盐田区		宝安区		龙岗区		光明新区		龙华新区		坪山新区		大鹏新区	
	施工面积	新开工	施工面积	新开工	施工面积	新开工	施工面积	新开工	施工面积	新开工	施工面积	新开工	施工面积	新开工	施工面积	新开工	施工面积	新开工	施工面积	新开工	施工面积	新开工
1996	1495.27	337.43	613.06	—	403.72	—	254.2	—	—	—	119.62	—	104.67	—	—	—	—	—	—	—	—	—
1997	1454.17	386.35	435.48	—	445.27	—	214.29	—	—	—	163.51	—	195.62	—	—	—	—	—	—	—	—	—
1998	1646.38	490.17	418.11	86.01	494.91	164.04	330.98	97.96	36.94	17.82	165.19	64.86	200.25	59.49	—	—	—	—	—	—	—	—
1999	2142.88	745.15	453.11	89.92	730.92	299.14	424.17	150.99	30.59	3.87	211.46	84.27	292.63	116.96	—	—	—	—	—	—	—	—
2000	2182.66	737.56	397.62	96.85	805.69	228.35	427.64	167.59	35.94	15.31	218.4	100.26	297.37	129.19	—	—	—	—	—	—	—	—
2001	2462.75	884.86	362.1	78.05	826.86	246.27	573.9	264.05	24.95	8.43	282.69	150.85	392.25	137.21	—	—	—	—	—	—	—	—
2002	2672.46	944.54	462.31	138.63	786.34	259.01	639	244.53	65.08	48.46	328.44	90.18	391.29	163.73	—	—	—	—	—	—	—	—
2003	2737.48	957.62	397.26	127.68	824.59	216.22	703.52	241.24	43	21.99	422.07	214.23	347.05	136.26	—	—	—	—	—	—	—	—
2004*	3120.25	1025.55	468.19	107.02	780.8	151.1	734.89	211.49	75.24	33.25	631.78	300.11	429.35	222.57	—	—	—	—	—	—	—	—
2005	3058.9	1054.19	333.72	24.81	667.26	208.29	513.84	205.98	76.9	37.99	865.27	319.96	601.91	257.17	—	—	—	—	—	—	—	—
2006	3122.1	798.12	329.37	15.49	517.48	68.99	586.94	123.74	94.44	42.61	859.65	271.85	734.22	275.43	—	—	—	—	—	—	—	—
2007	3160.94	876.4	192.83	36.93	399.24	38.69	605.41	211.7	98.01	25.03	895.09	203.18	970.36	360.87	—	—	—	—	—	—	—	—
2008	3276.3	752.6	251.5	87.76	314.7	52.23	689.7	153.94	125	57.6	880.4	195.6	1015	205.47	—	—	—	—	—	—	—	—
2009	3112.36	489.18	236.45	44.61	315.12	24.29	547.83	144.97	138.36	34.27	823.3	126.67	1051.31	114.36	—	—	—	—	—	—	—	—
2010	2939.94	470.96	208.69	4.15	252.01	25.97	503.31	70.63	147.81	9.97	777.9	225.07	1050.23	135.17	—	—	—	—	—	—	—	—
2011	3082.46	628.47	244.06	16.33	275.52	39.36	404.86	49.13	146.24	41.42	933.96	269.74	1077.81	212.49	—	—	—	—	—	—	—	—
2012	3216.69	905.24	199.69	58.62	261.24	93.28	369.77	88.02	151.13	61.26	948.14	195.98	1286.72	408.08	—	—	—	—	—	—	—	—
2013	4003.49	1366.40	311.03	103.63	404.18	187.83	344.80	87.39	145.12	16.11	525.70	117.16	1454.39	568.88	90.80	50.21	516.54	141.30	177.82	88.31	33.10	5.57

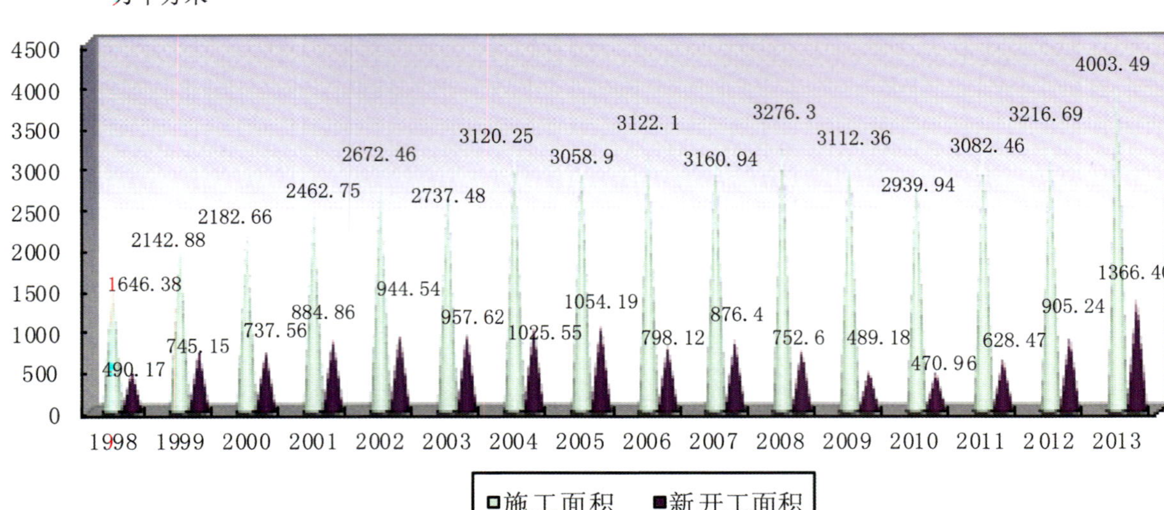

图 5-3　深圳市历年商品房施工及新开工面积示意图

表 5-6 深圳市历年商品住宅施工及新开工面积（按区域分）

单位：万平方米

年度	全市合计		其中																			
			罗湖区		福田区		南山区		盐田区		宝安区		龙岗区		光明新区		龙华新区		坪山新区		大鹏新区	
	施工面积	新开工	施工面积	新开工	施工面积	新开工	施工面积	新开工	施工面积	新开工	施工面积	新开工	施工面积	新开工	施工面积	新开工	施工面积	新开工	施工面积	新开工	施工面积	新开工
1996	940.61	233.99	347.33	70.20	250.09	65.30	174.21	29.80	—	—	87.44	37.20	81.54	31.49	—	—	—	—	—	—	—	—
1997	966.19	300.60	237.37	81.16	273.69	93.19	165.71	42.08	—	—	128.07	36.07	161.35	48.10	—	—	—	—	—	—	—	—
1998	1218.86	393.52	260.12	73.49	374.92	127.10	270.92	87.25	10.97	4.20	142.18	53.03	159.75	48.45	—	—	—	—	—	—	—	—
1999	1629.11	620.05	296.32	71.19	554.69	239.43	342.16	133.76	19.92	2.87	175.80	71.47	240.23	101.33	—	—	—	—	—	—	—	—
2000	1661.57	577.62	285.72	89.65	597.46	162.23	332.88	125.67	27.39	10.63	175.48	78.10	242.65	111.34	—	—	—	—	—	—	—	—
2001	1916.02	712.40	275.80	55.96	601.09	193.36	462.80	214.99	21.84	7.36	239.78	128.77	314.71	111.96	—	—	—	—	—	—	—	—
2002	2100.82	730.94	355.90	91.73	597.23	197.49	515.49	204.67	56.80	41.30	259.59	69.78	315.80	125.97	—	—	—	—	—	—	—	—
2003	2053.24	715.42	301.35	100.55	558.07	149.27	578.47	186.29	34.06	15.93	334.69	172.03	246.60	91.35	—	—	—	—	—	—	—	—
2004*	2257.68	766.91	338.23	74.16	475.46	104.10	588.86	157.97	59.12	23.84	475.38	224.27	320.63	182.57	—	—	—	—	—	—	—	—
2005	2152.58	753.90	223.81	15.85	381.07	118.42	386.88	148.67	62.14	29.63	649.78	241.17	448.90	200.17	—	—	—	—	—	—	—	—
2006	2157.39	609.46	214.92	11.94	234.09	39.79	427.71	91.89	65.28	33.06	664.24	216.75	551.16	216.03	—	—	—	—	—	—	—	—
2007	2185.53	621.91	140.07	29.85	164.23	14.68	410.94	139.10	62.79	14.20	686.70	180.82	720.80	243.26	—	—	—	—	—	—	—	—
2008	2210.36	471.80	150.37	43.58	117.13	25.99	448.52	83.14	89.86	48.16	677.53	139.01	726.95	131.92	—	—	—	—	—	—	—	—
2009	2087.47	328.04	141.77	28.92	123.98	17.16	351.73	78.30	101.65	31.58	627.46	87.05	740.88	85.03	—	—	—	—	—	—	—	—
2010	2025.14	355.17	118.27	2.80	95.00	11.90	338.69	56.73	111.41	7.68	602.01	185.16	759.76	90.89	—	—	—	—	—	—	—	—
2011	2089.87	417.49	166.35	14.67	106.19	9.16	273.11	33.48	97.42	24.68	701.39	200.78	745.41	134.73	—	—	—	—	—	—	—	—
2012	2107.59	561.89	115.53	28.30	115.16	36.42	248.07	59.77	92.88	31.95	702.31	134.61	833.64	270.85	—	—	—	—	—	—	—	—
2013	2608.29	910.13	187.12	64.00	173.72	74.54	209.76	52.60	88.88	11.17	349.69	71.35	992.83	426.01	62.39	29.70	399.59	109.80	130.59	65.41	13.71	5.55

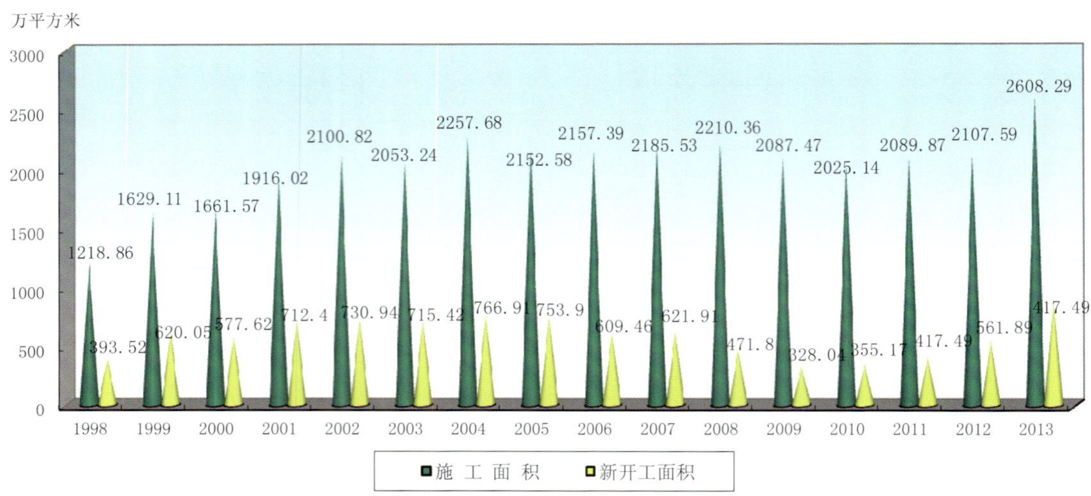

图 5-4　深圳市历年商品住宅施工及新开工面积示意图

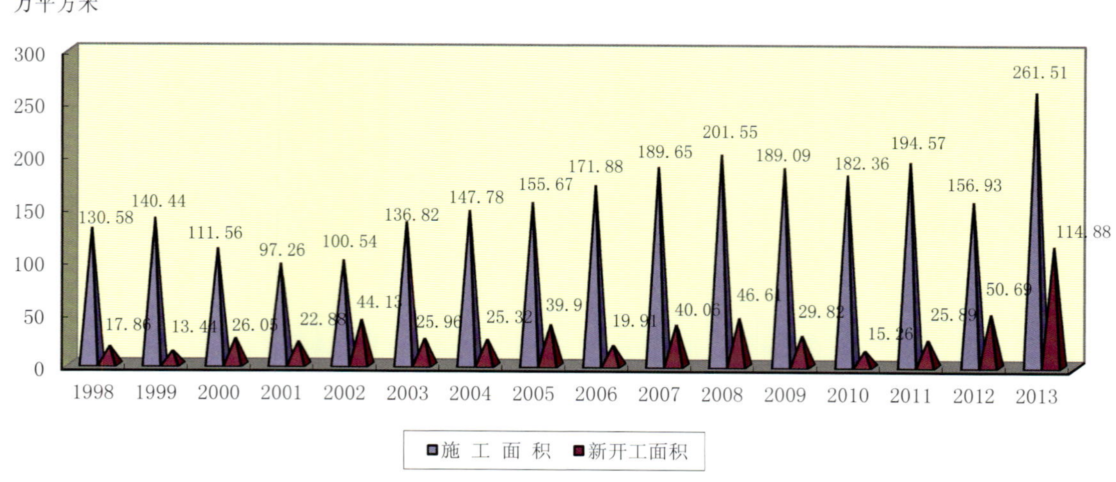

图 5-5　深圳市历年办公楼施工及新开工面积示意图

表 5-7 深圳市历年办公楼施工及新开工面积（按区域分）

单位：万平方米

年度	全市合计		其中																			
			罗湖区		福田区		南山区		盐田区		宝安区		龙岗区		光明新区		龙华新区		坪山新区		大鹏新区	
	施工面积	新开工	施工面积	新开工	施工面积	新开工	施工面积	新开工	施工面积	新开工	施工面积	新开工	施工面积	新开工	施工面积	新开工	施工面积	新开工	施工面积	新开工	施工面积	新开工
1996	238.93	—	135.1	—	69.66	—	30.22	—	—	—	0.59	—	3.36	—	—	—	—	—	—	—	—	—
1997	181.76	—	99.39	—	61.49	—	14.36	—	—	—	2.58	—	3.94	—	—	—	—	—	—	—	—	—
1998	130.58	17.86	57.46	0.43	36.35	11.05	18.99	1.9	8.12	0.03	0.87	0.85	8.79	3.6	—	—	—	—	—	—	—	—
1999	140.44	13.44	50.09	5.03	55.7	4.12	20.59	2.11	1.19	0.05	1.84	0.77	11.03	1.36	—	—	—	—	—	—	—	—
2000	111.56	26.05	32.05	0.03	54.09	18.3	17.92	5.19	0.47	—	3.41	2.54	3.62	—	—	—	—	—	—	—	—	—
2001	97.26	22.88	18.13	3.59	52.75	13.26	15.55	4.37	—	—	2.58	1.02	8.25	0.64	—	—	—	—	—	—	—	—
2002	100.54	44.13	23.01	10.74	56.2	26.67	9.59	2.48	1.67	1.67	2.46	1.05	7.61	1.52	—	—	—	—	—	—	—	—
2003	136.82	25.96	22.01	1.29	91.07	18.11	12.98	4.54	—	—	3.16	—	7.59	2.01	—	—	—	—	—	—	—	—
2004*	147.78	25.32	21.17	7.27	115.78	16.42	9.57	1.53	0.33	0.07	0.24	—	0.69	0.03	—	—	—	—	—	—	—	—
2005	155.67	39.9	15.55	—	119.23	34.31	9.78	0.47	0.38	0.07	6.52	1.24	4.2	3.81	—	—	—	—	—	—	—	—
2006	171.88	19.91	19.52	—	125.87	10.94	18.38	6.75	0.38	—	6.76	2.22	0.98	—	—	—	—	—	—	—	—	—
2007	189.65	40.06	5.72	0.7	119.12	9.06	35.08	15.53	8.02	8.02	16.03	1.17	5.69	5.58	—	—	—	—	—	—	—	—
2008	201.55	46.61	24.6	18.5	106.45	9.95	33	10.79	2.6	—	23.5	5.57	11.4	1.8	—	—	—	—	—	—	—	—
2009	189.09	29.82	26.58	5.68	94.99	—	47.18	20.22	2.88	0.28	13.91	2.01	3.56	1.63	—	—	—	—	—	—	—	—
2010	182.36	15.26	26.28	—	84.96	1.91	41.9	0.9	1.46	—	13.18	2.44	14.58	10	—	—	—	—	—	—	—	—
2011	194.57	25.89	26.28	—	77.21	1.91	40.41	6.1	9.11	7.65	15.59	5.2	25.05	5.03	—	—	—	—	—	—	—	—
2012	156.93	50.69	22.60	2.00	37.59	18.85	31.65	4.55	21.56	13.33	15.59	5.65	27.94	6.31	—	—	—	—	—	—	—	—
2013	261.51	114.88	32.58	7.02	90.77	55.48	43.72	11.78	21.29	—	12.81	8.53	57.13	32.07	0.13	—	3.09	—	—	—	—	—

表 5-8　深圳市历年商业用房施工及新开工面积（按区域分）

单位：万平方米

年度	全市合计		其中																			
			罗湖区		福田区		南山区		盐田区		宝安区		龙岗区		光明新区		龙华新区		坪山新区		大鹏新区	
	施工面积	新开工	施工面积	新开工	施工面积	新开工	施工面积	新开工	施工面积	新开工	施工面积	新开工	施工面积	新开工	施工面积	新开工	施工面积	新开工	施工面积	新开工	施工面积	新开工
1996	193.68	—	86.95	—	40.22	—	24.6	—	—	—	30.5	—	11.51	—	—	—	—	—	—	—	—	—
1997	185.17	—	62.89	—	61.58	—	18.7	—	—	—	26.51	—	15.49	—	—	—	—	—	—	—	—	—
1998	180.07	39.46	57.86	5.74	42.27	11.37	28.81	4.18	1.53	1.01	20.75	10.01	28.84	7.17	—	—	—	—	—	—	—	—
1999	245.46	56.49	66.93	6.81	69.45	24.45	41.35	7.75	8.7	0.95	24.79	5.8	34.23	10.92	—	—	—	—	—	—	—	—
2000	230.3	68.83	52.91	5.04	62.6	18.71	44.46	15.29	3.42	1.61	31.57	14.81	35.34	13.36	—	—	—	—	—	—	—	—
2001	240.43	69.52	38.04	10.57	80.12	17.4	41.55	13.62	2.14	0.37	28.29	13.08	50.29	14.48	—	—	—	—	—	—	—	—
2002	251.47	104.85	53.44	22.61	63.64	23.02	44.27	18.08	3.54	2.99	38.15	7.63	48.43	30.52	—	—	—	—	—	—	—	—
2003	291.97	102.43	45.37	14.75	83.88	15.35	45.24	21.53	4.91	2.56	46.7	17.36	65.87	30.88	—	—	—	—	—	—	—	—
2004*	379.15	123.24	60.86	18.33	86.03	9.68	72.14	32.05	8.61	4.68	75.81	33.54	75.7	24.96	—	—	—	—	—	—	—	—
2005	370.34	127.15	56.37	6.73	75.16	28.61	59.54	27.14	8.63	6.13	92.1	39.72	78.55	18.81	—	—	—	—	—	—	—	—
2006	385.71	69.98	58.66	1.18	77.29	10.57	71.82	7.47	19.22	3.35	68.53	16.84	90.2	30.57	—	—	—	—	—	—	—	—
2007	337.42	72.94	35.15	5.4	51.99	7.17	70.47	21.67	12.94	1.29	68.82	14.75	98.05	22.66	—	—	—	—	—	—	—	—
2008	346.45	84.9	43.78	13.49	44.37	10.95	77.56	17.31	16.49	5.76	67.5	17.28	96.75	20.11	—	—	—	—	—	—	—	—
2009	328.27	60.7	41.75	2.51	45.36	1.29	51.54	17.79	17.54	1.06	70.18	23.82	101.91	14.23	—	—	—	—	—	—	—	—
2010	298.62	38.69	43.59	1.31	37.83	2.97	42.96	2.55	14.65	1.39	52.61	7.13	106.97	23.34	—	—	—	—	—	—	—	—
2011	325.14	64.46	27.5	0.34	42.64	3.51	30.93	2.03	19.42	6.43	69.43	22.5	135.22	29.65	—	—	—	—	—	—	—	—
2012	339.25	103.47	26.12	11.58	41.85	7.54	35.60	10.66	19.92	10.72	82.11	26.84	133.65	36.14	—	—	—	—	—	—	—	—
2013	383.62	120.68	35.88	12.69	64.57	25.91	34.28	9.11	18.54	0.12	51.31	8.64	112.27	46.85	6.79	4.03	34.69	7.39	13.92	5.95	11.38	—

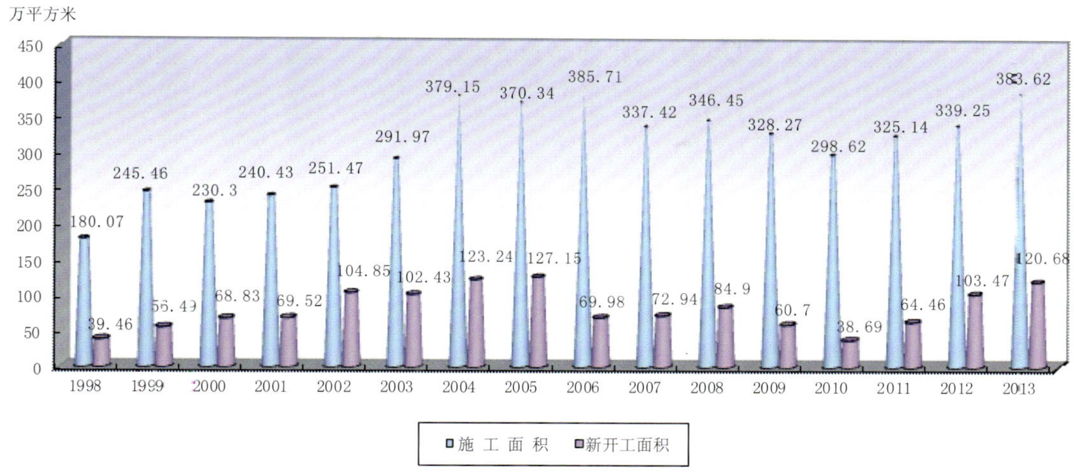

图 5-6 深圳市历年商业用房施工及新开工面积示意图

二、竣工情况

2013 年，全市商品房竣工面积 353.55 万平方米，同比减少 17%。按用途分，住宅 196.33 万平方米，同比减少 32.2%，其中 90 平米以下 103.25 万平方米，同比减少 48.5%；办公楼 30.84 万平方米，同比增加 150.7%；商业用房 53.35 万平方米，同比增加 34.2%；其他用房 73.03 万平方米，同比减少 13.4%。

从区域分布看，罗湖区 68.79 万平方米，同比增加 730.8%；福田区 53.21 万平方米，同比增加 5.7%；南山区 35.39 万平方米，同比减少 52.2%；宝安区 67.56 万平方米，同比减少 55.3%；龙岗区 70.18 万平方米，同比减少 48.2%；龙华新区 30.52 万平方米；坪山新区 27.90 万平方米。

表 5-9　深圳市历年商品房竣工面积（按用途分）

单位：万平方米

年　份	竣工面积	其　中			
		住　宅	办公楼	商业用房	其　他
1985 年及以前	434.91	238.71	54.38	54.82	87.00
1986	181.27	97.37	24.19	12.57	47.14
1987	134.37	84.80	10.96	4.28	34.33
1988	103.90	62.33	5.19	7.27	29.11
1989	180.29	109.11	9.01	12.62	49.55
1990	133.41	84.40	8.67	12.34	28.00
1991	150.44	91.22	7.93	11.21	40.08
1992	198.40	130.90	9.20	14.70	43.60
1993	281.46	196.75	11.51	21.32	51.88
1994	311.10	206.50	10.01	39.90	54.69
1995	311.55	216.38	34.24	36.98	23.95
1996	394.32	250.51	42.50	48.58	52.73
1997	327.04	243.19	34.22	29.57	20.06
1998	441.97	353.29	24.86	39.79	24.03
1999	571.46	467.36	20.03	59.16	24.91
2000	652.26	551.59	13.54	49.01	38.12
2001	770.58	621.91	24.06	68.65	55.96
2002	915.30	763.64	13.16	65.70	72.80
2003	994.52	778.34	46.08	88.66	81.44
2004*	1012.39	772.20	35.66	105.54	99.00
2005	945.78	704.44	18.70	96.67	125.97
2006	848.89	581.87	36.83	126.63	103.56
2007	630.46	434.70	32.38	73.74	89.64
2008	629.73	443.77	27.55	59.79	98.62
2009	402.01	269.54	25.05	32.2	75.22
2010	344.43	251.11	32.05	25.27	36.00
2011	343.36	247.29	20.97	36.39	38.71
2012	425.75	289.40	12.30	39.75	84.31
2013	353.55	196.33	30.84	53.35	73.03

表 5-10 深圳市历年商品房竣工面积（按区域分）

单位：万平方米

年 份	竣工面积	其 中									
		罗湖区	福田区	南山区	盐田区	宝安区	龙岗区	光明新区	龙华新区	坪山新区	大鹏新区
1996	394.32	118.29	130.13	82.81	—	31.54	31.55	—	—	—	—
1997	327.04	81.31	109.89	68.72	—	30.75	36.37	—	—	—	—
1998	441.97	96.18	114.30	83.48	6.89	62.93	78.19	—	—	—	—
1999	571.46	108.78	158.01	107.54	12.57	75.17	109.39	—	—	—	—
2000	652.26	117.03	209.42	112.43	6.45	94.59	112.34	—	—	—	—
2001	770.58	113.04	270.78	171.80	4.15	82.00	128.81	—	—	—	—
2002	915.30	179.76	199.15	261.14	20.64	125.41	129.20	—	—	—	—
2003	994.52	130.51	275.03	264.51	14.16	161.53	148.77	—	—	—	—
2004*	1012.39	105.71	263.55	341.72	21.06	172.83	107.52	—	—	—	—
2005	945.78	149.96	203.91	157.39	37.16	213.11	184.24	—	—	—	—
2006	848.89	91.89	176.36	159.17	27.36	228.39	165.71	—	—	—	—
2007	630.46	15.02	109.78	125.57	25.78	243.53	110.78	—	—	—	—
2008	629.73	58.10	32.20	214.3	8.10	179.03	138.00	—	—	—	—
2009	402.01	0.57	58.69	93.58	26.98	100.63	121.56	—	—	—	—
2010	344.43	0.24	20.12	70.61	9.85	120.97	122.64	—	—	—	—
2011	343.36	69.34	25.48	22.99	16.90	60.6	148.05	—	—	—	—
2012	425.75	8.28	50.32	73.97	6.41	151.25	135.52	—	—	—	—
2013	353.55	68.79	53.21	35.39	—	67.56	70.18	—	30.52	27.90	—

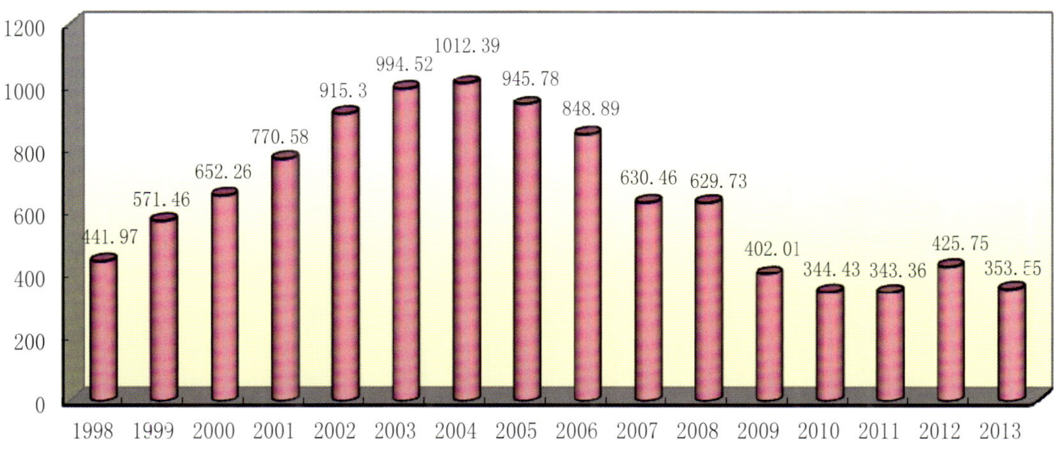

图 5-7 深圳市历年商品房竣工面积示意图

表 5-11 深圳市历年商品住宅竣工面积（按区域分）

单位：万平方米

年份	竣工面积	其中									
		罗湖区	福田区	南山区	盐田区	宝安区	龙岗区	光明新区	龙华新区	坪山新区	大鹏新区
1996	250.51	70.18	70.54	59.8	—	26.44	23.55	—	—	—	—
1997	243.19	51.59	83.56	55.52	—	23.33	29.19	—	—	—	—
1998	353.29	61.74	96.47	69.53	3.25	53.92	68.38	—	—	—	—
1999	467.36	83.17	120.98	95.03	5.85	66.52	95.81	—	—	—	—
2000	551.59	102.27	175.02	90.83	5.55	82.66	95.26	—	—	—	—
2001	621.91	90.65	208.59	137.61	3.39	70.56	111.11	—	—	—	—
2002	763.64	156.59	170.49	202.54	18.97	101.34	113.71	—	—	—	—
2003	778.34	91.36	212.78	219.75	12.11	125.88	116.45	—	—	—	—
2004*	772.2	92.29	174	276.8	16.82	124.06	88.22	—	—	—	—
2005	704.44	91.43	156.66	124.72	31.95	159.97	139.7	—	—	—	—
2006	581.87	52.86	93.92	106.94	18.52	170.58	139.04	—	—	—	—
2007	434.7	10.9	53.34	87.83	14.2	180.82	87.6	—	—	—	—
2008	443.77	41.3	17	126.3	7.13	150.03	102.01	—	—	—	—
2009	269.54	0	26.41	58.75	9.91	87.17	87.3	—	—	—	—
2010	251.11	0.24	4.05	47.05	9.35	98.34	92.07	—	—	—	—
2011	247.29	55.84	2.52	15.1	10.56	49.21	114.06	—	—	—	—
2012	289.40	4.44	14.07	50.16	5.96	118.33	96.44	—	—	—	—
2013	196.33	18.4	17.52	32.29	—	51.35	33.33	—	26.36	17.08	—

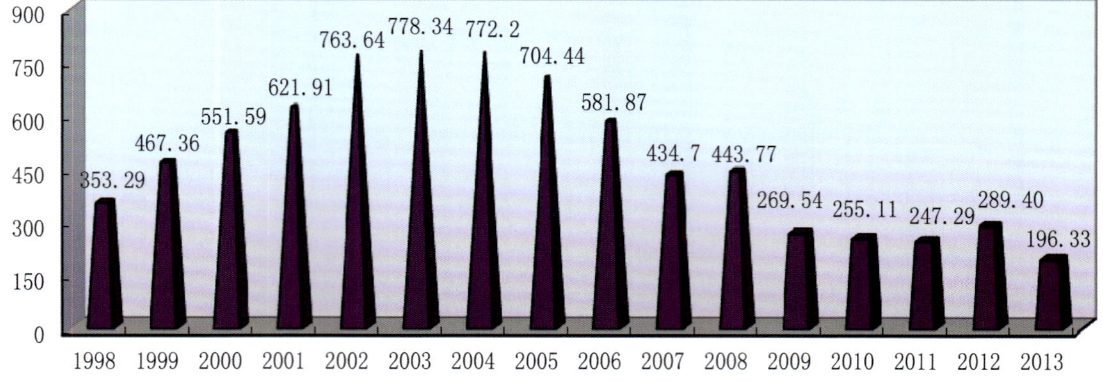

图 5-8 深圳市历年商品住宅竣工面积示意图

表 5-12　深圳市历年办公楼竣工面积（按区域分）

单位：万平方米

年份	竣工面积	其中									
		罗湖区	福田区	南山区	盐田区	宝安区	龙岗区	光明新区	龙华新区	坪山新区	大鹏新区
1996	42.5	19.88	12.28	9.99	—	0.25	—	—	—	—	—
1997	34.22	18	12.51	2.77	—	0.45	0.49	—	—	—	—
1998	24.86	11.44	5.15	7.54	0.15	—	0.58	—	—	—	—
1999	20.03	5.79	11.67	0.67	0.86	0.59	0.45	—	—	—	—
2000	13.54	0.53	6.9	2.79	0.29	0.38	2.65	—	—	—	—
2001	24.06	5.52	8.18	10	—	0.31	0.05	—	—	—	—
2002	13.16	1.21	5.14	6.01	—	0.8	—	—	—	—	—
2003	46.08	16.42	23.15	4.62	—	1.89	—	—	—	—	—
2004*	35.66	0.15	30.18	4.57	—	0.24	0.52	—	—	—	—
2005	18.71	10.83	4.09	3.49	0.07	—	0.23	—	—	—	—
2006	36.83	7.85	24.73	3.6	0.37	0.29	—	—	—	—	—
2007	32.38	0.75	16.26	12.13	—	3.23	—	—	—	—	—
2008	27.55	—	7.76	16.13	—	0.94	2.72	—	—	—	—
2009	25.05	—	15.37	6.18	2.6	0.9	—	—	—	—	—
2010	32.05	—	9.9	8.17	—	3.97	10.01	—	—	—	—
2011	20.97	—	16.35	4.62	—	—	—	—	—	—	—
2012	12.30	—	7.9	1.42	0.28	2.69	—	—	—	—	—
2013	30.84	19.53	7.91	—	—	—	3.4	—	—	—	—

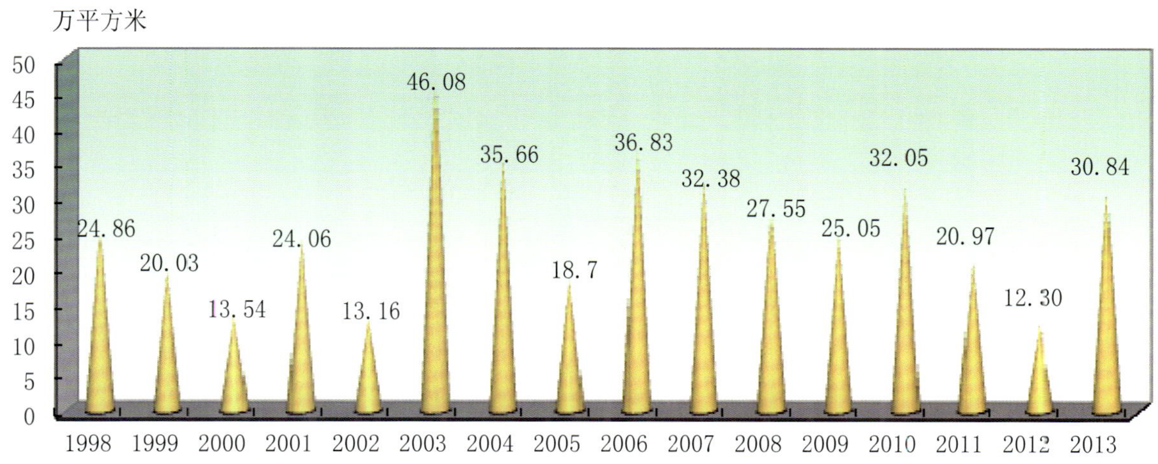

图 5-9　深圳市历年办公楼竣工面积示意图

表 5-13　深圳市历年商业用房竣工面积（按区域分）

单位：万平方米

年　份	竣工面积	其中									
		罗湖区	福田区	南山区	盐田区	宝安区	龙岗区	光明新区	龙华新区	坪山新区	大鹏新区
1996	48.58	14.74	21.06	4.31	—	4.06	4.41	—	—	—	—
1997	29.57	7.66	8.18	6.68	—	4.3	2.75	—	—	—	—
1998	39.79	13.7	6.51	2.87	—	8.89	7.82	—	—	—	—
1999	59.16	12.27	15.79	7.32	5.72	6.48	11.57	—	—	—	—
2000	49.01	8.68	12.86	9.9	0.26	8.08	9.23	—	—	—	—
2001	68.65	11.9	21.45	14.13	0.49	8.12	12.56	—	—	—	—
2002	65.7	11.87	10.85	20.16	1.22	11.88	9.72	—	—	—	—
2003	88.66	13.53	13.98	12.96	1.52	24.22	22.44	—	—	—	—
2004*	105.54	7.25	21.35	32.05	1.95	31.58	11.36	—	—	—	—
2005	96.67	27.33	17.37	13.26	1.69	11.26	25.76	—	—	—	—
2006	126.63	21.74	32	25.15	5.65	27.82	14.27	—	—	—	—
2007	73.74	1.2	15.25	19.56	8.88	16.66	12.18	—	—	—	—
2008	59.79	2.79	1.3	35.49	0.57	10.47	9.17	—	—	—	—
2009	32.2	0.57	1.05	8.45	9.38	5.21	7.56	—	—	—	—
2010	25.27	—	0.38	9.5	0.51	7.41	7.47	—	—	—	—
2011	36.39	7.92	1.17	0.21	4.01	3.33	19.75	—	—	—	—
2012	39.75	2.80	7.08	4.30	0.15	11.71	13.71	—	—	—	—
2013	53.35	17.87	15.84	1.39	—	2.45	8.88	—	2.64	4.28	—

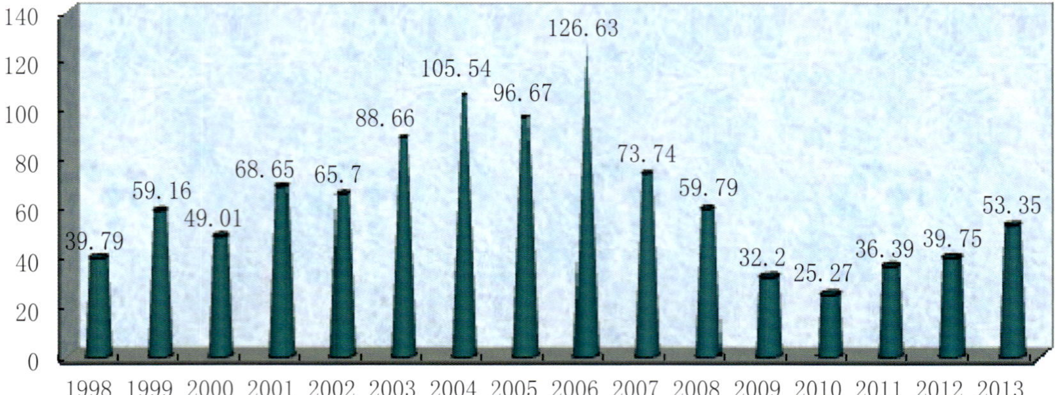

图 5-10　深圳市历年商业用房竣工面积示意图

第三节　保障性住房建设与管理

2013 年深圳市住房保障工作创新改革，住房保障体系基本形成。

一、保障房开工建设任务全面超额完成。 2013 年第一季度，全市根据省厅下达的任务，制定出台了《深圳市保障性安居工程 2013 年度计划》，提出 2013 年全市将新增安排保障性安居工程 4 万套、开工 1.5 万套、基本建成 3 万套（含竣工 2 万套）、供应 2.5 万套，并进一步将目标任务分解到各区及各相关职能部门，通过签订责任书的形式落实目标任务责任制。

经过一年的努力，全年实现开工保障性安居工程项目共 21 个、17964 套，完成省政府下达任务的 147%、市政府下达任务的 119%；完成华侨农场危房改造 200 户，完成省政府下达任务的 100%；全年基本建成项目 27 个、42663 套，完成省政府下达任务的 141%；全年竣工项目 18 个、22118 套，完成市政府下达任务的 111%；新增安排项目 31 个、4 万套，完成率 100%。全市保障性安居工程建设完成投资约 121 亿元。

二、保障房分配进入轮候时代。 供应保障房 2.7 万套，包括龙悦居、西乡安居家园、观澜茗语花园等，完成年度计划的 108%。完成安居型商品房、公租房两个轮候库建设，逐步实现“以需定建、诚信申报、轮候分配”。完成市本级 53 个保障房住宅小区 10 多万套住宅、39 万多平方米商业配套、200 多个公共服务设施的调查统计。加大对骗购、骗租、骗补行为依法严肃查处力度，对经查实骗购的 21 户保障性住房申请家庭，作出罚款、十年（或五年）内不予受理其他住房保障申请的行政处罚。

三、人才安居，住房公积金，多措并举。 2013 年，市、区安排人才安居住房补贴 10 亿元，人才住房 18100 套，惠及约 15.7 万人才，全市约 1 万家企业纳入人才安居工程试点。全市住房公积金新增缴存开户人数约 122 万人，缴存额 296 亿元，公积金提取金额 116 亿元，发放公积金贷款 84 亿元。

第四节　开发成本

深圳市建设工程造价管理站自 2006 年 6 月起，以该月各类建设工程单位工程造价为基期（基期指数定为 100）按月发布新的造价指数。同时，以 1993 年 12 月为基期的造价指数终止发布。

表 5-14 深圳市建设工程 2006 年 6 月基期造价

类别	项目	基期指数	平均成本（元/平方米）	样本成本区间（元/平方米）
建安工程	多层住宅	100	1282	860～1620
	高层住宅	100	1961	1568～2553
	多层写字楼	100	1900	1210～2280
	高层写字楼	100	2488	1990～3100
	工业建筑	100	1175	940～1411
	公共建筑	100	1451	866～1914
市政工程	给水管道工程	100	1861	1428～2190
	排水管道工程	100	1737	1319～2024
	道路工程（沥青混凝土路面）	100	6030	5567～6796
	道路工程（混凝土路面）	100	6233	5789～7076
	高架桥工程	100	60330	54290～66380

表 5-15 深圳市 2013 年建筑工程造价指数

类别	建安工程						市政工程				
项目	多层住宅	高层住宅	多层写字楼	高层写字楼	工业建筑	公共建筑	给水管道工程	排水管道工程	道路工程（沥青混凝土路面）	道路工程（混凝土路面）	高架桥工程
月份＼基数	2006 年 6 月为 100										
1	143.97	139.70	134.55	132.35	137.40	138.82	123.34	152.74	159.79	145.04	133.78
2	143.59	139.26	134.18	131.85	137.03	138.50	123.78	152.85	159.90	145.14	133.86
3	144.51	140.40	135.07	132.78	138.06	139.24	122.99	152.74	159.33	144.73	134.48
4	149.42	144.85	138.68	136.52	141.88	142.88	129.48	165.04	163.85	150.95	139.54
5	149.03	144.27	138.25	136.11	141.34	142.37	128.74	164.98	163.79	150.93	138.77
6	148.21	143.31	137.53	135.47	140.52	141.59	127.68	164.97	163.66	150.90	137.78
7	148.38	143.62	137.72	135.65	140.81	141.80	128.71	165.86	164.59	151.34	139.33
8	149.92	144.41	138.22	136.09	141.42	142.42	129.43	165.87	164.68	151.36	139.96
9	151.40	145.65	139.20	136.73	142.64	144.61	129.57	166.59	165.42	153.46	140.19
10	153.05	147.47	140.50	137.80	144.23	145.89	130.06	167.02	166.98	154.96	141.69
11	153.85	147.66	140.92	138.25	144.60	146.10	130.08	167.32	167.63	155.52	143.23
12	154.02	147.88	141.10	138.41	144.77	146.27	130.45	167.62	167.84	155.78	143.52

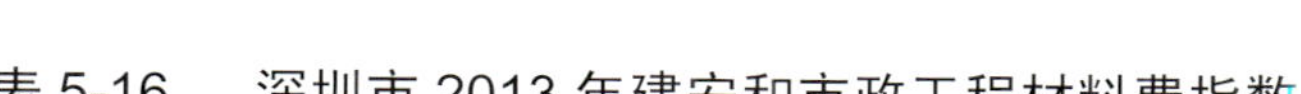

表 5-16 深圳市 2013 年建安和市政工程材料费指数

类别	建安工程	市政工程
月份＼基数	2006 年 6 月为 100	
1	112.46	113.54
2	111.67	113.61
3	113.26	113.95
4	113.11	113.36
5	112.40	112.52
6	111.26	111.41
7	111.59	113.43
8	112.51	114.15
9	114.05	114.99
10	116.24	117.73
11	116.78	119.35
12	117.05	119.83

表 5-17 深圳市 2013 年建设成本费用占总投资比率

单位：%

序号	费用项目	内容说明	多层住宅	高层住宅
一	**施工前期费**	**如果是有偿使用政府已开发好的土地，可在计入地价的同时扣除下列 1、2 项费用。**	14.31	13.30
1	征地及拆迁补偿费	征地费和红线内需要拆迁的原有各种建筑物、构筑物、青苗、树木、鱼塘、养殖场等的补偿和拆迁。	7.28	5.97
2	土地平整及临时设施费	按设计需要挖、填的土石方工程费、场地平整费(如有挡土墙的应算在内)，临时道路、临时供水、供电设施(含临时发电机发电、打井抽水等)以及建设单位发生的设施费用。	2.21	1.96
3	勘查设计费	进行工程水文、地质勘查和红线坐标测量、定点、埋设桩界等发生的各项费用；土地开发工程、建设安装工程及区内配套工程的设计、审图费用。	3.15	3.82
4	其他规费	包括安检、监理、咨询等费用。	1.67	1.55
二	**建筑安装费**	**指单位项目的土建、安装工程费用。**	70.51	67.89
1	桩基础工程费	包括沉管灌注桩、冲孔桩、钻孔桩、挖孔桩、钢板、管桩等（如是天然基础则并入主体工程费，此项不存在）。	5.83	5.81
2	土建工程费	包括结构工程和室内外装修工程，如天然基础、混凝土及钢筋混凝土工程、砖石工程、楼地面工程、屋面工程、装饰工程、钢结构工程、门窗工程及其他零星工程等，外加脚手架搭设费用。 关于二次设计 、二次装修的工程费用，若由开发企业负责，费用计算在内；若由业主自行装修，费用不能算入。	55.32	50.48
3	安装工程费	主要指水、电、煤气、空调、消防、电梯等设备购置及其安装的工程费用，通讯部分目前只包括电话线的埋管，其余由深大电话公司负责；水电安装应包括洁具、厨具和公用天线的费用，室外线管计至建筑物 2 米以内；水包括供水、排水、污水；消防包括烟感、温感、喷淋等。	9.36	11.60
三	**区内配套工程费**	**指小区内的配套工程。**	7.88	9.89
1	区内道路工程	指区内小道（非市政道路），多数为混凝土路面，宽度在 10 米以内，包括路灯等设施。	1.67	1.84
2	区内给排水工程	指建筑物 2 米以外的区内供水管道、阀门及井、消防栓，如有水泵房、储水池亦应包括在内，建筑物 2 米以外的区内污水、排水管道、污水井、雨水井、化粪池、排水沟、渠（明渠、暗渠）等。	1.33	1.51
3	区内供电工程	包括变、配电所的设备、材料及安装费用、土建工程、辅助工程费用，供电部分的电线、电缆、变压器、开关、电缆沟等。	1.34	1.53
4	区内园林绿化费	包括区内绿化场地的花草、树木各项费用。	1.61	1.76
5	区内公共设施费	区内设置公共娱乐设施所支付的费用，如环廊、街心公园、凉亭、游泳池、篮球场、网球场、羽毛球场、停车场。	1.93	3.25
四	**管理费、利息**	**—**	7.29	8.91
1	管理费	开发、建设过程中的管理费用。	2.56	2.54
2	利息	未收预售款的按施工前期费、建筑安装工程费、区内配套工程费之和计息。工期包括施工前期的时间。	4.73	6.37

表 5-18　深圳市近年各类建筑工程成本费用增加值

项　目		增　加　值					
		2008 年	2009 年	2010 年	2011 年	2012 年	2013 年
1. 桩基础	多层建筑	55～65	55～66	55～66	55～66	55～66	55～66
	高层建筑	90～120	90～120	90～120	90～120	90～120	90～120
2. 基础土方（运距 5 公里内）		12～18	12～18	12～18	12～18	12～18	12～18
3. 一般水电安装	住宅	106～128	106～128	106～128	106～128	106～128	106～128
	厂房	70～80	70～80	70～80	70～80	70～80	70～80
	高层建筑	220～265	220～265	220～265	220～265	220～265	220～265
4. 电梯	商品住宅	150～180	150～180	150～180	150～180	150～180	150～180
	手扶梯	200	200	200	200	200	200
5. 空调（元/冷吨）		9500～12000	8000～11000	8000～11000	8000～11000	8000～11000	8000～11000
6. 消防		60～80	60～80	60～80	60～80	60～80	60～80
7. 通讯		10～20	10～20	10～20	10～20	10～20	10～20
8. 室外配套		110～150	110～150	110～150	110～150	110～150	110～150
9. 煤气管道		10～20	10～20	10～20	10～20	10～20	10～20
10. 玻璃幕墙（明框）		450～800	450～800	450～800	450～800	450～800	450～800
11. 玻璃幕墙（隐框）		1000～1300	900～1300	900～1300	900～1300	900～1300	900～1300
12. 对讲机系统		15～25	15～25	15～25	15～25	15～25	15～25
13. 电视天线		4～8	4～8	4～8	4～8	4～8	4～8
14. 勘察、设计费用		50～80	50～80	50～80	50～80	50～80	50～80

注：各类建筑的装饰标准和特征详见深圳市建设工程造价管理站编写的《深圳建设工程价格信息》2006 年第 6 期“工程项目特征”。

第五节 住宅产业化

2013年，住宅产业化工作以标准化推动试点项目，完成了标准化设计研究，落实了8个试点项目。以示范基地打造新型住宅产业链，培育了1个国家级示范基地及5个市级示范基地和项目。以住博会和明日之家宣传产业化技术，展示了“保障房+工业化+绿色建筑”整体解决方案。

一、2013年深圳市住宅产业化工作情况

1. 标准化设计研究工作基本完成。针对我市保障性住房建设标准中的35平方米、50平方米、65平方米和80平方米四类户型，通过分析保障人群的功能需求和空间布置，采用模块化分解组合的方法和BIM辅助设计技术，开展了精细化、适老化、可变性、绿色技术和工业化建造等专项设计研究，已基本完成了标准户型及组合设计图集、入户调查报告、五个专题报告、BIM建模分析、工业化施工、绿色节能等研究成果。

2. 召开住宅产业化工作会议落实试点项目。会议由市政府常务副市长吕锐锋主持，市规划国土委详细汇报了近年住宅产业化的工作和“保障性住房标准化系列化设计”研究成果。市领导高度肯定了市规划国土委在推进住宅产业化工作中所取得的成绩，强调全市应把住宅产业化提到建设创新城市和打造深圳质量的战略高度，各部门形成合力共同推进。

会议确定在城市更新项目、公租房项目、安居型商品房项目、普通商品房项目分别落实不少于2个项目开展住宅产业化试点工作，同时要求市规划国土委牵头会同各相关部门制定出台住宅产业化配套政策。会议明确在龙华龙悦居项目的“住房改革与保障展览馆”建保障性住房标准户型样板间，在光明新区建设绿色建筑和住宅产业化科技园区。

3. 完成北京住博会参展和“明日之家2013”搭建工作。组织全市33家企业参加了北京住博会，北京住博会重点推出了“明日之家2013”主题示范展，体现了三个主题：一是低碳住宅，二是保障性住房，三是被动式节能房屋。其中保障性住房是由市规划国土委负责搭建，最大亮点在于“保障房+工业化+绿色建筑”，采用“深圳保障性住房标准化系列化设计研究”的标准户型，集成了深圳住宅产业化企业多项先进、适用的产业化技术和绿色节能技术，充分展示深圳在保障性住房中推进住宅产业化整体解决方案。

除了参与搭建“明日之家2013”，市规划国土委还搭建了深圳组团展区，展区面积180平方米，展示的主题为“推进住宅产业化、建设美丽深圳”，通过展板和实物方式展示深圳市在住宅产业前沿技术方面的成果，并在本届住博会获得了组委会颁发的“优秀组织奖”和“明日之家2013”技术入选奖。

4. 积极开展政策和标准研究工作。编制了《关于加快推进深圳住宅产业化的指导意见》，从土地出让、保障全市住宅产业化的目

标和措施。开展了《住宅产业化新型结构体系和建造体系》研究，根据各种产业化结构体系和建造方式的特点，提出适合我市产业特点的产业化实施路线。编制了《住宅产业化标准目录》，系统研究全市住宅产业化所需的标准规范，提出近期和中长期的技术标准编制计划。

5．开展住宅产业化示范基地和项目的培育工作。组织专家对深圳鹏程建筑公司、深圳市聚作照明公司、深圳达实智能公司、深圳家易通达公司、深圳君能公司等 5 个企业开展项目培育工作，对申报项目进行现场考察和专家评审，列入全市第三批住宅产业化示范基地和项目计划。

6．推进国家康居示范工程建设。协助住建部国家康居示范工程考核组对深圳三个项目进行考核评审，其中龙悦居（三期）保障性住房项目顺利通过达标验收；坪山新区聚龙山保障性住房完成了中期考核；岭宏健康家园申报国家康居示范工程通过立项评审。

7．加快落实住宅产业化科技园区建设。确定住宅产业园区采取“总部基地+工厂建设”建设模式，企业总部基地设在光明新区，工厂设在深汕特别合作区。组织住宅产业化的龙头企业与深汕特别合作区召开了共建住宅产业科技园的座谈会，就共建住宅产业科技园的投资模式、建设模式和运营模式进行了探讨。组织全市住宅产业化的相关企业代表前往深汕特别合作区开展考察调研活动，进一步增进企业对深汕特别合作区的了解。

二、深圳住宅产业化创新发展思路

2014 年，住宅产业化工作将以建设创新型城市的战略高度，加大培育新型住宅产业链的力度，联合各部门推进试点项目工作，为老百姓提供绿色低碳优质住房。

1．加强政策法规建设。根据各部门的反馈意见，修改完善《关于加快推进深圳住宅产业化的指导意见》，上报市政府审议，争取以部门联合发文方式出台政策。

2．落实住宅产业化试点项目。编制试点项目的土地出让文件中住宅产业化具体要求，会同市规划国土委、市住建局在城市更新项目、公租房项目、安居型商品房项目、普通商品房项目中确定住宅产业化试点项目，为项目实施单位提供技术支持。

3．完成标准化设计研究结题评审工作。推进“保障性住房标准化系列化设计研究”工作，完善研究成果并组织结题评审会。会同市住建局落实龙华龙悦居项目的“住房改革与保障展览馆”建保障性住房标准户型样板间，集中展示标准化设计的研究成果。

4．推进住宅产业科技园区建设。协助光明新区管委会落实住宅产业园区的建设用地，落实园区建设的总体规划和建设计划，明确入园企业的具体要求。

5．加大住宅产业化示范基地和项目培育及建设力度。组织专家评审示范基地和项目，全年计划完成至少 5 个示范基地和项目的培育评审工作，年底举办住宅产业化示范基地和项目授牌仪式。

第六章　房地产二级市场

第一节　市场管理

一、市场监管

2013年，面对国内改革加速、经济增速放缓、住房需求持续旺盛的形势，在国家住建部、广东省政府及省住建厅的指导下，在深圳市委市政府的领导下，全市坚决贯彻落实党的十八届三中全会精神，以开展党的群众路线教育实践活动为契机，将群众关心的住房问题、房价问题作为全年调控工作的重心，不折不扣地执行国家提出的各项房地产调控政策，制定切合全市实际的调控措施，加强房地产市场监管工作，健全和完善行政监管机制，全年房地产二级市场运行平稳有序。

一是坚决贯彻落实国家、省和市房地产市场宏观调控政策，积极有效的开展房地产市场调控工作。为贯彻落实《国务院办公厅关于继续做好房地产市场调控工作的通知》（“国五条”），深圳市出台了《深圳市人民政府办公厅关于继续做好房地产市场调控工作的通知》（深府办〔2013〕12号），于3月31日正式对外发布。10月11日，为落实全国重点城市房地产调控工作部署会议精神，吕锐锋常务副市长主持召开了全市房地产市场宏观调控领导小组联席会议，制定了加强房地产调控工作的八项工作措施于会后对外发布。

2013年，全市房地产市场主管部门继续定期召开房地产市场调控例会；加强新建商品住房预售计划管理，引导开发企业理性定价；调整了普通住房税收优惠标准，积极有效的针对房地产市场的具体问题做了及时处理。

二是切实开展房地产经纪市场专项治理工作，促进经纪市场健康稳定发展。根据《住房城乡建设部 工商总局关于集中开展房地产中介市场专项治理的通知》（建房〔2013〕94号）、《广东省住房城乡建设厅 广东省工商行政管理局关于开展房地产中介市场专项治理的通知》（粤建房〔2013〕86号）精神，结合深圳市房地产经纪市场的实际情况，在全市范围内开展了为期5个月的房地产经纪市场专项整治工作。通过经纪机构自查、收集整理群众投诉、开展现场巡查、组织联合检查等多种方式，建立了全市房地产经纪机构台账，查处了一批经纪机构违法违规行为，切实保护了广大市民的合法权益。

三是健全行政监管机制，建立和完善房地产市场巡查制度。在开展房地产经纪市场专项整治

工作过程中，结合房地产市场日常管理工作的实际情况制定和完善房地产市场监管制度；建立了主管部门与行业协会联合巡查机制，市规划国土委各管理局与行业协会定人、定时、定点开展联合检查工作并将此项工作制度化、常态化，充分发挥了行政管理与行业自律的互补作用。

四是开通“二手房自助交易合同打印系统”，为市民提供更加方便、高效的服务。针对广大市民和媒体反映的二手房自助成交合同打印难的问题，市规划国土委开发建设了“二手房自助交易合同打印系统”，于 2013 年 10 月 28 日正式对外启用，使市民足不出户就能轻松自主打印房地产买卖合同，受到外界的一致好评。

五是配合宏观调控工作，完善房地产信息体系功能。为配合今年的房地产宏观调控工作，对房地产信息系统进行了及时调整，完善了有关房地产价格公示功能，在引导房地产开发商合理定价、理性销售、避免房价剧烈波动方面起到了良好的作用。同时加强建设、统计等部门之间的沟通协调，逐步完善了有关数据共享方面的工作。有力支撑了对房地产市场的动态监测分析。

2013 年，全市通过严格执行“限购”政策；严格执行差别化住房信贷政策，提高第二套住房贷款首付比例；严格执行差别化的房地产税收政策，加强税收征管工作等措施，有效抑制住房投资投机需求，缓解供需矛盾。

二、商品房预售管理

2013 年，全市商品房批准预售面积 766.66 万平方米，同比增加 19.7%。其中，住宅 608.43 万平方米，同比增加 21%；办公楼 35.96 万平方米，同比增加 66.2%；商业用房 120.16 万平方米，同比增加 27.3%；其他类用房 12.11 万平方米，同比减少 59.5%。

从全市商品房批准预售的区域分布来看，罗湖区 2 万平方米，同比减少 77.7%；福田区 81.86 万平方米，同比增加 29%；南山区 69.24 万平方米，同比增加 30%；盐田区 21.38 万平方米，同比增加 40.8%；宝安区 98.31 万平方米，同比减少 58.6%；龙岗区 295.23 万平方米，同比增加 9.2%；光明新区 155.79 万平方米 龙华新区 27.95 万平方米；坪山新区 15.13 万平方米；大鹏新区 9.77 万平方米。

表 6-1　深圳市历年商品房批准预售面积（按用途分）

单位：万平方米

年　度	批准预售面积	其中			
		住　宅	办公楼	商业用房	其　他
1992	134.00	96.45	16.68	13.96	6.91
1993	281.62	211.21	22.70	39.04	8.67
1994	425.06	241.30	103.15	53.94	26.67
1995	331.80	248.07	23.94	48.73	11.06
1996	463.30	305.63	88.57	64.43	4.67
1997	429.68	349.54	24.00	43.77	12.37
1998	603.64	498.60	28.73	70.87	5.44
1999	616.86	538.77	26.54	44.97	6.58
2000	660.45	577.90	12.34	50.45	19.76
2001	722.46	647.14	3.32	65.02	6.98
2002	1058.29	961.42	23.75	71.88	1.24
2003	870.29	716.90	44.69	98.45	10.25
2004	953.19	806.48	30.34	82.84	33.53
2005	894.35	711.58	40.02	101.44	41.31
2006	807.28	694.57	34.40	72.81	5.49
2007	646.17	589.20	9.91	47.06	—
2008	778.54	666.47	20.34	60.40	31.33
2009	572.18	471.96	43.84	45.56	10.83
2010	482.03	393.42	15.72	47.96	24.93
2011	440.31	380.45	14.49	45.37	—
2012	648.79	502.81	21.64	94.39	29.94
2013	776.66	608.43	35.96	120.16	12.11

表 6-2 深圳市历年商品房批准预售面积（按区域分）

单位：万平方米

年度	批准预售面积	其中									
		罗湖区	福田区	南山区	盐田区	宝安区	龙岗区	光明新区	龙华新区	坪山新区	大鹏新区
1992	134.04	76.26	31.4	26.36	—	—	—	—	—	—	—
1993	281.62	115.81	107.7	58.11	—	—	—	—	—	—	—
1994	425.06	140.39	124.29	51.56	—	80.7	28.12	—	—	—	—
1995	331.8	60.97	50.05	67.1	—	79.89	73.79	—	—	—	—
1996	463.3	103.62	152.31	48.75	—	63.76	94.86	—	—	—	—
1997	429.68	82.3	127.51	64.91	—	79.86	75.1	—	—	—	—
1998	603.64	162.91	180.54	103.6	—	73.15	83.44	—	—	—	—
1999	616.86	149.86	217.97	78.38	6.44	49.07	115.16	—	—	—	—
2000	660.45	92.76	208.81	153.05	22.14	72.91	110.78	—	—	—	—
2001	722.46	142.22	150.86	147.19	11.97	135.17	135.05	—	—	—	—
2002	1058.29	107.47	306.64	258.03	26.05	165.86	194.24	—	—	—	—
2003	870.29	88.97	169.51	318.81	28.34	155.41	109.25	—	—	—	—
2004	953.19	91.54	222.42	220.48	13.41	207.3	198.04	—	—	—	—
2005	894.35	99.14	159.21	122.1	24.09	285.71	204.09	—	—	—	—
2006	807.28	44.17	103	158.38	28.18	285.59	187.95	—	—	—	—
2007	646.17	17.96	53.88	111.76	25.75	190.11	246.71	—	—	—	—
2008	778.54	30.24	51.12	129.76	23.18	299.64	244.6	—	—	—	—
2009	572.18	30.74	66.03	143.23	16.01	113.38	202.79	—	—	—	—
2010	482.03	19.84	19.8	85.23	6.82	148.7	201.65	—	—	—	—
2011	440.31	2.86	39.63	68.04	14.51	154.83	160.44	—	—	—	—
2012	648.79	8.98	63.45	53.25	15.19	237.57	270.34	—	—	—	—
2013	776.66	2.00	81.86	69.24	21.38	98.31	295.23	155.79	27.95	15.13	9.77

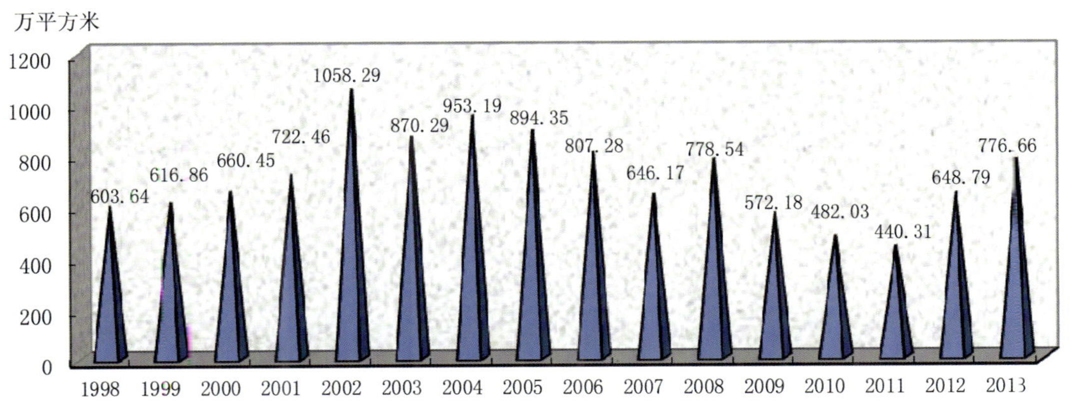

图 6-1 深圳市历年商品房批准预售面积示意图

表 6-3　深圳市历年商品住宅批准预售面积（按区域分）

单位：万平方米

年度	批准预售面积	其中									
		罗湖区	福田区	南山区	盐田区	宝安区	龙岗区	光明新区	龙华新区	坪山新区	大鹏新区
1992	96.45	54.9	24.41	17.14	—	—	—	—	—	—	—
1993	211.21	85.48	79.58	46.15	—	—	—	—	—	—	—
1994	241.3	78.17	70.24	46.86	—	21.59	24.44	—	—	—	—
1995	248.07	35.97	33.87	55.39	—	64.15	58.69	—	—	—	—
1996	305.63	34.29	95.23	41.75	—	51.2	83.14	—	—	—	—
1997	349.54	54.54	107.23	53.71	—	67.03	67.03	—	—	—	—
1998	498.6	129.12	143.61	90	—	64.8	71.07	—	—	—	—
1999	538.77	129.34	186.06	71.07	5.22	44.46	102.62	—	—	—	—
2000	577.9	83.17	176.34	139.29	18.41	64.48	96.21	—	—	—	—
2001	647.14	132.1	139.08	135.39	10.68	117.86	112.03	—	—	—	—
2002	961.42	99.98	271.9	242.95	25.1	150.29	171.2	—	—	—	—
2003	716.9	75.35	116.65	281.66	23.44	134.31	85.49	—	—	—	—
2004	806.48	85.39	163.56	205.14	12.22	177.13	163.04	—	—	—	—
2005	711.58	83.13	88.43	108.64	19.17	240.38	171.84	—	—	—	—
2006	694.57	39.5	68.53	128.4	25.04	262.59	170.51	—	—	—	—
2007	589.2	15.95	46.34	98.24	24.99	177.28	226.4	—	—	—	—
2008	666.47	24.73	28.57	115.18	21.55	266.13	210.3	—	—	—	—
2009	471.96	29.7	22.53	120.74	13.49	106.89	178.61	—	—	—	—
2010	393.42	13.49	15.56	56.14	5.81	126.91	175.51	—	—	—	—
2011	380.45	2.06	20.58	51.93	12.87	147.54	145.47	—	—	—	—
2012	502.81	8.97	11.38	40.2	1.31	211.58	229.36	—	—	—	—
2013	608.43	—	31.16	52.62	7.40	83.49	238.55	149.42	26.12	14.31	5.36

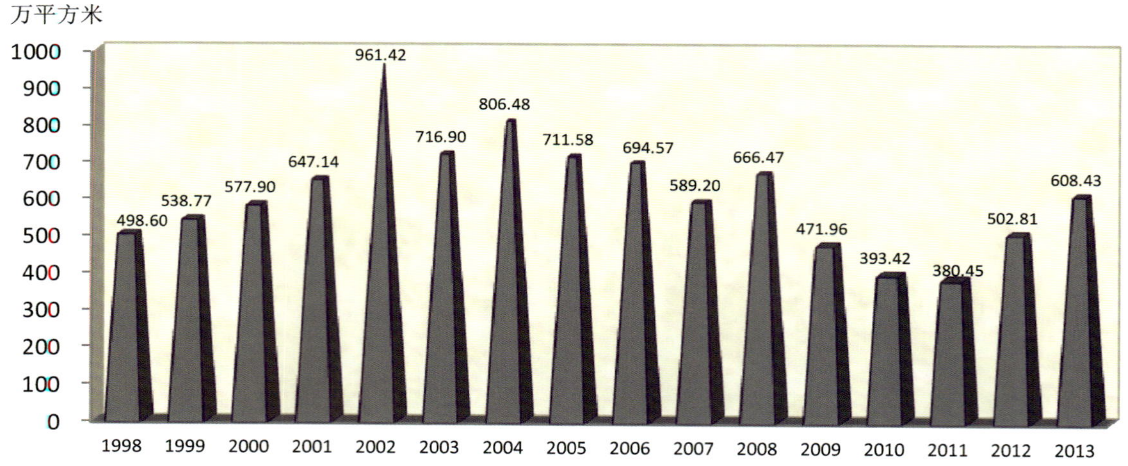

图 6-2　深圳市历年商品住宅批准预售面积示意图

表 6-4　深圳市历年办公楼批准预售面积（按区域分）

单位：万平方米

年　度	批准预售面积	其中									
		罗湖区	福田区	南山区	盐田区	宝安区	龙岗区	光明新区	龙华新区	坪山新区	大鹏新区
1992	16.69	13.54	—	3.15	—	—	—	—	—	—	—
1993	22.7	11.97	8.75	1.98	—	—	—	—	—	—	—
1994	103.15	36.37	24.86	0.39	—	41.53	—	—	—	—	—
1995	23.94	12.21	10.74	0.64	—	0.15	0.2	—	—	—	—
1996	88.57	49.07	31.01	3.85	—	4.36	0.28	—	—	—	—
1997	24	13.7	5.44	4.86	—	—	—	—	—	—	—
1998	28.73	10.14	15.24	3.29	—	—	0.06	—	—	—	—
1999	26.54	8.03	14.72	1.25	0.88	0.19	1.47	—	—	—	—
2000	12.34	2.35	5.07	2.85	1.85	—	0.22	—	—	—	—
2001	3.32	0.72	1.96	0.3	—	—	0.34	—	—	—	—
2002	23.75	—	20.85	1.91	—	—	0.99	—	—	—	—
2003	44.69	0.69	35.39	6.46	0.12	1.26	0.77	—	—	—	—
2004	30.34	0.39	26.08	2.24	—	0.31	1.32	—	—	—	—
2005	40.02	0.18	34.53	3.7	0.1	—	1.51	—	—	—	—
2006	34.4	0.93	26.95	5.09	—	0.95	0.49	—	—	—	—
2007	9.91	—	3	6.91	—	—	—	—	—	—	—
2008	20.34	—	12.54	0.83	—	6.96	—	—	—	—	—
2009	43.84	—	30.35	8.72	—	1.96	2.81	—	—	—	—
2010	15.73	4.71	0	5.73	—	1.99	3.3	—	—	—	—
2011	14.49	—	7.72	6.77	—	—	—	—	—	—	—
2012	21.64	—	7.85	5.97	2.99	0.58	4.26	—	—	—	—
2013	35.96	1.52	22.58	0.87	—	—	10.99	—	—	—	—

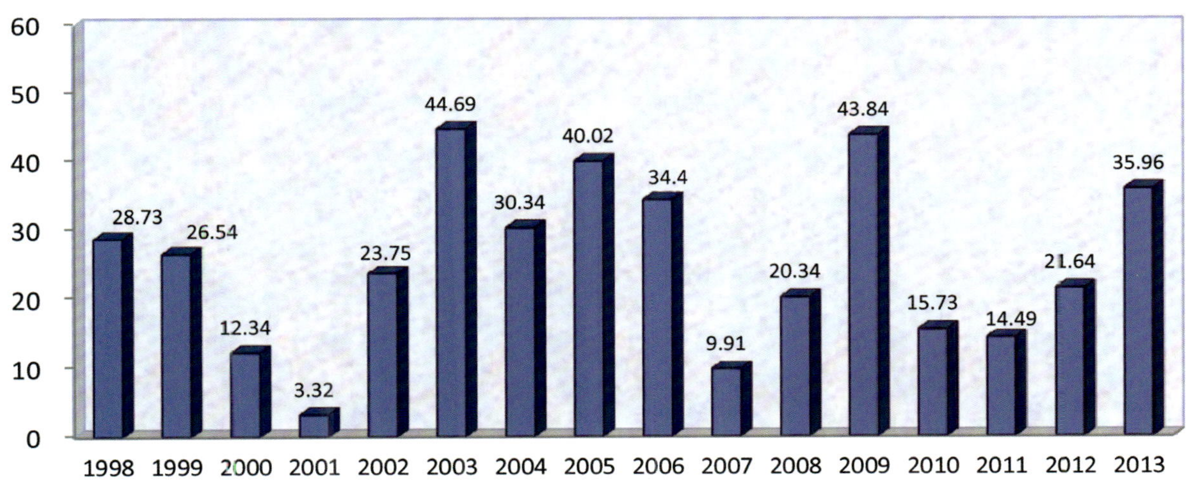

图 6-3　深圳市历年办公楼批准预售面积示意图

表 6-5　深圳市历年商业用房批准预售面积（按区域分）

单位：万平方米

年　度	批准预售面积	其　中									
		罗湖区	福田区	南山区	盐田区	宝安区	龙岗区	光明新区	龙华新区	坪山新区	大鹏新区
1992	13.96	7.82	3.3	2.84	—	—	—	—	—	—	—
1993	39.04	18.37	12.94	7.73	—	—	—	—	—	—	—
1994	53.94	17.67	17.06	2.01	—	13.52	3.68	—	—	—	—
1995	48.73	12.79	5.43	6.9	—	13.55	10.06	—	—	—	—
1996	64.43	20.26	21.42	3.15	—	8.19	11.41	—	—	—	—
1997	43.77	14.06	4.44	4.72	—	12.83	7.72	—	—	—	—
1998	70.87	23.66	16.29	10.32	—	8.35	12.25	—	—	—	—
1999	44.97	12.49	14.41	2.25	0.33	4.41	11.08	—	—	—	—
2000	50.45	6.75	8.14	10.9	1.88	8.43	14.35	—	—	—	—
2001	65.02	9.4	9.82	7.21	1.29	17.31	19.99	—	—	—	—
2002	71.88	7.49	12.65	13.17	0.95	15.57	22.05	—	—	—	—
2003	98.45	10.36	16	28.98	3.04	18.34	21.73	—	—	—	—
2004	82.84	5.06	9.13	11.96	0.28	24.17	32.24	—	—	—	—
2005	101.44	5.45	10.6	7.6	2.89	42.49	32.41	—	—	—	—
2006	72.81	2.09	7.44	24.55	3.14	21.65	13.95	—	—	—	—
2007	47.06	2.01	4.53	6.61	0.76	12.83	20.31	—	—	—	—
2008	60.4	5.51	4.43	7.73	1.63	26.54	14.55	—	—	—	—
2009	45.56	1.04	6.5	13.51	—	4.53	19.98	—	—	—	—
2010	47.96	1.64	0.06	11.9	1.01	17.57	15.78	—	—	—	—
2011	45.37	0.8	11.33	9.34	1.64	7.29	14.97	—	—	—	—
2012	94.39	—	28.87	7.1	10.89	25.42	22.12	—	—	—	—
2013	120.16	0.48	28.12	3.64	13.98	14.82	45.70	6.37	1.83	0.82	4.40

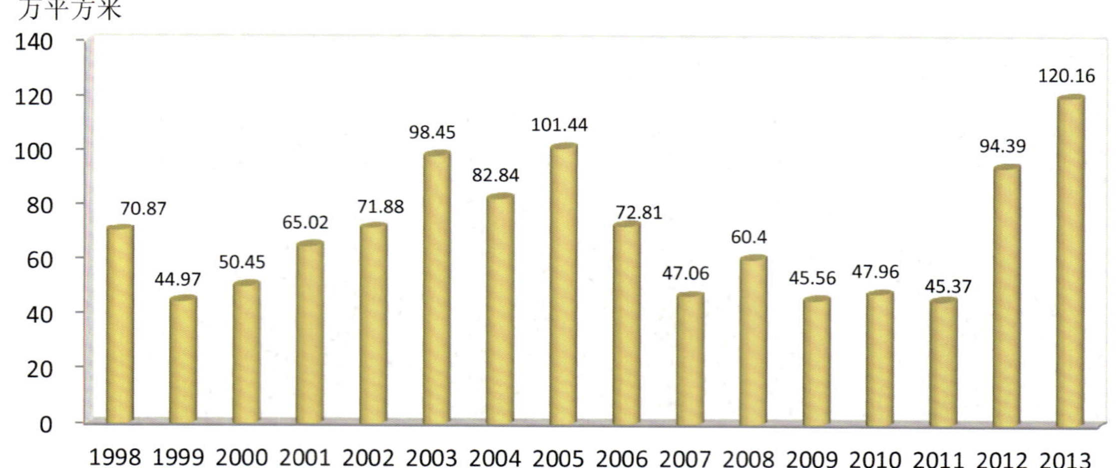

图 6-4　深圳市历年商业用房批准预售面积示意图

表 6-6　深圳市 2013 年颁发《房地产预售许可证》项目一览

单位：平方米

序号	预售许可证号	项目名称	开发企业	项目位置	批准预售面积	其中			
						住宅	办公楼	商业	其他
1	深房许字（2013）宝安 001 号	西乡安居家园	卓越置业集团有限公司	宝安区西乡街道	61999.06	58004.03	—	3995.03	—
2	深房许字（2013）宝安 002 号	领航里程花园二期、三期	深圳中信航城房地产有限公司	宝安区西乡街道航城大道北侧	132131.02	132131.02	—	—	—
3	深房许字（2013）宝安 003 号	前海颐大厦	深圳市华侨城酒店置业有限公司	深圳市宝安中心区 N26 区，宝兴路西侧	34296.79	—	—	34296.79	—
4	深房许字（2013）宝安 004 号	中熙香缤山花园（一期）	深圳市中熙房地产开发有限公司，深圳市凤凰岗股份合作公司	宝安区西乡街道	65603.70	50679.42	—	14924.28	—
5	深房许字（2013）宝安 005 号	御景水岸花园（一、二期）	深圳市恒丰浩森房地产有限公司	宝安区福永街道广深公路以西、立新水库东侧	27932.29	25936.23	—	1996.06	—
6	深房许字（2013）宝安 006 号	润恒尚园	深圳市润恒尚园房地产开发有限公司	宝安区西乡街道	145045.11	143051.23	—	1993.88	—
7	深房许字（2013）宝安 007 号	万科翡逸郡园	深圳市广盛荣投资有限公司	宝安区沙井街道	28510.35	19671.56	—	8838.79	—
8	深房许字（2013）宝安 008 号	湾美花园四期	深圳市广兴源投资发展有限公司，深圳市劳动股份合作公司	宝安区西乡街道海城路	23852.58	23852.58	—	—	—
9	深房许字（2013）宝安 009 号	中熙香缤山花园（二期）	深圳市中熙房地产开发有限公司，深圳市凤凰岗股份合作公司	宝安区西乡街道	38155.73	34889.31	—	3266.42	—
10	深房许字（2013）宝安 010 号	金石雅苑	振昌实业（深圳）有限公司	宝安区福永街道广深公路西侧	29721.00	29721.00	—	—	—
11	深房许字（2013）宝安 011 号	万科翡悦郡园	深圳市广盛荣投资有限公司	宝安区沙井街道新沙路与环镇路交汇处	32403.40	26531.54	—	5871.86	—
12	深房许字（2013）宝安 012 号	中洲华府（二期）	深圳市中洲宝城置业有限公司	宝安区新安街道裕安二路与公园交汇处	133889.66	121681.90	—	12207.76	—
13	深房许字（2013）宝安 013 号	香格丽湾园	深圳市草围投资有限公司	宝安区西乡街道航城大道南侧	48127.36	44775.67	—	3351.69	—
14	深房许字（2013）宝安 014 号	尖岗山名苑（一期）	深圳中海地产有限公司	西乡街道	43915.59	43915.59	—	—	—
15	深房许字（2013）宝安 015 号	瑞尚居	深圳市富通房地产集团有限公司，深圳市后瑞股份合作公司	宝安区西乡街道	39848.72	11996.69	—	27852.03	—
16	深房许字（2013）宝安 016 号	瑞翔居	深圳市富通房地产集团有限公司，深圳市后瑞股份合作公司	宝安区航城大道与固兴路交汇处	29064.67	26114.00	—	2950.67	—

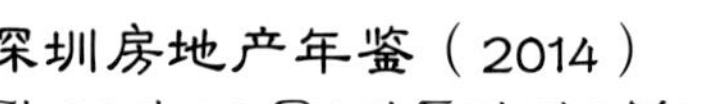

（续表）

序号	预售许可证号	项目名称	开发企业	项目位置	批准预售面积	其中			
						住宅	办公楼	商业	其他
17	深房许字（2013）宝安 017 号	华盛盛荟名庭	深圳市祥盛房地产开发有限公司	宝安区新安街道	68581.32	41933.77	—	26647.55	—
18	深房许字（2013）大鹏 001 号	佳兆业假日广场	深圳市大鹏佳兆业房地产开发有限公司	大鹏办事处迎宾北路南侧	64853.95	20808.94	—	44045.01	—
19	深房许字（2013）大鹏 002 号	璞岸花园（一期）	深圳市嘉福房地产开发有限公司	大鹏街道大鹏山庄以北	32827.33	32827.33	—	—	—
20	深房许字（2013）福田 001 号	卓越梅林中心广场（北区）	深圳市卓越康华贸易有限公司、深圳市圳宝实业有限公司	福田街道中康路	102840.34	—	100336.16	2504.18	—
21	深房许字（2013）福田 002 号	万泽云顶尚品花园（B 地块）	深圳市玉龙宫实业发展有限公司	福田区塘朗山路	24297.96	24297.96	—	—	—
22	深房许字（2013）福田 003 号	天御香山花园	深圳市农科房地产开发有限公司	红荔西路和农轩路交汇处	80901.19	80901.19	—	—	—
23	深房许字（2013）福田 004 号	新天世纪商务中心	深圳市新天时代投资有限公司，深圳市石厦实业股份有限公司	福田区石厦北二街西	157221.75	—	96525.60	60696.15	—
24	深房许字（2013）福田 005 号	香蜜苑	深圳市建合恒投资有限公司	安托山北侧	50421.17	50421.17	—	—	—
25	深房许字（2013）福田 006 号	京基滨河时代广场（南区）	深圳市京基房地产股份有限公司、深圳市沙头下沙实业股份有限公司	福田街道滨河大道南	82015.00	82015.00	—	—	—
26	深房许字（2013）福田 007 号	深业上城（北区）	深圳市科之谷投资有限公司	福田区彩田路与笋岗西路东北侧	168581.72	—	—	168581.72	—
27	深房许字（2013）福田 008 号	山语清晖花园（一期）	深圳市华来利投资控股（集团）有限公司	莲塘尾	73946.13	73946.13	—	—	—
28	深房许字（2013）福田 009 号	京基滨河时代广场北区（一期）	深圳市京基房地产股份有限公司、深圳市沙头下沙实业股份有限公司	福田区滨河路	46526.90	—	—	46526.90	—
29	深房许字（2013）福田 010 号	颂德花园	深圳市颂德房地产开发有限公司	下梅林二街西	28935.83	—	28935.83	—	—
30	深房许字（2013）光明 001 号	深房传麒山	深圳经济特区房地产（集团）股份有限公司	深圳市光明新区高新园区牛山公园南侧	38900.03	38900.03	—	—	—
31	深房许字（2013）光明 002 号	深房传麒山	深圳经济特区房地产（集团）股份有限公司	深圳市光明新区高新园区牛山公园南侧	20496.40	20496.40	—	—	—
32	深房许字（2013）光明 003 号	深房传麒山	深圳经济特区房地产（集团）股份有限公司	深圳市光明新区高新园区牛山公园南侧	38267.69	36271.54	—	1996.15	—

（续表）

序号	预售许可证号	项目名称	开发企业	项目位置	批准预售面积	其中			
						住宅	办公楼	商业	其他
33	深房许字（2013）光明 004 号	和润家园	深圳市光明集团有限公司	深圳市光明新区高新区公园路东侧、华夏路南侧	5658.59	—	—	5658.59	—
34	深房许字（2013）光明 005 号	深房传麒山	深圳经济特区房地产（集团）股份有限公司	深圳市光明新区高新园区牛山公园南侧	9878.39	9878.39	—	—	—
35	深房许字（2013）光明 006 号	金城大第花园	深圳市金城光明房地产有限公司	宝安区光明街道	39064.25	37554.81	—	1509.44	—
36	深房许字（2013）龙岗 001 号	嘉御豪园	深圳市信贤房地产开发有限公司	龙岗区坂田街道	143652.78	143652.78	—	—	—
37	深房许字（2013）龙岗 002 号	信义御城豪园	深圳市信义房地产开发有限公司	龙岗区横岗街道	128186.82	128186.82	—	—	—
38	深房许字（2013）龙岗 003 号	紫瑞花园	深圳市紫瑞房地产开发有限公司	龙岗区布吉街道	63138.20	63138.20	—	—	—
39	深房许字（2013）龙岗 004 号	悦城花园	深圳市大综艺房地产开发有限公司，深圳市龙岗区龙城街道办事处回龙埔社区居民委员会	龙岗区中心城	9777.53	9777.53	—	—	—
40	深房许字（2013）龙岗 005 号	保利上城花园	深圳市雅豪园投资有限公司	龙岗区龙城街道爱联社区	61506.44	56408.84	—	5097.60	—
41	深房许字（2013）龙岗 006 号	运河蓝湾家园	深圳市和正泰投资发展有限公司	龙岗龙岗街道	24855.62	24657.39	—	198.23	—
42	深房许字（2013）龙岗 007 号	承翰陶源花园	深圳市五联将军帽房地产开发有限公司	龙岗区龙城街道五联社区	66406.99	58755.93	—	7651.06	—
43	深房许字（2013）龙岗 008 号	万汇大厦	深圳市东方置地集团有限公司	龙岗区龙岗街道	13605.60	—	13605.60		—
44	深房许字（2013）龙岗 009 号	中信龙盛广场	中信华南（集团）深圳有限公司	龙岗区龙岗街道龙东社区	67677.10	35856.05	2917.24	28903.81	—
45	深房许字（2013）龙岗 010 号	阅山公馆	深圳市嘉盛城投资有限公司	龙岗区龙城街道	48902.26	44236.93	—	4665.33	—
46	深房许字（2013）龙岗 011 号	御峰园	深圳和记黄埔龙岗地产有限公司	龙岗区平湖街道	19993.91	6960.90	—	13033.01	—
47	深房许字（2013）龙岗 012 号	金地名峰	深圳市金地宝城房地产开发有限公司	龙岗区龙岗街道	76929.06	73955.06		2974.00	
48	深房许字（2013）龙岗 013 号	承翰陶源花园	深圳市五联将军帽房地产开发有限公司	龙岗区龙城街道五联社区	27366.84	26020.71	—	1346.13	—

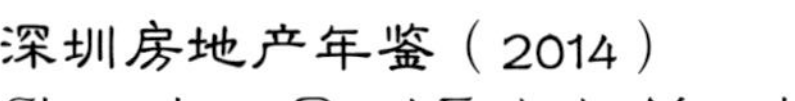

（续表）

序号	预售许可证号	项目名称	开发企业	项目位置	批准预售面积	其中			
						住宅	办公楼	商业	其他
49	深房许字（2013）龙岗 014 号	鸿威鸿景华庭	深圳市深润川实业有限公司	龙岗区龙城街道	70122.59	70122.59	—	—	—
50	深房许字（2013）龙岗 015 号	信义御城豪园	深圳市信义房地产开发有限公司	龙岗区横岗街道	33343.75	33343.75	—	—	—
51	深房许字（2013）龙岗 016 号	东城中心花园	深圳市麟恒投资发展有限公司	龙岗区横岗街道办	62562.36	33840.65	—	28721.71	—
52	深房许字（2013）龙岗 017 号	仁恒峦山美地花园	仁恒置地（深圳）有限公司	龙岗区龙岗街道	69738.43	65894.45	—	3843.98	—
53	深房许字（2013）龙岗 018 号	观山大卫华庭	深圳市富腾投资发展有限公司	龙岗区布吉街道	18131.38	14476.63	—	3654.75	—
54	深房许字（2013）龙岗 019 号	颐安都会中央花园	深圳市红荷房地产开发有限公司	龙岗区体育新城龙兴大道与红棉路交汇处	69746.00	69746.00	—	—	—
55	深房许字（2013）龙岗 020 号	保利上城花园	深圳市雅豪园投资有限公司	龙岗区龙城街道爱联社区	32391.43	31133.94	—	1257.49	—
56	深房许字（2013）龙岗 021 号	悦澜山花园	清蓝实业（深圳）有限公司	龙岗区龙城街道	76732.28	76732.28	—	—	—
57	深房许字（2013）龙岗 022 号	万科红悦花园	深圳市万悦房地产开发有限公司	龙岗布吉街道	28253.83	26003.10	—	2250.73	—
58	深房许字（2013）龙岗 023 号	深房尚林花园	深圳市深房集团龙岗开发有限公司	龙岗区龙岗街道	48176.84	48176.84	—	—	—
59	深房许字（2013）龙岗 024 号	万科天誉中央广场	深圳市万科九州房地产开发有限公司	龙岗区龙城街道	211144.30	—	36901.05	174243.25	—
60	深房许字（2013）龙岗 025 号	同创新作居	深圳市新南宝恒投资发展有限公司	龙岗区平湖街道	46848.54	32756.37	12683.15	1409.02	—
61	深房许字（2013）龙岗 026 号	金域上郡花园	深圳市和诚鸿业投资发展有限公司	龙岗区布吉街道	105889.05	103753.07	—	2135.98	—
62	深房许字（2013）龙岗 027 号	金域中央花园（一期）	深圳市万鸿嘉投资发展有限公司	龙岗区布吉街道	17012.59	11987.35	—	5025.24	—
63	深房许字（2013）龙岗 028 号	香林世纪华府	深圳市惠明盛房地产投资开发有限公司	龙岗区坪地街道	101380.30	101380.30	—		—
64	深房许字（2013）龙岗 029 号	万科红悦花园	深圳市万悦房地产开发有限公司	龙岗区布吉街道	38404.23	37286.09	—	1118.14	—

（续表）

序号	预售许可证号	项目名称	开发企业	项目位置	批准预售面积	其中			
						住宅	办公楼	商业	其他
65	深房许字（2013）龙岗 030 号	荷康花园	深圳市荷康城房地产开发有限公司	龙岗区横岗街道	51846.91	51846.91	—	—	—
66	深房许字（2013）龙岗 031 号	远洋新干线晶钻广场	天基房地产开发（深圳）有限公司	龙岗区龙岗街道	78891.15	—	43766.92	35124.23	—
67	深房许字（2013）龙岗 032 号	安鸿峰景苑	深圳市安鸿兴投资发展有限公司	龙岗区南湾街道	18321.97	17205.23	—	1116.74	—
68	深房许字（2013）龙岗 033 号	润创兴时代公寓	深圳市润创兴投资有限公司	龙岗区坂田街道	32830.74	—	—	32830.74	—
69	深房许字（2013）龙岗 034 号	保利上城花园	深圳市雅豪园投资有限公司	龙岗区龙城街道爱联社区	42093.91	39020.33	—	3073.58	—
70	深房许字（2013）龙岗 035 号	海航国兴花园	深圳宝源创建有限公司	龙岗区龙岗街道	50433.08	33608.79	—	16824.29	—
71	深房许字（2013）龙岗 036 号	佳兆业悦峰花园	深圳市悦峰投资有限公司	龙岗区坂田街道办	79912.98	77305.51	—	2607.47	—
72	深房许字（2013）龙岗 037 号	满京华喜悦里华庭	深圳市满京华投资集团有限公司	龙岗区龙岗街道	112343.73	92333.63	—	20010.10	—
73	深房许字（2013）龙岗 038 号	东都花园一区	民生东都深圳房地产开发有限公司	龙岗区中心城	16997.41	16997.41	—	—	—
74	深房许字（2013）龙岗 039 号	瑞泽佳园	深圳市粤宝实业发展有限公司	龙岗区横岗街道六约社区	46801.65	46801.65	—	—	—
75	深房许字（2013）龙岗 040 号	鸿威鸿景华庭	深圳市深润川实业有限公司	龙岗区龙城街道	32066.92	32066.92	—	—	—
76	深房许字（2013）龙岗 041 号	振业峦山谷花园（二期）	深圳市振业（集团）股份有限公司	龙岗区龙岗街道	7383.15	—	—	7383.15	—
77	深房许字（2013）龙岗 042 号	深房尚林花园	深圳市深房集团龙岗开发有限公司	龙岗区龙岗街道	41539.16	41539.16	—	—	—
78	深房许字（2013）龙岗 043 号	国香山花园	深圳市厦村房地产开发有限公司	龙岗区南湾街道	113375.38	113375.38	—	—	—
79	深房许字（2013）龙岗 044 号	旭源怡景轩	深圳市世纪旭源投资发展有限公司	龙岗区龙岗街道	16631.03	16631.03	—	—	—
80	深房许字（2013）龙岗 045 号	熙璟城豪苑	深圳市华兴广实业有限公司	龙岗区平湖街道	177471.86	151478.20	—	25993.66	—

（续表）

序号	预售许可证号	项目名称	开发企业	项目位置	批准预售面积	其中			
						住宅	办公楼	商业	其他
81	深房许字（2013）龙岗 046 号	佳兆业中央广场（三期）	宝吉工艺品（深圳）有限公司	龙岗区坂田街道	124530.39	119571.40	—	4958.99	—
82	深房许字（2013）龙岗 047 号	百合山水别苑	深圳市五联百合房地产开发有限公司	龙岗区龙城街道五联社区	11314.96	11314.96	—	—	—
83	深房许字（2013）龙岗 048 号	海心汇福园	深圳市下水径投资有限公司	龙岗区布吉街道	11971.00	—	—	11971.00	—
84	深房许字（2013）龙华 001 号	懿花园	和记黄埔地产（深圳）有限公司	龙华新区观澜办事处横坑水库南侧	17527.81	17527.81	—	—	—
85	深房许字（2013）龙华 002 号	懿花园	和记黄埔地产（深圳）有限公司	龙华新区观澜办事处横坑水库南侧，观天路北侧	54513.28	52579.09	—	1934.19	—
86	深房许字（2013）龙华 003 号	茗语华苑	深圳市新生辉投资有限公司	龙华新区观澜办事处黎光社区	112589.14	110591.88	—	1997.26	—
87	深房许字（2013）龙华 004 号	莱蒙春天花园（A818-0449 宗地）	莱蒙房地产（深圳）有限公司	龙华新区民塘	65347.40	65347.40	—	—	—
88	深房许字（2013）龙华 005 号	汇龙湾花园	深圳市新辉大实业发展有限公司	民治街道民宝路与民塘路交汇处	26545.03	21172.22	—	5372.81	—
89	深房许字（2013）龙华 006 号	汇龙湾花园	深圳市新辉大实业发展有限公司	民治街道民宝路与民塘路交汇处	26967.99	26107.95	—	860.04	—
90	深房许字（2013）龙华 007 号	中航天逸花园	深圳市中航长泰投资发展有限公司	宝安区民治街道人民南路	105020.95	105020.95	—	—	—
91	深房许字（2013）龙华 008 号	幸福城润园	深圳市永晋盈投资有限公司	深圳市龙华新区清泉路与建设路交汇处	61368.30	61368.30	—	—	—
92	深房许字（2013）龙华 009 号	仁山智水花园（一期）	深圳市城市建设开发（集团）公司	龙华新区观澜办事处环观南路北侧	128616.82	124530.17	—	4086.65	—
93	深房许字（2013）龙华 010 号	锦绣御园（三期）	深圳市锦绣江南投资有限公司、深圳市龙华弓村股份合作公司	龙华新区龙华街道创业路与和平东路交汇处	60425.27	60425.27	—	—	—
94	深房许字（2013）龙华 011 号	懿花园	和记黄埔地产（深圳）有限公司	龙华新区观澜办事处横坑水库南侧，观天路北侧	18500.35	18500.35	—	—	—
95	深房许字（2013）龙华 012 号	和平里花园	深圳市特发集团有限公司	布龙路与和平西路交汇处	145472.16	111865.69	—	33606.47	—
96	深房许字（2013）龙华 013 号	招商锦绣观园	深圳招商房地产有限公司	龙华新区观澜办事处龙观大道西面	149591.89	149591.89	—	—	—

（续表）

序号	预售许可证号	项目名称	开发企业	项目位置	批准预售面积	其中			
						住宅	办公楼	商业	其他
97	深房许字（2013）龙华 014 号	莱蒙春天花园（A818-0444）	莱蒙房地产（深圳）有限公司	龙华新区民治办事处民兴街北面	53765.75	53765.75	—	—	—
98	深房许字（2013）龙华 015 号	爱心家园	深圳市森之润投资发展有限公司	龙华新区观澜观光路北面	41915.70	41033.75	—	881.95	—
99	深房许字（2013）龙华 016 号	幸福城润园（三期）	深圳市永晋盈投资有限公司	深圳市龙华新区清泉路与建设路交汇处	63958.69	63958.69	—	—	—
100	深房许字（2013）龙华 017 号	卓越皇后道名苑	深圳市金利居房地产开发有限公司	龙华新区新区大道与人民路交汇处	3108.21	—	—	3108.21	—
101	深房许字（2013）龙华 018 号	福安雅园	中国长安汽车集团深圳投资有限公司	龙华新区观澜福前路东侧、规划新丹路南侧	11885.26	—	—	11885.26	—
102	深房许字（2013）罗湖 001 号	云景梧桐花园	深圳市京基房地产股份有限公司，深圳市长岭股份合作公司，深圳市朗月实业发展有限公司	罗湖街道	31710.41	31710.41	—	—	—
103	深房许字（2013）罗湖 002 号	翡翠公寓	深圳市深宝实业股份有限公司	罗湖区文锦北路	23397.47	—	—	23397.47	—
104	深房许字（2013）罗湖 003 号	富基帕克大厦	深圳市兆和置地投资有限公司	深圳市罗湖区布吉路	20039.49	—	15211.51	4827.98	—
105	深房许字（2013）罗湖 004 号	博兴大厦	深业泰富物流集团股份有限公司	罗湖街道清水河一路	17358.28	—	6062.09	5681.56	5614.63
106	深房许字（2013）罗湖 005 号	四季御园	深圳市新世界房地产开发有限公司、深圳市西岭股份合作公司	罗湖区罗沙路	96689.82	96689.82	—	—	—
107	深房许字（2013）南山 002 号	鹏瑞深圳湾壹号广场	深圳市鹏瑞地产开发有限公司	南山区科苑大道与东滨路交汇处	21301.99	—	—	21301.99	—
108	深房许字（2013）南山 003 号	深圳市软件产业基地	深圳市投资控股有限公司	南山区科苑路与科园路交汇处	130550.43	—	—	—	130550.43
109	深房许字（2013）南山 004 号	鲸山花园九期	深圳招商房地产有限公司	南山区蛇口松湖路	98137.74	98137.74	—	—	—
110	深房许字（2013）南山 005 号	荔海春城花园	深圳市京地投资发展有限公司、深圳市南山荔源实业股份有限公司	南山区向南路与工业八路交汇处	33426.71	33426.71	—	—	—
111	深房许字（2013）南山 006 号	水木丹华园	深圳市塘泰投资发展有限公司	南山区学苑大道南侧	71634.90	71634.90	—	—	—

（续表）

序号	预售许可证号	项目名称	开发企业	项目位置	批准预售面积	其中			
						住宅	办公楼	商业	其他
112	深房许字（2013）南山 007 号	后海理想雅园	深圳市新润园房地产开发有限公司，深圳市新活力实业发展有限公司，深圳市常源实业股份有限公司	南山区招商东路	31958.53	31958.53	—	—	—
113	深房许字（2013）南山 008 号	纯水岸(十五期)	深圳华侨城房地产有限公司	南山区香山中街	104014.03	104014.03	—	—	—
114	深房许字（2013）南山 009 号	恒裕滨城花园（一期）	深圳市银海实业有限公司	南山区后海滨路和招商东路交汇处	37318.22	37318.22	—	—	—
115	深房许字（2013）南山 010 号	鹏瑞深圳湾壹号广场	深圳市鹏瑞地产开发有限公司	南山区科苑大道与东滨路交汇处	15100.22	—	—	15100.22	—
116	深房许字（2013）南山 011 号	中泰天成大楼	深圳市众联业贸易有限公司	南山区南海大道与东滨路交汇处	8687.61	—	8687.61	—	—
117	深房许字（2013）南山 012 号	龙瑞佳园	深圳市地铁集团有限公司	南山区蛇口兴海大道东侧	62295.60	62295.60	—	—	—
118	深房许字（2013）南山 013 号	翡翠海岸花园	深圳市中云投资发展有限公司	南山区科苑路与中心路交汇处	30256.27	30256.27	—	—	—
119	深房许字（2013）南山 014 号	山海美域花园	深圳冠洋房地产有限公司	前海路与棉山路交汇处	57161.32	57161.32	—	—	—
120	深房许字（2013）坪山 001 号	丹梓龙庭	深圳市华明辉置业有限公司	坪山新区丹梓大道	19912.62	19435.39	—	477.23	—
121	深房许字（2013）坪山 002 号	嘉宏湾花园（二期）	深圳市彭成地产有限公司	坪山新区丹梓大道南侧	27238.95	27238.95	—	—	—
122	深房许字（2013）坪山 003 号	万科金域缇香花园（二期）	深圳市万科城市风景房地产开发有限公司	坪山新区行政五路与丹梓西路交汇处	1217.96	—	—	1217.96	—
123	深房许字（2013）坪山 004 号	万科金域缇香花园（二期）	深圳市万科城市风景房地产开发有限公司	坪山新区行政五路与丹梓西路交汇处	44286.13	44001.71	—	284.42	—
124	深房许字（2013）坪山 005 号	嘉宏湾花园（二期）	深圳市彭成地产有限公司	坪山新区丹梓大道南侧	24686.01	24686.01	—	—	—
125	深房许字（2013）坪山 006 号	丹梓龙庭	深圳市华明辉置业有限公司	坪山新区丹梓大道	19680.34	19155.87	—	524.47	—
126	深房许字（2013）坪山 007 号	金地朗悦花园	深圳市金地宝城房地产开发有限公司	深圳市坪山新区坪山街道新合路	76034.56	72943.66	—	3090.90	—

（续表）

序号	预售许可证号	项目名称	开发企业	项目位置	批准预售面积	其中			
						住宅	办公楼	商业	其他
127	深房许字（2013）坪山 008 号	招商花园	深圳坪山招商房地产有限公司	深圳市坪山新区丹梓大道以南、新和二路以东、荷康路以西	66439.04	53754.93	—	12684.11	—
128	深房许字（2013）盐田 001 号	泊郡雅苑	深圳市鸿泰实业股份有限公司，深圳市裕宏实业股份有限公司，深圳市裕泰实业股份有限公司	盐田区盐田街道明珠大道北	25114.44	25114.44	—	—	—
129	深房许字（2013）盐田 002 号	壹海城二区	深圳市万科滨海房地产有限公司	盐田区深盐路南面海山路北面	27443.19	—	—	27443.19	—
130	深房许字（2013）盐田 003 号	梧桐春晓花园	深圳市东海成投资有限公司，深圳市梅沙成坑实业股份有限公司	盐田区中青一路	10520.97	10520.97	—	—	—
131	深房许字（2013）盐田 004 号	壹海城四区	深圳市万科滨海房地产有限公司	盐田区深盐路南海山路北	4976.79	—	—	4976.79	—
132	深房许字（2013）盐田 005 号	君临海域名园（一期）	东港实业发展（深圳）有限公司	盐田海景二路与海山东二街交汇处	42582.18	—	—	42582.18	—
133	深房许字（2013）盐田 006 号	梧桐翡翠花园	深圳市东海成投资有限公司，深圳市鑫群实业股份有限公司	盐田区中青一路	9414.79	9414.79	—	—	—
134	深房许字（2013）盐田 007 号	蓝郡西堤花园	深圳冠懋房地产集团有限公司	盐田区海景路与金融路交汇东南侧	28991.17	28991.17	—	—	—
135	深房许字（2013）盐田 008 号	壹海城三区（一期）	深圳市万科滨海房地产有限公司	盐田区海景二路	64776.19	—	—	64776.19	—

第二节　二级市场转让

一、概述

2013 年，全市二级市场商品房销售 680.35 万平方米。其中，现楼销售 151.51 万平方米，楼花销售 528.84 万平方米。从用途结构看，住宅销售 568.38 万平方米，办公楼 24.42 万平方米，商业用房 65.19 万平方米，其他用途房屋 22.36 万平方米。从区域结构看，罗湖区 13.81 万平方米；福田区 63.20 万平方米；南山区 77.57 万平方米；盐田区 15.62 万平方米；宝安区 90.92 万平方米；龙岗区 248.01 万平方米；光明新区 14.71 万平方米；龙华新区 129.53 万平方米；坪山新区 23.53 万平方米；大鹏新区 3.44 万平方米。

从销售对象看，个人购房 626.25 万平方米，所占个人商品房销售比重为 93.2%。其中，商品房外销面积 21.34 万平方米，所占比重为 3.2%，其中个人外销面积 18.41 万平方米，所占比重为 2.7%。

2013 年，全市二级市场商品房销售套数 71146 套。按用途区分，住宅 59793 套，办公楼 2737 套，商业用房 61685103 套，其他用途房屋 2448 套。

2013 年，全市二级市场商品房实现销售收入 1666.09 亿元。其中，住宅销售收入 1324.31 亿元，办公楼 88.80 亿元，商业用房 198.56 亿元，其他用途房屋 54.42 亿元。

2013 年末，全市二级市场现楼空置面积 351.66 万平方米，同比增加 133.4%。从用途结构看，住宅 203.06 万平方米，同比增加 7.5%；办公楼 14.08 万平方米，同比减少 16.6%；商业用房 103.06 万平方米，同比增加 28.6%；其他用途房屋 31.47 万平方米，同比增加 30.6%。从区域分布看，罗湖区 37.87 万平方米，同比增加 86%；福田区 34.72 万平方米，同比减少 23.9%；南山区 40.92 万平方米，同比增加 127.2%；盐田区 18.44 万平方米，同比增加 11.7%；宝安区 54.89 万平方米，同比减少 41.2%；龙岗区 101.81 万平方米，同比减少 12.3%；光明新区 0.33 万平方米，龙华新区 49.45 万平方米，坪山新区 6.16 万平方米，大鹏新区 7.09 万平方米。

（一）中国（深圳）国际房地产博览会

2013 年，深圳（春/秋）房地产交易会正式更名为中国（深圳）国际房地产博览会（以下简称“房博会”），由每年举办两届调整为每年举办一届，改变既往单纯服务房地产终端市场的消费型展会性质，转型为促进业界发展、行业交流的专业性展会，为推行城镇化建设发展构建土地、资本、技术、管理、人才、服务等产业资源整合与交流实践的专业平台。

2013 房博会（总第 40 届）展览面积 22000 平方米。展会以中国（深圳）城市土地展、国际房产展、行业先锋概念展、名家讲坛为四大核心项目，吸引了数十万观众积极参与，热切交流和分享。

其中，房博会子展——第 8 届土地展吸引了 32 个城市和地区参展，参展范围涵盖长三角、珠三角、环渤海、中西部地区，展示内容在传统经营性用地展示的基础上，成功引进招商引资项目用地，标志着土地展从城市土地的有效利用和开发的平台，升级为协助城市整合更多优势资源、企业和项目，促进城镇化有序发展的综合平台。

2013 房博会首次设立国际展区，组织了美国、加拿大、澳大利亚、葡萄牙、保加利亚、塞浦路斯等 6 国 34 家参展商约 200 多个项目参展，吸引了约 25000 人次观众参与交流。

表 6-7 深圳市历年商品房销售面积（按用途分）

单位：万平方米

年 份	销售面积	其	中		
		住 宅	办公楼	商业用房	其 他
1985 年及以前	362.25	228.05	34.61	43.30	56.29
1986	63.70	45.29	6.91	3.16	8.34
1987	111.26	73.28	2.82	4.62	30.54
1988	107.39	68.74	6.44	5.37	26.84
1989	90.67	50.77	1.82	2.72	35.36
1990	77.14	56.32	2.31	1.54	16.97
1991	112.54	97.13	2.10	0.63	12.68
1992	151.46	96.00	9.00	10.00	36.46
1993	180.17	140.89	5.85	9.58	23.85
1994	246.93	183.28	13.29	17.14	33.22
1995	274.59	209.07	17.37	16.89	31.26
1996	324.92	261.13	32.33	21.23	10.23
1997	405.44	336.70	28.88	27.40	12.46
1998	432.22	372.38	22.06	19.85	17.93
1999	541.84	492.51	15.02	26.20	8.11
2000	611.37	556.82	12.19	26.32	16.04
2001	643.47	593.72	11.01	27.40	11.34
2002	791.70	724.41	17.94	46.36	2.99
2003	877.85	811.90	19.54	39.37	7.04
2004	908.62	802.58	26.90	58.09	21.05
2005	993.20	901.13	28.49	53.48	10.10
2006	797.65	705.82	38.27	45.96	7.60
2007	555.16	500.40	20.87	30.64	3.25
2008*	466.97	413.69	5.59	33.63	14.06
2009	874.18	793.45	24.96	33.70	22.07
2010	472.60	384.09	21.67	40.98	25.86
2011	408.11	332.64	10.59	45.14	19.74
2012	531.45	462.80	12.31	41.71	14.63
2013	680.35	568.38	24.42	65.19	22.36

注：从 2008 年起，现楼销售由专门的系统单独统计，因此，各类商品房现楼销售量及销售总量的统计口径与以前年度有所不同，下同。

表 6-8　深圳市历年商品房销售面积（按区域分）

单位：万平方米

年份	销售面积	其中									
		罗湖区	福田区	南山区	盐田区	宝安区	龙岗区	光明新区	龙华新区	坪山新区	大鹏新区
1996	324.92	99.68	98.36	55.32	—	25.99	45.47	—	—	—	—
1997	405.44	95.18	126.57	70.27	—	54.48	58.94	—	—	—	—
1998	432.22	90.89	135.99	75.68	7.69	54.63	67.34	—	—	—	—
1999	541.84	118.53	162.69	94.89	12.1	71.62	82.01	—	—	—	—
2000	611.37	86.13	200.59	125.39	7.57	78.65	113.04	—	—	—	—
2001	643.47	110.75	165.28	140.62	9.01	95.21	122.6	—	—	—	—
2002	791.7	129.45	206.81	182.6	9.67	127.22	135.95	—	—	—	—
2003	877.85	120.49	206.3	236.85	25.45	149.76	139.01	—	—	—	—
2004	908.62	83.9	164.74	285.04	17.32	186.4	171.22	—	—	—	—
2005	993.2	103.11	210.36	171.05	22.85	283.84	210.99	—	—	—	—
2006	797.65	54.19	124.47	131.46	18.64	258.76	210.12	—	—	—	—
2007	555.16	35.27	69.3	72.47	17.96	189.16	171	—	—	—	—
2008*	466.97	19	28.54	81.75	15.59	169.12	152.98	—	—	—	—
2009	874.18	45.46	69.72	190.53	20.2	263.34	284.93	—	—	—	—
2010	472.6	15.86	37.56	95.67	13.52	127.1	182.88	—	—	—	—
2011	408.11	8.86	27.23	56.05	14.71	120.49	180.77	—	—	—	—
2012	531.45	16.87	33.90	71.84	15.25	215.45	178.13	—	—	—	—
2013	680.35	13.81	63.20	77.57	15.62	90.92	248.00	14.71	129.53	23.53	3.44

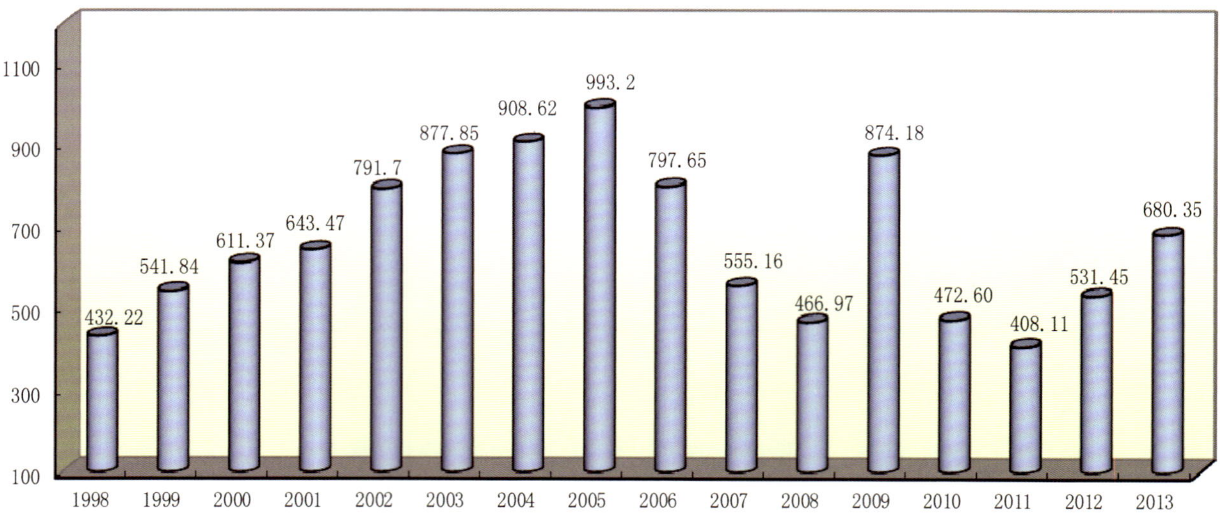

图 6-5　深圳市历年商品房销售面积示意图

表 6-9 深圳市历年商品房现楼销售面积（按用途分）

单位：万平方米

年 份	销售面积	其中			
		住 宅	办公楼	商业用房	其 他
1993 年及以前	1256.53	856.47	71.86	80.92	247.28
1994	150.29	108.21	3.93	10.21	27.94
1995	167.32	130.42	3.23	10.41	23.26
1996	186.46	150.65	21.90	9.53	4.38
1997	243.68	199.41	19.17	15.41	9.69
1998	265.34	228.30	11.31	11.25	14.48
1999	213.18	190.37	5.77	14.44	2.60
2000	236.66	205.57	5.18	17.31	8.60
2001	259.87	241.16	3.13	10.02	5.56
2002	308.10	276.74	9.24	20.64	1.48
2003	335.62	299.61	8.85	21.44	5.72
2004	359.52	312.39	12.95	26.94	7.24
2005	140.61	125.80	1.13	11.16	2.53
2006	195.82	182.12	0.31	12.88	0.51
2007	86.74	60.85	10.05	14.59	1.25
2008*	49.30	24.43	0.71	15.73	8.43
2009	161.62	133.20	2.75	19.36	6.30
2010	109.94	70.95	3.33	25.64	10.03
2011	102.35	61.82	4.03	24.54	11.96
2012	132.66	102.27	6.73	17.69	5.97
2013	151.51	128.11	3.09	15.00	5.30

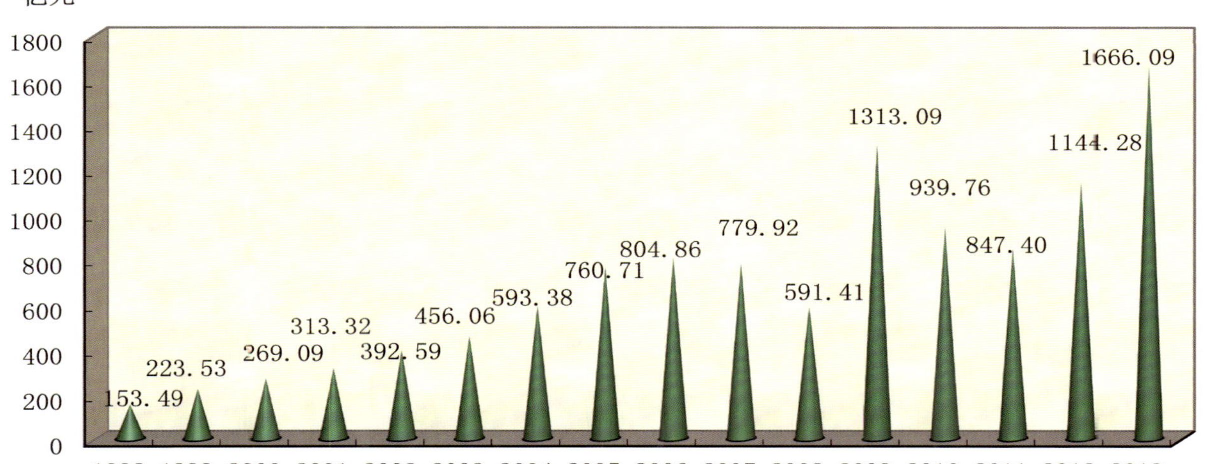

图 6-6 深圳市历年商品房销售收入示意图

表 6-10　深圳市历年商品房楼花销售面积（按用途分）

单位：万平方米

年　份	销售面积	其　　中			
		住　宅	办公楼	商业用房	其　他
1994	96.64	75.07	9.36	6.93	5.28
1995	107.27	78.65	14.14	6.48	8.00
1996	138.46	110.48	10.43	11.70	5.85
1997	161.76	137.29	9.71	11.99	2.77
1998	166.88	144.08	10.75	8.60	3.45
1999	328.66	302.14	9.25	11.76	5.51
2000	374.71	351.25	7.01	9.01	7.44
2001	383.60	352.56	7.88	17.38	5.78
2002	483.60	447.67	8.70	25.72	1.51
2003	542.23	512.29	10.69	17.93	1.32
2004	549.10	500.58	13.18	26.72	8.62
2005	852.59	775.33	27.36	42.32	7.57
2006	601.83	523.78	37.96	33.08	7.01
2007	468.42	439.55	10.82	16.05	2.00
2008	417.67	389.26	4.88	17.90	5.63
2009	712.56	660.25	22.2	14.33	15.77
2010	362.66	313.15	18.34	15.34	15.84
2011	305.76	270.82	6.56	20.60	7.78
2012	398.79	360.53	5.59	24.02	8.66
2013	528.84	440.26	21.33	50.19	17.06

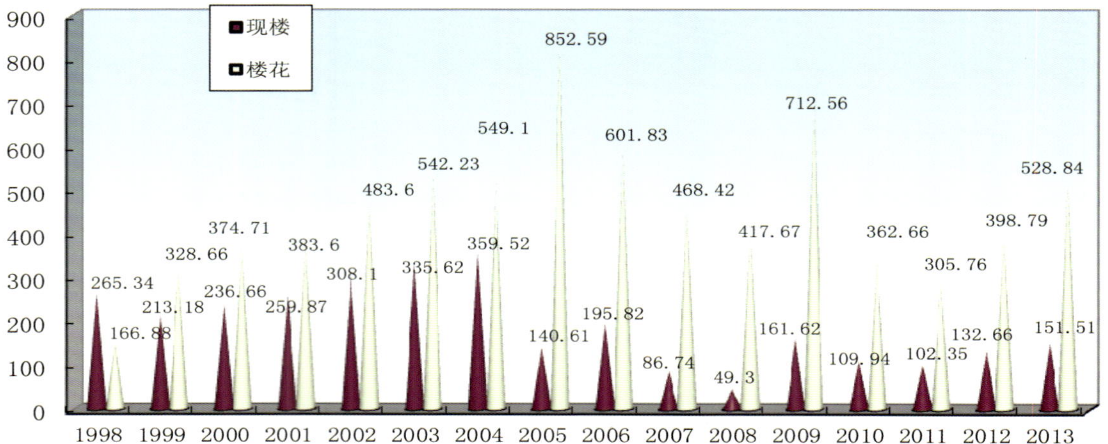

图 6-7　深圳市历年商品房现楼、楼花销售面积示意图

表 6-15　深圳市历年商品住宅楼花销售面积（按区域分）

单位：万平方米

年份	销售面积	其中									
		罗湖区	福田区	南山区	盐田区	宝安区	龙岗区	光明新区	龙华新区	坪山新区	大鹏新区
1996	110.48	33.83	39.5	11.1	—	9.18	16.87	—	—	—	—
1997	137.29	24.64	46.01	20.24	—	17.54	28.86	—	—	—	—
1998	144.08	41.9	45.58	20.11	2.86	13.25	20.38	—	—	—	—
1999	302.14	77.59	91.88	49.2	5.09	27.48	50.9	—	—	—	—
2000	351.25	41.16	127.9	71.75	3.33	32.72	74.39	—	—	—	—
2001	352.56	64.34	86.29	72.08	6.39	45.34	78.12	—	—	—	—
2002	447.67	55.73	115.25	132.6	6.79	57.45	79.85	—	—	—	—
2003	512.29	66.13	119.19	146.2	14.17	102.07	64.53	—	—	—	—
2004	549.1	68.68	92.44	186.22	13.06	115.09	73.61	—	—	—	—
2005	775.33	85.26	144.65	136.29	18.47	233.85	156.81	—	—	—	—
2006	523.7	42.64	56.79	84.19	12.1	182.4	145.59	—	—	—	—
2007	439.55	21.92	42.67	42.53	16.42	167.62	148.38	—	—	—	—
2008	389.26	16.49	21.11	57.46	13.05	146.68	134.47	—	—	—	—
2009	660.25	33.9	32.23	140.26	19.62	210.47	223.77	—	—	—	—
2010	313.15	6	12.45	56.27	7.53	92.83	138.06	—	—	—	—
2011	270.82	3.08	8.83	32.95	10.32	90.29	125.36	—	—	—	—
2012	360.53	5.02	11.51	37.34	1.82	180.45	124.39	—	—	—	—
2013	440.26	7.78	22.21	29.60	3.17	65.31	169.57	14.00	105.56	22.49	0.57

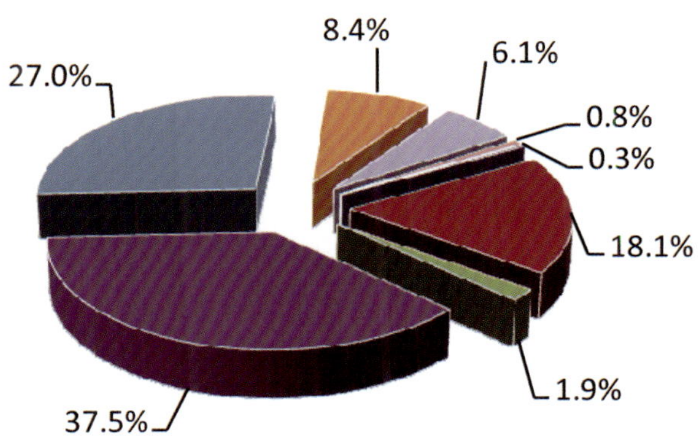

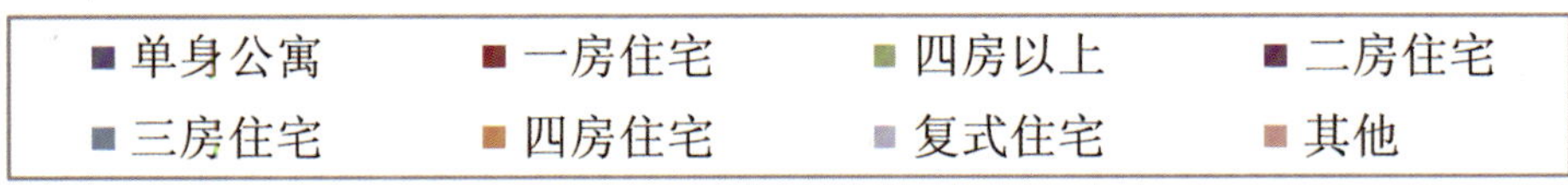

图 6-11　深圳市 2013 年已售楼花商品住宅户型构成示意图（按建筑面积）

表 6-16　深圳市历年商品房外销面积（按区域分）

单位：万平方米

年　份	销售面积	其中			
		住宅	办公楼	商业用房	其他
2012	19.16	17.72	0.39	0.32	0.73
2013	21.34	19.01	0.64	0.86	0.82
注：由于现楼系统暂不能统计十区的商品房外销面积，故本年调整为各类商品房外销数据。					

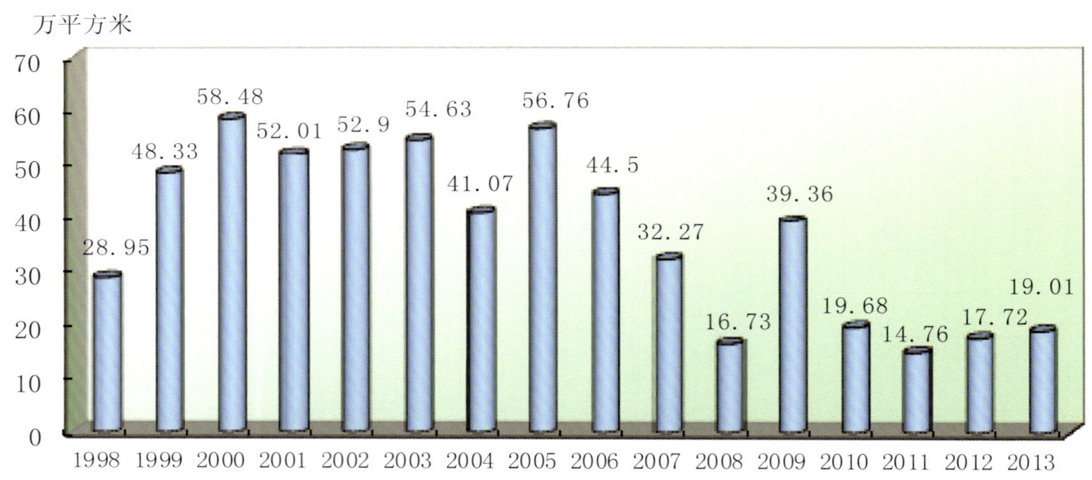

图 6-12　深圳市历年商品住宅外销面积示意图

表 6-17 深圳市历年商品住宅空置面积（按区域分）

单位：万平方米

年份	空置面积	其中									
		罗湖区	福田区	南山区	盐田区	宝安区	龙岗区	光明新区	龙华新区	坪山新区	大鹏新区
1996	191.94	50.38	55.04	36.6	—	33.67	16.25	—	—	—	—
1997	137.34	31.22	22.39	43.28	—	25.27	15.18	—	—	—	—
1998	205.42	32.16	50.64	50.29	2.4	47.26	22.67	—	—	—	—
1999	154.77	29.17	27.88	38.86	2.17	28.02	28.67	—	—	—	—
2000	158.29	29.77	46.36	27.92	2.62	25.73	25.89	—	—	—	—
2001	143.41	38.5	30.56	20.61	2.83	29.58	21.33	—	—	—	—
2002	169.18	38.62	34.84	30.68	6.91	32.07	26.06	—	—	—	—
2003	161.02	29.3	54.17	29.89	6.35	28.74	12.57	—	—	—	—
2004	138.15	27.21	34.63	27.36	8.85	16.31	23.79	—	—	—	—
2005	90.24	20.2	17.95	9.71	6.77	24.97	10.64	—	—	—	—
2006	69.63	22.8	12.26	11.59	1.85	6.8	14.33	—	—	—	—
2007	59.22	11.41	7.26	14.17	0.48	7	18.9	—	—	—	—
2008	121.16	9.66	9.4	35.8	3.9	32.3	30.1	—	—	—	—
2009	63.6	9.08	16.23	14.87	0.58	13.05	9.79	—	—	—	—
2010	53.15	5.59	11.45	7.15	5.72	17.96	5.25	—	—	—	—
2011	148.54	7.7	16.57	6.24	9.62	66.84	41.57	—	—	—	—
2012	188.94	4.79	19.68	10.59	12.91	59.53	81.44	—	—	—	—
2013	203.06	19.49	14.33	24.77	14.07	23.89	62.23	—	40.16	1.97	2.15

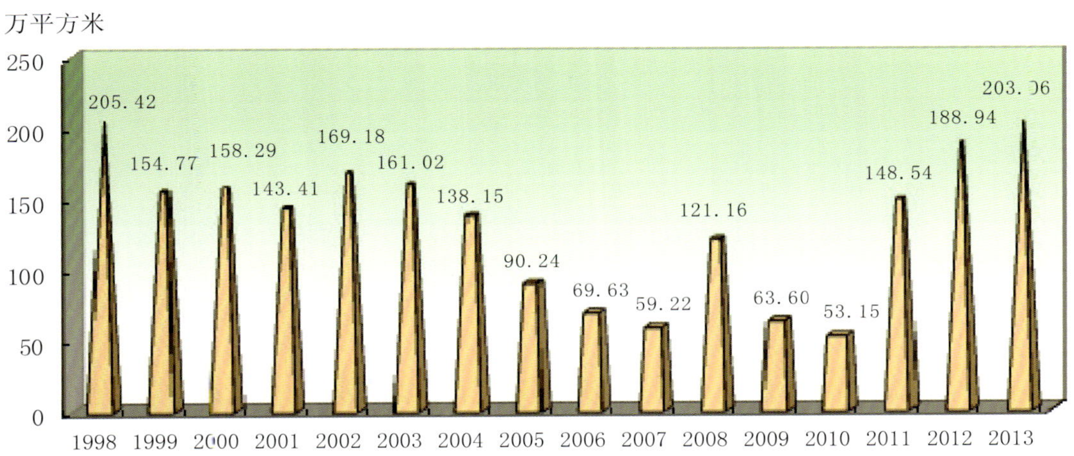

图 6-13 深圳市历年商品住宅空置面积示意图

三、办公楼

2013 年，全市办公楼销售面积 24.42 万平方米。其中，罗湖区0.18 万平方米，福田区13.59 万平方米，南山区3.73 万平方米，龙岗区 5.38 万平方米，其他区域无销售面积。

2013 年，深圳办公楼空置 14.08 万平方米，比上年末减少 2.81 万平方米。从空置的区域分布看，罗湖区 3.77 万平方米，比上年末增加 0.56 万平方米；福田区 2.71 万平方米，减少 5.17 万平方米；南山区 2.59 万平方米，增加 2.16 万平方米，其他区域无空置面积。

表 6-18　深圳市历年办公楼销售面积（按区域分）

单位：万平方米

年　份	销售面积	其中									
		罗湖区	福田区	南山区	盐田区	宝安区	龙岗区	光明新区	龙华新区	坪山新区	大鹏新区
1996	32.33	14.35	8.8	9.18	—	—	—	—	—	—	—
1997	28.88	13.06	9.34	3.59	—	1.39	1.5	—	—	—	—
1998	22.06	7.6	12.11	0.94	0.31	0	1.1	—	—	—	—
1999	15.02	3.7	9.3	0.63	1.33	0.06	—	—	—	—	—
2000	12.19	3.95	6.15	1.5	0.05	0.13	0.41	—	—	—	—
2001	11.01	5.77	2.91	0.66	0.14	0.01	1.52	—	—	—	—
2002	17.94	3.39	12.63	1.37	0.29	0.02	0.24	—	—	—	—
2003	19.54	2.16	13.72	1.69	—	1.45	0.53	—	—	—	—
2004	26.9	—	23.11	3.66	—	0.0099	0.12	—	—	—	—
2005	28.49	0.0013	22.19	5.04	—	0.54	0.72	—	—	—	—
2006	38.27	0.06	32.32	5.64	—	—	0.25	—	—	—	—
2007	20.87	0.61	15.51	3.8	—	0.87	0.08	—	—	—	—
2008*	5.6	0.07	1.89	1.96	—	1.68	—	—	—	—	—
2009	25.01	0.02	17.2	3.21	—	4.17	0.41	—	—	—	—
2010	21.67	5.16	7.86	4.43	—	2.04	2.18	—	—	—	—
2011	10.59	0.65	5.79	2.76	—	1.03	0.36	—	—	—	—
2012	12.31	0.47	4.66	1.23	—	0.08	0.29	—	—	—	—
2013	24.42	0.18	13.59	3.73	—	—	5.38	—	—	—	—

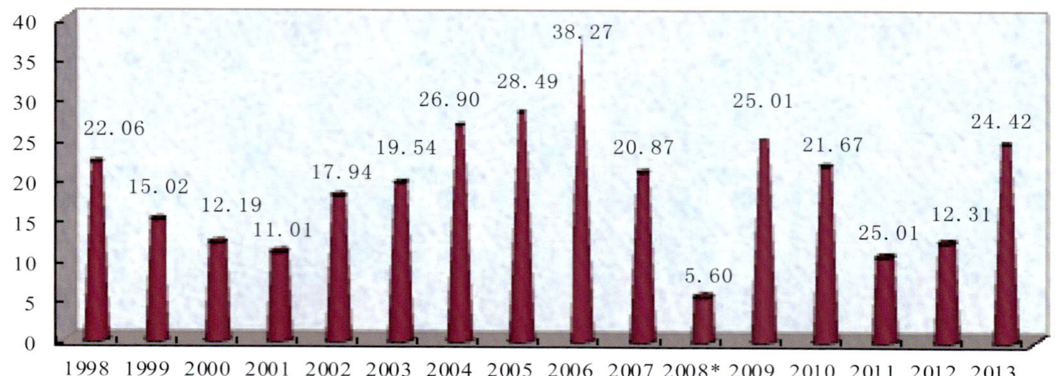

图 6-14　深圳市历年办公楼销售面积示意图

表 6-19 深圳市历年办公楼现楼销售面积（按区域分）

单位：万平方米

年 份	销售面积	其中									
		罗湖区	福田区	南山区	盐田区	宝安区	龙岗区	光明新区	龙华新区	坪山新区	大鹏新区
1996	21.9	5.78	6.94	9.18	—	—	—	—	—	—	—
1997	19.17	4.57	9.04	2.67	—	1.39	1.5	—	—	—	—
1998	11.31	2.64	6.79	0.94	0.31	0	0.63	—	—	—	—
1999	5.77	1.11	2.64	0.63	1.33	0.06	0	—	—	—	—
2000	5.18	1.24	2.43	1	—	0.1	0.41	—	—	—	—
2001	3.13	0.67	1.57	0.19	0.14	0.01	0.55	—	—	—	—
2002	9.24	2.69	5.84	0.28	0.29	—	0.14	—	—	—	—
2003	8.85	2.16	5.36	0.3	—	1.03	—	—	—	—	—
2004	13.72	—	13.06	0.54	—	—	0.12	—	—	—	—
2005	1.13	—	0.95	—	—	—	0.18	—	—	—	—
2006	0.31	0.01	0.22	0.08	—	—	—	—	—	—	—
2007	10.05	0.15	9.51	0.39	—	—	—	—	—	—	—
2008*	0.71	0.07	0.33	0.31	—	—	—	—	—	—	—
2009	2.76	0.02	1.26	0.81	—	0.67	—	—	—	—	—
2010	3.33	1.02	0.88	1.01	—	0.42	—	—	—	—	—
2011	6.56	0.51	3.75	2.13	—	—	0.17	—	—	—	—
2012	6.73	0.47	4.66	1.23	—	0.08	0.29	—	—	—	—
2013	3.09	0.01	0.99	1.20	—	—	0.88	—	—	—	—

表 6-20　深圳市历年办公楼楼花销售面积（按区域分）

单位：万平方米

年份	销售面积	其中									
		罗湖区	福田区	南山区	盐田区	宝安区	龙岗区	光明新区	龙华新区	坪山新区	大鹏新区
1996	10.43	8.57	1.86	—	—	—	—	—	—	—	—
1997	9.71	8.49	0.3	0.92	—	—	—	—	—	—	—
1998	10.75	4.96	5.32	—	—	—	0.47	—	—	—	—
1999	9.25	2.59	6.66	—	—	—	—	—	—	—	—
2000	7.01	2.71	3.72	0.5	0.05	0.03	—	—	—	—	—
2001	7.88	5.1	1.34	0.47	—	—	0.97	—	—	—	—
2002	8.7	0.7	6.79	1.09	—	0.02	0.1	—	—	—	—
2003	10.69	—	8.36	1.39	—	0.42	0.53	—	—	—	—
2004	13.18	—	10.05	3.12	—	0.01	—	—	—	—	—
2005	27.36	0.0013	21.24	5.04	—	0.54	0.54	—	—	—	—
2006	37.96	0.05	32.1	5.56	—	—	0.25	—	—	—	—
2007	10.82	0.46	6	3.41	—	0.87	0.08	—	—	—	—
2008	4.88	—	1.56	1.65	—	1.68	—	—	—	—	—
2009	22.25	—	15.94	2.4	—	3.5	0.41	—	—	—	—
2010	18.34	4.14	6.98	3.42	—	1.62	2.18	—	—	—	—
2011	4.03	0.14	2.04	0.63	—	1.03	0.19	—	—	—	—
2012	5.59	—	1.68	3.54	0.37	—	—	—	—	—	—
2013	21.33	0.17	12.60	2.52	1.53	—	4.50	—	—	—	—

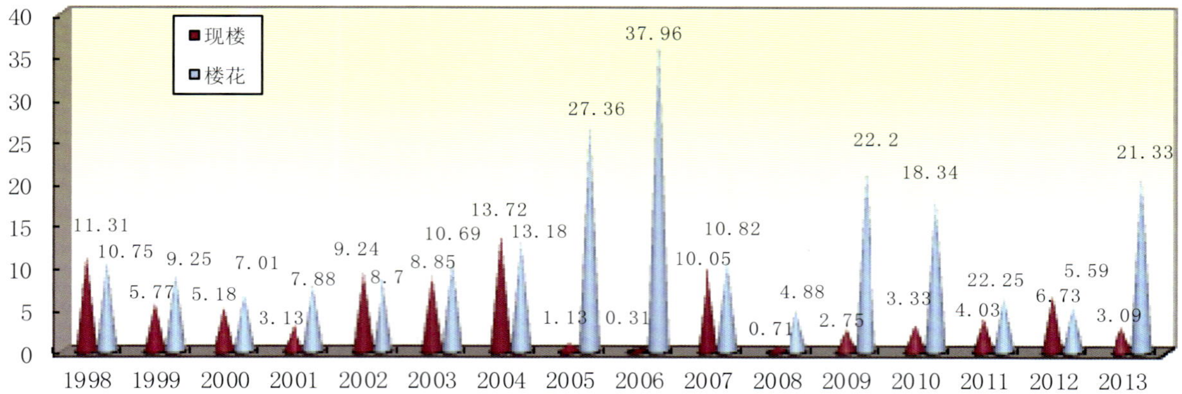

图 6-15　深圳市历年办公楼现楼、楼花销售面积示意图

表 6-21　深圳市历年办公楼现楼空置面积（按区域分）

单位：万平方米

年份	空置面积	其中									
		罗湖区	福田区	南山区	盐田区	宝安区	龙岗区	光明新区	龙华新区	坪山新区	大鹏新区
1996	40.31	28.49	3.96	6.09	—	1.77	—	—	—	—	—
1997	48.69	29.01	11.92	4.76	—	1.25	1.75	—	—	—	—
1998	49.26	26.86	12.15	9.65	0.49	0.06	0.05	—	—	—	—
1999	50.21	25.95	12.93	5.25	4.8	0.9	0.38	—	—	—	—
2000	33.69	18.48	10.01	1.83	0.35	0.33	2.69	—	—	—	—
2001	18.77	3.48	8.62	2.87	0.38	0.29	3.13	—	—	—	—
2002	12.72	5.57	4.25	2.49	0.37	—	0.04	—	—	—	—
2003	21.6	9.98	8.12	1.41	—	0.89	1.19	—	—	—	—
2004	21.62	9.63	9	1.25	—	0.24	1.51	—	—	—	—
2005	14.38	5.17	6.83	0.79	0.07	0.91	0.62	—	—	—	—
2006	23.98	7.39	15.5	0.52	—	—	0.58	—	—	—	—
2007	15.81	3.76	11.23	0.06	—	—	0.76	—	—	—	—
2008	15.02	7.4	6.76	0.19	—	—	0.67	—	—	—	—
2009	15.41	3.75	3.73	7.66	—	0.12	0.15	—	—	—	—
2010	9	3.2	0.88	4.14	—	0.63	0.15	—	—	—	—
2011	6.95	3.21	0.18	1.8	—	1.61	0.15	—	—	—	—
2012	16.89	3.21	7.88	0.43	—	1.11	4.26	—	—	—	—
2013	14.08	3.77	2.71	2.59	—	—	5.01	—	—	—	—

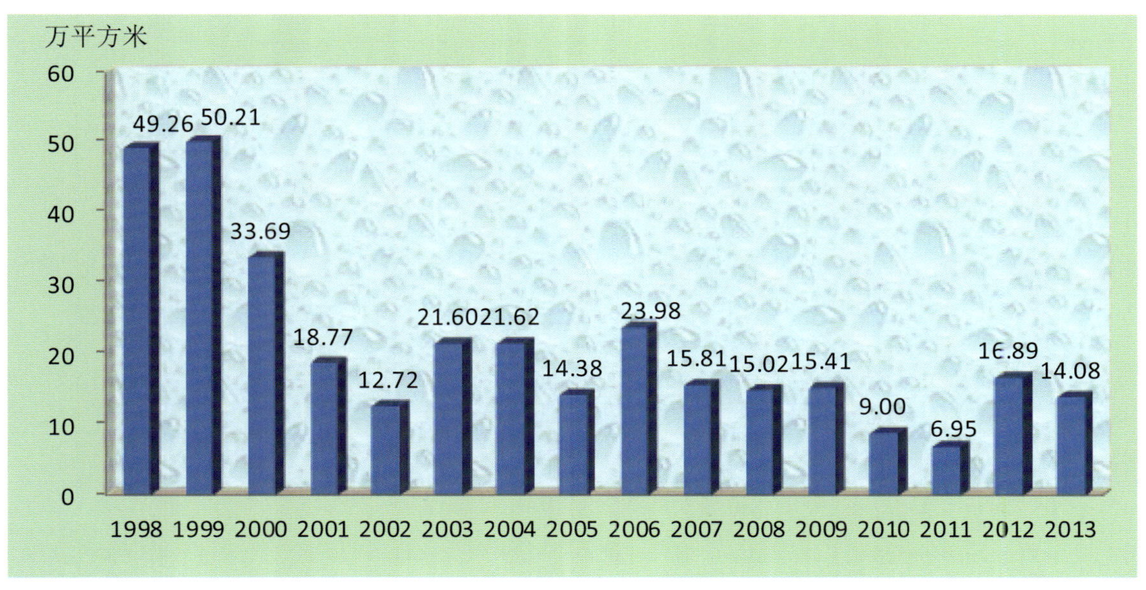

图 6-16　深圳市历年办公楼现楼空置面积示意图

四、商业用房

2013 年，全市共销售商业用房 65.19 万平方米，罗湖区 1.66 万平方米，福田区 12.78 万平方米，南山区 6.94 万平方米，盐田区 7.32 万平方米，宝安区 9.43 万平方米，龙岗区 20.44 万平方米，光明新区 0.05 万平方米，龙华新区 4.81 万平方米，坪山新区 1.33 万平方米，大鹏新区 0.44 万平方米。

2013 年末，全市商业用房空置面积 103.06 万平方米，比上年末增加 22.92 万平方米。其中，罗湖区 9.961 万平方米，比上年末增加 2.12 万平方米；福田区 9.78 万平方米，减少 0.64 万平方米；南山区 12.28 万平方米，增加 5.53 万平方米；盐田区 3.08 万平方米，增加 0.77 万平方米；宝安区 21.80 万平方米，减少 6.54 万平方米；龙岗区 29.61 万平方米，增加 5.29 万平方米；光明新区 0.33 万平方米；龙华新区 7.15 万平方米；坪山新区 4.19 万平方米；大鹏新区 4.94 万平方米。

表 6-22　深圳市历年商业用房销售面积（按区域分）

单位：万平方米

年　份	销售面积	其　中									
		罗湖区	福田区	南山区	盐田区	宝安区	龙岗区	光明新区	龙华新区	坪山新区	大鹏新区
1996	21.23	11.49	2.66	1.32	—	4.38	1.38	—	—	—	—
1997	27.4	8.75	4.48	2.48	—	9.54	2.15	—	—	—	—
1998	19.85	5.34	3.7	2	0.08	4.04	4.69	—	—	—	—
1999	26.2	5.26	2.15	2.91	4.43	5.85	5.6	—	—	—	—
2000	26.32	3.21	3.88	4.64	0.72	7.57	6.3	—	—	—	—
2001	27.4	4.92	3.42	2.59	0.28	8.23	7.96	—	—	—	—
2002	46.36	6.15	6.52	6.53	—	15.89	11.27	—	—	—	—
2003	39.37	6.61	4.82	7.62	1.16	5.51	13.66	—	—	—	—
2004	58.09	0.94	8.16	9.66	0.15	17.79	21.39	—	—	—	—
2005	53.48	2.93	9.2	8.55	1.17	16.77	14.86	—	—	—	—
2006	45.96	0.72	7.88	6.92	1.16	15.02	14.26	—	—	—	—
2007	30.64	3.28	1.64	4.85	0.41	11.89	8.57	—	—	—	—
2008*	33.63	0.83	2.49	10.26	0.6	7.3	12.15	—	—	—	—
2009	33.69	0.74	3.65	3.85	0.82	14.9	9.73	—	—	—	—
2010	40.98	1.71	2.95	8.17	0.29	12.84	15.02	—	—	—	—
2011	45.14	1.66	7.82	8.81	1.37	12.78	13.39	—	—	—	—
2012	65.72	2.45	7.99	10.19	10.05	16.51	18.52	—	—	—	—
2013	65.19	1.66	12.78	6.94	7.32	9.43	20.44	0.05	4.81	1.33	0.44

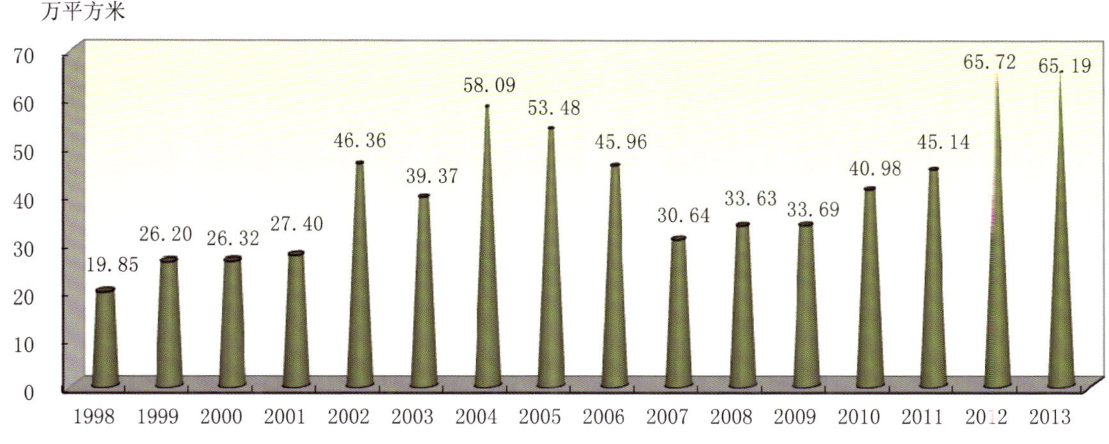

图 6-17　深圳市历年商业用房销售面积示意图

表 6-23　深圳市历年商业用房现楼销售面积（按区域分）

单位：万平方米

年　份	销售面积	其　　中									
		罗湖区	福田区	南山区	盐田区	宝安区	龙岗区	光明新区	龙华新区	坪山新区	大鹏新区
1996	9.53	3.48	2.22	0.79	—	2.47	0.57	—	—	—	—
1997	15.41	3.56	4.17	1.46	—	4.82	1.4	—	—	—	—
1998	11.25	2.69	1.64	1.71	0.05	2.9	2.26	—	—	—	—
1999	14.44	2.01	0.82	1.24	4.23	3.64	2.5	—	—	—	—
2000	17.31	2.41	2.36	2.79	0.25	5.17	4.33	—	—	—	—
2001	10.02	1.26	2.52	1.25	0.09	4.35	0.55	—	—	—	—
2002	20.64	3.31	4.68	3.98	—	5.69	2.98	—	—	—	—
2003	21.44	5.02	3.38	4.88	1.16	2.1	4.91	—	—	—	—
2004	26.94	0.94	5.83	4.93	0.15	10.19	4.9	—	—	—	—
2005	11.16	1.82	3.17	0.4	0.16	2.02	3.58	—	—	—	—
2006	12.88	—	2.31	3.89	0.02	3.49	3.17	—	—	—	—
2007	14.59	2.86	0.54	2.18	0.24	3.7	5.07	—	—	—	—
2008*	15.73	0.6	1.06	8.07	0.09	2.45	3.46	—	—	—	—
2009	19.36	0.57	1.91	3.09	0.67	7.75	5.37	—	—	—	—
2010	25.64	0.85	1.23	6.94	0.23	7.07	9.33	—	—	—	—
2011	24.54	0.74	2.3	5.13	1	7.37	7.98	—	—	—	—
2012	72.34	0.00	10.42	6.95	2.31	28.34	24.32	—	—	—	—
2013	15.00	1.23	1.85	1.87	1.34	3.44	3.90	—	0.88	0.49	0.01

表 6-24　深圳市历年商业用房楼花销售面积（按区域分）

单位：万平方米

年份	销售面积	其中									
		罗湖区	福田区	南山区	盐田区	宝安区	龙岗区	光明新区	龙华新区	坪山新区	大鹏新区
1996	11.7	7.99	0.44	0.55	—	1.91	0.81	—	—	—	—
1997	11.99	5.19	0.31	1.02	—	4.72	0.75	—	—	—	—
1998	8.6	2.65	2.06	0.29	0.03	1.14	2.43	—	—	—	—
1999	11.76	3.25	1.32	1.67	0.2	2.21	3.11	—	—	—	—
2000	9.01	0.8	1.52	1.85	0.47	2.4	1.97	—	—	—	—
2001	17.38	3.66	0.9	1.34	0.19	3.88	7.41	—	—	—	—
2002	25.72	2.84	1.84	2.55	—	10.2	8.29	—	—	—	—
2003	17.93	1.59	1.44	2.74	—	3.41	8.75	—	—	—	—
2004	31.15	—	2.33	4.73	—	7.6	16.49	—	—	—	—
2005	42.32	1.11	6.03	8.15	1.01	14.75	11.28	—	—	—	—
2006	33.08	0.72	5.57	3.03	1.14	11.53	11.09	—	—	—	—
2007	16.05	0.42	1.1	2.67	0.17	8.19	3.5	—	—	—	—
2008	17.9	0.23	1.43	2.19	0.51	4.85	8.69	—	—	—	—
2009	14.33	0.17	1.74	0.76	0.15	7.15	4.36	—	—	—	—
2010	15.34	0.86	1.72	1.23	0.07	5.77	5.7	—	—	—	—
2011	20.6	0.92	5.52	2.98	0.37	5.4	5.41	—	—	—	—
2012	24.02	0.54	3.59	2.75	4.06	5.56	7.52	—	—	—	—
2013	50.19	0.43	10.92	5.07	5.98	5.99	16.54	0.05	3.92	0.84	0.43

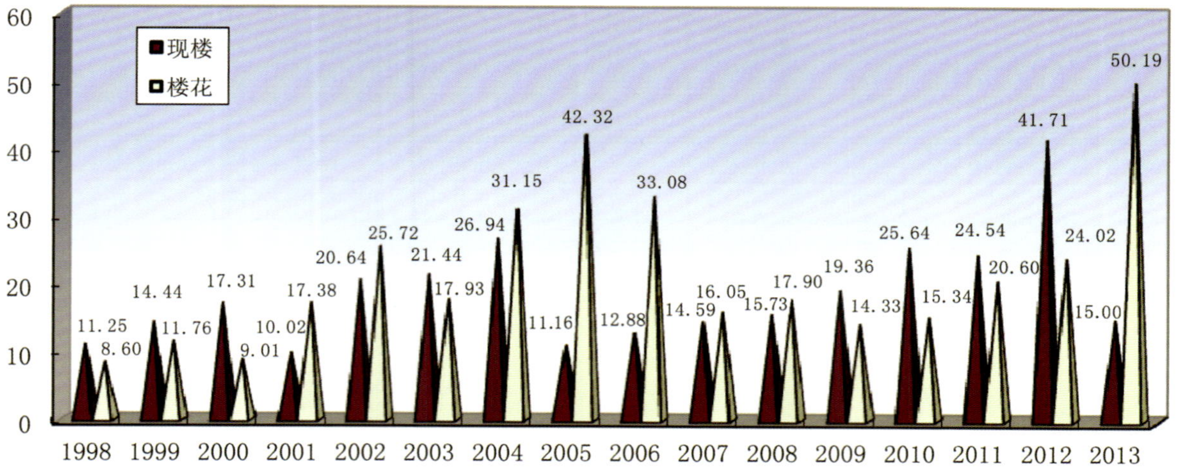

图 6-18　深圳市历年商业用房现楼、楼花销售面积示意图

表 6-25 深圳市历年商业用房现楼空置面积（按区域分）

单位：万平方米

年份	空置面积	其中									
		罗湖区	福田区	南山区	盐田区	宝安区	龙岗区	光明新区	龙华新区	坪山新区	大鹏新区
1996	55.2	14.4	22.76	4.87	—	8.27	4.9	—	—	—	—
1997	48.66	13.62	14.47	8.69	—	7	4.88	—	—	—	—
1998	52.99	10.84	13.5	12.55	0.59	10.69	4.82	—	—	—	—
1999	57.02	20.73	13.46	7.56	1.4	7.99	5.88	—	—	—	—
2000	46.65	14.78	13.16	9.25	0.46	5.24	3.76	—	—	—	—
2001	53.77	17.05	10.63	10.06	0.34	9.1	6.59	—	—	—	—
2002	46.81	13.95	13.48	8.41	0.12	5.5	5.35	—	—	—	—
2003	46.49	13.2	14.41	4.12	0.4	8.19	6.18	—	—	—	—
2004	71.25	19.57	23.77	11.94	2.18	5.72	8.09	—	—	—	—
2005	63.44	18.41	19.53	6.99	3.13	4.21	11.16	—	—	—	—
2006	66.41	13.27	18.02	8.01	4.27	5.75	17.1	—	—	—	—
2007	55.3	12.62	17.08	4.96	1.73	3.93	14.98	—	—	—	—
2008	69.22	12.12	14.08	5.15	1.68	7.23	28.96	—	—	—	—
2009	49.56	10.86	10.95	5.05	1.7	6.05	14.95	—	—	—	—
2010	51.83	8.71	12.68	3.59	1.7	11.27	13.87	—	—	—	—
2011	85.93	7.4	12.34	2.58	2.95	35.76	24.9	—	—	—	—
2012	80.14	7.79	10.42	6.95	2.31	28.34	24.32	—	—	—	—
2013	103.06	9.91	9.78	12.28	3.08	21.80	29.61	0.33	7.15	4.19	4.94

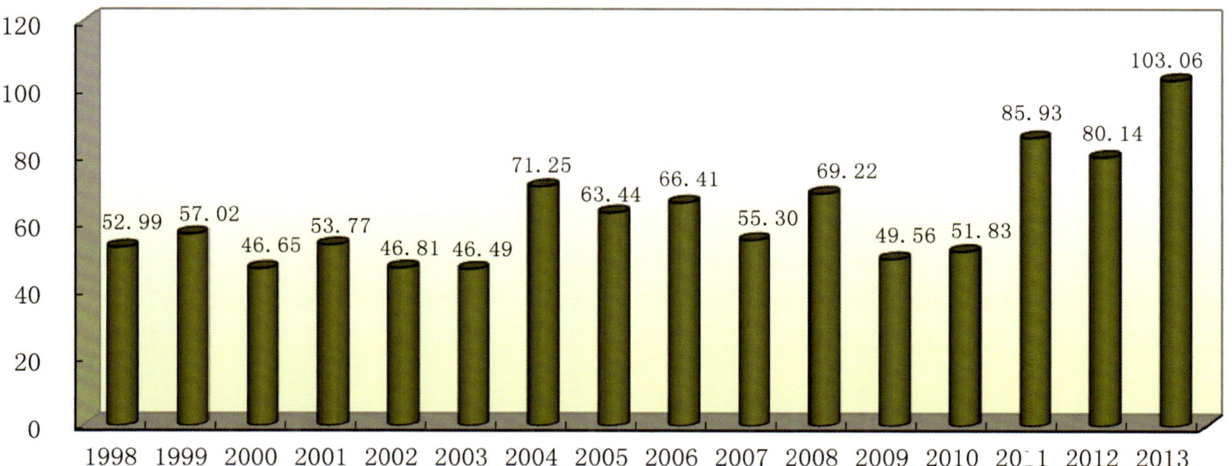

图 6-19 深圳市历年商业用房现楼空置面积示意图

第三节　商品房价格

一、楼花均价

2013 年，在全市楼花交易中，住宅均价（按建筑面积，下同）22116.98 元/平方米，比上年上涨 18.1%；办公楼 36695.99 元/平方米，下降 3.2%；商业用房 32990.83 元/平方米，上涨 9.9%；其他商品房 26346.25 元/平方米，下降 16.31%。

在全市楼花住宅交易价格结构方面，从户型看，单身公寓 23123.36 元/平方米，一房住宅 20103.92 元/平方米，二房住宅 20207.50 元/平方米，三房住宅 22050.42 元/平方米，四房住宅 27885.76 元/平方米，四房以上住宅 33473.93 元/平方米，复式住宅 29665.26 元/平方米，其他户型 17858.21 元/平方米。从价位结构看，8000 元/平方米以内的套均面积为 68.35 平方米，占 1.3%；8000～12000 元/平方米的套均面积为 84.96 平方米，占 4.7%；12000～14000 元/平方米的套均面积为 86.96 平方米，占 9.5%；14000～16000 元/平方米的套均面积为 88.16 平方米，占 10.7%；16000～18000 元/平方米的套均面积为 85.58 平方米，占 11.8%；18000～20000 元/平方米的套均面积为 87.30 平方米，占 11.0%；20000 元/平方米以上的套均面积为 98.14 平方米，占 50.9%。

从区域结构看，罗湖区均价 36364.43 元/平方米，同比上年上涨 19.2%；福田区 40854.82 元/平方米，上涨 36.1%；南山区 43346.86 元/平方米，上涨 26.7%；盐田区 19676.48 元/平方米，下降 14.3%，宝安区 21232.36 元/平方米，上涨 19.7%；龙岗区 17814.36 元/平方米，上涨 28%；光明新区 17591.33 元/平方米；龙华新区 21526.32 元/平方米；坪山新区 11794.96 元/平方米；大鹏新区 17793.60 元/平方米。

表 6-26　深圳市 2013 年商品住宅楼花价位结构

单位：万平方米

价位（元/平方米）	全市	罗湖区	福田区	南山区	盐田区	宝安区	龙岗区	龙华新区	光明新区	坪山新区	大鹏新区
8000	1.34	0.05	—	—	—	1.18	0.16	—	3.32	5.98	—
8000-12000	4.66	—	—	—	—	2.15	4.41	0.10	0.51	49.29	—
12000-14000	9.51	—	—	—	0.28	4.84	18.42	1.00	0.87	28.50	—
14000-16000	10.71	—	—	—	18.21	13.24	16.93	18.49	4.10	9.60	25.14
16000-18000	11.84	—	—	0.02	32.41	16.34	15.21	41.43	6.79	6.64	36.49
18000-20000	11.01	—	0.05	0.85	12.08	8.79	14.82	27.59	12.29	—	20.07
20000 以上	50.93	99.95	99.95	99.13	37.02	53.46	30.05	11.40	72.12	—	18.29
合计	100.00	100.00	100.00	100.00	100.00	100.00	100.00	100.00	100.00	100.00	100.00

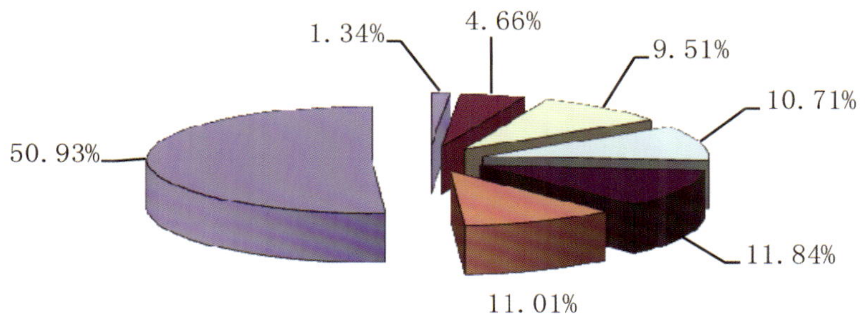

图 6-20　深圳市 2013 年商品住宅楼花价位结构示意图

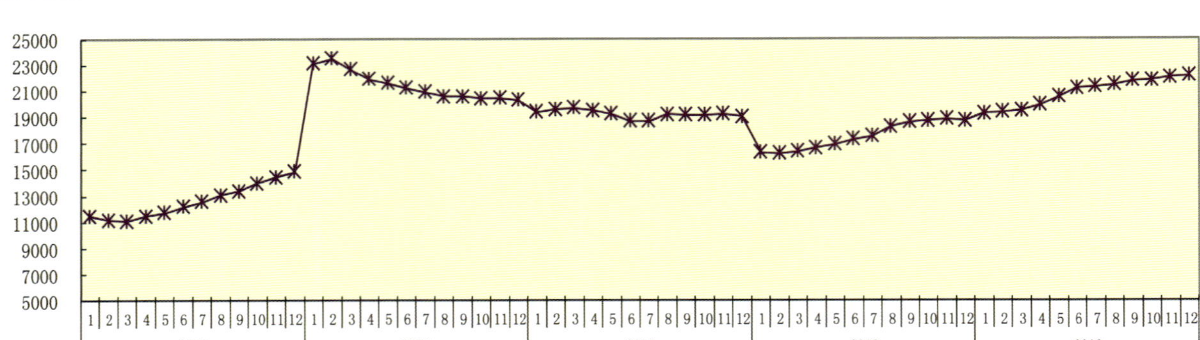

图 6-22　深圳市历年商品住宅二级市场交易均价走势示意图

表 6-30　深圳市历年办公楼二级市场楼花交易均价

单位：元/平方米

年份＼月份	1	2	3	4	5	6	7	8	9	10	11	12
2004	9048.94	8921.50	9106.34	9202.17	9468.89	9713.42	9728.49	9694.10	9388.63	9371.56	9534.22	10016.14
2005	11349.76	12401.15	11754.07	11416.34	11416.16	11659.97	11691.22	11749.71	11715.96	11806.02	11919.81	12490.88
2006	13769.71	13609.60	14953.27	14717.61	14681.74	14259.21	14541.70	14547.47	14818.20	14901.88	15260.07	16014.52
2007	22401.55	22725.95	22478.15	22134.05	22714.38	22571.37	22981.82	23256.66	23745.90	23783.97	23563.47	23534.82
2008	29119.30	26011.77	26432.08	20679.83	20572.23	20426.08	20415.95	20607.17	20614.95	21154.59	20605.49	20397.43
2009	24523.80	24209.51	23425.56	22812.03	22774.31	20929.29	18453.42	19051.31	22271.49	22999.63	23660.57	23919.90
2010	22911.75	24151.91	23764.47	25756.19	25233.58	25595.00	25828.30	25576.42	24045.28	24161.99	24557.87	24797.27
2011	43266.68	41349.09	37959.34	37054.45	36186.90	41854.69	41601.74	41357.74	43193.42	43153.46	44344.76	39481.04
2012	—	—	37077.39	38692.49	38849.25	38986.07	38949.78	38949.95	38882.08	38826.52	38138.11	37895.68
2013	36115.54	42411.20	42200.43	42056.46	41415.50	40687.50	40325.07	40434.79	40513.71	40266.45	38562.62	36695.99

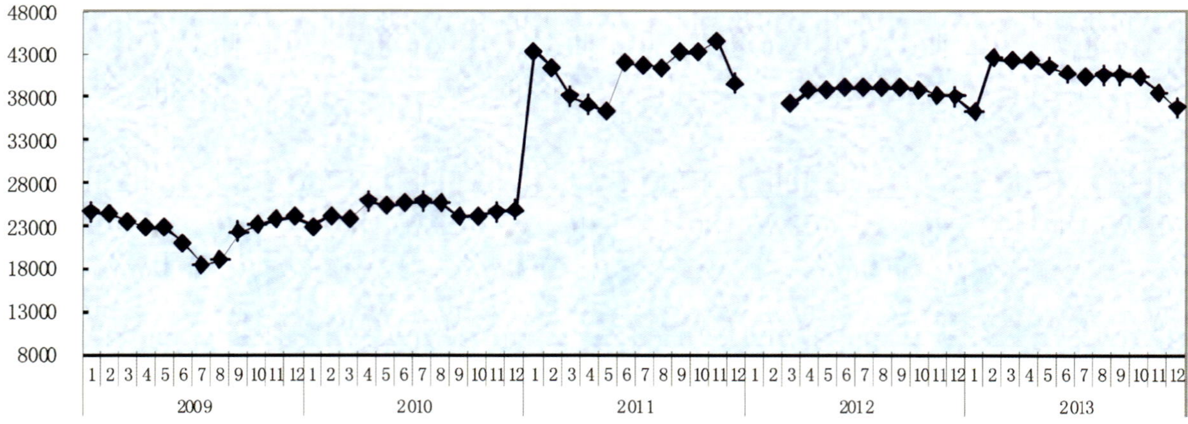

图 6-23　深圳市历年办公楼二级市场交易均价走势示意图

表 6-31　深圳市历年商业用房二级市场楼花交易均价

单位：元/平方米

年份＼月份	1	2	3	4	5	6	7	8	9	10	11	12
2004	12127.96	11033.18	12768.96	12159.84	11980.09	12332.23	12481.55	12483.56	13294.31	12887.17	12827.27	12426.49
2005	17303.51	16156.49	15121.7	14937.23	14833.24	14332.43	14247.38	14626.88	14972.97	15179.91	15292.44	15611.48
2006	12412.66	13084.52	13093.38	15389.65	16711.27	17218.37	16639.35	16939.03	17537.66	18038.86	17846.76	18409.63
2007	18086.3	18313.7	18626.85	17948.96	19508.59	21417.1	21554.25	21119.08	19568.83	19233.34	19233.74	19102.28
2008	14568.35	15122.11	10534.65	10539.73	10955.56	11190.83	12155.84	12533.49	12764.77	12511.31	12127.07	12832.98
2009	14807.03	15423.39	18423.15	18442.4	18830.06	19518.77	18649.21	19843.65	19568.39	19680.2	20209.16	20826.52
2010	38837.22	38250.56	33606.93	29047.55	29780.52	27893.56	21679.38	22092.99	21982.44	21653.55	22515.77	23346.27
2011	33591.95	34777.8	34935.13	31954.51	32181.63	31991.23	31933.26	34615.94	31619.45	32485.87	31917.22	31654.18
2012	36372.07	35744.59	33779.26	31886.87	30491.67	30329.84	30007.49	29426.94	29046.67	29119.69	29371.33	30030.92
2013	23041.07	23510.27	25012.10	25978.08	27255.92	29660.56	30860.45	31773.90	31941.68	32783.62	32890.24	32990.83

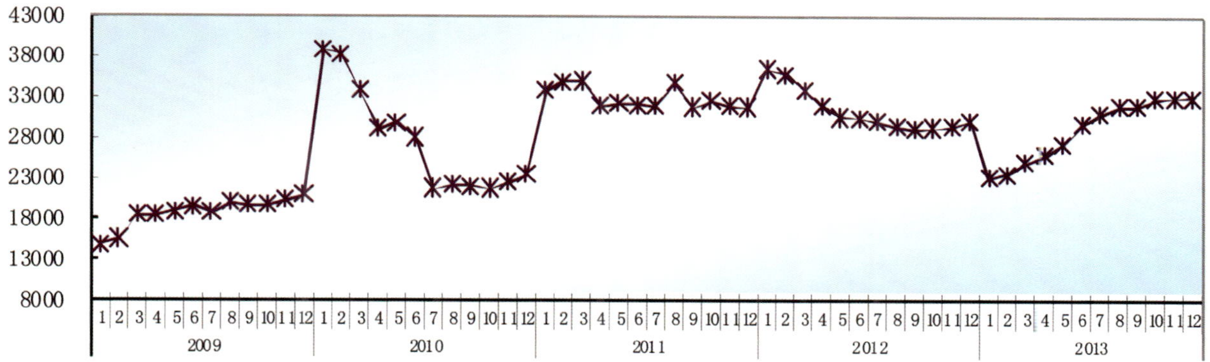

图 6-24　深圳市历年商业用房二级市场交易均价走势示意图

二、现楼均价

2013 年，在全市现楼交易中，住宅均价（按建筑面积，下同）27300.63 元/平方米，同比上涨 7.1%，办公楼 34000.95 元/平方米，下降 10.3%，商业用房 211991.08 元/平方米，下降 18.8%，其他现楼商品房 17852.89 元/平方米，上涨 25.5%。

在全市现楼住宅交易价格结构方面。从价位结构看，8000 元/平方米以下的商品住宅套均面积为 93.07 平方米，销售面积占住宅销售总面积的 6.0%；8000～12000 元/平方米的套均面积为 93.03 平方米，占 8.8%；12000～14000 元/平方米的套均面积为 1013.27 平方米，占 5.7%；14000～16000 元/平方米的套均面积 109.55 平方米，占 6.2%；16000～18000 元/平方米以上的套均面积为 86.82 平方米，占 8.8%；18000～20000 元/平方米的套均面积为 105.17 平方米，占 6.8%；20000 元/平方米以上的套均面积为 116.14 平方米，占 57.7%。从区域结构看，罗湖区均价 21575.39 元/平方米；福田区 31859.87 元/平方米；南山区 36238.64 元/平方米；盐田区 38576.30 元/平方米；宝安区 34293.41 元/平方米；龙岗区 17280.82 元/平方米；光明新区 16863.55 元/平方米；龙华新区 28815.29 元/平方米；坪山新区 10158.03 元/平方米；大鹏新区 35737.35 元/平方米。

表 6-32　深圳市 2013 年商品住宅楼花价位结构

单位：万平方米

元/平方米	全　市	罗湖区	福田区	南山区	盐田区	宝安区	龙岗区	龙华新区	光明新区	坪山新区	大鹏新区
8000	6.04	34.82	8.39	11.32	0.98	2.03	2.33	0.00	2.83	10.61	4.81
8000-12000	8.81	1.37	0.44	0.41	0.36	4.10	18.74	0.00	4.36	77.77	0.00
12000-14000	5.65	0.10	0.35	0.17	5.56	2.19	13.62	1.24	2.73	11.62	0.00
14000-16000	6.21	4.59	0.00	0.80	5.60	3.66	14.20	19.60	2.72	0.00	0.00
16000-18000	8.78	0.00	0.00	2.97	10.45	5.48	18.27	64.59	4.42	0.00	0.00
18000-20000	6.78	0.00	0.25	3.47	12.17	8.31	9.35	14.57	9.23	0.00	0.00
20000 以上	57.73	59.13	90.57	80.86	64.89	74.24	23.50	0.00	73.72	0.00	95.19
合计	100.00	100.00	100.00	100.00	100.00	100.00	100.00	100.00	100.00	100.00	100.00

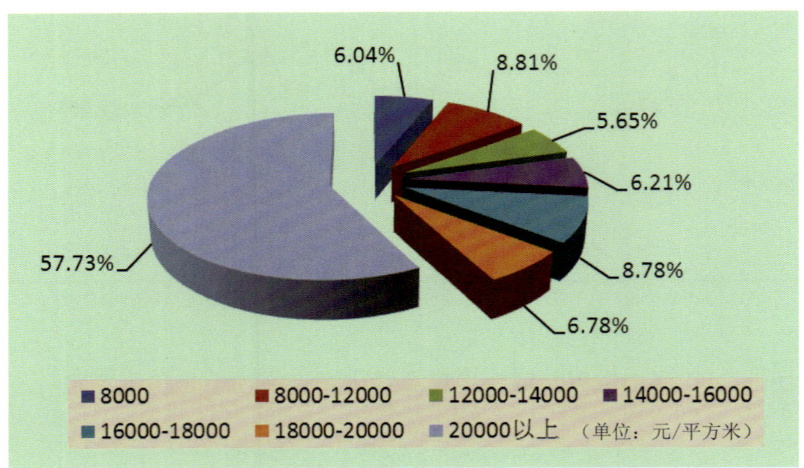

图 6-25　深圳市 2013 年商品住宅现楼价位结构示意图

表 6-33 深圳市 2013 年各区商品住宅现楼交易均价

单位：元/平方米

月份	罗湖区	福田区	南山区	盐田区	宝安区	龙岗区	光明新区	龙华新区	坪山新区	大鹏新区
1	8212.72	27422.62	39831.41	40561.09	39521.30	16740.98	—	30065.97	10542.42	—
2	10124.47	30087.82	38904.79	40076.32	39194.16	16066.75	—	25627.90	10661.07	—
3	11865.43	32118.10	30735.73	38704.71	37972.78	15548.17	—	25926.79	10765.30	—
4	13119.54	32629.19	31423.79	35912.56	37562.34	15594.87	—	25773.94	10766.69	—
5	15564.44	32166.81	32835.80	35735.02	36595.26	15598.51	—	25887.65	10778.30	—
6	15738.39	32325.68	33508.86	35393.33	35790.07	16046.15	16695.77	26263.71	10723.32	8000.00
7	16111.47	31422.17	33116.90	36557.71	36108.86	16613.05	16497.85	26579.70	10628.39	33043.12
8	17208.14	30158.26	33904.19	36094.86	36134.85	16866.11	16604.19	27039.33	10539.98	33043.12
9	19083.40	30409.58	34612.36	36628.79	35591.45	16924.70	16588.73	27737.39	10323.93	34759.29
10	20316.37	31084.81	35044.06	36755.30	34924.68	17007.65	16710.28	28005.47	10136.62	34759.29
11	21025.84	31607.67	35704.43	38072.00	34496.87	17250.62	16780.35	28789.76	10001.66	35334.82
12	21575.39	31859.87	36238.64	38576.30	34293.41	17280.82	16863.55	28815.29	10158.03	35737.35

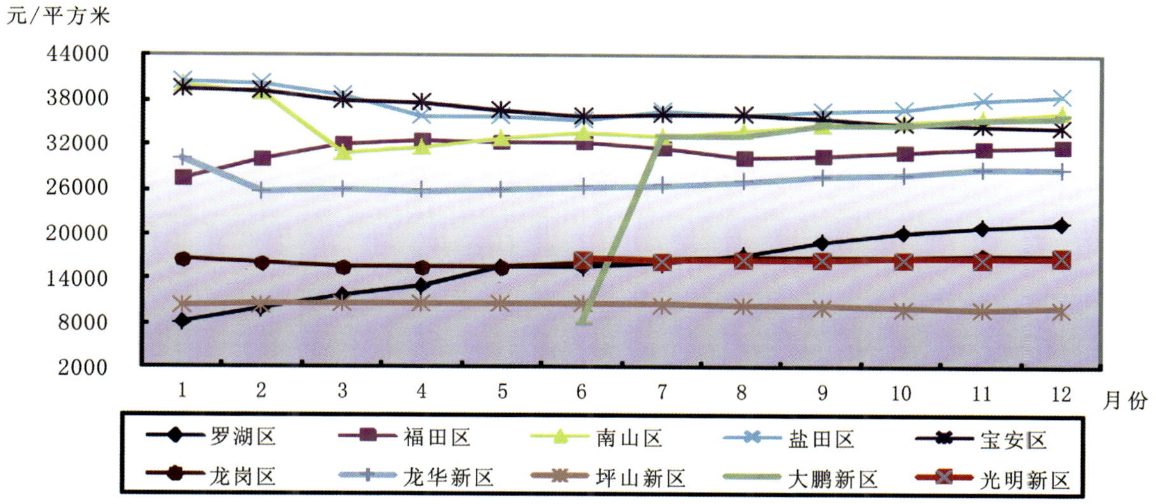

图 6-26 深圳市 2013 年各区商品住宅现楼交易均价走势示意图

表 6-34 深圳市历年各区商品住宅现楼交易均价

单位：元/平方米

年份＼区域	全 市	罗湖区	福田区	南山区	盐田区	宝安区	龙岗区	光明新区	龙华新区	坪山新区	大鹏新区
2009	14315.29	17676.25	11938.96	18538.87	20757.03	16024.26	7907.31	—	—	—	—
2010	19243.06	16760.1	20994.53	31485.82	15798.9	15638.85	11061.08	—	—	—	—
2011	23918.53	13951.88	30222.65	42063.53	25999.84	24048.91	15424.06	—	—	—	—
2012	25498.98	17951.26	25319.70	40069.08	29417.13	29608.25	15574.23	—	—	—	—
2013	27300.63	21572.39	31859.87	36238.64	38576.30	34293.41	17280.82	16863.55	28815.29	10158.03	35737.35

表 6-35　深圳市历年商品住宅二级市场现楼交易均价

单位：元/平方米

年份＼月份	1	2	3	4	5	6	7	8	9	10	11	12
2004	6076.95	5939.06	5780.40	5827.59	5788.30	5843.72	5841.06	5867.65	5918.63	5915.99	5946.10	5997.52
2005	6184.40	6354.15	6415.99	6443.18	6527.51	6547.90	6558.48	6585.33	6639.64	6716.84	6958.43	7040.10
2006	7949.54	8032.86	8126.14	8075.54	8421.07	8638.46	8744.26	8911.35	8952.97	8992.94	9081.24	9230.35
2007	10871.73	11039.67	11377.87	11339.73	11905.88	12293.15	12564.15	12803.17	13069.93	13211.62	13281.03	13369.62
2008	15080.25	15321.35	14699.39	13628.66	12815.94	12789.26	13276.58	13428.99	13289.13	13216.88	13254.92	12794.20
2009	12301.37	13346.81	13121.84	13069.25	12826.54	13155.57	13337.52	13792.32	13983.16	13977.83	14007.14	14284.25
2010	13054.52	14018.55	15543.11	15730.43	15905.65	16398.65	16381.53	16920.46	17750.62	17908.99	18083.10	19243.08
2011	20885.72	21193.10	21993.78	22731.60	22503.67	22503.67	22457.19	22939.75	23367.91	23267.90	23502.59	23918.53
2012	35117.86	32769.24	27187.24	26480.34	25816.7	25974.9	25372.52	25105.62	25114.6	24949.25	25070.84	25498.98
2013	26858.37	26436.39	25070.18	25387.38	25923.33	26101.99	26139.79	26410.03	26704.57	26866.55	27186.31	27300.63

元/平方米

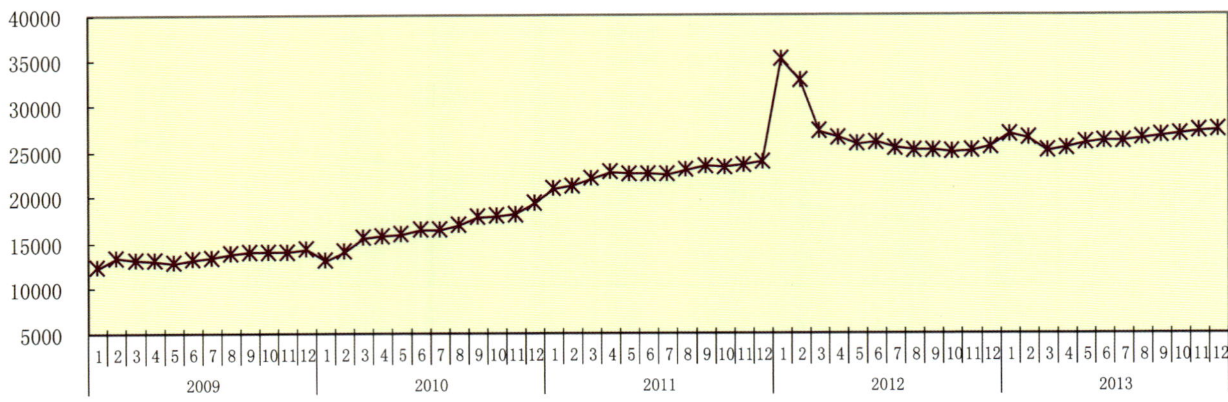

图 6-27　深圳市历年商品住宅二级市场现楼交易均价走势示意图

表 6-36　深圳历年各区办公楼现楼交易均价

单位：元/平方米

年份＼区域	全　市	罗湖区	福田区	南山区	盐田区	宝安区	龙岗区	光明新区	龙华新区	坪山新区	大鹏新区
2009	21256.21	905.5	23576.51	20267.91	—	18563.54	—	—	—	—	—
2010	15112.29	3107.97	23627.77	17699.03	—	19983.26	—	—	—	—	—
2011	24810.93	12267.73	30993.51	31062.29	—	12195.87	15340.55	—	—	—	—
2012	37895.68	—	38610.98	38687.27	27095.10	—	—	—	—	—	—
2013	34009.55	26949.71	45813.82	30129.70	—	—	26144.86	—	—	—	—

表 6-37　深圳市历年各区商业用房现楼交易均价

单位：元/平方米

年份\区域	全　市	罗湖区	福田区	南山区	盐田区	宝安区	龙岗区	光明新区	龙华新区	坪山新区	大鹏新区
2009	12413.04	14495.20	24791.43	13991.30	20834.05	9571.36	9927.42	—	—	—	—
2010	12010.54	28168.67	30365.89	13454.24	23139.00	9677.91	8548.85	—	—	—	—
2011	16410.70	10278.48	9158.24	36206.17	11051.37	11647.64	11418.90	—	—	—	—
2012	27096.08	20067.85	50223.96	34237.42	26144.19	30354.22	10339.49	—	—	—	—
2013	21991.08	20971.24	32870.08	38015.63	20518.74	16185.18	16492.41	—	16252.62	21164.03	23896.94

三、价格指数

系统升级说明：深房地指数系统经过几年的运行，起到了一定的反映房地产市场形势、辅助宏观调控的效果。从 2007 年 1 月起，深房地指数与深圳房地产综合指数系统的价格指数部分一致，每季度或每年结束后 15 天内发布。由于数据库的不断完善，现进行全面的系统升级，自 2009 年开始，对 2001 年至今的全部数据进行了梳理，优化了计算方法。除了二手住宅价格指数外，此次指数均为重新计算所得。其中，新建住宅价格指数、商业及办公价格指数均根据特征根价格法进行价格修正后计算，但不同物业类型，其价格影响因素均有所不同；考虑到不同类型的物业价格存在较大差异及不同质现象，不再进行综合价格指数的计算。

价格指数计算说明：价格指数计算采用了特征根价格法，新建住宅价格指数选用的标准住房为：罗湖区 10 楼（多层为 4 楼）100 平米的三房，即将所有交易数据均修正到标准住房的水平再进行计算和比较，以期获得剔除了地段、面积、楼层和户型等影响的价格，获得单纯由市场变化而引起的价格波动。商业价格指数选用的标准物业为：位于四类商圈一层的裙楼商铺；办公价格指数选用的标准物业为：位于三类办公区域临近地铁 15 楼的办公楼，另外，由于办公楼交易主要集中于福田和南山，区域办公楼价格指数计算只计算该两区。

编制对象：深圳市新建住宅、二手住宅、新建办公楼和新建商业用房。

样点来源：新建住宅价格指数、新建办公价格指数、新建商业价格指数数据来源为备案登记系统；二手住宅价格指数来源为房地产权登记系统。

样点信息：每个样本点共采集物业类型、建筑时间、成交时间、楼层总数、样点所在楼层、建筑面积、户型、所在位置、X 坐标和 Y 坐标等 10 个指标信息。

指数基期：以 2001 年第一季度为基期，基期指数均设定为 100 点，基期新建住宅标准价格为 6250 元/平方米，基期二手住宅标准价格为 3871 元/平方米，基期商业标准价格为 12540 元/平方米，基期办公楼标准价格为 8922 元/平方米。

发布内容：深圳市各行政区及全市的新建住宅价格指数、二手住宅价格指数、新建商业价格指数及新建办公楼价格指数。（受统计方法和样本采集因素，2013 年价格指数保持六区（包含四个新区）统计。

表 6-38　深圳市历年二级市场房价指数

年度	季度	住 宅	办 公	商 业
2001	Q1	100.0	100.0	100.0
	Q2	100.3	98.4	100.0
	Q3	100.1	96.8	110.8
	Q4	100.6	95.1	115.3
2002	Q1	101.2	93.5	126.9
	Q2	104.2	91.9	136.9
	Q3	103.6	90.3	133.3
	Q4	101.5	89.1	128.3
2003	Q1	109.0	85.4	125.0
	Q2	111.7	90.7	128.0
	Q3	112.4	96.1	130.5
	Q4	116.1	101.1	133.9
2004	Q1	116.4	103.8	138.1
	Q2	119.1	107.2	139.4
	Q3	120.4	105.9	137.1
	Q4	123.7	103.0	136.7
2005	Q1	120.6	97.4	149.7
	Q2	123.8	94.3	158.1
	Q3	131.5	91.1	174.3
	Q4	137.7	94.7	184.7
2006	Q1	132.0	101.6	196.6
	Q2	149.7	113.7	206.4
	Q3	159.6	117.7	215.7
	Q4	170.1	121.7	221.5
2007	Q1	188.3	127.6	224.4
	Q2	216.9	144.5	234.8
	Q3	256.6	175.9	259.6
	Q4	267.2	202.6	256.0
2008	Q1	278.4	236.6	233.7
	Q2	268.7	244.0	213.4
	Q3	258.9	251.7	225.1
	Q4	236.2	228.8	229.3
2009	Q1	239.9	227.4	214.7
	Q2	246.7	226.0	200.2
	Q3	260.8	239.4	217.2
	Q4	288.1	269.4	234.6
2010	Q1	317.3	285.6	242.8
	Q2	300.3	309.8	256.1
	Q3	329.1	294.0	234.9
	Q4	342.7	298.4	253.4
2011	Q1	349.2	316.5	277.7
	Q2	317.6	324.4	246.1
	Q3	331.9	325.0	248.6
	Q4	312.4	319.3	242.2
2012	Q1	300.7	324.8	239.9
	Q2	318.6	352.4	251.1
	Q3	334.3	369.9	228.4
	Q4	352.5	346.9	204.9
2013	Q1	375.2	297.3	152.5
	Q2	387.3	336.7	212.0
	Q3	388.4	324.4	251.8
	Q4	390.7	331.1	275.8

注：由于新建办公楼数据从 2002 年开始，2002 年以前数据为指数平滑处理所得。

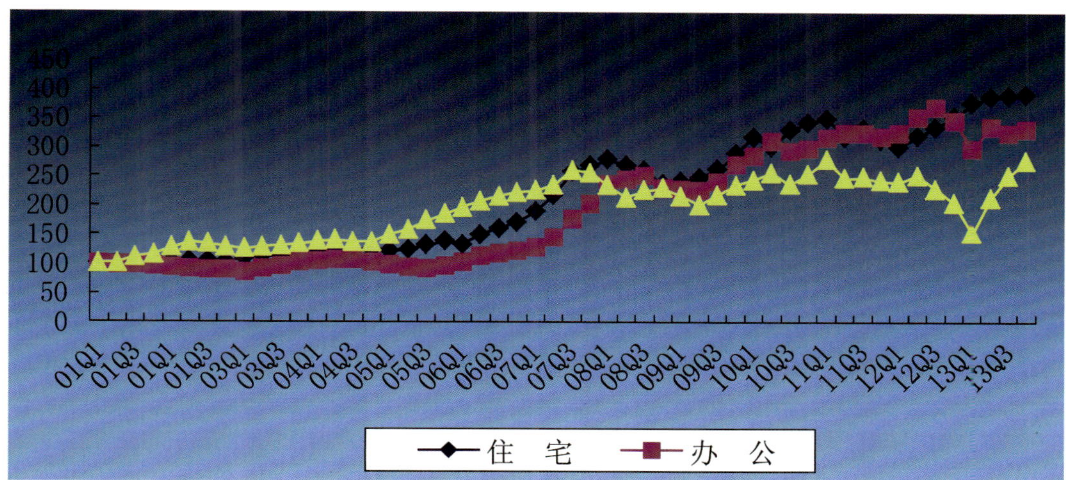

图 6-28 深圳市二级市场房价指数示意图

表 6-39 深圳市历年住宅二级市场价格指数

年度	季度	罗湖区	福田区	南山区	盐田区	宝安区	龙岗区
2001	Q1	91.8	99.6	101.0	60.3	53.8	69.7
	Q2	91.8	99.6	101.0	60.3	53.8	63.1
	Q3	93.8	99.6	91.7	60.3	54.7	62.6
	Q4	98.0	114.2	93.7	75.7	55.5	61.2
2002	Q1	103.0	114.8	81.4	94.1	58.7	60.1
	Q2	105.0	112.3	85.9	89.1	66.0	62.5
	Q3	106.8	110.1	86.3	81.4	61.6	64.0
	Q4	107.1	109.0	83.9	83.9	60.9	62.4
2003	Q1	108.3	104.6	80.9	79.5	60.8	63.3
	Q2	110.9	112.2	83.2	91.6	60.0	63.3
	Q3	114.2	111.9	83.6	87.3	58.9	61.7
	Q4	121.6	113.2	84.3	95.1	62.0	64.2
2004	Q1	120.2	109.5	82.5	108.3	61.3	65.3
	Q2	122.0	121.3	84.7	118.9	62.1	63.9
	Q3	121.0	115.9	86.7	130.5	63.8	66.4
	Q4	121.4	108.7	94.2	140.3	68.5	71.5
2005	Q1	133.0	117.4	95.8	138.4	74.9	74.3
	Q2	127.1	121.9	104.4	110.3	76.6	75.3
	Q3	124.7	119.8	146.9	97.4	82.2	79.2
	Q4	129.9	154.2	131.1	94.2	81.9	86.2
2006	Q1	136.9	164.7	129.1	90.3	89.1	82.8
	Q2	136.3	183.3	169	95.3	98.2	92.8
	Q3	150.8	190	158.3	139.4	110.8	100.6
	Q4	161.8	222.5	151.2	179.6	123.6	105.4
2007	Q1	160.7	212.1	149.6	145.9	117.9	106.3
	Q2	224.8	239.4	191.9	155.5	148.2	130.0
	Q3	253.7	287.1	271.6	244	170.2	159.9
	Q4	285.6	330.3	364.5	262.3	215.4	144.2
2008	Q1	295.4	333.5	257.1	233.5	169.2	145.8
	Q2	277.0	289.5	232.9	194.9	149.0	137.0
	Q3	287.1	287.9	239.5	206.1	136.2	125.2
	Q4	220.2	235.9	213.1	172.0	123.2	113.5

（续表）

年度	季度	罗湖区	福田区	南山区	盐田区	宝安区	龙岗区
2009	Q1	223.7	257.2	211.9	180.9	130.1	107.4
	Q2	213.3	272.9	224.0	188.5	139.6	119.4
	Q3	242.1	329.4	254.6	206.7	161.2	121.8
	Q4	257.4	333.1	286.3	214.1	180.6	145.0
2010	Q1	298.5	340.5	325.4	234.2	200.1	150.0
	Q2	293.4	359.2	284.9	249.0	196.5	155.6
	Q3	313.0	356.6	331.9	257.7	194.9	176.8
	Q4	345.3	402.8	357.5	261.6	175.0	197.2
2011	Q1	357.1	460.8	357.3	257.0	217.9	213.0
	Q2	318.7	408.6	408.6	257.9	170.0	172.3
	Q3	320.1	423.3	376.8	237.1	191.9	151.3
	Q4	293.4	410.2	349.7	265.4	212.5	139.4
2012	Q1	311.6	421.0	319.5	216.8	170.3	130.2
	Q2	307.3	456.8	359.7	208.8	193.9	134.1
	Q3	361.8	404.0	385.1	134.3	220.0	125.1
	Q4	409.2	474.0	400.6	237.6	215.0	133.7
2013	Q1	265.3	307.0	244.3	193.7	209.1	125.1
	Q2	270.7	352.8	303.1	246.8	217.4	152.6
	Q3	321.5	365.2	324.1	245.5	267.6	166.1
	Q4	280.5	383.3	353.1	297.3	300.3	175.7

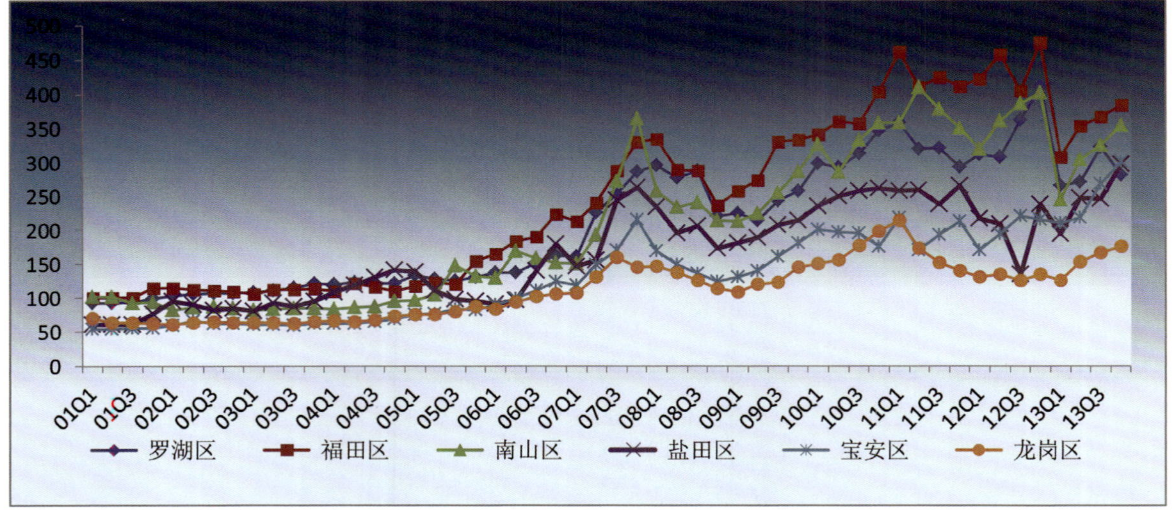

图 6-29　深圳市历年住宅二级市场价格指数示意图

四、交易价格抽样

表 6-40 深圳市 2013 年新推住宅楼盘一览

类型	区域	项目名称
多层住宅	南山	鲸山花园九期、荔海春城花园
	宝安	尖岗山名苑一期、领航里程花园（二期、三期）、御景水岸花园（一期、二期）
	龙岗	御峰园、振业峦山谷花园（二期）
	光明	深房传麒山
	龙华	仁山智水花园（一期）、懿花园
	坪山	嘉宏湾花园（二期）
中高层住宅	罗湖	四季御园、云景梧桐花园
	福田	京基滨河时代广场（南区）、山语清晖花园（一期）、天御香山花园、万泽云顶尚品花园（B 地块）、香蜜苑
	南山	鲸山花园九期、荔海春城花园、纯水岸（十五期）、恒裕滨城花园（一期）、后海理想雅园鲸山花园九期、荔海春城花园、龙瑞佳园、山海美域花园、水木丹华园、翡翠海岸花园
	盐田	泊郡雅苑、蓝郡西堤花园、梧桐春晓花园、梧桐翡翠花园
	宝安	领航里程花园（二期、三期）、瑞尚居、瑞翔居、华盛盛荟名庭、金石雅苑、领航里程花园（二期、三期）、润恒尚园、湾美花园四期、万科翡逸郡园、万科翡悦郡园、西乡安居家园、香格丽湾园幸福城润园、中熙香缤山花园（二期）、中熙香缤山花园（一期）、中洲华府（二期）
	龙岗	安鸿峰景苑、百合山水别苑、保利上城花园、承翰陶源花园、东城中心花园、东都花园一区观山大卫华庭、国香山花园、海航国兴花园、海心汇福园、荷康花园、鸿威鸿景华庭、嘉御豪园、佳兆业悦峰花园、佳兆业中央广场（三期）、金地名峰、金域上郡花园、金域中央花园（一期）、满京华喜悦里华庭、仁恒峦山美地花园、瑞泽佳园、深房尚林花园、同创新作居、万科红悦花园、熙璟城豪苑、香林世纪华府、信义御城豪园、旭源怡景轩、颐安都会中央花园、悦城花园、悦澜山花园、阅山公馆、运河蓝湾家园、振业峦山谷花园（二期）、中信龙盛广场、紫瑞花园
	光明	金城大第花园、深房传麒山
	龙华	仁山智水花园(一期)、懿花园、爱心家园、福安雅园、和平里花园、汇龙湾花匠、锦绣御园（三期）、莱蒙春天花园(A818-0449 宗地)、莱蒙春天花园（A818-0444）、仁山智水花园(一期)、幸福城润园（三期）、招商锦绣观园、中航天逸花园、卓越皇后道名苑、茗语华苑
	坪山	丹梓龙庭、嘉宏湾花园（二期）、金地朗悦花园、万科金域缇香花园（二期）、招商花园
	大鹏	佳兆业假日广场、璞岸花园（一期）
高层住宅	宝安	尖岗山名苑（一期）、御景水岸花园（一期、二期）
	龙岗	鸿威鸿景华庭、振业峦山谷花园（二期）
	光明	深房传麒山、鸿威鸿景华庭
	龙华	仁山智水花园（一期）、懿花园

表 6-41　深圳市 2013 年住宅二级市场销售价格抽样

单位：元/平方米

房屋类型	物业名称	位置	挂牌月份	最高价	最低价	平均价
罗湖区						
高层住宅	港丰大厦	罗湖区湖贝路	2013 年 1 月	31395	23409	26597
	合正荣悦府	文锦中路东北侧	2013 年 1 月	47877	25351	35551
	云景梧桐花园	罗湖街道	2013 年 8 月	46997	34088	42121
	四季御园	罗湖区罗沙路	2013 年 11 月	41979	28551	33705
福田区						
高层住宅	嘉州富苑	福田新洲北路	2013 年 1 月	30276	21321	28221
	香蜜苑	安托山北侧	2013 年 5 月	29240	33753	40830
	京基滨河时代广场	福田滨河大道南	2013 年 8 月	69517	29614	41081
南山区						
高层住宅	澳城花园	后海大道以东	2013 年 1 月	42649	35924	39539
	宝能华府	留仙大道北	2013 年 1 月	30845	19094	28030
	纯水岸（十五期）	香山中街	2013 年 1 月	85637	43488	62653
	纯水岸（十四期）	南山区沙河街道香山中街南侧	2013 年 1 月	73408	40459	52997
	栖游家园	南山区后海大道	2013 年 1 月	34732	25333	29942
	伍兹公寓	南山区海滨路	2013 年 1 月	71189	46760	58378
	阳光里雅居	南山区	2013 年 1 月	36646	26202	31045
	海境界家园（一期）	蛇口后海大道东侧	2013 年 2 月	32225	25144	30008
多层住宅	鲸山花园（九期）	松湖路	2013 年 5 月	76794	55593	67122
中高层住宅	鲸山花园（九期）	松湖路	2013 年 5 月	85346	52766	66202
	鲸山花园（九期）	松湖路	2013 年 5 月	72006	37037	52815
	荔海春城花园	南山区向南路与工业八路交汇处	2013 年 6 月	42710	27776	34121
	后海理想雅园	南山区招商东路	2013 年 7 月	48196	19659	38825
	水木丹华园	学苑大道南侧	2013 年 7 月	36536	26938	30943
	恒裕滨城花园（一期）	后海滨路和招商东路交汇处	2013 年 10 月	55972	35486	48445
	龙瑞佳园	兴海大道东侧	2013 年 12 月	26090	17898	21330
盐田区						
高层住宅	泊郡雅苑	盐田区盐田街道明珠大道北	2013 年 1 月	20978	13855	16820
	嘉信蓝海华府	盐田区深沙路东面海涛路北面	2013 年 1 月	28742	23419	26112
	梧桐春晓花园	盐田区中青一路	2013 年 9 月	25076	16716	22281
宝安区						
多层住宅	领航里程花园（一期）	宝安区西乡街道航城大道北侧	2013 年 1 月	36172	17511	21448
	领航里程花园（二期、三期）	宝安区西乡街道航城大道北侧	2013 年 7 月	35523	20931	23336
	御景水岸花园（一期、二期）	宝安区福永街道广深公路以西、立新水库东侧	2013 年 7 月	42897	19276	26021
中高层住宅	领航里程花园（二期、三期）	宝安区西乡街道航城大道北侧	2013 年 8 月	21899	16482	18361

（续表）

房屋类型	物业名称	位置	挂牌月份	最高价	最低价	平均价
中高层住宅	宝安山庄（一期）	宝安区松岗街道沙江路南侧	2013年1月	10254	9534	9918
	宏发君域花园	宝安区松岗街道	2013年1月	16293	9756	12869
	领航里程花园（一期）	宝安区西乡街道航城大道北侧	2013年1月	15095	11978	13973
	勤诚达和园	新安街道	2013年1月	34247	16521	24289
	桃源峰景园	宝安区西乡街道前进二路东侧	2013年1月	17372	12563	14125
	天御豪庭	宝安中心区N5区	2013年1月	49921	30496	38521
	湾美花园	宝安区西乡街道海城路	2013年1月	33008	16155	23793
	西城雅筑花苑	宝安区新安街道新湖路西侧	2013年1月	30874	18308	26917
	香格丽湾园	宝安区西乡街道航城大道南侧	2013年1月	23007	14818	19033
	幸福海岸	宝安区中心区N15区	2013年1月	35375	22763	28797
	御景水岸花园（三期）	宝安区福永街道广深公路西侧	2013年1月	22828	13578	17058
	招商果岭花园	宝安区西乡街道宝安大道与宾隆路交汇处西南侧	2013年1月	15238	15238	15238
	中粮锦云花园	宝安区西乡街道	2013年1月	25246	16316	21662
	中洲华府	宝安区新安街道裕安二路与公园路交汇处	2013年2月	26579	18328	23697
	碧海富通城	西乡街道西乡大道西侧	2013年3月	16100	16100	16100
	领航里程花园（二期、三期）	宝安区西乡街道航城大道北侧	2013年5月	24852	11735	16160
	中熙香缤山花园（一期）	宝安区西乡街道	2013年6月	27200	17440	22711
	御景水岸花园（一期、二期）	宝安区福永街道广深公路以西、立新水库东侧	2013年7月	42897	19276	29621
	润恒尚园	宝安区西乡街道	2013年8月	35326	12737	23002
	湾美花园四期	宝安区西乡街道海城路	2013年8月	34392	25248	29178
	万科翡逸郡园	宝安区沙井街道	2013年8月	17500	14613	15660
	万科翡悦郡园	宝安区沙井街道新沙路与环镇路交汇处	2013年9月	17940	15848	17051
	西乡安居家园	宝安区西乡街道	2013年9月	7648	7229	7405
	中熙香缤山花园（二期）	宝安区西乡街道	2013年9月	26989	19511	22945
	金石雅苑	宝安区福永街道广深公路西侧	2013年10月	19034	13943	16723
	中洲华府（二期）	宝安区新安街道裕安二路与公园路交汇处	2013年11月	38617	24331	30074
龙岗区						
多层住宅	百合山水别苑	龙岗区龙城街道五联社区	2013年1月	27083	14422	21338
	第五园（七期）	龙岗区坂田街道雅园路旁	2013年1月	82529	59110	65089
	嘉宏湾花园（二期）	坪山新区丹梓大道南侧	2013年1月	17971	12549	15777
	星河时代花园	龙岗区龙城街道	2013年1月	41798	3634	28492
	十二橡树庄园（二期）	龙岗区坂田街道	2013年3月	23718	23718	23718
	旭源瑞景轩	龙岗区龙岗街道	2013年6月	21130	21130	21130
	御峰园	龙岗区平湖街道	2013年9月	17569	15463	16604
中高层住宅	十二橡树庄园（二期）	龙岗区坂田街道	2013年1月	20309	19791	20071

（续表）

房屋类型	物业名称	位置	挂牌月份	最高价	最低价	平均价
中高层住宅	爱地花园	龙岗区龙城街道	2013 年 1 月	13431	9491	10545
	百合山水别苑	龙岗区龙城街道五联社区	2013 年 1 月	16339	10904	13329
	保利上城花园	龙岗区龙城街道爱联社区	2013 年 1 月	21719	8337	16955
	第五园（七期）	龙岗区坂田街道雅园路旁	2013 年 1 月	28631	22067	25223
	非凡空间阁	龙岗区中心城	2013 年 1 月	19953	8021	14061
	公园里花园（二期）	龙岗区南湾街道樟树布社区	2013 年 1 月	25458	16676	22103
	广业成学府道花园	中心城 11 小区	2013 年 1 月	17090	13568	15682
	国香尚居	龙岗区龙岗街道	2013 年 1 月	14948	11433	12700
	荷康花园	龙岗区横岗街道	2013 年 1 月	20010	9680	15501
	和成世纪名园	龙岗区坂田街道布龙路	2013 年 1 月	21865	15829	18273
	横岗花半里雅筑	龙岗区横岗街道	2013 年 1 月	11841	10418	11288
	嘉御豪园	龙岗区坂田街道	2013 年 1 月	26814	15166	20882
	佳兆业新都汇家园	龙岗区布吉街道	2013 年 1 月	26745	16681	22429
	佳兆业中央广场（一期）	龙岗区坂田街道办	2013 年 1 月	34887	2000	20854
	金地名峰	龙岗区龙岗街道	2013 年 1 月	20048	13190	16855
	金阳成大厦	龙岗街道龙岗村	2013 年 1 月	10236	7206	9173
	锦冠华庭	龙岗区平湖街道	2013 年 1 月	13604	12153	12731
	满京华喜悦里华庭	龙岗区龙岗街道	2013 年 1 月	18916	13035	13867
	全盛御景湾花园	龙岗区龙城街道	2013 年 1 月	24000	10077	15208
	融湖世纪花园	龙岗区平湖街道	2013 年 1 月	16454	8100	12976
	首创八意府	龙岗区龙城街道	2013 年 1 月	14194	13656	13924
	万科金域缇香花园（二期）	坪山新区行政五路与丹梓西路交汇处	2013 年 1 月	17421	10465	13514
	万科天誉花园（一期）	龙岗区龙城街道	2013 年 1 月	21639	17077	19024
	文峰华庭	龙岗区南湾街道	2013 年 1 月	22879	13780	18580
	熙和园	龙岗区龙城街道	2013 年 1 月	21720	13005	18387
	信义御城豪园	龙岗区横岗街道	2013 年 1 月	21490	12419	17167
	旭源瑞景轩	龙岗区龙岗街道	2013 年 1 月	10503	9495	9931
	阳基新天地家园	龙岗区布吉街道	2013 年 1 月	27781	13288	16315
	御峰园	龙岗区平湖街道	2013 年 1 月	14204	9466	12133
	远洋新干线荣域花园	龙岗区龙岗街道	2013 年 1 月	16911	12384	14821
	振业城	横岗街道六约村	2013 年 1 月	15227	10037	12627
	中粮一品澜山花园	坪山新区深汕高速出口与丹梓大道交汇处	2013 年 1 月	14087	9545	11268
	卓弘高尔夫雅苑	龙岗区龙岗街道	2013 年 1 月	19826	5000	13579
	第五园（七期）	龙岗区坂田街道雅园路旁	2013 年 1 月	82529	59110	65089
	千林山居	龙岗区龙城街道	2013 年 3 月	13065	13065	13065
	紫瑞花园	龙岗区布吉街道	2013 年 3 月	28890	24984	27330
	悦城花园	龙岗区中心城	2013 年 4 月	13038	8500	11475
	运河蓝湾家园	龙岗龙岗街道	2013 年 5 月	17415	11915	14574

（续表）

房屋类型	物业名称	位置	挂牌月份	最高价	最低价	平均价
中高层住宅	承翰陶源花园	龙岗区龙城街道五联社区	2013 年 6 月	16612	12102	13913
	阅山公馆	龙岗区龙城街道	2013 年 6 月	23445	7878	15738
	中信龙盛广场	龙岗区龙岗街道龙东社区	2013 年 6 月	15001	11741	12974
	旭源瑞景轩	龙岗区龙岗街道	2013 年 6 月	21130	21130	21130
	鸿威鸿景华庭	龙岗区龙城街道	2013 年 8 月	19317	10000	15025
	东城中心花园	龙岗区横岗街道办	2013 年 9 月	23324	14293	18331
	仁恒峦山美地花园	龙岗区龙岗街道	2013 年 9 月	18690	16565	17832
	颐安都会中央花园	龙岗区体育新城龙兴大道与红棉路交汇处	2013 年 9 月	23874	18482	21049
	观山大卫华庭	龙岗区布吉街道	2013 年 10 月	23633	20071	21236
	同创新作居	龙岗区平湖街道	2013 年 10 月	17801	14033	15551
	万科红悦花园	龙岗布吉街道	2013 年 10 月	25352	22319	23733
	悦澜山花园	龙岗区龙城街道	2013 年 10 月	25482	17122	19731
	海航国兴花园	龙岗区龙岗街道	2013 年 11 月	17522	10000	16008
	佳兆业悦峰花园	龙岗区坂田街道办	2013 年 11 月	32670	17997	24231
	金域上郡花园	龙岗区布吉街道	2013 年 11 月	27875	21181	24609
	金域中央花园（一期）	龙岗区布吉街道	2013 年 11 月	22935	21052	22066
	深房尚林花园	龙岗区龙岗街道	2013 年 11 月	14810	11856	13337
	东都花园一区	中心城	2013 年 12 月	22813	20422	21416
	瑞泽佳园	龙岗区横岗街道六约社区	2013 年 12 月	18826	13357	15370
	旭源怡景轩	龙岗区龙岗街道	2013 年 12 月	14714	13172	13933
	振业峦山谷花园（二期）	龙岗区龙岗街道	2013 年 12 月	14532	12508	13450
光明新区						
高层住宅	宏发上域花园	光明新区公明街道办事处民生路南面兴发路西面	2013 年 1 月	16708	11831	14983
	金城大第花园	光明新区	2013 年 1 月	22596	14494	18337
	深房传麒山	光明新区高新园区牛山公园南侧	2013 年 1 月	24842	13692	17088
龙华新区						
多层住宅	金地塞拉维花园	龙华新区观澜街道梅观高速与环观南路交汇处	2013 年 1 月	49069	31235	39444
	仁山智水花园（二期）	观澜横坑	2013 年 1 月	36919	18760	27960
	懿花园	龙华新区观澜办事处横坑水库南侧，观天路北侧	2013 年 6 月	44959	30572	33341
中高层住宅	金地塞拉维花园	龙华新区观澜街道梅观高速与环观南路交汇处	2013 年 1 月	23847	14578	20215
	仁山智水花园（二期）	观澜横坑	2013 年 1 月	16955	13292	15472
	懿花园	龙华新区观澜办事处横坑水库南侧，观天路北侧	2013 年 1 月	22121	14343	17249
高层住宅	福东龙华府	龙华新区大浪街道龙华和平路北面福龙大道东面	2013 年 1 月	26152	11264	20141
	公馆一八六六花园（北区）	龙华新区民治街道梅龙路西侧	2013 年 1 月	30622	18813	25319
	公馆一八六六花园（南区）	龙华新区民治街道梅龙路西侧	2013 年 1 月	35957	18081	23013

（续表）

房屋类型	物业名称	位置	挂牌月份	最高价	最低价	平均价
高层住宅	花半里清湖花园	龙华新区龙华街道清华东路与大和路交汇处	2013 年 1 月	13364	13123	13237
	汇龙湾花园	民治街道民宝路与民塘路交汇处	2013 年 1 月	26500	16118	22474
	金亨利首府	民治街道梅龙路西侧	2013 年 1 月	35175	15567	24842
	锦绣御园（二期）	龙华新区龙华街道创业路与和平东路交汇处	2013 年 1 月	20196	12153	17527
	莱蒙春天花园（A818-0445）	龙华新区民治街道办梅龙路西侧	2013 年 1 月	26164	12151	22376
	绿景香颂美庐园	龙华新区民治街道民治大道西侧	2013 年 1 月	15969	15969	15969
	星河盛世花园（二期）	龙华新区民治街道	2013 年 1 月	33873	18849	24230
	星河盛世花园（一期）	龙华新区民治街道	2013 年 1 月	30726	17207	23278
	中航天逸花园	龙华新区民治街道人民南路	2013 年 1 月	30110	16243	22413
	芷峪澜湾花园	龙华新区观澜街道观澜大道东侧	2013 年 1 月	17702	9447	13973
	金地塞拉维花园	龙华新区观澜街道梅观高速与环观南路交汇处	2013 年 1 月	49069	31235	39444
	仁山智水花园（二期）	观澜横坑	2013 年 1 月	36919	19430	28307
	莱蒙春天花园（A818-0449 宗地）	龙华新区民塘	2013 年 5 月	26676	15599	22635
	仁山智水花园（一期）	龙华新区观澜办事处环观南路北侧	2013 年 5 月	21201	13615	16614
	幸福城润园	深圳市龙华新区清泉路与建设路交汇处	2013 年 5 月	25562	17648	21551
	和平里花园	布龙路与和平西路交汇处	2013 年 6 月	25657	16505	20458
	懿花园	龙华新区观澜办事处横坑水库南侧，观天路北侧	2013 年 6 月	44959	30572	33341
	锦绣御园（三期）	龙华新区龙华街道创业路与和平东路交汇处	2013 年 7 月	22043	18208	20292
	尚御商住楼	龙华新区民治街道	2013 年 7 月	10878	10862	10876
	莱蒙春天花园（A818-0444）	龙华新区民治办事处民兴街北面	2013 年 8 月	27121	13347	24077
	茗语华苑	龙华新区观澜办事处黎光社区	2013 年 9 月	6192	4275	5263
	幸福城润园（三期）	深圳市龙华新区清泉路与建设路交汇处	2013 年 10 月	25261	18256	21417
	卓越皇后道名苑	龙华新区新区大道与人民路交汇处	2013 年 11 月	30205	21785	26215
坪山新区						
多层住宅	中粮一品澜山花园	坪山新区深汕高速出口与丹梓大道交汇处	2013 年 1 月	10573	8966	9718
高层住宅	东晟时代花园	坪山新区中山大道与锦龙大道交汇处	2013 年 1 月	12564	8415	10255
	嘉宏湾花园（二期）	坪山新区丹梓大道南侧	2013 年 1 月	15980	9049	11899
	深业御园	深圳市坪山新区坑梓街道锦绣东路与金辉路交汇处	2013 年 1 月	8836	6429	7550
	丹梓龙庭	坪山新区丹梓大道	2013 年 4 月	15990	6645	8388
	金地朗悦花园	深圳市坪山新区坪山街道新合路	2013 年 11 月	12821	10741	11880
	招商花园	深圳市坪山新区丹梓大道以南、新和二路以东、荷康路以西	2013 年 12 月	15874	12902	14061

表 6-42 深圳市 2013 年公开发售办公楼项目一览（含新推介楼盘）

区域	项目名称（含新推介的楼盘）
罗湖区	富基帕克大厦、博兴大厦
福田区	一冶广场、世纪汇广场、新天世纪商务中心
南山区	南园枫叶大厦、卓越梅林中心广场（北区）、田厦金牛广场、中泰天成大楼
盐田区	壹海城一区
龙岗区	万汇大厦、和成世纪名园、同创新作居、万科天誉中央广场、远洋新干线晶钻广场

表 6-43 深圳市 2013 年二级市场办公楼销售价格抽样

单位：元/平方米

区域	项目名称	位置	成交月份	最高价	最低价	均价
罗湖	富基帕克大厦	深圳市罗湖区布吉路	2013 年 10 月	42459.585	29559.524	36886
	博兴大厦	罗湖街道清水河一路	2013 年 12 月	29113.133	26695.729	27852
福田	一冶广场	福田区侨香路与广深高速公路交汇处	2013 年 1 月	43540.799	32473.407	37905
	世纪汇广场	深南中路北中航路西	2013 年 2 月	49951.414	44500	45511
	新天世纪商务中心	福田区石厦北二街西	2013 年 11 月	41245.686	33350.573	37006
南山	南园枫叶大厦	南山区	2013 年 1 月	45707.566	28609.785	37523
	卓越梅林中心广场（北区）	福田街道中康路	2013 年 1 月	54561.003	20000	40928
	田厦金牛广场	南山区桃园路与南光路交汇处西北侧	2013 年 1 月	41999.838	35000	39485
	中泰天成大楼	南山区南海大道与东滨路交汇处	2013 年 12 月	38425.037	31894.27	35388
盐田	壹海城一区	盐田区深盐路南面海山路北面	2013 年 1 月	32095.338	24719.134	28453
龙岗	万汇大厦	龙岗区龙岗街道	2013 年 5 月	29785.282	16005.913	21479
	和成世纪名园	龙岗区坂田街道布龙路	2013 年 9 月	30335.776	25087.056	27419
	同创新作居	龙岗区平湖街道	2013 年 10 月	20577.38	15275.171	17924
	万科天誉中央广场	龙岗区龙城街道	2013 年 11 月	27500	18326.938	21795
	远洋新干线晶钻广场	龙岗区龙岗街道	2013 年 11 月	23536.443	18187.551	20111

表 6-44　深圳市 2013 年公开发售商业用房项目一览（含新推介楼盘）

区域	项目名称
罗湖区	港丰大厦、翡翠公寓、博兴大厦
福田区	君临天下名苑、御锦公馆、东海国际中心（二期B区）、世纪汇广场、新天世纪商务中心 深业上城北区、京基滨河时代广场北区（一期）
南山区	公园道大厦、南园枫叶公寓、田厦金牛广场、鹏瑞深圳湾壹号广场
盐田区	中通水岸、昊海君悦大厦、壹海城二区、君临海域名园（一期）、壹海城四区、壹海城三区（一期）
宝安区	万科翡丽郡花园、招商果岭花园、永福苑、前海颐大厦、勤诚达和园、万科翡逸郡园 西乡安居家园、幸福海岸、万科翡悦郡园、领航里程花园(一期)、中熙香缤山花园（二期)、中熙香缤山花园（一期）
龙岗区	爱地花园、保利上城花园、碧湖大酒店、横岗花半里雅筑、金地名峰、瑞泽佳园 万科红立方大厦、天颂雅苑、远洋新干线荣域花园、金色盛晖华庭、万科天誉花园（一期） 港信达横岗大厦、万汇大厦、阅景花园、佳兆业假日广场、御峰园、公园里花园（二期） 万科天誉中央广场、中信龙盛广场、润创兴时代公寓、和成世纪名园、佳兆业中央广场（一期)、远洋新干线晶钻广场
光明新区	和润家园
龙华新区	星河盛世花园（一期)、芷峪澜湾花园、尚御商住楼、中航天逸花园
坪山新区	东晟时代花园、嘉宏湾花园（二期)、万科金域缇香花园（二期)、招商花园、中粮一品澜山花园

表 6-45 深圳市 2013 年二级市场商业用房销售价格抽样

单位：元/平方米

区域	项目名称	位置	成交月份	最高价	最低价	均价
罗湖区	港丰大厦	罗湖区湖贝路	2013 年 1 月	32514	25049	28310
	翡翠公寓	罗湖区文锦北路	2013 年 10 月	30777	27112	28819
	博兴大厦	罗湖街道清水河一路	2013 年 12 月	26945	25574	26290
福田区	君临天下名苑	福田区新沙路与新沙街交汇处	2013 年 1 月	42483	32769	38775
	御锦公馆	福田区梅林	2013 年 1 月	38600	25644	33109
	东海国际中心（二期 B 区）	福田区深南大道北侧（车公庙段）	2013 年 2 月	88894	38177	59407
	世纪汇广场	深南中路北中航路西	2013 年 2 月	52203	39834	45393
	新天世纪商务中心	福田区石厦北二街西	2013 年 4 月	46409	24959	34791
	深业上城（北区）	福田区彩田路与笋岗西路东北侧	2013 年 10 月	103014	48909	63662
	京基滨河时代广场北区（一期）	福田区滨河路	2013 年 12 月	52028	38643	43996
南山	公园道大厦	南山区	2013 年 1 月	38897	32173	35726
	南园枫叶公寓	南山区南山大道与创业路交汇处	2013 年 1 月	41250	27836	33946
	田厦金牛广场	南山区桃园路与南光路交汇处西北侧	2013 年 1 月	41008	36664	38098
	鹏瑞深圳湾壹号广场	南山区科苑大道与东滨路交汇处	2013 年 5 月	129565	71656	90060
盐田区	中通水岸	盐田区大梅沙	2013 年 1 月	14000	8000	12637
	昊海君悦大厦	盐田区深盐路北侧	2013 年 1 月	24601	16611	20295
	壹海城二区	盐田区深盐路南面海山路北面	2013 年 5 月	129176	20336	52115
	君临海域名园（一期）	盐田海景二路与海山东二街交汇处	2013 年 11 月	41617	22143	28579
	壹海城（四区）	盐田区深盐路南海山路北	2013 年 11 月	68440	68440	68440
	壹海城三区（一期）	盐田区海景二路	2013 年 12 月	45642	38799	42227
宝安区	万科翡丽郡花园	宝安区沙井街道环镇路东面新沙路北面	2013 年 1 月	64911	10105	26114
	招商果岭花园	宝安区西乡街道宝安大道与宾隆路交汇处西南侧	2013 年 1 月	40716	21041	30300
	永福苑	宝安区福永街道	2013 年 3 月	56531	47449	52183
	前海颐大厦	深圳市宝安中心区 N26 区，宝兴路西侧	2013 年 5 月	120000	29088	43027
	勤诚达和园	新安街道	2013 年 7 月	129922	63217	106062
	万科翡逸郡园	宝安区沙井街道	2013 年 8 月	87295	12627	30828
	西乡安居家园	宝安区西乡街道	2013 年 9 月	36000	25000	32480
	幸福海岸	宝安区中心区 N15 区	2013 年 9 月	27155	7209	9547
	万科翡悦郡园	宝安区沙井街道新沙路与环镇路交汇处	2013 年 10 月	103213	14945	34833
	领航里程花园（一期）	宝安区西乡街道航城大道北侧	2013 年 12 月	60807	16843	35020
	中熙香缤山花园（二期）	宝安区西乡街道	2013 年 12 月	72250	39858	49285
	中熙香缤山花园（一期）	宝安区西乡街道	2013 年 12 月	88226	36018	47589

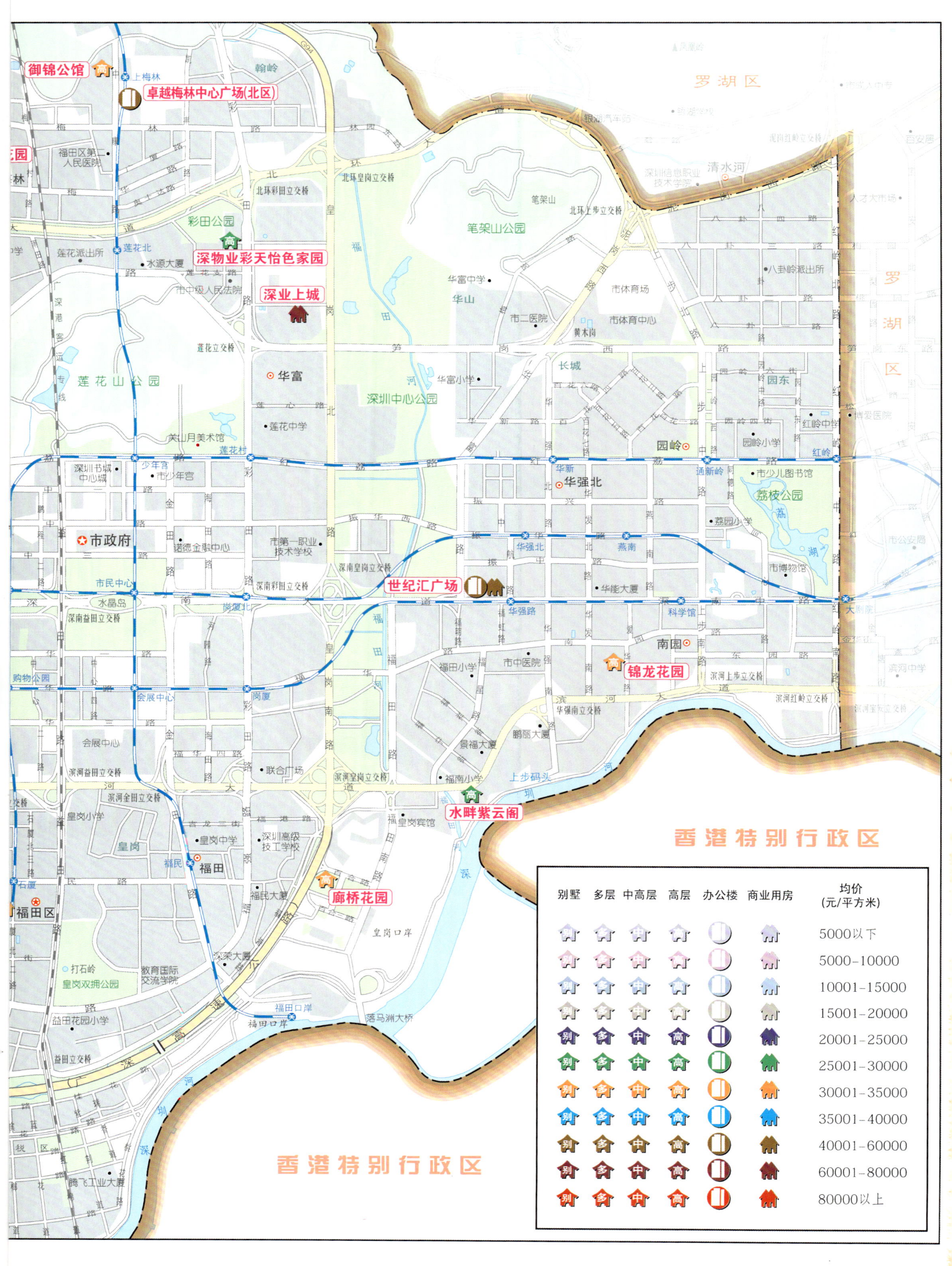

御锦公馆
卓越梅林中心广场(北区)
深物业彩天怡色家园
深业上城
世纪汇广场
锦龙花园
水畔紫云阁
廊桥花园
罗湖区
香港特别行政区
福田区
市政府
莲花山公园
笔架山公园
深圳中心公园
荔枝公园
彩田公园
皇岗双拥公园
华富
华强北
园岭
南园
福田
皇岗口岸
福田口岸
落马洲大桥
别墅
多层
中高层
高层
办公楼
商业用房
均价
(元/平方米)
5000以下
5000-10000
10001-15000
15001-20000
20001-25000
25001-30000
30001-35000
35001-40000
40001-60000
60001-80000
80000以上

第四节 房地产金融

一、总体概况

2013 年末，深圳市本外币房地产贷款余额 7407.80 亿元，同比增加 1046.83 亿元，增长 16.46%。其中，房地产开发贷款余额 1784.96 亿元，同比增加 239.72 亿元，增长 15.51%；购房贷款余额 5617.06 亿元，同比增加 808.72 亿元，增长 16.82%。房地产开发贷款中，住房开发贷款、商业用房开发贷款及保障房开发贷款余额分别为 1332.40 亿元、377.66 亿元及 135.35 亿元，同比分别增长 20.54、8.25 及 9.09 个百分点。

（一）房地产贷款快速增长

2013 年，全市房地产市场全面回暖，商品房销售面积及销售均价显著增长，房地产贷款需求随之增加，贷款余额增速明显加快，较上年提高 10.84 个百分点。一至四季度，房地产贷款新余额分别新增 90.00 亿元、329.16 亿元、234.21 亿元及 176.55 亿元，同比分别增加 1.16 倍、1.93 倍、1.70 倍及 0.81 倍，第四季度，由于信贷规模紧张等原因，房地产贷款增速有所放缓。

（二）房地产贷款余额占各项贷款余额的比重上升，保障房开发贷款持续增长

2013 年末，全市本外币房地产贷款余额占本外币贷款余额的 30.02%，同比上升 0.85 个百分点；当年新增房地产贷款占新增各项贷款的 37.15%，该比例比 2012 年上升 23.93 个百分点。反映出在房地产市场回暖情况下，银行信贷资金开始向房地产贷款倾斜。伴随着保障房大量开工建设，保障房开发贷款余额持续增长，增速趋于稳定。

（三）个人住房贷款明显增长

2013 年末，全市个人住房贷款余额 4960.34 亿元，同比增长 11.75%，增速较上年提高 6.36 个百分点。其中，新建个人住房贷款余额 2509.20 亿元，同比增长 11.47%，增速较上年提高 5.08 个百分点；再交易房贷款余额 2451.14 亿元，同比增长 12.02%，增速较上年提高 7.65 个百分点。

(四) 房地产贷款利率上升

个人住房贷款利率小幅上升。2013 年，由于信贷规模有限、资金成本较高，需要较高贷款利率覆盖等原因，深圳个人住房贷款利率有所上升。全年执行 0.85 倍基准利率以上的个人住房贷款新发放金额占全部个人住房贷款新发放贷款金额的比例为 99.06%，比年初占比微升 1.74 个百分点。房地产开发贷款利率维持较高水平，房企获得银行贷款难度较大。

（五）房地产贷款质量良好

2013 年末，全市银行业房地产不良贷款余额 24.03 亿元，比年初减少 2.57 亿元，不良率 0.32%，比年初下降 0.09 个百分点。其中，个人住房不良贷款余额 13.59 亿元，比年初增加 2.57 亿元，不良率 0.28%，比年初下降 0.09 个百分点。

二、金融机构存贷款情况

2013 年末，全市金融机构（含外资金融机构）本外币存款余额 39343.15 亿元，贷款余额 24680.07 亿元。

表 6-46　深圳市历年金融机构存贷款情况

单位：亿元

年份	存款余额	贷款余额
1979	1.01	0.75
1980	2.03	1.35
1981	4.37	2.39
1982	6.37	6.30
1983	11.26	11.95
1984	34.98	45.10
1985	30.26	53.70
1986	55.11	73.09
1987	80.85	106.52
1988	131.74	153.62
1989	137.63	178.98
1990	194.69	238.62
1991	300.92	279.75
1992	550.46	370.71
1993	657.35	501.59
1994	933.37	642.14
1995	1202.92	786.34
1996	1533.46	965.20
1997	1822.70	1202.58
1998	2216.32	1551.60
1999	2558.99	1848.16
2000	3168.85	2291.52
2001	4091.17	2859.54
2002	4952.73	3512.48
2003	6145.75	4618.41
2004	7197.41	5355.25
2005	9486.71	7596.75
2006	10616.01	8353.80
2007	12729.68	10121.37
2008	14260.94	11234.05
2009	18357.47	14783.39
2010	21937.89	16808.12
2011	25095.78	19248.73
2012	29662.40	21808.34
2013	39343.15	24680.07

注：2013 年金融机构贷款利率未作调整

表 6-47 深圳市历年金融机构贷款利率

利率执行起始时间	短期贷款（流动资金贷款）（年利率%）		中长期贷款（固定资产贷款）（年利率%）						个人住房贷款（年利率%）					罚息利率（日利率万分之）	
	6 个月以下	6 个月~1 年	1~3 年(含 3 年)		3~5 年(含 5 年)		5 年以上		1~3 年（含 3 年）	3~5 年（含 5 年）	5~10 年（含 10 年）	10~15 年（含 15 年）	15 年以上	逾期	挤占挪用
			技改	基建	技改	基建	技改	基建							
1991.04.21	8.100	8.640	8.480	9.000	8.460	9.540	8.460	9.720	—	—	—	—	—	加息 20%	加息 20%
1993.06.01	9.702	10.296	10.098	11.880	10.098	13.266	10.098	13.464	—	—	—	—	—	加息 20%	加息 20%
1993.07.11	9.900	12.078	12.798	13.464	12.078	15.246	12.078	15.444	—	—	—	—	—	加息 20%	加息 20%
1995.01.01	9.900	12.078	12.798	14.184	12.798	15.966	12.798	16.164	—	—	—	—	—	加息 20%	加息 20%
1995.07.01	11.088	13.266	14.850		16.632		16.830		—	—	—	—	—	4.000~6.000	6.000~8.000
1996.05.01	10.404	11.745	14.058		15.984		16.758		—	—	—	—	—	4.000	6.000
1996.08.23	9.828	10.791	11.754		12.519		13.293		—	—	—	—	—	4.000	6.000
1997.10.23	8.415	9.504	10.017		10.593		11.268		9.504	10.017	10.593	11.268	—	4.000	6.000
1998.03.25	7.722	8.712	9.630		10.404		11.079		8.712	9.630	10.404	11.079	11.304	4.000	6.000
1998.07.01	7.227	7.623	7.677		8.037		8.172		7.623	7.677	8.037	8.172	8.334	4.000	6.000
1998.12.07	6.732	7.029	7.227		7.587		7.722		7.029	7.227	7.587	7.722	7.812	3.000	6.000
1999.06.10	5.580	5.850	5.940		6.030		6.210		5.85	5.940	6.030	6.211	6.331	2.100	5.000
1999.09.21			5.940		6.030		6.210		5.31		5.58			2.100	5.000
2002.02.21	5.040	5.310	5.490		5.580		5.760		4.77		5.04			2.100	5.000
2004.10.29	5.221	5.581	5.760		5.850		6.120		4.95		5.31				
2005.03.17									5.184	5.265	5.51				
2006.04.28	5.40	5.85	6.03		6.12		6.39		5.427	5.508	5.751				
2006.08.19	5.58	6.12	6.30		6.48		6.84		5.355	5.508	5.814				
2007.03.18	5.67	6.39	6.57		6.75		7.11		5.585	5.738	6.044				
2007.05.19	5.85	6.57	6.75		6.93		7.19								
2007.07.21	6.03	6.84	7.02		7.20		7.38								
2007.08.22	6.21	7.02	7.20		7.38		7.56		执行相应档次法定贷款利率						
2007.09.15	6.48	7.29	7.47		7.65		7.83								
2007.12.21	6.57	7.47	7.56		7.74		7.83								
2008.09.16	6.21	7.20	7.29		7.56		7.74		个人住房贷款利率下限为相应档次贷款基准利率的 0.85 倍						
2008.10.09	6.12	6.93	7.02		7.29		7.47								

（续表）

<table>
<tr><th rowspan="3">利率执行起始时间</th><th colspan="2">短期贷款
（流动资金贷款）
（年利率%）</th><th colspan="6">中长期贷款(固定资产贷款)
(年利率%)</th><th colspan="5">个人住房贷款
(年利率%)</th><th colspan="2">罚息利率
（日利率万分之）</th></tr>
<tr><th rowspan="2">6个月以下</th><th rowspan="2">6个月~1年</th><th colspan="2">1~3年(含3年)</th><th colspan="2">3~5年（含5年）</th><th colspan="2">5年以上</th><th rowspan="2">1~3年（含3年）</th><th rowspan="2">3~5年（含5年）</th><th rowspan="2">5~10年（含10年）</th><th rowspan="2">10~15年（含15年）</th><th rowspan="2">15年以上</th><th rowspan="2">逾期</th><th rowspan="2">挤占挪用</th></tr>
<tr><th>技改</th><th>基建</th><th>技改</th><th>基建</th><th>技改</th><th>基建</th></tr>
<tr><td>2008.10.27</td><td>6.12</td><td>6.93</td><td colspan="2">7.02</td><td colspan="2">7.29</td><td colspan="2">7.47</td><td colspan="5" rowspan="4">个人住房贷款利率下限为相应档次贷款基准利率的0.7倍</td><td></td><td></td></tr>
<tr><td>2008.10.30</td><td>6.03</td><td>6.66</td><td colspan="2">6.75</td><td colspan="2">7.02</td><td colspan="2">7.20</td><td></td><td></td></tr>
<tr><td>2008.11.27</td><td>5.04</td><td>5.58</td><td colspan="2">5.67</td><td colspan="2">5.94</td><td colspan="2">6.12</td><td></td><td></td></tr>
<tr><td>2008.12.23</td><td>4.86</td><td>5.31</td><td colspan="2">5.40</td><td colspan="2">5.76</td><td colspan="2">5.94</td><td></td><td></td></tr>
<tr><td>2010.10.20</td><td>5.10</td><td>5.56</td><td colspan="2">5.60</td><td colspan="2">5.96</td><td colspan="2">6.14</td><td colspan="5" rowspan="2">未变化</td><td></td><td></td></tr>
<tr><td>2010.12.26</td><td>5.35</td><td>5.81</td><td colspan="2">5.85</td><td colspan="2">6.22</td><td colspan="2">6.40</td><td></td><td></td></tr>
<tr><td>2011.2.9</td><td>5.60</td><td>6.06</td><td colspan="2">5.40</td><td colspan="2">5.76</td><td colspan="2">5.94</td><td colspan="5">未变化</td><td></td><td></td></tr>
<tr><td>2011.4.6</td><td>5.85</td><td>6.31</td><td colspan="2">6.4</td><td colspan="2">6.65</td><td colspan="2">6.80</td><td colspan="5">未变化</td><td></td><td></td></tr>
<tr><td>2011.7.7</td><td>6.10</td><td>6.56</td><td colspan="2">6.65</td><td colspan="2">6.90</td><td colspan="2">7.05</td><td colspan="5">未变化</td><td></td><td></td></tr>
<tr><td>2012.6.8</td><td>5.85</td><td>6.31</td><td colspan="2">6.40</td><td colspan="2">6.65</td><td colspan="2">6.80</td><td colspan="5">未变化</td><td></td><td></td></tr>
<tr><td>2012.7.6</td><td>5.60</td><td>6.00</td><td colspan="2">6.15</td><td colspan="2">6.40</td><td colspan="2">6.55</td><td colspan="5">未变化</td><td></td><td></td></tr>
</table>

第七章　房地产三级市场

第一节　三级市场转让

一、三级市场交易情况

2 013 年，全市三级市场交易 94650 宗，同比增加 47.1%；面积 850.30 万平方米，同比增加 58.3%。其中，住宅 727.10 万平方米，增加 50.1%；办公楼 22.09 万平方米，增加 0.9%；商业用房 37.07 万平方米，增加 3.3%；其他用途房屋 64.04 万平方米，增加 4.0%。

从区域结构看，罗湖区 16652 宗、面积 127.45 万平方米，同比分别增加 40.8%、33.5%；福田区 19372 宗、169.41 万平方米，同比分别增加 55%、41.9%；南山区 15689 宗、147.63 万平方米，同比分别增加 41.1%、44%；盐田区 2219 宗、17.29 万平方米，同比分别增加 58.6%、32.1%；宝安区 18246 宗、面积 162.06 万平方米，同比分别增加 41.7%、26.6%；龙岗区 22472 宗、226.46 万平方米，同比分别增加 53.6%、69.3%（由于三级市场系统暂未按十区统计，故区域分类继续以六区进行）。

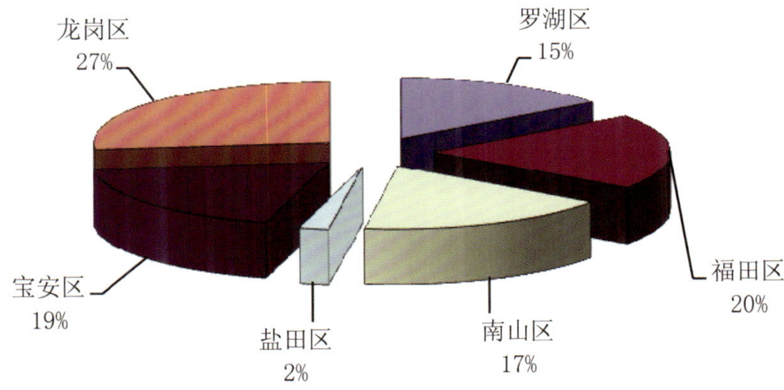

图 7-1　深圳市 2013 年房地产三级市场交易面积区域分布示意图

表 7-1　深圳市历年房地产三级市场交易情况（按区域分）

单位：宗、万平方米

年份	合计		罗湖区		福田区		南山区		盐田区		宝安区		龙岗区	
	宗数	面积	宗数	面积	宗数	面积	宗数	面积	宗数	面积	宗数	面积	宗数	面积
1996	2649	40.61	1560	20.63	431	5.21	416	5.99	—	—	187	1.49	55	7.29
1997	4851	55.23	2508	31.54	1396	9.76	625	9.04	—	—	241	3.16	81	1.73
1998	5987	100.40	2423	39.00	1720	24.00	1034	22.00	144	3.40	367	3.00	299	9.00
1999	7565	149.40	2820	53.60	2151	47.70	1408	22.20	160	7.40	542	8.40	484	10.10
2000	11277	196.60	4565	69.80	2821	43.00	2029	44.00	207	2.70	801	15.90	854	21.20
2001	18853	249.88	6458	76.15	4910	68.80	3629	42.54	465	6.74	1651	29.74	1740	25.91
2002	26629	340.49	8163	91.35	8054	96.34	4776	58.85	537	10.74	2283	40.94	2816	42.27
2003	40899	496.83	11851	133.71	11775	122.61	7233	83.72	1223	18.64	3563	69.13	5254	68.99
2004	59871	732.71	15239	160.62	16055	177.99	11924	127.35	1212	30.21	6131	99.99	9310	136.54
2005	73532	841.29	15827	162.70	20449	227.35	15750	167.62	1401	14.95	8757	108.71	11348	159.97
2006	95506	1013.16	21585	201.11	25085	260.29	19000	192.60	2100	19.41	13197	155.20	14539	184.55
2007*	119957	1089.01	27094	206.84	29074	265.7	21574	200.95	3198	25.88	20703	192.36	18314	197.28
2008*	45851	495.43	10860	97.69	10902	111.53	7888	93.74	1168	10.50	7509	93.21	7524	88.76
2009	157495	1405.27	35000	263.31	36476	332.33	25676	244.14	3551	30.93	27446	263.62	29346	270.94
2010	123669	1119.40	24069	195.32	26220	232.93	20686	200.80	3166	28.08	23804	228.78	25724	233.49
2011	73067	681.52	13314	115.49	15232	148.82	11408	111.82	1915	26.28	15182	137.38	16016	141.73
2012	64361	592.20	11829	95.49	12500	119.38	11121	102.49	1399	13.09	12880	128.02	14632	133.73
2013	94650	850.30	16652	127.45	19372	169.41	15689	147.63	2219	17.29	18246	162.06	22472	226.46

注：①2008 年三级市场数据统计口径变更为只包含市场交易数据，不包括其他产权转移数据，2007 年的数据按变更后新的可比口径进行调整，2006 年及以前年度数据未作调整，下同。②因市规划和国土资源委员会数据信息库暂未对 4 个新区的三级市场数据进行分类，故保持原 6 个行政区统计数据。

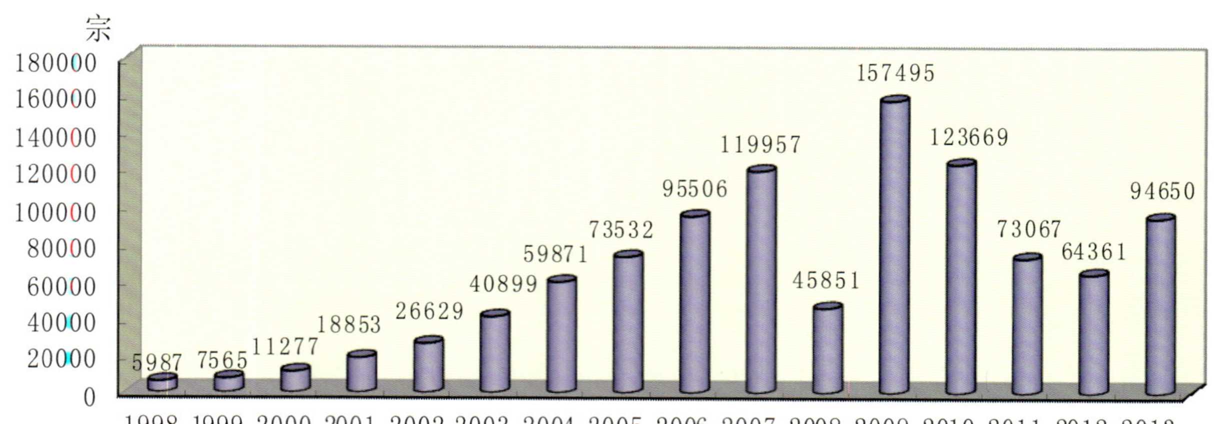

图 7-2　深圳市历年房地产三级市场交易宗数示意图

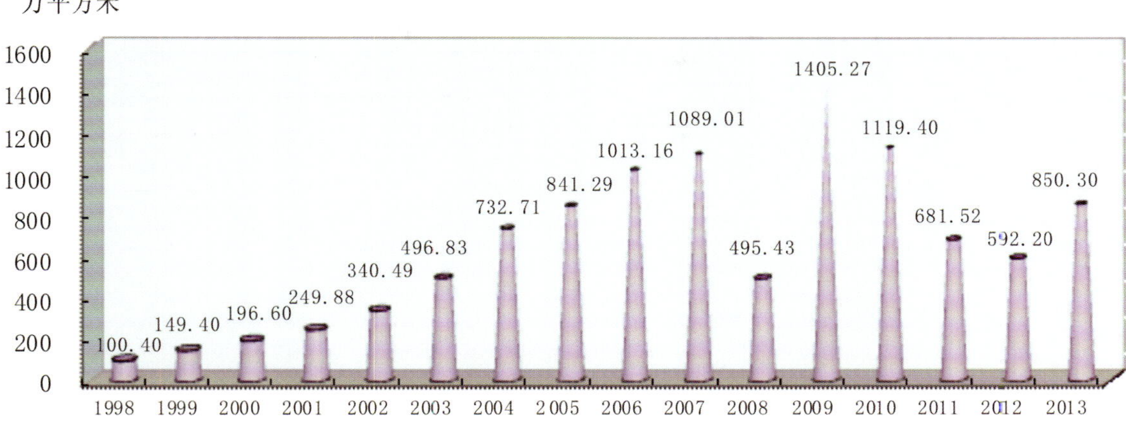

图 7-3　深圳市历年房地产三级市场交易面积示意图

二、三级市场住宅交易情况

2013 年，全市三级市场住宅交易 86335 宗、面积 727.10 万平方米，同比分别增加 54.6%、55.2%。从区域结构看，罗湖区 15111 宗、面积 108.13 万平方米，同比分别增加 50.1%、49.2%；福田区 17626 宗、面积 144.50 万平方米，同比分别增加 60.8%、58.9%；南山区 13866 宗、面积 125.54 万平方米，同比分别增加 54.4%、57.4%；盐田区 2144 宗、面积 16.06 万平方米，同比分别增加 69.9%、55.3%；宝安区 16954 宗、面积 149.78 万平方米，同比分别增加 51.8%、49.3%；龙岗区 20634 宗、面积 183.09 万平方米，同比分别增加 54%、59.8%。

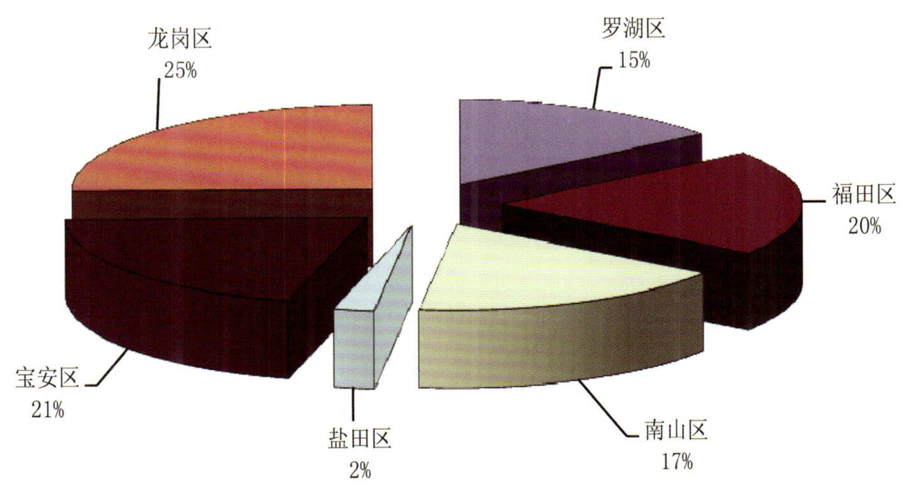

图 7-4　深圳市 2013 年三级市场住宅交易面积区域分布示意图

表 7-2　深圳市历年三级市场住宅交易情况（按区域分）

单位：宗、万平方米

年份	合计		罗湖区		福田区		南山区		盐田区		宝安区		龙岗区	
	宗数	面积	宗数	面积	宗数	面积	宗数	面积	宗数	面积	宗数	面积	宗数	面积
2004	53259	474.53	13103	107.78	14612	130.62	10757	99.81	1212	9.55	4993	47.48	8582	79.29
2005	65541	595.67	13601	109.48	18483	170.33	13986	129.97	1251	10.19	7555	72.81	10665	102.89
2006	84976	737.63	18670	141.59	22268	198.54	17377	160.13	1858	15.11	11062	101.25	13741	121.01
2007*	108270	884.61	23957	164.66	25960	213.68	20000	178.26	2925	21.99	18037	157.82	17391	148.2
2008*	41307	350.93	9475	69.18	9730	86.25	7139	65.93	1114	8.30	6793	60.77	7056	60.50
2009	145863	1226.58	32214	225.40	33139	280.06	23758	219.02	3350	26.52	25646	237.26	27756	238.32
2010	111121	923.40	21338	151.45	22690	186.07	19000	166.92	2860	21.70	21839	195.06	23394	202.20
2011	60013	511.09	10734	78.04	12205	105.07	9719	88.43	1717	13.55	12152	108.75	13486	117.25
2012	55841	468.40	10065	72.48	10961	90.93	8983	79.76	1262	10.34	11172	100.29	13398	114.60
2013	86335	727.10	15111	108.13	17626	144.50	13866	125.54	2144	16.06	16954	149.78	20634	183.09

第二节　三级市场交易价格

2013 年，全市三级市场交易均价 12873.10 元/平方米（按建筑面积，下同），同比上涨 15%。其中，住宅 13005.65 元/平方米，同比上涨10%；办公楼14626.53 元/平方米，上涨 38%；商业用房 22428.65 元/平方米，上涨 65.5%。

从区域结构看，罗湖区 12848.80 元/平方米，同比上涨 13.2%；福田区 17047.28 元/平方米，同比上涨 15.8%；南山区 17092.33 元/平方米，同比上涨 13.6%；盐田区 12120.88 元/平方米，同比上涨 28.1%；宝安区 11597.62 元/平方米，同比上涨 30.6%；龙岗区 7983.75 元/平方米，同比上涨 8.6%。

表 7-3　深圳市 2013 年房地产三级市场交易均价（按区域分）

单位：元/平方米

	全市	罗湖区	福田区	南山区	盐田区	宝安区	龙岗区
全市均价	12873.10	12848.80	17047.28	17092.33	12120.88	11597.62	7983.75
住宅	13005.65	12669.56	16731.90	17377.73	12249.69	11613.97	8470.15
办公楼	14626.53	12712.23	27153.28	7281.85	4909.09	17960.00	10342.86
商业用房	22428.65	18787.62	25433.62	32835.66	18800.00	22703.03	16763.35
其他	5232.04	8654.12	7655.84	13058.24	6638.89	3262.71	2793.25

表 7-4　深圳市历年房地产三级市场交易均价（按区域分）

单位：元/平方米

年份＼区域	全市	罗湖区	福田区	南山区	盐田区	宝安区	龙岗区
2000	3144.97	3699.96	4541.55	2789.46	2492.46	1706.90	1121.99
2001	3022.28	4220.35	4021.27	2826.65	2489.55	1250.62	1107.58
2002	3038.43	3812.62	4239.49	3013.03	1696.71	1303.90	1317.78
2003	3157.20	3937.37	4562.50	3406.51	1872.98	1521.34	1526.44
2004	3527.27	4075.46	4929.10	4007.70	1991.06	1804.03	2198.62
2005	4052.59	4671.36	5417.90	4459.49	3527.09	2331.80	2274.80
2006	4507.34	5331.01	6111.64	4819.21	5035.03	2716.95	2471.42
2007*	5385.14	6214.27	7051.68	5763.52	5387.17	3597.34	3629.06
2008*	5263.65	5557.52	6623.92	6367.83	4953.33	3470.12	3985.13
2009	5902.88	6300.56	7123.67	6537.4	5687.68	5212.62	4143.46
2010	6055.04	6446.24	7354.1	6763.94	6378.92	5342.21	4481.73
2011	7564.28	7815.57	9366.21	8884.37	6643.07	6692.97	5441.33
2012	11191.02	11347.99	14721.56	15052.69	9459.89	8877.22	7352.13
2013	12873.10	12848.80	17047.28	17092.33	12120.88	11597.62	7983.75

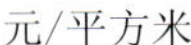

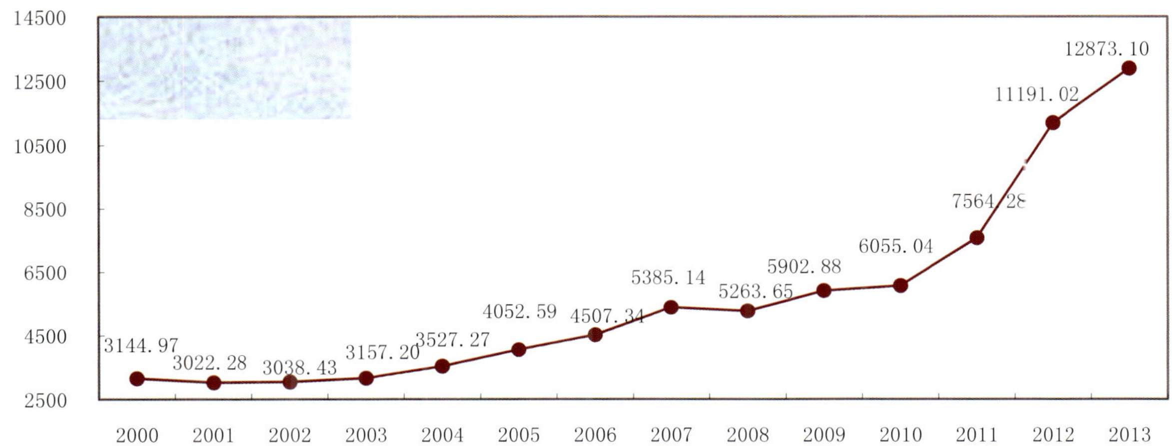

图 7-5　深圳市历年房地产三级市场交易均价走势示意图

表 7-5 深圳市历年三级市场住宅交易均价

单位：元/平方米

年度 \ 月份	1	2	3	4	5	6	7	8	9	10	11	12
2004	3585.33	3612.09	3713.55	3722.33	3763.00	3792.94	3817.49	3839.75	3834.70	3852.88	3861.68	3890.80
2005	4096.30	4111.35	4123.85	4177.97	4254.87	4312.14	4302.17	4307.50	4281.01	4288.64	4301.50	4283.92
2006	4447.64	4437.87	4441.44	4503.55	4593.31	4639.78	4658.58	4665.77	4679.03	4711.06	4730.08	4757.79
2007*	4994.33	5117.97	5191.14	5194.74	5230.22	5311.56	5388.82	5390.95	5394.63	5395.71	5407.29	5402.00
2008*	5571.40	5638.48	5794.97	5898.32	5951.03	5943.05	5863.68	5836.53	5826.00	5792.96	5761.64	5682.30
2009	5584.20	5584.20	5657.67	5678.22	5694.7	5738.78	5759.72	5811.46	5787.4	5784.71	5772.90	5777.54
2010	5867.83	5805.64	5762.86	5728.45	5782.53	5789.15	5773.91	5761.47	5793.11	5807.20	5834.21	5835.82
2011	6203.17	6147.78	6215.22	6262.59	6258.93	6295.14	6404.85	6531.06	6716.84	6873.42	7049.32	7204.35
2012	10857.02	11260.68	11452.66	11603.83	11621.50	11700.05	11679.32	11699.58	11682.57	11699.25	11769.42	11818.60
2013	12325.52	12432.20	12696.58	12682.99	12680.93	12688.50	12679.04	12683.02	12708.99	12793.94	12917.97	13005.65

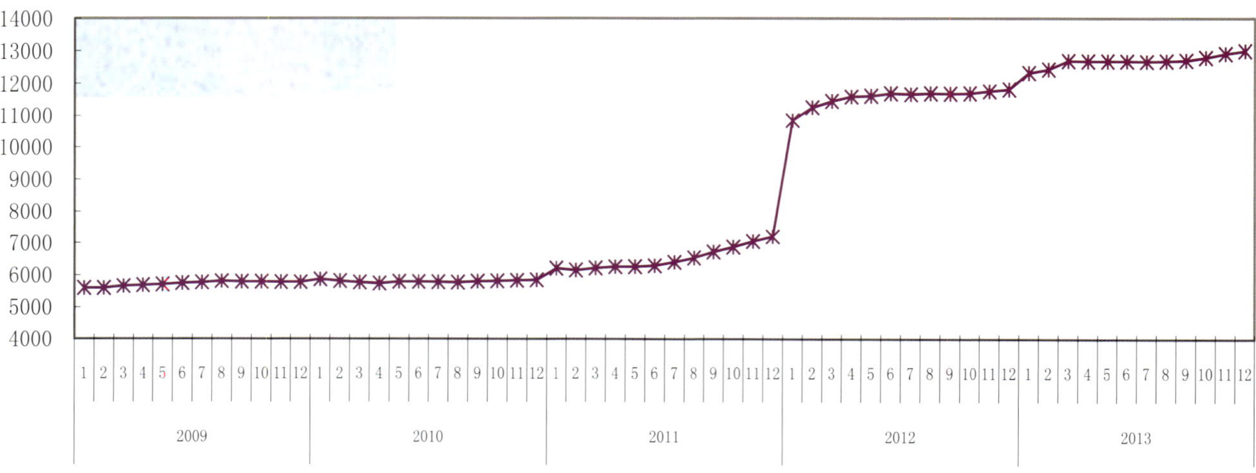

图 7-6 深圳市历年三级市场住宅交易均价走势示意图

表 7-6　深圳市 2013 年三级市场住宅销售价格抽样

单位：平方米　元/平方米

区域	项目名称	位置	房屋类型	面积	挂牌月份	挂牌价
罗湖区	百仕达花园（二期）	心安路与太安路交汇处	多层	161	2	25591
	鲜花公司综合楼	银湖路鲜花公司综合楼	多层	71	3	9123
	泰宁花园	爱国路与太宁路交汇处西南	高层	58	4	17326
	翠拥华庭（二期）	翠竹路 1076 号	高层	133	3	27257
	兰亭国际公寓	罗沙路与延芳路交汇处	高层	162	4	26359
	丹枫白露苑	深南东路与沿河南路交汇处	高层	69	4	19100
	钻石时代公寓	新安路与春风路交汇处西南侧	高层	27	6	18937
	红岗东村	泥岗路东宝安北路口	小高层	78	3	11119
	新时速嘉园	笋岗东路与洪湖西路交汇处	小高层	90	10	21073
	棕榈滩花园	银湖路金湖一街	小高层	133	1	25651
	雅翠轩	正北街与国威路交汇处西北侧	小高层	64	3	16511
福田区	莲花一村	皇岗路与笋岗西路交汇处	多层	92	6	27528
	红岭南苑	滨河大道与红岭南路交汇处	多层	80	8	18883
	南园新村	深南大道与爱华路交汇处	多层	71	1	18275
	皇御苑（四期）	百合路与福田南路交汇处	高层	60	3	24668
	廊桥花园	福田南路与滨河大道交汇处	高层	84	11	29335
	现代之窗	华强北路与振华路交汇处	高层	88	10	29015
	蜜园	新洲三街与新洲九街交汇处	高层	59	3	24587
	香域中央花园	泽田路与农园路交汇处	高层	190	8	57286
	香珠花园	香林路与农轩路交汇处	高层	119	4	26534
	国城花园	上步百花一路与上步中路交汇处	高层	88	11	43020
	京隆苑	益田路与福强路交汇处东南侧	小高层	281	3	27615
	雨田村（二期）	莲花北路与雨田路交汇处	小高层	100	8	28222
	香蜜湖豪庭	侨香路与香莲立交桥交汇处	小高层	69	3	26577
	香榭里花园（二期）	农轩路与丰田路交汇处	小高层	120	1	37865
南山区	港湾生活小区	蛇口赤湾少帝南路	多层	89	11	18539
	龙联花园	龙珠大道北侧、珠光路南侧	多层	64	10	19685
	松坪水居	西丽镇科技园北区 6 号路	多层	88	8	15176
	侨城馨苑	华侨城香山中街西南侧	高层	62	4	24704
	浪琴半岛花园	高新南滨海大道与科技南路交汇处	高层	88	5	39473
	荔海春城花园	东滨路南，西部通道北	高层	88	12	27729
	伍兹公寓	蛇口工业区万海路和工业二路交汇处	高层	177	8	54529
	锦隆花园	学府路与白石路口西南侧	小高层	113	5	21916
	浪琴屿花园	文心五路与创业路交汇处	小高层	106	1	27398
	碧海天家园	创业路与南商路交汇处南侧	小高层	99	3	23859
	南海玫瑰花园（一期）	蛇口海上世界旁边	小高层	259	4	36756
	丽岛茗园	动物园路与丽山路交汇处南侧	小高层	98	5	17309

（续表）

区域	项目名称	位置	房屋类型	面积	挂牌月份	挂牌价
南山区	香瑞园	北环大道北侧塘朗山脚	小高层	88	4	27181
	中爱花园	龙珠七路与龙苑路交汇处北侧	小高层	102	4	26137
盐田区	桐辉居	沙头角镇梧桐山遂道出口与盘山路交汇处	多层	69	6	16870
	倚天阁	倚云路最南侧	多层	78	11	23624
	裕鹏阁	北山道与盐田路交汇处西南侧	多层	67	1	9366
	春天海	深盐路与北山立交交汇处东南侧	高层	48	1	13920
	东埔海景花园（三期）	海景二路与金融路交汇处东南侧	高层	184	12	36068
	金山碧海花园	梧桐山大道与永安路交汇处西北侧	高层	86	1	18322
	盛世名门家园	沙深路与沙盐路交汇处东侧	高层	122	4	22047
	蔚蓝假日雅苑	北山道与海旁街交汇处西北侧	高层	131	7	14756
	梧桐海景苑	沙头角梧桐山路深盐北侧	高层	105	11	14500
	海怡轩	彩陶路与怀海路交汇处北侧	小高层	73	4	21437
	蓝色海月居	上梧桐路与梧桐路交汇处东北侧	小高层	93	5	17087
	山海阳光园	园林路与盘山路交汇处西北侧	小高层	87	7	16618
	诗宁里小区	沙头角中学对面	小高层	66	6	14024
	梧桐山花园	梧桐山花园	小高层	122	11	12813
	新世界倚山花园（二期）	上梧桐路与梧桐路交汇处西侧	小高层	224	4	19836
宝安区	碧海湾花园	银田路与新湖路交汇处东南侧	多层	84	3	15518
	锦明花园	西乡银田路与宝源路交汇处东侧	高层	129	4	15591
	阳光海湾花园	宝源路与共乐路交汇处南侧	高层	114	2	21095
	宝田雅苑	宝安大道与西乡大道交汇处东北侧	小高层	31	3	17246
	城市峰尚花园	银田路与兴业路交汇处北侧	小高层	78	1	17090
	桃源居	107 国道与航城大道交汇处东北侧	小高层	98	4	14573
	招商观园	观澜街道环观南路北侧	多层	53	3	14156
	城市阳光花园	龙华新区龙华街道大浪南路河背村路段	高层	67	5	12564
	金地上塘道花园	龙华新区民治街道布龙路与上塘路交汇处	高层	87	3	18792
	招商澜园	龙华新区观澜街道办大和路与机荷高速交汇处	高层	219	3	13869
	金港华庭	宝安宝安大道与银田路交汇处南侧	高层	119	3	18358
	深业新岸线（三期）	宝安中心区宝源路与新安六路交汇处	高层	170	2	26122
	西城品阁	建安一路（弘雅花园三期北侧）	小高层	36	3	15631
	中粮澜山花园	西乡大道与前进二路交汇处东北侧	小高层	133	2	17612
龙岗区	万科城（一期）	坂田片区坂雪岗大道与贝尔路交汇处东北侧	多层	74	5	20194
	兴业花园	布吉布沙路大芬油画村对面一明天酒店后面	多层	105	7	11617
	阅山华府	龙城街道长兴北路与三十八号路交汇处	多层	87	1	12848

（续表）

区域	项目名称	位置	房屋类型	面积	挂牌月份	挂牌价
龙岗区	中海怡翠山庄（二期）	布吉街道布龙路与吉华路交汇处东南侧	多层	41	9	10471
	摩尔城	龙岗街道龙岗大道与碧新路交汇处	高层	145	11	15476
	瑞华园	龙城街道爱龙东路与爱坪路交汇处	高层	121	7	13756
	睿智华庭	大运新城如意路与龙兴大道交汇处西北侧	高层	84	5	14873
	深业御园	坪山新区坑梓街道锦绣东路北侧	高层	88	6	6946
	深业紫麟山花园	龙岗区龙城街道十九号路与盐龙大道交汇处	高层	183	8	12416
	万科金域缇香花园（一期）	坪山新区坪山街道丹梓大道路南面	高层	89	5	11212
	深华业大厦	双拥街与新立街交汇处东南侧	小高层	79	5	9258
	水晶之城（二期）	荷康路与龙岗大道交汇处南侧	小高层	106	1	10292
	万科四季花城（六期）	坂田布龙公路与五和中路交汇处西南侧	小高层	107	5	18448
	中航鼎尚华庭	坪地街道教育中路与吉祥路交汇处	小高层	167	3	8142

表 7-7 深圳市 2013 年三级市场办公楼交易价格抽样

单位：平方米、元/平方米

区域	项目名称	位置	房屋类型	面积	挂牌月份	挂牌价
罗湖区	百货广场大厦	深南东路 3020 号	高层	6349	6	13499
	好运来大厦	文锦渡海关大楼东侧	高层	30	9	14876
	汇商名苑	深南东路与建设路交汇处东北侧	高层	30	6	16667
	罗湖大厦	人民南路与建设路交汇处	高层	43	6	25116
福田区	赛格广场	深南中路与华强北路交汇处	高层	139	9	22662
	杭钢富春商务大厦	深南大道与泰然大道交汇处	高层	101	2	33911
	NEO 企业大道	深南大道与香蜜湖路交会处东南角	高层	166	6	35997
	卓越城	福田 CBD 彩田路北	高层	189	7	37163
	天安数码时代大厦	车公庙，水上乐园对面	高层	365	9	38800
宝安区	琦丰达大厦	松岗街道松岗大道与芙蓉路交汇处东南	高层	696	1	7071
	魅力时代花园	西乡街道新湖路和西乡大道交汇处	高层	444	4	12003
	诺铂广场	三十区前进一路	高层	201	5	14527
	合正汇一城	西乡大道与新湖路交汇处北侧	高层	44	7	26136
	滨海大厦	新中心区，兴华路与宝兴路交汇处，区政府西南侧	高层	103	1	36066

表 7-8　深圳市 2013 年三级市场商业用房销售价格抽样

单位：平方米、元/平方米

区域	物业名称	位置	房屋类型	面积	挂牌月份	挂牌价
罗湖区	爵士大厦	嘉宾路与和平路交汇处	高层	12	7	36796
	越港商业中心	人民北路 1006 号	高层	5	5	27778
	金玺荟	太白路维富大厦	高层	16	6	37405
	港逸豪庭	渔民村路与船步路高架桥交汇处西南侧	高层	32	5	31892
	布心山庄中区	布心东晓北路	高层	53	12	10189
福田区	桐林城市广场	福田南福田路东侧(地税局旁)	高层	41	7	37149
	创展中心	五洲滨馆西，深南大道与泰然中路交汇处	高层	245	9	24903
	彩德城	彩田路 3030 号	高层	45	5	8766
	蓝天绿都	上梅林车管所对面	高层	729	6	31000
南山区	老街新寓	南山区蛇口老街与渔村路交汇处渔村路 49 号(蛇口市场)	高层	31	1	33204
宝安区	西城丰和	西乡大道与宝民三路交汇处北侧	高层	132	7	22114
	开屏花园	新安五路与翻身路交汇处	高层	98	10	18141
	福中福商业城	西乡新安六路	高层	75	4	23733
	锦绣江南（四期）	龙华人民路与布龙路交汇处	高层	46	5	39130
	风和日丽（三期）	龙华新区民治街道梅龙路与龙胜路交汇处	高层	38	5	32778
龙岗区	中海日辉台	坂田片区坂田北路与贝尔路交汇处东南侧	高层	45	5	7271
	茵悦之生花园（一期）	布吉街道吉华路	高层	39	7	26047
	家和花园	布吉街道坂田南坑村与五和大道交汇处	高层	48	1	24958
	卓越城市中心花园	龙岗区红棉路与横岗一号路交汇处东北侧	高层	34	6	35016
	龙泉别墅	龙岗区南湾街道龙岗大道与中翠路交汇处（桂芳园内）	高层	204	6	25392
	中粮一品澜山花园	龙岗区坪山新区坑梓街道丹梓中路与兰景路交汇处东北角	高层	48	9	29092

表 7-9　深圳市 2013 年人民法院委托拍卖住宅价格抽样

区域	物业名称	位置	楼层	面积（平方米）	拍卖底价（万元）	拍卖成交价（万元）	成交单价（元/平方米）
罗湖区	风格名苑 B 栋 25E	宝安路与红桂路交界东北	30	31.09	63	68	21872
	湖景花园湖滨阁 18C	洪湖路东侧	33	87.73	145	148	16870
	星湖花园 5 栋 407 号房产	泥岗路北	7	65.79	84	107	16264
	仙湖萃峰阁 C1103	罗沙路	19	179.55	243	291	16207
	汇展阁 2907 号房产	建设路	37	43.36	45	47	10839
	布心花园 17 栋 612 号	布心路	8	84.3	115	136	16133
	风格名苑 B 栋 25E	宝安路与红桂路交界东北	30	31.09	63	68	21872
	云景豪园丽景阁 11A	春风路	29	121.06	165	220	18173
	桐景花园骏景阁 3B 号房产	莲塘罗沙路	24	79.68	115	138	17319
福田区	星河国际花园 A2 座 18A	福华三路与民田路交界	30	239.28	1072	1182	49398
	漾福居西座 25B 号房产	福田路	31	66.24	137	166	25060
	金域蓝湾 6 号楼 1603 房产	福荣路与滨河大道交界东南	34	149.51	414	449	30031
	东海花园君豪阁塔楼 20A	香轩路	32	315.96	961	1310	41461
	香蜜湖水榭花都倚湖居 5 栋 4C 号房产	香梅路	22	128.96	616	656	50868
	艺丰花园 9 栋 101	梅林路	7	91.01	107	150	16482
	泰然碧海红树园 4 号楼 33A	福荣路与滨河大道交界东南	33	417.61	909	1268	30363
	天健阳光华苑 B 座 28F 房产及室内财产	益田路	31	104.28	250	276	26467
	东海花园君豪阁塔楼 5A	香轩路	32	315.96	946	946	29935
	蓝天绿都家园主楼 11928 号房产及室内物品	梅林路与皇岗路交界西南	15	57.29	94	94	16396
南山区	荣超侨香诺园 1 栋 5A 号房产	沙河新塘	26	130.84	393	463	35387
	绿海名都 1 栋 A1 单元 10A3 房产	前海路西学府路北	18	105.75	241	283	26761
	祥祺苑祺星阁 B102	沙河白石洲	7	93.35	187	187	19979
	创世纪滨海花园 4 座 13C	南油大道东、滨海大道北	14	143.76	316	316	22000
	美庐锦园 D 栋 1508 房	沙河东路	20	112.41	260	310	27578
	学府花园牛津园 3 栋 3106C	学府路南侧	13	105.67	208	244	23091
	海洋星苑 1-9B	后海路东	12	204.8	384	443	21631
盐田区	海语东园 3 号楼 I 区 5-7B	大梅沙内环路西侧	8	51.26	68	68	13300
	海滨假日雅居 A-7F 号房产及室内财产	北山大道南	19	32.75	62	70	21374
	桐林花园 1-7 座 5-103	梧桐路沙头角	10	205.13	410	450	21937
	沙头角东部阳光 G 栋 1 座 2D	沙头角深盐路东北侧	12	88.9	115	144	16198

（续表）

区域	物业名称	位置	楼层	面积（平方米）	拍卖底价（万元）	拍卖成交价（万元）	成交单价（元/平方米）
盐田区	万科东海岸社区悠翠居 56 号 202	大梅沙内环路	5	205.47	464	598	29104
	裕达华庭 2 栋 27A、27G	北山道和盐田路交界西南侧	28	105.08	126	126	12000
	海语东园 3 号楼 I 区 5-7B	大梅沙内环路西侧	8	51.26	68	68	13300
	海滨假日雅居 A-7F 号房产及室内财产	北山大道南	19	32.75	62	70	21374
宝安区	丰华苑一栋 B 座 1008	新安办二十三区洪浪北路北侧	11	198.61	317	317	15939
	金泰花园一栋 1-403 号	新安办创业二路宝城 45 区	8	100.8	128	160	15873
	深信泰丰大厦 1 栋翡翠华庭 16A	新安街道前进路	28	167.24	343	343	20500
	桃源盛景园 21 栋一单元 7D、7E	西乡街道广深公路东侧	18	120.04	167	209	17411
	天骄世家 9 栋 2-17A	新安街道锦花路	25	107.23	186	210	19584
	大益广场 2 栋 16 座 16B	西乡大道西侧	18	170.44	192	226	13260
	富瑰园 D 栋 D1-701 房	西乡街道建安二路西侧	15	102.16	162	192	18794
	泰华苑 C 栋 305 房产	新安街道办新安西路西北侧	8	94.43	157	171	18109
	冠城世家 6 栋云龙轩 2408 号房产	新安街道办前进路南侧	25	148.9	239	372	24983
	世外桃源综合楼 1 栋 705	西乡街道广深公路东侧	13	92.42	92	108	11686
龙岗区	布吉广场 A 座 820	布吉街道	22	89.28	92	92	10258
	君悦龙庭三期 3 栋 301	龙岗街道	29	143.3	183	183	12800
	友联花园 5 栋 C 单元 610、611	布吉街道大芬村	7	114.04	137	137	12000
	德兴花园德禄苑 3 栋 401 号	布吉街道草埔村	8	95.54	84	84	8822
	龙园意境华府十区 33 栋 B 座 1601 和 1602 房整体拍卖	布吉街道大芬村	33	111.29	134	173	15545
	金运家园 2 栋 A 座 2 单元 904 号房产	布吉中心城	11	82.74	105	119	14382
	水岸新都 13 号楼复式 304	龙岗街道新生村	18	118.19	107	120	10153
	隆盛花园 Z4 栋汇龙阁复式 10B 号房产	横岗街道四联村	11	155.13	124	156	10056
	金桔苑 2 栋 2-106	布吉街道南岭村	6	85.94	68	85	9891
	可园（五期）14 号楼 F 单元 1803	布吉街道	30	171.71	225	268	15608
	百合山庄 9 栋（百湖居）704	布吉街道风尾坑	7	70.85	74	132	18631

（续表）

区 域	物 业 名 称	位置	楼层	面积（平方米）	拍卖底价（万元）	拍卖成交价（万元）	成交单价（元/平方米）
龙华新区	观澜豪园*假日*赛维纳C栋D座0308号房产	观澜街道高尔夫大道	9	61.78	47	47	7576
	金地梅陇镇花园11栋5D	龙华街道梅龙路与布龙路交界处	33	131.48	238	238	18089
	可乐园C栋04层3单元401	大浪街道石观路东侧	6	69.19	59	81	11707
	龙岸花园4栋3层3A号房产	民治街道五和南路西侧	30	58.93	80	97	16460
	日出印象花园B区1栋1004号房产	龙华街道布龙公路南侧	11	75.6	113	124	16402
	世纪春城四期2#楼A栋907	民治街道梅龙南路东侧	26	129.83	228	228	17550
	万科金域华府（南地块）II期1栋A座2203房产	新区大道	34	89.36	230	276	30886
	溪山美地园一期24栋D(1-3层)	梅观高速公路东侧	3	198.79	625	695	34962
	星河丹堤花园E区6栋2001号房	龙华街道梅观高速公路东北侧	26	273.73	1065	1065	38907
	滢水山庄二期8栋302号房产及室内动产	龙华街道梅观高速公路东侧	8	90.22	112	144	15961
	玉华花园玉永阁908号房产	龙华街道人民南路30小区	10	156.9	136	147	9369
坪山新区	亨龙楼A栋506号	坑梓街道光祖路1号	8	103	32	46	4470
	盈富家园AB区A-501	深圳市大工业区燕子岭	9	44.98	16	19	4224

表7-10　深圳市2013年人民法院委托拍卖办公楼价格抽样

区 域	物 业 名 称	位置	楼 层	面积（平方米）	拍卖底价（万元）	拍卖成交价（万元）	成交单价（元/平方米）
罗湖区	好运来大厦6层607号房产	沿河路	18	27.37	35.03	36	13153
福田区	中深花园A栋909号房产	彩田南路	30	107	149	170.9	15946
	中深花园A栋912号房产	彩田南路	30	129	179	205	15937
	中深花园A栋911号房产	彩田南路	30	88	122	138	15744

表 7-11　深圳市 2013 年人民法院委托拍卖商业用房价格抽样

区域	物业名称	位置	楼层	面积（平方米）	拍卖底价（万元）	拍卖成交价（万元）	成交单价（元/平方米）
罗湖区	钻石购物中心 3-012	南湖路西	5	14	17	26	18532
	聚龙大厦 B 栋 1J 房产	文锦中路	33	81	187	252	31096
	国际商业大厦北座 1008	嘉宾路	20	63	57	81	12912
	江南大厦南座	东门中路	16	12043	18452	19052	15820
	聚龙大厦 A 栋 1L	文锦中路	33	133	334	490	36721
	聚龙大厦 B 栋 1E、1F 两套房产	文锦中路	33	174	401	490	28188
	温莎广场 3 楼 227、197、166、026、2 楼 026	东门中路	11	48	35	70	14595
	中华花园裙楼二层 201 至 208	太白路南面	29	1747	2050	2050	11737
	钻石购物中心 3-015 号房产	南湖路西	5	12	16	19	16435
	钻石购物中心 3-032	南湖路西	5	14	17	27	18908
	钻石购物中心 3-069	南湖路西	5	11	14	23	20796
	钻石购物中心 3-262 号房产	南湖路西	5	8	11	13	17169
福田区	世界贸易广场裙楼 215	福虹路	45	74	111	111	15000
	世界贸易广场裙楼 232 号房产	福虹路	45	37	52	60	16051
	世界贸易广场裙楼 233 号房产	福虹路	45	37	52	65	17389
	世界贸易广场裙楼 287 号房产	福虹路	45	25	37	37	14500
南山区	海湾广场丰华阁、丰盛阁裙楼 118 号房产	蛇口海昌街	31	175	1178	1178	67480
	金晖大厦 A 区裙楼 C39 号	南油大道以西	9	29	25	25	8320
	海湾广场丰华阁、丰盛阁裙楼 301	蛇口海昌街	31	2062	2798	3300	16003
	怡园大厦裙楼 2-027	南光路西、学府路南	4	25	16	16	6528
宝安区	裕宝大厦 117 号房产	新安街道办建安路东侧	16	30	19	19	6558
	白金时代公寓 1 栋 B03	新安街道办宝民一路	15	51	80	95	18613
	泰安花园一栋（1-4 号楼）114	新安街道上川路宝城 48 区	8	39	75	90	23377
龙岗区	新龙岗商业中心 1 栋西 09 号	龙岗街道盛平村	3	46	31	32	6981
	东森商业大厦 909 号房产	龙岗街道	16	47	48	48	10240
	华浩源（A 区）3 栋（预售）商铺 101	布吉街道水径村	7	1064	1144	2240	21060
	平湖天虹广场 166 号	平湖镇昌平街	2	34	24	32	9459
	坂田商业大楼 01 层商场 1262 房	布吉街道坂田	18	39	59	59	15000
	美利达新村 AB 栋商铺 A104、A105	龙岗中心城	6	99	179	179	18000
	水岸新都 1 号楼商铺 106	龙岗街道新生村	6	63	126	144	22901

（续表）

区域	物业名称	位置	楼层	面积（平方米）	拍卖底价（万元）	拍卖成交价（万元）	成交单价（元/平方米）
	万鑫五洲风情购物中心 3 号地块 a 区商铺 C1-427	龙岗街道第二工业区	4	12	15	15	12160
	深圳集银皮革综合广场 D 栋 D1009、D1010	龙岗街道新生村	3	100	97	97	9688
	顺景新村 A 栋 605	坪地街道 18 小区	8	124	36	41	3310
龙华新区	可乐园 A 栋一层 37#商铺	大浪街道石观路东侧	5	46	81	152	33290

第三节　房地产转让税费

地产转让税费分为二级市场转让税费、三级市场转让税费和政策性住房换证登记税费。房地产二级市场转让税费，是指房地产建设方作为转让人对所建房地产的第一次转让过程中所发生的税费；房地产三级市场转让税费，是指在房地产二级市场转让后再转让过程中发生的税费；政策性住房换证登记税费，是指符合规定条件的政策性住房转商品房登记过程中发生的税费。

表 7-12　深圳市 2013 年房地产二级市场转让税费

序号	税（费）名称	税（费）率	计算基数	收取对象	征收部门
1	销售营业税	5%	合同销售价	转让方	税务机关
2	城市建设维护税	7%	营业税	转让方	税务机关
3	印花税	免征或 0.5‰	合同销售价	双方	登记部门代征
4	房地产证贴花	5 元	本	受让方	登记部门代征
5	企业所得税	15%	所得额	转让方	税务机关
6	契税	1%、1.5%或 3%	合同销售价	受让方	登记部门代征
7	登记费	住房 80 元 非住房 550 元	件	受让方	登记部门
8	交易手续费	3 元/平方米		转让方	登记部门
9	教育费附加	3%	营业税	转让方	税务机关
10	地方教育费附加	2%	营业税	转让方	税务机关
11	土地增值税	别墅、度假村、酒店式公寓 1%；其他房地产 0.5%	销售收入	转让方	税务机关

注：

1.契税：个人购买 90 平方米以下（含 90 平方米）普通住房，且该住房属于家庭（成员范围包括购房人、配偶以及未成年子女）唯一住房的适用税率为 1%；个人购买 90 平方米以上 144 平方米以下（含 144 平方米）普通住房，且该住房属于家庭（成员范围包括购房人、配偶以及未成年子女）唯一住房的，适用税率为 1.5%；其他情况适用税率为 3%。

2.印花税：A. 个人销售或购买住房暂免征收印花税；B. 其他情形按登记价值 0.5‰计征。

*普通住房须同时满足以下条件：同时满足以下条件的为“普通住房”，即住宅小区建筑容积率在 1.0 以上、单套住房套内建筑面积 120 平方米以下或单套建筑面积 144 平方米以下、实际成交价格低于同级别土地住房平均交易价格 1.44 倍以下。

3.登记费：住房登记收费标准为每件 80 元；非住房房屋登记收费标准为每件 550 元。住房登记一套为一件；非住房登记的房屋权利人按规定申请并完成一次登记的为一件。房屋登记收费标准中包含一本房屋权属证书工本费。

4.房地产交易手续费：新建商品房的房地产交易手续费按照 3 元/平方米收取，由转让方承担；经济适用房的房地产交易手续费减半收取，由转让方承担。

5.城市维护建设税及教育费附加

（1）根据《深圳市地方税务局关于城市维护建设税和教育费附加政策调整的函》（深地税函〔2010〕344 号），对深圳市城市维护建设税和教育费附加的征收政策作以下变动：

①自 2010 年 12 月 1 日起，对深圳的外资企业和外籍个人征收城市维护建设税和教育费附加。

②根据《中华人民共和国城市维护建设税暂行条例》的有关规定，自 2010 年 12 月 1 日起，深圳市城市维护建设税税率由 1% 调整为 7%。

（2）根据《深圳市地方税务局关于代征地方教育附加的通告》（深地税告〔2011〕6 号），从 2011 年 1 月 1 日起，深圳市行政区域内缴纳增值税、营业税、消费税的单位和个人（包括外商投资企业、外国企业及外籍个人），按实际缴纳增值税、营业税、消费税税额的 2%缴纳地方教育附加。

表 7-13　深圳市 2013 年政策性住房换证登记税费

序号	税（费）名称	税（费）率	计算基数	征收部门
1	国有土地收益金	1%	房改购买价	登记部门代征
2	印花税	0.05%	计税价格	登记部门代征
3	登记费	80 元	件	登记部门

表 7-14 深圳市 2013 年房地产三级市场转让税费

序号	税（费）种	计 算 基 数	收取对象	税（费）率	征 收 部 门
1	销售营业税	按计税价格全额征收或者差额征收	转让方	5%	登记部门代征
2	城市建设维护税	营业税	转让方	7%	登记部门代征
3	教育费附加	营业税	转让方	3%	登记部门代征
4	地方教育费附加	营业税	转让方	2%	登记部门代征
5	印花税	计税价格	转让方	0.05%	登记部门代征
			受让方	0.05%	
6	个人（单位）所得税	核实：计税价格—房产原值—转让过程缴纳的税金、合理费用	转让方	个人 20%	登记部门代征
				单位 15%	税务部门征收
		核定：计税价格		1%、1.5%或 3%	登记中心代征
7	契税	计税价格	受让方	1%、1.5%或 3%	登记部门代征
8	土地增值税	核实：计税价格减除该房地产原价以及转让环节发生的各项税费后的余额	转让方	30%～60%	税务机关
		核定：计税价格		5%或 10%	登记部门代征
9	登记费	件	受让方	住房 50 元 非住房 80 元	登记部门收取
10	房地产交易手续费	建筑面积	转让方	每平方米 3 元	登记部门收取
			受让方	每平方米 3 元	
11	《房地产证》贴花	本	受让方	5 元	登记部门代收

注：

一、计税价格确定方式

1. 我市实行计税参考价格的征收方式。计税参考价格由市国土房产评估发展中心根据我市房地产市场交易情况定期更新，经主管税务部门确认后执行。

2. 纳税人申报的存量房买卖成交价格高于或等于计税参考价格的，以纳税人申报的成交价格作为计税价格征税；纳税人申报的存量房买卖成交价格低于计税参考价格的，以计税参考价格作为计税价格征税。

3. 同一套房买卖双方均采用同一计税价格。

4. 因人民法院裁定、判决或仲裁委员会裁决取得房屋权属的，以司法裁定价格作为计税价格征税。

5. 通过公开拍卖取得房屋权属的，以拍卖的实际成交价格作为计税价格征税。

二、销售营业税

1. 自 2011 年 1 月 28 日起，个人将购买不足 5 年的住房对外销售的，全额征收营业税；

2. 个人将购买超过 5 年（含 5 年）的非普通住房对外销售的，按照其销售收入减去购买房屋的价款后的差额征收营业税；

3. 个人将购买超过 5 年（含 5 年）的普通住房对外销售的，免征营业税。

4. 个人将购买的非住宅类房产对外销售的，按照其销售收入减去购买房屋的价款后的差额征收营业税；

5. 法人团体、企事业单位转让房产的，按照其销售收入减去购买房屋的价款后的差额征收营业税。

三、城市维护建设税及教育费附加

1. 根据《深圳市地方税务局关于城市维护建设税和教育费附加政策调整的函》（深地税函〔2010〕344 号），对深圳市城市维护建设税和教育费附加的征收政策作以下变动：

①自 2010 年 12 月 1 日起，对深圳的外资企业和外籍个人征收城市维护建设税和教育费附加。

②根据《中华人民共和国城市维护建设税暂行条例》的有关规定，自 2010 年 12 月 1 日起，深圳市城市维护建设税税率由 1%调整为 7%。

2. 根据《深圳市地方税务局关于代征地方教育附加的通告》（深地税告〔2011〕6 号），从 2011 年 1 月 1 日起，深圳市行政区域内缴纳增值税、营业税、消费税的单位和个人（包括外商投资企业、外国企业及外籍个人），按实际缴纳增值税、营业税、消费税税额的 2%缴纳地方教育附加。

四、印花税

对个人销售或购买住房暂免征印花税。

五、个人所得税：（个人所得税采用核实征收方式的，有房产原值凭证，又有费用凭证的，由纳税人先到房产所在地主管税务机关办理核实手续。其它均由登记中心直接代征。）

1. 核定征收方式：应纳个人所得税 = 计税价格 × 1%（或 1.5%、3%）

*我市个人住房转让个人所得税核定征收率标准为：普通住房为1%，非普通住房或非住宅类房产为1.5%，拍卖房为3%。

2. 核实征收方式：应纳个人所得税 =（计税价格—房地产原值—转让过程缴纳的税金-合理费用）× 20%。

3. 根据财税字〔1999〕278号文，对于个人转让自用5年以上，并且是家庭唯一生活用房取得的所得，继续免征个人所得税。

六、契税税率

1. 个人购买90平方米以下（含90平方米）普通住房，且该住房属于家庭（成员范围包括购房人、配偶以及未成年子女）唯一住房的适用税率为1%；

2. 个人购买90平方米以上144平方米以下（含144平方米）普通住房，且该住房属于家庭（成员范围包括购房人、配偶以及未成年子女）唯一住房的，适用税率为1.5%。

3. 其他情况适用税率为3%。

七、土地增值税（只有个人转让非住宅类房产的“核定征收方式”由登记中心部门，其它均由纳税人自行到房地产所在地主管税务机关缴纳或办理核实手续后由登记部门代征。）

1. 对个人销售住房暂免征收土地增值税。

2. 核定征收方式：应纳土地增值税额 = 计税价格 × 核定征收率

*我市土地增值税核定征收率标准：商铺、写字楼、酒店为10%，其他非住宅类房产为5%。

3. 核实征收方式：房地产转让收入以计税价格为准。扣除项目包括房地产原价、转让环节税费。房地产原价：包括原房地产权属登记价格，以及转让方原购入该房地产时缴纳的印花税、契税和支付的登记费、中介费。转让环节税费：转让方在本转让环节缴纳的营业税、印花税、城建税、教育费附加，以及转让房产支付的交易服务费、中介费。有关税费以合法有效税票、发票和财政收据上注明的数额为准。征收税率：

（1）土地增值税实行4级超率累进税率：

A. 增值额未超过扣除项目金额50%的部分，税率为30%。

B. 增值额超过扣除项目金额50%、未超过扣除项目金额100%的部分税率为40%。

C. 增值额超过扣除项目金额100%、未超过扣除项目金额200%的部分税率为50%。

D. 增值额超过扣除项目金额200%的部分税率为60%。

上述每级“增值额未超过扣除项目金额”的比例，均包括本比例数。

（2）土地增值税税额的计算：可按增值额乘以适用的税率减去扣除项目金额乘以速算扣除系数的简便方法计算，具体公式如下：

A. 增值额未超过扣除项目金额50% ，土地增值税税额：增值额×30%

B. 增值额超过扣除项目金额50%，未超过100%的，土地增值税税额：增值额×40% - 扣除项目金额×5%

C. 增值额超过扣除项目金额100%，未超过200%的，土地增值税税额：增值额×50% - 扣除项目金额×15%

D. 增值额超过扣除项目200%的，土地增值税税额：增值额×60% - 扣除项目金额×35%

公式中的5%、15%、35%为速算扣除系数。

八、登记费

1. 住房登记收费标准为每件80元；非住房房屋登记收费标准为每件550元。

2. 住房登记一套为一件；非住房登记的房屋权利人按规定申请并完成一次登记的为一件。房屋登记收费标准中包含一本房屋权属证书工本费。

3. 经济适用住房登记，减半收取登记费。

九、“普通住房”的执行标准具体为：同时满足以下条件的为“普通住房”，即住宅小区建筑容积率在1.0以上、单套住房套内建筑面积120平方米以下或单套建筑面积144平方米以下、实际成交价格低于同级别土地住房平均交易价格1.44倍以下。

第八章　房屋租赁

第一节　租赁管理

一、概述

2013 年，深圳市各级房屋租赁管理部门根据《深圳经济特区房屋租赁条例》和《深圳市出租屋管理若干规定》，依法行政，规范、管理房屋租赁市场。全年，在充分运用法律手段，从严查处各类违法租赁行为的同时，进一步加强了房屋租赁管理和代征税征收工作。按照有关法律法规，严格执行房屋租赁合同登记备案制度，积极推进网上办理合同申报服务的工作；贯彻落实“织网工程”文件重要指示，加强网格化管理工作；认真组织进行房屋租赁市场调查，及时制定发布房屋租赁指导租金；积极做好房屋租赁纠纷调解工作，努力为当事人做好服务；充分利用电子地图、航拍地图等信息化工作，组织开展房屋信息普查。

为了简化办事程序，提高办事效率，更好地为群众提供便民服务，深圳市房屋租赁管理办公室（以下简称市租赁办）从 3 月初开始，先后对全市 10 区进行了网上合同申报内容的调研工作， 梳理现有业务与深圳市流动人口和出租屋综合信息服务网（以下简称服务网）之间的衔接工作，牵头服务网上合同申报的系统开发工作，草拟业务流程，并多次与信息中心、开发公司对流程进行理论研讨，制定出统一的业务规则、办事流程。同年 11 月底，网上合同申报系统建成，并率先在宝安区开通网上合同申报便民服务，这意味着市民足不出户便可上网申报租赁合同登记（备案），大大方便群众办事。

（二）加强网格化管理工作

按照“公共信息资源库、网格信息员队伍、社会管理工作网、社区家园网、社区综合信息采集系统、决策分析支持系统”（以下简称“一库一队伍，两网两系统”）的基本架构，建设覆盖市、区、街道、社区四级的“织网工程”综合信息系统，科学划分社区网格，合理分配网格管理任务，切实做好社区服务管理工作。

一是制定了网格划分规则，初步进行了网格划分。在深圳市基础网格标准的基础上，研究制定了《深圳市社区网格划分规则》；同时组织 8 期社区网格划分培训班，打印 637 张社区地图，下发各区开展网格划分工作，现已基本完成网格划分。二是研究制定了网格化管理工作实施方案。会同市社工委研究起草了《关于加强社区网格化管理工作的意见》，经市委领导同意后，以市综治委、社工委名义下发执行。三是开发建立了社区综合信息采集系统。对现有流动人口和出租屋综合管理信息系统进行改造，建立了社区综合信息采集系统，开始向市电子政务资源共享平台实时传输基础数据信息，实现了基础数据“大循环”机制。同时，按照统一技术标准和功能要求，设计了基础信息采集表格，开发了信息采集系统终端软件，并组织在坪山新区、龙华新区民治街道开展了试点运行工作，网格员通过手持移动信息采集设备（PDA）采集基础数据。四是参与了社区网格化管理试点工作。按照织网工程的统一部署，会同市社工委在坪山新区进行试点，以出租屋综管队伍为基础，整合相关部门协管力量，组建了新的网格管理队伍，全面开展了实有人口、实有法人、实有房屋、实有事件信息采集工作。

（三）进一步加大行政执法力度

全年，市租赁办紧紧围绕流动人口和出租屋管理的中心任务，准确把握执法工作的重点，按照处罚与教育相结合的原则，不断加大行政执法力度。市、区协调一致、紧密配合，积极创新执法模式，切实规范执法行为，逐步将执法重点由租赁管理转入租住人员信息申报及物业管理公司、中介机构主动履职方面，坚持逢案必查，保持高压态势；及时对违法租赁举报奖励办法进行修订完善，鼓励群众积极举报违法租赁行为；重新修订完善《行政执法工作年度考核评比标准》和《行政执法工作程序规定》，引导各区有序开展执法工作；切实加强执法监督，严格履行行政复议职能，深入做好执法宣传工作。全年共查办违法租赁案件 3909 宗，罚款 2003.9 万元；受理投诉举报案件 572 宗，发放举报奖金 56.5 万元。特别是查办的一批大案要案和涉及人口信息申报责任的典型案件，不仅丰富了案件种类，而且直接促进了管理工作，收到了良好的社会效果。与此同时，积极配合市人大、市政府法制部门搞好立法调研，主动提出了居住证立法和出租屋管理法规修订的相关意见，为下一步实施立法创造了条件。

（四）依法搞好房屋租赁管理和私房代征税

2013年，面对停收房屋租赁管理费后的新的形势，各级部门及时转变思想观念，调整工作重点，把更多精力放到了租赁管理和代征税工作上。本着便民利民原则，进一步优化工作流程，简化办事程序，试点开通了合同登记备案网上申报服务，完善了出租屋编码卡网上预约办理合同服务功能；修订完善业务操作规范，切实做好租赁业务督查工作；及时测算公布年度房屋租赁指导租金标准，按时完成年度房屋租赁业务统计调查；认真开展辖区租赁物业使用情况调查，动态掌握房屋租赁市场发展变化情况；主动与财政、地税部门沟通，联合出台相关方案，完善代征税管理办法，大力推行私房租赁税核定征收，认真做好上年预收管理费清退工作；积极做好房屋租赁纠纷调解工作。经过积极努力，全年共累计办理合同登记备案53.1万份，纳入管理房屋出租总面积达2.3亿平方米；调解房屋租赁纠纷359件，涉及金额547.7万元；代征私房租赁税9.48亿元（另外征收往年欠费1.5亿元），比上年同期增长6.8%，尤其是原特区外私房税核定征收有了大幅度增长。

（五）积极做好信息资源共享工作

按照全市一盘棋的要求，积极拓展各类信息

资源的应用空间，先后与8个单位建立了信息交换共享工作机制。一是与深圳市空间地理信息中心建立建筑物信息和电子地图信息定期交换共享；二是向深圳市财政委员会开通出租屋综合管理信息系统账号，方便查询房屋租赁凭证信息；三是与市住建局建立定期比对申领租房补贴的企业人才信息工作机制，全年共比对3批次人才信息，提供比对人数1.58万人，系统成功匹配信息1.36万条；四是与福田区信息中心建立人、楼、房信息共享；五是与盐田区社会管理工作网建立人、楼、房信息共享；六是与坪山新区“织网工程”综合信息平台建立人、楼、房信息共享；七是向南山区消防安全委员会开通出租屋综合管理信息系统账号，方便查询建筑物和人口信息；八是与宝安区政法委建立每月特殊人口信息比对工作机制，全年共比对社区戒毒和行政拘留人员9批次，涉及人口信息5.08万条，系统成功匹配信息8246条。

（六）规范深圳市房屋编码标准和制度

为全面准确地掌握全市各类房屋的基本情况，有针对性地搞好流动人口和出租屋管理服务工作，并为实施出租屋编码卡和居住证制度做好准备，自2007年初开始，市租赁办在全市范围内组织开展了一次大规模的房屋信息普查工作。对已普查登记的房屋，全部进行了房屋编码；2010年与市规划国土委联合制定了深圳市房屋编码标准，并根据新的规则，定期组织人员对房屋现状进行跟踪，随时对房屋编码进行补充更新。目前，市租赁办新的信息系统作为全市流动人口和出租屋综合管理基础信息平台，所有业务均以房屋编码为入口进行办理。

（七）充分发挥深圳市房屋租赁协会的纽带作用

深圳市房屋租赁协会（以下简称市租赁协会）通过分片分区组织企业召开沟通会、举办讲座等形式，宣传政府法规，听取企业的意见和建议，及时将管理部门对市场和企业的要求及市场和企业的需求有效对接，进一步发挥市租赁协会的纽带作用，为管理部门分忧，为行业服务。

二、租赁管理情况

2013年，全市共办理房屋租赁合同登记、备案53.1万份，纳入管理的房屋出租总面积22905.11万平方米，较上年下降6.14%。按区域分，原特区内4720.47万平方米、占20.61%，原特区外18184.64万平方米、占79.39%；按房屋所有权性质分，私人出租8286.46万平方米、占36.18%，单位（含行政事业、各类企业、经济组织、社会团体等）出租14618.65万平方米、占63.82%；按房屋用途分，住宅4762.74万平方米，办公用房1840.27万平方米，商业用房4026.33万平方米，厂房10769万平方米，仓库168.29万平方米，其他1338.50万平方米。

2013年，全市房屋租金交易总额889亿元。管理部门代征私人房屋租赁税9.48亿元，较上年增长6.76%。

2013年，全市共办结行政处罚案3909件宗，罚款2003.9万元，追缴租赁税费285.8万元；调解租赁纠纷359宗，涉及金额547.7万元。

截至2013年12月底，全市共登记住宅出租屋503.76万套（间），采集录入居住人口信息1241万人。

表 8-1　深圳市 2013 年房屋租赁管理情况

单位：万平方米

分类			面积
市场出租房屋	全市		22905.11
	其中	原特区内	4720.47
		原特区外	18184.64

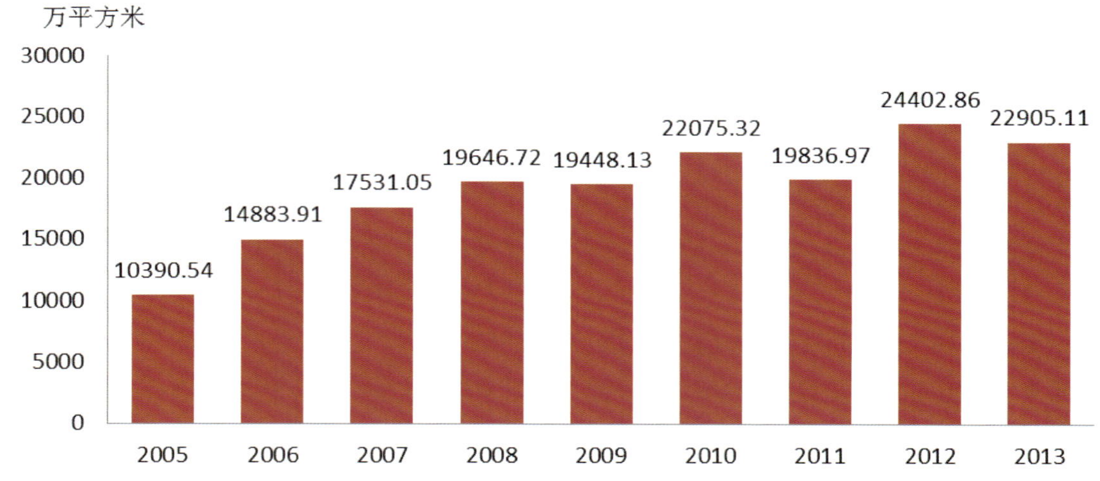

图 8-1 深圳市历年房屋租赁管理面积示意图

表 8-2　深圳市历年房屋租赁管理面积（按区域分）

单位:万平方米

年份	出租面积	其中									
		罗湖区	福田区	南山区	盐田区	宝安区	龙岗区	光明新区	坪山新区	龙华新区	大鹏新区
2005	10390.54	684.71	1129.41	996.63	166.50	4905.39	2507.90	—	—	—	—
2006	14883.91	977.12	1750.07	1331.28	278.69	6371.99	4174.76	—	—	—	—
2007	17531.05	1053.60	1876.00	1420.91	280.77	6945.58	5109.89	844.30	—	—	—
2008	19646.72	1074.37	1666.00	1536.25	311.15	7868.26	6229.31	961.38	—	—	—
2009	19448.13	1081.29	1618.01	1598.41	307.09	8439.56	5365.09	1038.68	1513.26	—	—
2010	22075.32	1081.29	1835.09	1654.09	282.67	9716.37	6306.74	1199.07	1681.83	—	—
2011	19836.97	1441.89	1710.44	1463.71	231.65	9811.57	3772.79	1404.92	1526.20	—	—
2012	24402.86	1279.54	1743.50	1594.43	235.16	8405.94	3701.31	1448.13	1596.81	4191.79	206.25
2013	22905.11	1189.46	1685.17	1614.71	231.13	7859.10	3710.35	1527.99	1092.60	3820.03	174.57

表 8-3　深圳市历年房屋租赁管理面积（按性质分）

单位:万平方米

年　份	出租面积	其中	
		私人出租	单位出租
2005	10390.54	1602.57	8787.97
2006	14883.91	3892.16	10991.75
2007	17531.05	4699.40	12831.65
2008	19646.72	5453.53	14193.19
2009	20961.39	6240.65	14720.74
2010	23757.15	7328.48	16428.67
2011	21363.17	7757.31	13605.86
2012	24402.86	9713.76	14689.10
2013	22905.11	8286.46	14618.65

表 8-4　深圳市历年房屋租赁管理面积（按用途分）

单位:万平方米

年　份	出租面积	其中				
		住　宅	办公楼	商业用房	厂房仓库	其　他
2005	10390.54	657.56	816.41	1952.75		6963.82
2006	14883.91	2240.70	996.30	2389.68	8975.47	281.76
2007	17531.05	2621.25	1286.72	2908.72	10416.95	297.41
2008	19646.72	3079.00	1307.77	3427.27	11500.75	331.93
2009	20961.39	3803.94	1409.12	3631.89	11741.51	374.93
2010	23757.15	3845.27	1814.31	4421.18	13220.78	455.61
2011	21363.17	4202.95	1726.73	4064.94	10445.28	923.27
2012	24402.86	5758.82	1821.62	4218.56	11210.62	1393.24
2013	22905.11	4762.72	1840.27	4026.33	10937.29	1338.50

表 8-5　深圳市历年房屋租赁纠纷调解一览表

年　份	调解租赁纠纷（宗）	涉及金额（万元）
2005	499	3031.55
2006	404	3268.62
2007	219	538.75
2008	231	497.71
2009	333	445.85
2010	571	396.77
2011	365	691.54
2012	301	801.63
2013	359	547.7

表 8-6　深圳市 2013 年行政、企事业、团体房屋租赁税（费）率

序号	税费名称	税（费）率	计算基数	收取对象	征收范围
1	房产税	12%	（A）租金	出租人	除企业、自然人外的所有出租房屋的法人、团体
		1.20%	（B）房产原值*70%	出租人	出租人为企业单位并按年度交纳
2	营业税	5%	租金	出租人	除企业、自然人外的所有出租房屋的法人、团体
3	企业所得税	15%	租金—已纳税金—费用	出租人	房屋出租的企业（含涉外）、事业单位和团体
4	教育费附加	7%	营业税	出租人	出租房屋的法人、团体和自然人
5	城市建设维护费	3%	营业税	出租人	同上
6	地方教育费附加	2%	营业税	出租人	同上
7	印花税	0.1%	租金	出租人	同上

表 8-7　深圳市 2013 年私人房屋租赁税一览

税率	计算基数	收取对象	征收范围
4.10%（月租金收入＜5000 元）	租金	出租人	出租房屋的自然人
4.44%（20000 元＞月租金收入≥5000 元）	租金	出租人	出租房屋的自然人
6.12%（月租金收入≥20000 元）	租金	出租人	出租房屋的自然人

第二节　租赁价格

一、租金价格

（一）住宅

整体租金呈普涨态势，尤其是住宅租赁受国家政策影响较大。根据调查分析，春节过后，随着外来务工人员不断涌入，学校学位报名，以及大中院校应届毕业生纷纷走出校门实习求职，房屋租赁市场开始迎来旺季，造成房屋租赁市场中住宅类房屋需求迅速升温。由于国家政策调控，全市房价稳定在较高价位，CPI 一路走高，在一定程度上打压了人们的购房欲望，促使许多购房者选择暂时放弃购房计划转购为租，进一步促使价格上涨；并且部分路段进行旧城改造，大多数拆迁居民希望能在片区附近找到租赁房屋，以度过安置过渡期，也造成部分区域供求关系失衡。另外，受上半年小学、初中申请学籍需要的影响，学校周边住宅类房屋租赁成为热点，促使租赁成交量上升的同时也导致租金上涨。交通便利、生活配套齐全的公寓更出现了供不应求的现象，导致租赁价格略有上涨。

（二）办公楼

写字楼空置率创新低，中低端楼盘需求旺盛；节后换租客明显增多，租金上涨已露出疲态。2013 年全球经济复苏缓慢，但深圳本地经济稳步增长带动了内资企业需求加速上升，甲级写字楼租赁活动主要集中在中心区优质项目。办公用房平均租金总体趋势稳中有涨。随着近年投资环

境的不断改善和经济发展形势的不断好转，本地中小型企业的涌现支持租赁需求加速上升，新进驻和原有公司部分扩大规模，形成对办公用房的需求后，办公类房屋的平均租金得到逐步攀升，一定程度上改善了写字楼市场氛围。同时，今年三月的商业登记改革简化了申请流程，大大刺激了新商业主体的设立，其中中小型企业占比大于九成，推动了全市写字楼的租赁需求的提升，相关政策大大支持了核心片区的租赁市场。另一方面，深圳市出台的《关于推进前海湾保税港区开展融资租赁业务的试点意见》是对国务院办公厅下发的《国务院办公厅关于加快飞机租赁业发展的意见》的落实。作为深圳引人注目的新发展区域，前海正研究打造珠三角融资租赁产业基地，政策性利好因素推动办公楼需求，其发展优势及潜力将吸引新的金融企业整合其内部资源，活化全市整体金融业环境，持续支撑甲级写字楼市场。但目前仍有个别街道受深圳地铁的施工影响，短期市场不被看好，导致一些调查抽样点及周边路段的租金与上年租金基本持平，甚至出现下滑。

（三）商业用房

成熟商圈租金稳定性较好，关外商业中心更新换代加快。深圳传统的罗湖东门、南山文化中心商圈，商业运营日趋成熟。租金变化幅度不大，具有较好的稳定性。受社会整体经济形势发展趋于理性的影响，主要生活物资价格上涨，人们消费信心稍有削弱，批发零售业及餐饮业发展竭尽力量才保持平稳，使得商业类房屋投资的势头受到压制，大部分临街商铺的出售价格都基本保持不变；部分功能强的中心区，其商铺的出售价格和租金依然在上涨。

同时，部分地区由于预期租金上涨过快，而社会消费能力上升的幅度未能跟上，再加部分路段进行优化改造，地铁施工等造成交通不便，人流量减少等原因，导致商业租金价格下降。

（四）厂房仓库

厂房仓库类供需基本平衡，租金稳中有升。全市的厂房主要集中在宝安、龙岗、光明、龙华等原关外区域，原关内厂房则日趋减少。由于深圳正在进行产能更新换代升级，低附加值的中小型制造企业在深生存空间的确越来越小，因此这些企业搬离后腾出来的厂房，部分已被新能源、新材料等一批重点扶持的新兴产业企业所承接。

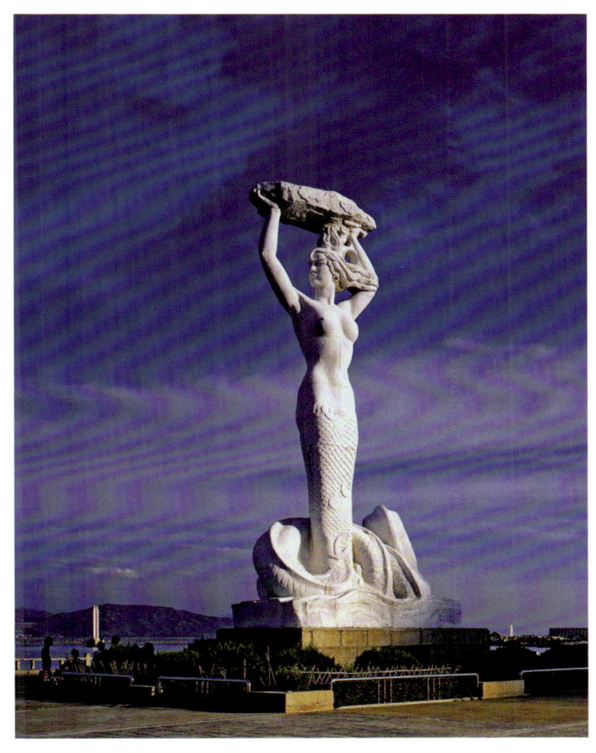

而新兴产业的迅速成长，也对工业园区的配套服务、设施和环境提出了更高的要求。工业生产性用房的租金处于稳定增长态势。一方面，深圳产业转换升级，淘汰高耗能、低产能的企业，另一方面，厂房新建和改造升级耗时过长，工业用房市场存量出现临时性减少，形成了供不应求的态势，对厂房和仓库类生产性用房的租赁需求持续上升。新建和改造升级提高了配套水平，基础条件更加优良先进，但也增加了业主成本投入，租金自然也随之提高。

二、租赁价格抽样

表 8-8　深圳市 2013 年多层住宅租赁价格抽样

单位：元/平方米·月

位置	物业名称	楼层	租金	位置	物业名称	楼层	租金
罗湖区							
东晓街道	布心单身宿舍楼	5	27	桂园街道	宝安南路	2	33
东湖街道	大望村	4	20	翠竹街道	水贝村	4	27
笋岗街道	笋岗新村	6	25	清水河街道	樟輋村	6	20
黄贝街道	文华花园	1	22	南湖街道	海关宿舍	4	25
莲塘街道	坳下村 9 号	1	20	东门街道	粮食公司宿舍	4	26
福田区							
园岭街道	长怡花园	5	54	沙头街道	沙尾综合楼	2	20
梅林街道	活力花园	5	24	福田街道	发展兴苑	2	95
南园街道	巴登村	3	30	华富街道	莲花一村	7	27
华强北街道	振华路	3	50	莲花街道	莲花北	2	24
福保街道	石厦西村	5	50	香蜜湖街道	香竹路	2	29
南山区							
粤海街道	大冲安置小区	2	44	南山街道	新南村	1	20
招商街道	赤湾村	3	37	桃源街道	龙井村东区	5	23
南头街道	侨新路	4	20	沙河街道	白石洲东一坊	1	32
西丽街道	白芒村北	7	22	蛇口街道	花果路	3	15
盐田区							
沙头角街道	南天花园	2	18	盐田街道	明珠花园	5	21
海山街道	海涛花园	3	18	梅沙街道	大梅沙村 45 号	1	17
宝安区							
福永街道	中六巷	1	10	松岗街道	金开路	3	15
西乡街道	华侨新村	4	40	沙井街道	沙四北	2	10
新安街道	前进路西侧二区	2	10	石岩街道	石龙新村	5	9
龙岗区							
龙城街道	爱联锦秀村	1	8	平湖街道	大园路 72 号	3	11
南湾街道	祥云苑	5	13	坂田街道	塘排东九巷	2	16
布吉街道	布吉一村	4	12	横岗街道	福坑二路	2	8
坪地街道	老香街 22 号	2	10	龙岗街道	三和街 10 号	1	10
光明新区							
公明办事处	长新街 23 号	2	10	光明办事处	中区 7 栋	2	11
坪山新区							
坪山办事处	恩达街 35 号	7	13	坑梓办事处	新村一区	5	6
龙华新区							
龙华办事处	新围新村	2	10	民治办事处	榕苑 3 栋	3	15
观澜办事处	新澜大街	3	6	大浪办事处	同富邨工业园	3	17
大鹏新区							
南澳办事处	教育路小区	2	6	大鹏办事处	布新路 45 号	1	12
葵涌办事处	新源路十一巷	4	13				

表 8-9 深圳市 2013 年高层住宅租赁价格抽样

单位：元/平方米·月

位置	物业名称	楼层	租金	位置	物业名称	楼层	租金
罗湖区							
东晓街道	今日花园	5	52	桂园街道	金众经典花园	25	53
东湖街道	东乐花园	18	33	翠竹街道	阳光天地花园	5	50
笋岗街道	庐江春天	13	33	清水河街道	都市花园	3	25
黄贝街道	锦星别墅	10	24	南湖街道	云景豪园	17	30
莲塘街道	仙湖枫景家园	4	38	东门街道	湖贝西坊	8	28
福田区							
园岭街道	长城大厦	14	44	沙头街道	星河锦区	15	40
梅林街道	福兴花园	1	44	福田街道	东南城中雅苑	1	75
南园街道	巴登村 163 号	9	36	华富街道	美莲花园	1	35
华强北街道	中泰燕南名庭	16	38	莲花街道	宝莲大厦	13	29
福保街道	星河明居星朗轩	25	35	香蜜湖街道	香荔绿洲	3	80
南山区							
粤海街道	朗景园	14	51	南山街道	华联花园	8	31
招商街道	爱榕园	5	43	桃源街道	德意名居	1	66
南头街道	友邻公寓	26	31	沙河街道	御景东方花园	9	30
西丽街道	白芒村南	5	35	蛇口街道	石云苑小区	6	19
盐田区							
沙头角街道	海天园	6	24	盐田街道	丽景花园	6	21
海山街道	太平洋住宅区	7	21	梅沙街道	海怡轩	2	41
宝安区							
福永街道	中十巷	7	22	松岗街道	东方紫临大厦	1	17
西乡街道	麻布新村	10	33	沙井街道	兴裕路	7	14
新安街道	洪浪二村	4	39	石岩街道	石龙新村一区	4	23
龙岗区							
龙城街道	奥林华府	27	16	平湖街道	白坭坑社区	2	20
南湾街道	黄金坑	7	16	坂田街道	坂田商业广场	10	18
布吉街道	莲花路 89 号	4	45	横岗街道	辛田二巷	5	11
坪地街道	石碧村	4	8	龙岗街道	三和东十三巷 8 号	2	20
光明新区							
公明办事处	长新街 4 号	3	13	光明办事处	翠湖居商业中心广场	2	17
坪山新区							
坪山办事处	同富路 8 号	2	20	坑梓办事处	薛屋新村七巷	4	11
龙华新区							
龙华办事处	新岭路 89 号	7	13	民治办事处	创业花园	11	38
观澜办事处	沙博小区	6	14	大浪办事处	新围华荣小区	2	19
大鹏新区							
南澳办事处	海滨花园	6	21	大鹏办事处	园岭一巷	3	22
葵涌办事处	海语山林	5	30				

表 8-10　深圳市 2013 年办公用房租赁价格抽样

单位：元/平方米·月

位置	物业名称	楼层	租金	位置	物业名称	楼层	租金
罗湖区							
东晓街道	环保大厦	2	40	桂园街道	深国际大厦	6	67
东湖街道	新平村 233 号	2	30	翠竹街道	特力大厦	14	45
笋岗街道	笋岗大厦	22	35	清水河街道	泥岗东路	4	26
黄贝街道	文华大厦	26	49	南湖街道	粤运大厦	13	52
莲塘街道	桐馨园 3 号	14	40	东门街道	粮食大厦	3	45
福田区							
园岭街道	长盛大厦	8	100	沙头街道	创新科技园	3	55
梅林街道	梅林路	4	45	福田街道	金中环商务大厦	35	155
南园街道	台湾花园大厦	18	36	华富街道	创意产业园	6	90
华强北街道	华能大厦	32	60	莲花街道	民宁园办公楼	6	80
福保街道	石厦实业股份有限公司大楼	12	60	香蜜湖街道	东海国际中心	6	200
南山区							
粤海街道	华英大厦	3	82	南山街道	龙佳园	3	80
招商街道	赤湾港机公司厂房	4	40	桃源街道	龙珠三路	3	40
南头街道	新兴产业园	2	45	沙河街道	国际市长交流中心	10	76
西丽街道	百旺研发大厦	8	25	蛇口街道	海湾路二号大院	2	40
盐田区							
沙头角街道	梧桐路	4	25	盐田街道	中铁物流大厦	5	39
海山街道	天浩商住楼	1	57	梅沙街道	盐葵路 60 号	11	19
宝安区							
福永街道	兴围第一工业区	3	25	松岗街道	紫临大厦	14	13
西乡街道	互联网产业基地	2	32	沙井街道	富雅苑	6	10
新安街道	风采轩二期	1	23	石岩街道	兴强商贸大厦	1	18
龙岗区							
龙城街道	园景花园	1	22	平湖街道	塘滩路 56 号	2	13
南湾街道	深惠路 452 号	1	18	坂田街道	黄金山街 22 号	4	40
布吉街道	德兴城	3	28	横岗街道	独竹街	8	10
坪地街道	和美工业园	3	8	龙岗街道	育贤东路	1	12
光明新区							
公明办事处	金海润工业园	1	20	光明办事处	北区十五栋	1	12
坪山新区							
坪山办事处	金牛商业大楼	3	26	梓横西路	金沙社区	10	10
龙华新区							
龙华办事处	弓村商业大厦	8	60	民治办事处	展滔科技大厦	15	45
观澜办事处	桔岭新村	10	10	大浪办事处	明君商务中心	8	33
大鹏新区							
南澳办事处	水沙路 76 号	1	10	大鹏办事处	大鹏山庄	1	30
葵涌办事处	明德居	1	7				

表 8-11 深圳市 2013 年商业用房租赁价格抽样

单位：元/平方米·月

位置	物业名称	楼层	租金	位置	物业名称	楼层	租金
罗湖区							
东晓街道	金迪名苑	1	121	桂园街道	鸿翔花园	10	90
东湖街道	新田村 59 号	1	30	翠竹街道	东岸家园裙楼	1	95
笋岗街道	笋岗新村	1	80	清水河街道	樟輋村	1	60
黄贝街道	联城大厦	1	90	南湖街道	云景豪园	10	60
莲塘街道	仙湖枫景家园	1	100	东门街道	湖贝东坊	1	150
福田区							
园岭街道	长乐花园	1	80	沙头街道	星河锦居	1	70
梅林街道	裕花园二期	1	80	福田街道	星河苏活购物公园	1	3600
南园街道	巴登市场	1	40	华富街道	皇岗路莲花二村	1	130
华强北街道	中泰燕南名庭	1	175	莲花街道	莲花北村	1	87
福保街道	众孚花园	1	220	香蜜湖街道	财富广场	1	100
南山区							
粤海街道	海滨城二期	1	165	沙河街道	御景东方花园	1	100
招商街道	榆园小区	1	80	桃源街道	西湖林语名苑	1	62
南山街道	华联商业街	1	70	南头街道	荟芳园	1	65
西丽街道	百旺大厦	1	35	蛇口街道	滨海苑	1	85
盐田区							
沙头角街道	环城路东	1	35	盐田街道	丽景花园	1	50
海山街道	海涛路	1	103	梅沙街道	海怡轩	1	55
宝安区							
福永街道	兴华路	1	40	松岗街道	平安路	1	30
西乡街道	宝城花园	1	65	沙井街道	丽城科技工业园	1	33
新安街道	海雅缤纷城	1	250	石岩街道	石龙大道	1	25
龙岗区							
龙城街道	顺景花园	1	57	平湖街道	横东岭工业区	1	32
南湾街道	桂芳园	1	35	坂田街道	坂田村第三工业区	1	40
布吉街道	格塘路	1	80	横岗街道	锦舜工业园	1	32
坪地街道	龙岗大道	1	20	龙岗街道	源盛路 62 号	1	30
光明新区							
公明办事处	红星社区第四工业区	1	25	光明办事处	光明大街	1	20
坪山新区							
坪山办事处	燕子岭	1	60	坑梓办事处	金沙路 66 号	1	23
龙华新区							
龙华办事处	青年城邦园	1	70	民治办事处	上河坊广场	1	50
观澜办事处	牛轭岭村	1	20	大浪办事处	华宁工业区	1	25
大鹏新区							
南澳办事处	新源路一巷	1	11	大鹏办事处	布新路	1	22
葵涌办事处	新源路	1	25				

表 8-12　深圳市 2013 年工业厂房租赁价格抽样

单位：元/平方米・月

位置	物业名称	楼层	租金	位置	物业名称	楼层	租金
罗湖区							
东晓街道	工艺制品厂	1	50	桂园街道	/	/	/
东湖街道	布心大厦	3	22	翠竹街道	水贝工业区	6	56
笋岗街道	迅佳途综合楼	2	23	清水河街道	红岗路 2 号大院	5	25
黄贝街道	新秀村南区	3	42	南湖街道	和平路渔民村工业大厦	2	22
莲塘街道	莲塘工业大厦	2	18	东门街道	机床数控大楼	5	25
福田区							
园岭街道	八卦岭厂房	5	44	沙头街道	金享楼	1	78
梅林街道	嘉梅 1 号厂房	1	40	福田街道	福兴楼	1	28
南园街道	上步综合楼	1	33	华富街道	理光厂房	2	33
华强北街道	华乐楼	3	45	莲花街道	华泰综合楼	2	51
福保街道	/	/	/	香蜜湖街道	华侨城动力公司	2	40
南山区							
粤海街道	后海工业区	2	28	南山街道	南油第三工业区	3	45
招商街道	赤湾工业园	1	35	桃源街道	大洲厂房	3	25
南头街道	大汪山巷头新村	3	25	沙河街道	香年广场	20	50
西丽街道	牛成路 220 号第二工业区	1	18	蛇口街道	港湾厂房	1	28
盐田区							
沙头角街道	中昌工业大楼	8	25	盐田街道	金斗岭工业区	5	14
海山街道	太平洋工业区	5	21	梅沙街道	小梅沙村 59 号	1	10
宝安区							
福永街道	货运路	1	12	松岗街道	大田洋工业区	1	10
西乡街道	互联网产业基地	1	35	沙井街道	第一工业区	1	15
新安街道	高新奇工业园	1	20	石岩街道	水田第三工业区	1	15
龙岗区							
龙城街道	科技园路 3 号	3	8	平湖街道	宝盛工业区	2	13
南湾街道	和通工业厂房	4	15	坂田街道	吉通工业区	1	16
布吉街道	百花路 1 号厂房	1	18	横岗街道	安平街	1	8
坪地街道	鹤坑工业区	1	7	龙岗街道	银龙工业城	3	12
光明新区							
公明办事处	元升公司厂房	1	8	光明办事处	八达运输有限公司厂房	1	16
坪山新区							
坪山办事处	新世纪科技工业园	1	17	坑梓办事处	城冠工业厂房	3	12
龙华新区							
龙华办事处	工业西路第一工业区	1	15	民治办事处	原民乐工业园	1	20
观澜办事处	石一村南区	1	12	大浪办事处	康发科技工业园	1	12
大鹏新区							
南澳办事处	万兴中路	2	7	大鹏办事处	同富工业区 37 栋	1	8
葵涌办事处	万兴中路 21 号	1	6				

第三节 指导租金

《深圳经济特区房屋租赁条例》第十一条规定："市主管机关应根据房屋租赁市场价格水平定期颁布房屋租赁指导租金。当事人可参照指导租金，约定租金数额。"第十五条规定："税务部门和区主管机关征收有关税金或收取房屋租赁管理费时，以指导租金作为计算基数；租赁合同约定的租金高于指导租金时，以合同约定的租金为计算基数……"根据以上规定，市房屋租赁管理办公室组织调查、测算、制定了《深圳市2013年房屋租赁指导租金》，其适用于深圳市2013年的分地段、分用途的指导租金水平。

表 8-13　罗湖区 2013 年房屋租赁指导租金汇总表

单位：元 / 月 • 平方米

街道行政区域	路段号	区域位置 \ 指导租金 \ 用途	住宅				办公		商业					厂房			仓库
			带电梯	不带电梯	平房	别墅	高层	多层	高层		多层		简易	一楼	二楼以上	简易	
									一楼	二楼以上	一楼	二楼以上					
南湖街道	1	深南东路以南、深圳河以北、东门南路以东、文锦南路以西	40	35			55	40	300	85	250	70					
	2	深南东路以南、深圳河以北、南湖路以东、东门南路以西	45	33			55	55	320	120	280	120					
	3	深南东路以南、深圳河以北、人民南路以东、南湖路以西	45				65	60	350	160	320	150					
	4	深南东路以南、深圳河以北、和平路以东、人民南路以西（含口岸、火车站片区）	42	35			60	50	400	180	400	150					
	5	深南东路以南、深圳河以北、和平路以西、布吉河以东	45	35			55	45	230	100	200	80			30		
	6	罗湖商业城									650	250 600（中庭）					
	7	世界金融中心	90				115		250	100							
	8	爵士大厦					90		220	100							
	9	深华商业大厦					80										
	10	嘉里中心					130										

（续表）

街道行政区域	路段号	指导租金 区域位置 / 用途	住宅				办公		商业					厂房			仓库
									高层		多层						
			带电梯	不带电梯	平房	别墅	高层	多层	一楼	二楼以上	一楼	二楼以上	简易	一楼	二楼以上	简易	
黄贝街道	1	爱国路—文锦路以东，怡景路以南，沿河路—延芳路—新秀河以西，深圳河以北	32	28		58	43	35	110	85	105	80					
	2	黄贝岭片区		25							120	80					
	3	爱国路以东，东湖公园以南，莲塘广岭以西，怡景路—罗沙路以北	26	22			37	32	80	50	70	44					
	4	沿河路—延芳路—新秀河以东，罗沙路以南，深圳河以西，深圳河以北	25	21	20		41	32	90	70	75	32		40	24		20
	5	京广中心大厦	40				80		200								
	6	凤凰路、凤凰街							180	90	180	80					
翠竹街道	1	翠竹路以东，布心路以南，东晓路以西，太宁路以北	35	25			50	45	140	60	130	60					
	2	文锦路以东，布心路以南，翠竹路以西，田贝四路以北	35	25			50	40	140	60	130	50		50	35	30	20
	3	文锦路以东，田贝四路以南，翠竹路以西，东门北路以北	35	25			50	30	140	60	130	50			20		
	4	翠竹路以东，太宁路以南，爱国路以西，东门北路以北	35	25			40	30	130	60	130					30	25
	5	文锦路以东，东门北路以南，爱国路以西	35	25			45	35	140	60	130						

（续表）

街道行政区域	路段号	指导租金 区域位置 用途	住宅				办公		商业					厂房			仓库
									高层		多层						
			带电梯	不带电梯	平房	别墅	高层	多层	一楼	二楼以上	一楼	二楼以上	简易	一楼	二楼以上	简易	
笋岗街道	1	洪湖公园以东，洪湖公园以南，文锦北路以西，笋岗东路以北	32	25			35	30	110	55	110	50	55		25		
	2	红岭北路以东，泥岗东路以南，广深铁路（东西线）—梨园路—宝岗路以西，笋岗东路以北	31	25			36	32	100	45	100	40		45	25	30	28
	3	宝岗路以东，广深铁路（东西线）以南，广深铁路（南北线）以西，笋岗东路以北	27	22			35	30	90	40	80	35					
	4	广深铁路（南北线）以东，泥岗东路以南，洪湖公园以西，笋岗东路以北	23	20			30				50						
桂园街道	1	红岭中路以东，笋岗路以南，公园路以西，红桂路以北	36	27	28		41	31	89	48	75	47					
	2	红岭中路以东，红桂路以南，宝安南路以西，深南东路以北	41	32	28		46	35	93	72	82	60					
	3	宝安南路以东，红桂路以南，公园路—建设路以西，深南东路以北	35	30	28		40	33	115	92	113	90					
	4	红岭南路以东，深南东路以南，布吉河以西，深圳河以北	39	28	28		55	30	213	185	98	63					
	5	地王大厦	82				137		630	310							
	6	华润大厦，万象城，幸福里	103				183		683	383							
	7	金龙大厦，鼎丰大厦，鸿隆世纪广场					103		350	200							
	8	京基 100 大厦，京基金融中心，老围花园	60				260		500	300							

（续表）

街道行政区域	路段号	指导租金 用途 / 区域位置	住宅				办公		商业					厂房			仓库
			带电梯	不带电梯	平房	别墅	高层	多层	高层		多层		简易	一楼	二楼以上	简易	
									一楼	二楼以上	一楼	二楼以上					
清水河街道	1	插花地片区（玉龙、龙湖）	30	22	20		50	35	50	35	40	30	28	25	18		25
	2	红岗路以东，布吉路以西，金祥花园，龙园，清水河村，吓围，樟輋，鹤围	27	22	18		50	40	50		70	30		35	30	25	30
	3	北环路—泥岗西路：泥岗东、西、北村	33	28	22		40	35			90	60	40	30	23		
	4	红岗路以东，环仓路以南，布吉路以西，泥岗路以北	30	22	18		50	35	83	33	60	30		35	25	20	30
	5	红岗路、金湖路、二线路	25	22			50	35	70	60	65	40		30	23		
	6	泥岗东路华天苑，雅仕居，红岗花园，红岗东村	35	25			50	35	70	55	60	40		35	25		
	7	福田区交界（鸡公山）以东，金湖路以南，北环路—泥岗路以北	30	22	20	70	50	36	75	60	65	45	43	30	23	20	20

表 8-14　福田区 2013 年房屋租赁指导租金汇总表

单位：元 / 月 • 平方米

街道行政区域	路段号	区域位置 \ 指导租金 \ 用途	住宅				办公		商业					厂房			仓库
			带电梯	不带电梯	平房	别墅	高层	多层	高层		多层		简易	一楼	二楼以上	简易	
									一楼	二楼以上	一楼	二楼以上					
园岭街道	1	华强北路以东，上步中路，百花二、三路以西、笋岗西路以南，红荔路以北	45	40			70	40	130	60	120	60					
园岭街道	2	百花二、三路以东、上步中路以西、笋岗西路以南、红荔路以北	45	40					150	50	100	50					
园岭街道	3	上步中路以东，红岭中路以西，笋岗路以南，红荔路以北	45	40			35	30	160	60	150	60					
园岭街道	4	泥岗西路以东，上步北路以西，笋岗西路以北（百花二期、体育场）					50		80	45	90						
园岭街道	5	八卦一路（上步北路以东，红岭北路以西，八卦一路以南，笋岗西路以北）	40	35			45	40	110	50	95	50		95	45		
园岭街道	6	八卦二路（上步北路以东，红岭北路以西，八卦二路以南，八卦一路以北）	40	35			45	40	110	50	100	50		100	45		
园岭街道	7	八卦三路（上步北路以东，红岭北路以西，八卦三路以南，八卦二路以北）	40	35			45	40	110	50	100	50		100	40		
园岭街道	8	八卦四路（八卦五街以东，红岭北路以西，泥岗西路以南，八卦三路以北）	35	35			45	40	110	40	95	40		70	38		
南园街道	1	华强南路以东，上步南路以西，深南中路以南，南园路以北	35	30			40	35	260	70	100	55					
南园街道	2	上步南路以东，红岭南路以西，深南中路以南，南园路以北（中信广场除外）	35				55		180	90	150						
南园街道	3	华强南路以东，上步南路以西，南园路以南，滨河路以北	35	30			40	30	160	50	150						
南园街道	4	上步南路以东，红岭南路以西，南园路以南，东园路以北	35	30			40	30	180	50	140	50					

（续表）

街道行政区域	路段号	区域位置（指导租金 / 用途）	住宅				办公		商业					厂房			仓库
			带电梯	不带电梯	平房	别墅	高层	多层	高层一楼	高层二楼以上	多层一楼	多层二楼以上	简易	一楼	二楼以上	简易	
	5	华强南路以东，上步南路以西，滨河路以南，深圳河以北	35	30			40	30	150	40	70	45					
	6	上步南路以东，红岭南路以西，东园路以南，深圳河以北	35	30			40	30	90	40	90	50					
	7	深南中路新城市广场、中信大厦					112		350	200							
	8	福田区下步庙南区	30														
福田街道	1	福田路以东、华强南路以西、深南中路以南、福华路以北	30	25	20		45	35	160	65	100	50					
	2	福田路以东、华强南路以西、福华路以南、滨河路以北	30	25	20		40	35	150	55	100	50					
	3	无委大厦	30						70	25							
	4	福星花园高层	30				40		65	30							
	5	福滨苑高层	35				40		70	40							
	6	滨河路以南、广深高速公路以东至南直至深圳河（含皇岗口岸）	35	25			45	30	80	35	80	35					
	7	金地名津广场	35	25					60	30	60	30					
	8	彩田路以东、福田路以西、深南路以南、滨河路以北	35	25			50	35	160	70	95	40					
	9	高科利大厦	35				35		45	40							
	10	福强路以东至南、滨河路以南、广深高速以西至北	35	25			45	35	80	35	80	35					
	11	新洲路以东、彩田路以西、深南大道以南、滨河大道以北	40	25			100	40	200	120	200	120					
	12	购物公园									50	40					
	13	嘉陵豪庭、财富大厦、辛城花园	35				50	40	120	70	50	40					
	14	金田路以东、滨河大道以南、福民路以北	30					30	50	30	40	30					
	15	金田路以东、福民路以南、福强路以北	40	30			50	40	115	50	115	50					
	16	益田路以东、金田路以西、福民路以南、福强路以北	40	30			50	40	115	60	115	50					
	17	益田路以东、金田路以西、滨河大道以南、福民路以北	35	25			42	38	85	50	70	45					

（续表）

街道行政区域	路段号	指导租金 区域位置 \ 用途	住宅				办公		商业					厂房			仓库
									高层		多层						
			带电梯	不带电梯	平房	别墅	高层	多层	一楼	二楼以上	一楼	二楼以上	简易	一楼	二楼以上	简易	
沙头街道	1	丰盛町地铁商业街B、C、D区									280						
	2	NEO纪元大厦					180		250	180							
	3	绿景广场主楼、副楼					130		250	130							
	4	盛唐商务大厦、天安科技创业园、云松大厦、海松大厦、水松大厦、红松大厦、雪松大厦、苍松大厦、劲松大厦、安徽大厦、泰然大厦、创新科技广场					85		140	90				140	85		
	5	天发大厦、天展大厦、天经大厦、天济大厦、天吉大厦、天祥大厦						65			100			100	65		
	6	天安高尔夫花园、天安公寓	50	40			60		100	65	90	50					
	7	数码时代大厦、喜年中心、本元大厦、金润大厦、金运大厦、创建大厦					110		165	100				140	100		
	8	杭钢富春商务大厦、英龙展业大厦、大庆大厦、有色大厦					85		130	100				140	85		
	9	泰然厂房201-213栋、301-304栋					60		150	60				150	60		
	10	安华小区501-503栋		30			55		100	55				100	55		
	11	皇冠工业区		30				55			80			75	60		60
	12	泰然宿舍、泰安轩、泰康轩	50	35			50		100	100							
	13	都市阳光名苑、世纪豪庭（江西大厦）	70				70		115	75							
	14	福田南山交接以东、深南大道以南、广深高速以西、滨河路以北（金城社区、福田汽车站）	45	35			50		130		100	90					
	15	中央西谷、万基商务大厦、国通大厦、民生大厦					100		250								
	16	湖北大厦、祥云天都世纪、花好园					50		90	50							
	17	金地工业区、沙尾工业区、上沙工业区						50	100	50	100	50		50	30		
	18	新洲南路以西、滨河路以南、福荣路以北（小区花园）	35	25					90	40							
	19	泰然一路以东、深南大道以南、新洲路以西、滨河路以北（新沙社区）	35	25			50		130	100	100	80		100	65		

（续表）

街道行政区域	路段号	区域位置（指导租金 / 用途）	住宅				办公		商业					厂房			仓库
			带电梯	不带电梯	平房	别墅	高层	多层	高层一楼	高层二楼以上	多层一楼	多层二楼以上	简易	一楼	二楼以上	简易	
梅林街道	1	梅林路以西，梅山街以南，北环路以北	30	26			38	35	78	72	72	58		40	30	20	20
	2	龙尾路以西，梅山街及梅林路以北片区	29	25			38	35	77	72	72	58		40	30	20	20
	3	梅林路以东，新洲路及梅丽路以西，北环路以北	27	22				30			40	40		23	20	20	20
	4	新洲路以东，中康路以西，梅华路以南，北环路以北	29	25			38	35	77	72	72	58		40	30	20	20
	5	梅丽路以东，中康路以西，梅林路以南，梅华路以北	29	25			38	35	79	72	72	58		40	30	20	20
	6	龙尾路以东，中康路以西，梅林路以北	28	25			38	35	83	63	55	45		30	25	20	20
	7	中康路以东，皇岗路以西，梅林路以南，北环路以北	27	23			38	35	70	60	60	50		40	30	20	20
	8	中康路以东，皇岗路以西，梅林路以北及梅坳片区	27	22			38	35	60	50	55	45		32	25	20	20
	9	皇岗路以东，北环路以北		25			35	30	60	45	40	40		23	20	20	20
华富街道	1	皇岗路以东，华富路以西，笋岗西路以南，深南中路以北	47	35			40	38	86	70	138	100					
	2	皇岗北路以东，泥岗西路以西，北环大道以南，笋岗西路以北	38	35			40	38	90	40	100	60					
	3	彩田路以东，皇岗路以西，北环大道以南，深南大道以北	38	35			40	38	180	100	140	90					
	4	田面城市绿洲花园，田面城市大厦	65				80		200	150							
	5	彩田路以东，皇岗路以西，红荔路以南，深南大道以北	42	35			50	40	180	130	100	60					
	6	彩田路以东，皇岗路以西，北环大道以南，笋岗西路以北		35				40	80					40	35		
香蜜湖街道	1	香梅路以西，香蜜湖路以东，深南路以北，红荔路以南	35	30	20		90	60	150	80	100	60	40				
	2	香梅路以西，香蜜湖路以东，红荔路以北，侨香路以南	40	30	20		80	60	120	80	100	60	40				
	3	香梅路以西，香蜜湖路以东，侨香路以北，北环路以南	30	30	20		80	60	80	60	60	50	30				
	4	香蜜湖路以西，农林路以东，深南路以北，红荔路以南（招商银行大厦、东海商务中心、东海花园、东海坊、东海城市广场除外）	40	30	20		100	80	200	100	200	100	50				

（续表）

街道行政区域	路段号	指导租金 区域位置 \ 用途	住宅				办公		商业					厂房			仓库
			带电梯	不带电梯	平房	别墅	高层	多层	高层		多层		简易	一楼	二楼以上	简易	
									一楼	二楼以上	一楼	二楼以上					
香蜜湖街道	5	香蜜湖路以西，农林路以东，红荔路以北，侨香路以南（港中旅花园、香榭里花园、香域中央除外）	40	30	20		80	60	100	60	100	60	30	25	20	20	20
	6	深南路以北，侨香路以南，农林路以西，广深高速以东（深国投广场除外）	35	30	20		60	40	100	60	100	60	60				20
	7	深南路以北，侨香路以南，广深高速以西，侨城东以东	35	30	20		60	40	100	60	50	40	30	30	25	20	
	8	香蜜湖路以西，侨城东路以东，侨香路以北，北环路以南	35	30	20		50	40	80	50	80	50	30				
	9	深国投广场（含负一层）					100	80	150	100	150	100					
	10	港中旅花园，香榭里花园，香域中央花园	40				60	50	120	70	120	70					
	11	招商银行大厦，东海商务中心					130		250	130							
	12	东海花园，东海坊，东海城市广场	40				100	80			180	120					
	13	丰盛町地铁商业街（含负一层）									100	100					
莲花街道	1	新洲路以东，彩田路以西，红荔路以南，深南大道以北（除中银花园、新世界商务中心）	45				120		200	100	150	85					
	2	新洲路以东，彩田路以西，红荔路以北，北环大道以南	35	30			50		85	40	90						
	3	香梅路以东，新洲路以西，北环路以南，深南大道以北（除特区报业大厦）	35	30			55		120	45	100	45		35	25		
	4	中银花园	35				80		80	35							
	5	特区报业大厦					90										
	6	新世界商务中心，哈尔滨大厦，中电信息大厦					140		300	110							
华强北街道	1	赛格广场					100		330	132							
	2	潮流前线地铁商铺							120								
	3	群星购物广场	40				65		200	120							

（续表）

街道行政区域	路段号	指导租金 区域位置 ＼ 用途	住宅				办公		商业					厂房			仓库
			带电梯	不带电梯	平房	别墅	高层	多层	高层 一楼	高层 二楼以上	多层 一楼	多层 二楼以上	简易	一楼	二楼以上	简易	
华强北街道	4	华联发大厦					60		200	120							
	5	电子科技大厦					85		200	110							
	6	华强北路沿街两侧的房屋	40	35			60		300	90	190	70		90	50		40
	7	华强北路以东，华发北路以西，深南路以北，红荔路以南	40	35			52		200	80	150	60		80	45		40
	8	华发北路以东，燕南路以西，深南路以北，红荔路以南	40	35			52		110	55	100	55		75	40		35
	9	燕南路以东，上步中路以西，深南路以北，红荔路以南	40	35			50	40	110	50	100	50					
	10	红岭中路以西，上步中路以东，深南路以北，红荔路以南	40	35			50	40	100		95						
	11	华富路以东，华强北路以西，深南路以北，红荔路以南	40	35			60	42	100	55	95	50		90	40		
	12	华富路以东南，华强北路以西，红荔路以北	40	35			50	40	100	60	100	55		60	40		
福保街道	1	益田路以西，新洲路以东，滨河路以南，福民路以北	33	25			55	35	85	55	75	45					
	2	福民路以南，益田路以西，福强路以北，新洲路以东	30	25			55	35	85	55	70	45					
	3	新洲路以东，福强路以南，福荣路以北，益田路以西	32	28					83	50	65	40					
	4	福强路以南，国花路以西，绒花路以北，益田路以东	30	28			45	35	80	50	65	40					
	5	福荣路以南，益田路以西，绒花路以北，新洲路以东	30	28			45	35	80	50	65	40					
	6	南方国际广场，明月花园，丽阳天下	35				50		80								
	7	建鑫苑，裕康时尚名居，中港城	33						81								
	8	益田村，益强居	35	30													
	9	宝田苑，益田花园	35	28					79								
	10	深福保大厦，长宝大厦，帝港海湾，城市三米六	37				55		70	50	60	40					
福田保税区	1	深圳福田保税区围网内工业厂房区					55	50						40	33		36

表 8-15 南山区 2013 年房屋租赁指导租金汇总表

单位：元 / 月 • 平方米

街道行政区域	路段号	指导租金 / 用途 / 区域位置	住宅				办公		商业					厂房			仓库
									高层		多层						
			带电梯	不带电梯	平房	别墅	高层	多层	一楼	二楼以上	一楼	二楼以上	简易	一楼	二楼以上	简易	
南头街道	1	常兴路、学府路、桃园路、荔馨村、桃苑公寓、天虹商场、百安居、南景苑	35	25			50	40	190	75	200	60	80				
	2	发展银行大厦、教育信息大厦	38	22			50		150	60	180	50					
		新海大厦、愉康大厦、荟芳园、金桃园大厦、时代骄子	30	25		35	45	35	120	50	80	45	50				
	3	南光路、红花路、南山大道、愉康花园	28				40	30	120	50	60	35					
		海岸时代公寓、西海明珠	30				70		150	60	180	50					
	4	玉泉路、科创中心、软件园、新豪方大厦、名家富居、麒麟花园、缤纷年华	30	25	20		85	60	120	50	65	30					
		深南大道、嘉南美地苑、前海华庭、东方新地、钰龙园、鸿洲新都、悠然天地	30	25			45	30	120	45	70	35					
	5	北环路、马家龙工业区、黎明工业区、塘尾小区	30	25	20		40	35	70	50	60	40	30	24	20		20
		前海路、南头街、星海名城、绿海名都、港湾丽都、前海花园	35	25			60	50	180	60	150	45	80				
	6	同乐村、建工村、关口路、大新村、龙屋村、义学街、南头城	30	25	20			40			60	30	50	18	16		20
		中山园路、南山大道、北环路	30	25	20		40	40	60	40	50	40		26	20		20
	7	翡翠明珠花园、田厦金牛广场、振业国际大厦	45				120		250	100							
		南新路	35	25			45	40	150	60	160	65					

（续表）

街道行政区域	路段号	指导租金 区域位置 ＼ 用途	住宅				办公		商业					厂房			仓库
			带电梯	不带电梯	平房	别墅	高层	多层	高层		多层		简易	一楼	二楼以上	简易	
									一楼	二楼以上	一楼	二楼以上					
南山街道	1	学府路、南光路、桂庙路、常兴路、康乐大厦、光彩新天地、顺天大厦、怡园大厦、缤纷假日、鸿瑞花园	45	30			45	35	150	60	150	50		40	35		17
	2	创业路、现代城华庭、南光城市花园、东方海雅居、怡海广场、中兴工业城	30	25			45	35	150	100	80	70	60	30	25	22	20
	3	登良路、登良花园、龙佳园	28	25			40	35	100	80	80	70	60				
	4	南海大道西侧、南油一二三工业区、新保辉、四达大厦、海王大厦、海典居、贵航大厦、世纪广场	30	25			45	35	130	70	100	70	60	35	30	25	22
	5	粤海工业、天安工业村		30				50	130		130	46		50	40		22
	6	东滨路城市山林、汇宾广场、绿云大厦、福园厂房	25	23			40	35	70	50	65	50		28	22		20
	7	南山大道、南油第四工业区、新绿岛大厦、福临苑	35	30			60	40	150	60	150	50		40	25		18
	8	南新路、仓前锦福苑、富嘉名阁、大陆庄园、南山村、南园村、向南村、北头村、月亮湾大道、月亮湾花园	30	25	19		45	35	150	60	100	50	40	25	20	18	18
	9	前海路、阳光棕榈园、瑞景华庭、鸿海大厦、能源小区、太子山庄、海运中心	28	22			40	35	100	50	100	60		30	25		25
蛇口街道	1	蛇口新街（合兴大厦、滨海苑、曙光花园、南苑、翠苑）、招商路（蛇口汽车站、米兰公寓、招东小区、园景园）、海湾花园、海湾酒店	35	30	30	70	50	45	80	65	70		70				30
	2	工业七路（四海公寓、临园、宏宝、百花苑、万丰园、雍景轩）	35	30	30	70	50	45	80	65	70		70				30
	3	工业七路（广博、弘都、广物花园）、招商路（后海公馆、澳城、金色阳光雅居）	35	30	30		50	45	70	60			60				

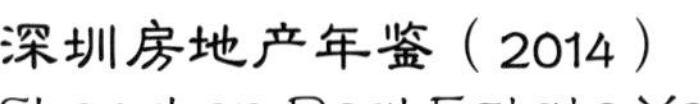

（续表）

街道行政区域	路段号	指导租金 区域位置 \ 用途	住宅				办公		商业					厂房			仓库
									高层		多层						
			带电梯	不带电梯	平房	别墅	高层	多层	一楼	二楼以上	一楼	二楼以上	简易	一楼	二楼以上	简易	
蛇口街道	4	海昌街（海伴雅居、春天广场、商乐街、海尚国际、望海汇景苑、海昌大厦、海湾花园、蓝虹豪苑）、公园南路、南水小区、海滨东路（蓝漪花园、海韵嘉园、海虹苑）	35	30	30	70	50	45	80	65	70		70				30
	5	湾厦路（渔港楼、东怡楼）花果路、国土楼	35	30	30	70	50	45	80	65	70		70				30
	6	蛇口新街（春树里、港湾花园、蛇口油库）	35	30	30		50	45	80	60			70	30	25		30
	7	望海路（南海玫瑰一期、二期）、金世纪路（南海玫瑰三期、半岛城邦一期、二期）	45			100	60		100		80		60				30
	8	金世纪路、海洋渔业大厦、海吉星大楼	45			100	60		100		80		60				30
	9	深圳湾、三湘海尚、宝能太古城南北区、卓越维港、致远大厦、曦湾华府、海怡湾、皇庭港湾、君汇新天、百丽湾、颐安阅海、阳光海滨、丽海湾	45			100	60		200		80		60				
	10	南水村、雷公岭、围仔西、渔一、渔二、海湾、湾厦、荣村	35	30	30	70	50	45	80	65	70		70				
	11	后海大道、港湾创业大厦、海产楼、东帝海景、金色海琴苑、永乐新村、物资大厦、市政单身宿舍公寓	35	30	30		50	45	70	60			60				30
招商街道	1	赤湾石油大厦、海运大厦、赤湾石油基地、赤湾香火街 B 栋、赤湾旧村 9 栋、港湾小区 F1—F6、西牛埔厂房、赤湾港机大楼、赤湾山灵数码有限公司、港湾小区 E1—E5 栋、工业园厂房 A—E 栋、赤湾六路厂房		28			70	40	40		70	60		35	17	50	20
	2	赤湾综合楼、赤湾村 1—4 栋、10—12 栋、赤湾村 25—31 栋、赤湾村 17—20 栋、港湾小区海润阁、赤湾公寓、税务楼、海林阁、海景公寓 G 栋、赤湾海景公寓 E 栋、赤湾西坑新楼、赤湾七路 41 号、赤湾石油基地 H1—H3、Q1 库	28	25				50	45		35	50		50			30

（续表）

街道行政区域	路段号	区域位置＼指导租金＼用途	住宅 带电梯	住宅 不带电梯	住宅 平房	住宅 别墅	办公 高层	办公 多层	商业 高层 一楼	商业 高层 二楼以上	商业 多层 一楼	商业 多层 二楼以上	商业 简易	厂房 一楼	厂房 二楼以上	厂房 简易	仓库
招商街道	3	海鲲阁 E6- E7 栋、B5 栋、马尾田 1—5 栋、赤湾村 21—24 栋、单身宿舍、惠来建筑队宿舍、赤湾四路海景公寓 F 栋、赤湾三路天后宫 A 栋、B 栋、赤湾村 13—16、38 栋、赤湾 B6 栋、赤湾村 5 —8 栋、西坑 1 栋、B1、B2 栋、海洋公司办公楼、宿舍楼	28	25				34			34						20
	4	赤湾商业街、海天楼、赤湾西坑 1—3 栋、赤湾村海曦楼、海景公寓 D 栋、B10 栋、西坑 3 栋、港湾小区 D1、D7—D9 栋、赤湾少帝路 B7 栋、赤湾港湾小区海明阁、F8、F9、B9 栋、海照阁、海泽阁、车库楼、海景 B 栋、工业园宿舍、公寓、赤湾市场、文武学校、赤湾原边检楼宿舍	28	20					33		45	30					
	5	蛇口工业区大厦、招港大厦、招商港务综合楼、SCT 大厦、蛇口特检站综合楼、招港客运码头、招港集运中心大楼、松湖路（原中宏气体厂房）、南水工业大厦		25			60	40				60		25	20	15	25
	6	蛇口港湾大道 20-26 号、耀皮玻璃办公楼、海湾路二号		23				35						20		20	20
	7	鸿隆公寓、金融中心							300	150							
	8	新时代广场、海滨商业中心、太子广场商铺、太子宾馆、南山宾馆					100	70	150		160	100					
	9	南海酒店、海景广场、顺发大厦、海涛大厦、华达大厦一楼商铺、水湾商贸大厦、兴龙大厦、生活服务大厦、水湾 B 区、农业银行宿舍楼	35	30		50	60	70	100	80	100	50		70	70		
	10	南海意库、南海小筑别墅		40		50		70			110						
	11	碧涛苑别墅、碧涛苑公寓、碧涛中心俱乐部、荔园小区	35	28		70	45	60	80		80						

（续表）

街道行政区域	路段号	用途 / 指导租金 / 区域位置	住宅				办公		商业					厂房			仓库
									高层		多层						
			带电梯	不带电梯	平房	别墅	高层	多层	一楼	二楼以上	一楼	二楼以上	简易	一楼	二楼以上	简易	
招商街道	12	海滨花园、水湾C区1—9栋、西南饭店、东方药业厂房、华府假日大厦、金銮酒店	35	30			45	40	100		70			30			
	13	华达大厦、水湾小区1—8栋、天厨食品		32			45	40	100		100						
	14	四海宜家大厦南、北座、蛇口体育中心	40	35			45		160	60	150	50					
	15	花果山大厦A、B座	40				42		150	55							
	16	花园城三期1-20栋	52						165								
	17	兴华工业区7栋-8栋龙尾村1栋—7栋（AB）座、税务综合楼、招北临街商铺	36	35			40	30			115			50	40		
	18	招商大厦、南达楼、花果山小区、招北小区、蛇口消防队、联检楼、配电房附楼、翠竹园小区、联合医院宿舍楼、振兴小区、风华影剧院、招北综合楼		38			70		150		80	45					
	19	花果山市场综合楼、电业综合楼		30							90	30					
	20	TCL厂房、金其美厂房、中建大厦、翠谷居、百盈医疗器械园、工业三路华达大厦、半山海景别墅、美伦会所、龟山别墅、鲸山别墅、花园城五期、鸣溪谷、招商发展大厦、科技大厦、数码大厦	50	30		100	60	50	120	90	80	50		30	25		
	21	欣泰大厦、利宝大厦、侨联大厦、海关报关楼、火炬大厦、佳利泰大厦、高山花园、创业大厦、华龙阁、水湾公寓、胜发大厦、南山大厦、联合大厦、宝耀大厦、悠然居、安南花园、半山名店坊、北科创业大厦、边检家属楼、桃花园三期、华彩花园	35	30			55	50	70	50	80			40	30		
	22	明华国际会议中心、泰格公寓、兰溪谷（一期、二期）、国际公寓、桃花园三期商铺	60				80		120		55						

（续表）

街道行政区域	路段号	区域位置　指导租金　用途	住宅				办公		商业					厂房			仓库
									高层		多层						
			带电梯	不带电梯	平房	别墅	高层	多层	一楼	二楼以上	一楼	二楼以上	简易	一楼	二楼以上	简易	
招商街道	23	美年广场、花园城（一期）	50				90				130	90					
	24	桃花园小区、中农大厦、南园厂房、龙华大厦、华园综合楼	35	30					90	90	90	40		30	30		
	25	桃花园商铺、龙电A、B区、欣荔苑		30							70						
	26	花园城中心、紫竹园小区、四海小区、槟榔园小区		30							220	130					
	27	紫竹园商铺									180	130					
	28	四海光大路商铺									80						
	29	兰园大厦、雍华府	35	30					120		110						
	30	金竹园小区南、北座、招行宿舍、明华小区宿舍、邮电楼、金竹园小区、兰园商住楼、兰园小区		30					110		80						
	31	市场综合楼		30							35						
	32	爱榕园小区、海琴苑、桂园小区、榆园小区		35							75						
	33	工贸佳园、农资楼		30							85						
	34	招商服务大厦	35	30							100						
	35	雍景湾、玫瑰园2—4栋商铺、天海豪景苑、翠薇园商铺	40						80	50	180	150					
	36	玫瑰园1栋商铺、源华综合楼商铺、翠薇园小区、玫瑰园小区、半岛花园B区、华丰苑A、B区、怡庭园、招商综合楼、招干楼、原联合饼干厂	35	30					70	40	90	80		30	25		25
	37	景园大厦、青少年活动中心、四海公园片区	35				40		50		40						
	38	海月花园（二期）、海月华庭、花半里	40	35			45		100	55	110	65					
	39	海月花园（三期）、蓝月湾畔	40				45		110	80							
	40	天骄华庭	40				45				150	70					
	41	海月花园（一期）、海洋星苑、半岛A区、蓬莱花园、海琴花园	40	35			45	35	100		90	80					

（续表）

街道行政区域	路段号	区域位置 \ 指导租金 \ 用途	住宅				办公		商业					厂房			仓库
			带电梯	不带电梯	平房	别墅	高层	多层	高层		多层		简易	一楼	二楼以上	简易	
									一楼	二楼以上	一楼	二楼以上					
西丽街道	1	松坪山高新北区非协议性厂房、东部物业综合楼、松坪山住宅区、松坪山商业街	25	20			40	35			60	45		40	35		20
	2	南国丽城南面、西丽北路、众冠花园北面	20	18			35	30	80	70	75	65		22	20		13
	3	南国丽城东面、留仙大道沿街、新围工业区	20	18			38	35	70	60	65	60		20	18		13
	4	新围村、官龙村、九祥岭村、丽新花园、留仙洞村、留仙洞关外	18	18			35	30	45	35	45	30		20	17		12
	5	366大街、旺棠工业区沿街	25	20			50	45	200	120	200	100		25	22		13
	6	茶光村、文光村、珠光苑、文光丽景大厦、珠光公寓、珠光大楼	20	18			35	25	60	40	60	40		28	20		18
	7	西丽路沿街、新光路沿街、丽苑一、二、三村、华昌大厦、众望公寓、壮丽大厦、石鼓花园、永标大厦	20	20			40	35	60	40	60	40		28	20		18
	8	西丽湖路两边、西丽沁园路两边		15	12		23				30	25		25	18	11	15
	9	大勘商业街两边、一村、二村、大勘工业一、二、三路工业区、杨门工业区		18	15		20				25	20		18	15	13	15
	10	大勘王京坑村、王京坑工业区、王京坑路两边		15	12		18				20	18		15	13	11	10
	11	麻磡村、牛成村、麻磡工业区		18	15			25			30	22		20	16	12	13
	12	白芒村、阳光工业区（百旺信、翻身、丽河、新健兴）	18	18	16		45	30			35	25		25	18	12	13
沙河街道	1	纯水岸、天鹅堡、益田假日广场、欢乐谷、东方花园别墅区、锦绣花园（二期）、锦绣花园（三期）、汉唐大厦、沙河世纪假日广场、首地容御、侨香诺园	75			110	120	110	350	250	200	100					
	2	深圳湾畔花园、桂花苑、国际市长交流中心、侨城豪苑、世纪村、美庐锦园、名商高尔夫、御景东方花园裙楼、锦绣花园（一期）、东方花园、香年广场、智慧广场、京基百纳	55	40		110	80	60	200	150	200	100					

（续表）

街道行政区域	路段号	指导租金 区域位置 \ 用途	住宅				办公		商业					厂房			仓库
									高层		多层						
			带电梯	不带电梯	平房	别墅	高层	多层	一楼	二楼以上	一楼	二楼以上	简易	一楼	二楼以上	简易	
沙河街道	3	湖滨花园裙楼、海景花园、中旅广场、中旅广场裙楼（购物中心）、侨城东部菜市场、侨城西部菜市场、锦绣中华、民俗村、世界之窗、海景酒店、华侨城步行街、沃尔玛、新侨大厦、美加广场、生态广场、假日湾华庭、世界花园、一辉花园、文昌街、（荔海楼）汇文楼、香山里	60	38			65	50	250	150	200	100					
	4	光华街、光桥街、中新街、香山村、松山村、佛山街、侨城东街、芳华苑、荔枝苑、锦绣公寓、荔园新村	50	30				40			65	40					
	5	东园综合楼、金三角大厦、绿景公寓、侨洲花园、沙河菜市场综合楼、联发大厦、新堂花园、鹤塘小区、海华居	45	30			55	30	100	70	80	50	50	52	30	25	20
	6	建工村、高发东方科技园、美景工业苑、恒通水泥厂、金众工业区小区、天虹物流仓库、中航工业区北区	30	25				33			60	40	30	45	32	25	35
	7	华侨城东部工业区、中航工业区、华侨城仓库	45	30				40			65	40	30	45	32	25	35
	8	塘头村、白石洲村、新塘村、上（下）白石村、沙河工业区	35	25				30			60	30	60	25	20	18	18
	9	沙河街与新中路交界以南沙河街两旁	40	35				46			120	50	60	42	30	18	20
	10	沙河街与新中路交界以北沙河街两旁	36	30				36			90	40	60	42	30	18	20
	11	白石路以南深湾五路以西 （中信红树湾花园、百仕达红树西岸、瑞河耶纳汀兰鹭榭花园）、石洲中路两旁	70			110	90	80	250	150	200	100					
	12	白石路以南深湾五路以东（华侨城欢乐海岸 ）	65			120	95	85	250	150	250	150					
粤海街道	1	天利中央商务广场A座二楼03-17号商铺、天利中央商务广场B座二楼06-19A号商铺、海岸城大厦东座二楼01-19号、32号商铺、海岸城大厦西座二楼101、114-122号商铺、保利文化广场A区二楼01-28号商铺、保利文化广场B区二楼04-29号商铺								460							

（续表）

街道行政区域	路段号	用途 / 指导租金 / 区域位置	住宅				办公		商业					厂房			仓库
									高层		多层						
			带电梯	不带电梯	平房	别墅	高层	多层	一楼	二楼以上	一楼	二楼以上	简易	一楼	二楼以上	简易	
粤海街道	2	天利中央商务广场A、B座、海岸城大厦东、西座、保利文化广场A、B、C座1-2楼商铺、办公楼（第一类商铺位置除外）					100		240	240							
	3	天利中央商务广场A、B座、海岸城大厦东、西座、保利文化广场A、B、C座3-4楼商铺								120							
	4	鹏龙大厦、南山书城、茂业大厦、华彩天成、金钟大厦、青春家园、保利城花园、西海湾花园、漾日湾畔、滨海之窗花园	38				80		240	120							
	5	美墅蓝山、城市印象、海印长城、海岸明珠、佳嘉豪苑、浪琴屿、蔚蓝海岸（1—4期）、海洋之心、瑞铧苑、育德佳园、招商名仕、文德福、南海花园、海逸苑、名苑居、金海岸、梦想家园、粤海大厦、雅仕荔景苑、南油大厦、海晖大厦、海阔天空、信和自由广场、新一代国际公寓、东滨华苑、南油商业街、南油文化广场、万商大厦、海珠城、天悦园、云海天城、万商大厦、电力花园（三期）、观海台	35	32		50	75	70	140	90	140	90					
	6	华英大厦、深蓝公寓、天海花园、南油A、B区、龙城花园、钜建大厦、粤海综合市场、后海花园、京光大厦、怡海花园、学林雅苑、海文花园、创世纪滨海花园、锦隆花园、海映山庄、粤海小区、厚德品园	33	28			65	60	80	50	70	40					
	7	后海统建楼、后海村、桂庙村、粤海门村	25	23					80		50	30		25	20		15
	8	恒立听海花园、滨福世纪广场、纯海岸、锦缎之滨、海怡东方花园等高新技术园区非协议类厂房	65						150	85							
	9	科技园区非协议类厂房、深南花园、汇景花园、科技园36区、58区、34区	46	30				55	74		62	54		56	53		
	10	麻雀岭工业区非协议类厂房、凯丽花园、豪方花园、晶品居	49	37				47			58			57	39		
	11	朗景园、莱英花园、城市山谷、英伦名苑	48	31		139			106	68	32						

（续表）

街道行政区域	路段号	指导租金 用途 / 区域位置	住宅				办公		商业					厂房			仓库
									高层		多层						
			带电梯	不带电梯	平房	别墅	高层	多层	一楼	二楼以上	一楼	二楼以上	简易	一楼	二楼以上	简易	
桃源街道	1	桃源村、俊峰丽舍、城市假日、郁金香家园、梅州大厦、天地峰景、香瑞园、高发工业区、怡然天地居、高发陶然居、高发公寓、方大城、本钢大厦、鼎盛林栖园、海龙苑、皇庭香格里、龙福苑、水木华庭、中爱花园、西湖林语、东明花园、十五筝	35	30			45	35	70	65	60	55		25	20		20
	2	龙辉花园、龙联花园	30	25			30	25	60	50	35	30					
	3	龙井村、光前村	25	25			30	25	50	45	40	35	20	25	22	20	20
	4	龙都花园、龙都名园、润城花园	30	25			35	30	60	50	40	35					
	5	体育中心、西丽职校实习基地	30	25			35	30	65	60	60	50		25	20		
	6	宝珠花园	30	25			40	35			80	50					
	7	花半里、朗苑、塘朗雅苑	50	40			60	50	100	80	60	50					
	8	丽珠花园、珠光宾馆、珠光村	30	25			50	40			50	45		22	20		12
	9	欧陆经典、学城绿园	30	20			35		40	35							
	10	新屋村	25	20			40	35	60	50	40	35		20	18	12	12
	11	丽岛小区、丽岛工业区		8				20						23	20		
	12	德意名居、桑泰丹华	45				40		60	50							
	13	平山旧村		20				18			25	20				12	12
	14	平山新村	35	25		40	33	25	55	50	50	45	40	18	13	12	12
	15	平山工业园、平山大园工业区		20				26			55	50	50	23	18		
	16	民企科技园、红花岭工业南北区		25				28			55	50		25	20		
	17	红花岭工业西区、圳宝		20				26			55	45		25	18		
	18	华盛工业区		15				12									

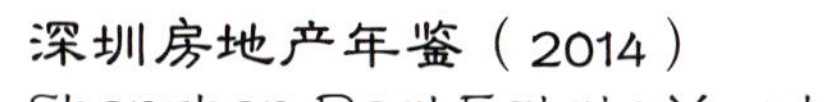

（续表）

街道行政区域	路段号	区域位置 \ 指导租金 \ 用途	住宅				办公		商业					厂房			仓库
			带电梯	不带电梯	平房	别墅	高层	多层	高层 一楼	高层 二楼以上	多层 一楼	多层 二楼以上	简易	一楼	二楼以上	简易	
桃源街道	19	塘朗新村	25	20			40	40	50	50	40	40		20	18		
	20	塘朗村	22	20			30	30	40	30	30	30		20	18		
	21	塘朗商业街	30	25			80	50	80	50	80	50		22	20		
	22	长源村工业D区、C区、长源村新村		20	15						20	17		19	14		
	23	长源大布段、继山工业区、长源旧村		15	10						12	10		13	10	10	10
高新技术产业园区	1	创维大厦、德赛科技大厦、康佳大厦、数字技术园、金证科技大楼、迈瑞研发大楼、赋安科技大厦、富诚科技大厦、九洲电器大厦等南区协议类高科技厂房					60	60						60	60		
	2	桑达科技大厦、深圳金融科技大厦、上汽大厦、软件大厦、特发信息港、深圳软件园一期、深圳软件园二期、研祥科技大厦、国人大厦、万和医药园等中区协议类高科技厂房					60	60						60	60		
	3	清华信息港、清华紫光科技园、源兴科技大厦、东江环保大楼、豪威大厦、嘉达研发大楼、航天微电机大厦、清溢光电大楼、天明科技大厦等北区协议类高科技厂房					60	60						60	60		

注：高新技术产业园区协议类厂房适用限制性调剂价格，不适用于粤海街道、西丽街道公布指导租金

表 8-16　盐田区 2013 年房屋租赁指导租金汇总表

单位：元 / 月 • 平方米

街道行政区域	路段号	区域位置 \ 指导租金 \ 用途	住宅				办公		商业					厂房			仓库
			带电梯	不带电梯	平房	别墅	高层	多层	高层 一楼	高层 二楼以上	多层 一楼	多层 二楼以上	简易	一楼	二楼以上	简易	
沙头角街道	桥东	瀚海翠庭、海涛路	37	26			38	30	130	40	110	35	50				20
		公园路、金融路、桥东丽苑、桥东中区、桥东东西区、桥东街、海滨花园	28	26	17		30	30	85	30	90	30	30				20
		天富花园、山海华庭、联富路、深沙路（沙深路、桥东辖区双号门牌）、田荣路	28	26	17		30	30	75	30	70	30					20
		金融路一巷、金融路二巷、滨源二巷、沙居楼、田心市场、沙深路沙盐路交汇处		22	17		40	30	70	60	65	30	30				20
		盛世名门（金融路一巷）、田心市场中巷	40	22			40	30	170	60	95	30	30				20
		盛世名门（沙深路、深沙路）	40				40		100	60							
		盛世名门（沙盐路）、沙盐路桥东辖区单号门牌	40	25			40	30	190	60	80	30	30				20
	田心	沙盐路 3038 号、东埔福苑（住宅 2 房及以上）	38	26	17		40	30	120	60	110	30	30	18	18	13	16
		上东湾、恩上路一巷	46				50		150	60	80						
		碧桐湾（住宅 2 房及以上）、恩上路、官上路、恩上村、恩上一街/二街	38	25	17		30	30	70	30	70	30	30	18	18	13	16
		碧桐湾单身公寓、东埔福苑单身公寓、建工大厦单身公寓	40				40										
		田心东路、建工大厦、深沙路（沙深路）东北侧（田心辖区双号门牌）、二十小区	38	25			40	30	100	40	70	30	30	18	18	13	16
		工业东南街、稳盛大厦、兴田街、粤和街、和田街、田心一街 / 二街		24	17			30			60	30	30	18	18	12	16
		深盐路（单号门牌）、恩上路综合楼、恩上路 115 号		22				25			50	25					13
		天丰公寓、沙富小区、深沙路西南侧（田心辖区单号门牌）		25	17			25			55	25	25	13	13	11	13
	沙头角	梧桐路东至看守所、36 小区、29 小区、山泉小区	25	20	20		25	25			50	25	20	15	15	11	18
		深盐路（双号门牌）、蓝田一站、元墩东、西街	40	20	20		40	25	60	30	50	25	20	15	15	11	18
		梧桐路西至看守所、园林路、24 小区、向园路、25 小区、宝桐居、桐海雅庭	25	20	20		30	25	50	25	50	25	20	15	15	11	18

（续表）

街道行政区域	路段号	区域位置 \ 指导租金 \ 用途	住宅				办公		商业					厂房			仓库
			带电梯	不带电梯	平房	别墅	高层	多层	高层		多层		简易	一楼	二楼以上	简易	
									一楼	二楼以上	一楼	二楼以上					
沙头角街道	沙头角	梧桐苑、梧桐山花园、山海阳光、桐辉居、隧道公司宿舍、巡警楼	25	20	20		30	25	50	25	50	25	20	13	13	11	18
		云深处	70			70											
		梧桐山隧道口、罗沙路、径口村、元墩头村民自建房		18	15			25			50	20	20	13	13	10	18
	东和	东和路、诗宁大厦、诗宁里、诗宁别墅、金融路、文和园	28	25		25	35	30	120	30	90	30	20				20
		官路吓村委楼、沙中宿舍、瀚海东岸（官吓路商业）、梅花楼、公园路10号-18号	35	25			35	30	150	35	100	50	20				20
		官路吓村村民自建房、官路吓村委楼住宅及三座五座商业	30	25	15		35	30	100	30	60	30	20				20
		沙盐路3001号-3017号（园林公司、保险公司、田心、利民综合楼）、沙中后巷		25				30			80	30	20				20
		瀚海东岸（住宅及沙盐路商业）、官路吓村综合楼（沙盐路、公园路）	42	25			45	30	200	40	160	30	20				20
	中英街	横头街、大王巷、创意大厦、.沙栏吓村、碧海苑、碧海花园、海港别墅、环城路、步步街、桥头街、南天花园、海天园、海韵园、大兴巷貌岸然	25	16			30	26	70	20	50	20		14	14		13
		中英街、海傍街、阳和街、沙头街	25	16			30	26	70	20	60	20		14	14		13
海山街道	海涛	蓝郡、皇家海湾公馆	50			100	100		200	200							
		海涛路、进出口公司宿舍、太平洋住宅区、鹏湾二村、海涛花园	25	20			30	30			65	35					16
		翠堤雅居、棕榈湾花园、海景花园	38	30			38	32	120	40	65	35					16
		海天明月居、东和大厦	32	25			38	32	120	40	65	35					16
	鹏湾	深盐路、东和路、鹏湾一村	32	25			35	32	120	50	120	50					16
		碧海蓝天、海天一色	35	25			38	32	120	50	120	50					16
		黄金珠宝大厦					38	38						30	30		16

（续表）

街道行政区域	路段号	指导租金 / 用途 / 区域位置	住宅				办公		商业					厂房			仓库
									高层		多层						
			带电梯	不带电梯	平房	别墅	高层	多层	一楼	二楼以上	一楼	二楼以上	简易	一楼	二楼以上	简易	
海山街道	田东	海山路、深盐路、华逸园、倚山花园、碧桐海苑、东部山海家园、翠海轩、海山道一号	30	23	20		35	30	120	50	120	50	40	22	17		16
		海山居、海荣居、海月居、东部阳光、海都大厦、翠景花园、供电大楼、海鹏苑、45 小区	28	20	18		28	28	90	40	80	40	30				16
		梧桐路、瑞林苑、50 号小区	25	20	18		28	28	70	40	65	35	30				16
		保税区第四生活区		20							35	30					16
	梧桐	深盐路东段、海山路、七村集资楼、劳动局综合楼、叶屋村集资楼、沙鑫大厦	28	20	18		30	30	140	60	140	50	40				16
		香径东路、香径南路、井头东街、井头南街、劳动生活一、二所	28	20	18		30	30	100	45	100	45	30				16
		深盐路西段、梧桐路、海山一巷、海鹏工业区、暗径正巷	28	20	18		30	30	70	30	70	40	30	20	17		16
		井头西街、沙井头村	28	20	18		30	30	60	30	45	35	30				16
		叶屋东街、叶屋村	28	20	18		30	30	60	30	40	30	30				16
		保税区第一、二生活区		20	18						50	35					16
盐田街道	盐田港区	沙盐路、海港大厦、国际侯工楼	20	18	13		55	50	70	50	60	30	40	15	13	12	15
		沿港路、盐田港区内、同运集运楼、检疫楼	20	18	13		50	40	60	40	50	25	40	15	13	12	15
		盐田国际新行政办公楼					55	40	70	40							
		旧水产研究所			13		40	35	50	30	45	25	35	16	12	11	13

（续表）

街道行政区域	路段号	指导租金 用途 / 区域位置	住宅 带电梯	住宅 不带电梯	住宅 平房	住宅 别墅	办公 高层	办公 多层	商业 高层 一楼	商业 高层 二楼以上	商业 多层 一楼	商业 多层 二楼以上	商业 简易	厂房 一楼	厂房 二楼以上	厂房 简易	仓库
盐田街道	盐田社区	海鲜街（一期）									90	80	40				15
		海鲜街（二期）、联裕综合楼		16	13		30	30			40	20	35				15
		盐田老街、旧墟镇内、渔民新村、山边村、沙头村、四合院、华侨新村		16	12		35	30			50	30	30				15
		金海雅居、海港城、法院大楼、盐田市场、蔚蓝海湾苑、蔚蓝假日雅居	20	18	13		40	35	55	25	50	25	35				15
	沿港社区	沿港路、海滨假日、边检大楼、西山吓、春天海、荣丰大厦	20	18	14		40	35	55	30	50	25	35				15
		沿港新村		15	13		40	35	55	30	50	25	35				15
		沙岗圩、杨梅新村、黄必围		15	12		35	30	55	30	50	25	35				13
		北山道、星港名苑、宏业大厦、裕民大厦、裕民宿舍楼、和亨雅园	18	18	15		40	35	55	30	50	25	35				13
		北山工业区、旧地税楼、旧国税楼		18	13		45	35	55	30	50	25	35	16	15	13	13
		洪安围、吉麻湖		16	14		35	35	50	30	45	25	35	16	15	12	13
		华侨新村（一、二期）	18	16	13		45	35			50	30	35				13
	东海社区	东海道、中铁物流、五号仓、中铁大厦、依山时代、明珠苑	20	16	14		45	35	50	30	50	30	35				15
		南方明珠（一期）、九号小区、东海龙腾	18	16	13		45	35	60	30	55	30	35				15
		南方明珠（二期）、南方明珠市场	18	15	13		45	35	55	30	50	30	35				15
		天利明园、东海丽景（一、二期）	20	17	15		45	35	70	35	55	30	35				15
		东海道社排门店、洪安二街、社排村上围、下围、小布村内		15	15		35	30	50	25	45	25	30				13
	明珠社区	北山道、轮训队、石头围老围		15	13			35	50	30	50	30	35	15	13	12	15
		东海道、裕宏花园、裕鹏阁、朝阳围市场、金斗岭	18	16	13		40	30	55	35	55	30	35	15	13	12	15
		和亨家家园、和亨中心广场、花样年花港、幸福海、东港印象家园	20	18	15		45	35	65	35	60	35	35				15

（续表）

街道行政区域	路段号	指导租金 区域位置 \ 用途	住宅				办公		商业					厂房			仓库
			带电梯	不带电梯	平房	别墅	高层	多层	高层 一楼	高层 二楼以上	多层 一楼	多层 二楼以上	简易	一楼	二楼以上	简易	
盐田街道	明珠社区	盐田路、麓港国际、裕达华庭、金水湾、半山溪谷、金山碧海	20	18	13		45	35	60	35	50	35	35				15
		金港盛世华庭	25				45	35	80	40	70	35					
		明珠路、裕泰办公楼					35	30	55	30	50	25	35				15
		永安路		15	13		35	30	50	30	45	25	35				14
		三村老围、新围、上围、下围、江屋、龙眼园、朝阳围、石头围新围		15	14		35	30	45	30	40	25	30				13
	永安社区	东海道、物流园区、恒盛辉、鸿基、勤辉、怡和仓	18	16	13		40	35	50	40	50	30	35	16	15	12	18
		鑫群大厦、新港大厦	18	16	13		35	30	60	30	50	30	35				15
		西禾树、坜背、四村新老围、伯公树、老塘		13	10		35	30			45	30	30				15
		永安路 16 号小区		13	13		35	30			45	30	35	15	13	12	15
梅沙街道	1	盐葵路（大梅沙段）	25	18	10	30	25	25	80	40	70	40	60	10	10	10	10
	2	盐葵路（滨海、小梅沙段）	25	18	10	30	20	20	50	25	50	25	35	10	10	10	10
	3	环梅路区域（含湖心岛）	25	18	10	30	35	35	70	40	70	40	60	10	10	10	10
	4	万科东海岸	25	20	10	30	25	25	50	30	50	30	40	10	10	10	10
	5	东海岸体育馆区（优品艺墅）	25	20	10	30	25	25	60	40	50	40	40				
	6	东部华侨城	30	20	20	35	30	30	80	50	80	50	60	10	10	10	10
	7	大梅沙村、金沙街	25	15	10	30	20	20	45	25	45	25	45	10	10	10	10
	8	上坪、成坑村	25	15	10	30	20	20	40	20	40	20	40	10	10	10	10
	9	小梅沙村	25	12	10	30	18	18	30	20	30	20	30	11	10	10	10

（续表）

街道行政区域	路段号	区域位置 \ 指导租金 \ 用途	住宅				办公		商业					厂房			仓库
			带电梯	不带电梯	平房	别墅	高层	多层	高层 一楼	高层 二楼以上	多层 一楼	多层 二楼以上	简易	一楼	二楼以上	简易	
沙头角保税区	1	厂区												22	17		18
	2	保发大厦					40		40		40						
	3	海关楼					25										
	4	配餐中心											9				
盐田港保税区	区内南北片区	盐田港保税区综合办公楼						55			30						
		保税物流园区 22 米大道以南为（南片区）						35									28
		保税物流园区 22 米大道以北为（北片区）						35									28

表 8-17　宝安区 2013 年房屋租赁指导租金汇总表

单位：元 / 月 · 平方米

街道行政区域	路段号	区域	位置	住宅 带电梯	住宅 不带电梯	住宅 平房	住宅 别墅	办公 高层	办公 多层	商业 高层 一楼	商业 高层 二楼以上	商业 多层 一楼	商业 多层 二楼以上	商业 简易	厂房 一楼	厂房 二楼以上	厂房 简易	仓库
新安街道	一类	1区	主街道	22	14			25	15	50	30	40	20					
			小区内	22	14			25	15	46	20	30	20					
		4区	主街道、前进二路、兴华路	20	15			25	20	40	30	40	25					
			主街道、建安路	20	15			25	20	40	30	40	25					
			小区内	20	15			25	15	35	20	30	20					
		7区	主街道、建安路	20	12			25	20	90	40	90	40	25	15	12		10
			主街道、兴华路	20	12			25	20	60	30	60	30	20	15	12		10
			主街道、新圳路	20	12			25	20	80	30	80	30	20	15	12		10
			主街道、宝民路	20	12			25	20	50	30	50	30	20	15	12		10
			小区内	20	12			25	20	25	20	25	20	20	15	12		10
		8区	主街道、兴华路	20	15			25	20	80	30	80	30					
			主街道、建安路	20	15			25	20	90	40	90	40					
			主街道、新圳路	20	15			25	20	50	30	80	30					
			主街道、前进路	20	15			25	20	40	30	40	30					
			小区内	20	15			25	20	30	25	30	20					
		9区	建安路、兴华路、主街道	20	15			25	20	90	40	90	40					
			宝民路白金酒店公寓、广场大厦、创业路	22				40		60	30	55	35					
			小区内	18	15			20	20	40	25	40	25					
		10区	兴华路主街道	22	18			25	20	100	40	100	40					
			建安一路主街道	20	18			25	20	90	40	90	40					

（续表）

街道行政区域	路段号	区域位置		住宅				办公		商业					厂房			仓库
				带电梯	不带电梯	平房	别墅	高层	多层	高层 一楼	高层 二楼以上	多层 一楼	多层 二楼以上	简易	一楼	二楼以上	简易	
新安街道	一类		前进路、创业路主街道	20	18			25	20	55	30	55	30					
			小区内	18	15			20	20	40	30	40	30					
		21区	主街道、公园路	20	15			25	20	40	25	40	30					
			主街道、前进路	20	15			25		40	40	40	30					
			小区内		15			25	20	30	20	30	25					
		N10区	熙龙湾二期	26				30		70	30							
		N23区	熙龙湾一期	26				90		60	30							20
			天健时尚空间	26				35		60	35							
			龙光大厦					100		100	60							20
		25区	裕安路、创业路主街道	20	15			20	20	50	30	50	30					
			前进路、建安路主街道	20	17			30	30	70	40	70	40					
			小区内	20	15			20	20	30	25	30	25					
		29区	建安路	20	16			25	20	60	35	60	30					
			宝民路一侧	20	16			25	20	60	35	60	30					
			上川路一侧	20	16			25	20	50	35	50	30					
			小区内	20	16			25	20	45	25	45	25					
			裕安二路	20	16			25	20	50	35	50	30					
		30区	建安一路	20	16			25	20	60	35	60	30					
			前进一路	20	16			25	20	70	40	70	40					
			冠利达大厦	20	16			40	35	80	40	80	40					
			上川路	20	16			25	20	70	70	40	30					
			裕安二路	20	16			25	20	50	35	50	30					

（续表）

街道行政区域	路段号	区域位置（指导租金 / 用途）		住宅				办公		商业					厂房			仓库
				带电梯	不带电梯	平房	别墅	高层	多层	高层		多层		简易	一楼	二楼以上	简易	
										一楼	二楼以上	一楼	二楼以上					
新安街道	一类	31区	上合路	20	12			30	20	65	30	65	30		18	13		12
			上川路	20	15			30	20	55	30	55	30		18	13		12
			怡园路	20	12			30	20	45	30	45	25		18	13		12
			前进路	20	15			30	25	70	30	70	30		18	13		12
			裕安路	20	12			30	25	45	25	45	25		18	13		12
			自建房	20	12			20	20	20	12	20	12		18	13		12
		34区	前进路、建安路、宝民路	22	18			25	20	70	35	70	30		18	15	10	10
			小区内路	20	16			25	20	50	25	45	20					
			流塘路段	20	16			25	20	55	25	45	20		16	13	10	10
			上川路	20	16			25	20	55	25	50	20					
			新四安路	20	16			25	20	60	30	60	30		20	18		
		35区	上川路	20	15			30	20	55	30	55	30		18	13		12
			上川路6栋、7栋	20	15			30	20	60	30	60	30		18	13		12
			前进路	20	15			30	20	70	30	70	30		18	13		12
			怡园路	20	15			30	25	60	30	60	30		18	13		12
			新四安路	20	15			30	25	40	25	40	25		18	13		12
			安乐花园、海滨花园、黄金台小区	20	15			20	18	30	20	30	20		18	13		12
			自建房	20	12			20	20	20	12	20	12		18	13		12
		38区	中南花园	25				30		30	25							20
			新锦安花园	25				30		45	25							20
			翻身路边	25	20				20	55	30	50	30					

（续表）

街道行政区域	路段号	区域位置	指导租金 / 用途	住宅				办公		商业					厂房			仓库
				带电梯	不带电梯	平房	别墅	高层	多层	高层 一楼	高层 二楼以上	多层 一楼	多层 二楼以上	简易	一楼	二楼以上	简易	
新安街道	一类	38区	小区内	25	20				20	30	25	25	20					20
			自建房	20	12				20	25	20	25	20		16	14		14
		39区	主要街道及花园外围	25	20			20		40	20							15
			花园小区内	25	20					25	25							15
			翻身路边							80	30	70	30					
			自建房	20	12					25	20	25	20		16	14		14
		40区	主要街道及花园外围	25	20			20		40	20							15
			中怡名苑C栋					45		40	30							
			自建房	18	12			20	20			25	20		16	14		14
			花园小区内	25	20			25	20	25		25	20					20
		41区	甲岸路边	25	20				20	40		40	20					14
			翻身路边	25	20			25	20			68	20					
			自建房	20	12			20	20			25	20		16	14		14
		42区	花园小区内	25	20			20	20			25	20					
			甲岸路边		12			25	20			40	20					15
			翻身路边		12			25	20			70	30					20
			自建房	20	12			20	20			25	20		16	14		14
		43区	兴华一路边					20	20	40		40	20					20
			翻身路边							80	30	70	30					20
			花园小区内	25	20			25	20	25		25	20					
			自建房	20	12			20	20	25		25	20		18	14		12

（续表）

街道行政区域	路段号	区域位置	指导租金 / 用途	住宅				办公		商业					厂房			仓库
				带电梯	不带电梯	平房	别墅	高层	多层	高层一楼	高层二楼以上	多层一楼	多层二楼以上	简易	一楼	二楼以上	简易	
新安街道	一类	44区	兴华一路边					20		40		40	20					20
			翻身路边							80	30	25	30					
			花园小区内	25	20			20	20	25		25	20					15
			自建房	20	12			20	20	25		25	20		16	14		13
		45区、47区、49区	翻身路	25	20					80	25	70	25		16	14		15
			自由路及其他主要街道	25	20			25	20	55	35	45	25		16	14		15
			小区内	25	20			25	20	40	25	40	20		16	14		15
			自建房	20	12	10		20	12			25	20		16	14		15
		46区	翻身路					25	20	80	30	70	30					
			主要街道及花园外围	25	20			25	20	65	25	60			16	14		15
			小区内	25	20			25	20	30	25	25			16	14		15
			自建房	20	12			20	12			25	20					15
		48区	翻身路	25	20			25	20	80	25	70	25					20
			主要街道及花园外围	25	20			25	20	55	25	55	25					20
			小区内	25	20			25	20	40	25	35	25					15
		50区	翻身路	25	20			25	20	80	25	70	25					20
			主要街道及花园外围	25	20			25	20	50	25	40			16	14		14
			小区内	25	20			25	20	35		30			16	14		14
			自建房	20	12	10		20	12	35		30			16	14		14
		82区	主要街道及花园外围	25	20			25	20	65	25	40	25		16	14		14
			自建房	20	12			20	12	30	25	25	20					

（续表）

街道行政区域	路段号	指导租金 / 用途 / 区域位置		住宅				办公		商业					厂房			仓库
										高层		多层						
				带电梯	不带电梯	平房	别墅	高层	多层	一楼	二楼以上	一楼	二楼以上	简易	一楼	二楼以上	简易	
新安街道	一类	82区	小区	25	20			25	20	35	25	40	20		16	14		14
		83区	主要街道及花园外围	25	20			30		65	30							20
			小区内	25	20			30	25	40	30							20
	二类	3区	主街道		15			30	20	40	20	40	20					
			小区内	20	15			30	20	30	20	30	20					
		5区	主街道、建安路	20	12				20			70	25					
			主街道、新圳路	20	12				20			40	25					
			小区内	20	12				15			40	25					
		6区	主街道、建安路	20	15			25	20	90	25	70	25					
			小区内	20	15			25	20	40	25	30	20					
		12区	主街道		12			30	20	40	20	40	15					
			小区内		12			30	20			30	15					
		19区	主街道、兴华路		15				20			40	20					
			主街道、公园路、新安二路		15				20			30	20					
			小区内		15				18			25	20					
		13区	广深公路旁、小区内	20	16			25	20	40	25	30	20		15	13	10	10
			宝通大厦	20	16			35	20	60	35	50	30					
			宝民路	20	16			25	20	55	35	50	30		15	13	10	10
		24区	建安一路、宝民路、创业路、裕安路主街道	20	15			25	15	70	35	60	30					
			小区内	20	12			20	15	40	20	30	20					

（续表）

街道行政区域	路段号	区域位置		住宅				办公		商业					厂房			仓库
										高层		多层						
				带电梯	不带电梯	平房	别墅	高层	多层	一楼	二楼以上	一楼	二楼以上	简易	一楼	二楼以上	简易	
新安街道	二类	32区	新安三路	20	12			25	15	50	20	40	20		16	13		12
			上川路	20	12			20	13	50	23	40	20		16	13		12
			裕安路	20	12			25	15	20	15	20	15		16	13		12
			小区内	20	12			25	15	20	15	20	15		16	13		12
		36区	怡园路	20	12			15	15	45	15	35	15		16	13		12
			新安四路	20	12			13	15	20	15	20	13		16	13		12
			上川路	20	12			13	13	30	15	35	15		16	13		12
			小区内	20	12			25	13	25	15	20	15		16	13		12
		71区	创业二路	20	15			25	20	40	15	40	20		16	13		12
			创业一村	20	15	10		25	15	20	15	30	20		16	13		12
			小区内	20	12	10		25	15	20	15	25	20		16	13		12
			留仙三路	20	12	10		25	15	30	15	30	20		16	13		12
		72区	创业路	20	12	10		25	20	20	15	25	15		16	13		12
			留仙三路	20	12	10		25	20	30	15	30	15		15	13		12
			创业二村	20	15	10		25	15	20	15	30	20		15	13		12
			小区内	20	12	10		25	10	20	15	30	25		16	13		12
		73区	佳华新村	20				25	20	45	20	45	20					
			金海华府	25				25		50	30							
			福安楼、渝达华园		20				20			40	20					
			国通花园		15				20			40	20					
			流塘路	20	15			25	20	45	25	45	25		18	13		12

（续表）

街道行政区域	路段号	区域位置	指导租金（用途）	住宅				办公		商业					厂房			仓库
				带电梯	不带电梯	平房	别墅	高层	多层	高层		多层		简易	一楼	二楼以上	简易	
										一楼	二楼以上	一楼	二楼以上					
新安街道	二类	73区	新安四路	20	15			25	20	45	25	45	25		18	13		12
			怡园路		15			20	20	35	25	35	25		18	13		12
			自建房	20	12			20	20	20	15	20	20		18	13		12
		74区	宝安新村	20	20			25	20	45	30	45	30		18	13		12
			流塘路	20	15			25	20	35	30	35	30		18	13		12
			怡园路	20	15			25	20			35	30		18	13		12
			自建房	20	12			20	20	20	15	20	15					
		84区、N17区、N19区、N25区、N16区	主要街道及花园外围	26				30		70	30							20
			小区内	26				30		55	30							20
		N5区	西城上筑等花园外围主路段	26				30		70	40							
			小区内（西城上筑、丽晶国际、宏发领域1-3、5-7栋）	26				30		45	30							20
			宏发领域花园4栋	26				40		70	40							
		N7区	西岸观邸	26				30		40	25							20
		N8区	金泓凯旋城	26				30		70	30							20
		N26区	荣超大厦、万骏大厦					65		80	65							
	三类	2区	主街道		15				20			30	25					
			小区内		15				15			25	25					
		11区、37区	11区小区内		15				18			25			13	13		13
			自建房		10	10		15	15			25	20		13	13		10

（续表）

街道行政区域	路段号	区域位置		住宅				办公		商业					厂房			仓库
										高层		多层						
				带电梯	不带电梯	平房	别墅	高层	多层	一楼	二楼以上	一楼	二楼以上	简易	一楼	二楼以上	简易	
新安街道	三类	14区	翻身路									55	30					
新安街道	三类	14区	晶美花园商业街		15				20			40						15
新安街道	三类	14区	主街道		15				25			30	20					
新安街道	三类	14区	小区内		15				20			25	15					
新安街道	三类	16区	主街道	20	15			25	20			35	25					
新安街道	三类	16区	小区内	20	15			20	15			25	20					
新安街道	三类	18区	主街道		15				20			30	20					
新安街道	三类	18区	小区内		15				20			20	15					
新安街道	三类	20区	主街道	20	15			30	20	30	20	30	20					
新安街道	三类	20区	小区内	20	15			30	20	25	20	25	20					
新安街道	三类	22区	主街道		15			20	15			30	25		15	12		10
新安街道	三类	22区	小区内		15			20	15			25	20		15	12		10
新安街道	三类	23区	主街道	20	12			25	20	30	20	30	20		15	12		10
新安街道	三类	23区	小区内	20	12			20	20	25	20	25	20		15	12		10
新安街道	三类	26区	主街道	20	12			20	15	40	20	30	15		15	12	12	10
新安街道	三类	26区	小区内	20	12			20	15	20	20	20	15		15	12		10
新安街道	三类	27、28区	主街道	20	12			20	20	30	20	30	20		15	12	12	10
新安街道	三类	27、28区	小区内	20	12			20	20	20	15	20	20		15	12		10
新安街道	三类	33区	新安三路	20	12	10		25	13	30	15	20	15		16	12		12
新安街道	三类	33区	上川路	20	12	10		25	13	25	15	20	15		16	12		12

（续表）

街道行政区域	路段号	区域位置		住宅 带电梯	住宅 不带电梯	住宅 平房	住宅 别墅	办公 高层	办公 多层	商业 高层 一楼	商业 高层 二楼以上	商业 多层 一楼	商业 多层 二楼以上	商业 简易	厂房 一楼	厂房 二楼以上	厂房 简易	仓库
新安街道	三类	33区	裕安二路	20	12	10		25	13	25	15	25	15		16	12		12
			大宝路	20	12	10		25	13	25	15	25	15		16	12		12
			小区内	20	12	10		25	13	25	15	25	15		16	12		12
		67区	67区						20	25	20	25	20		15	12		10
		68区	68区						20						15	12		10
		69、70区	69区、70区						20			30	20		15	12		10
西乡街道	一类	河西路、富成路（荔园路）		13	12	10	15	40	40	70	40	130	50	70	25	15	15	15
		永安商业城		13	12	10	15	40	40	70	40	150	50	70	25	15	15	15
		鸿隆广场		20				38	38	70	36	66	36		20	12		14
		桃源居3区		30	27					125	60							
		桃源居11区		34						180								
		桃源居12区11栋、13区、14区		30	27					85								
		桃源居12区12栋、13栋、4区、5区		34	30					110								
		桃源居15区		34						95								
		桃源居6区、桃源居16区		34						95								
		桃源居17区		34														
		桃源居综合楼		34				40										
		御龙居、中粮澜山		27	22			36	36	66	36	66	36					
		白金公寓、码头北路、缤纷世界、万骏汇、友情基地、财富港、宝乐新村A1栋		26	16			30	30	61	48	61	31					16

（续表）

街道行政区域	路段号	指导租金 / 区域位置 \ 用途	住宅				办公		商业					厂房			仓库
									高层		多层						
			带电梯	不带电梯	平房	别墅	高层	多层	一楼	二楼以上	一楼	二楼以上	简易	一楼	二楼以上	简易	
西乡街道	一类	圣源华庭、颐合花园、林荣综合楼、华海澜湾	25	15			30	30	51	21	41	21					16
		天琴阁、名城花园、蟠龙居、绿海名居、新源花园	25	16			30	30	50	21	41	21					16
		F518 创意园、衡芳苑、蜀风路、利华楼、宝源居	12	11			21	16	41	21	41	21					15
		宝源商业城	12	11			21	16	41	21	41	21					16
		兴业路、宝源路							50	21	40	21					
		安顺路、劳动路、宝安大道、西乡大道	12	11			16	16	51	21	51	21					16
		金海路、新湖路（盐田路段）、泰华阳光海花园（东侧、南侧）、圣陶沙骏园（南侧）、槟城西岸（北侧）	28	19			35	35	95	48	95	48					23
		宝源路（盐田路段）、悦和路、兴业路（富通城五期路段）、海湾明珠（南侧）、圣陶沙骏园（北侧）	28	19			35	35	76	39	76	39					23
		大益广场（东侧、南侧）、鸿云花园（西侧、南侧）、金港华庭（东侧）、招商果岭（东侧）	28	19			35	35	70	36	70	36					23
		宝安大道（盐田路段）、西乡大道（盐田路段）、华丰商业大厦	25	16			35	35	62	31	62	31					23
		锦明花园（西侧、北侧）	28	19			35	35	55	28	55	28					23
		圣陶沙骏园、富通城二、三、四、五期、海湾明珠（西侧、北侧）、泰华阳光海花园（西侧、北侧）、槟城西岸（东侧、南侧）、中信湾花园、汇一城、碧海湾小区、锦欣花园、锦明花园、香缇湾（西侧）、金港华庭（北侧、西侧）、招商果岭（西侧、南侧、北侧）、劳动第二工业区 1、2 栋	28	19			35	35	50	27	50	27					23
		盐田街	16	13			20	20	83	39	83	39					13
		宝源路、共乐城	28	16			35	30	45	40	45	35		20	15		12
		下围园新村地铁口段、新屋园地铁口段	15	13			40	35	85	60	85	60		22	18		15

（续表）

街道行政区域	路段号	指导租金 用途 / 区域位置	住宅				办公		商业					厂房			仓库
			带电梯	不带电梯	平房	别墅	高层	多层	高层		多层		简易	一楼	二楼以上	简易	
									一楼	二楼以上	一楼	二楼以上					
西乡街道	一类	宝安大道（固戍一路往机场方向）	13	12			40	35	85	55	85	55		22	18		15
		宝安大道（固戍一路往西乡路段）	14	13			40	35	85	45	85	45		22	18		15
		固戍一路（宝安大道至107国道段）	13	12			40	35	70	45	70	45		20	18		15
		固戍一路（宝安大道至宝源路段）	13	12			35	35	65	40	65	40		20	18		15
		南昌路（南昌二队路段）	13	12				25			55	30		18	16		10
		航城大道	14	12			35	30	70	45	70	35		20	15		15
		宝源路（沙边海滨工业区至南昌路段）、宝港中心	13	12			35	30	45	40	65	35		20	15		12
		固戍二路、石街新村三巷、四巷	13	12				20	60	40	65	35		20	15		15
		南昌二队（东区、西区）	13	10				20			55	30		18	16		10
		新安第二工业区	13	12			25	20	45	35	65	35		18	16		10
	二类	河东路、龙吟二路、真理街、鸣乐街、广深路、文乐工业区、新湾路、新湖花园	13	12	10	15	40	40	70	40	70	40	40	25	15	15	15
		鸣东街、兴发楼、柳竹园、 西乡市场、海滨新村、宝凌路、亨林大厦、兰香园、乐园街、兴业路、新安五路、新安六路、宝安大道、海城路、常盛街	13	12	10	15	40	40	60	40	60	40	40	25	15	15	15
		福中福、码头路、码头北路、雅涛花园、安泰花园、龙珠山顶花园、龙珠花园、龙珠市场、巡抚街	18	15	10	15	40	40	50	30	50	30	30	25	20	15	15
		天骄世家、泰华明珠、泰华豪园、丽景城、青春庭园、富盈门（A、B、C栋）、翠景居、东方雅苑、农批市场、富瑰园、宝民二路（商业街）、宝雅苑、丰恒苑、前进二路、前进路综合楼、幸福花园、中粮锦云、凤凰雅居	19	16	15		30	30	55	40	55	40					16

（续表）

街道行政区域	路段号	区域位置 \ 指导租金 \ 用途	住宅				办公		商业					厂房			仓库
			带电梯	不带电梯	平房	别墅	高层	多层	高层		多层		简易	一楼	二楼以上	简易	
									一楼	二楼以上	一楼	二楼以上					
西乡街道	二类	建安二路、新安四路	18	15	15		25	25	55	40	55	40					16
		宝民二路、榕树路（金达花园）、宝民花园、富东花园、广深公路西乡段（双号）、亨梓楼、怡翠花园、流塘路、嘉华花园、西乡地税路段（含锦花路）、航城工业区、麻布社区 62 区、流塘大厦、贤基大厦、荣恒新苑、骏丰苑、流塘食街、流塘新村、流塘新村东区、荔景新村、75 区商住楼、恒明珠、林果所、富盈门（D1、D2、D3 栋）、西城丰和	18	15	15		25	25	48	38	48	38	30	18	15	11	15
		桃源居 1 区	30					40	65	40							
		桃源居 2 区	30					36	70	38							
		桃源居 7 区	30					40	65	60							
		桃源居 9 区	30					40	75	40							
		桃源居 10 区	30					40									
		宝田一路凤凰岗段、前进二路	16	12	12		20	20	37	28	37	28					
		宝田一路铁岗段、铁岗西路、凤凰岗东九巷	16	12	12		20	20	37	28	38	28					
		宝运达物流园	18	15			36	36	66	36	66	36		17	14		14
		乐群二路、翠景花园	12	11	11		25	25	36	16	30	16					11
		新安市场、景福新村、鸣东街、明珠花园	12	11			25	25	36	16	30	16					11
		双龙花园	12	12	12		25	25	31	16	31	16					11
		共乐路	12	11			25	25	31	16	31	16					13
		共乐路					18	18	31	16	31	16					13
		兴华花园、碧海名园、宝田雅苑、共乐华庭、玉湖湾、城市峰尚、恒生医院小区、碧海新苑	25	16			28	28	49	27	49	27					21

（续表）

街道行政区域	路段号	指导租金 / 用途 / 区域位置	住宅				办公		商业					厂房			仓库
			带电梯	不带电梯	平房	别墅	高层	多层	高层		多层		简易	一楼	二楼以上	简易	
									一楼	二楼以上	一楼	二楼以上					
西乡街道	二类	共和路、银田路、银田支一路、新三村上五排段	16	13			20	20	42	21	42	21					13
		香缇湾（东侧、南侧、北侧）、鸿云花园（东侧、北侧）、绿海名苑（北侧）、大益广场（西侧、北侧）	28	19			30	30	39	19	39	19					23
		聚豪天下、海灏华庭	18	18			20	20	39	19	39	19					16
		铁仔路、银田工业区、共乐工业区、共和工业区	18	18			18	18	39	16	39	16		18	15		15
		南昌一队、南昌三队	12	10				20			40	25		18	16		10
		间头新村	13	11				25			50	30		18	16		10
		勤辉路、安骏路、迪福路、恒南路、腾联路	10	9				25	40	30	40	30		20	18		12
		福荣路	13	11				40	60	50	55	35		20	18		12
		上围园新村、下围园新村、红湾新村（一、二、三区）、石街新村、新屋园	13	11			25	25	50	40	50	40		20	18		12
		文昌路、延康路、南昌路、公园路、沙边新村、井湾、沙湾村、公园新村、海边新村、兴发花园、茶西旧村、茶树旧村、石街旧村、塘西（一、二、三区）、沙边东西区、南昌旧村、其他	10	8				18	30	25	30	25		20	18		10
		茶树新村、塘西新村、海滨新村、东山旧村、塘东东、塘东西、西井路	13	11				23	35	20	35	20		20	18		12
		海滨新村（一区、二区）	13	11				25			32	20		22	18		12
		海滨新村（三区、四区、五区）	13	11				23			30	18		20	18		12
		田心工业区、沙边工业区、红湾工业区、洪盛工业区、上高田工业区、润丰工业区、华洋工业区	12	10				30	40	35	40	35		20	18		12
		福森工业区、敦发工业区、红镇岗工业区、西荣工业区、新雄工业区、裕兴工业区、汇潮工业区	12	10				30	55	35	55	35		20	18		15

（续表）

街道行政区域	路段号	指导租金 用途 / 区域位置	住宅				办公		商业					厂房			仓库
			带电梯	不带电梯	平房	别墅	高层	多层	高层		多层		简易	一楼	二楼以上	简易	
									一楼	二楼以上	一楼	二楼以上					
西乡街道	二类	南昌第一工业区、南昌第二工业区、华丰工业区						30			45	30		22	20		15
		安乐工业区、华创达工业区、庄边工业区、上合工业区、银丰工业区、安乐工业园、航城工业区						30			40	25		22	20		12
		塘西工业区、东财工业区、西井工业区、永利工业区	12	10				30			45	30		22	18		12
	三类	渔业村、轻铁东、轻铁西、径贝新村、河东花园、桂花园、河东新村、自由七队、径贝华侨新村、同富楼、蚝业巷、乐园小区、半岛明苑、麻布旧村、径贝旧村、翻身一队、河西一至四坊、饭堂门	13	12	10	15	40	40	40	30	40	30	30	20	15	15	15
		庄边金庄园、河西社区（金雅园、金雅新村、河西工业区、金碧花园）、宝田一路臣田段、凤田中心区、安源居、臣田（展丰食街、园艺园、瓜子田、综合楼）、臣田（小区、中区、东区、南区）、流塘工业路、荔园一路、流塘路西区、宝兴花园	16	13	13		20	20	38	30	38	30	25	18	15	11	15
		新城广场、庄边新村、新庄园、臣田西区、麻布旧村、流塘旧村（东区、南区、西区、北区、中区）、流塘市场	16	13	13		18	18	35	28	35	28	20	18	15	11	13
		铁岗村、铁岗工业区	15	12	12		18	18	30	20	30	20	21	14	12	11	14
		凤凰岗村（凤凰岗西区、北区、二村）	16	12	12		18	18	36	27	36	27	21	14	12	11	14
		铁岗旧村、凤凰岗旧村	12	10	10		14	14	22	20	22	20					
		新乐村、乐园新村、鸣园小苑、鸣园村、马鞍山小区、宝莲新村、宝乐新村、永丰一队A、B、C区、劳动二队、劳动二队水沟边、宝源二区、南沙新村	12	12	10		16	16	31	16	31	16		20	12		11
		上塘、下塘、海城新村A、B、C区、海城名苑、黄屋村、艇巷村、白石村、馀屋村、流仙洞	11	11	11		16	16	31	16	31	16					11
		吉美禾综合楼	18	18			29	29	51	31	51	31		18	15		15

（续表）

街道行政区域	路段号	区域位置 \ 指导租金 \ 用途	住宅				办公		商业					厂房			仓库
			带电梯	不带电梯	平房	别墅	高层	多层	高层 一楼	高层 二楼以上	多层 一楼	多层 二楼以上	简易	一楼	二楼以上	简易	
西乡街道	三类	西成工业区、崩山工业区、伟信达工业区、愉盛工业区、安华小区、宝源第二工业区	18	18			20	20	51	31	51	31		18	15		15
		高树围一巷段	13	13			18	18	34	18	34	18					13
		高树围小区	13	13			18	18	24	15	24	14					13
		盐田新一村、盐田一村、盐田南区、盐田新二村、盐田新三村、牛湾新村、牛湾旧村、银田新村、海乐花园	13	13	10		18	18	21	14	21	14					13
		三围中路、南路、工业路	8	7			21	21	32	20	32	20	16	16	12	11	15
		三围（东、南、西、北）区、西路、北路	8	7			21	21	27	20	27	20	16	16	12	11	15
		怡宝、汇庭居、阳光新居、机场开发区、兴达华府、航空路	17	11			21	21	32	22	32	22	16	16	13	11	15
		钟屋一路、大门口	8	7			21	21	32	18	32	18	16	16	12	11	15
		钟屋二路、三路、钟屋工业区、围门口	8	7			21	21	30	18	30	18	16	16	12	11	15
		钟屋新村、沙边、新区南、中、北区、荔苑居	8	7			21	21	26	17	26	17	16	16	12	11	15
		霸王工业区、雅乐居、荔园	14	11			21	21	25	17	25	17	16	16	13	11	15
		金达花园、达利花园	21	15			21	21	30	20	30	20	16	16	13	11	15
		锦绣花园、翠湖花园、俊景园、农贸市场	13	11			21	21	23	15	23	15	16	16	13	11	15
		黄田路、大夫天路、兰花路、后瑞爱民路、兴宇路、兴业一路、瑞发路	8	7			21	21	32	20	32	20	16	15	12	11	15
		后瑞新村、村南、村北、瑞康路、草围一路、第二工业区、草围村、兰花路东、桃园路、文楼路东、甲田岗、岗贝、油麻塘、金荔花园、林屋村、后瑞新瑞北区、新一、二、三区	8	7			21	21	26	18	26	18	16	15	12	11	15
		草围二路、三路、龟山路	8	7			21	21	25	17	25	17	16	14	11	11	15
		杨贝工业区一、二、三期	12	10			21	21			26	17	16	18	14	11	15

（续表）

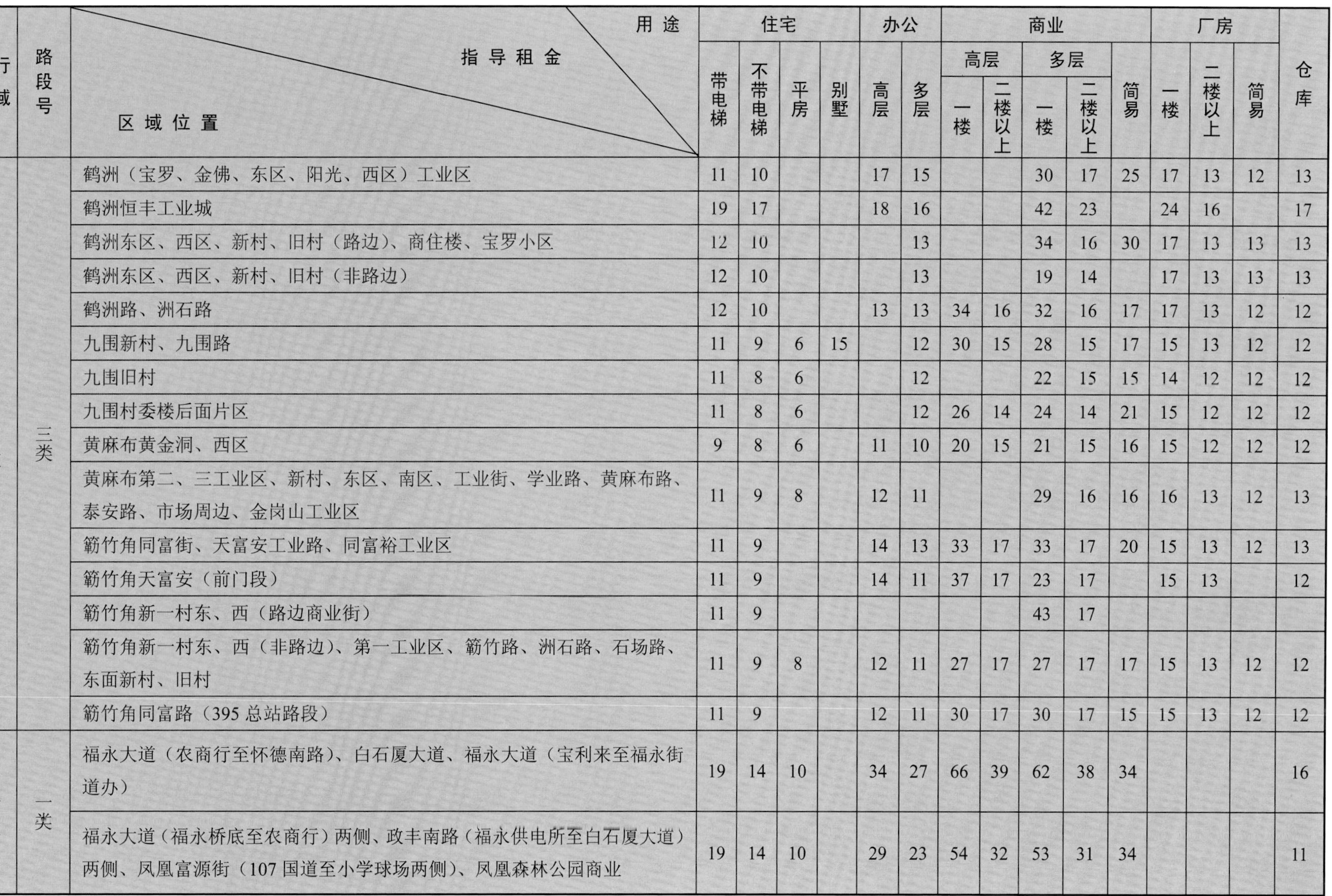

街道行政区域	路段号	指导租金 / 用途 区域位置	住宅				办公		商业					厂房			仓库
			带电梯	不带电梯	平房	别墅	高层	多层	高层		多层		简易	一楼	二楼以上	简易	
									一楼	二楼以上	一楼	二楼以上					
西乡街道	三类	鹤洲（宝罗、金佛、东区、阳光、西区）工业区	11	10			17	15			30	17	25	17	13	12	13
		鹤洲恒丰工业城	19	17			18	16			42	23		24	16		17
		鹤洲东区、西区、新村、旧村（路边）、商住楼、宝罗小区	12	10				13			34	16	30	17	13	13	13
		鹤洲东区、西区、新村、旧村（非路边）	12	10				13			19	14		17	13	13	13
		鹤洲路、洲石路	12	10			13	13	34	16	32	16	17	17	13	12	12
		九围新村、九围路	11	9	6	15		12	30	15	28	15	17	15	13	12	12
		九围旧村	11	8	6			12			22	15	15	14	12	12	12
		九围村委楼后面片区	11	8	6			12	26	14	24	14	21	15	12	12	12
		黄麻布黄金洞、西区	9	8	6		11	10	20	15	21	15	16	15	12	12	12
		黄麻布第二、三工业区、新村、东区、南区、工业街、学业路、黄麻布路、泰安路、市场周边、金岗山工业区	11	9	8		12	11			29	16	16	16	13	12	13
		簕竹角同富街、天富安工业路、同富裕工业区	11	9			14	13	33	17	33	17	20	15	13	12	13
		簕竹角天富安（前门段）	11	9			14	11	37	17	23	17		15	13		12
		簕竹角新一村东、西（路边商业街）	11	9							43	17					
		簕竹角新一村东、西（非路边）、第一工业区、簕竹路、洲石路、石场路、东面新村、旧村	11	9	8		12	11	27	17	27	17	17	15	13	12	12
		簕竹角同富路（395 总站路段）	11	9			12	11	30	17	30	17	15	15	13	12	12
福永街道	一类	福永大道（农商行至怀德南路）、白石厦大道、福永大道（宝利来至福永街道办）	19	14	10		34	27	66	39	62	38	34				16
		福永大道（福永桥底至农商行）两侧、政丰南路（福永供电所至白石厦大道）两侧、凤凰富源街（107 国道至小学球场两侧）、凤凰森林公园商业	19	14	10		29	23	54	32	53	31	34				11

（续表）

街道行政区域	路段号	用途 / 指导租金 / 区域位置	住宅				办公		商业					厂房			仓库
									高层		多层						
			带电梯	不带电梯	平房	别墅	高层	多层	一楼	二楼以上	一楼	二楼以上	简易	一楼	二楼以上	简易	
福永街道	一类	天欣花园一至三期 、 万福人家、万科金色领域、金域豪庭、凤凰美食街	19	14	9		27	22	51	31	50	30	34				11
		兴华路、兴围物流中心、宝安大道（兴围段）、广深路福永段、德丰街（中心小学至福永市场）、金港实业、福永第二工业村（美联商场）、福海大道商业街、福海科技工业园、腾丰大道、白石厦广场（兴达商业街）、龙洲百货石厦路（白石厦大道至福永大道）两侧、龙翔山庄内及两侧、白石厦路两侧、龙翔路（迪欧咖啡至上岛咖啡）、车站后面、永平二路、白石厦路、政丰北路（波士顿至白石厦大道）路段两侧商业、福海大道两侧、福园一路（桥头段）、福海大道（立新北路与福园一路）	15	12	9	17	27	20	42	27	41	26	34	14	12	9	11
		福海大道（天福路口至新兴工业区二区）、听涛雅苑、和平美盛工业园商铺、德金财富广场、和平怡佳商场周边、华东服装城、和平市场内、和平综合市场周边、德金商住楼 A、B、C、D 座、新和二区主街、福海大道（天福路口至新兴工业区二区）、天福路两侧（新和段）、新和富和路、欧联路、新和综合市场、民联商场附近、政丰北路（波士顿至白石厦大道）路段两侧（住宅）、东区永丰一、二路、淇誉路、永丰商业街、新塘工业区（主要干道边）、北环路（波士顿至 107 国道段）、时代景苑（主要干道边）、金石雅苑（主要干道边）、福永花苑（主要干道边）、白石厦裕华园（东、西主要干道边）、白石厦东区文明路、美华路、龙翔路（龙翔山庄至上岛咖啡）、凤凰花苑、永安坊东、永安坊西、白石厦裕华园（东、西小区内）、龙腾阁小区、白石厦横巷、石龙头新村旧村、白石厦东区龙王庙 A 栋-E 栋、白石厦东区新塘工业区（内）、白石厦东区文圣明果场主要干道、东区永泰西路、白石厦东区新开发区、香江家具城、宝桥旧货市场、龙王庙路、龙腾阁新村、 温馨路、政丰北路（住宅区）	13	12	9		26	20	37	25	36	24	30	14	12	9	11

（续表）

街道行政区域	路段号	用途 / 指导租金 / 区域位置	住宅				办公		商业					厂房			仓库
			带电梯	不带电梯	平房	别墅	高层	多层	高层 一楼	高层 二楼以上	多层 一楼	多层 二楼以上	简易	一楼	二楼以上	简易	
福永街道	二类	兴围农贸市场、金弘盛百货商铺、兴围路、兴业一路（兴围段）、瑞康路（兴围段）、兴围（中、南、西、新）、兴鸿基物流园、凤塘大道107至村委两侧（新田段1-37号、2-62号）、江氏大厦、怀德北路、怀德南路（其余段）、政丰南路（美联商场至福永供电所）、立新南路、洋田路（怀德饮食广场）、怀德翠岗工业园七区、怀德商贸城、咸田众乐百货、怀德新村宝德楼、怀德路干头建材市场、福永立新路、翠岗西路、福永立新路、金菊下路、天福路两侧（福永段）、重庆路（同富裕与福园二路）、蚝业路两侧、桥荣路两侧、永和路（荔园路与桥和路）、凤塘大道（和平段）、永福路、桥和路、荔园路、永和路（和平市场对面至银通宾馆路段）、桥和路（工业大道与福园一路）、重庆路、荔园路（永和路北和福园一路）、万利达工业园、晖信工业园、和平综合市场东侧（一至二巷）、骏丰工业园商铺、德金工业园、和沙路、福园一路（塘尾段）、建安路、迎春路、鹏洲工业园、东福围东街、福海停车楼、福海市场周边、新和悦康路、桥新商业街、新和商业北街、天福路两侧（新和一区至二区）、新和（一、二区一巷）、新和（第一、二、三、八工业区内）、富桥三区、悦昌路、桥新路、凤凰综合市场周边、兴业一路（凤凰汽车站）、桥和路、荔园路、富通工业园、惠明盛工业园、永和路北（桥和路与重庆路）、桥和路（工业大道与福园一路）、重庆路（同富裕与福园二路）、荔园路（永和路北和福园一路）、福园一路（凤塘大道与蚝业路）、桥头综合市场周边、桥头市场内、福永水厂周边、蚝业路两侧、桥荣路两侧、龙翔北路、立新湖小区、正中工业园、福安路（桥头段）、桥塘路、宝安大道（桥头段）、福山工业区、福盈工业区	12	10	9		23	19	36	25	35	24	27	13	11.5	9	11

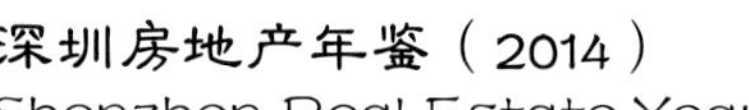

（续表）

街道行政区域	路段号	区域位置	指导租金	住宅				办公		商业					厂房			仓库
			用途							高层		多层						
				带电梯	不带电梯	平房	别墅	高层	多层	一楼	二楼以上	一楼	二楼以上	简易	一楼	二楼以上	简易	
沙井街道		沙四	沙四社区	10	8	6		18	12	20	15	20	15	20	11	10	10	10
		蚝一	蚝一社区		8	6				20	15	20	15					
		蚝二	蚝二社区	11	8	7	13	15	11	25	20	25	20	7	12	10	7	12
		蚝三	蚝三社区		6	5		18	12	20	15	20	15	20				
		蚝四	蚝四社区		6	5		18	12	20	15	20	15	20				
		民主	民主社区	8.5	7	6	13			15		15			16	14		
			锦绣小区	8.5	7					20		20			13	13		
		共和	共和社区	10	8	6		18	12	22	15	22	15	20	11	10	10	10
			共和新和大道、同富路									30	15					
		东塘	东塘社区	10	8	7		16	15			20	15		10	10	10	10
			东塘大街、明珠一路、明珠二路	10	8	8		18	18			30	20					
		辛养	辛养社区	12	8	6		18	12	20	15	20	15	20	11	10	10	10
		步涌	步涌社区	11	9	7		18	12	22	15	22	15	20	11	10	10	10
			新和大道、凤凰大厦、环镇北路	12				20	15	30	15	30	15					
		沙[illegible]	沙坣社区	10	8	6				25	20	20	18		8	8		
			新沙路段									60	55					
		沙头	沙头社区	9	7			15	12	23	20	23	20		12	10		
			麒麟花园、沙井路（沙头段）	25				28		35	26	32	23					
		茭塘	茭塘社区	9	7			15	12	25	20	23	18		12	10		
			南环路、西环路（茭塘段）							28		20						

（续表）

街道行政区域	路段号	区域位置	指导租金 \ 用途	住宅				办公		商业					厂房			仓库
				带电梯	不带电梯	平房	别墅	高层	多层	高层 一楼	高层 二楼以上	多层 一楼	多层 二楼以上	简易	一楼	二楼以上	简易	
沙井街道		马安山	马安山社区	9	7			15	12	20	18	20	18		11	10		
			春和雅苑、学府雅苑、聚宝居	18	14			18	13									
			南环路（马安山段）							25		25						
		大干山	大王山社区	9	6			15	12	20	16	20	16		11	10		
			阳光假日广场、盛居公寓、骏凯豪庭、腾芳花园、百合雅苑、公园茗苑	20				20										
			沙井路（大王山段）							28	23	28	20					
		和一	和一社区	8.5	7			15	12	20	18	20	18		10	10		
			鸿桥花园、裕和花园	15	10			15	12									
			和一锦程路							22	20	22	18					
		坐岗	坐岗社区	9.5	8	7	12	20	18	25	15	30	15		11	10		10
			村前路1号—100号							40	15	40	15					
			新沙路							50	15	50	16					
		后亭	后亭社区	9.5	8	7	12	20	15	25	15	30	15		11	10		10
			大埔北路、沙松路							40	15	40	15					
		衙边	衙边社区	9	7	7		18	15	25	15	25	15	20	11	10	10	10
			环镇路					20	17	40	15	40	15					
		万丰	万丰社区	9	6	6		18	15	25	15	25	15	20	12	10	10	10
			丽沙花都、棕榈堡、创新花园	25	20			25	25	45	25	50	25					
			禧园、新丰苑	30	25		30	28	25	50	30	50	30					

（续表）

街道行政区域	路段号	区域位置	指导租金 \ 用途	住宅				办公		商业					厂房			仓库
				带电梯	不带电梯	平房	别墅	高层	多层	高层		多层		简易	一楼	二楼以上	简易	
										一楼	二楼以上	一楼	二楼以上					
沙井街道		上寮	上寮社区	9	7	6	15	18	12	25	15	25	15	20	13	11	11	11
			城市丽都、广场一号	18	15		15	22	20	40	20	40	20					
			上南大街							48	30	48	30		13	10		
			广深路					18	12	40	25	40	25					
		上星	上星社区	9	7	6	15	18	12	25	15	25	15	20	14	11	11	11
			中心路、中星大厦、星际大厦、上星大厦、新沙路					25	25	50	22	50	22					
			星悦豪庭、裕富苑、沙利公馆	18	15			20	20	45	22	45	22					
		黄埔	黄埔社区、南洞、洪田	9	7	7	18	18	12	30	16	30	16	25	14	13	11	11
			黄埔华庭、黄埔酒店、东环路	18	12			18	12	40	20	40	20					
		新桥	新桥社区	9	7	7	25	18	13	25	15	22	15	25	13	11	10	10
			广深路、中心路（新桥段）	13	9	9		20		50	20	50	20	35				
			新桥旧村（上西、深巷、下西、塘面、长巷、大庙、地塘头、桥头、大宗祠）	8.5	7	6		12	10	25		22		20	11			8
			新桥统建楼（景城花园）	15				25		40								
		新二	新二社区	9	7	7	25	18	12	25	15	22	15	20	12	10	12	10
			广深路、中心路（新二段）	13	9	9		22	15	50	20	50	20					12
			新二旧村（向西、新源路、坐边）	8.5	6.5	6.5		12	10	25	15	22	15					8
			富居	16				25		40	20							

（续表）

街道行政区域	路段号	区域位置	指导租金 \ 用途	住宅				办公		商业					厂房			仓库
										高层		多层						
				带电梯	不带电梯	平房	别墅	高层	多层	一楼	二楼以上	一楼	二楼以上	简易	一楼	二楼以上	简易	
松岗街道	一类	松岗一、二、三开发区、松瑞路段	中心区	14	11	5		15	15	40	22	35	20	30				10
			次中心区	10	8	5		13	13	30	17	30	15	25				9
			边缘区	8	7	4		12	11	25	14	25	12	20				8
		楼岗大道、燕罗路	中心区	13	10	5		15	15	40	20	35	20	25	10	9	8	10
			次中心区	10	9	4		13	13	30	17	30	15	20	8	8	8	9
			边缘区	8	7	4		12	11	25	14	25	12	18	8	8	7	8
		花果山、红星、松岗、楼岗、洪桥头、山门社区内其他区域	中心区	12	9	5	10	15	15	35	15	30	15	25	10	9	8	9
			次中心区	8	6	4	8	13	13	30	13	25	13	20	8	8	7	8
			边缘区	7	5	4	7	12	11	20	11	20	11	18	7	7	7	8
	二类	溪头沙江路	中心区	12	10			16	14	30	16	30	16	20				10
			次中心区	10	9				12			25	14	18				9
			边缘区	7	7				10			20	11	15				8
		溪头天云路、溪头八工业区	中心区	11	9				14			25	13	20	9	9	9	8
			次中心区	8	8				11			23	12	18	8	8	8	8
			边缘区	7	7				10			20	11	16	8	8	7	8
		溪头社区内其他区域	中心区	9	8				12			25	13	20	9	8	8	8
			次中心区	8	8				11			20	12	18	8	8	8	7
			边缘区	7	7				10			19	10	15	7	7	7	7
		立业路中心区、东方楼岗头、广深公路边、曙光路、金开路	中心区	12	10	7		15	13	35	16	32	15	20				8
			中心区以外	9	8	6		12	10	30	13	25	12	18				8
		东方大道、松裕路、蚌岗大街、潭头西路	中心区	12	10	8	10	13	12	26	15	25	12	20	10	8	8	8
			次中心区	8	7	7	9	10	10	20	12	22	10	18	8	8	8	7

（续表）

街道行政区域	路段号	区域位置（指导租金）		住宅				办公		商业					厂房			仓库
			用途	带电梯	不带电梯	平房	别墅	高层	多层	高层一楼	高层二楼以上	多层一楼	多层二楼以上	简易	一楼	二楼以上	简易	
松岗街道	二类	东方工业区、潭头工业区	中心区	10	8	6		13	10			25	12	20	10	8	8	8
			中心区以外	8	7	5		10	9			20	10	18	7	7	7	7
		东方、潭头社区内其他区域	中心区	10	8	6	8	13	10	26	15	24	13	15	9	8	8	8
			中心区以外	8	7	5	7	12	10	22	12	20	11	15	8	7	7	7
	三类	沙浦工业区、沙浦永兴花园、沙浦围、碧头工业区、江边工业区	中心区	11	9			16	14	25	17	25	16	20	10	9	9	9
			次中心区	10	8			14	13	20	15	20	14	20	10	9	8	8
			边缘区	8	7			10	11	20	11	18	10	15	7	7	7	8
		沙浦、碧头、江边、沙浦围、朗下社区内其他区域	中心区	10	9			15	14	25	13	25	15	20	10	9	9	9
			次中心区	9	7			13	12	26	12	22	12	20	9	8	8	8
			边缘区	7	7			10	10	21	10	19	10	15	7	7	7	7
	四类	燕罗大道、罗田市场、广田路	中心区	13	10	8		15	15	26	20	25	15	20	11	9	8	8
			次中心区		8	8		12	12	26	16	20	12	18	8	8	7	7
		惠明盈工业园、星辉工业城、罗田第一工业城		10	8	8		13	12	25	20	18	15	20	9	8	8	8
		燕川、塘下涌、罗田工业区	中心区	11	9	7		12	12	26	20	25	15	12	10	8	8	8
			次中心区	9	8	7		10	9	20	16	20	12	11	7	7	8	7
		燕川、塘下涌、罗田社区内其他区域	中心区	11	9	7		11	10	25	16	20	12	12	10	9	9	8
			次中心区	9	8	7		10	9	20	15	19	11	11	9	8	7	7
			边缘区	8	7	6		9	8	18	13	17	10	10	7	7	6	6
	其他	宝利来商业街	中心区	16	10			18	13	60	20	40	20					
			次中心区	10	8			12	10	40	15	26	15					

（续表）

街道行政区域	路段号	区域位置（指导租金 / 用途）	住宅				办公		商业					厂房			仓库
									高层		多层						
			带电梯	不带电梯	平房	别墅	高层	多层	一楼	二楼以上	一楼	二楼以上	简易	一楼	二楼以上	简易	
石岩街道	一类	如意路佳华豪苑	20				20		80	35							
		径塘路宏及科技工业园、中迅泰科技工业园、宝石工业园、创维工业区、领亚工业区	10	9			25	20	30	20	25	15		15	11		13
		松白路旺达工业区、塘头第三工业区（南岗、新辉、恒通发、云升）	9	8			20	12	30	20	25	15		15	12		15
		塘头大道东海百货商场、三联工业区、宏发商住楼	10	9			13	11	32	16	25	15		13	11		12
		宏发电子厂、佳特利工业园（鸿隆工业园）	10	9			25	20	40	20	40	20		16	12	12	12
		石岩物流园		9				20	50	40	45	20		14	12	12	40
		（辉业、圳宝、洲石路明金海、万大、田厦、爱群路同富裕、横坑）工业区	9	8			20	12	30	25	30	20		15	12	12	15
		石岩大道佳华豪苑、宝石南路（宁远学校至河滨花园）、宝石东路（万联至影剧院）两旁、宏发大世界（国惠康）、民致富办公楼及步行街	20	8			20	15	60	35	40	25		12	10		12
		河滨北路佳华豪苑	21	9			22	15	55	35	45	28		15	12		13
		天宝路商业街、应人石市场（A、B）、华石工业区后、松柏路宝石小区、香象路丰南花园1-3栋、工业园住宅楼1、2栋	10	9	6		15	12	30	14	30	14					
		（第一工业区、龙马工业区）外围、塘头又一村1排、如意豪庭	20	9			20	12	35	15	25	20					
		宝石南路美华大厦	12	10			30	20	60	30	40	20					
		宝石南路（原石岩宾馆两旁）、万联商场、河滨商业城、东海楼、福如楼、如意路食街、罗租统建楼	12	9			20	12	55	30	40	20		12	10		10
		龙马工业区、塘头第一至二工业区	13	10			20	12			30	15		15	10	12	12
		升平路（三鑫玻璃至新艾美特段）		9				20			35	20					

（续表）

街道行政区域	路段号	用途 / 指导租金 / 区域位置	住宅				办公		商业					厂房			仓库
									高层		多层						
			带电梯	不带电梯	平房	别墅	高层	多层	一楼	二楼以上	一楼	二楼以上	简易	一楼	二楼以上	简易	
石岩街道	一类	台贸片区（明金海、吉安、长利）工业区、天宝路片区（白芒坳、新永丰、雅丽、泰益隆、润兴发、同康富、上排、创见一、二期、车站）工业区、香象工业区、文韬工业区、三和工业区、同富康工业区、爱群路、宝路科技园、宝路工业区、早进工业区	9	8			12	10	30	15	20	15		12	10	10	10
		罗租第五工业区、罗租工业区	10	9			13	11	32	20	25	15		13	11		12
		料坑文韬物流园		7				12			20	20		12	10	10	15
		石岩老街、田心大道、上屋大道、松白路两旁		9			12	10			30	20	12	12	10	10	10
		宝石西路两旁、青年东路、如意路（罗租公园门口至第五工业区门口段）、河滨花园、石岩河南路（砖厂段）、砖厂村、宝石南路（青年东路口至变电站）、罗租路、罗租上新村		9			21	15	40	20	20	15		13	12	10	10
		金三角、罗租大道、石岩市场、石岩老街路两旁	15	10			20	12	40	20	35	15		12	10		11
		西山路、光明路、永和路、金龙工业区、田心工业区、园岭工业区、坑尾工业区、志泫翰工业区、料坑工业区、民生路	12	8				12			20	15		12	10		10
		荔湖花园里、宝石东路内街、宝石西内街	10	9			15	12	25	15	22	15					
	二类	宝石东路（水田段）、长城工业区、石龙大道、惠科工业园、石环路、德政一路、工业二路、外环路、颐和路、宝田路	9	8			15	15			30	20		14	11	10	10
		鸿兴路、兴业路、三祝里工业园	9	8			15	15			25	15		12	10	10	10
		宝石东路官田段	20	10			25	25	65	30	60	25					
		官田市场	12	9			20	20	45	25	45	25					

（续表）

街道行政区域	路段号	用途 / 指导租金 / 区域位置	住宅				办公		商业					厂房			仓库
			带电梯	不带电梯	平房	别墅	高层	多层	高层 一楼	高层 二楼以上	多层 一楼	多层 二楼以上	简易	一楼	二楼以上	简易	
石岩街道	二类	官田中心区	12	10			25	20	35	20	25	20					
		自田新村、官田西二新村	12	9			25	20	20	20	20	20					
		北环北、北环南两旁	15	9			25	20	25	20	25	20					
		黎光村、石岩河南路（官田段）、众兴、梨园新村、塘坑村、吉祥路（黎光村段）	15	9			20	20	20	15	20	15					
		如意路（影剧院段）、吉祥路（中心区段）、石岩大道阳台山庄临街	15	12			30	20	60	35	50	25					
		石岩大道阳台山庄内街	15	12				20			30	18					
		官田老村、塘坑老村、黎光老村	12	8			15	15	20	15	20	15					
		创业路	9	8	8		20	9	25	10	22	9	8	14	11	10	10
		民营路	8	8	7		20	8	25	9	22	8	8	12	10	10	10
		石龙仔路、祝龙田路	9	8	7		22	8	25	10	20	9	7	14	11	10	10
		捷家宝路	8	7	6		23	9	25	10	20	9	7	12	10	10	10
		水田新村	9	9	8		10	10	25	10	25	10					
		水田村新村九区	9	9	9		10	10	30	15	30	15					
		水田村新村十区 1 号-92 号	9	9	9		10	10	25	15	25	10					
		水田村新村十区 93 号-193 号	8	8	8		9	9	25	15	25	10					
		应人石新村 1-4 巷 1 栋、8 栋、18 巷 1-12 栋、19 巷 5 栋、19 巷 3 栋、应人石路 1、3、5、7、8、18 号	10	9			10	10	30	13	30	13					
		福景新村 1-15 巷的一栋、台贸工业区外围、福景大厦、白芒油站、石景花园靠路边	10	9			15	12	30	13	30	13					

（续表）

街道行政区域	路段号	用途 / 指导租金 / 区域位置	住宅				办公		商业					厂房			仓库
			带电梯	不带电梯	平房	别墅	高层	多层	高层一楼	高层二楼以上	多层一楼	多层二楼以上	简易	一楼	二楼以上	简易	
石岩街道	二类	应人石新村 1-5 巷 12-13 栋		9			10	10	25	10	25	10					
		石景花园中间、塘头又一村 2 排以后、龙马小区、塘头福景楼		8			12	10	18	10	20	15					
		综合市场左右、福景新村 1-15 巷的 2 栋以后		9			15	12	25	12	20	12					
		香象路丰南花园 4—15 栋、香象工业园宿舍 1、2 栋	8	7			15	12	20	15	20	15					
		青雅居花园、塘头英才路、山城路口		9				10			15	10					
		塘头新围 1 巷、应人石市场（C、D）、塘头第三工业区饮食街、塘头又一村别墅区	10	9				12	25	15	20	15					
		应人石新村 1-8 巷 4-5 栋、12-13 巷 1-13 栋、18 巷 3-12 栋、8-9 巷 2-4 栋、6-7 栋、10-12 栋、14-16 栋	10	9			12	12	20	12	20	12					
		应人石路 19 号以后		7			9	9	15	9	15	9					
		宝石南路（宁远学校至艾美特）、青年西路、洲石公路、建兴路、创业路、育德路、山城商业街、简龙坳工业区、富达工业园、（新柯成、宝丰、新时代、应人石、玉山、山城、黄峰岭、奇利田、石头山、浪心、罗租第五、旭生、梨园、添好、创富、北环路径贝、北大方正、益力、万效、青年路、旭兴达、恒胜亿、朗日、聚友、麻布第一、第二、）工业区	13	10			20	12			30	15		15	10	12	12
		崇基工业区、龙眼山村、浪心新村、恒超、石岩第（三、四）工业区、料坑民生（一路、二路、三路、四路）	10	8				15	30	20	25	15		15	12	10	12
		罗租中新村、罗租工业大道	10	8				15	32	15	30	15		13	9		12
		浪心村、山城后门、罗租下新村、黄峰岭新村、桥头岭、港湖新村、车头村、浪西村、石岩新村、坳背龙新村、荔湖花园松柏路两旁、上下屋新村、田心新村、园岭新村、坑尾新村、石泉商业街、变电站、王家庄市场、港湖花园、坑尾大道、园岭大道	10	9	8	20	20	15	30	20	20	15	20	12	10	10	10

（续表）

街道行政区域	路段号	区域位置 \ 指导租金 \ 用途	住宅				办公		商业					厂房			仓库
			带电梯	不带电梯	平房	别墅	高层	多层	高层		多层		简易	一楼	二楼以上	简易	
									一楼	二楼以上	一楼	二楼以上					
石岩街道	二类	轻工工业区、永新街、伟泰路、塘头老村工业区、应工1—4街、麻布路口、料坑村、麻布村、料坑旧工业区		8				10			20	12		10	9	8	10
石岩街道	三类	元径新村、径贝村、上下排村、坑尾老村、园岭老村、田心老村、上下屋老村、元岭中径工业园、应人石老村靠山边、塘头老村路口	8	7			15	10	15	9	15	9	9	10	8	8	8
石岩街道	三类	元径村、上下排老村、径贝老村、石岩老村、水田老村	8	7	6		9	8	15	10	12	9	7	15	10	9	10
石岩街道	三类	三祝里村	8	8	8		8	8	15	15	15	15	7				
石岩街道	三类	石龙新村一、三区	9	9	8		20	10	25	10	20	10		12	10		12
石岩街道	三类	石龙老村	7	7	7		10	9	15	9	15	8	8				
石岩街道	三类	石龙新村六、七、八区	8	8	8		15	9	25	10	20	9	9				
石岩街道	三类	石龙新村二、四、五区	8	8	7		15	10	20	9	20	9	8				
石岩街道	三类	塘头新围2巷以后、天宝路14号（厚丰达）		8				9	12		15	12					
深圳机场	1	候机楼商业区（按柜台出租的除外）									1000	2000					
深圳机场	2	候船楼						15			600	300					
深圳机场	3	物流园区						65									50
深圳机场	4	凌霄花园		15				40									
深圳机场	5	企岗山		15													
深圳机场	6	商业一条街											44				
深圳机场	7	机场办公区周边						36									35
深圳机场	8	机场办公区						50									
深圳机场	9	候机楼商业区柜台（单位：元/个）									23000						

表 8-18　龙岗区 2013 年房屋租赁指导租金汇总表

单位：元 / 月 • 平方米

街道行政区域	路段号	区域位置 \ 指导租金 \ 用途	住宅				办公		商业					厂房			仓库
									高层		多层						
			带电梯	不带电梯	平房	别墅	高层	多层	一楼	二楼以上	一楼	二楼以上	简易	一楼	二楼以上	简易	
平湖街道	1	新村一、二、三区、松园、虎岭 、罗山、建筑公司、横头山、犁头寮、井头岭、科园路、塘口大街、平龙西路、洋坑路、惠华西路、杉坑路、山厦村、大围村、楼下村、小塘口村、大井路、南油花园、内环路、香山路、井和路、山厦路		6	5			8			10	8	10	10	8	6	7
	2	白银路、塘滩路、大园路、二区、一区、顶头布路、横东岭路、沿河北路、新朗仔、高坳路、麻布路、远丰路、皋平路、良白路、泥九坑路、布新路、大山路、莲塘路、红花园、井头村、新西路、新荔一路	10	7	6	6	8	8	10	8	10	9	9	10	8	7	7
	3	丹农路（海吉星）、东泰路									150	150					13
	4	工业大道、岐龙一巷、育才一路、嘉城路、同富路、辅岐路、岐岭一、二村、岐岭新村、岐康路、岐新一路、岐康一巷、凤岐路、岐横路、岐岭市场、阳光路、新生路、邝屋路、朝阳路		6	6		10	8	10	9	10	9	9	9	8	7	9
	5	新桥一、二、三路、辅城坳二区、平龙西路、新桥新村、永沛厂对面、新村、立新街、岭南路、新源巷、岭北一、二巷、嘉湖路、塘龙路、长龙东、西路、坳背路		6	6			7			9	8	8	7	8	6	6
	6	力元路、创力路、新厦大道	10	7	7			8			10	8	8	9	8	7	8
	7	平龙东路 25-239 号、平龙东路 239 号—平龙东路五联路上（郭先焕院），东都雅苑	10	7	7		10	10			20	11	12	9	8	7	8

（续表）

街道行政区域	路段号	指导租金 用途 / 区域位置	住宅				办公		商业					厂房			仓库
									高层		多层						
			带电梯	不带电梯	平房	别墅	高层	多层	一楼	二楼以上	一楼	二楼以上	简易	一楼	二楼以上	简易	
平湖街道	8	力新一、二、三、四巷；力元吓二、三区、惠华花园；168花园、吉平一、二、巷、民盛路；民盛一、二、三、巷；力元吓一区；力东路、草坪路；草埔一、二、三、四、五巷；草坪一、二路；华昌路；力元一巷、凤凰大道；景泰一巷、二巷；永华街、爱建路、华昌路2-32号		7	7			7			10	8	8	8	8	7	8
	9	平安大道313号（茗萃园）	12								12						
	10	新木门口旁、物业新村门口、榄树下工业区、三八八工业区、物业新村（单间、木板间、车房）、丹平路、白天鹅路、市场、大皇公平房、良白路（万佳分厂一倍光工业区）、爱良路、横岭新村、白天鹅路、兴良路、老村楼（平、瓦房）、大松园（新、老村）		6	5			8	10	8	10	8	8	7	6	6	7
	11	市场、园岭北路、东深公路95-165号、凤凰工业园、风门园工业区		8				10			12	10	9	10	8	7	6
	12	松园、松园围、东门路、春湖工业区、围岭卡口、水库周边、丹平路、明光路、东深公路、天鹅路、兴达路、高宝路、（坪龙、天鹅、信鹅、宝鹅）工业区、向阳路、新南大岭工业区、善德路、丹平公路、坪龙大街、（求水岭、世纪、倍光）工业区、长排路、伟光路、大竹园、向南路、长兴路、大岭、坪龙1、2路、104区		8	7			10			10	8	8	8	7	7	7
	13	守珍街（107-201、108-138号）		7				8			48	18		8	7		8
	14	新风北街、荔园街1-92号、平荔东街、双拥街、守珍街(140-224、203-385、286-386号)	11	7				8			28	15		8	7		8

（续表）

街道行政区域	路段号	指导租金 用途 / 区域位置	住宅				办公		商业					厂房			仓库
									高层		多层						
			带电梯	不带电梯	平房	别墅	高层	多层	一楼	二楼以上	一楼	二楼以上	简易	一楼	二楼以上	简易	
平湖街道	15	北门街、富民街、统建街、新风南街（48-86、53-119 号）、裕和南街、平湖大街（165-271、224-358 号）、荔园街 91-135 号、平湖大街（双号）		7				8			15	9		8	7		8
	16	宝新街（1-23，2-36 号）、新风南街（1-51 号）、谊昌路、建设路、景新北街、新乐街、新立街、裕和北街	11	7				8			15	9		8	7		8
	17	平园路、荔香街、顺昌街、宝新街（38-62，25-51 号）、凤凰大道（单号）、新园路、春怡南街、新民北街、南园一路、二路		7				8			13	8		8	7		8
	18	丽华巷、爱民巷、民康街、新园巷、宝新街、鸿昌巷、长盛街、安然巷、鸿盛街、建设巷 1-14 巷、天河路、天景巷 1-6 号、景林巷 1-6 巷、岭下路 1-18 号、文山巷 1-18 号、宏泰街 1-62 号、裕新巷 1-17 号、裕新二巷 1-13 号、全富苑 1-13 号、新村 1-6 巷、东乐东路 1-68 号、友城西路 1-19 号、仙城路 2-24 号、同乐路 2-17 号、东乐路 1-17 号、华美街、新村路、新乐巷 1-6、源屋巷、新风巷 1-6、华泰街、横岭路		7				8			10	8		8	7		7
	19	源屋围老屋、北门坳老屋、新村老屋、伍屋围老屋			3						6			5	5		4
	20	凤凰大道（姿整路段）、翠峰丽景、满庭芳	12	9			15	11	18	15	18	15		8	7		7
	21	湖新街、湖新巷、大皇公新村、竹高塘路、竹高塘新村、西门吓路、麻布村、共和路、大围、松柏围路、万福路、河包围、芳坑路、富民工业区、隔圳东、西路、横岭一、二街、新祠堂路、联发街、麻石路、高原路、石井头、石巷路、祠堂巷、新祠堂老村		8				9			16	10		9	8	7	7

（续表）

街道行政区域	路段号	指导租金 用途 / 区域位置	住宅				办公		商业					厂房			仓库
			带电梯	不带电梯	平房	别墅	高层	多层	高层 一楼	高层 二楼以上	多层 一楼	多层 二楼以上	简易	一楼	二楼以上	简易	
平湖街道	22	岭根吓旧区、彩姿南北路、上木古一、二巷、工坑工业区、新河路、新河住宅、新木路、平新南北路、上木古（老围、园径）、宝来工业区、步行街、市场		8	6			10			10	8		8	7	8	8
	23	新围仔、江屋、老围、益民村、益民新村、水围一、二路、乐新路、书香路、书香东（西）巷、富新路、祥和路		7	6				10	8	10	8	6	8	7	6	8
	24	老村新区、文新路、新木路、占米岭工业区、新村、平新南路、新康路、新园工业园、老村路、文新路、老村新区、老村二区、老村工业园一路、文昌路、木古老村	12	7	6		10	9	10	9	10	9	6	8	7	6	8
	25	平新北路、晶业路、佳业路、联港路、辅岐路、平湖大街、富安街、平安大道、简头街简平巷、昌平街益民路、昌盛街、平荔街、金利街		8	6			10			10	8		8	6	6	7
	26	任屋新村片区、同富路、任屋路1-18巷（老村）、福星街、振业路东与北、水门村、砖厂、新和路、教长布街、永昌街、平益巷、述昌街、大和路、建新路、水门路、停车场片区、大新东、西、黎公井老屋、新联路、新老屋、建新路、长福路、福明路、平湖老街、新南路、井仔巷、上下大街、新林街、恒安（新）街、荔枝岭老村、大同巷、荣华街	10	8	6		10	9			10	8	7	9	7	7	7
	27	华南城电子一期、印刷一期、商务中心、世纪商会、华南西苑生活配套中心、纺织二期、皮革二期									30						
	28	华南城纺织一期、五化一期									42						
	29	华南城皮革一期									54						

（续表）

街道行政区域	路段号	区域位置（指导租金 \ 用途）	住宅				办公		商业					厂房			仓库
			带电梯	不带电梯	平房	别墅	高层	多层	高层 一楼	高层 二楼以上	多层 一楼	多层 二楼以上	简易	一楼	二楼以上	简易	
平湖街道	30	纺织临时小铺									70						
	31	皮革临时小铺									80						
	32	2 号馆展览馆									16						
	33	休闲广场、成品街、服务区、商业街									50						
	34	六角亭									120						
	35	1 号馆展览馆									12						
	36	华南西苑住宅 1-3 栋	26														
	37	环球物流中心、发展中心									35						
	38	五号交易广场									31						
布吉街道	1	吉华路大坪路口大坪路 1-3 号	20	15			30	20	100	30	100	30					
	2	吉华路 85 号至吉华路 117 号	20	15			25	20	280	50	250	40					
	3	布吉路 90 号长兴楼布吉路 129 号江南楼	20	15			35	20	250	60	250	50					
	4	布吉路 71 号邮电局至布吉路 89 号吉信大厦	20	15			35	20	250	50	250	50					
	5	布吉路新南后巷老圩居民楼、市场二期	20	15			20	20	120	20	120	20					
	6	市场一期、凤凰楼	20	15			25	20	150	35	150	35					
	7	布吉路 70 号供销社至布吉路 130 号兰花酒店	22	16			25	20	250	35	250	30					
	8	吉华路 69 号中心广场至吉华路 71 号布吉宾馆（临街）	22	16			30	20	400	70	400	60					
	9	吉华路 69 号中心广场至吉华路 71 号布吉宾馆	22	16			30	20	280	70	280	60					
	10	乐民路 48 号一村综合楼至吉信街 2 号九矿大厦	18	15			18	15	150	35	150	35					
	11	乐民路吉信附楼至乐民路 2 号永发大厦	18	15			20	15	150	35	150	30					
	12	莲花路 130 号莲花综合楼、长兴楼、莲花山庄	15	13		12	20	15	70	20	70	20					

（续表）

街道行政区域	路段号	指导租金 / 用途 / 区域位置	住宅				办公		商业					厂房			仓库
									高层		多层						
			带电梯	不带电梯	平房	别墅	高层	多层	一楼	二楼以上	一楼	二楼以上	简易	一楼	二楼以上	简易	
布吉街道	13	宝丽路96号家和乐商场至宝丽路108号杰克工业园	15	12			20	15	60	15	60	15	10	17	15	10	15
	14	粤宝路28-36号（布吉圩段）	20	15			30	25			130	50	45	16			10
	15	龙岭新村、龙岭山庄16至19栋	15	13				25			30	20					
	16	龙岭路		13				15			80	25					
	17	龙岭山庄1至15栋（龙岭山庄东路）		16				25			30	25					
	18	龙岭山庄丽廷豪苑	25				26		40								
	19	龙岭山庄嘉豪苑AB栋	23				25		40								
	20	吉华路（119至153号）	25	20				25	320	35	320	35					
	21	吉华路（155至215号）	25	20				30	200	30	200	30					
	22	龙岭大坪路2至96号		12				15			30	20					
	23	汇食街（龙岭西路）		12				15			30	20		16	14	14	14
	24	莲花路21至90号（单，双号）	15	13			26	25	250	36	250	36					
	25	莲花路91至128号（单，双号）	15	12			20	20	150	30	150	30					
	26	莲花路93至137号（单号）	15	12			20	20	100	25	100	25		18	15		15
	27	乐民路1至39号（单号）	15	13			36	35	250	36	250	36					
	28	乐民路41至49号（单号）	15	12			25	25	120	30	120	30					
	29	布吉路3至25号（单号）	15	12			20	20	120	30	120	30					
	30	布吉路27至45号（单号）	15	13			20	20	200	30	200	30					
	31	宝丽路16至108（双号）	15	12			20	20	80	25	80	25					
	32	百花一路	13	12			20	20	80	25	80	25					
	33	百花二至三路	12	12			16	16	40	20	40	20		18	15		15

（续表）

街道行政区域	路段号	区域位置 \ 指导租金 \ 用途	住宅				办公		商业					厂房			仓库
									高层		多层						
			带电梯	不带电梯	平房	别墅	高层	多层	一楼	二楼以上	一楼	二楼以上	简易	一楼	二楼以上	简易	
布吉街道	34	沙龙路段	13	12			16	16	45	20	45	20					
	35	格塘路 2 至 36 号（单双号）	13	12			20	20	80	25	80	25					
	36	格塘路 37 至 105 号（单双号）	13	12			16	16	40	20	40	20					
	37	一村街段	13	13			25	25	80	35	80	30					
	38	西门街段、大坪路（布吉社区）	13	12			20	20	60	20	60	20					
	39	莲花南巷，北巷	13	12			16	16	40	16	40	16					
	40	西环路段 1 至 107 号（布吉社区）	13	13			20	20	80	25	80	25		18	15		15
	41	何屋，格塘，老圩，李屋，一村，东心岭村内	13	12	10		15	15	40	25	40	25					
	42	金鹏路	25	15			25	15	250	15	250	25					
	43	金龙路、金利路	20	14			25	15	250	15	250	25					
	44	新乐路 1-27 号，国都（非临街），金鹏路，金利路（非临街）	15	12			20	15	100	20	100	15					
	45	德兴城 1-7 栋，17-19 栋	15	12			20	18	80	20	80	20					
	46	德兴城 8-12 栋	20	12			20	18	100	20	100	20					
	47	德兴城 13-16 栋	20	12			20	18	250	20	250	20					
	48	长龙路，长吉路，新兴街，新龙路	15	12			15	12	50	15	50	12					
	49	长青路 2 号-40 号	15	10			20	18	70	20	70	18					
	50	长青路 42 号-122 号	15	10			15	12	50	15	50	12					
	51	长青街 1-75 号	15	10			15	12	70	15	70	12					
	52	长盛路 2-20 号	15	10			15	12	70	15	70	12					
	53	长盛路 22 号-70 号	13	10			13	10	50	13	50	10					
	54	长景路，长兴路，长乐街	12	10			12	10	20	12	20	10					

（续表）

街道行政区域	路段号	区域位置（指导租金 / 用途）	住宅				办公		商业					厂房			仓库
			带电梯	不带电梯	平房	别墅	高层	多层	高层		多层		简易	一楼	二楼以上	简易	
									一楼	二楼以上	一楼	二楼以上					
布吉街道	55	长龙一区至七区，河东，河西（非临街）	12	10			12	10	20	12	20	10					
	56	吉华路 （欧密巷 1-6 号）（欧密巷 7 号工厂）	15	12			12	10	30	12	30	10		15	13		
	57	吉华路 （布吉医院宿舍）	15	12			15	12	170	15	170	12					
	58	翠枫豪园		18				25			60	20					
	59	湖光山舍	23	20			30		65		60						
	60	青青家园	20	15			25	20			60						
	61	石龙坑新村东区		13				20			40	25					
	62	大靓花园		12				15			20	15					
	63	又一村花园		17				25			40	20					
	64	金沙住宅区		14				20			25	20					
	65	金沙大厦		18				25			35	20					
	66	西环路 46 号、西环路 68 号											50				
	67	吉华工业区		12										20	15		
	68	下水径新村东、西		13				20			25	15					
	69	下水径新村小区		13				15			20	15					
	70	秀丽山庄		12				20			20						
	71	秀丽山庄综合楼		13				20			50	20					
	72	康德大厦												20	15		
	73	湖北工业区		13				20						20	15		
	74	宝利源工业区		13										20	15		
	75	龙翔花园		15				20			35	20					

（续表）

街道行政区域	路段号	指导租金 用途 / 区域位置	住宅				办公		商业					厂房			仓库
			带电梯	不带电梯	平房	别墅	高层	多层	高层		多层		简易	一楼	二楼以上	简易	
									一楼	二楼以上	一楼	二楼以上					
布吉街道	76	牡丹苑		15				25			65	25					
	77	龙富花园		15				20			40						
	78	山顶一至八巷	16	13							35	16					
	79	山顶宝华楼、山顶宝福楼	16								35	16					
	80	桔子坑芬龙一至九巷		13													
	81	桔子坑芬桔一至九巷		15							30						
	82	桔子坑综合楼						15			40	20					
	83	电联大厦		13							70	25					
	84	湘田园、八大邦									25	25					
	85	怡芬花园	25	23							80	30					
	86	盈翠家园		25							70						
	87	东益花园		15							100						
	88	中翠花园	30								120						
	89	桂芳园七、八期	30						120	30							
	90	布沙路 188-226 号		15							70						
	91	芬丽一、二巷		15							50						
	92	大芬综合楼		15				15			70						
	93	油画街二期 23-36、71-81	20	15				15			65	20					
	94	油画街二期 37-46	20	15				15			60	20					
	95	油画街二期 47-70	20	15				15			50	20					6
	96	沃尔玛									70	20					

（续表）

街道行政区域	路段号	指导租金 / 用途 / 区域位置	住宅				办公		商业					厂房			仓库
									高层		多层						
			带电梯	不带电梯	平房	别墅	高层	多层	一楼	二楼以上	一楼	二楼以上	简易	一楼	二楼以上	简易	
布吉街道	97	老围1-83，老围东一至十五巷		13							60	20					
	98	新芬街、新围街、深惠路		13							50						
	99	老围西一至五巷		15							70						
	100	简贝一至六巷、简贝七巷1、2号、简贝七巷新房ABC		13							50						
	101	德兴花园A区小商铺、德福苑2-3栋、德富苑2-3栋、宝丽市场		18	15		30	25			90	30	40				
	102	德兴花园（福、禄、寿、禧、荣、华、富、贵、阁等）、泽润华庭	20	18	15		28	25			45	30	20	25	18		
	103	宝丽路工业园、粤宝花园1-4栋、德福中心、京宝苑		18	15	25		25			80	25	40	20	15	12	12
	104	粤宝花园8、9号楼、粤宝宿舍区，宝丽花园片区、粤宝新一、二村	20	12	10		28	25	25	20	25	20	20				
	105	粤宝路10号-26号、粤宝工业区		15	10		28	25			130	55		20	15	12	12
	106	粤宝路2号-8号		15							70						
	107	西环路马安山		16	15			20			30		20			12	12
	108	布龙路1号东方半岛花园，半岛苑花园	20	15				40			40						
	109	中海怡瑞，华浩源	20	15				20			30						
	110	三九万隆苑、倚山别苑		12				20			30						
	111	龙基新村		12				20			30						
	112	龙园意境	20	15				40			50						
	113	慢城	20					40			75						
	114	慢城四期来座山	20					40			80						

（续表）

街道行政区域	路段号	指导租金（用途）/ 区域位置	住宅				办公		商业					厂房			仓库
			带电梯	不带电梯	平房	别墅	高层	多层	高层		多层		简易	一楼	二楼以上	简易	
									一楼	二楼以上	一楼	二楼以上					
布吉街道	115	阳光花园 8-17 栋 A1、A2、A3、B1、B2、B3、B4、阳光会所	25	20			30	30	40	30	40	30					
	116	阳光花园 18 栋	25				30	30	70	35							
	117	阳光花园 19 栋	25						60	35							
	118	华龙新村、阳光新居、水晶花园、长发楼、医院宿舍		12				15			25	15	10				
	119	布李路						25			60						
	120	花语岸	25				30		60	35							
	121	文博宫		15				20			120	80	100				20
	122	大坪部队工业区		11				15			25	18		15	12		12
	123	尖山排新村、别墅、芙蓉苑		11		12		15			20	16					12
	124	格塘新村		11				15			20	16					12
	125	凤凰山庄		11				15			20						12
	126	德福花园	20	15			25	20	60	25	60	25					20
	127	钱排村		12				12			20	15					12
	128	学园村		12				12			20	15					12
	129	秀峰工业城		12	10		12	10	20		20		20	15	12	11	10
	130	同富裕工业区		12	10		12	10	20		20	30	18	14	12	11	10
	131	中海信科技园、恒特美工业园	28	25			28	28	30	30	30			25	23		20
	132	赛兔工业园、巨银工业园	20				20	20	30		30			22	30		18
	133	甘李工业园	20				18	18	30		30			25	22		20
	134	甘坑新村、凉帽新村、凉帽三区		15			20		25		25		12	15	11	14	12
	135	甘坑商业街		15			20		28		28		12	15	11	14	12

（续表）

街道行政区域	路段号	区域位置＼指导租金＼用途	住宅				办公		商业					厂房			仓库
									高层		多层						
			带电梯	不带电梯	平房	别墅	高层	多层	一楼	二楼以上	一楼	二楼以上	简易	一楼	二楼以上	简易	
布吉街道	136	甘坑大围、甘坑老村、凉帽老村		10			18		25		25		10	12	11	10	10
	137	吉星花园	22	22			22	22	70	22	70	22					
	138	荣华路荣超花园	25	25			25	25	90	25	90	25					
	139	荣华路百合山庄	25	25			25	25	90	25	90	25					
	140	荣华路中加名园	25	25			25	25	70	25	70	25					
	141	国展苑国泰、国兴、国安、国荣、国盛、国耀台	25	25			25	25	40	25	40	25					
	142	国展苑华庭居、逸庭居、御庭居、综合楼	25	25			25	25	60	25	60	25					
	143	百合星城一期百合酒店及住宅楼	40	40			40	40	110	40	110	40					
	144	百合星城一期 A–C 栋	28	28			28	28	100	28	100	28					
	145	百合星城二期 1–9 栋	28	28			28	28		28		28					
	146	百合星城二期湖南路 A、B 栋商铺							100	60	100	60					
	147	理想新城	20	18			25	20	75	25	75	25					
	148	东方盛世	18				22	20	35	25	35	25					
	149	长排新村		15				18	33		33						
	150	长排老村		13			15	15	28		28						
	151	凤尾坑		12			12	15	20		20						
	152	金坑山庄		15			15	15	26		26						18
	153	港鹏新村		13			12	15									
	154	禾坑草埔		13			13	15	30		30						
	155	景和园	25				30		90	35	75	30					
	156	可园花园一期 1–3 号楼	15				25		80	35							

（续表）

街道行政区域	路段号	指导租金 / 用途 / 区域位置	住宅				办公		商业					厂房			仓库
			带电梯	不带电梯	平房	别墅	高层	多层	高层		多层		简易	一楼	二楼以上	简易	
									一楼	二楼以上	一楼	二楼以上					
布吉街道	157	可园花园一期4号楼							80	30							
	158	可园花园一期5号楼，可园花园六期16、17号楼	20				30		80	35							
	159	可园花园二期6、7号楼	20				30		40	35							
	160	可园花园三期8-10号楼，可园花园四期11-13号楼，可园花园五期14、15号楼	20				30		85	35							
	161	可园花园七期18、19号楼	20				30		60	35							
	162	可园花园四期会所	20				30		50	45							
	163	可园花园四期柏菲幼儿园					30		50	35							
	164	湖南路左右家私有限公司	12	10			18			35	40	25	16	13	12	10	10
	165	布沙路217号、布沙路219号兴业花园、大芬村兴业花园内黄角树楼	12	10			18				40	25		12			
	166	布沙路221号南一号德兴商店	12	10			18		30		50	25					
	167	布沙路221号南二号明发商店、布沙路223号、布沙路227号、布沙路229号、布沙路231号、布沙路233号 大安门诊、布沙路233号南一号源朗宿舍、布沙路233号南二号基业厂宿舍		10	10		18		30		55	30					
	168	布沙路239号		10	10		25		30		55	30		15	12	10	
	169	布沙路239北一号卢浮宫		10	10		25		30		45	30		15	12	10	
	170	布沙路245号、247号、249号		10	10		25		30		40	30		15	12	10	
	171	丽湖花园	15	13			30	20	30		35						
	172	上水花园	13					20			30	20					

（续表）

街道行政区域	路段号	指导租金 区域位置 \ 用途	住宅				办公		商业					厂房			仓库
			带电梯	不带电梯	平房	别墅	高层	多层	高层 一楼	高层 二楼以上	多层 一楼	多层 二楼以上	简易	一楼	二楼以上	简易	
布吉街道	173	金湖星苑	13					20			30						
	174	景华苑	13					20			30						
	175	丽湖花园 1 栋 2 栋 3 栋	15					20			60						
	176	上水花园 131 栋 132 栋、133 栋、135 栋、134-1 栋、135-1 栋、124 栋、125 栋、109-1 栋、108-1 栋、99-1 栋	13					20			50						
	177	龙珠花园	25			50			60								
	178	龙威花园、我爱我家、80 后街	25	20		50		30	100		100	40					
	179	金百信		15				50			90	30		25	20		
	180	华美工业区		13							60			25	20		
	181	金鑫厂		14							60			25	20		
	182	天时厂									60						
	183	吉昌巷、南上村、南下村、大中华百货		15				40			90	60		18	13		10
	184	大都汇	28				55		120	70							
	185	罗岗荣华路段、博雅园、逸翠园、山翠居	25						80								
	186	罗岗社区罗岗路段加州花园		20							50						
	187	罗岗社区罗岗路段西湖新村			10						40						
	188	罗岗社区罗岗路段荔山公馆	30						120								
	189	罗岗社区中元路段			13			25			50	30		20	15		
	190	罗岗社区京南路段			13			30			60	30		20	15		
	191	罗岗社区锦龙路段	30		15						70			20	15		
	192	罗岗社区百鸽路段	30	25				30									

（续表）

街道行政区域	路段号	指导租金 用途 / 区域位置	住宅				办公		商业					厂房			仓库
			带电梯	不带电梯	平房	别墅	高层	多层	高层		多层		简易	一楼	二楼以上	简易	
									一楼	二楼以上	一楼	二楼以上					
布吉街道	193	罗岗社区老干新村			20												
	194	罗岗社区锦龙新村			20												
	195	罗岗社区京南华庭	25				30		100								
	196	茂业城怡富楼（深惠路边）		15			20		80								
	197	茂业城怡富楼、名城、友联花园	18	15			20		40								
	198	茂业城（怡贵、泰、华、乐、康、福、顺、和）/茂业城帝景峰1、2、3栋	20	15			20		35								
	199	爱琴居，信和花园	20				25		80	45							
	200	怡康家园	20				20		40								
	201	万山花园		15								35					
	202	长胜工业区，恒昌工业区												13	10		
	203	知春里花园	20				25		90			50					
	204	康达尔花园1-18栋、20-22栋、汇福花园二单元101、102、103	25				25		50	35							
	205	康达尔花园19栋	25				25		50	25							
	206	康达尔蝴蝶堡1、2栋	25				25		90	25							
	207	康达尔深惠路边									120	35					
	208	汇福花园深惠路边	20	18			25	25	90	35	110	40					
	209	汇福花园	20				25		50	25							
	218	深惠路（南三社区路段）103号-175	15	12	15		20	18	60	25	60	30					
	219	军民路	15	12	15		20	18	40	20	35	20					

（续表）

街道行政区域	路段号	指导租金 / 用途 / 区域位置	住宅				办公		商业					厂房			仓库
			带电梯	不带电梯	平房	别墅	高层	多层	高层		多层		简易	一楼	二楼以上	简易	
									一楼	二楼以上	一楼	二楼以上					
布吉街道	220	金运路	20	20			20	18	80	20	35	20		20	15		
	221	中兴路	20	20			25	25	100	40	100	30					
	222	布吉新村、南上新村	20	20			20	15	40	35	35	20					
	223	南门雅苑	25	20			20	15	50	40	50	30					
	224	南下村	20	20			20	15	10	35	30	20					
	225	茂宝大厦	30	25			40	30	50	40	40	20					
	226	吉政路	20	20			50	50	150	50	150	30					
	227	新乐路 2-58 号	15	15			25	25	100	80	100	70					30
	228	长盛路 31-67 号	15	12			25	20	100	65	100	50					30
	229	长吉路、新兴街	15	12			25	20	60	50	60	40					
	230	长龙路	15	12			25	20	60	50	60	35					
	231	新民路	12	12			25	20	50	35	50	30					
	232	布李路 162 号-208 号（双号），63 号-109 号	12	12			25	20	60	45	60	40					30
	233	锦绣新村	15	12			20	15			30	20					
	234	新三村东区	15	12			20	15			50	30					
	235	新三村东区 1-12 巷 1 号	15	12			20	15	100	45	100	45					
	236	小区 33 号-57 号	14	12			20	15									
	237	小区 1-32 号	14	12			20	15	100	45	100	45					
	238	布李路 110 号-160 号、45-61 号	15	12			25	20	100	45	100	45					
	210	新区、海关大厦		11				20			60	15		13			

（续表）

街道行政区域	路段号	指导租金（用途 / 区域位置）	住宅				办公		商业					厂房			仓库
									高层		多层						
		区域位置	带电梯	不带电梯	平房	别墅	高层	多层	一楼	二楼以上	一楼	二楼以上	简易	一楼	二楼以上	简易	
布吉街道	211	木棉路、沿河路		11				15			40	15		15	12	10	
	212	河背住宅区、老围住宅区、百劳坑住宅区、沿河路住宅区		11				15			25	15		13	12	10	
	213	兴和苑住宅区	15	12				15			35	15		13	12	10	
	214	下山角住宅区		11				15			30	15		13	12	10	
	215	兴利工业区、吉盛昌工业区		11				15			25	15		15	12	10	
	216	鸭秋湖工业区		11				15			25	15		13	11	10	
	217	悦丰广场（可园路口）	15	12			25	20	80	30	80	30					
	256	石龙坑	13	10	8		15	12	15	12	15	12	5	11	10	9	9
	257	大靓村	13	11	8				22	15	20	15	10	12	10	10	9
	258	大靓路段（大靓一区/靓花路段）	13	11	8		20	15	25	18	20	15	10	14	10	10	10
	259	上水径	13	11	8		18	15	25	16	25	15	8	13	11	10	10
	260	细靓	12	10	8		15	12	15	13	15	12	5	10	8	10	10
	261	大坡头	13	11	8		20	12	25	16	25	15	8	15	10	10	10
	262	吉华路（大坡头路段）	15	11	9		18	15	60	20	60	20	15	13	11	10	10
	263	下水径	13	11	8		18	15	25	16	25	15	8	13	15	10	10
	239	塘径新村、塘径老围、塘园新村、松元头、贵坑、松园新村、石头背、红花山	12	10	8			13			18	15		15	10	7	10
	240	禾沙坑门口埔、博罗帐厂房、坤城工业区、和生工业企业、万华工业区、建华工业区、浙新工业区、松元头工业区						15			18	13		15	10	7	10
	241	玉石加工街									16						
	242	禾沙坑村门前、岭排、出头龙	12	10	8			15			18	15		15	10		10

（续表）

街道行政区域	路段号	指导租金 / 用途 / 区域位置	住宅				办公		商业					厂房			仓库
									高层		多层						
			带电梯	不带电梯	平房	别墅	高层	多层	一楼	二楼以上	一楼	二楼以上	简易	一楼	二楼以上	简易	
布吉街道	243	龙景一区、三区	13	12				15			19	16					10
	244	龙景二区		13				18			22	20					10
	245	龙景二区 4、5、6 号		13				18			90	50					10
	246	龙景一区一巷至九巷的 6、7 号，龙景一区九巷 1-16 号，龙景二区一巷至十二巷 7、8 号，龙景二区一巷 1-17 号，龙景二区十二巷 1-14 号		13				18			35	20					10
	247	龙景一区四巷至八巷 1 号，龙景二区一巷至十一巷 1 号，龙景二区二、三、四巷 17 号，龙景二区五、六巷 16 号，龙景二区七、八巷 15 号，龙景二区九、十、十一巷 14 号		13				18			35	20					10
	248	联布北路（两边店铺）		13				18			60	30					15
	249	联布北路 60、62、64、66、68、70 号，龙景三区一至五巷 6、7 号，龙景三区一至五巷 11、12 号，龙景三区一至五巷 20、21 号，水晶玉石广场商铺 A、B 排		13				18			40	25		15	10		10
	250	三联大道		10				15			25	18		15	10		10
	251	布吉综合楼（布龙城）	15					20			30	25					20
	252	铭豪家具物流园（布龙路 18 号）、红星美凯龙（布龙路 18 号）、三联综合楼						25			30	25					20
	253	豪庭居（科技园路 12 号）						25			30	25					18
	254	嘉龙苑（科技园路 10 号）		10				15			20	16					10
	255	祺润家园（科技园路 27 号）、润祥家园（科技园路 29 号）	12					15			30	18					10
	264	中心花园 N 开头商铺	25				30	30	200								

（续表）

街道行政区域	路段号	区域位置（用途／指导租金）	住宅 带电梯	住宅 不带电梯	住宅 平房	住宅 别墅	办公 高层	办公 多层	商业 高层 一楼	商业 高层 二楼以上	商业 多层 一楼	商业 多层 二楼以上	商业 简易	厂房 一楼	厂房 二楼以上	厂房 简易	仓库
布吉街道	265	中心花园B开头商铺，鸿景豪苑，灏景明苑	25	20			30	30	120	60	90	35					
	266	大世纪花园1栋、2栋、10栋，世纪华厦，诚信华庭，吉政路48号	25	20			30	30	130	50	130	50					
	267	中兴路，大世纪花园9栋，文雅豪庭，杰座，布龙路新利苑，怡馨苑，吉祥别墅	25	20			30	30	60	30	60	30					
	268	吉政路西段，恒得源工业区，教育新村，华昱花园，豪展阁	20	15			20	20			50			15	12		
	269	杓妈岭工业区，储发路，储运路，铁东路百和苑，金运路，富丽新村		15			15	15			35			15	12		
	270	金运金园1A	20				25	25	40								
	271	金运金园2A、1B、2B	20				25	25	60	30							
	272	中海怡翠山庄1-13栋、24-39栋、42-47栋、49-62栋、66-69栋		20				25									
	273	中海怡翠山庄15、19栋				30		30			38	30					
	274	中海怡翠山庄16、17栋		26				30									
	275	中海怡翠山庄20栋		20				20			60						
	276	中海怡翠山庄23栋		20				25			80						
	277	中海怡翠山庄40、41栋		20				25			35						
	278	中海怡翠山庄48栋		20				25			25						
	279	中海怡翠山庄63、64、65栋				32		40									
	280	中海怡翠山庄70-74栋		25													
	281	茵悦之生花园1-6栋		20				25			40	35					
	282	茵悦之生花园一期会所						40			90	70					
	283	茵悦之生花园7、8、9栋、11-14栋	25				28	30			30						

（续表）

街道行政区域	路段号	指导租金 用途 / 区域位置	住宅				办公		商业					厂房			仓库
									高层		多层						
			带电梯	不带电梯	平房	别墅	高层	多层	一楼	二楼以上	一楼	二楼以上	简易	一楼	二楼以上	简易	
南湾街道	1	禾地、龙山路、岭排东巷、环龙路、岭新街		13													
	2	南晶小区、金龙花园、金龙豪庭	16						23								
	3	健民小区、老禾坪、南新小区		15							21						
	4	原善窝、环湖路		14							21						
	5	输头窝、南岭东路东路食街、健民路、高凹路		14							22						
	6	农民公寓、宝岭花园	15						24								
	7	富璟花园、南洋花园	16				18		24								
	8	荔枝花园、南岭东路	14				16		27								
	9	龙山工业区、南岭北路		15				17						11	10		
	10	三角街1号A栋	15						36								
	11	三角街1号B栋、三角街2号厂房	25						36						11		
	12	富源居	15						35								
	13	岭南苑		16							36						
	14	英郡年华	17						45								
	15	黄金南路、高凹顶、布沙路138-142号		15				14			25						
	16	黄金坑		13							17	18					
	17	祥云苑、颂雅苑		15				18			85						
	18	南景豪庭	17				18		85	18							
	19	桂芳园	17	14			18	17									
	20	泰雅园	16	15			18	15									
	21	中兆花园	16	15													

（续表）

街道行政区域	路段号	指导租金 用途 / 区域位置	住宅				办公		商业					厂房			仓库
			带电梯	不带电梯	平房	别墅	高层	多层	高层		多层		简易	一楼	二楼以上	简易	
									一楼	二楼以上	一楼	二楼以上					
南湾街道	22	东大街、和通花园		15							90	75		12	10		9
	23	龙泉别墅				20					40	30					
	24	南威中心、南岭花园	13	13		15	15	21	25	22	18	14					
	25	水山缘		15		16	16	30	25	30	25						
	26	百门前工业区	12	12		18	18	45	35	45	40		18	18	13	15	
	27	阳光翠园				18	19	30	25	30	25						
	28	河滨路1号、兴华路、沙平北路		14					25	20	25	20	10	15	13		10
	29	兴华北巷							26	21	20	15					
	30	花园街							27	22	20	20					
	31	玉岭花园	16						40	30							
	32	普强花园	13	12							20						
	33	南和新村		12							18						
	34	粤强公司		12				15			15			18	16	15	
	36	布沙路		12							25						
	37	新塘西		11							16						
	40	大坑上村		12							18						
	42	新洲西、新州东		12							20						
	43	岭背东、岭背西		12							18						
	44	岭背路		15							20						
	45	园墩路、园墩东、园墩西、园墩南	15	13							20						
	47	恋珠东、恋珠西		15							23						

（续表）

街道行政区域	路段号	指导租金 用途 / 区域位置	住宅				办公		商业					厂房			仓库
			带电梯	不带电梯	平房	别墅	高层	多层	高层		多层		简易	一楼	二楼以上	简易	
									一楼	二楼以上	一楼	二楼以上					
南湾街道	48	立信路	14	13							17						
	49	苏房街、苏房吓	14	14							16						
	50	丹河南路、沙西路		15							16						
	51	树山街、树山背、园径街、围肚、窝肚	14	13							17						
	52	塘美街、塘尾南区（北区）、丹竹头路、竹头吓	15								20						
	53	草堆街	14	13							20						
	54	庙仔街		13							20						
	55	园墩路高新科技园		10							16	15					13
	56	沙平北路 442-526 号		13							40			11	11		10
	57	丹平东小区		15				12			30			12	12		11
	58	金鹏物流 AB 区		10	8			12			50	20	30	11	11	10	10
	59	闽鹏程		12				10			50	20		12	11	10	10
	60	金泰家私						10			90						
	61	康桥一期二期、紫郡花园	17	15			18	15	65	30	50	55					
	62	怡乐花园	17	15			18	15	50	20	40	20					
	63	左庭右院	18				18	15	100	50	100	50					
	64	日塑、中海信工业园、庄氏		15			15	14						15	13	10	11
	65	宝鼎威物流					15	15	100	30	100	30					20
	66	官塘、沙岭小区	15	10					18	16	18	16	18				
	67	厦园路	13	10										14	12		
	68	沙湾河花园	15	10					18	16	18	16	18				

（续表）

街道行政区域	路段号	指导租金 / 用途 区域位置	住宅				办公		商业					厂房			仓库
			带电梯	不带电梯	平房	别墅	高层	多层	高层一楼	高层二楼以上	多层一楼	多层二楼以上	简易	一楼	二楼以上	简易	
南湾街道	70	沙湾路		15					25	15	25	15					
	71	东坊北、中坊、东坊南	13	11					17	11	17	11					
	72	桂花路		15					20	14	20	14					
	75	冰糖山工业区厂房												10			
	76	沙平北路		15					25	15	25	15					
	79	兰花北巷、桂新	15	10					18	16	18	16	18				
	82	桂花路商铺									20	15					
	83	老街	15	10					18	16	18	16		14	12		
	87	麦田街		11	8		13	13	16	14	16	14	12	14	12	13	13
	88	墙背街		11	8		13	13	16	14	16	14	12	14	12	12	14
	89	墙背街（巷）、大块麻、东门头路		16	15		16	14	20	20	22	16	13	16	16	11	13
	90	吉厦统建楼	19	15			23	20	30	20	30	20					
	91	裕昌路	19	15			23	20	30	20	30	20		15	12		13
	92	吉龙南	15	14	14		16	16	20	16	20	16	14				13
	93	吉龙北	15	14	10		16	16	20	16	20	16	16				14
	94	下龙街		11	12		14	13	20	16	20	18	12	14	13	11	12
	95	吉盛路		14	6		15	14	20	16	20	16	14	15	14	12	13
	96	吉园路	15	13	12		15	13	20	13	17	14	13				14
	97	吉厦街		10	10		13	13	15	13	15	13	12	15	14	13	12
	98	沙平南路	15	11	10		25	23	30	25	35	23	20	16	15	14	13

（续表）

街道行政区域	路段号	区域位置　　指导租金　　用途	住宅				办公		商业					厂房			仓库
									高层		多层						
			带电梯	不带电梯	平房	别墅	高层	多层	一楼	二楼以上	一楼	二楼以上	简易	一楼	二楼以上	简易	
南湾街道	99	樟富北路		10					35								
	100	樟富南路		10					21								
	101	新村、樟树		10					20								
	102	新塘东、上园		10					20								
	103	布沙路		10					50					18	13		
	104	翠山西、翠山东	13	10	10		13	10	25	15	28	14		10	9		9
	105	老村		5	4						8						
	106	翠山东一巷1号至九巷1号商铺		12	10						25	15					
	107	翠山西一巷1号至九巷1号、一巷2号至8号商铺		12	10						28	15					
	108	翠山西商业街		12	10		15	10			28	15					
	109	上李朗商业街		14							30						
	110	住宅一区、住宅二区、瓦窑路		14							25						
	111	田心路、田心围小区、大雚埔		12													
	112	中盛科技、外经贸工业区、上李朗工业区												15	13		
	113	华孚工业区、联大工业园、信佳工业区、宝钻园												15	13		
	114	莱茵工业区、茶山工业区												14	12		
	115	雷盛工业区、东仁物流园、洲腾工业区												14	12		
	116	下李朗工业区						18			35			19	15		
	117	下李朗新工业区、下李朗联创工业区						21			33			20	19		
	118	上李朗第一工业区						15			22			15	14		
	119	澳头、李澳街		13	9						21						

（续表）

街道行政区域	路段号	区域位置（指导租金／用途）	住宅				办公		商业					厂房			仓库
									高层		多层						
			带电梯	不带电梯	平房	别墅	高层	多层	一楼	二楼以上	一楼	二楼以上	简易	一楼	二楼以上	简易	
南湾街道	120	下李南路、刘屋、下李朗市场		13	10						26		16				
	121	十字路口		14							25	20					
	122	虾公岭		12							15						
	123	深朗南区、深朗北区	15	13	10						30	25	20				
	124	中心围西区（中区、东区）	14	12	8						19						
	125	花屏、石禾塘		11	8												
	126	对门岗东（西）、下李北路		14	10						16						
	127	华侨新村、水背坑、大坑肚	14	14	11						16						
坂田街道	1	万科城、四季花城、阳光第五季、万科第五园	30	25		50	30	25	65	35	55	30					
	2	中海日辉台、台湾花园、金洲嘉丽园、上品雅园、富豪花园、中海月朗苑、旭景佳园、星光之约、天景山庄、家和花园	25	20			25	20	50	25	40	25					
	3	吉华路、五和大道中、五和大道南、坂雪岗大道、雪岗南路、雪岗北路、长发西路、冲之大道	22	18			22	18	65	30	55	25		16	13		13
	4	布龙路、民营市场、大同市场、岗头市场、长发中路、上雪科技城	21	18			21	18			50	23		17	14		14
	5	雪象花园新村、马蹄山、南坑村、和磡村、坂田村、长坑新村	21	18			21	18			45	22		17	14		13
	6	五和大道东、岗头新围仔、荔园新村、禾坪岗、中心围、风门坳、杨美村、黄金山、光雅园、金竹、河背村、雅园路、五和六、七区	20	16			20	16			40	21		16	13		13
	7	上雪村、下雪村、象角塘、水斗坑、大发埔、大光勘、禾塘光、坂田新围仔、旺塘、里石排、扬美路	18	16			18	16			35	20		16	13		13
	8	侨联东、侨联西、麒麟东、麒麟西、环城南路、中兴路	17	15			18	16			30	20		17	13		13

（续表）

街道行政区域	路段号	用途 指导租金 区域位置	住宅				办公		商业					厂房			仓库
									高层		多层						
			带电梯	不带电梯	平房	别墅	高层	多层	一楼	二楼以上	一楼	二楼以上	简易	一楼	二楼以上	简易	
横岗街道	1	志健时代广场（茂盛路）、湛宝广场、银信中心、松柏路（前段）	28				42	38	200	85	150	65					
	2	志健时代广场（内铺）、卓越城市中心花园10栋（丽晶中心）、锦冠华城、新世界广场	22				45	35	120	70							
	3	新亚洲广场、隆盛花园S1、S2商场、志健时代广场（四联路）、新马商贸、新城汇	20	13			32	30	80	60	80	42					
	4	六约购物中心、力嘉路、锦绣花园、六约路、礼耕路（前段）、名门世家	15	13			30	28	70	50	70	40	40	11	10	7	9
	5	六和路、红棉一路、红棉二路、森雅谷、润筑园、茂盛路、振业城、卓越城市中心花园、四联路	18	13			25	25	60	50	65	33	35	11	10	7	9
	6	深惠路（横岗段）、牛始埔路、创新路、六约路（后）、连心路、联建楼、得宜一街、贤乐路、塘坑路、埔厦路（南北向）、保康路、富康路、隆盛花园S3、宸和路、六园路、排榜路、厦安街	16	10			20	20	50	40	50	30	32	11	10	7	9
	7	丰塘路、兴旺路、联盛巷、红花街、新丰路、恒丰路、银盛路、坳背路、坳一路、坳新路（前）、荷康路、长江浦路		12				18			43	28	30	11	10	7	9
	8	广达路、红棉三路、红棉四路、富发街、深竹路、六联路、金塘街、康乐路、悦民路、太兴街、嘉华路、深坑路、得宜二街、水晶之城、大山地、恒心路	15	12			19	18	40	20	39	25	23	11	10	7	9
	9	228工业区、横岗工业区、龙塘工业区、华茂工业区、仙桃源工业区、金龙工业区、腾昌一路、松柏路（后段）、宸庆路、华乐路、金塘路、长金路、腾昌二路、金源路、荷坳路、联合路		12				17			35	23	20	11	10	7	9

（续表）

街道行政区域	路段号	用途 / 指导租金 / 区域位置	住宅				办公		商业					厂房			仓库
									高层		多层						
			带电梯	不带电梯	平房	别墅	高层	多层	一楼	二楼以上	一楼	二楼以上	简易	一楼	二楼以上	简易	
横岗街道	10	贤合路、茂兴路、桂坪路、新塘坑路、富利时路、梧岗路、金源一路、二路、求康路、马竹路、横坪路、新园路、塘厦巷、旱塘二路、旱塘三路、安兴路、良华街		11				16			30	20	19	10	9	7	9
	11	宝桐路、惠盐路、人工湖、红花二区、埔厦路（东西向）、深怡路、厦安街、深丰路、龙兴路、沙坪路、贤东路、坳新路（后）、沙荷路		11				14			25	17	16	9	8	7	9
	12	山子下路、谭面路、教育路、环竹路、深竹小区、188、189工业区、安康路		9				13			23	15	15	9	8	7	9
	13	西湖路、凤凰路、马六路、幸福小区、八斗路、太湖路、大康路、万风路、太围路、荔园路、油甘园路、安居路、永湖路、新坡塘路、围湖东路		8				13			20	13	13	9	8	7	9
	14	环山路、莘野路、沿河路、创业路、山子下路（福田段）、其他路段		7				12			17	11	11	9	8	7	9
龙城街道	1	万佳百货、世贸百货、天虹商场、电子世界	18	14			50	40	150	70	120	60					
	2	正中时代广场、珠江广场、新城市建设大厦、龙城国际、家和盛世、朝阳里、一克拉	18	14			50	30	100	50	80	40					
	3	岁宝百货、天安数码城、妇女儿童活动中心、海关大厦、邮政大厦、港澳城、碧湖大酒店、欧景花园、罗马公园、锦秀东方	18	14			45	35	80	50	60	40		40	40	35	35
	4	宝钜大厦、公园大地、紫薇苑、新亚洲、瑞华园、学府道、熙和园、紫薇花园、满园、龙翔大道中心城段	18	12			30	25	60	40	50	30					

（续表）

街道行政区域	路段号	用途 / 指导租金 / 区域位置	住宅				办公		商业					厂房			仓库
									高层		多层						
			带电梯	不带电梯	平房	别墅	高层	多层	一楼	二楼以上	一楼	二楼以上	简易	一楼	二楼以上	简易	
龙城街道	5	碧湖花园、清林路、龙福路、公园路、吉祥路、欧景城、天健现代城、君悦龙庭、天健郡城、锦绣华天花园、和顺苑	16	12			30	25	60	30	40	30					
	6	花半里、东方沁园、东方御花园、尚景欣园、水蓝湾、香林玫瑰园	16	12			30	25	50	30	40	30					
	7	深宝公寓、紫薇公寓、鸿基三期（风临国际）、新鸿进（丽景鸿都）、御府名筑	16	12			30	30	40	30	40	30					
	8	龙福一村、尚景、康馨园、城市花园、城龙花园、天健花园、愉园花园、宏兴苑花园、福园花园、和兴花园、汽车总站、鸿基花园、东都花园、万科金色沁园	15	10			25	20	40	30	35	25					
	9	余岭山庄、和田世居、美丽达、爱地花园、创业园	14	10			25	20			30	20					
	10	盛龙花园二期、维百盛大厦	14	10			40	30	80	50	50	40					
	11	盛龙花园一期、盛龙路、龙平东路、中央悦城、天集雅苑、龙园印象、汇龙天下、楚丰广场1栋、盛龙花园12栋（靠近万象天成）	14	10			20	20	50	25	40	25					
	12	盛平中路、盛平南路、阳光广场、龙西中路、学园路、富康苑、育龙庭、龙西市场、友谊路、玫瑰郡、紫麟山、八意府、阅山华府、万科清林径	12	10			20	15	50	25	40	20	18	9	8	7	7
	13	依山郡、长江花园、佳馨园、新龙岗花园、欧意轩、竹韵苑、禾田小筑	12	10			15	15	30	20	30	15	15				
	14	五联路、盛华路、齐心路、连心路、朱古石路、移民新村、龙西大发新区、松子岭、清水路、龙西新村、对面岭、新联路、富民路、民盛路、楚丰广场二栋	12	8	7			10			30	15	15	8	8	7	7

（续表）

街道行政区域	路段号	指导租金 用途 / 区域位置	住宅				办公		商业					厂房			仓库
			带电梯	不带电梯	平房	别墅	高层	多层	高层		多层		简易	一楼	二楼以上	简易	
									一楼	二楼以上	一楼	二楼以上					
龙城街道	15	龙埔路、松元角、荔枝园、务地埔、将军帽、田段心、官新合、龙西伟龙达小区、陈屋二区、塘背坜、龙城北路、盛丰路、龙西东路	12	8	7			10			20	15	15	9	8	7	7
	16	陈屋、杨屋、郭屋、徐屋、龙西老围、回龙埔老围、李屋、吓屋、吓一、吓二、吓四、上角环新村、松元头、瓦窑坑、岭背坑、朱古石、协平、南蛇坑、玉湖、白沙水、楼吓、石溪、松子路、玉田路、陂头肚等偏远路段		8	7			10			15	13	13	9	8	7	7
	17	星河时代	16	12			40	30	100	40	80	40					
	18	中海康城（外街）、大公馆、阳光天健城、奥林华府	16	12			40	30	80	35	60	35					8
	19	爱联路（A区步行街）、晨光路、如意路、翡翠明珠花园、塞纳时光（清辉路）、余岭西路、余岭中路	14	12	12		30	18	70	30	60	20	50				8
	20	如意路、缤纷世纪、保利上城、飞扬路	14	12	10		30	18	60	30	50	20	45				
	21	嶂背步行街、嶂背大道（嶂背路）、龙岗大道、海逸雅居、龙城华府、中海康城（里街）、睿智华庭	16	12	8			15	50	20	50	20	35	9	8	7	8
	22	黄阁翠苑、嘉欣园、顺景、园景、雅庭、龙翔花园、丽江花园	14	12			20	20	45	25	40	30	30				8
	23	白灰围一路、龙岗区体育中心	15	12	10		30	15			40	20	40	9	8	7	8
	24	如意南路、宝荷路（爱南路）、园湖路、爱都路、金华街		10	8			15			40	18	35	9	8	7	8
	25	爱华路、金龙巷、爱新西一巷、龙翔大道、华美中路（华美路）、龙飞大道	14	10	8			12			35	18	25	9	8	7	8
	26	嶂背工业区		10	8			15			25	15	20	10	9	8	8

（续表）

街道行政区域	路段号	指导租金 用途 / 区域位置	住宅				办公		商业					厂房			仓库
									高层		多层						
			带电梯	不带电梯	平房	别墅	高层	多层	一楼	二楼以上	一楼	二楼以上	简易	一楼	二楼以上	简易	
龙城街道	27	新陂路、新丰路、锦苑路、怡苑路、军田路、爱新路（龙石路）、新屯中路、蒲新中路、德馨楼、金荣街、创业路、清辉路、华兴路、阁溪路		10	8			12			25	15	20	9	8	7	8
	28	台湾工业区、龙腾工业区、石龙头工业区、黄阁坑工业区、台中工业区、新屯工业区、白灰围工业区、大围工业区等工业厂房		10	8			15			25	15	15	9	8	7	8
	29	建新、陂头背、前进、田寮、西湖、岗贝、老西、新西、新屯、蒲排、太平、石火、嶂一、嶂二、新秀新村、斜吓、白灰围、大围、A区、B区、如意小区、龙红格		10	8			12			20	15	15	9	8	7	8
	30	东森花园、兴宁花园		8	8			11			15	10	10				
龙岗街道	1	摩尔城	15				40	40	250	200							
	2	东方明珠城							165	110	165	120					
	3	龙平东路（华特工业区段）、人人购物广场	25	15				25	125	55	125	55					
	4	东方瑞景苑						25	110	100	110	100					
	5	华西街		8	8				85		85	25					
	6	龙兴街	15	10				23	75	35	75	35					
	7	华特广场，华特步行街		10	7			20	60	40	60	40					
	8	华兴苑，创富时代，聚龙苑（龙岗路段），德沁苑（东区），龙岗路	15				18	18	60	25							
	9	富街街，长盛街，金城街，兴隆街，金龙街		8	8			23	53	27	53	27					
	10	碧新路（罗瑞合—九州家园段）		10				18	53	25	47	25		10	8		
	11	罗瑞合南街		15				25	50		50	30					

（续表）

街道行政区域	路段号	指导租金 区域位置 \ 用途	住宅				办公		商业					厂房			仓库
			带电梯	不带电梯	平房	别墅	高层	多层	高层 一楼	高层 二楼以上	多层 一楼	多层 二楼以上	简易	一楼	二楼以上	简易	
龙岗街道	12	植物园路（北区），爱南路，龙岗大道（下陂头—双龙天虹），宝南路	10	9			13	13	50	20	50	15					
	13	风临四季花园	15	8	7			20	50		40						
	14	龙平东路（平南路口以西双号）		15	10			23	46		46	25					
	15	龙盈泰（外街铺），五洲风情（外街铺），柏龙商业中心（一楼）					25	25			200						
	16	宝龙宝昌利，宝盛华景园（综合服务中心）		12				15			60	30	20	15	12		10
	17	福临大厦						20			60	45					
	18	鹏达花园（北门）					18	18			60						
	19	南约综合楼						20			50	35					
	20	金众蓝钻风景	35				20	15			50	35					
	21	龙盈泰（内街铺），五洲风情（内街铺），柏龙商业中心（二楼及以上）									50						
	22	南联路（九州家园段）		10				23	45	33	45	30		15	10		
	23	碧新路（鹏达商业街—吓岗村段），银威路，鹏达路，龙城南路，向银路	10	9			13	13	45	20	45	15		10	7		8
	24	罗瑞合东街		13	10			23	45		45	20					
	25	龙平东路（大和街口以东）		12	10			20	45		45	25					
	26	桥西街		10				20	45		45	25					
	27	鸿景春天花园	15	8	7			20	40		45	20					
	28	榭丽花园（龙河路段）						20	44	30	44	30					
	29	龙岗大道（下陂头—瑞龙街段）			10			23	43	30	43	30		13	10		
	30	龙河路（长海雅园段）		15				20	43	23	43	23					
	31	第二市场							43		43	25					

（续表）

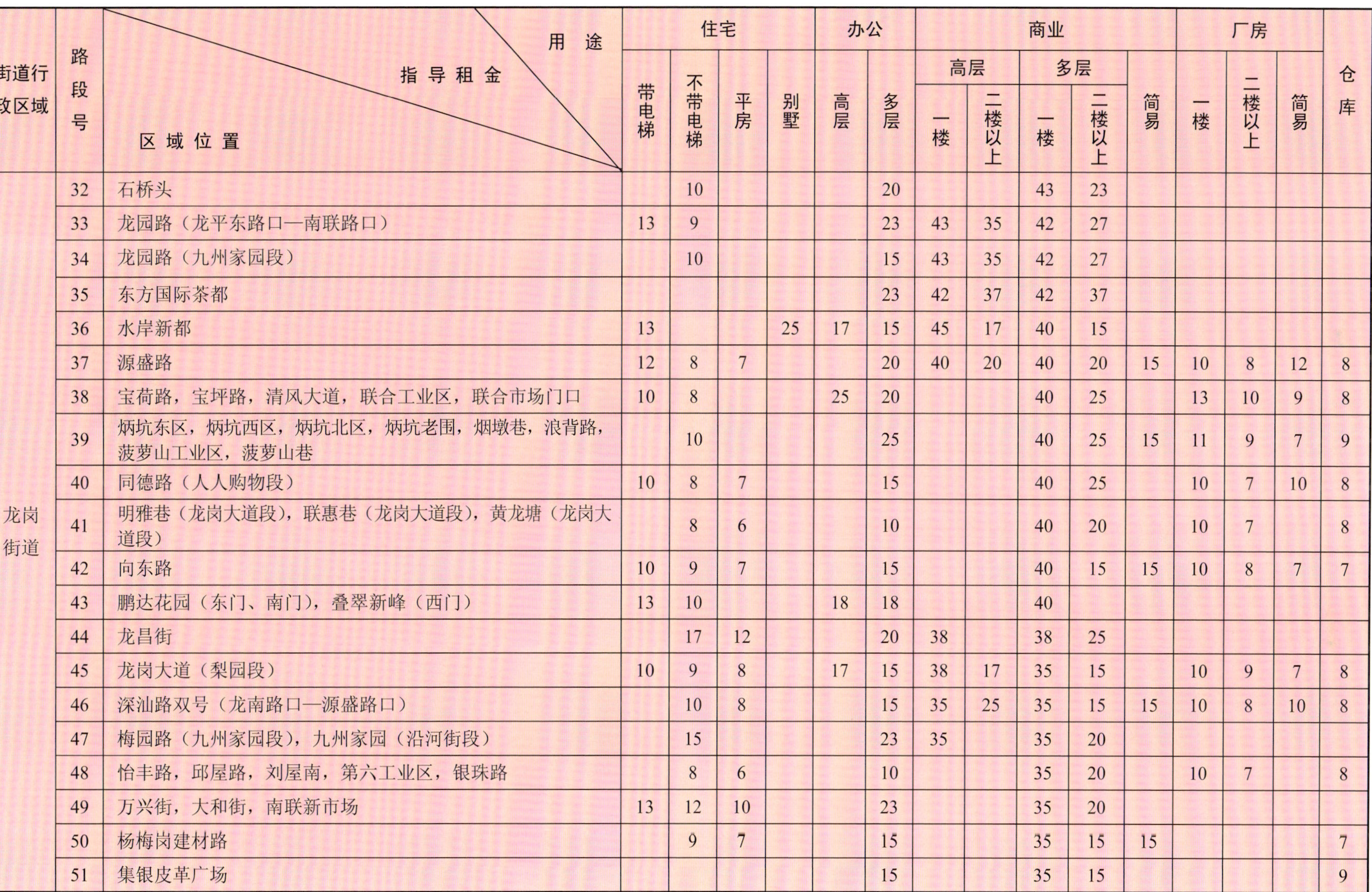

街道行政区域	路段号	区域位置 \ 指导租金 \ 用途	住宅				办公		商业					厂房			仓库
									高层		多层						
			带电梯	不带电梯	平房	别墅	高层	多层	一楼	二楼以上	一楼	二楼以上	简易	一楼	二楼以上	简易	
龙岗街道	32	石桥头		10				20			43	23					
	33	龙园路（龙平东路口—南联路口）	13	9				23	43	35	42	27					
	34	龙园路（九州家园段）		10				15	43	35	42	27					
	35	东方国际茶都						23	42	37	42	37					
	36	水岸新都	13			25	17	15	45	17	40	15					
	37	源盛路	12	8	7			20	40	20	40	20	15	10	8	12	8
	38	宝荷路，宝坪路，清风大道，联合工业区，联合市场门口	10	8			25	20			40	25		13	10	9	8
	39	炳坑东区，炳坑西区，炳坑北区，炳坑老围，烟墩巷，浪背路，菠萝山工业区，菠萝山巷		10				25			40	25	15	11	9	7	9
	40	同德路（人人购物段）	10	8	7			15			40	25		10	7	10	8
	41	明雅巷（龙岗大道段），联惠巷（龙岗大道段），黄龙塘（龙岗大道段）		8	6			10			40	20		10	7		8
	42	向东路	10	9	7			15			40	15	15	10	8	7	7
	43	鹏达花园（东门、南门），叠翠新峰（西门）	13	10			18	18			40						
	44	龙昌街		17	12			20	38		38	25					
	45	龙岗大道（梨园段）	10	9	8		17	15	38	17	35	15		10	9	7	8
	46	深汕路双号（龙南路口—源盛路口）		10	8			15	35	25	35	15	15	10	8	10	8
	47	梅园路（九州家园段），九州家园（沿河街段）		15				23	35		35	20					
	48	怡丰路，邱屋路，刘屋南，第六工业区，银珠路		8	6			10			35	20		10	7		8
	49	万兴街，大和街，南联新市场	13	12	10			23			35	20					
	50	杨梅岗建材路		9	7			15			35	15	15				7
	51	集银皮革广场						15			35	15					9

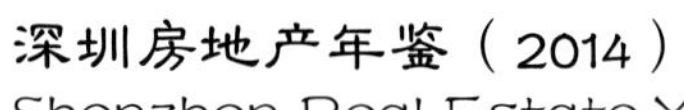

（续表）

街道行政区域	路段号	区域位置（指导租金 / 用途）	住宅				办公		商业					厂房			仓库
									高层		多层						
			带电梯	不带电梯	平房	别墅	高层	多层	一楼	二楼以上	一楼	二楼以上	简易	一楼	二楼以上	简易	
龙岗街道	52	平南路		13				17	33		33	18					
	53	广安街		13				17			33	25					
	54	文化街，圩肚街，瑞隆街，龙心街，大新街		10				12			32	15					
	55	龙新大道（梅冈小区段），百富城	12	9			17	15	40	17	30	15		12	10	10	8
	56	同富路，洪围路	10	9	7		17	15	40	17	30	15	15	12	10	10	8
	57	新生路，丰田路	12	10	8	25	17	15	40	17	30	15		10	8	7	8
	58	鸿基路（义乌段）	15	8	7			20	35		30			10	8	10	8
	59	龙富路，建新路，翠竹路，瑞记路，龙富花园	10	9	7		13	13	35	15	30	15		10	7		8
	60	龙岗大道（新生段）	13	10	8		17	15	35	17	30	15		10	9	7	8
	61	龙平东路（盛平桥段）	10	9	7		17	15	35	17	30	15		10	9		7
	62	仙人岭路	12	10	8		17	15	35	17	30	15		9	8	7	7
	63	深汕路单号（龙东段），龙湖路（金井路口—爱南路口）		10	8			15	30		30	15	15	10	8	10	8
	64	植物园路（南区）	10	9			13	13	30	15	30	15		10	7		8
	65	榭丽花园（沿河段）		15				23	30		30	25					
	66	丁甲岭市场，新布市场路		8	5			15			30	15		15	7		8
	67	大浪路，宝龙建材市场，水口村，水口老围，水一，水二，汉田南区，汉田北区，大浪新区，大浪旧区，洋桥路，水背龙			8			18			30	15	12	10	9	8	7
	68	深汕路（坪山段）		8	6			12			30	15		10	7	10	8
	69	上江路，春江路，龙溪商业街，圳埔路		8	6			10			30	20		10	7		8
	70	坪西路，坪西南路		9	7			15			30	15	15	10	7	6	6
	71	福宁路，罗福路，上宁一路，上宁二路，上福路		9	7			15			30	15	15	9	8	7	7

（续表）

街道行政区域	路段号	区域位置 \ 指导租金 \ 用途	住宅				办公		商业					厂房			仓库
			带电梯	不带电梯	平房	别墅	高层	多层	高层		多层		简易	一楼	二楼以上	简易	
									一楼	二楼以上	一楼	二楼以上					
龙岗街道	72	绿色满庭芳，西湖山庄，天籁山庄，万年青庄，恋山谷	15	10		20	25	20	40	30	25	15					
	73	沿河路	12	9	7	25	17	15	30	17	25	15	15	10	9	8	8
	74	深汕路农贸市场，爱南路（龙东段），龙升路		10	8			15	25		25	15	15	10	8	10	8
	75	宝龙一路，宝龙二路，宝龙三路，宝龙四路，宝龙五路，宝龙六路，宝龙七路		15				30			25	20		15	12		10
	76	高科大道，南同大道，翠龙路		12				15			25	20	18	15	12		10
	77	冬青路，夏莲路		10				15			25	15		12	10		9
	78	深汕路（同乐段），同德路（头尾段）		8	6			15			25	15		10	7		8
	79	同心路		8				12			25	15		10	7		8
	80	一进巷，龙溪巷，竹湾村，瑞记巷，三和巷，文江路，刘屋路巷，麻岭村，麻岭新村，麻岭一路，圳埔南路，上进路，水口村，邱屋巷，吓岗一村，吓岗二村，怡丰巷，黄龙塘巷，上龙塘巷，金钱街，向前路，明志巷		7	6	12		10			25	15		10	7		8
	81	仙乡路，雄丰路，水围路，仙中路，中勤路，十八乡路，凤岭街		9	7	25		15			25	15	15	10	9	7	6
	82	牛桥一路，牛桥二路，宝田路，井田路，恒运路，龙贤路，车南路，头圩路，惠园街，后尾街，梨园街，后园街，尾沥新街，梨民一巷，梨民二巷		9	7			15			25	15	15	10	9	7	7
	83	低山南路，低山中路，低山北路，低山龙山路，低山富山路，低山景山路，金峰路		9	7	25		15			25	15	15	9	8	7	7
	84	杨田路，锦安路，锦西一路，锦西二路，锦西三路，格水路，振兴路	10	9	7			15			25	15	15	9	8	7	7
	85	西二村，简一村，简二村，黄龙陂村，三家村		12	10			16			25	20					

（续表）

街道行政区域	路段号	指导租金 用途 / 区域位置	住宅				办公		商业					厂房			仓库
			带电梯	不带电梯	平房	别墅	高层	多层	高层 一楼	高层 二楼以上	多层 一楼	多层 二楼以上	简易	一楼	二楼以上	简易	
龙岗街道	86	西一村，石桥头巷，沙坪街		10				15			25	20					
	87	深汕路双号（源盛路口-同乐高速路口），龙湖路（金井路口-龙南路口），利好工业园，上井对门岭路工业园，银龙工业区，鸿永利工业区，鸿永利工业区二区，盈科利工业区，江南工业区		10	8			15	20		20	15	15	10	8	10	8
	88	金井路，龙湖南路，富源街，龙东商业街，龙湖路（大埔二路-爱南路口），大围村，大围一村，东升路		8	7			12	20		20		15	10	8	10	8
	89	吓坑一、二工业区，吓坑大地工业区，吓坑恒利工业区，吓坑屋头岭工业区，政华工业区，九九同心工业区，浪背第六工业区		7	5			10			20	15		12	8	10	8
	90	碧新路（南约段）		7				15			20	15		10	8		7
	91	赖屋路，园新路，水田一路，水田二路，乐园路（赖屋段），宝其路		7	6			12			20	15		10	7	10	8
	92	长荣路，新星路，丰顺路，景盛路，坑尾工业区		7	5			12			20	15	20	10	7		8
	93	圳埔新村，圳埔巷，银珠岭小区，向新路，宝龙小区，碧新路（陆河新村段），陆河新村，榕树街，新布路，新布新路，吓坑路，吓坑一、二路		7	6			10			20	15		10	7	9	8
	94	仙田路		9	7	25		15			20	15		10	8	7	7
	95	龙凤路		8	6			15			20	15	15	10	9	8	7
	96	积谷田（A、B 区），南约广场，广场新村，炳一小区，大行小区，马桥南区，马桥东区，马桥西区，联和东区，联和西区，马桥巷		8	7			15			20	15	10	9	8	7	6

（续表）

街道行政区域	路段号	指导租金 用途 / 区域位置	住宅				办公		商业					厂房			仓库
			带电梯	不带电梯	平房	别墅	高层	多层	高层 一楼	高层 二楼以上	多层 一楼	多层 二楼以上	简易	一楼	二楼以上	简易	
龙岗街道	97	吓井一，吓井南路，吓井北路，吓井西路，桥背村，桥背东，桥背西，紫苑街，兴东大街，新塘围村，新田新村，吓井二，新井路，吓井新村，龙湖新村，桥东街，桥南街，华龙山庄，兴桥路，同富路，大埔一、二、三路，大埔南路，大埔西路，大埔北路，大埔新村，同昌路，打石岭路，打石岭工业园，石湖龙路，龙新街，龙德街，育贤路，育良街，赤石岗小区村道，沙背沥工业区，市场街，龙达小区，新洲路，大埔别墅区		8	7			12	18		18	15	15	10	8	10	8
	98	上街，下街		10				12	18		18	15					
	99	阳和路，阳新路，怡安路，长围路，大坑路，同路工业区铺面，乐园路（水田段），同力路，同创路，同庆路		7	6			12			18	15		10	7	10	8
	100	爱民路，利源路，民乐路，乐其路		7				12			18	15		10	7		8
	101	方兴路		7	7			15	15		15		15	10	8	10	8
	102	龙南路（龙东段），金龙苑，榕树吓下围工业区，同富裕路，兰水垦村，兰水路，兰水一、二、三路，上井村村道，上井工业区，中心小学教师宿舍，兴农路，龙信工业区，龙洲小区，东升新路，三和一、二村，大和街，中和街，三和街，沙背沥村，沙背沥内环北路，沙背沥村道，建新路，妈祖南，妈祖北		8	7			12	15		15		15	10	8	10	8
	103	东二村，新塘围街		6	6			12	15		15		15	10	8	10	8
	104	横头巷，新管街		10	8			13	15		15	10					

（续表）

街道行政区域	路段号	指导租金 用途 / 区域位置	住宅				办公		商业					厂房			仓库
									高层		多层						
			带电梯	不带电梯	平房	别墅	高层	多层	一楼	二楼以上	一楼	二楼以上	简易	一楼	二楼以上	简易	
龙岗街道	105	黄屋路，黄屋小区，黄屋街，赖屋街，赖屋小区，水流田村，水流田八区，惠民巷，其面村，其面十八小区，老大坑村，坑尾村，企岭村，丰顺村，长湖围村，新布新村，阳和浪，丁甲岭，浪背村，池屋村，榕树吓村，吓坑村，吓坑田心，浪背村一区、二区，老大坑东、西区		6	5			12			15		15	10	7	10	8
	106	广德路，广德巷，牛伴岭		7	6			10			15	15	15	10	7	9	8
	107	龙园路（九州家园二期-东方明珠城段）		12				20	42	25							
	108	怡龙枫景园，德沁苑（南区、北区），叠翠新峰（南区），聚龙苑（南区），顾景峰苑，锦龙名苑	15				18	18	25	20							
	109	华特工业区		10	7			20						12	10	9	9
坪地街道	1	龙岗大道周边（坪地、中心、坪东社区等路段）	15	15	10		25	25	50	25	40	25	20	8	6	8	7
	2	坪地中心地段和圩镇范围（益民街、地新街、新兴街、顺景街、文明路、岳湖街、湖田路等）	15	15	10		20	15	40	20	35	20	20	8	6	9	8
	3	一级市政道路（兴华路、教育中路、同心中路、祝博巷、教育北路、白石塘街、金城路、顺风路、同富路、富坪路、同心南路、人民路、西湖塘街、中心路、坪梓路、丰茂街、新联路、友谊路、坪西路、顺景路、长美岭路、吉祥一路、福华路、屯富路、翠丽路、罗屋街、富临路、永鸿路、鹤鸣西路和部分龙岗大道路段等）	15	12	10	20	20	20	35	20	35	20	25	9	7	8	7

（续表）

街道行政区域	路段号	指导租金 / 用途 / 区域位置	住宅				办公		商业					厂房			仓库
			带电梯	不带电梯	平房	别墅	高层	多层	高层		多层		简易	一楼	二楼以上	简易	
									一楼	二楼以上	一楼	二楼以上					
坪地街道	4	二级市政道路（发展路、教育南路、泰和路、富心路、宝勤路、寿利路、黄竹路、建设路、民福路、四方埔路、兴埔路、牛眠岭路、吉祥二路、六联路、鹤鸣东路、老香街、新香街、联盛路等）	15	10	10		15	15	20	20	20	20	20	8	7	7	7
	5	高桥品牌工业区（横坪路、坪桥路、龙腾路、丁山河路、沿河路、富高东路、富高西路、工业路等）	15	10	10		10	10	20	20	20	20		12	9		12
	6	其他工业区周边		8	7		10	12	20	15	20	15	15	9	7	7	7
	7	社区、自然村等周边区域		6	6		10	7	20	15	20	15	15	8	7	6	8
	8	其他区域		5	5		8	5	10	10	10	10	6	5	5	5	6

表 8-19　光明新区 2013 年房屋租赁指导租金汇总表

单位：元 / 月 • 平方米

街道行政区域	路段号	指导租金 / 用途 / 区域位置	住宅				办公		商业					厂房			仓库
									高层		多层						
			带电梯	不带电梯	平房	别墅	高层	多层	一楼	二楼以上	一楼	二楼以上	简易	一楼	二楼以上	简易	
公明街道	上村、下村社区、圩镇、马山头社区、根竹园社区、薯田埔社区、李松蓢社区、西田社区、合水口社区	建设西路南星大厦，明安街，公园路，合水口三和百货及附近	15	11		28	23	15	30	18	25	15					
		综合市场及周边范围，雍景城，富豪花园（B 区），康乐路，广雅花园	12	10		28	22	14	30	18	25	15					
		红花路 25 小区，长春中路，公平街，迎宾街，迎春街，建设东路	12	10		25	22	14	30	18	25	15					
		建设西路，合水口（福庄路），薯田埔（福华路）	12	10			22	14	25	18	20	15					
		宝安路，兴发路环发商业街，民生路，富豪花园其他区	10	10			15	12	25	18	20	15					
		长春花园（住宅，外围商铺），龙盘花园	10	10			15	12	25	18	20	15					
		合水口（新村，福东路），薯田埔（福华南一巷，福前路，福康路，西环路）	10	8			15	12	25	18	20	10					
		松白公路，人民路，康乐路南四巷，南环路，西田（西田东路，新村，第三工业区）；合水口（马田北路，上屯，下屯，柏溪路）；圩镇工业区，上村（永康路），马山头（永春街，富利路）；石观工业园，松柏工业园	10	8	7		13	10	25	15	20	10	15	10	8	8	9
		马山头（振兴街，第二工业区）；红花路居委会第二工业区；根竹园（三角塘、大江、大秀坑、横坑、东江仔工业区）；上村（上辇工业区，上辇第二、三工业区，五联队工业区，上南、下南、永南工业区）；民生路段厂房	10	8	7		13	10	22	15	20	10	12	9	8	8	9
		薯田埔（福庄路，南环路，福华路，福南路，福康路）；马山头（马山头路，人民南路）；根竹园（马园路，南环路）；上村（长春北路），下村社区，合水口（旧工业区，泥围工业区，上屯银郎工业区）；李松蓢东区	10	7	6		13	8	20	15	18	10	12	9	8	8	9

（续表）

街道行政区域	路段号	区域位置 \ 用途（指导租金）	住宅：带电梯	住宅：不带电梯	住宅：平房	住宅：别墅	办公：高层	办公：多层	商业：高层一楼	商业：高层二楼以上	商业：多层一楼	商业：多层二楼以上	商业：简易	厂房：一楼	厂房：二楼以上	厂房：简易	仓库
公明街道	上村、下村社区、圩镇、马山头社区、根竹园社区、薯田埔社区、李松蓢社区、西田社区、合水口社区	上村（民生路，下辇路，下辇新村，莲塘工业城，第一、二、三工业区，元山工业区）；根竹园（马园路）；李松蓢（蓢新路，河堤路，炮台路，公园住宅，屋园路，金蓢路，城德轩科技园）；马山头工业区（第二工业区除外）；下村（下村路，力丰、第一、二、三、五、六工业区及商业楼，水贝路及下村路商业楼）；怡景工业区，建设西路南一巷，西田金三角，薯田埔（工业区，福庄花园，新兴路，市场商铺）	10	6	5	20		8	22	15	20	10		9	8	8	8
公明街道	上村、下村社区、圩镇、马山头社区、根竹园社区、薯田埔社区、李松蓢社区、西田社区、合水口社区	共和街，解放街，长春花园（内部商铺），元山路，上村（下辇旧村，永北新村）	8	6	5			8	15	10	15	10		8	7	7	7
公明街道	上村、下村社区、圩镇、马山头社区、根竹园社区、薯田埔社区、李松蓢社区、西田社区、合水口社区	上村（下南路，永南路）；西田（工业区及工业区内商住楼，西田东路商住楼，西田旧村）；马山头（长乐街）；李松蓢（工业区，新村，西区，围后住宅区）	8	6	4			8	15	10	15	10		8	7	7	7
公明街道	上村、下村社区、圩镇、马山头社区、根竹园社区、薯田埔社区、李松蓢社区、西田社区、合水口社区	上村（永北旧村，上南旧村）；各社区其他地段	7	4	3			10			10	8		7	6	6	6
公明街道	楼村社区	南边坑新村，绘猫路，新村，公常路，楼新一路	8	5	5			15			19	15	16	11	10	11	10
公明街道	楼村社区	第一工业区（明卓科技工业园，浩轩工业园，陈文礼工业园，滨海明珠工业园，狮山工业园），鲤鱼河工业园	8	5	5			15			16	14	15	11	10	11	10
公明街道	楼村社区	第二工业区（耙塘、同富裕、晨光工业园），凤新路	6	5	5			13			14	10	11	8	7	8	7
公明街道	楼村社区	旧村南片，第一工业区（一、二、三、四、五、六路，木墩路，工业路）	5	5	5			7			10	6	7	8	7	8	7
公明街道	楼村社区	楼村社区其他地段	5	4	5			6			6	5	6	8	7	8	7

（续表）

街道行政区域	路段号	用途 / 指导租金 / 区域位置	住宅				办公		商业					厂房			仓库
			带电梯	不带电梯	平房	别墅	高层	多层	高层		多层		简易	一楼	二楼以上	简易	
									一楼	二楼以上	一楼	二楼以上					
公明街道	田寮社区、玉律社区、长圳社区、红星社区、甲子塘社区	田寮社区（商业街，各工业区厂房）；	7	5	5		15	13	25	25	25	18		10	9	10	9
		田寮社区（第五工业区商铺）；长圳社区（第三工业区厂房）	7	5	5		15	13	20	20	20	15		10	8	10	9
		田寮社区（市场街，环田路，第三、七工业区商铺）；长圳社区（长圳大道）	7	5	5		15	13	20	20	20	15		9	8	10	8
		田寮社区（警民路，田盛路、田湾路、文明路，长塘路，田明街，田寮大道，第一工业区商铺，塘口工业区商铺）；长圳社区（长新街，长华街，长圳路，沙头巷，长兴科技工业园）；甲子塘社区（新村）	7	5	5		15	12	20	20	20	13		9	8	10	8
		玉律社区（玉泉东路，玉律大道，大洋路，玉星路，羊栏山工业区，各区住宅）	7	5	5		15	12	20	20	20	13		9	8	9	8
		玉律社区（综合市场，第二、五、六工业区商铺，第六工业区厂房）；长圳社区（旧街，长升路，第四工业区）；红星社区（红日路，玉星路）	7	5	4		15	12	20	15	15	10		8	8	9	8
		田寮社区（田亭路，松柏路段）；甲子塘社区（旧村，甲子塘路，大园街，第一、二工业区厂房）；玉律社区（玉泉西路，三区）	7	5	4		12	12	18	13	13	10		8	8	9	8
		玉律社区（第四工业区）；长圳社区（长富路，沙头巷工业区）；红星社区（星湖路，红星路，星工一、二路，第一工业区）	7	5	4		12	12	18	13	12	9		8	8	9	8
		各社区其他地段	7	5	4		10	10	15	10	10	8		8	7	7	7

（续表）

街道行政区域	路段号	用途 / 指导租金 / 区域位置	住宅				办公		商业					厂房			仓库
			带电梯	不带电梯	平房	别墅	高层	多层	高层		多层		简易	一楼	二楼以上	简易	
									一楼	二楼以上	一楼	二楼以上					
公明街道	将石社区、东坑社区、塘尾社区、塘家社区	将石社区（明景园，新围商业街）	9	6	5	20	15	12	20	12	20	12		11	8	10	8
		将石社区（沙河，新围，水墩街，南庄旧村、新村，南庄中心街，华发商业街，将围旧村将石路，将家路）；东坑社区（鹏凌路，鹏飞路，东升路，长丰工业园）；塘尾社区（面前岭一排，村前路）	9	6	5	20	14	12	12	10	16	11		12	8	10	8
		塘尾社区（第一、二、三工业区，兴华、莲塘、宝塘工业区，银海、华一工业园）；塘家社区（汇业科技园）	8	5	4		14	12	13	10	15	11		10	8	10	8
		将石社区（大围，塘下围，将围，上石家，下石家，南环工业区，公明医院旁），东坑社区（东隆路，东发路，东旭路）；塘尾社区（新村）	9	5	4		13	11	14	10	15	11		10	8	10	8
		将石社区（塘下围东周路）；东坑社区（雅明街，宝亿街）；塘尾社区（面前岭二至五排，高墩，沙田坑，塘前路，宝塘工业区）；石围（油麻岗、坪岗工业区，水库路）	8	5	4		13	11	15	10	15	11		10	8	10	6
		塘家大道	8	5	4		13	11	15	9	15	10		10	8	10	6
		将石社区（第一工业区，同富工业区）；塘家社区（新村，旧村，张屋）；将围（第一、二工业区）	8	5	4		12	11	15	8	15	8		10	8	10	6
		东坑社区（东茂路）；塘家社区（观光路）；将石社区（综合市场）；各社区其他地段	8	5	4		12	11	15	8	15	8	8	10	8	10	6
光明街道	一类	新市场、汇食街、高正豪景、新农贸商场、市场大街		11	7			20			30	22	13	12	8	8	7
	二类	光明大街、中心区（东区、西区、北区）、碧眼（包括碧眼新村）、白琥坜、竹园、糖厂、科技楼、清怡、荔园、柑山、美景、新围、笔架山、侨新花园、滨河苑、旧市场、圳美同富裕工业园		9	6			18			27	18	13	10	8	7	7
	三类	东周、木墩、迳口、圳美、白花、恒泰裕工业园及周围		8	5			13			22	13	10	8	7	7	7
	四类	黄泥坑、石介头、羌下、新坡头、上其、茶林、凤凰、红坳		7.5	5			13			15	10	9	8	7	7	6
	其他	其他范围		6	5			10			10		9	7	5	5	5

表 8-20　坪山新区 2013 年房屋租赁指导租金汇总表

单位：元 / 月 • 平方米

街道行政区域	路段号	区域位置 \ 用途 指导租金	住宅				办公		商业					厂房			仓库
									高层		多层						
			带电梯	不带电梯	平房	别墅	高层	多层	一楼	二楼以上	一楼	二楼以上	简易	一楼	二楼以上	简易	
坪山街道	1	金碧路（碧岭段）、石夹路、超群路、东亚路、新榕路、三和街、沙坑路、沙坑二路、沙陂路、新沙路、新沙一至五巷、新沙工业区、乾远路、翠峰绿洲花园、坑边路、坑边一至五巷	12	10	7		10	10	12	10	12	10		7	7	5	7
	2	振碧路、永丰路、永丰巷、秀明北路（第一工业区）		10	7		10	10	20	11	20	10		7	7	5	7
	3	锦华路、碧岭一路、碧峰一二巷、田村路、秀明南路		10	7		12	12	25	15	25	15		7	7	5	7
	4	东纵路（江岭段）、东纵路（坪环段）、东纵路（坪山段）		8	7	15	15	15	20	15	20	15	15	8	7	6	8
	5	江岭街、江岭东路、竹园、远香、长守、三河、石灰陂、江边、黄沙坑、牛角龙、大万村、老围、曾屋、禾学、禾场头、中兴、坪环工业城、江岭工业园、赤坳工业区、三河、长守工业区、坪环路、马峦路、德昌东街、金峰街、大万路、同富路（江岭段）、三洋湖路、三洋湖工业大道、工业南路、三洋湖公园路、新生路、龙背路、三洋湖工业区		8	7	10	10	10	15	10	15	10	10	8	7	6	8
	6	中山大道乐安居片区		10	10			20	25		40	40					
	7	金碧路（六联段）、向阳路、宝珠路、浪尾路、横岭塘路、阳光路、甲片路、正坑路、宝西路、金宝路、山吓路、园丁路、长安街、新强路		10				10			20	10		8	7	5	7
	8	爱民路、华美街、澳运街、澳昌街、丰田路、安得路		10				10			15	8		8	7	6	6
	9	振业路、建业路、东成路		10				10			15	10		8	7	5	6
	10	国泰路、民安路、向荣街、迎春路		15				20			70	25		10	8	8	10
	11	深汕路（六联段）、东纵路（六联段）、金山路、宝山第二、三、四、五工业区厂房、军田工业区		15				15			30	10		8	7	5	6
	12	东晟时代花园	30					30			80	50					

（续表）

街道行政区域	路段号	指导租金 区域位置 \ 用途	住宅				办公		商业					厂房			仓库
			带电梯	不带电梯	平房	别墅	高层	多层	高层一楼	高层二楼以上	多层一楼	多层二楼以上	简易	一楼	二楼以上	简易	
坪山街道	13	东方威尼斯花园、深业东城上邸、万科金域东郡	21					22			45	32					
	14	东胜街、深汕路（坪山段）		15	10			20			50	20		9	8	7	7
	15	为民街		10	5			30			45	20	10	9	8	5	6
	16	十字街、彩虹路、景新街、新兰街、新丽路、立新东路、人民街、振兴街、中兴东西区、团结路、立北、马东、马西、瑞丽巷、学湖浪、文化街		10	8			20			30	15	10	8	8	6	7
	17	立新西路、东纵路（坪山段）		9	5			25			50	15	10	8	7	6	8
	18	东门大街、中兴路、和平路		10	8			20			50	20	10	9	8	8	10
	19	建设路		15	8			80			100	50	35	9	8	8	20
	20	泰富中心广场（内铺）						60			80	45	30				20
	21	泰富中心广场（外铺）						65			100	70					20
	22	泰富华庭	30	10				30			65	60	30				20
	23	同裕路（沙坣段）、坪葵路旁、沙新路、龙新路、民强路、沙坣路、新屋路、同富裕路工业区、东纵路（沙坣段）、同富路（沙坣段）、金龟金地路、坪葵路（沙坣段）		5				15	15	10				8	8	6	7
	24	金田路、坪葵路（石井段）、福民路、横塘路、石井小区、石井工业区、荔景南路、创景南路、老围小区、新曲村、马安岭路、同富裕工业区		9			10		11			9		7		6	
	25	对面喊小区		8			7		7			6		7		6	
	26	汤坑路		6	5		10	10	15	10	15			8	7	6	6
	27	汤坑二路（第二工业区）、汤坑三路（第二工业区）		6	5		15	15	15	15	15			8	7	6	6

（续表）

街道行政区域	路段号	区域位置 \ 指导租金 \ 用途	住宅				办公		商业					厂房			仓库
			带电梯	不带电梯	平房	别墅	高层	多层	高层		多层		简易	一楼	二楼以上	简易	
									一楼	二楼以上	一楼	二楼以上					
坪山街道	28	新屋路（新屋村、龙湖工业区）、东深路、吓陂路、新龙路（新龙工业区、卢屋工业区）、沙湖路（沙湖新村、谢屋村、卢屋新村）、步行街、同富西路、同富路（第一工业区）、龙勤路、同裕路（汤坑新村、汤亨花园）、同富路（上榨新村、吓榨新村、文新村、复兴新村）、金碧路（汤坑段）	8	6	5		12	12	12	10	12			8	7	6	6
	29	金碧路（松岭工业区、家乐工业园）、黄竹坑路（南湖工业区）		6	5		12	12	13		13			7	6	6	6
	30	锦龙西路		6			20	20	10		10			8	7		6
	31	台商工业园区、恩达街、南巷、宏昌路、新开路、塘背路、金竹路、罗丰路、茜坑、上坝、金碧路（竹坑段）		13					20								
	32	上南路、科技路		16					35								
	33	下南路、第一、二、三工业区厂房、同富路厂房、上南布西坑工业片区厂房	14	13					35	15							
	34	三栋、沙梨元片区、河唇片区		8					8								
	35	各自然村及外驻单位												7	7	5	6
	36	燕子岭生活区、启兴生活区		15				20			25	20					
	37	广东深圳出口加工区（兰竹东路以南）						22						15	13		15
	38	瑞本宝 、华瀚、兆曜、金荔等金牛西路片区		15			22	20			23			14	12		14
	39	福兴达、深宇、德菲、松泽、多彩等大工业区东片区		14				22			20			15	13		15
	40	金牛商业大厦、盈富家园、豪方菁园	20	16			30	30	30	27	30	27					
	41	大工业区（含出口加工区）内单层钢架结构厂房												22			
坑梓街道	1	田脚一区、东巷、西巷、立新路、沙田南路、丹梓大道（沙田段）、深汕路（沙田段）、李中一路、廖和路、李中二路、彩田路、田脚二区、梓田一路、二路、联兴路、昂俄路、东坑、西坑、井水龙、三角楼、水库路		8	7			10			15	10	10	8	8	7	7

（续表）

街道行政区域	路段号	指导租金 / 用途 / 区域位置	住宅				办公		商业					厂房			仓库
			带电梯	不带电梯	平房	别墅	高层	多层	高层		多层		简易	一楼	二楼以上	简易	
									一楼	二楼以上	一楼	二楼以上					
坑梓街道	2	沙田北路、秀沙路、丹梓大道、狮岭路（金沙辖区）、工业区（老坑）、深汕路（老坑段）、松子坑		8	7			12			15	10	10	8	8	7	7
	3	丹梓大道（金沙段）、深汕路（金沙段）、金沙路		8	7			12			14	11	10	8	8	7	8
	4	人民东路（金沙段）、长隆一、二、三区、东联路、金康路、荣田新村、薛屋新村、青排新村、龙山住宅区、五岭东、西区、石田路		8	7			12			15	10	10	8	8	7	8
	5	人民西路91号-137号、文化新村、三角屋、湖心村、利民新村、裕民村、深汕路（居委段）、梓荣路、宝梓路、育新街		9	8			10			25	14	20	8.5	8.5	7	8
	6	人民西路139号以上、人民中路、深汕路（宝梓段）、宜卓路、明冠路、梓明路、双秀巷、梓横西路、龙窝路、龙田同富裕小区、龙兴北路、新屋下陂路、龙兴南路、龙湾市场周边、综合大楼、盘龙路段		9	8			10			15	11	15	8	8	7	8
	7	红岭路、梓横西路、宝红路、狮岭路、红岭小区		8	7			10			15	12	10	7.5	7.5	7.5	7.5
	8	人民西路32号-68号、深汕路445号-725号、人民西路（居委段）、梓兴路、吉祥路、光祖北路		8	8			12			50	15	20	8	8	7.5	7.5
	9	光祖北路、宝梓路、秀新路、新发街、深汕路403号—443号		8	8			11			30	15	15	8	8	7.5	7.5
	10	人民西路（金田风华苑）西区1、2号楼	25					30			110	30					
	11	人民西路（金田风华苑）西区3、4号楼、东区3、4号楼	25					30			40	30					
	12	各自然村厂房		7	6			7			7	7	6	7	7	7	7
	13	广东深圳出口加工区（锦绣西路、兰竹路、荔景北路、启四路、启八路）						25						17	13		15
	14	大工业区东片区（兰景路、锦绣西路、丹梓中路、宝梓南路、金辉路、翠景路、青松路）						22						15	13		15
	15	大工业区（含出口加工区）内单层钢架结构厂房												22			

表 8-21　龙华新区 2013 年房屋租赁指导租金汇总表

单位：元 / 月 • 平方米

街道行政区域	社区	路段号	区域位置	住宅				办公		商业					厂房			仓库
				带电梯	不带电梯	平房	别墅	高层	多层	高层		多层		简易	一楼	二楼以上	简易	
										一楼	二楼以上	一楼	二楼以上					
观澜街道	大兴社区	1	大一村 1 号-160 号、大一村 180 号-185 号、大一村丹乐小区 1 号-33 号、大二村 138 号-175 号、大二村山猪坑 227 号-257 号、大二村东升小区 211 号-226 号	8	7			14	14	20	15	20	15		12	10	8	8
	桔塘社区	1	荣富路 1 号-36 号（新塘村）、荣富路 37 号-63 号（桔岭新村）、新塘村居民小组 1 号-83 号、新塘村东区 1 号-11 号、新塘村下新塘 1 号-38 号、荣辉花园 22 号-33 号、桔岭老村 1 号-209 号、桔岭老村新居 1 号-84 号、观光路 1341 号-1398 号、桔岭新村 1 号-240 号（福前路）、新塘村福前路 241 号-244 号、桔岭新村 262 号-277 号、溢佳路 1 号-18 号、桔岭老村置业小区 1 号-38 号、桔岭老村兆利花园 219 号-230 号	7	7	6		13	13	15	12	15	12		12	10	8	8
	大三社区	1	大三村 1 栋-426 栋	8	7			15	15	20	15	20	15		12	10	8	8
	章阁社区	1	富士康北门隆添利广场、志扬广场、星河宿舍、桂月路 449 号-482 号、大富工业区、澳门工业区 1 栋-20 栋、中港星广场 A 栋-N 栋、塘前西区 1 号-16 号（英杰利公寓片区）	10	7			15	15	30	18	30	18		12	10	8	8
		2	塘前新村 1 号-127 号、章阁新村 1 号-168 号、章阁老村东区 1 号-150 号、西区 1 号-288 号、福前路 345 号-488 号、塘前老村 1 号-55 号	10	7			15	15	20	15	20	15		12	10	8	8
	新田社区	1	商业步行街、新樟路 1 号-51 号（单号）、新安居花园段、观平路 13 号-75 号（单号）	10	7				8	25	15	25	15		10	8	8	8
		2	新樟路 2 号-36 号（双号）、环观南路 67-79 号（单号）、新樟路 70 号-108 号（双号）、景田路、新樟路 53 号-101 号（单号）、新丰大道右边	10	7				7	20	10	20	10		10	8	8	8

（续表）

街道行政区域	路段号		指导租金 / 用途 / 区域位置	住宅				办公		商业					厂房			仓库
	社区	路段号		带电梯	不带电梯	平房	别墅	高层	多层	高层 一楼	高层 二楼以上	多层 一楼	多层 二楼以上	简易	一楼	二楼以上	简易	
观澜街道	新田社区	3	君新工业区、吉坑村、元岗村、新樟路38号-68号（双号）、新樟路103号-111号（单号）	10	7				7	15	10	15	10		10	8	8	7
		4	元一村、元二村、元三村、元水老村、环观南路81号-85号（单号）		7				6	12	8	12	8		9	8	8	6
	老村社区	1	观平路119号-159号（单号）、腾龙工业区前段、麒麟大厦		7				8	25	15	25	15		10	8	8	8
		2	观平路161号-177号（单号）、第二市场、景田路、创新路、麒麟工业区、沙博小区前段、腾龙工业区中段		7				8	20	12	20	12		10	8	8	8
		3	景田小区、老三村前三排		7				6	15	10	15	10		10	8	8	6
		4	老一村、老二村、田心村、老三村第四排后、沙博小区后段、老村、腾龙工业区后段等偏僻处		7				6	12	10	12	10		9	8	8	6
	金龙湖社区	1	新田市场		7				9	35	20	35	20		10	8	8	8
		2	观平路44号-110号（双号）、观平路牛轭岭段、牛轭岭A区、B区、新丰新村1号-7号、新丰大道前段左边、公坑廊工业区前段		7				7	20	10	20	10		10	8	8	7
		3	新丰大道后段左边、新湖北街前段、新丰工业区、新牛路		7				7	18	10	18	10		10	8	8	6
		4	公坑廊工业区后段、新丰新村、谷湖龙二村、谷湖龙新村、牛轭岭村、中瑞工业园、新丰新村等偏僻处		6				6	12	10	12	10		9	8	8	6
	下湖社区	1	樟坑径市场安澜大道220-238号（双号）、五和大道333号1-13、下围工业区一路2、3、4、6号、安澜大道227-247号（单号）		6				8	25	15	25	15		10	8	8	8
		2	五和大道323号、329号、327号、安澜大道218号、安澜大道240-256号（双号）、下围工业区一路1号		6				7	20	15	20	15		10	8	8	8

（续表）

街道行政区域	社区	路段号	区域位置 \ 指导租金 \ 用途	住宅				办公		商业					厂房			仓库
				带电梯	不带电梯	平房	别墅	高层	多层	高层		多层		简易	一楼	二楼以上	简易	
										一楼	二楼以上	一楼	二楼以上					
观澜街道	下湖社区	3	下围工业区一路 7、8、9、11、12 号、安澜大道 249 号-299 号（单号）、新樟路 128 号-136 号、白鸽湖路、五和大道 325 号、331 号、新樟路 96 号-127 号、安澜大道 274 号-288 号（双号）		7				6	20	10	20	10		10	8	8	8
观澜街道	下湖社区	4	白龙头小区、白鸽湖老围、白鸽湖新村、下围村、景山花园新村		6				6	15	10	15	10		9	8	8	7
观澜街道	上坑社区	1	福海百货侧边、宝业路 50 号-88 号（双号）、宝业路 51 号-65 号（单号）、高新技术园区		7				8	25	15	20	15		12	10	10	9
观澜街道	上坑社区	2	五和大道 318 号、322 号、326 号、牛角龙工业区商业步行街		7				8	23	15	23	15		10	8	8	8
观澜街道	上坑社区	3	澜园路、富业路、侨安工业园、民爱科技园上围工业区、上围路 81 号-109 号（单号）、宝业路 5 号-49 号（单号）、宝业路 18 号-48 号（双号）、上围工业区		7				8	20	10	20	10		10	8	8	8
观澜街道	上坑社区	4	上围路 42 号-70 号（双号）、上围路 59 号-75 号（单号）、长坑村长兴路		6				6	15	10	15	10		9	8	8	7
观澜街道	上坑社区	5	上围老围村、上围新村、长坑村等偏僻处		6				6	12	8	12	8		9	8	8	7
观澜街道	桂花社区	1	桂新路 1-122 号、桂花路 53 号（国惠康商场）、桂花路 108 号（首信广场）		7			17	13	40	25	40	25					
观澜街道	桂花社区	2	桂花路 106 号（农贸市场）、桂花路 107 号（美安厂店面）		7	6		16	12	30	20	30	20					
观澜街道	桂花社区	3	惠民一路全段、桂花路 109-171 号、观光路		7	5		14	10	25	15	25	15		9	8	7	7
观澜街道	桂花社区	4	桂花路 1-105 号、第六工业区、新石桥街、桂花新村、惠民二路		7	5		12	10	20	15	20	15		8	8	7	7
观澜街道	桂花社区	5	贵湖塘住宅区、放马埔住宅区、新石桥老村、南一巷、南二巷、南三巷、赤花岭新村住宅区		6	5		12	9	15	10	15	10		9	8	7	7
观澜街道	桂花社区	6	新石桥住宅区、桂花新村（第二排起）、桂花桥公园住宅区（第二排起）、赤花岭住宅区、贵湖塘老村、放马埔老村、赤花岭老村、新石桥老村		6	5		10	7	10	8	10	8		9	8	7	7

（续表）

街道行政区域	社区	路段号	区域位置 \ 指导租金 \ 用途	住宅：带电梯	住宅：不带电梯	住宅：平房	住宅：别墅	办公：高层	办公：多层	商业：高层一楼	商业：高层二楼以上	商业：多层一楼	商业：多层二楼以上	商业：简易	厂房：一楼	厂房：二楼以上	厂房：简易	仓库
观澜街道	星花社区	1	桂花路 258-334 号（庙二市场）、观光路段、桂花路 200-250 号（庙一市场、桂花路庙一、庙二、蚌岭路段）、桂圆路 1-75 号、品顺路 11-103 号、庙溪新村第一排		7	6		15	12	25	15	25	15		9	8	7	7
		2	庙溪工业区、启威厂对面住宅区		6	5		12	10	20	10	20	10		8	8	7	7
		3	庙一住宅区、庙二住宅区、庙溪新村（第二排起）		6	5		12	10	15	9	15	9		9	8	7	7
		4	蚌岭住宅区、大湖住宅区、蚌岭老村、大湖老村		6	5		10	8	12	9	12	9		9	8	7	7
	大坪社区	1	章企路 1-114 号、佳怡工业区		7	5		10	10	25	15	25	15		9	8	7	7
		2	大沙河住宅区、企坪村住宅区		6	5		12	9	15	8	15	8		9	8	7	7
		3	大沙河老村、企坪老村、桂月路		6	5		9	7	12	8	12	8		9	8	7	7
	松元厦社区	1	观澜大道（松元段）、观澜气车站、宝地利、昌兴楼（大布新村 103 号）、观平路 1-381 号、松元商业街、桂新路	9	7	6		10	10	30	15	30	15		11	9	9	10
		2	观平路 383-397 号、高尔夫大道、园湖工业区、育才路、大布新村 1-14 号	9	7	6		9	9	25	10	25	10		10	9	9	9
		3	中心新村、旭玫新村、大布新村、向西新村、向西新围、鹅公碑、旭玫新村、观光路	8	6	6		8	8	20	10	20	10		10	9	9	9
		4	中心老村、向西老村、其他	7	6	6		7	7	15	8	15	8		10	9	9	9
	福兴围社区	1	观平路、德胜路（观平路至松元工作站）、观光路	8	7	6		10	10	20	15	20	15		10	9	9	9
		2	太兴新村第一排、荔城工业园、上围新村第一排、福楼路口、福楼 89 号、90 号	8	6	6		9	9	20	10	20	10		10	9	9	9
		3	太兴新村二排起、上围新村二排起、福楼村、太兴老村、福楼老村、上围老村	8	6	6		8	8	12	9	12	9		10	8	8	8

（续表）

街道行政区域	社区	路段号	区域位置 \ 指导租金 \ 用途	住宅 带电梯	住宅 不带电梯	住宅 平房	住宅 别墅	办公 高层	办公 多层	商业 高层 一楼	商业 高层 二楼以上	商业 多层 一楼	商业 多层 二楼以上	商业 简易	厂房 一楼	厂房 二楼以上	厂房 简易	仓库
观澜街道	南大富社区	1	新华大厦一区、松元市场、建材市场、河南新村 42 号、美联百货、环观中路 172 号、环观中路 206 号	9	7	6		10	10	25	15	25	15		11	9	9	10
		2	环观中路、大布头路、观平路（南大富社区段）、河南新村 90-102、200-205、210 号、粮食集团工业园同富裕工业区、昌玮工业区、越兴工业区	9	7	6		9	9	25	10	25	10		11	9	9	9
		3	河南新村 70、75、81、89、65、43、211 号	8	7	6		9	9	20	10	20	10		11	9	9	9
		4	河南新村第二排起、河南老村、大布头村、虎地排、其他	7	6	6		8	8	15	10	15	10		10	8	8	8
	大布巷社区	1	布新路 1 号-185 号、2 号-226 号、大坑龙一路、大坑龙工业区、泗黎路两边两侧	7	7			10	10	25	15	25	15		9	8		7
		2	白门前三巷 1 号-13 号、四巷 1 号-6 号、银星工业园、鸿信工业园、阳光花园	7	7			10	10	20	15	20	15		9	8		7
		3	白门前住宅区内、大布巷新围内、解腰区内、老围内、大坑龙工业区住宅区内、银星工业园住宅区内、鸿信工业园住宅区内（全部在住宅区第二排以后）	7	7			10	10	15	10	15	10		9	8		7
	桂澜社区	1	汇食街 1 号-89 号、2 号-38 号、兴万达广场一楼	8	7				20	50	25	50	25		9	8		7
		2	升华二街 1 号-63 号、2 号-56 号、华园巷内、升华一街 2 号-34 号、观澜老市场、观澜大道 421 号-491 号、兴万达广场负一楼	8	7				15	40	25	40	25		9	8		7
		3	玫园新村、桂澜大道 1 号-51 号、2 号-44 号、新安综合市场路边第一排、景平路 1 号-77 号、2 号-100 号、商业步行街 2 号-182 号、沿河东路、沿河西路；	8	7				15	35	20	35	20		9	8		7
		4	大东门街 1 号-43 号、2 号-50 号、食品路 2 号-32 号、1 号-7 号、桂花路 2 号-54 号、桂澜中路路边两侧、聚和路 2 号-26 号	8	7				12	25	15	25	15		9	8		7
		5	桂澜新村、玫园新村、桂花路、赤花路两侧、新澜雅苑、福基花园、三栋屋、福苑花园、仲光村、教师村、蘑菇场（全部在住宅区第二排以后）	8	7				10	20	10	20	10		9	8		7
		6	兴万达广场二至八楼		7				20				30					

（续表）

街道行政区域	社区	路段号	区域位置 \ 指导租金 \ 用途	住宅 带电梯	住宅 不带电梯	住宅 平房	住宅 别墅	办公 高层	办公 多层	商业 高层 一楼	商业 高层 二楼以上	商业 多层 一楼	商业 多层 二楼以上	商业 简易	厂房 一楼	厂房 二楼以上	厂房 简易	仓库
观澜街道	翠澜社区	1	汇食街一期、民乐福超市	8	7				20	55	25	55	25		9	8		7
		2	升华一街1号-33号、翠澜新村四巷2号-12号、翠澜新村五巷2号-18号、新澜大街1号-99号、2号-70号、众安街55号-75号、10号-81号、观澜大道259号-343号、345号-419号	8	7				15	15	25	15	25		9	8		7
		3	翠澜新村、民乐福侧边	8	7				15	30	20	30	20		9	8		7
		4	新东街2号-66号、1号-25号、金霞街1号-33号、2号-24号、众安街2号-14号、桂花路两侧、桂花园中间排两侧、沿河路路边第一排	8	7				15	20	15	20	15		9	8		7
		5	吓呃新村、吓呃围仔、万安堂村、马坜围仔、鲤鱼岭村、翠澜新村、桂花教师村、观澜老街（全部在住宅区第二排以后）	7	7				10	15	10	15	10		9	8		7
	大航社区	1	中航格兰郡商业街B501-B615号	15	7							50	30					
		2	中航格兰郡大和路1601号-1610A号-1501号-1518号-1201号-1213A号-1216号-1233A号段、大和路二期—广场段	15	7			15	15	40	25	40	25					
		3	大和路商务大厦、人民路、大航中心花园、大航中心市场	15	7			25	25	35	20	35	20					
		4	荷叶榕市场第一排、中航格澜郡商业街二楼、中航格澜郡商业街第二排至第四排、环观南路中航二期1201-1213A、1501-150、1605-1610、1513-1518、1228、1230、招商澜园、沿河路（广场至人民路段）	15	7			25	25	30	20	30	20		9	8		7
		5	大和路197号					15	10	15	10							
		6	荷叶榕市场第二排至第四排、锦鲤一村、锦鲤二村、大航五区新村、大和路197号	15	7			15	15	20	15	20	15		9	8		7

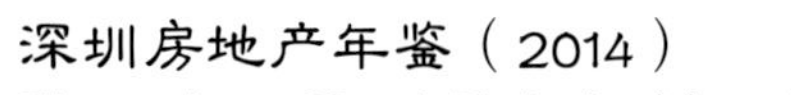

（续表）

街道行政区域	社区	路段号	区域位置 \ 指导租金 \ 用途	住宅 带电梯	住宅 不带电梯	住宅 平房	住宅 别墅	办公 高层	办公 多层	商业 高层 一楼	商业 高层 二楼以上	商业 多层 一楼	商业 多层 二楼以上	商业 简易	厂房 一楼	厂房 二楼以上	厂房 简易	仓库
观澜街道	大和社区	1	巴兰塔路边两侧、大和路段、环观南路两侧、招商观园内第一排、人民路东段	8	7				15	25	20	25	20		9	8		7
		2	安佳工业园、马坜新村、大和综合楼、大和村村道两侧、大和工业区、怡力科技园、田寮工业区、金雄达科技园、易事达宝益成科技园、锦鲤工业区、格澜路两侧、锦秀路两侧	8	7				15	20	15	20	15		9	8		7
		3	大和村、田寮新村、田寮老村、环仔新村	8	7				12	15	10	15	10		9	8		7
	岗头社区	1	观澜大道岗头陈屋围路边第一排至观澜大道横坑路口	8	7				15	30	20	30	20		9	8		7
		2	东王围商业步行街	8	7				15	25	15	25	15		9	8		7
		3	宝东路两侧、第三工业区路边两侧、锦秀路两侧、金茂路两侧、金明路两侧、陈屋围中间排两边、山寮住宅区路边第一排、山寮住宅区中间排两侧、观中街两侧、盈丰路两侧、福田新村中间排、东王围中间排	8	7				15	20	15	20	15		9	8		7
		4	东王围、福田新村、东王新村、陈屋围、山寮住宅区、第三工业区住宅区、第二工业区住宅区（全部在住宅区第二排以后）	8	7				12	15	10	15	10		9	8		7
	马坜社区	1	观澜大道宝荣商场至大和路口段	7	7				15	35	20	35	20		9	8		7
		2	马坜西区至观澜二中学校大和路段、环观中路两侧	7	7				15	30	20	30	20		9	8		7
		3	马坜东区中间排、马坜西区中间排、马坜西新区中间排、马坜老村中间排、新岭工业区路边第一排	7	6				15	20	10	20	10		9	8		7
		4	马坜社区马坜西区内、马坜西新区内、马坜老村内、马坜东区内、新岭工业区住宅内、老一、老二小区（全部在住宅区第二排以后）、其他	7	6				15	15	10	15	10		9	8		7

（续表）

街道行政区域	社区	路段号	区域位置	住宅 带电梯	住宅 不带电梯	住宅 平房	住宅 别墅	办公 高层	办公 多层	商业 高层 一楼	商业 高层 二楼以上	商业 多层 一楼	商业 多层 二楼以上	商业 简易	厂房 一楼	厂房 二楼以上	厂房 简易	仓库
观澜街道	横坑社区	1	河东村商业街、横坑路路边两侧、环观中路河西至河东段	8	7				12	25	15	25	15		9	8		7
		2	河东村路边第一排、福田新村路边第一排、横坑宝志工业路路边两侧、河西市场路边两侧	8	7				12	20	15	20	15		9	8		7
		3	河西新村、河东新村、豪亚小区、河西老围、河东老围、福田新村、横坑宝志工业路住宅区、其他	8	6				12	15	10	15	10		9	8		7
	富坑社区	1	库坑市场、中心老村、同富裕工业区、广澜工业园、泗黎路口、新围皇帝印工业区	10	7	6		15	10	25	15	25	15		10	9		10
		2	中心新村第一排、新围新村	10	7	6		12	10	20	15	20	15		10	9		9
		3	中心新村第二至第五排、新围居民小组、围仔居民小组、水围居民小组	10	7	6		10	8	15	10	15	10		10	9		9
	陂头吓社区	1	陂新村超市至捷坤工业园、樟企路陂新村段、桂月路、丰盛工业城段	10	7	6		15	10	25	15	25	15		10	9		9
		2	陂新居民小组、诚光工业区、樟企路陂老村段	10	7	6		12	10	20	15	20	15		10	9		9
		3	陂头吓社区陂老居民小组	10	7	5		10	8	15	10	15	10		10	9		9
	凹背社区	1	凹背村	10	7	5		10	8	15	10	15	10		10	9		9
	黎光社区	1	黎光市场、黎光新工业区、黎光老工业区、黎光新围	10	7	6		15	10	25	15	25	15		10	9		12
		2	黎光老围路口至收费站路段、公园路段、贵园街段	10	7	6		12	10	15	10	15	10		10	9		10
		3	黎光社区老围老村	10	7	6		10	10	12	10	12	10		10	9		

（续表）

街道行政区域	社区	路段号	区域位置 \ 指导租金 \ 用途	住宅				办公		商业					厂房			仓库
				带电梯	不带电梯	平房	别墅	高层	多层	高层一楼	高层二楼以上	多层一楼	多层二楼以上	简易	一楼	二楼以上	简易	
观澜街道	石马径社区	1	牛湖综合市场、金石路1、10、19、28、37号	8	7	6		9	9	25	15	25	15	15	10	9	9	9
		2	君新路79、137号（石三工业区、鸿景鹏工业园、胜顺工业园）	8	7	6		9	9	20	10	20	10	15	11	9	10	9
		3	新湖路9-86号、石一村22-27号（牛湖市场后）、金石路2-9号、11-18号、20-27号、29-36号	8	7	6		9	9	15	10	15	10	10	9	8	8	8
		4	石一新村1-47号、石一村1-21号、石一旧屋村（牛湖市场后面）、石一船岭1-182号、石二村小区、石二村1-185号、石三村1-62号、石三旧村1-133号	8	6	6		8	8	10	8	10	8	10	9	8	8	8
	启明社区	1	裕昌路（1号-4号）、牛湖老村门口、永丰恒工业区、丰盛福百货商场、鑫辉购物广场		7				9	25	15	25	15	20	11	9	10	10
		2	观天路明澜公司工业园、观天路老二新工业区、牛湖老村顺兴隆百货、裕昌路（6号-32号、7号-19号）		7				9	20	12	20	12	15	9	8	9	9
		3	牛湖老村裕昌路（29号-87号、44号-138号）		7				8	15	10	15	10	12	9	8	8	8
		4	老一村旧区、老一村新区、老二村小区		7				8			10	10	10	9	7	8	8
	广培社区	1	高尔夫大道园湖工业区、牛湖居委统建楼		7				9	25	15	25	15	20	10	8	9	9
		2	南兴工业园、深德技校、宝湖工业区、裕新路（1-81号、2号-142号）、吓围、俄地吓段		7				9	20	15	20	15	15	10	8	9	9
		3	牛湖新村裕隆路（1号-141号、2号-178号）、坳顶村1-14号、40-67号		7				9	12	10	12	10	10	9	8	8	8
		4	木头湖村1-126号、坳顶村15-39号、68-180号、方一村1-34号、方二村40-59号、俄地吓新村1-62号、吓围新村1-42号		6	6			9	10	8	10	8	9				
		5	高尔夫球场内	80	80					150	100	150	100					

（续表）

街道行政区域	社区	路段号	区域位置	住宅				办公		商业					厂房			仓库
				带电梯	不带电梯	平房	别墅	高层	多层	高层 一楼	高层 二楼以上	多层 一楼	多层 二楼以上	简易	一楼	二楼以上	简易	
观澜街道	大水田社区	1	大水田工业园B区第二排至第六排		7				9	20	15	20	15	20	10	9	9	9
		2	大水田工业区B区第一排（B101-112号）、大水田工业区A区、大水田版画基地（裕新路171号-233号、240号-280号）、龙百年家私厂旁商铺		7				9	20	12	20	12	20	10	8	8	9
		3	大水田新住宅区（裕昌路266号-272号、127号-151号）、大水田1-130号		7				8	15	10	15	10	15				
	丹湖社区	1	悦兴路、福民市场		7	6			12	30	15	30	15	20	11	9	9	9
		2	泗黎路		7	6			12	20	15	20	15	15	11	9	9	9
		3	丹坑新村、丹坑西区、长湖头新村		7	6			12	15	10	15	10	12	11	9	9	9
		4	丹坑老村、长湖头老村		7	6			10	12	10	12	10	10	11	9	9	9
	新城社区	1	龙观大道11-96号	8	7	6			12	25	15	25	15	15	11	9	9	9
		2	竹村市场、竹村相模厂路段、田背路、田茜路、竹园路	8	7	6			12	20	12	20	12	12	11	9	9	9
		3	田背一组、田背二组、竹村西区、竹村东区	8	7	6			12	15	10	15	10	12	11	9	9	9
		4	竹村老围	8	7				10	12	10	12	10	10	10	8	8	8
	茜坑社区	1	福民路	10	7	6			12	25	15	25	15	15	11	9	9	9
		2	茜坑老围市场、索菱厂门口	10	6	6			12	20	15	20	15	15	11	9	9	9
		3	茜坑新村、茜坑老村、老虎凹	10	6	6			11	15	10	15	10	10	11	9	9	9
		4	茜坑新村老围	10	6	6			10	12	10	12	10	10	10	8	8	8
	悦兴围社区	1	福前路1-110号、豪亚花园、悦兴路1号-36号	10	7	6			12	20	10	20	10	12	11	9	9	9
		2	悦兴路37号-56号	10	7	6			11	15	10	15	10	10	11	9	9	9
		3	悦兴围一组、悦兴围二组	10	7	6			10	13	10	13	10	10	10	8	8	8

（续表）

街道行政区域	社区	路段号	区域位置 \ 指导租金 \ 用途	住宅				办公		商业					厂房			仓库
				带电梯	不带电梯	平房	别墅	高层	多层	高层		多层		简易	一楼	二楼以上	简易	
										一楼	二楼以上	一楼	二楼以上					
观澜街道	狮径社区	1	核电路、外经发工业区门口	10	7	6			13	20	15	20	15	12	11	9	9	9
		2	悦兴路（鸿发工业区段）、冼屋村工业一街、二街、狮径一组、狮径二组、冼屋村	10	7	6			12	15	12	15	12	12	11	9	9	9
	四和社区	1	观澜大道 97-203 号、人民路（1-36 号，79-123 号）、南木畲别墅、公园路、银河新村	10	7	6	20	15	13	30	25	25	15	15	10	8	8	8
		2	迎侨花园、滨河花园、松元围新村、扶龙广场、富民大厦、松元围路、松元围新村、武馆村	10	7	6			13	20	15	20	15	10	10	8	8	8
		3	江围村、松元围老村、南木畲	10	7	6			12	15	10	15	10	10	10	8	8	8
	君龙社区	1	德茂街 12-30 号（双号）		7	6			13	25	15	25	15	25				
		2	德茂街 2-10 号（双号）、君新路 55 号-77 号（单号）、66-100 号（双号）		7	6			12	20	15	20	15					
		3	君新路 79-101 号（单号）、102-124 号（双号）、龙兴路 26-46 号（双号）、君龙社区凌屋工区路 5、16、18、19、21、22、23 号、凌屋工区、凌屋工业路厂房、环观南路厂房		7	5			11			20	15		10	8	8	8
		4	凌屋小区 5、13、14、17、18、25、26、31、36、40、41、44、45、52、53、57 号、龙兴小区 5、6、10、11、14、15、20、21、24、25、28、29、34、35、38、48、49、52、53、56、57、62、63、66、67、70、71 号、君新路 1-53 号、紫金围 2-13 号、环观南路段		7	5			10			15	15					
		5	张一、张二住宅区、凌屋小区二排至里面、龙兴小区二排至里面		7	5			8	10	8	10	8		10	9	9	9

（续表）

街道行政区域	路段号：社区	路段号：路段号	指导租金 / 用途 / 区域位置	住宅：带电梯	住宅：不带电梯	住宅：平房	住宅：别墅	办公：高层	办公：多层	商业：高层：一楼	商业：高层：二楼以上	商业：多层：一楼	商业：多层：二楼以上	商业：简易	厂房：一楼	厂房：二楼以上	厂房：简易	仓库
观澜街道	君新社区	1	德茂街 25-37 号（单号）、铭可达物流中心		7	6			15	25	15	25	15	20	16	10	10	16
		2	德茂街 1-23 号（单号）		6	6			10	20	10	20	10					
		3	君新路 2-64 号（双号）、老围小区 46-72 号、环观南路 6、36、46、50、54、60、64 号、老围工业区、田心工业区、环观南路段厂房		6	6			10	15	10	15	10		10	9	9	9
		4	田心小区、君新社区老围小区二排至里面		6	5			8	10	8	10	8		10	9	9	9
	（部分房屋由工业厂房、宿舍改变为商业用途的首次合同指导价为：每平方米 15 元计算，转租合同按市场指导价计算）																	
大浪街道	一类		龙观西路（鹊山段）、和平路（龙胜段）、建设西路（龙胜段）、工业西路（龙胜段）、华南批发市场	12	10	10	18	30	30	60	30	60	26		13	11	10	10
			龙胜大厦、凯豪大厦、龙胜商业大厦、大浪商业中心	11	10	9	15	28	26	50	25	50	22		13	11	10	10
	二类		华旺路、龙胜西路、大浪南路（浪口段）、华艺市场、大浪综合市场、龙胜市场、桂冠华庭、石龙路、潭罗段综合办公楼、华悦路（金盈新村段）、布龙路、琼珠花园	10	10	9	15	26	26	40	25	40	22		13	11	10	10
	三类		联润路、英泰路、华悦路、华昌路、教育一路、华盛路、华霆路、美宝路、华荣路、华繁路、潭罗路、华达路、浪口路、创艺路、华兴路、爱义路、鹊山路、高峰路、春华路、早禾路、快速路、云峰路、华宁路、宝华路（龙胜段）、同胜同富裕工业区、河坑口工业区、下横朗春长工业区、石观工业区、下横朗第二工业区、光浩工业区、康发科技园、大浪同富邨工业园、澳华工业园（澳华新村）、同富裕工业园、龙泉科技工业园、远业工业园、特发科技园、联恒商业城、龙华村市场后排、上横朗综合楼、潭罗市场、桃苑新村、龙军花园、中兴小区、海城大厦、三合大厦、佳利科技大厦、科泰大厦、钓鱼台工业区、明君商务中心、福龙大厦、新华荣市场、佳运大厦	10	9	9	13	25	22	30	22	30	18		13	11	10	10

（续表）

街道行政区域	路段号（社区/路段号）	区域位置 \ 指导租金 \ 用途	住宅：带电梯	住宅：不带电梯	住宅：平房	住宅：别墅	办公：高层	办公：多层	商业：高层一楼	商业：高层二楼以上	商业：多层一楼	商业：多层二楼以上	商业：简易	厂房：一楼	厂房：二楼以上	厂房：简易	仓库
大浪街道	四类	浪花路、鲤鱼路、天诚路、龙南路、新侨塘工业区一、二路、教育二路、下岭排路、大浪南路（新围段）、工业园路、石凹第二工业区、龙城工业区、潮回楼工业区、佳利工业区、龙胜工业区、赖屋山新村东区、金盈新村、赤岭头新一村小区、龙胜老村、浪口一、二区、浪口八、九区、同胜住宅小区、潭罗A、B、C区、元芬新村、赤岭头一、二村、羊龙新村、上早新村、鹊山新一、二村、龙胜新村1、2、3、4、5区、泥头咀村、水围村、新围村、三合华侨新村、玉田新村、下早新村、中保富裕新村、上横朗新村、白云山新村、龙禾花园、金龙路、枭龙路、石场路、华辉路、龙胜一队小区、华联工业区、浪荣路、浪宁路、浪琴路、永乐路、新岭路、鸿盛御景、华联工业区22-23号（华联丰大厦）、公园路、福轩新村、陶吓新村、上横朗富裕新村、浪口三区、华新锐明工业区	10	9	8	12	22	20	22	18	20	16		13	11	10	10
	五类	沿河路、水泰路、上岭排工业区、玉壶新村、宝山新村、黄麻埔村、罗屋围村、三合村、上岭排村、下岭排村、宝龙新村、下横朗新村、凯滨新村、石凹村、菠萝斜新村、潭罗别墅区、石妹工业区、大船坑路、元芬老村、羊台山新村、茶角坎新村、三合二新村、赖屋山新村、潭罗新村	9	8	7	11	20	15	16	12	16	12		12	10	9	10
龙华街道	一类	美丽AAA、天虹商场、人民路（中段）	25	17	12	16	40	35	120	50	80	40	40	16	14	12	15
		华富市场（商业）、金龙华广场、美丽365花园前排、富通天骏（和平路段）、花园大街（中行路段）、南方明珠商业城、金銮时代广场、江南华府、清湖万盛百货商业楼、大润发商场	22	17	11	16	40	30	75	35	65	30	30	16	13	12	15

（续表）

街道行政区域	路段号 社区	路段号	指导租金 区域位置 \ 用途	住宅 带电梯	住宅 不带电梯	住宅 平房	住宅 别墅	办公 高层	办公 多层	商业 高层 一楼	商业 高层 二楼以上	商业 多层 一楼	商业 多层 二楼以上	商业 简易	厂房 一楼	厂房 二楼以上	厂房 简易	仓库
龙华街道		二类	龙观西路（路两边）、龙观东路前排（路两边）、金碧世家、盛地龙泉、和平花园、美丽 365 花园、青年城邦、新城市花园、劲力明珠花园、大信花园、华富市场前排、龙鹏大楼、瓦窑排（商业）、东源阁、佳华商场、香醍雅苑、美丽家园、绿茵华庭、丹枫雅苑、南国丽园、东华明珠园	18	15	11	16	30	25	60	30	50	25	26	16	13	12	15
		三类	三联路（路两边）、东环一路、东环二路、建设路、清泉路、龙华车站、宾馆花园、康华苑、潮回楼、华侨苑、超汇花园、百联公寓、泽华大厦、梅龙苑、龙泽榕园、民清路、皇嘉商业大厦、油松路两旁、旭日小区、盘陇新村、油松市场、清湖新村西、福景花园、中环花园、金玲花园、景乐市场、伍屋村、瓦窑排（住宅）、东环花园、梅龙大道两旁、东和花园、清湖市场、水斗富豪新村、清湖新村东、东埔龙、龙泉花园、乐景花园、嘉逸花园、金庸阁、盛世江南、梅苑新村（商业）、桦润馨居、优品建筑、新华苑、弘城阁、赛龙豪轩、海荣豪苑、世纪华庭、花半里、锦绣御园、华富市场（住宅）、油富商城、宝华路、天汇大厦、油松科技大厦、油松商务大厦	11	10	9	15	26	20	50	20	40	20	26	16	13	12	11
		四类	大浪南路（路两边）、景乐新村、景华新村、景龙新村、水斗老围、玉翠新村、华松花园、集瑞小区、港侨新村（云都别墅）、和平路两旁、硅谷动力工业园、清湖工业区、工业西路、工业东路、煜丰泽花园、鸿大工业园、宝卫工业区、富茂新村、油福新村、宇峰苑、宝湖新村、华联大厦、国鸿工业园、梦丽园工业园、圳宝工业园、彩煌工业园、胜立工业园、文化街、东吴工业区、卫东龙工业区、港之龙工业园、第二住宅小区、腾龙花园、龙腾阁、共和新村、华雅科技工业园、良基商业大厦、共和小区、共和花园、东升小区、油园新村、瑞丰小区、金利城科技工业园、新阳丽舍、松和新村、华油工业区、油松第二工业区、骏龙新村、上油松、下油松、水斗新围、新弓村（吊竹坑）、弓村一区、二区、锦绣新村、山咀头、富联新村、富泉新村、新碑村、弓村、康乐花园、双桥花园、金侨花园、碧波花园、锦绣花园、梅苑新村（住宅）	10	9	8	15	20	20	40	20	30	20	20	15	13	12	11

（续表）

街道行政区域	路段号 社区	路段号	区域位置 \ 指导租金 \ 用途	住宅 带电梯	住宅 不带电梯	住宅 平房	住宅 别墅	办公 高层	办公 多层	商业 高层 一楼	商业 高层 二楼以上	商业 多层 一楼	商业 多层 二楼以上	商业 简易	厂房 一楼	厂房 二楼以上	厂房 简易	仓库
龙华街道	其他		河背村、河背市场北区、郭吓村、牛地埔村、姜头村、龙园新村、荔园新村、鲤鱼路、狮头岭、墩背、墩背学校、鲤鱼塘、龙马新村、玉石新村、高坳新村、振华工业园、河背工业区、老围工业区、郭吓工业区、三联工业区、墩背工业区、第三、四、六、八、十工业区、宝华工业区、联华工业区、共和工业区、伍屋村工业区、老围村、龙苑新村、龙翔花园、华侨新村、油松荔苑新村、花园新村 一、二、三、四类区域位置第二排（含第二排）以后的房屋，可下调一个类别计算。	10	8	6	15	17	12	25	15	20	15	13	11	10	9	8
民治街道	一类		民治大道万众城、人民北路前排、民治大道鑫茂花园、民丰路鑫茂花园前段、民宝路前段、锦绣江南一期、天虹商场 、深圳北站	19	15		18	35	35	75	35	75	35		18	15	10	12
			民治大道前段、梅陇镇、阳光新境、幸福枫景、民治农贸市场、鑫茂花园、民旺路至沙吓村路段、世纪春城四期民安路段、东边老村民治大道边、绿景香颂	19	15		18	35	35	70	35	70	35		18	15	10	12
	二类		万众城步行街和商业街、牛栏前市场、万众城建材广场、潜龙花园、春华四季园、东二办公楼、七里香榭、鑫茂公寓、世纪春城民兴路段8号地块、水尾新村一区民治大道边、锦绣江南三期、苹果园、莱蒙水榭春天、鑫茂花园C栋、民治商业广场、民乐华润万家、碧水龙庭1-2栋、金亨利	19	15		18	35	35	65	35	65	30		18	15	10	12
			惠鑫公寓、鑫海公寓、华星大厦、丰润花园、玉华花园、银泉花园、兴万和广场、梅龙路、世纪春城梅龙路边、东泉新村梅龙路边、南源新村梅龙路边、向南一区民宝路边、横岭二区民治大道边、龙胜路、榕苑花园、潜龙苑、世纪春城民田路边6、7号地块、鑫茂花园A1栋-A2栋、万科金域华府、民宝路后段、世纪春城一期7栋A座、民治第三工业商业街、万众家居广场一、二、三期、锦绣江南二期、四期、书香门第、皇嘉梅陇公馆、新华城、樟坑民康路边、梅林检查站、中央原著、星河盛世	19	15		16	35	35	60	35	60	30		18	15	10	12

（续表）

街道行政区域	路段号：社区	路段号	区域位置 ＼ 指导租金 ＼ 用途	住宅：带电梯	住宅：不带电梯	住宅：平房	住宅：别墅	办公：高层	办公：多层	商业：高层：一楼	商业：高层：二楼以上	商业：多层：一楼	商业：多层：二楼以上	商业：简易	厂房：一楼	厂房：二楼以上	厂房：简易	仓库
民治街道	二类		东边市场、沿河南路商业街、横岭一、五区民治大道路边、民治大道后段、白石龙市场、滢水山庄一、二期、民乐路、民乐一区主干道、民乐新村主干道、民乐花园、万家灯火、民乐翠园、东二市场、东一综合楼、东二综合楼、南景新村、民田路边、梅坂大道潜龙阁、滢水二区、万家灯火、溪山、东一村主干道、东二村主干道、御龙华庭、上塘道、白石龙一区主道、龙岸花园、碧水龙庭3栋	18	14		16	35	35	50	30	50	25		18	15	10	12
			龙胜东路、西头市场前排商铺、民田路、民福路、宝山工业区、澳门新村、民乐老村主道、横岭四区市场、鑫茂花园B栋129号铺141号铺、民康路皓月花园、春华四季园民康路段、世纪春城一期7栋、世纪春城2栋A、B座女人街内铺、民乐工业园、华景乐园、民治第一工业区、沙元埔工业区、龙发路、风和日丽、日出印象、创业花园、碧水龙庭4-10栋	15	13		16	30	30	45	30	45	25		18	15	10	12
	三类		电站路、工业西路、工业东路、布龙公路前排、上塘农贸市场、骏景华庭、华美丽苑、布龙路华侨公寓、民兴路、梅花山庄、馨园一、二期、梅花新园、皓月花园、白石龙一区、丰泽湖山庄、民乐一区 、民乐新村、樟坑一、二、三区主干道、塘水围一、二、三区主干道、潜龙阁、阳光新苑3栋、汇龙苑5-6栋、樟坑工业区、牛栏前新村 、东一村、 东二村、世纪春城一期7栋B、C座、3栋A、B座、2栋B座、嘉龙山庄、龙塘主干道、中华工业园	15	13		16	30	30	40	25	40	20		18	15	10	12
			建设西路、宇丰城、西头新村、榕树苑、隔圳新村、龙塘市场、松仔园、南源新村、东泉新村、沙吓村、水尾村、东边村、向南村、华侨新村、沙元埔主干道、樟坑一、二、三区、横岭一、二、三、四、五区、嘉龙山庄、中航香水郡、万众生活村、白石龙二区、龙屋工业区、逸秀新村主干道、民乐老村、阳光新苑、龙塘村、简上村、安宏基工业园、潜龙景园、华通源物中心工业区、民治南路	15	13	10	15	30	30	40	25	40	20	15	17	14	9	12
	其他		其他范围	12	10	8		15	15	20	15	20	12	12	12	10	8	10

表 8-22　大鹏新区 2013 年房屋租赁指导租金汇总表

单位：元 / 月 • 平方米

街道行政区域	路段号	区域位置 ＼ 指导租金 ＼ 用途	住宅				办公		商业					厂房			仓库
									高层		多层						
			带电梯	不带电梯	平房	别墅	高层	多层	一楼	二楼以上	一楼	二楼以上	简易	一楼	二楼以上	简易	
葵涌街道	1	东门西、德华花园		7	5						14		5				
	2	双伍村、新岭村、横头新村、荔园路、屯围路、欧角巷、石场村、丰树山东一村、丰树山村、松树村、黄榄坑新村、屯围新村		6	4						14		5				
	3	葵新北路（葵丰）		7	4			16			14		6	6.5	6.5		
	4	第三工业区		7	4			16			16		6	7.5	7.5		
	5	葵坪北路、葵坪北路（车站）		7				16			19		7				
	6	葵新南路		5				15			14		7				
	7	万兴中路、葵政西路		5	5			15			14		7				
	8	葵政东路		7	5			15			20		7				
	9	横头老村、屯围村		4	4								6				
	10	金葵小区、金葵二区		5	3						7		5				
	11	商业东街		7							20						
	12	商南、商业街南路、商南东、商南东区、兴华路、金业路、海岸新城		6	4						8						
	13	澳头村、白石岗、虎地排村		5	3			7			7			7			
	14	新二路、东新路、新二西、新二东、东新南、东新东、欧屋、东门、张屋		4	4						7						
	15	知己工业园						7						9	7		7
	16	葵新南路（葵新）、金葵路、金葵中路、东门新村、葵鹏路		5	3						7			6			
	17	葵新北路、坪葵路、葵兴东路		6	3						16	10					

（续表）

街道行政区域	路段号	指导租金 区域位置 \ 用途	住宅				办公		商业					厂房			仓库
									高层		多层						
			带电梯	不带电梯	平房	别墅	高层	多层	一楼	二楼以上	一楼	二楼以上	简易	一楼	二楼以上	简易	
葵涌街道	18	三溪西路、石榴路		6	4						15						
	19	担水北路、下心径路、径心路		5	4						10						
	20	第一工业区						4.2						4.5			3
	21	金兴小区		8													
	22	老街		4							20						
	23	市场及周边、横街、旭日路、担水南路		6							18						
	24	欧新		5							16						
	25	葵兴小区		5													
	26	葵民路、华强路		7	6						14						
	27	福新南路、福新北路		6	5						10						
	28	石碑村、围布路、中新村、金业大道		7	6						11						
	29	福田、福塘南路、福塘北路、黄屋		6	5						10						
	30	三溪中路、曾屋		7	6						13						
	31	新屋仔		5	4						6						
	32	奔康工业区						6			15			8	7.5		
	33	葵新北路（医院片区）									25						
	34	葵新北路（综合市场以上）		7	6			6			9			7.5			
	35	商业步行街		6							16						
	36	同富裕工业区、第 工业区									14	6		7			
	37	延安路						13									

（续表）

街道行政区域	路段号	指导租金 / 用途 / 区域位置	住宅				办公		商业					厂房			仓库
			带电梯	不带电梯	平房	别墅	高层	多层	高层		多层		简易	一楼	二楼以上	简易	
									一楼	二楼以上	一楼	二楼以上					
大鹏街道	28	水贝、石桥头、新屋园、布锦村、布新市场		7	5						10						
	29	南坑埔		5	2						10						
	30	第一工业区、第二工业区、第四工业区、第六工业区、同富工业区、鹏城工业区、王母工业区		10				10			15	10	10	8	6	6	5
南澳街道	1	俄公小组、半天云小组		4				13			14		10				
	2	马坑小组、南澳老街		6	3			8			9						
	3	南澳街（除咸鱼街）、南渔新村、创业路、新创路、富民路后段（单55号，双84号起）		7	4			13			14						
	4	南澳街（咸鱼街）		7	5			10			25						
	5	富民路前段、人民路、关厂路、金融街		8	4			10			18						
	6	同富路		10				10			15						
	7	海港路（含双拥码头）、南澳湾花园		10				12			23						
	8	沙坑、大龙		5	3			6			8						
	9	百花园、教育路小区、枫南、关厂小区、斜吓小组		7	3			10			11						
	10	海滨南路、上下企沙、同富工业区、第一工业区		7	4			10			12			6	6		
	11	海滨花园		11				11	15		16						
	12	东山社区（除杨梅坑）		4	2			10			8						
	13	东山社区杨梅坑		7				8			13						
	14	新大社区		4	2			5			7						
	15	东渔社区		4	3			7			7						
	16	东涌社区、西涌社区（除海边）		5	2			6			9						

（续表）

街道行政区域	路段号	用途 / 指导租金 / 区域位置	住宅				办公		商业					厂房			仓库
			带电梯	不带电梯	平房	别墅	高层	多层	高层		多层		简易	一楼	二楼以上	简易	
									一楼	二楼以上	一楼	二楼以上					
南澳街道	17	东涌社区冲街、海边		5				7			13						
南澳街道	18	西涌社区海边		5				7			12		12				
南澳街道	19	水头沙社区东沙路、海滨北路、水头沙海鲜街		8				8			13			6	6		
南澳街道	20	水头沙社区东区、西区、银沙路、文明路、水沙路		7	4			8			9			6	6		

第九章　房地产权登记

房地产登记，是指由法定机构将申请人的房地产权利记载于政府特定的簿册上，颁发房地产权利证书的一种法律制度，也是加强房地产管理、保障房地产当事人合法权益的一项基本制度。主要包括房地产初始登记、二级转移登记、三级转移登记、抵押登记、安居房换证登记、预售备案登记等。

2013 年，深圳市房地产权登记中心按照上级统一部署，积极推动房地产登记历史遗留问题处理工作，圆满地解决了联合广场、香荟雅苑、鸿颖大厦等等房地产项目遗留问题的产权登记，消除了影响社会和谐稳定的不安因素；稳步开展深府〔2010〕66 号文规定的历史遗留问题处理工作，扎实做好“两类违法建筑”登记发证工作，据统计，2013 年度共查看现场 1885 宗，顺利完成 2106 宗（私宅类 1961 宗、生产经营性违法建筑类 145 宗）“两类违法建筑”的登记发证工作；积极做好信访维稳和咨询工作，据统计，2013 年，中心信访咨询共接待来访群众约 4 万人次，信访接待超过 1000 人次，电话咨询量为 15 万人次，电子信访约 2100 多宗；加强对房地产登记各个环节的审核与监管，对于存疑的材料及时予以核实，积极协调委监察支队严厉打击利用虚假材料骗取房地产登记的行为。2013 年，委规划土地监察支队已对两名当事人进行了处罚，分别处以 3 万元和 40 万元的罚款；启动产权登记系统与市地税局的房地产交易税费征收系统联网建设工

作，制定《房地产交易税款征收操作流程（试行）》及相关配套操作性文件；按照《广东省网上办事大厅深圳分厅建设规范》提出的广东省网上办事大厅深圳分厅的建设、市直部门窗口提供网上办事服务的统一业务规范要求，实现了产权登记事项进驻深圳分厅；按照市政府办公厅的要求，配合市政府门户网站优化升级工作组做好方案的策划工作以及网页筹建工作，目前，“三级转移登记”共建项目已在“深圳政府在线”门户网站上线；本着“为民务实清廉”的原则，以“为民务实清廉”为主题，深入开展党的群众路线活动，大胆创新窗口服务模式，推出了“6+1+1”窗口治理行动方案，先后实施了开通网上预约、六项业务“全市通办”（对现楼抵押登记、现楼抵押注销、安居房换证、遗失补发、房地产证破损换发、自然人姓名和身份证号码变更等六业务实行“全市通办”，）、七项业务“即来即办”（对异议登记、现楼抵押注销、楼花抵押注销、安居房换证、遗失补发、房地产证破损换发、自然人姓名和身份证号码变更等七项业务实现“即来即办”）、设立二手房自助交易服务区、增加窗口引导服务、新增两个窗口服务点等六项便民服务措施；按照辖区原则新组建了第一直属登记科、第二直属登记科、滨海登记科和信访咨询科，以方便辖区市民办理房地产权登记业务。

第一节　初始登记

《深圳经济特区房地产登记条例》规定，凡未经登记机关确认其房地产权利、领取房地产权证书的土地使用人及其地上建筑物、附着物的所有人应当申请房地产权的初始登记；凡同深圳市土地主管部门签订了土地使用权出让合同，并付清了地价款，取得土地使用权的土地使用人，应自付清地价款之日起 30 日内向登记部门申请土地使用权的初始登记；自取得该宗土地的地上建筑物、附着物竣工验收备案证明之日起 60 日内向登记部门申请房地产权初始登记。

2013 年，全市共办理房地产权初始登记 2532 宗，面积为 1254.79 万平方米。其中，罗湖 17 宗、面积 52.32 万平方米；福田 28 宗、面积 110.16 万平方米；南山 37 宗、面积 133.51 万平方米；盐田 12 宗、面积 31.48 万平方米；宝安 2216 宗、面积 662.5 万平方米；龙岗 178 宗、面积 203.93 万平方米。

表 9-1　深圳市历年房地产初始登记情况

单位：宗、万平方米

年份	辖区	宗数	面积	用途分类						
				住宅	工业仓储（2004年以前） （2004年以后）		商业金融	公共建筑	市政绿化	其他
					办公楼	工业仓储				
1993	全市	846	962.60	618.04	202.88		95.31	9.04	—	37.33
1994	全市	1551	1921.76	1274.02	376.55		201.47	43.44	2.82	23.46
1995	全市	5003	7232.31	3818.10	838.82		129.50	153.47	28.54	2263.88
1996	全市	9028	5844.83	927.85	608.51		61.02	172.16	33.69	4041.60
1997	全市	13502	4235.97	1040.45	722.77		470.49	55.61	2.65	1944.00
1998	全市	1403	1838.77	827.63	497.96		90.38	50.99	—	371.81
1999	全市	5106	1920.80	1365.70	442.40		38.14	9.48	0.52	64.54
2000	全市	2132	882.19	—	—		—	—	—	—
2001	全市	1368	3210.95	1144.82	1502.44		163.41	13.10	—	387.18
2002	全市	3097	5374.75	1209.70	3244.56		195.46	9.00	—	716.03
2003	全市	1683	1865.93	1064.19	267.46		340.39	27.68	—	166.21
2004	全市	7067	1871.78	507.6	144.95		53.46	8.30	—	59.13
2005	全市	4601	1553.13	634.74	70.81	463.17	268.72	1.61	0.64	113.44
2006	全市	3900	1132.95	390.34	41.55	475.28	50.93	3.19	—	171.66
2007	全市	4612	1532.41	369.22	38.31	928.31	64.27	1.64	—	130.67
2008	罗湖区	3	14.64	7.69	2.23	—	2.85	—	—	1.87
	福田区	10	40.40	8.12	—	4.52	—	0.26	—	27.49
	南山区	22	43.26	3.93	—	11.78	9.47	—	—	18.08
	盐田区	11	13.03	—	0.58	3.03	5.99	—	—	3.42
	宝安区	393	955.45	268.80	11.85	530.48	9.78	0.15	—	134.39
	龙岗区	1007	255.59	37.26	4.39	198.20	2.23	—	—	13.51
	全市	1446	1322.37	325.80	19.05	748.01	30.32	0.41	—	198.76
2009	罗湖区	8	14.55	12.33	—	0.96	0.69	—	—	0.57
	福田区	10	38.34	19	0.46	3.16	15.38	—	—	0.35
	南山区	25	73.08	23.16	11.12	23.87	4.92	0.07	—	9.94
	盐田区	5	9.62	0.58	0.85	5.44	0.21	—	—	2.53
	宝安区	400	885.79	232.07	20.71	562.9	5	0.26	—	64.88
	龙岗区	1157	688.56	33.7	8.66	615.6	1.48	0.79	—	28.33
	全市	1605	1709.94	320.84	41.8	1212	27.68	1.12	—	106.6

（续表）

年份	辖区	宗数	面积	用途分类						
				住宅	工业仓储（2004年以前） （2004年以后）		商业金融	公共建筑	市政绿化	其他
					办公楼	工业仓储				
2010	罗湖区	10	28.5	14.83	0	0.3	2.34	—	—	11.03
	福田区	17	41.62	2.97	7.68	3.31	20.51	—	—	7.16
	南山区	22	73.18	31.99	—	22.02	6.82	—	—	12.35
	盐田区	6	9.24	1.49	—	7.07	0	—	—	0.68
	宝安区	564	904.58	178.07	14.05	633.86	4.77	0.78	—	73.04
	龙岗区	686	393.46	24.91	2.8	348.37	7.16	0.8	—	7.43
	全　市	1305	1450.58	254.26	24.53	1014.93	41.6	1.58	—	111.69
2011	罗湖区	7	18.33	6.02	—	—	—	—	—	12.31
	福田区	11	37.21	9.55	6.1	2.15	5.32	—	—	14.09
	南山区	20	61.74	0.96	0.96	14.54	11.06	—	—	34.21
	盐田区	5	9.92	0.33	—	2.56	0.73	—	—	6.3
	宝安区	1761	372.11	188.4	8.73	562.35	2.67	—	—	109.97
	龙岗区	466	471.08	66.73	1.42	395.45	5.53	—	—	1.96
	全　市	2270	470.39	271.99	17.21	977.05	25.3	—	—	178.83
2012	罗湖区	7	28.26	0.6	—	2.41	—	—	—	25.25
	福田区	23	79.7	24.29	13.68	2.86	18.32	—	—	20.55
	南山区	45	148.72	71.06	11.45	37.47	0.22	—	—	28.51
	盐田区	16	70.09	33.71	—	15.55	3.29	—	—	17.54
	宝安区	1372	691.13	230.06	2.04	378.17	2.96	0.61	—	77.29
	龙岗区	209	309.25	36.78	0.07	249.44	8.73	—	—	14.23
	全　市	1733	1381.13	400.82	29.37	727.4	33.25	0.61	—	189.42
2013	罗湖区	17	52.32	26.49	0.41	5.05	0	5.22	0	15.16
	福田区	28	110.16	42.69	2.81	6.4	0	15.73	0	42.54
	南山区	37	133.51	56.8	13.98	4.62	0	31.58	0	26.52
	盐田区	12	31.48	8.38	0.51	2.98	0	17.51	0	2.1
	宝安区	2216	662.5	333.08	12.99	10.63	0.58	238.19	0	67.03
	龙岗区	178	203.93	14.91	1.16	1.6	0	183.98	0	2.29
	全　市	2532	1254.79	502.42	32.03	31.28	0.59	527.25	0	161.23

注：根据系统统计，本章数据仍按六区进行统计，新四区数据已经归并在内。

（续表）

年份	辖区	宗数	面积（万平方米）	登记金额（亿元）		
				人民币	港币	美元
2010	罗湖区	7520	73.15	107.935	0.123	—
	福田区	6686	77.16	119.015	0.046	0.002
	南山区	18159	156.8	281.519	0.013	—
	盐田区	1705	16.37	30.422	—	—
	宝安区	21635	216.94	258.2	0.068	—
	龙岗区	27499	266.74	241.814	0.091	—
	全　市	83204	807.16	1038.905	0.341	0.002
2011	罗湖区	4829	49.41	56.364	1.184	—
	福田区	6469	70.55	142.892	0.028	—
	南山区	13304	111.96	287.339	0.009	—
	盐田区	916	13	37.626	0.008	—
	宝安区	15174	143	260.33	0.058	—
	龙岗区	22069	260.61	259.076	0.017	—
	全　市	62761	648.53	1043.628	1.304	—
2012	罗湖区	4466	45.74	65.647	0.329	—
	福田区	5590	65.43	128.706	0.033	0.002
	南山区	9411	97.74	304.23	0.02	—
	盐田区	3189	30.02	64.404	0.002	—
	宝安区	15815	135.84	277.491	0.037	—
	龙岗区	17898	199.27	247.731	0.059	—
	全　市	56376	574.44	1088.454	0.48	0.002
2013	罗湖区	1807	20.12	32.413	0.197	0
	福田区	6299	64.24	156.858	0.008	0
	南山区	9444	88.51	288.002	0.01	0
	盐田区	1151	9.37	26.228	0.001	0
	宝安区	17383	174.25	328.392	0.02	0
	龙岗区	16516	158.36	230.219	0.033	0
	全　市	23750	525.51	1076.499	0.27	0

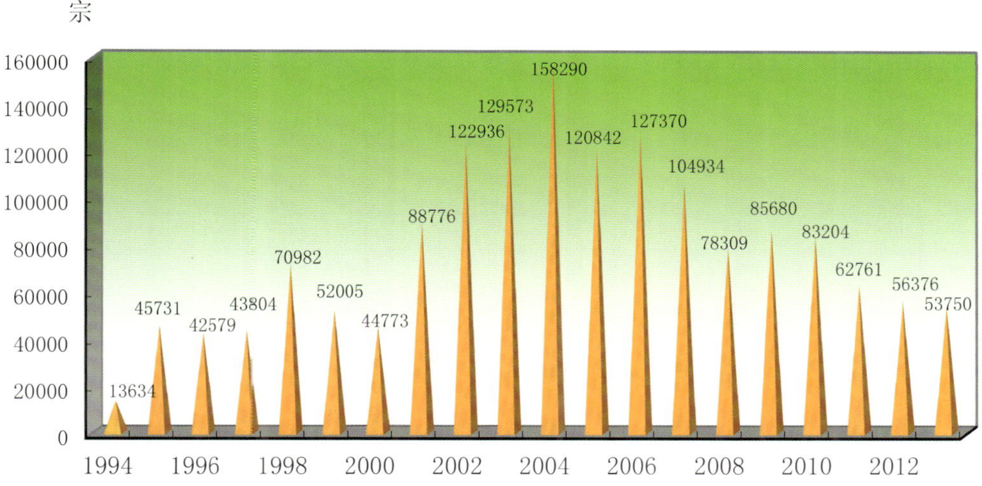

图 9-3 深圳市历年房地产二级市场转移登记宗数示意图

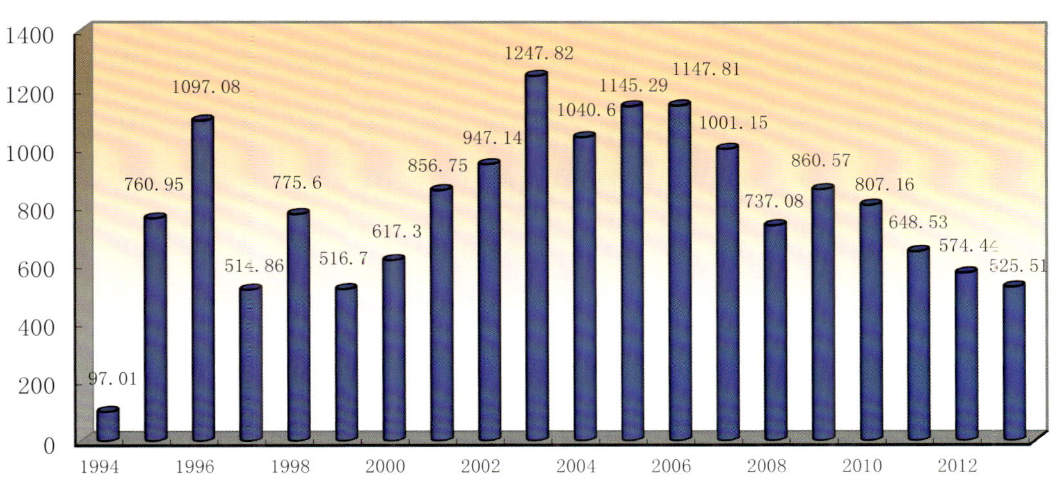

图 9-4 深圳市历年房地产二级市场转移登记面积示意图

二、三级市场转移登记

《深圳经济特区房地产转让条例》规定，凡房地产在已办理二级市场转移登记后又发生转移的，应再次办理转移登记，如房地产买卖、赠与、交换、继承，人民法院判决、裁定的强制性转移和依照法律、法规规定的其他强制性转移登记，以及《深圳经济特区房地产转让条例》中规定的其他视为转让的情况等。一般此类及其以后发生的转移登记称之为三级市场转移登记。

2013 年，全市共办理三级市场转移登记 104395 宗，登记建筑面积 1038.55 万平方米。其中，罗湖 18594 宗、面积 148.02 万平方米；福田 21899 宗、面积 203.32 万平方米；南山 15688 宗、面积 147.63 万平方米；盐田 2219 宗、面积 17.29 万平方米；宝安 19753 宗、面积 193.51 万平方米；龙岗 24117 宗、面积 282.61 万平方米。

表 9-3 深圳市历年房地产三级市场转移登记情况

年 份	区 域		宗 数	面积（万平方米）
1993	全 市		364	2.96
1994	全 市		388	4.82
1995	全 市		1421	16.99
1996	全 市		2592	28.23
1997	全 市		4858	55.23
1998	全 市		5987	100.40
1999	全 市		7565	149.40
2000	全 市		11277	196.60
2001	全 市		18853	249.88
2002	全 市		26629	340.49
2003	全 市		40899	496.83
2004	全 市		60047	602.04
2005	全 市		73532	841.29
2006	全 市		95506	1013.16
2007	全 市		126690	1253.08
2008	**全 市**		**50776**	**595.44**
	其中	罗湖区	12381	118.52
		福田区	12204	134.15
		南山区	8743	103.76
		盐田区	1284	17.41
		宝安区	8126	114.20
		龙岗区	8038	107.40
2009	**全 市**		**162876**	**1544.19**
	其中	罗湖区	36713	289.7
		福田区	37697	352.23
		南山区	26556	268.05
		盐田区	3673	32.81
		宝安区	28076	288.95
		龙岗区	30161	312.45
2010	**全 市**		**129271**	**1263.15**
	其中	罗湖区	25503	211.42
		福田区	27659	254.6
		南山区	21770	221.47
		盐田区	3179	35.29
		宝安区	24516	269.38
		龙岗区	26644	270.99
2011	全 市		79620	857.53
	其中	罗湖区	14776	131.97
		福田区	16915	180.34
		南山区	12836	161.48
		盐田区	2073	27.81
		宝安区	16020	180.28
		龙岗区	17000	175.62

（续表）

年　份	区　域		宗　数	面积（万平方米）
2012	全　市		73204	757.57
	其中	罗湖区	13796	117.06
		福田区	14728	142.27
		南山区	13063	129.92
		盐田区	1603	19.92
		宝安区	14224	177.95
		龙岗区	15790	170.45
2013	全　市		104395	1038.55
	其中	罗湖区	18594	148.02
		福田区	21899	203.32
		南山区	15688	147.63
		盐田区	2219	17.29
		宝安区	19758	193.51
		龙岗区	24117	282.61

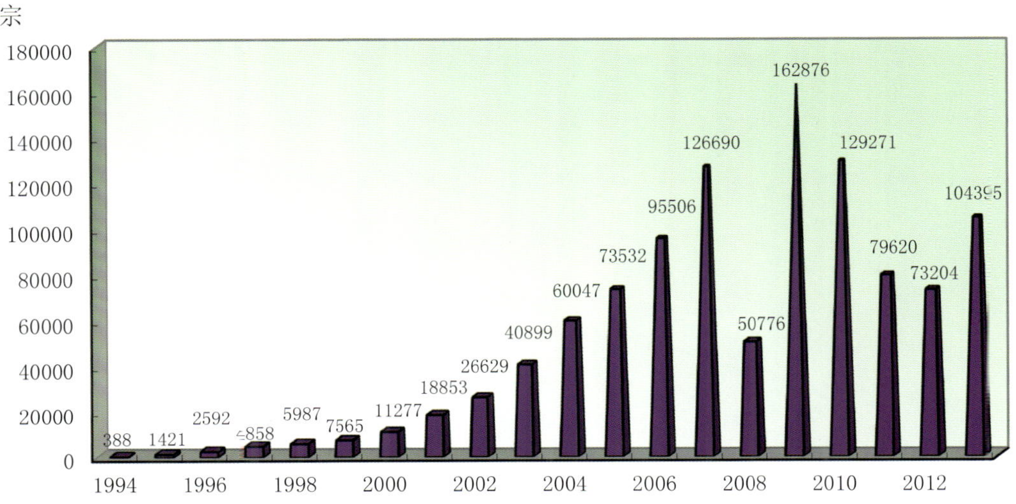

图 9-5　深圳市历年房地产三级市场转移登记宗数示意图

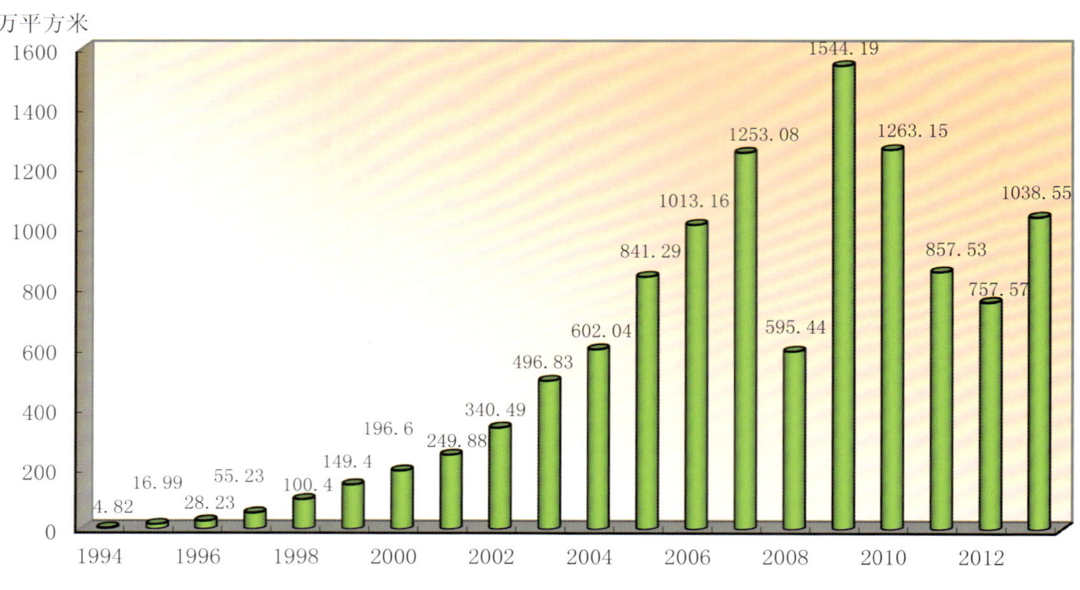

图 9-6　深圳市历年房地产三级市场转移登记面积示意图

第三节　安居房换证登记

《深圳市国家机关事业单位住房制度改革若干规定》（市政府第 88 号令）规定，从 2007 年 7 月 1 日起，深圳市安居房在经批准后可取得全部产权并进入市场。

2013 年，全市共办理安居房上市登记 3606 份，登记建筑面积 31.72 万平方米。其中，罗湖 1123 份、面积 9.46 万平方米；福田 1338 份、面积 12.18 万平方米；南山 747 份、面积 6.46 万平方米；盐田 87 份、面积 0.75 万平方米；宝安 267 份、面积 2.47 万平方米；龙岗 43 份、面积 0.39 万平方米。

第十章 测绘地籍管理

第一节 测绘行业与市场管理

2013 年，市规划国土委坚决依法行政，对测绘市场进行监管，做到有章必依、执行必严、违规必究，为测绘地理信息事业的发展营造良好的法制环境。

一、测绘立法

继续有序推动《深圳市连续运行卫星定位服务系统管理规定》《深圳测量标志日常维护实施细则》等文件制定，并着力推进《房屋建筑面积测绘技术规范》的修订工作，为全市测绘地理信息行业的顺利开展提供了理论支撑和技术指导。

二、行政执法

2013 年 7 月–10 月，根据省国土厅要求，结合全市测绘质量监督检查、测绘资质审批、基础测绘计划管理等工作，市规划国土委统一组织部署，通过全面自查、重点检查的方式组织开展了全市测绘地理信息法律法规执行情况的检查工作。

三、法制宣传教育

8 月 29 日，深圳市规划和国土资源委员会

组织开展了一系列以“依法普查地理国情，测绘服务美丽中国”为主题的宣传活动。通过文字展板、测绘仪器、市规划国土委官网和微博等多种多样的形式，宣传了测绘地理信息的相关法律知识，让更多市民了解和支持测绘地理信息行业。为吸引更多市民近距离接触测绘地理信息工作，引导更多的人关心和支持测绘地理信息工作，委员会还邀请全市测绘专家和技术人员在现场为市民解答有关房产测绘、导航、空间地理信息平台及测绘法等热点问题。

四、测绘资质管理和年度注册审批

截至 2013 年底，全市共有 51 家测绘资质单位。其中甲级 16 家（本年度新增 1 家）、乙级 25 家、丙级 8 家（本年度注销 1 家）、丁级 2 家。3 月份，按照有关文件精神，组织开展资质注册工作，完成了甲级以下 35 家测绘单位中 27 家的测绘资质初审上报和注册审批工作。

五、测绘质量监督检查

组织编写《2013 年度深圳市测绘质量监督检查项目计划书》《2013 深圳市测绘质量监督检查实施方案》等测绘质量监督检查工作文档。9 月–11 月，根据上级有关要求，开展监督检查工作，检查工作小组协助省厅对 9 家甲、乙级测绘资质单位进行质量监督抽查，并单独赴全市 10 家丙、丁级测绘资质单位办公地点进行现场检查。经检查，被查单位各项指标基本符合相关规定。

六、涉密测绘成果跟踪检查

涉密测绘成果跟踪检查。8 月–10 月，根据省国土厅和省国家保密局联合下发的《关于开展涉密测绘成果跟踪检查的通知》文件精神，联合深圳市国家保密局等相关部门，成立测绘成果保密检查组，制定《深圳市涉密测绘成果跟踪检查工作方案》。对全市 50 家测绘资质单位和 23 家涉密测绘成果领取单位开展涉密测绘成果跟踪检查工作。组织 73 家单位开展自查，并对 7 家单位进行了现场抽查，共发出 4 份整改通知书，目前均已完成整改。

七、测绘地理信息市场信用体系建设

2013 年，积极推进全市测绘地理信息信用体系建设。组织完成了 2012～2013 年测绘地理信息信用信息的征集、录入和公布工作，并对全市测绘地理信息信用管理系统进行升级优化，现已上线运行。围绕行业信用主题，在门户网站开展问卷调查，广泛征求民意。

第二节　基础测绘

一、完善测绘基准体系

2013 年，市规划国土委继续做好 SZCORS 系统日常维护和推广应用工作，确保系统的正常运行。本年新增 GPRS 专用卡 30 张，目前用户共 210 个，涉及的测绘单位达 40 家。同时，组织完成深圳独立坐标系向 2000 国家大地坐标系转换，研发深圳市基础地理信息数据库转换软件工作；响应省委省政府的号召，开展全市北斗地基增强系统的建设项目；深入推动了全市二等精密水准网和二等 GPS 控制网的建立工作，建立了城市 CGCS2000 坐标系下的高精度 GPS 控制网。

二、地形图测绘及地下管线修补测

2013 年，深圳市规划和国土资源委员会积极组织、大力落实地形图和地下管线动态修补测工作。组织完成全市 163.9 平方公里地形图、

2065.5 公里综合地下管线的修补测任务和数据检查入库工作。完成《2013～2014 年度深圳市地形图及地下管线动态修补测》项目的招标工作。

三、有序推进全市地理国情普查

深入贯彻落实《国务院关于开展第一次全国地理国情普查的通知》等文件精神，按照国家、省的统一部署，市规划国土委积极开展相关工作，有序推进全市地理国情普查工作：一是制定

普查计划。研究解析国家、省一级相关文件，结合全市地理市情特点，制定普查工作总体计划；二是组织调研学习。11 月，组织人员赴上海、武汉、佛山等地开展专项调研工作，就普查工作思路、技术路线、工作重点及难点进行交流学习；三是成立普查领导机构。12 月 23 日，全市普查领导小组正式成立，并明确各职能部门工作职责；四是编制实施方案。根据国家、省普查方案相关要求，结合全市普查工作思路和调研学习情况，编制《深圳市第一次全国地理国情普查实施方案》(初稿)(已于 2014 年 2 月 28 日报省普查办审核)；五是组织试点工作。选择全市代表性区域，开展普查试点工作，根据试点评估结果对全市实施方案做进一步修改完善；六是开展普查宣传。借助“8•29”测绘法宣传日，组织地理国情普查宣传活动，动员市民支持，为普查工作营造良好社会氛围。

四、数字深圳建设

2013 年，以需求为主导，不断深化和拓展各部门空间信息的开发和应用，取得良好成效。

（1）完成技术体系升级，全面提升平台应用服务能力。升级空间平台数据管理、资源目录、应用服务和运维安全等技术体系，全面提高平台可用性、可靠性、易用性，提升应用服务和支持能力。

（2）做好重点应用的支持服务，深化空间平台的应用效果。加大对大型重点应用工程的支持服务力度，全面深化空间平台的应用深度和广度，进一步提高平台空间信息资源的应用服务作用。

（3）建设民生地图，提升地理信息的公共服务水平。在服务全市政府部门应用基础上，开发包括一手房源、教育培训、地质灾害及旅游景点等 13 大类共 95 小类的民生地图专题，提升公共服务水平。

（4）加强平台用户交流，扩大平台应用推广。完成 15 次平台用户专题调研，加强用户交流，推广工作步入新台阶，新增用户 10 家，总数已达 56 家。

五、积极开展“天地图•深圳”建设

根据《广东省国土资源厅关于加快汇交市级政务版电子地图数据的通知》要求，全市按有关规范开展天地图•深圳市节点建设：包括汇交政务版电子地图瓦片数据、三维模型数据、地理实体数据；完成地名地址数据整合建库；完成保密技术处理申请工作；开展省、市节点互联互通测试。从天地图•深圳的应用成效出发，积极探索新型应用模式，大力推进全市地理信息公众应用

服务。

六、丰富基础地理数据资源

2013 年基础地理数据修补测更新包括 1:1000 地形图数据 8 批 24 次，涉及图幅 3076 幅 769 平方公里，市政地下管线 6 批 15 次，共计 2141 公里，新建三维建筑模型 1.7 万栋，更新市政地下管线三维模型 2.8 万公里。全年更新发布 2 个版本的全市域电子地图，新增和更新电子地图要素达 10 万个，新增和更新公共设施点信息达 6 万个。开展 1999～2011 年历史基础地理数据的整理和建库，提高基础地理数据的完整性。

七、基础数据库坐标转换

完成全市 2012 年卫星影像、2012 年电子地图、2012 年三维建筑物、2012 年地理实体和地名地址数据库的深圳独立坐标与国家坐标的转换工作。

八、地图编制

2013 年，完成《深圳市地图》《深圳市中心城区图》的更新编制工作，制作一批挂图提供领导机关使用；完成《深圳市街道影像地图》的编制，为 57 个街道的基层单位提供影像地图服务；组织开展《深圳·香港交通旅游图》的编制工作。

第三节　日常地籍

2013 年为加强地籍日常管理和技术创新、完善土地及房屋登记管理、推进地籍调查和土地总登记，市规划国土委主要开展了以下几个方面的工作：

一、2013 年度土地变更调查和城市建设用地更新调查

2013 年，土地变更调查工作以“业务支撑、机制完善”为目标，在完成国家规定任务的基础上，积极探索建立“支撑规划国土管理，集土地利用、城市建设、卫片执法等于一体的年度基础性调查制度”，完成《2012 年度土地变更及城市建设用地现状更新调查》成果上报和分析工作。开展 2013 年度土地变更及城市建设用地现状更新调查前期准备和外业调查。开展土地变更调查与卫片执法检查衔接工作。完善深圳市土地利用现状分类与城市用地分类对照转换，形成了《深圳市土地调查之土地利用调查技术规范》初步成果，启动土地利用现状及城市建设用地现状数据转换及整合工作。

二、地籍管理发展规划编制

通过档案、内网或互联网搜集，走访、电话或问卷调研、专题座谈、专家咨询等方式收集与地籍管理发展规划编制有关的资料，回顾与评估2001～2010年间地籍管理工作的主要成绩，重点分析存在的主要问题，依据国家、省有关地籍管理发展规划的要求和解决地籍管理存在问题的实际需要，开展地籍管理发展趋势与需求分析、期望预测。通过梳理分析，确定地籍管理发展目标、指导思想与原则，提出地籍管理专项发展任务，提出重点工作及时间进度安排、各年度地籍管理工作安排及保障规划实施的具体措施；地籍管理发展规划文本征求有关部门和专家的意见。

三、地籍数据质量监控与更新

制定《地籍数据更新规范》，2013年已经发布12期监控报告，对5565项更新任务进行质量监控，有效的保障了地籍数据质量及系统规则使用；逐步试点推进地楼房数据一体化的集成管理，集成展示，实现土地、建筑、房产的一体化；围绕地籍调查与土地总登记工作，深入研究数据库标准，数据管理及成果使用规则，通过军事用地、龙华土地清查等试点来有效推进地籍调查与土地总登记工作。

四、地籍信息化建设

完成地籍核查功能开发并投入运行，以图–表–文结合的方式产生地籍核查报告，得到各管理局的高度肯定，核查结果已直接应用于各类业务办文；初步完成三维地籍模块开发并已上线试运行，可对全市范围内建筑体进行三维浏览和信息查询，实现三维地块空间拓扑分析，对以三维形式供地地块进行空间定位及相应信息查询，并实现三维图件制作；配合地籍调查和土地总登记工作完成了土地清查模块、土地利用现状调查模块和地籍调查模块的原型设计、数据库设计和部分功能开发工作；建立以地籍数据为核心的档案信息索引数据库，完成了福田、罗湖、南山、盐田、龙华基于宗地的档案信息索引建设工作并已上线运行；完成了全市宗地统一编码的转换及试点应用，获得国土资源部的高度评价。

五、地籍调查和土地总登记前期准备

形成《深圳市地籍调查和土地总登记工作方案（送审稿）》和《市规划国土委关于〈深圳市地籍调查和土地总登记工作方案〉的说明》，已报市政府。组织相关技术单位开展研究论证，形成《深圳市地籍调查规程（初稿）》《深圳市土地总登记规程（初稿）》《地籍信息化工作方案》《土地权属地块核减规则》《地籍调查工作底图制作规范及示例》。

组织开展地籍调查试点工作，组织编制《深圳市规划和国土资源委员会地籍调查和土地总登记试点实施方案》。组织试点管理局及土地储备中心形成试点单位开展地籍调查和土地总登记工作方案及技术方案初稿。组织相关技术单位开展地籍调查和土地总登记工作培训。

六、《深圳市工业楼宇转让管理办法（试行）》及其实施细则制定

启动了《深圳市工业楼宇转让暂行办法》（深府213号）的修订工作，并在对该暂行办法进一步修改完善的基础上形成了《深圳市工业楼宇转让管理办法》。该办法已经市政府常务会审议通过，并发布实施。起草《深圳市工业楼宇转让管理办法（试行）实施细则》，主要从完善工业楼宇转让规则、落实防范工业楼宇炒作的限制措施出发，对《办法》的部分条款进行细化或者补充规定。该《细则》经市政府同意，已于2014年1月3日在市政府公报上发布实施。

第四节　地籍、房产与拆迁测绘

一、地籍测绘

地籍测绘包括地籍核查、建设用地地界测放点、宗地图与宗地附图制作、变更调查及地籍数据清理等内容。2013 年，共完成地籍测绘任务 1126 项，其中制作宗地图与证书附图 539 宗；完成地界放桩 587 宗，测放点 7516 个。

图 10-1　近 5 年完成宗地图制作情况

二、房产测绘

2013 年，共计完成房产测绘业务 826 件，建筑面积约 4894.06 万平方米。完成施工图测算项目 87 项，约 1172.36 万平方米；深业上城等预售测绘项目共 120 项，建筑面积 1366.5 万平方米；星河盛世花园等竣工查丈项目共 355 项，约 1952.79 万平方米；现状测绘、分割测绘及测绘修改项目共 264 项，约 402.41 万平方米。

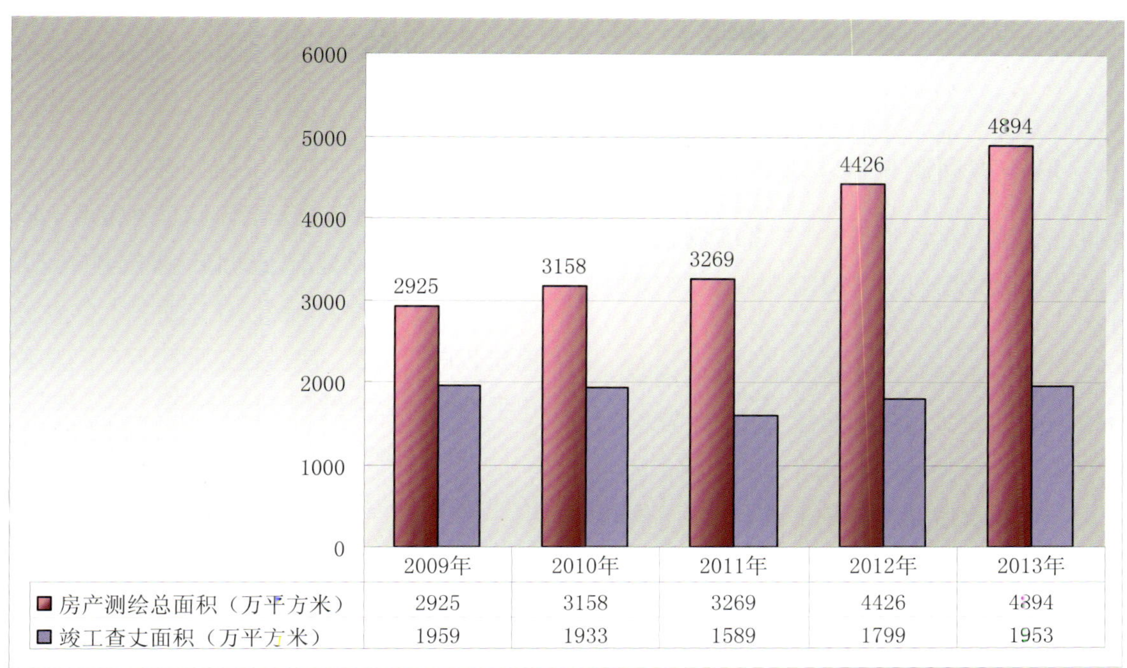

图 10-2 近 5 年完成房产测绘情况

三、拆迁测绘

2007 年 2 月，深圳市人民政府发布第 161 号令，自当年 3 月 5 日起执行《深圳市公共基础设施建设项目房屋拆迁管理办法》，规定："公共基础设施建设项目房屋拆迁中的查勘、测绘工作应当委托市政府设立的地籍测绘机构实施。法律、法规另有规定或者特殊情况需要的，拆迁人可以委托具备法定自治和良好信誉的其他测绘机构进行查勘、测绘。"2013 年，深圳市地籍测绘大队共完成收地拆迁测绘业务 44 项。

第五节　城市规划测量

一、城市规划测量的主要内容

城市规划测量的依据是《广东省实施中华人民共和国城市规划法办法》和《深圳市城市规划条例》。

（一）建设工程开工验线。即批准的建筑设计方案在实地放桩定位后的复核工作，主要检查建筑物定位是否与批准的建筑设计图相符，是否符合《深圳市建设用地规划许可证》或相关规划设计要点（退红线要求）。验线合格需要在《深圳市建设工程规划许可证》或《桩基础报建证明书》上作记录。

（二）建设工程竣工测量。主要为建设工程规划、消防、人防等验收提供具有法律效力的基础数据，主要成果包括《建设工程竣工测量报告》和《房屋建筑面积测绘报告》（竣工测绘）两部分。《建设工程竣工测量报告》主要内容有：测量说明、建筑物退红线距离、层数、层高、现状图，并在图上标注宗地红线和界桩点坐标、室内外地坪标高、建筑物基底形状、房角点坐标及四至范围等;《房屋建筑面积测绘报告》(竣工测绘）包括计算（复核）说明、建筑面积汇总表、公用面积分户汇总表、房屋建筑面积分户汇总表、分户平面图、分户编号及位置图等。

（三）市政工程竣工测量。检查城市规划区内的道路、桥梁、隧道、轨道、交通设施等公共设施工程的竣工是否符合《建设工程规划许可证》及经核准的施工图（如发生对规划有影响的设计变更，手续是否完备合法）中有关规划方面的指标和内容。

二、2013 年完成城市规划测量情况

2013 年共完成工程验线 353 项;完成建设工程竣工验收(规划监督)测量 355 项,面积 1952.79 万平方米;完成市政工程竣工测绘 17 项。

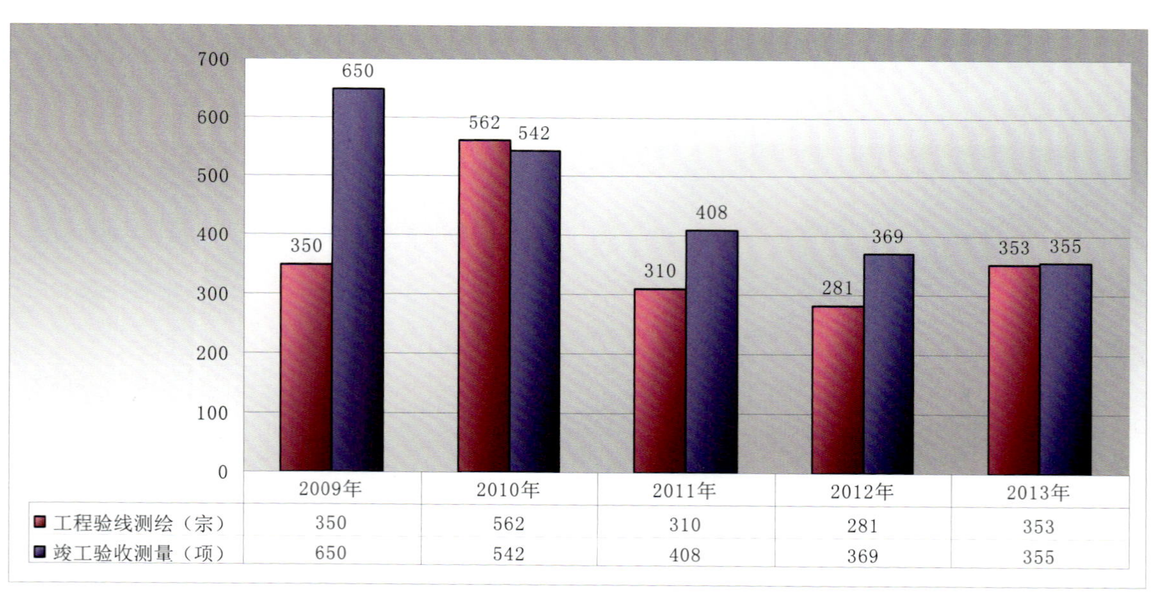

	2009年	2010年	2011年	2012年	2013年
工程验线测绘（宗）	350	562	310	281	353
竣工验收测量（项）	650	542	408	369	355

图 10-3　近 5 年完成城市规划测量情况

第六节　行业协会

2013 年，为做好深圳市测绘学会（以下简称学会）工作，充分发挥行业主管部门和测绘地理信息企事业单位之间的桥梁作用，市规划和国土委积极组织学会开展各项交流、研讨活动，拓展信息收集渠道，了解测绘地理信息企事业单位需求，努力营造学术氛围。

一、培训及讲座

推进人才队伍建设。3 月 3 日，组织 2013 年度房产测绘能力测试，选拔出一批素质高、业务能力强的房产测绘能手；6 月 22 日–24 日，组织测绘企业人员参加“2013 年注册测绘师资格考试考前辅导培训班”；8 月 2 日，邀请刘经南院士来全市作“北斗卫星导航系统高精度应用研究进展及地基增强网”学术讲座；11 月 21–23 日，组织全市相关测绘企业 17 位代表参加 “第七届海峡两岸测绘发展研讨会”；12 月 17 日，召开测绘地理信息统计业务培训会，推进全市测绘人才队伍的建设。

二、学会活动

（1）6 月 21 日，学会召开第四届五次常务理事会暨企业座谈会，会议通报了学会内部工作变动、测绘地理信息文化建设系列活动开展情况等事项，并对后期活动进行了详细部署，审议了会员入会、副理事长变更等事宜。与会代表就全市测绘行业的健康发展纷纷建言献策，会议的召开体现了学会搭建政府与企业交流平台的积极性和重要性。

（2）12 月，学会召开第四届六次常务理事会暨企业座谈会。会议审议并通过学会 2013 年工作总结和 2014 年工作计划、学会拟增补理事、常务理事，筹备召开四届二次理事会等事宜，通报了 2013 年全市测绘地理信息企事业单位获奖情况。本次会议融合了海洋测绘主题，有效打破了传统测绘的发展模式，对测绘地理信息工作创新和拓宽测绘地理信息发展道路起到积极作用。会议对全市测绘地理信息工作提出新要求，希望学会能积极发挥桥梁纽带作用，带动企业健康发展。会后，本着简化程序、节约资源的原则，采用通讯形式召开了学会四届二次理事会议，对四届六次常务理事会议提交的议题进行了审议。

第十一章　房地产行业管理

第一节　资质管理

截至 2013 年 12 月 31 日，具有开发资质的企业为 751 家。其中，深圳市共有国家开发企业一级资质企业 22 家，二级资质企业 23 家，具体名单见下表：

表 11-1　深圳市 2013 年具有开发资质的企业

企业 ID	企业名称	企业 ID	企业名称
1	深圳市万科房地产有限公司	33	深圳市新世界房地产开发有限公司
2	佳兆业集团（深圳）有限公司	34	华南国际工业原料城（深圳）有限公司
3	深圳招商房地产有限公司	35	深圳市联路投资管理有限公司
4	深圳市星河房地产开发有限公司	36	深圳市勤诚达集团有限公司
5	深圳华侨城房地产有限公司	37	深圳市蛇口湾厦实业股份有限公司
6	深圳市绿景房地产开发有限公司	38	深圳市富通房地产集团有限公司
7	深圳市信义房地产开发有限公司	39	深圳市天健房地产开发实业有限公司
8	深圳市城市建设开发(集团)公司	40	深圳市新天时代投资有限公司
9	深圳市振业（集团）股份有限公司	41	深圳市金龙房地产开发有限公司
10	深圳市中航长泰投资发展有限公司	42	深业泰然（集团）股份有限公司
11	和记黄埔地产（深圳）有限公司	43	深圳市西城雅筑置业有限公司
12	深圳机场地产有限公司	44	深圳市广业成投资发展有限公司
13	中海地产集团有限公司	45	深圳市万科滨海房地产有限公司
14	莱蒙房地产（深圳）有限公司	46	深圳市榕江实业有限公司
15	深圳市中洲宝城置业有限公司	47	深圳和记黄埔中航地产有限公司
16	卓越置业集团有限公司	48	深圳市投资控股有限公司
17	深圳市兰江房地产开发有限公司	49	中粮地产（集团）股份有限公司
18	深圳市宏发房地产开发有限公司	50	深圳市特发集团有限公司
19	深圳市京基房地产股份有限公司	51	深圳市鼎宏投资发展有限公司
20	深圳市农科房地产开发有限公司	52	大中华国际集团（中国）有限公司
21	深业南方地产（集团）有限公司	53	深圳市嘉葆润房地产有限公司
22	深圳和记黄埔龙岗地产有限公司	54	深圳市潜龙实业集团有限公司
23	金地（集团）股份有限公司	55	天基房地产开发（深圳）有限公司
24	深圳市卓弘房地产开发有限公司	56	深圳市物业发展(集团)股份有限公司
25	深圳市合正房地产集团有限公司	57	深圳一冶南方实业有限公司
26	深圳中信航城房地产有限公司	58	深圳市天麒房地产发展有限公司
27	深圳市信贤房地产开发有限公司	59	澳达实业发展（深圳）有限公司
28	深圳市恒丰浩森房地产有限公司	60	深圳市龙岗天安数码新城有限公司
29	深圳市锦绣江南投资有限公司	61	深圳市阳基房地产开发有限公司
30	深圳市广兴源投资发展有限公司	62	深圳市光彩置业有限公司
31	深圳招商华侨城投资有限公司	63	深圳中海地产有限公司
32	深圳市雅豪园投资有限公司	64	深圳经济特区房地产（集团）股份有限公司

（续表）

企业 ID	企业名称	企业 ID	企业名称
65	深圳市彭成地产有限公司	116	天安数码城（集团）有限公司
66	中信华南（集团）深圳有限公司	117	仁恒置地（深圳）有限公司
67	鸿荣源置业集团(深圳)有限公司	118	深圳市紫瑞房地产开发有限公司
68	深圳市草围投资有限公司	119	深圳市高发投资控股有限公司
69	深圳航空城（东部）实业有限公司	120	太阳世纪地产集团有限公司
70	深圳市福中福房地产开发有限公司	121	深圳市世纪丰源投资发展有限公司
71	深圳市金亨利实业集团有限公司	122	深圳市塘泰投资发展有限公司
72	深圳市粤宝实业发展有限公司	123	深圳市地业房地产有限公司
73	深圳市承翰投资开发集团有限公司	124	深圳市福城投资（集团）有限公司
74	深圳市满京华投资集团有限公司	125	清蓝实业（深圳）有限公司
75	深圳市阳光海滨投资有限公司	126	深圳市水榭花都房地产有限公司
76	深圳市永晋盈投资有限公司	127	深圳市展远房地产开发有限公司
77	深圳市五联百合房地产开发有限公司	128	深圳市京地投资发展有限公司
78	深圳市中熙房地产开发有限公司	129	深圳市鹏达房地产开发有限公司
79	深圳市君成投资发展有限公司	130	深圳市东方置地集团有限公司
80	中粮地产集团深圳房地产开发有限公司	131	深圳市中银信置业有限公司
81	深圳市名居房地产有限公司	132	深圳市城市建设投资发展有限公司
82	深圳市大贸股份有限公司	133	深圳市新豪方房地产有限公司
83	深圳市新润园房地产开发有限公司	134	深圳市福东龙投资有限公司
84	深圳市润恒尚园房地产开发有限公司	135	深圳市心海投资发展有限公司
85	深圳市南岭华业投资有限公司	136	深圳市登程投资开发有限公司
86	深圳市鹏瑞地产开发有限公司	137	深圳市龙富房地产开发有限公司
87	深圳市科之谷投资有限公司	138	深圳市新生辉投资有限公司
88	深圳市鸿荣源房地产开发有限公司	139	深圳市山居假日房地产有限公司
89	深圳市荷康城房地产开发有限公司	140	深圳市佳华房地产开发有限公司
90	深圳宝能华府置业有限公司	141	深圳市海怡湾畔房地产开发有限公司
91	深圳市维百盛房地产开发有限公司	142	深圳天利地产集团有限公司
92	深圳市中核兴业实业有限公司	143	君豪实业发展（深圳）有限公司
93	深圳润恒房地产开发集团有限公司	144	深圳市东埔实业集团有限公司
94	深圳市田厦房地产开发有限公司	145	深圳市银海实业有限公司
95	深圳观澜湖房地产开发有限公司	146	新锦安实业发展（深圳）有限公司
96	深圳市新辉大实业发展有限公司	147	深圳市嘉旺城投资有限公司
97	深圳市卓越康华贸易有限公司	148	深圳市金地利投资有限公司
98	深圳市南园枫叶投资有限公司	149	俊荣发展（深圳）有限公司
99	深圳市玉龙宫实业发展有限公司	150	深圳市绿洲丰和投资发展有限公司
100	深圳市建合恒投资有限公司	151	深圳南油房地产有限公司
101	深圳市创展置地实业发展有限公司	152	深圳市盛善投资有限公司
102	深圳和记黄埔观澜地产有限公司	153	港丰房地产开发（深圳）有限公司
103	深圳市瑞恒投资发展有限公司	154	深圳市深润川实业有限公司
104	深圳市麟恒投资发展有限公司	155	深圳市地铁集团有限公司
105	深圳市集泰实业发展有限公司	156	深圳市同和工贸有限公司
106	深圳市华侨城酒店置业有限公司	157	深圳市华嵘世纪投资有限公司
107	深圳市金安业房地产开发有限公司	158	深圳市铭兴实业发展有限公司
108	深圳市三新房地产开发有限公司	159	深圳市锦成龙实业有限公司
109	深圳市翡翠花园房地产开发有限公司	160	深圳市嘉盛城投资有限公司
110	深圳东部华侨城有限公司	161	深圳市城市假日房地产开发有限公司
111	深圳兰亭房地产开发有限公司	162	深圳市花样年房地产开发有限公司
112	深圳市武龙源房地产开发有限公司	163	深圳西帝房地产开发有限公司
113	深圳市恒和基房地产开发有限公司	164	深圳宝源创建有限公司
114	深圳市五联将军帽房地产开发有限公司	165	深圳市城龙房地产开发有限公司
115	深圳市荣超房地产开发有限公司	166	深圳市鹏宝东物业发展有限公司

（续表）

企业 ID	企业名称	企业 ID	企业名称
167	深圳市泰业投资有限公司	218	深圳市东海成投资有限公司
168	深圳市友盛置业有限公司	219	深圳市尚模发展有限公司
169	深圳市金城光明房地产有限公司	220	深圳市地健工程有限公司
170	宝能地产股份有限公司	221	深圳市新南宝恒投资发展有限公司
171	深圳市田厦实业股份有限公司	222	深圳恒丰房地产有限公司
172	招商局蛇口工业区有限公司	223	深圳卓越世纪城房地产开发有限公司
173	深圳市世纪旭源投资发展有限公司	224	深圳市深冠华投资发展有限公司
174	深圳广容丰投资发展有限公司	225	深圳东海集团有限公司
175	深圳市华盛置业有限公司	226	深圳市银星房地产开发有限公司
176	深圳市桐林房地产开发有限公司	227	永泰辉印刷（深圳）有限公司
177	宝安鸿基地产集团股份有限公司	228	深圳市屹海达实业有限公司
178	深业鹏基（集团）有限公司	229	深业泰富物流集团股份有限公司
179	深圳市优地房地产开发有限公司	230	深圳市深福保（集团）有限公司
180	鼎太房地产开发（深圳）有限公司	231	深圳市富腾投资发展有限公司
181	深圳市力基房地产有限公司	232	深圳市招商创业有限公司
182	深圳市博众投资有限公司	233	深圳市鼎胜投资有限公司
183	深圳市龙光房地产有限公司	234	深圳市海源实业股份有限公司
184	华润（深圳）有限公司	235	深圳市金盛丰贸易有限公司
185	东港实业发展（深圳）有限公司	236	中国宝安集团股份有限公司
186	深圳市中航城置业发展有限公司	237	深圳市金众地产集团有限公司
187	深圳市耀都房地产开发有限公司	238	嘉里置业（深圳）有限公司
188	深圳南海益田置业有限公司	239	深圳市建设（集团）有限公司
189	振昌实业（深圳）有限公司	240	世纪海景集团（深圳）有限公司
190	深圳西丽高尔夫球俱乐部有限公司	241	深圳市中林实业发展有限公司
191	深圳市金海港实业有限公司	242	深圳市皇城地产有限公司
192	深圳市港信达投资发展有限公司	243	深圳市东部开发（集团）有限公司
193	宝城物业管理（深圳）有限公司	244	深圳市山海园林有限公司
194	深圳市龙园山庄实业发展有限公司	245	深圳市金阳成置业发展有限公司
195	深圳深业物流集团股份有限公司	246	深圳市建安（集团）股份有限公司
196	深圳华讯伟鸿房地产开发有限公司	247	正兴隆房地产（深圳）有限公司
197	深圳市红荷房地产开发有限公司	248	深圳市百纳投资有限公司
198	深圳市赐福贸易有限公司	249	华业发展（深圳）有限公司
199	深圳市花样年地产集团有限公司	250	深圳市皇庭房地产开发有限公司
200	深圳新安湖实业有限公司	251	深圳市福田房地产有限公司
201	深圳市宝安宝利来实业有限公司	252	深圳市大综艺房地产开发有限公司
202	深圳市深房集团龙岗开发有限公司	253	深圳市天居置业有限公司
203	深圳市俊城房地产开发有限公司	254	深圳市中洲投资控股股份有限公司
204	深圳茂业（集团）股份有限公司	255	百仕达地产有限公司
205	深圳市教新实业有限公司	256	深圳坪山招商房地产有限公司
206	深圳市和正泰投资发展有限公司	257	深圳市华联置业集团有限公司
207	深圳市华明辉置业有限公司	258	深圳市美地佳置业有限公司
208	深圳市创建业房地产开发有限公司	259	深圳市恒隆泰房地产开发有限公司
209	深圳市润创兴投资有限公司	260	深圳市合能房地产开发有限公司
210	深圳市华来利投资控股（集团）有限公司	261	民生东都深圳房地产开发有限公司
211	深圳市东浩荣房地产开发有限公司	262	深圳市鼎昌实业有限公司
212	深圳市众联业贸易有限公司	263	深圳市龙康弘投资发展有限公司
213	深圳天俊实业股份有限公司	264	深圳市万年青投资发展有限公司
214	沙河实业股份有限公司	265	深圳市南山罐头厂有限公司
215	深圳市玉湖房地产开发有限公司	266	深圳拓劲房地产开发有限公司
216	深圳市世博海滨实业发展有限公司	267	深圳市光大房地产开发有限公司
217	深圳市致远房地产开发有限公司	268	深圳市方华房地产开发有限公司

（续表）

企业 ID	企业名称	企业 ID	企业名称
269	深圳市岗宏集团有限公司	320	深圳市宝嘉新投资有限公司
270	深圳市宇宏投资集团有限公司	321	深圳市森之润投资发展有限公司
271	深圳新浩房地产有限公司	322	深圳市宏达同实业有限公司
272	深圳市金地宝城房地产开发有限公司	323	深圳市万悦房地产开发有限公司
273	深圳市闽泰房地产开发有限公司	324	深圳市雪麟实业发展集团有限公司
274	深圳妈湾电力有限公司	325	深圳市嘉晨房地产投资有限公司
275	深圳市裕德丰投资发展有限公司	326	深圳市金利居房地产开发有限公司
276	深圳市宝安区福永物业发展总公司	327	深圳市南油开发建设有限公司
277	深圳市阳光华艺房地产有限公司	328	深圳市新洲实业股份有限公司
278	深圳市方鼎实业投资发展有限公司	329	深圳市聚龙湾投资发展有限公司
279	深圳市宏发投资集团有限公司	330	深圳市禾田居投资有限公司
280	深圳市阳光丽安投资有限公司	331	中海信科技开发（深圳）有限公司
281	深圳市铭景实业有限公司	332	深圳市深港数码科技有限公司
282	深圳耀华创建房地产发展有限公司	333	深圳市汇港城投资有限公司
283	深圳市德业基投资集团有限公司	334	深圳西京实业发展有限公司
284	深圳市盐田港集团有限公司	335	深圳市诚略实业发展有限公司
285	深圳市兆和置地投资有限公司	336	深圳市合成隆实业开发有限公司
286	深圳市安鸿业房地产开发有限公司	337	深圳市水围实业股份有限公司
287	深圳市市政工程总公司	338	深圳市龙华经济发展有限公司
288	深圳市志联佳实业有限公司	339	深圳信和（集团）有限公司
289	深圳卓越房地产开发有限公司	340	深圳市深沙保（集团）有限公司
290	深国投商用置业（集团）有限公司	341	深圳市发中实业有限公司
291	中航地产股份有限公司	342	广东恒丰投资集团有限公司
292	深圳中信红树湾房地产有限公司	343	商凯集团（深圳）有限公司
293	深圳华强广场控股有限公司	344	深圳世纪星源物业发展有限公司
294	深圳市新安上合股份合作公司	345	深圳市仁贵投资发展有限公司
295	深圳市新世界投资有限公司	346	中海宝松物业发展（深圳）有限公司
296	深圳市联泰房地产开发有限公司	347	鼎太风华房地产开发(深圳)有限公司
297	深圳市惠明盛房地产投资开发有限公司	348	深圳市瑞荣达实业有限公司
298	深圳金光华实业集团有限公司	349	深圳市宝盛实业有限公司
299	深圳市众冠股份有限公司	350	深圳拓万房地产开发有限公司
300	深圳市金地北城房地产开发有限公司	351	深圳市中洲房地产有限公司
301	深圳玮鹏实业有限公司	352	深圳市光明集团有限公司
302	中国南山开发（集团）股份有限公司	353	深圳中核集团有限公司
303	深圳市金地旧城改造开发有限公司	354	深圳市湖贝实业股份有限公司
304	深圳新亚洲实业发展有限公司	355	深圳兴辽实业有限公司
305	深圳市奥康德投资开发有限公司	356	深圳市东华实业（集团）有限公司
306	深圳市安业置业发展有限公司	357	深圳市龙岗鸿基房地产开发有限公司
307	深圳九矿企业机械地盘工程公司	358	深圳市龙井实业股份有限公司
308	深圳融发投资有限公司	359	深圳市英龙置业有限公司
309	中国广东核电集团有限公司	360	深圳市永长润实业有限公司
310	深圳市国贸汽车实业有限公司	361	深圳市广森投资集团有限公司
311	深圳市中航城投资有限公司	362	北方工业深圳投资有限公司
312	深圳市宏明国际地产开发有限公司	363	深圳市建艺实业股份有限公司
313	深圳市福田环庆实业股份有限公司	364	深圳市安联投资有限公司
314	深圳市富源房地产开发有限公司	365	深圳市鸿荣源实业有限公司
315	深圳卓越酒店管理有限公司	366	深圳市中海海景山庄物业发展有限公司
316	深圳市海岸房地产开发有限公司	367	深联实业（深圳）有限公司
317	深圳市德基房地产开发有限公司	368	深圳市松茂房地产集团有限公司
318	深圳冠懋房地产集团有限公司	369	深圳市盐田区城建集团有限公司
319	深圳市巨银诚信投资发展有限公司	370	今盛工程管理咨询（深圳）有限公司

（续表）

企业 ID	企业名称	企业 ID	企业名称
371	深圳市天集开投资发展有限公司	422	深圳市金鹏兴实业有限公司
372	深圳市大工业区（深圳出口加工区）开发管理集团有限公司	423	深圳市中添威商贸有限公司
373	深圳市康年科技有限公司	424	深圳市旺海怡康实业发展有限公司
374	深圳市琳珠园林有限公司	425	深圳市桑泰房地产开发有限公司
375	深圳市金地住宅开发有限公司	426	运泰建业置业（深圳）有限公司
376	深圳市时代财富实业集团有限公司	427	深圳市李朗业兴实业有限公司
377	深圳市运发集团股份有限公司	428	深圳市金安城投资发展有限公司
378	泰华房地产（中国）有限公司	429	深圳市鹏城房地产开发有限公司
379	深圳市物业房地产开发有限公司	430	深圳市志健实业有限公司
380	深圳市华盛业投资有限公司	431	深圳市汇泰实业有限公司
381	深圳市前海股份有限公司	432	深圳市夏浦光电技术有限公司
382	深圳市万科九州房地产开发有限公司	433	深圳康发发展公司
383	深圳市林江房地产有限公司	434	深圳航天地产发展有限公司
384	深圳中海信和地产开发有限公司	435	深圳市泰富华天峦湖置业有限公司
385	深圳市光彩红投资控股有限公司	436	深圳市长城物流有限公司
386	深圳市世之鼎实业有限公司	437	深圳市金华南巴士股份有限公司
387	深圳博林集团有限公司	438	深圳市恒祥基房地产开发建设有限公司
388	深圳市翔奥投资发展有限公司	439	华润深圳湾发展有限公司
389	深圳市粤国投资发展有限公司	440	深圳市益田集团股份有限公司
390	深圳市宝发投资有限公司	441	深圳市津联泰投资有限公司
391	深圳市坪宇物业发展有限公司	442	深圳市万鸿嘉投资发展有限公司
392	深圳市和诚鸿业投资发展有限公司	443	深圳市蛇口湾厦置业有限公司
393	深圳市广盛荣投资有限公司	444	深圳市超卓投资发展有限公司
394	深圳市鸿翔实业有限公司	445	深圳市富通房地产开发投资有限公司
395	深圳市恒运泰控股集团有限公司	446	深圳市宝鼎威物流有限公司
396	深圳市香江置业有限公司	447	深圳市蓝湾房地产开发有限公司
397	深圳锦峰集团有限公司	448	深圳市厦村房地产开发有限公司
398	深圳市华讯伟业房地产开发有限公司	449	深圳市渔丰实业股份有限公司
399	深圳市康达尔（集团）房地产开发有限公司	450	深圳市观澜物业发展有限公司
400	深圳市泰富华投资发展有限公司	451	深圳市百富隆新投资有限公司
401	深圳市中航华城置业发展有限公司	452	深圳市津房物业发展有限公司
402	三科控股集团有限公司	453	深圳市鹏润达投资发展有限公司
403	深圳市联投置地有限公司	454	深圳天安骏业投资发展有限公司
404	深圳市六和房地产开发有限公司	455	深圳市荣津实业集团有限公司
405	深圳恒安房地产开发有限公司	456	深圳宏达房地产开发有限公司
406	深圳市深宝实业股份有限公司	457	深圳市旭道房地产开发有限公司
407	深圳市华兴广实业有限公司	458	信和（深圳）实业发展有限公司
408	深圳市金海港房地产开发有限公司	459	雄伟房地产开发（深圳）有限公司
409	深圳市大冲实业股份有限公司	460	深圳桑达电子集团有限公司
410	深圳市联城地产发展有限公司	461	深圳市旭飞实业有限公司
411	杨富实业（深圳）有限公司	462	振宇物业发展（深圳）有限公司
412	深圳市金利源投资发展有限公司	463	深圳市罗兰斯宝物业发展有限公司
413	深圳市嘉福房地产开发有限公司	464	深圳市利丰房地产开发有限公司
414	深圳市广海投资有限公司	465	深圳市联合建业投资发展有限公司
415	深圳市田心实业股份有限公司	466	深圳市圳宝实业有限公司
416	深圳中航城发展有限公司	467	深圳市朗钜实业集团有限公司
417	深圳祥祺房地产开发有限公司	468	中国长安汽车集团深圳投资有限公司
418	深圳市建信锋源实业有限公司	469	深圳市光明房地产开发公司
419	壹方置业（深圳）有限公司	470	深圳市海岸投资集团有限公司
420	深圳万骏房地产开发有限公司	471	新旺实业发展（深圳）有限公司
421	深圳市屹海达投资有限公司	472	深圳泛亚房地产开发有限公司

（续表）

企业 ID	企业名称	企业 ID	企业名称
473	深圳万泽碧轩房地产开发有限公司	524	深圳桑达房地产开发有限公司
474	深圳市恒豪实业有限公司	525	深圳市大康投资集团有限公司
475	深圳市中亿集投资发展有限公司	526	深圳市福盈置地控股有限公司
476	深圳市合正锦湖投资有限公司	527	深圳市雨霖投资有限公司
477	深圳市鹏润达置业集团有限公司	528	深圳市华佳业房地产开发有限公司
478	深圳市鸿景翠峰房地产开发有限公司	529	深圳市天悦房地产开发有限公司
479	深圳富霖房地产开发有限公司	530	深圳市桃花园置业有限公司
480	佳峰房地产开发（深圳）有限公司	531	深圳市景诚园投资有限公司
481	深圳市港城豪庭实业发展有限公司	532	深圳市曦湾名苑地产有限公司
482	深圳市卓越康达贸易有限公司	533	中海月朗苑物业发展（深圳）有限公司
483	深圳市锦新明集团有限公司	534	深圳市西湖股份有限公司
484	深圳市博林房地产开发有限公司	535	深圳市恒江地产开发有限公司
485	深圳市国野股份有限公司	536	深圳市知本投资集团有限公司
486	深圳市华熙房地产有限公司	537	深圳市坚得利实业有限公司
487	深圳市弘都投资有限公司	538	深圳市卓越康合投资发展有限公司
488	深圳市颂德房地产开发有限公司	539	深圳市金光华地产开发有限公司
489	深圳市莲塘房地产开发有限公司	540	深圳市鑫业投资有限公司
490	深圳市恒地投资有限公司	541	深圳市德涵投资发展有限公司
491	深圳市正中房地产开发有限公司	542	如鸿实业（深圳）有限公司
492	深圳中海投资管理有限公司	543	深圳市富基投资集团有限公司
493	深圳市东部实业股份有限公司	544	深圳市诚品地产有限公司
494	深圳市维时科技实业发展有限公司	545	深圳市大族基业房地产开发有限公司
495	深圳市生良房地产开发有限公司	546	深圳亘富投资有限公司
496	深圳市锦年基础工程有限公司	547	深圳厦飞龙置业发展有限公司
497	深圳市天健龙岗房地产开发有限公司	548	深圳市龙岗佳兆业房地产开发有限公司
498	深圳市东海成房地产开发有限公司	549	深圳市银浩实业有限公司
499	深圳市龙华海荣实业有限公司	550	深圳市银台实业集团有限公司
500	深圳市鹏广达广场商业发展有限公司	551	中建蛇口发展有限公司
501	深圳市中云投资发展有限公司	552	和黄地产（深圳宝安）有限公司
502	深圳市星都置业有限公司	553	深圳市鑫地置业有限公司
503	深圳市建业房地产开发有限公司	554	深圳市昌盛投资发展有限公司
504	深圳市龙志投资发展有限公司	555	深圳市鲤鱼门投资发展有限公司
505	深圳市优胜美地房地产开发有限公司	556	深圳华逸园房地产开发有限公司
506	深圳市世纪汇鑫实业集团有限公司	557	深圳市鹏锦生投资发展有限公司
507	深圳市汉森房地产开发有限公司	558	深圳荣超实业有限公司
508	深圳市泉堂实业发展有限公司	559	深圳市佳昌业投资有限公司
509	深圳豫盛投资发展有限公司	560	深圳市恒裕实业（集团）有限公司
510	深圳市京武房地产开发有限公司	561	深圳市粤长辉实业发展有限公司
511	深圳雅宝房地产开发有限公司	562	深圳市秋铭投资发展有限公司
512	江胜房地产开发（深圳）有限公司	563	深圳市天耀投资发展有限公司
513	深圳市广田置业有限公司	564	深圳市大业房地产开发有限公司
514	深圳市金地大百汇房地产开发有限公司	565	深圳市佳家豪投资发展有限公司
515	深圳市明泰润投资发展有限公司	566	深圳市创城投资有限公司
516	深圳市厚华投资有限公司	567	深圳市祥盛房地产开发有限公司
517	深圳麓园房地产开发有限公司	568	深圳市禾田居投资发展有限公司
518	深圳市信旺房地产开发有限公司	569	深圳市清水河实业有限公司
519	深圳湾游艇会有限公司	570	深圳信德丰房地产有限公司
520	鸿硕房地产开发（深圳）有限公司	571	深圳海王集团股份有限公司
521	深圳市下水径投资有限公司	572	深圳市绿色满庭芳实业发展有限公司
522	深圳市金地新城房地产开发有限公司	573	运泰实业（深圳）有限公司
523	深圳市博厚实业有限公司	574	深圳市华园房地产开发有限公司

（续表）

企业 ID	企业名称	企业 ID	企业名称
575	深圳市宝安石鸿工贸有限公司	626	深圳市中海富地物业发展有限公司
576	深圳万庭房地产开发有限公司	627	深圳龙岗大鹏长城实业发展有限公司
577	深圳市金地源房地产开发有限公司	628	深圳市金泽实业发展有限公司
578	深圳市霖梓投资发展有限公司	629	深圳市中协商贸有限公司
579	深圳市天勤房地产开发有限公司	630	深圳置富房地产开发有限公司
580	深圳市雄江投资发展有限公司	631	深圳市富德义房地产综合开发有限公司
581	深圳市万泽房地产开发集团有限公司	632	深圳市合裕房地产开发有限公司
582	深圳市骏泰房地产开发有限公司	633	深圳市永利鸿盈投资有限公司
583	深圳市美地置业发展有限公司	634	深圳市海岸融通投资有限公司
584	深圳市天地（集团）股份有限公司	635	深圳市新创基投资发展有限公司
585	深圳深国投房地产开发有限公司	636	深圳城盛房地产开发有限公司
586	深圳市湖润房地产开发有限公司	637	万菱实业（深圳）有限公司
587	深圳市龙盛豪庭投资有限公司	638	深圳万科城房地产开发有限公司
588	深圳市鹏龙实业有限公司	639	深圳市裕兴顺房地产开发有限公司
589	丽廷实业（深圳）有限公司	640	深圳市艺园投资发展有限公司
590	深圳海滨房产有限公司	641	深圳市国正向前投资发展有限公司
591	深圳市荣丰源投资发展有限公司	642	深圳市汕源新实业有限公司
592	深圳市友盛地产有限公司	643	深圳市乐丰投资发展有限公司
593	深圳市康达尔（集团）股份有限公司	644	深圳仙诺制药有限公司
594	深圳市坤宜实业发展有限公司	645	深圳市东方尊峪房地产开发有限公司
595	港铁物业发展（深圳）有限公司	646	深圳市中海日辉台物业发展有限公司
596	深圳市天居基业投资有限公司	647	深圳市耀凯房地产投资发展有限公司
597	综合信兴盐保物流（深圳）有限公司	648	深圳市卓越维港房地产开发有限公司
598	深圳市福顺高新建材有限公司	649	深圳市富春东方房地产开发有限公司
599	深圳市海科兴留学生产业基地投资有限公司	650	深圳市宝安东海实业有限公司
600	深圳市平日上房地产开发有限公司	651	深圳市建鹏达房地产开发有限公司
601	深圳凯南房地产开发有限公司	652	深圳市安鸿兴投资发展有限公司
602	深圳市辉豪乐投资发展有限公司	653	深圳万科华昱花园房地产开发有限公司
603	广东省水电集团有限公司深圳分公司	654	深圳市金益田实业发展有限公司
604	深圳市港城建业房地产开发有限公司	655	深圳市万轩置业有限公司
605	深圳市鹏城港水产批发市场有限公司	656	深圳市地铁远为房地产开发有限公司
606	深圳腾鸿投资有限公司	657	深圳市恒基泰投资集团有限公司
607	深圳市滨海置业有限公司	658	深圳市罗沙工程开发有限公司
608	深圳市建设控股龙岗房地产有限公司	659	深圳万科第五园房地产有限公司
609	深圳市海华实业有限公司	660	深圳市万达裕实业发展有限公司
610	深圳市光明商业中心开发有限公司	661	深圳市山海情置业有限公司
611	深圳市文宝峰投资发展有限公司	662	深圳市正展实业有限公司
612	深圳市万科南苑房地产开发有限公司	663	深圳市腾龙达实业有限公司
613	深圳市崇诚房地产有限公司	664	深圳市福田实业发展有限公司
614	深圳市鹏业房地产有限公司	665	深圳市荣超英隆房地产开发有限公司
615	深圳邦兆房地产开发有限公司	666	亨德来实业发展（深圳）有限公司
616	深圳市荣超投资发展有限公司	667	深圳市黄贝景园实业有限公司
617	深圳市中富田房地产开发有限公司	668	深圳市龙岗德兴房地产开发有限公司
618	深圳市嘉鑫辉煌房地产有限公司	669	深圳市红荷森泉置业发展有限公司
619	彭年中外企业家俱乐部（深圳）有限公司	670	深圳市嘉盈鑫实业有限公司
620	深圳市美宝田实业有限公司	671	深圳市弘金地网球俱乐部有限公司
621	深圳市民华投资有限公司	672	深圳市三泰投资有限公司
622	深圳冠洋房地产有限公司	673	宝吉工艺品（深圳）有限公司
623	深圳市海之湾科技有限公司	674	广东城脉地产有限公司
624	深圳勤诚达地产有限公司	675	深圳市滢水房地产开发有限公司
625	深圳市安泰城投资发展有限公司	676	深圳市蓝基实业有限公司

（续表）

企业 ID	企业名称
677	深圳经济特区工业园开发公司
678	深圳市天就房地产开发有限公司
679	深圳市万科南城房地产有限公司
680	深圳市华业投资开发有限公司
681	嘉宝田房地产（深圳）有限公司
682	美洲联冠置业（深圳）有限公司
683	深圳市创佶置业有限公司
684	深圳市金洲房地产开发有限公司
685	深圳市正昌泰投资咨询有限公司
686	宝能城有限公司
687	深圳市正大国利投资有限公司
688	深圳市佳米基投资有限公司
689	深圳市会淇投资发展有限公司
690	深圳市大沙河创新走廊建设投资管理有限公司
691	深圳市中平实业有限公司
692	深圳宝能置业有限公司
693	深圳惠名房地产开发有限公司
694	深圳市宝利来贸易有限公司
695	深圳市合正景园实业有限公司
696	深圳市盘龙房地产有限公司
697	深圳市泰新利物业管理有限公司
698	深圳市中海深圳湾房地产开发有限公司
699	深圳市中卫投资咨询有限公司
700	深圳市博住置业有限公司
701	深圳市大鹏佳兆业房地产开发有限公司
702	深圳市楚山实业有限公司
703	深圳市龙泉别墅投资发展有限公司
704	深圳市吉厦房地产开发有限公司
705	卓诚安房地产（深圳）有限公司
706	深圳市安业房地产开发有限公司
707	深圳市银江置地开发有限公司
708	深圳市德高华房地产有限公司
709	深圳市盛迪嘉房地产开发有限公司
710	深圳市祥华投资发展有限公司
711	深圳市宣威田丰贸易有限公司
712	深圳市中兴投资有限公司
713	深圳市悦峰投资有限公司
714	威新地产（深圳）有限公司
715	深圳兆科房地产有限公司
716	深圳市宁佳置业有限公司
717	深圳市中盛投资开发有限公司
718	深圳市海轩投资发展有限公司
719	深圳经济特区新华城有限公司
720	深圳市长庆房地产开发有限公司
721	深圳市恒宝达房地产开发有限公司
722	深圳市万科溪之谷房地产有限公司
723	深圳市新屋吓英隆房地产开发有限公司
724	深圳市嘉霖房地产有限公司
725	深圳市名爵房地产开发有限公司
726	深圳市万科道霖投资发展有限公司
727	深圳市万科兴业房地产开发有限公司
728	深圳市传承房地产开发有限公司
729	深圳市朗通房地产开发有限公司
730	深圳市铖源实业发展有限公司
731	丰隆集团有限公司
732	深圳市万科城市风景房地产开发有限公司
733	深圳万科恒大物业有限公司
734	深圳市志天下实业有限公司
735	深圳市鼎丰泰投资有限公司
736	深圳市东方欣悦实业有限公司
737	深圳市万联嘉投资发展有限公司
738	深圳市万龙靓投资发展有限公司
739	深圳市易理房地产开发有限公司
740	深圳市永和投资发展有限公司
741	深圳市恩地房地产有限公司
742	华润置地（深圳）发展有限公司
743	深圳市地业乐安房地产有限公司
744	深圳市海汇房地产开发有限公司
745	深圳市红荷庭苑房地产开发有限公司
746	深圳市新建投资发展有限公司
747	深圳市赛格地产投资股份有限公司
748	深圳市新鸿恒房地产开发有限公司
749	深圳市华兴昌实业有限公司
750	深圳市怀德房地产开发有限公司
751	深圳市市建置业有限公司
732	深圳市万科城市风景房地产开发有限公司
733	深圳万科恒大物业有限公司
734	深圳市志天下实业有限公司
735	深圳市鼎丰泰投资有限公司
736	深圳市东方欣悦实业有限公司
737	深圳市万联嘉投资发展有限公司
738	深圳市万龙靓投资发展有限公司
739	深圳市易理房地产开发有限公司
740	深圳市永和投资发展有限公司
741	深圳市恩地房地产有限公司
742	华润置地（深圳）发展有限公司
743	深圳市地业乐安房地产有限公司
744	深圳市海汇房地产开发有限公司
745	深圳市红荷庭苑房地产开发有限公司
746	深圳市新建投资发展有限公司
747	深圳市赛格地产投资股份有限公司
748	深圳市新鸿恒房地产开发有限公司
749	深圳市华兴昌实业有限公司
750	深圳市怀德房地产开发有限公司
751	深圳市市建置业有限公司

截至2013年12月31日，我市房地产（土地）价格评估机构共50家，其中取得房地产价格评估一级资质的23家，二级资质的20家，三级资质的7家；取得土地价格评估全国范围执业的9家，广东省范围执业的11家，深圳市范围执业的6家（排名不分先后）。

表 11-2　深圳市 2013 年房地产价格评估机构资质年检情况

一级	
深圳市戴德梁行土地房地产评估有限公司	国众联资产评估土地房地产估价有限公司
深圳市格衡土地房地产评估咨询有限公司	深圳市同致诚土地房地产估价顾问有限公司
深圳市国策房地产土地估价有限公司	深圳市新峰土地房地产评估有限公司
深圳市国房土地房地产评估咨询有限公司	深圳市一统土地房地产评估有限公司
深圳市国潼联土地房地产评估有限公司	深圳市国浩土地房地产评估经纪有限公司
深圳市国咨土地房地产评估有限公司	深圳市龙房地土地房地产评估咨询有限公司
深圳市国资源土地房地产资产评估有限公司	深圳市儒骏辉土地房地产评估有限公司
深圳市鹏信资产评估土地房地产估价有限公司	深圳市世纪中盛房地产评估有限公司
深圳市国量行土地房地产估价顾问有限公司	深圳市新永基土地房地产评估顾问有限公司
深圳市融泽源资产评估土地房地产估价有限公司	深圳市尊量行土地房地产估价有限公司
深圳市世联土地房地产评估有限公司	深圳市英联土地房地产估价顾问有限公司
深圳市世鹏房地产土地评估有限公司	
二级	
深圳市长基房地产评估交易有限公司	深圳市遂兴房地产评估有限公司
深圳市大通土地房地产评估经纪有限公司	深圳市通泰衡房地产估价有限公司
深圳市东昊房地产评估有限公司	深圳市文集土地与房地产评估经纪有限公司
深圳市广衡房地产和土地估价有限公司	深圳市鹏建土地房地产评估有限公司
深圳市国政房地产土地评估有限公司	深圳市永信资产评估房地产估价有限公司
深圳市和达房地产评估咨询有限公司	深圳市正中联行土地房地产评估有限公司
深圳市建诚信土地房地产评估咨询有限公司	深圳市中诚达土地房地产评估顾问有限公司
深圳市乐居行房地产评估经纪有限公司	深圳市中联房地产评估有限公司
深圳市润泰阳房地产经纪评估有限公司	深圳市中项资产评估房地产土地估价有限公司
深圳市深信房地产评估有限公司	深圳市深美林房地产评估有限公司
三级	
深圳市创惠房地产经纪评估有限公司	深圳市中正房地产评估有限公司
深圳德永房地产评估有限公司	深圳市卓越全程房地产评估有限公司
深圳市百象房地产评估有限公司	深圳中信通房地产评估顾问有限公司
深圳市世恒房地产评估有限公司（暂定）	

表 11-3 深圳市 2013 年土地价格评估机构资质年检情况

全国范围执业资质	
深圳市戴德梁行土地房地产评估有限公司	深圳市国策房地产土地估价有限公司
深圳市国房土地房地产评估咨询有限公司	深圳市国咨土地房地产评估有限公司
深圳市鹏信资产评估土地房地产估价有限公司	深圳市世联土地房地产评估有限公司
国众联资产评估土地房地产估价有限公司	深圳市同致诚土地房地产估价顾问有限公司
深圳市广衡房地产和土地估价有限公司	
广东省范围执业资质	
深圳市格衡土地房地产评估咨询有限公司	深圳市国潼联土地房地产评估有限公司
深圳市国资源土地房地产资产评估有限公司	深圳市世鹏房地产土地评估有限公司
深圳市新峰土地房地产评估有限公司	深圳市国浩土地房地产评估经纪有限公司
深圳市儒骏辉土地房地产评估有限公司	深圳市大通土地房地产评估经纪有限公司
深圳市建诚信土地房地产评估咨询有限公司	深圳市文集土地与房地产评估经纪有限公司
深圳市中项资产评估房地产土地估价有限公司	
深圳市范围执业资质	
深圳市国量行土地房地产估价顾问有限公司	深圳市一统土地房地产评估有限公司
深圳市融泽源资产评估土地房地产估价有限公司	深圳市尊量行土地房地产估价有限公司
深圳市英联土地房地产估价顾问有限公司	深圳市中诚达土地房地产评估顾问有限公司

截至 2013 年 12 月 31 日，深圳市共有备案房地产经纪机构 423 家，备案分支机构 1577 间，持有效执业登记牌的房地产经纪人员 24327 名。

2013 年，深圳市共 290 家房地产经纪机构、1317 间分支机构申报并通过年检，各行政辖区年检情况如下：1. 福田区共计 122 家经纪机构及 332 间分支机构申报并通过年检，其中包含 62 间总部不在福田区的分支机构；2. 罗湖区共计 67 家经纪机构及 190 间分支机构申报并通过年检，其中包含 106 间总部不在罗湖区的分支机构；3. 南山区共计 29 家经纪机构及 250 间分支机构申报并通过年检，其中包含 202 间总部不在南山区的分支机构；4. 龙岗区共计 40 家经纪机构及 203 间分支机构申报并通过年检，其中包含 174 间总部不在龙岗区的分支机构；5. 宝安区共计 22 家经纪机构及 309 间申报并通过年检，其中包含 281 间总部不在宝安区的分支机构；6. 盐田区共计 7 家经纪机构及 23 间分支机构申报并通过年检，其中包含 21 间总部不在盐田区的分支机构；7. 坪山新区共计 2 家经纪机构及 4 间分支机构申报并通过年检，以上 4 间分支机构总部皆不在坪山新区；8. 光明新区共计 1 家经纪机构及 6 间分支机构申报并通过年检，以上 6 间分支机构总部皆不在光明新区。

表 11-4　深圳市 2013 年房地产经纪机构年检情况

序号	机构名称	备案证书号
1	中原地产代理（深圳）有限公司	深房经字(2013)001 号
2	深圳市世华房地产投资顾问有限公司	深房经字(2013)002 号
3	深圳市中联地产置业顾问股份有限公司	深房经字(2013)003 号
4	美联物业代理(深圳)有限公司	深房经字(2013)004 号
5	深圳市家家顺房产交易有限公司	深房经字(2013)005 号
6	深圳市星联地产顾问有限公司	深房经字(2013)006 号
7	深圳市盛联行投资发展有限公司	深房经字(2013)007 号
8	深圳市招商置业顾问有限公司	深房经字(2013)008 号
9	深圳市海王城房地产投资顾问有限公司	深房经字(2013)009 号
10	深圳市万福房地产投资顾问有限公司	深房经字(2013)010 号
11	深圳市成宏房地产经纪有限公司	深房经字(2013)011 号
12	深圳市景河田实业有限公司	深房经字(2013)012 号
13	泛城房地产顾问（深圳）有限公司	深房经字(2013)013 号
14	深圳市家园房地产经纪有限公司	深房经字(2013)014 号
15	深圳市世联行房地产经纪有限公司	深房经字(2013)015 号
16	深圳市阳光置业房地产投资顾问有限公司	深房经字(2013)016 号

（续表）

序号	机构名称	备案证书号
17	深圳市龙城房地产经纪有限公司	深房经字(2013)017 号
18	深圳市港都房地产经纪有限公司	深房经字(2013)018 号
19	深圳市世洲房地产经纪有限公司	深房经字(2013)019 号
20	港置地产代理（深圳）有限公司	深房经字(2013)020 号
21	深圳信誉家房地产代理有限公司	深房经字(2013)021 号
22	深圳建华地产顾问有限公司	深房经字(2013)022 号
23	深圳市汉龙房地产经纪有限公司	深房经字(2013)023 号
24	深圳市汇丰房地产交易有限公司	深房经字(2013)024 号
25	深圳市金楚原房地产投资顾问有限公司	深房经字(2013)025 号
26	深圳世联行地产顾问股份有限公司	深房经字(2013)026 号
27	戴德梁行房地产顾问（深圳）有限公司	深房经字(2013)027 号
28	深圳市广天地房地产交易评估有限公司	深房经字(2013)028 号
29	深圳市隆塬房地产经纪有限公司	深房经字(2013)029 号
30	深圳市邻里家房地产经纪有限公司	深房经字(2013)030 号
31	深圳市万科物业服务有限公司	深房经字(2013)031 号
32	深圳市鹏置房地产经纪有限公司	深房经字(2013)032 号
33	深圳市我爱我家房地产经纪有限公司	深房经字(2013)033 号
34	深圳市世鑫房地产经纪有限公司	深房经字(2013)034 号
35	深圳市超然房地产经纪有限公司	深房经字(2013)035 号
36	深圳市春鹏房地产经纪有限公司	深房经字(2013)036 号
37	深圳市金港房地产顾问有限公司	深房经字(2013)037 号
38	深圳市港达房地产经纪有限公司	深房经字(2013)038 号
39	深圳市超美房地产经纪有限公司	深房经字(2013)039 号
40	深圳市嘉诚房地产经纪有限公司	深房经字(2013)040 号
41	深圳市中发房地产经纪有限公司	深房经字(2013)041 号
42	深圳市京置置业顾问有限公司	深房经字(2013)042 号
43	深圳市亚卓房地产经纪有限公司	深房经字(2013)043 号
44	深圳市金大地房地产经纪有限公司	深房经字(2013)044 号
45	深圳市万德房地产经纪有限公司	深房经字(2013)045 号
46	深圳中原物业顾问有限公司	深房经字(2013)046 号
47	深圳市腾龙置富房地产经纪有限公司	深房经字(2013)047 号
48	深圳市尊地地产咨询有限公司	深房经字(2013)048 号
49	深圳市中投房地产经纪有限公司	深房经字(2013)049 号
50	深圳市尺度房地产经纪有限公司	深房经字(2013)050 号
51	深圳市光耀辉煌房地产经纪有限公司	深房经字(2013)051 号
52	深圳市华厦城房地产交易有限公司	深房经字(2013)052 号
53	深圳市城市策略地产顾问有限公司	深房经字(2013)053 号
54	深圳市中运房地产经纪有限公司	深房经字(2013)054 号

（续表）

序号	机构名称	备案证书号
55	深圳市卓越地产顾问有限公司	深房经字(2013)055 号
56	深圳市吉泰房地产经纪有限公司	深房经字(2013)056 号
57	深圳市智恒房地产经纪有限公司	深房经字(2013)057 号
58	深圳市广天地联盟房地产交易有限公司	深房经字(2013)058 号
59	深圳市天安房地产经纪有限公司	深房经字(2013)059 号
60	深圳市创丰房地产经纪有限公司	深房经字(2013)060 号
61	深圳市同致行物业顾问有限公司	深房经字(2013)061 号
62	深圳市海王城置业顾问有限公司	深房经字(2013)062 号
63	深圳市宝房房地产代理有限公司	深房经字(2013)063 号
64	深圳市鼎泰投资咨询有限公司	深房经字(2013)064 号
65	深圳市联成投资管理有限公司	深房经字(2013)065 号
66	深圳市志同房地产经纪有限公司	深房经字(2013)066 号
67	深圳市开诚房地产经纪有限公司	深房经字(2013)067 号
68	深圳市国联物业代理有限公司	深房经字(2013)068 号
69	深圳市华诚房地产经纪有限公司	深房经字(2013)069 号
70	深圳市成昊房地产经纪有限公司	深房经字(2013)070 号
71	深圳市中原发投资发展有限公司	深房经字(2013)071 号
72	深圳市佳业房地产经纪有限公司	深房经字(2013)072 号
73	深圳市鸿策舫实业有限公司	深房经字(2013)073 号
74	深圳市德思勤置业有限公司	深房经字(2013)074 号
75	深圳市英华房地产经纪有限公司	深房经字(2013)075 号
76	深圳市广联兴房地产经纪服务有限公司	深房经字(2013)076 号
77	深圳市瑞意置业有限公司	深房经字(2013)077 号
78	深圳市广天地新兴经济信息咨询有限公司	深房经字(2013)078 号
79	深圳市志诚物业管理有限公司	深房经字(2013)079 号
80	深圳市亨通置业有限公司	深房经字(2013)080 号
81	深圳市慧金房地产经纪有限公司	深房经字(2013)081 号
82	深圳市海宏房地产经纪有限公司	深房经字(2013)082 号
83	深圳市招华房地产经纪有限公司	深房经字(2013)083 号
84	中原（中国）房地产代理有限公司	深房经字(2013)084 号
85	深圳市满都投资发展有限公司	深房经字(2013)085 号
86	深圳市元泰房地产经纪有限公司	深房经字(2013)086 号
87	深圳市尚策房地产经纪有限公司	深房经字(2013)087 号
88	深圳市粤港投资顾问有限公司	深房经字(2013)088 号
89	深圳市腾辉联邦投资发展有限公司	深房经字(2013)089 号
90	深圳市美格行房地产顾问有限公司	深房经字(2013)090 号
91	深圳市全策行地产顾问有限公司	深房经字(2013)091 号
92	深圳市永基行物业顾问有限公司	深房经字(2013)092 号

（续表）

序号	机构名称	备案证书号
93	深圳市天鹜投资策划有限公司	深房经字(2013)093 号
94	深圳市尚美佳房地产经纪有限公司	深房经字(2013)094 号
95	深圳市前海置业经纪有限公司	深房经字(2013)095 号
96	深圳市天友地产顾问有限公司	深房经字(2013)096 号
97	深圳合富辉煌房地产顾问有限公司	深房经字(2013)097 号
98	深圳市航天置业顾问有限公司	深房经字(2013)098 号
99	深圳市百年创道房地产投资顾问有限公司	深房经字(2013)099 号
100	森拓普商业地产顾问（深圳）有限公司	深房经字(2013)100 号
101	深圳市汇诚行房地产顾问有限公司	深房经字(2013)101 号
102	深圳市中驰置业顾问有限公司	深房经字(2013)102 号
103	深圳市东方伟度置业有限公司	深房经字(2013)103 号
104	深圳市广富房地产经纪有限公司	深房经字(2013)104 号
105	深圳市星彦行置业有限公司	深房经字(2013)105 号
106	深圳市凯田房地产经纪有限公司	深房经字(2013)106 号
107	深圳市龙房地土地房地产评估咨询有限公司	深房经字(2013)107 号
108	深圳市天安新城房地产经纪有限公司	深房经字(2013)108 号
109	深圳市英联国际不动产有限公司	深房经字(2013)109 号
110	深圳市环球商机地产顾问有限公司	深房经字(2013)110 号
111	美格行商业经营管理（深圳）有限公司	深房经字(2013)111 号
112	深圳市仁雅房地产经纪有限公司	深房经字(2013)112 号
113	拾捌房地产经纪（深圳）有限公司	深房经字(2013)113 号
114	深圳市住隆市场策划顾问有限公司	深房经字(2013)114 号
115	深圳市国业房地产经纪有限公司	深房经字(2013)115 号
116	深圳市鸿发房地产经纪有限公司	深房经字(2013)116 号
117	深圳市家家发房屋理财中心有限公司	深房经字(2013)117 号
118	深圳市天骥行房地产顾问有限公司	深房经字(2013)118 号
119	深圳市众致行房地产经纪有限公司	深房经字(2013)119 号
120	深圳思源兴业房地产经纪有限公司	深房经字(2013)120 号
121	深圳市众和鑫房地产经纪有限公司	深房经字(2013)121 号
122	深圳市百年安居房地产经纪有限公司	深房经字(2013)122 号
123	深圳市爱地时代地产顾问有限公司	深房经字(2013)123 号
124	深圳信诚房地产经纪有限公司	深房经字(2013)124 号
125	深圳市富家房地产经纪有限公司	深房经字(2013)125 号
126	深圳市天赋房地产顾问有限公司	深房经字(2013)126 号
127	深圳市新峰地产顾问有限公司	深房经字(2013)127 号
128	深圳吉隆房地产经纪有限公司	深房经字(2013)128 号
129	国众联资产评估土地房地产估价有限公司	深房经字(2013)129 号
130	深圳市协成房地产经纪有限公司	深房经字(2013)130 号

（续表）

序号	机构名称	备案证书号
131	深圳市壹贰叁物业有限公司	深房经字(2013)131 号
132	深圳市信德成房地产顾问有限公司	深房经字(2013)132 号
133	深圳市汉家房地产经纪有限公司	深房经字(2013)133 号
134	深圳市泰阳房地产经纪有限公司	深房经字(2013)134 号
135	深圳市鑫元宝房地产经纪有限公司	深房经字(2013)135 号
136	深圳联合产权交易所股份有限公司	深房经字(2013)136 号
137	深圳市星河联房地产经纪有限公司	深房经字(2013)137 号
138	深圳市富鼎达房地产经纪有限公司	深房经字(2013)138 号
139	深圳市家家好房地产经纪有限公司	深房经字(2013)139 号
140	深圳市广天地庭院房地产经纪服务部	深房经字(2013)140 号
141	深圳市香巴拉房地产开发有限公司	深房经字(2013)141 号
142	深圳市海燕置业有限公司	深房经字(2013)142 号
143	深圳市旭辉置业顾问有限公司	深房经字(2013)143 号
144	深圳市骏达房地产经纪有限公司	深房经字(2013)144 号
145	深圳市丰盛町物业服务有限公司	深房经字(2013)145 号
146	深圳市悦地房地产经纪有限公司	深房经字(2013)146 号
147	深圳市金隆昌地产发展有限公司	深房经字(2013)147 号
148	深圳市美庭房地产经纪有限公司	深房经字(2013)148 号
149	深圳金丰易居置业有限公司	深房经字(2013)149 号
150	深业集团(深圳)物业管理有限公司	深房经字(2013)150 号
151	深圳市华信行房地产经纪有限公司	深房经字(2013)151 号
152	深圳市万田房地产经纪有限公司	深房经字(2013)152 号
153	长康房地产经纪（深圳）有限公司	深房经字(2013)153 号
154	深圳中建投置业顾问有限公司	深房经字(2013)154 号
155	深圳市中部房地产有限公司	深房经字(2013)155 号
156	深圳市海诚房地产经纪有限公司	深房经字(2013)156 号
157	深圳市坤润房地产经纪有限公司	深房经字(2013)157 号
158	深圳市鑫家华房地产投资顾问有限公司	深房经字(2013)158 号
159	深圳市金和联地产经纪有限公司	深房经字(2013)159 号
160	深圳粤商国际投资有限公司	深房经字(2013)160 号
161	深圳市领汇行房地产顾问有限公司	深房经字(2013)161 号
162	深圳市安基房地产交易有限公司	深房经字(2013)162 号
163	深圳市科海置业有限公司	深房经字(2013)163 号
164	深圳市星雅舍物业咨询有限公司	深房经字(2013)164 号
165	深圳市明阳基业房地产顾问有限公司	深房经字(2013)165 号
166	深圳市文集土地与房地产评估经纪有限公司	深房经字(2013)166 号
167	深圳市金方圆房地产交易评估有限公司	深房经字(2013)167 号
168	深圳市京联物业顾问有限公司	深房经字(2013)168 号

（续表）

序号	机构名称	备案证书号
169	深圳市长福房地产经纪行	深房经字(2013)169 号
170	深圳市固诚房地产经纪有限公司	深房经字(2013)170 号
171	深圳市合强地产顾问有限公司	深房经字(2013)171 号
172	深圳市别致廊投资顾问有限公司	深房经字(2013)172 号
173	深圳市深宏房地产经纪有限公司	深房经字(2013)173 号
174	深圳市世纪宏大房地产开发有限公司	深房经字(2013)174 号
175	深圳市港建地产投资顾问有限公司	深房经字(2013)175 号
176	深圳市世耀置业顾问有限公司	深房经字(2013)176 号
177	深圳市方辰房地产经纪有限公司	深房经字(2013)177 号
178	深圳市来福房地产经纪有限公司	深房经字(2013)178 号
179	深圳市世纪通泰房地产经纪有限公司	深房经字(2013)179 号
180	深圳置业行房地产经纪有限公司	深房经字(2013)180 号
181	深圳市永大鹏城房地产投资策划有限公司	深房经字(2013)181 号
182	深圳市华夏伟业房地产咨询有限公司	深房经字(2013)182 号
183	深圳市黑马房地产顾问有限公司	深房经字(2013)183 号
184	深圳市台环房地产经纪有限公司	深房经字(2013)184 号
185	深圳市城策地产顾问有限公司	深房经字(2013)185 号
186	深圳市好居家房地产经纪有限公司	深房经字(2013)186 号
187	深圳市易度营销策划有限公司	深房经字(2013)187 号
188	深圳市鸿顺房地产经纪有限公司	深房经字(2013)188 号
189	深圳市华联置业集团有限公司	深房经字(2013)189 号
190	深圳市景宏房地产经纪有限公司	深房经字(2013)190 号
191	深圳市天利源地产置业有限公司	深房经字(2013)191 号
192	深圳市荣华亿按揭代理有限公司	深房经字(2013)192 号
193	深圳市达观房地产顾问有限公司	深房经字(2013)193 号
194	深圳市星原房地产经纪有限公司	深房经字(2013)194 号
195	深圳首选置业顾问有限公司	深房经字(2013)195 号
196	深圳市易丰居房地产经纪有限公司	深房经字(2013)196 号
197	深圳市祥盛源房地产投资顾问有限公司	深房经字(2013)197 号
198	深圳市深原创展房地产经纪有限公司	深房经字(2013)198 号
199	深圳市友源房地产经纪有限公司	深房经字(2013)199 号
200	深圳市同筑地产投资咨询有限公司	深房经字(2013)200 号
201	深圳市广驰投资发展有限公司	深房经字(2013)201 号
202	深圳市泰辰置业顾问有限公司	深房经字(2013)202 号
203	深圳市星群房地产经纪有限公司	深房经字(2013)203 号
204	深圳市盛世中深置业顾问有限公司	深房经字(2013)204 号
205	深圳市坤城房地产代理有限公司	深房经字(2013)205 号
206	深圳市和记地产代理有限公司	深房经字(2013)206 号

（续表）

序号	机构名称	备案证书号
207	创富房地产信息咨询（深圳）有限公司	深房经字(2013)207 号
208	深圳市创建欣业房地产经纪有限公司	深房经字(2013)208 号
209	深圳市万年好房地产投资顾问有限公司	深房经字(2013)209 号
210	深圳市创熙房地产投资顾问有限公司	深房经字(2013)210 号
211	深圳市鼎强房地产经纪有限公司	深房经字(2013)211 号
212	深圳市兴佳保房地产经纪有限公司	深房经字(2013)212 号
213	深圳市格衡土地房地产评估咨询有限公司	深房经字(2013)213 号
214	深圳市华创房地产投资顾问有限公司	深房经字(2013)214 号
215	深圳市信联房地产经纪有限公司	深房经字(2013)215 号
216	深圳市汇丰深惠房地产经纪服务部	深房经字(2013)216 号
217	深圳市信之诺房地产经纪有限公司	深房经字(2013)217 号
218	深圳市大宇行房地产经纪有限公司	深房经字(2013)218 号
219	深圳市至祥置业有限公司	深房经字(2013)219 号
220	深圳鸿中源地产经纪有限公司	深房经字(2013)220 号
221	深圳三通世纪资产管理有限公司	深房经字(2013)221 号
222	深圳市瑞邦置业顾问有限公司	深房经字(2013)222 号
223	深圳市粤东居房地产经纪有限公司	深房经字(2013)223 号
224	深圳市中仕达房地产经纪有限公司	深房经字(2013)224 号
225	深圳市福安居房地产经纪有限公司	深房经字(2013)225 号
226	深圳市天锦鸿泰房地产顾问有限公司	深房经字(2013)226 号
227	深圳市世方商业地产顾问有限公司	深房经字(2013)227 号
228	深圳市国科房地产经纪有限公司	深房经字(2013)228 号
229	深圳市辰邦房地产经纪有限公司	深房经字(2013)229 号
230	深圳市正宏置业顾问有限公司	深房经字(2013)230 号
231	深圳市信保房地产经纪有限公司	深房经字(2013)231 号
232	深圳市易菲房地产经纪有限公司	深房经字(2013)232 号
233	深圳市报众房地产经纪有限公司	深房经字(2013)233 号
234	深圳市宝盈房地产经纪有限公司	深房经字(2013)234 号
235	深圳市奥通地产顾问有限公司	深房经字(2013)235 号
236	深圳市滨城置业经纪有限公司	深房经字(2013)236 号
237	深圳市大通土地房地产评估经纪有限公司	深房经字(2013)237 号
238	深圳市鸿宇房地产经纪有限公司	深房经字(2013)238 号
239	深圳市天方房地产经纪代理有限公司	深房经字(2013)239 号
240	深圳市海能房地产经纪有限公司	深房经字(2013)240 号
241	深圳市巨鼎房地产经纪有限公司	深房经字(2013)241 号
242	深圳市枫华房地产有限公司	深房经字(2013)242 号
243	深圳市宏盛家业房地产经纪有限公司	深房经字(2013)243 号
244	深圳市涛益地产顾问有限公司	深房经字(2013)244 号

（续表）

序号	机构名称	备案证书号
245	深圳市天原房地产经纪有限公司	深房经字(2013)245 号
246	深圳市世方市场营销策划有限公司	深房经字(2013)246 号
247	深圳市广业达房地产经纪有限公司	深房经字(2013)247 号
248	深圳市同道商业地产顾问有限公司	深房经字(2013)248 号
249	深圳市乐家房地产经纪有限公司	深房经字(2013)249 号
250	深圳市中港房地产经纪咨询有限公司	深房经字(2013)250 号
251	深圳市金冠房地产经纪服务部	深房经字(2013)251 号
252	深圳市邦宏行房地产投资顾问有限公司	深房经字(2013)252 号
253	深圳市国浩土地房地产评估经纪有限公司	深房经字(2013)253 号
254	深圳市顺利家园房地产经纪有限公司	深房经字(2013)254 号
255	深圳市天盛房地产经纪有限公司	深房经字(2013)255 号
256	深圳市深华原房地产经纪有限公司	深房经字(2013)256 号
257	深圳市恒年房地产经纪有限公司	深房经字(2013)257 号
258	深圳市超越行房地产经纪有限公司	深房经字(2013)258 号
259	深圳市物联投资顾问有限公司	深房经字(2013)259 号
260	深圳市博信有家房地产经纪有限公司	深房经字(2013)260 号
261	深圳市大晟置业有限公司	深房经字(2013)261 号
262	深圳市联冠地产顾问有限公司	深房经字(2013)262 号
263	深圳市琳烨房地产经纪有限公司	深房经字(2013)263 号
264	深圳国际房地产咨询股份有限公司	深房经字(2013)264 号
265	深圳市华振地产顾问有限公司	深房经字(2013)265 号
266	深圳市金鹏城置业咨询有限公司	深房经字(2013)266 号
267	深圳市国房土地房地产评估咨询有限公司	深房经字(2013)267 号
268	深圳市飞悦房地产经纪有限公司	深房经字(2013)268 号
269	深圳市百年置业有限公司	深房经字(2013)269 号
270	深圳市信实置业顾问有限公司	深房经字(2013)270 号
271	深圳市开元国际物业管理有限公司	深房经字(2013)271 号
272	深圳市建中物业管理有限公司	深房经字(2013)272 号
273	深圳市易搜房房地产经纪评估有限公司	深房经字(2013)273 号
274	深圳市思勤房地产顾问有限公司	深房经字(2013)274 号
275	深圳市雅玛房地产经纪有限公司	深房经字(2013)275 号
276	深圳市怡安信实业发展有限公司	深房经字(2013)276 号
277	深圳市平深房地产经纪有限公司	深房经字(2013)277 号
278	深圳市新峰土地房地产评估有限公司	深房经字(2013)278 号
279	深圳市公元房地产经纪有限公司	深房经字(2013)279 号
280	深圳市世鹏房地产土地评估有限公司	深房经字(2013)280 号
281	深圳市同德远景房地产顾问有限公司	深房经字(2013)281 号
282	深圳市百富房地产顾问有限公司	深房经字(2013)282 号

（续表）

序号	机构名称	备案证书号
283	深圳市坪新房地产经纪有限公司	深房经字(2013)283 号
284	深圳市道诚房地产顾问有限公司	深房经字(2013)284 号
285	深圳市仟得品牌顾问有限公司	深房经字(2013)285 号
286	深圳市世纪兰德置业顾问有限公司	深房经字(2013)286 号
287	深圳市智信恒业置业有限公司	深房经字(2013)287 号
288	深圳市众厦地产顾问有限公司	深房经字(2013)288 号
289	深圳信合房地产经纪有限公司	深房经字(2013)289 号
290	新昌物业管理（深圳）有限公司	深房经字(2013)290 号

第二节　行业协会

一、深圳市房地产业协会

（一）协会简介

深圳市房地产业协会（简称协会）。英文名称:SHENZHEN REAL ESTATE ASSOCIATION(缩写SREA)。协会成立于1989年10月5日，登记证号：社证字第00001号，是由在深圳市从事房地产开发、与房地产相关的咨询以及房地产研究的企事业单位自愿组成的非营利性行业组织，现有会员单位632家，其中理事单位109家。

受深圳市规划和国土资源委员会委托，协会负责全市房地产开发企业资质年检、市场巡察监管、行业投诉、诚信系统公示、项目手册的管理和维护等工作。通过对全市730余家开发企业、5000余名从业人员、2100多个开发项目的动态管理，深圳市房地产行业诚信评价体系、项目手册已成为政府行业监管的一项重要举措，不仅为政府获取行业发展信息提供了重要一手资讯，更成为开发企业对外公示，接受社会公众监督的重要平台。

协会的服务宗旨：代表会员意愿，维护会员合法权益，为会员提供服务，协调会员之间关系，沟通会员与政府的联系，传达政府政策意图，维护公平竞争，为提高人民居住水平，促进城镇建设，建立健康有序的房地产业，构建社会主义和谐社会服务。

协会设秘书处，秘书处下设综合事务部、行业服务部、信息培训部。协会在2009年被评为深圳市行业协会首批4A级行业协会商会，并被授予“全国房地产行业先进协会”、“广东省先进民间组织”、“深圳市优秀社团”等称号。

（二）协会职能

协会在主管部门的指导下，依照法律、法规、规章和行业组织章程，实行房地产行业自律管理,其主要职能有：

1. 制定并组织实施本行业的行规行约，建立行业自律机制和会员信用记录；

2. 对违反行业组织章程或者行规行约、损害行业整体利益者,采取相应的行业自律措施；

3. 开展行业培训、交流、咨询、展览等活动，推广应用新材料、新技术、新工艺，提升行业素质以及产品和服务质量；

4. 发布市场和行业信息，推荐行业产品或者服务，提供技术咨询；

5. 宣传房地产法律法规及相关政策；

6. 规范行业行为，客观公正地协调会员之间、会员与非会员之间、会员与政府之间、会员与消费者之间的矛盾纠纷，发挥其维护社会公共利益的作用；

7. 协助政府部门开展行业调查、决策咨询及产业政策制订等活动，向政府有关部门反映涉及行业利益的事项，提出意见和建议，维护本行业的利益及会员的合法权益；

8. 承担主管部门委托的行业管理工作，对行业行为进行检查和评价；

9. 法律、法规、规章授权或者政府部门委托以及行业组织章程规定的其他职能。

（三）2013 年工作情况

2013 年，在深圳市规划和国土资源委员会、深圳市民间组织管理局的正确指导和大力支持下，在全体会员单位的积极配合下，协会坚持服务宗旨，圆满完成了各项工作任务，总结如下：

1. 狠抓服务企业工作，为行业发展提供有力保障

（1）大力发展会员，行业自律范围不断扩大。不断强化协会服务宣传，吸引开发企业积极主动入会，协会会员规模不断扩大。截至 2013 年 12 月 31 日，协会共有会员 632 家。入会企业数量占行业企业总数的 81%。已将深圳市所有大型开发企业和绝大部分中小型开发企业吸纳到协会，协会自律范围不断扩大，行业公信力持续提升。

（2）全力做好重要会议工作，行业影响力不断增强。一是圆满召开会员大会。为保障全体会员的合法权利，促进行业交流，2013 年会员大会在深圳威尼斯大酒店圆满举行，共有 400 余家会员单位参会。会议审议和通报了《协会 2012 年工作报告和 2013 年的工作要点》《审议增选副会长、常务理事单位的申请报告》《2012 年深圳市房地产业协会财务报告》等重要事项。市规划和国土资源委员会副主任黄珽、市民间组织管理局副局长李文海出席会议并作重要讲话。世联地产董事长陈劲松、深圳中原地产董事总经理郑叔伦特邀嘉宾呈上了精彩演讲。二是成功召开地产年会。在深圳市规划和国土资源委员会的指导下，以“创新土地价值，肩负时代使命”为主题的 2013 深圳房地产年会在华侨城洲际大酒店成功举办。年会共有近 400 家知名房地产开发企业参加。年会邀请国务院发展研究中心宏观经济研究部部长余斌、市规划和国土资源委员会罗平博士、万科首席研究员谭华杰先作主题演讲。播放了 2013 深圳房地产行业发展宣传片，发布了 2012 年度深圳房地产行业综合评价报告，并对优秀的房地产开发企业进行了表彰，深圳市万科房地产有限公司等 10 家开发企业被评为“2013 年深圳房地产开发十强企业”，深业泰然（集团）股份有限公司等 10 家开发企业被评为“2013 年深圳房地产开发二十强企业”，深圳市兰江房地产开发有限公司等 10 家开发企业被评为“2013 年深圳房地产最具发展潜力企业”，卓越置业集团有限公司等 11 家开发企业被评为“2013 年深圳房地产开发最具品牌价值企业”。市规划和国土资源委员会副主任黄珽在年会上作了重要讲话，对深圳市房地产开发企业做出的突出贡献予以了充分肯定。2013 房地产年会规模创出了历史新高，更全面反映深圳市房地产业领先水平，获得行业和社会高度认可。

（3）主动走访企业，深入一线服务企业。认真开展群众路线教育实践活动，坚持深入企业靠前服务。协同市规划和国土资源委员会开展企业走访，开展市场巡查、进行行业调研。在项目现场查看项目售楼处是否按《深圳市房地产市场监管办法》有关规定开展产品销售，并对发现的市场违规行为及时处理整改。结合我市房地产资质年检及资质申请工作，对企业资料的完整性进行整理。通过现场勘查、座谈、市场调研等多种形式，加强与企业的互动，了解企业发展动态。通过双方友好沟通交流，协会不但可以了解企业需求，帮助企业解决问题，而且可以及时收集到房地产企业在开发经营中

存在的困难与问题，现场解答企业咨询的关于资质申报、预售、销售等方面问题，提高行业服务效率。2013 年协会全年走访了 125 家企业 200 余个开发项目，增进了企业与协会的联系。

（4）认真做好业务培训服务，帮助企业提升效率。抓好行业继续教育工作，进一步加强房地产行业管理，规范深圳市房地产市场行为，提升行业从业人员业务素质。一是举办企业年度检查和综合评价辅导班。为帮助企业正确理解年检要求和标准，掌握资料填报流程，协会举办 200 余家开发企业相关人员参加的专场培训辅导班。培训对《深圳市房地产行业诚信档案管理办法》及诚信评价指标等内容进行了解读，对年检资料申报办理等内容进行了详细讲解和现场答疑。二是举办三期系统操作员专题培训。为帮助企业新老系统操作员进一步掌握房地产信息系统操作，协会先后举办了三期系统操作员专题培训，邀请专家针对诚信评价体系、密钥操作、项目报批报建和预售等手续办理等方面进行了全面细致的讲解。共有近千名系统操作员参加培训，有在建项目企业的系统操作员培训参加率达 98%。三是举办房地产营销人员培训。针对房地产营销人员业务素质提升需求，协会邀请资深讲师讲授建设项目报建和房地产市场管理课程，提升学员掌握商品房销售风险识别和防控能力。该培训深受企业欢迎，共有 316 名管理人员和营销人员参加。四是举办房地产土地增值税清算政策培训。针对全国关注的土地增值税问题，协会迅速与深圳市税务局取得联系，邀请相关专家和学者对会员单位进行政策宣贯和业务学习，共 200 名企业负责人、财务总监和财会人员参加房地产土地增值税清算新政策培训，培训重点围绕《深圳市土地增值税征收政策解读及土地增值税清算疑点、难点问题解析》和《房地产不同开发阶段税务筹划要点》两个专题展开，帮助会员单位掌握和执行最新土地增值税政策，掌握土地增值税清算工作中亟需的重要知识，引导企业依法纳税，合理经营规范运作。五是举办低碳生态建设知识培训。受市规划和国土资源委员会委托，协会免费举办“2013 年低碳生态建设相关知识培训”，共有 100 余家房地产企业 120 人参加。培训特邀市规划和国土资源委员会张一成副总师等 3 位专家讲解低碳生态建设知识，在招商地产的精心安排和帮助下，协会组织学员参观了由招商地产改造的南海意库等五个经典绿色项目。

（5）积极组织会员活动，增进行业互动交流。积极搭建会员交流平台，开拓企业视野，广泛结交行业朋友。一是组织清远活动。为学习邻近城市先进的房地产开发经验，组织 20 余家会员企业参观清远的旅游综合体项目，拓展深圳市开发企业多元化发展视野。二是举行城市建筑色彩地产沙龙。组织 75 名来自各会员单位分管技术、设计、工程的相关负责人参加“城市建筑色彩”主题的沙龙活动，资深专家与业内人士共叙色彩及材质的搭配奥秘，对丰富参会人员的建筑规划设计和城市色彩规划理念有重要促进作用。三是赴台开展房地产业学习交流。为学习台湾先进的房地产开发经验，协会组织会员单位赴台开展房地产行业学习交流活动，参观台北松山创意园区、华山艺文特区等经典项目，学习台湾如何利用旧工业厂房升级为创意文化园区改造思路。四是组织赴港铁学习交流。为学习香港先进的地铁物业开发经验，组织深房集团、振业集团、招商局蛇口工业区、深物业等会员企业赴港铁总部学习交流。考察团参观了港铁三个时代开发的代表性产品，学习了港铁公司如何运用“地铁+物业”模式有效挖掘土地价值、打造商业黄金走廊开发经验，进一步丰富了深圳地铁物业开发理念。五是举办行业羽毛球赛。协会羽毛球赛是深圳市房地产开发行业一年一度的体育盛会，越来越受会员单位欢迎和支持。协会 2013“佳兆业杯”羽毛球赛共有 23 家会员单位的 24 支代表队、144 名运动员参加，参赛队伍和人数规模创造历史新高。赛事促进了会员单位间的沟通交流，充分展示深圳房地产开发行业朝气蓬勃、奋发有为的精神风貌。

2. 狠抓服务政府工作，充分发挥桥梁纽带作用

（1）顺利完成年检工作。受深圳市规划和国土资源委员会委托，协会自 1999 年起承接了全市开发企业的资质年检、行业诚信系统数据日常维护及更新、开发企业及从业人员诚信评价、市场秩序检查、企业数字认证、行业投诉受理、行业政策制定与研究、调查处理及突发应急问题等职能工作，同时承担了《深圳市房地产市场监管办法》赋予的行业管理服务职能工作。2013 年协会认真完成了深圳市 693 家房地产开发企业的资料核实、数据录入、合并统计、综合排序等工作。协会秉持“服务、公正、准确”的原则，对企业经营状况进行统计核查，对企业开发经营情况进行整合评价，经主管部门审核，对外发布了年检结果。

协会通过对收集的年检资料进行公平、客观统计整理，形成房地产开发企业资质年检报告，以详实的数据真实地反映深圳市房地产行业生存发展现状、市场走向、科技发展趋势和企业责任等情况，发布深圳房地产开发企业综合评价及排名，对企业的综合实力、深圳总部外拓实力和社会责任等进行展示和公布。

（2）全力开展政府政策宣贯。协会努力当好“二传手”角色，竭尽全力把重要政策精神传达到全行业，同时也让行业及时把握政策方向。一是大力宣贯市政府“1+6”文件。协会组织 500 余家房地产开发企业负责人开展了两期市政府优化资源配置促进产业转型升级“1+6”文件培训。市规划和国土资源委员会的领导和专家对《工业楼宇转让管理办法》《闲置土地处置办法（试行）》《深圳市完善产业用地供应机制拓展产业用地空间办法(试行)》《地价管理办法》等 4 个主文件以及 1 号文件的出台背景进行详细解读。此次政策宣贯帮助企业深入掌握“1+6”文件精神，为市政府全力推进产业转型升级提供支持。二是宣贯绿色建筑法规政策及标准规范。为贯彻执行《深圳市绿色建筑促进办法》和《关于新开工房屋建筑项目全面推行绿色建筑标准的通知》精神，帮助企业深入理解绿色建筑的法规政策及技术标准规范，协会组织了 115 家开发企业 220 名管理人员和技术人员参加深圳市绿色建筑法规政策及标准规范培训。220 名学员按需分别参加 24 门课程培训。三是宣贯“光纤到户”政策。为推进深圳市住宅区和住宅建筑内光纤到户工程建设，便于各房地产开发单位理解和掌握“光纤到户”规范要点，协会组织了金众、华联置业、中海富地等企业参加了光纤到户两项国标宣贯座谈会。同时把深圳市实施光纤到户通知内容放到协会月刊里面，邮寄给全体会员企业学习。

（3）全力反映行业意见。政府制定行业政策过程中，协会积极参与及反映行业意见，既可促进政策制定得更加科学合理，也可充分维护行业利益，主要开展了四项工作：一是组织《深圳市工业楼宇转让管理办法（试行）实施细则》意见征询。《深圳市工业楼宇转让管理办法（试行）实施细则》征求意见事关行业利益，协会高度重视，召开由法律专业委员会及招商、佳兆业、天安、泰然等26家企业负责人参加的研讨座谈会，并特邀《细则》课题组专家卓洁辉博士参会听取意见。协会会长许权亲自与《细则》起草部门反映沟通，阐明修改理由，《细则》修改终取得重大效果。二是组织《深圳市建筑设计管理规定》意见征询。《深圳市建筑设计管理规定》与企业的建筑设计和建筑管理工作密切相关。为充分反映行业意见，自2013年5月至10月，协会首先通过书面形式向全体会员征求意见，共收集意见百余条次。并组织万科、华润、卓越等10余代表企业参加了3次意见征求座谈会，针对建筑的日照、层高、面宽、公共配套等焦点问题提出了数十条修改建议，推动主管部门在《深圳市建筑设计管理规定》修订版中吸纳了很多行业意见。三是组织《保障性住房标准化系列化研究成果》意见征询。受市人居环境委员会委托，协会组织万科、华润、招商、中海、卓越、振业、花样年、富通等企业设计负责人参加"深圳市保障性住房标准化、系列化设计"研究基本成果研讨座谈会。参会人员结合多年商品房建设及保障性住房代建经验，就深圳市保障性住房标准设计中的采光通风、施工装修一体化、凸窗设计利用、房屋使用率提高等方面提出了系列针对性建议，对提高深圳市保障性住房的质量、实用性、舒适性发挥积极作用。四是组织《市建设工程方案设计招投标管理工作的指导意见》意见征询。协会组织万科、合正、卓越、招商蛇口工业区、中海、中洲等企业，参加《市建设工程方案设计招投标管理工作的指导意见》意见征询座谈会。参会代表就如何提高招投标效率、节省资金成本等方面提出了修改建议。建设设计处领导对企业提出的行业意见予以充分肯定，认为意见征询对启发修改思路、促使《指导意见》更合理可行大有帮助。

（4）深入开展行业研究。协会组织克服人手紧缺困难，集中骨干力量完成了《深圳市房地产开发企业2013资质年检报告》、《深圳市房地产开发企业2012年度社会责任报告》、《住宅产业现代化数据统计、分析、动态更新及公布课题报告》、《深圳市房地产开发行业发展调研报告》，全面反映深圳市房地产开发行业的总体概况、成就和亮点，深入分析存在的困难和问题，提出科学合理的建议对策，给政府制定经济发展计划和行业政策提供一手资料。

3. 狠抓服务社会工作，树立良好的行业形象

（1）着力加强行业诚信建设。加强行业自律，建立房地产行业诚信档案，并向社会公示接受市民监督，是有效维护购房者合法权益的有力手段。深圳市规划和国土资源委员会在2013年4月颁布了《深圳市房地产行业诚信档案管理办法》，为开展我市房地产行业诚信建设提供了政策依据。为尽快建立房地产开发行业诚信评价系统，协会已完成《深圳市房地产开发企业诚信评价指标》拟订工作，经协会六届三次理事会审议通过，2013年11月在协会网站公示征求行业意见。同时完成房地产开发行业诚信管理信息系统修善，完成了700余家开发企业近三年的诚信信息录入。2013年底深圳市新的房地产开发行业诚信系统完成建立，等待正式上线运行。

（2）着力推动企业社会责任建设。近年来协会认真抓好行业社会责任建设，以此提升深圳地产企业品牌影响力。抓制度指引，发布了《深圳市房地产开发企业社会责任指引》；抓发动倡导，动员企业重视社会责任建设；抓鼓励落实，把企业履行社会责任情况作为企业综合实力评价和诚信评价指标；抓总结宣传，每年总结撰写《深圳市房地产开发企业社会责任报告》，在协会特刊和新闻媒体上大力宣传。

在全市开发企业的努力下，2013 年深圳市房地产开发行业社会责任建设又取得了新成就。截至 2013 年 11 月，完成房地产开发投资 798.94 亿元，商品房施工面积 3899.87 万平方米，销售面积 480.75 万平方米，销售收入 1141.89 亿元，深圳市土地出让收入超过 400 亿元。累计建成绿色建筑项目约 150 个，其中 85 个项目已获得绿色建筑评价标识。在未来 4 年时间里，深圳房地产开发企业将通过配建、代建等方式为全市提供 10 万余套保障性住房。仅在“4·20”雅安地震中，万科、金地、佳兆业等知名开发企业就以捐款总额超过 2 亿元，为行业赢得了良好声誉。

（3）竭力处理行业投诉。面对房地产纠纷矛盾焦点，协会充分发挥无利害关系的“中间人”优势，公平、公正、高效受理行业投诉，积极配合政府处理房地产方面的投诉和行业调查，为政府解决社会矛盾，为购房者维护自身权益，为行业树立良好形象贡献力量，受到各方一致好评与肯定。2013 年，协会共受理电话投诉 180 余宗、书面投诉 20 余宗、电子信访 38 宗。近年来，由于协会积极协调处理行业投诉纠纷，据深圳市中级人民法院有关统计数据显示，房地产开发行业纠纷诉讼案件呈现逐年下降趋势。

二、深圳市不动产估价协会

（一）协会简介

深圳市不动产估价协会（以下简称协会）是由深圳市从事不动产估价的机构、从业人员，以及相关专业人士、有关单位自愿组成的学术性、专业性、非营利性社会团体，是依法登记的法人社团组织。协会原名深圳市不动产估价学会，于 1998 年 11 月成立，2011 年 9 月 30 日经深圳市民政局批准更名为现名，英文名称为 SHENZHEN ASSOCIATION OF REAL ESTATE APPRAISERS，英文名称缩写为 SAREA。

协会宗旨是：为了适应社会主义市场经济发展的需要，对从事房地产（土地）估价工作的单位和个人进行自律管理，规范房地产（土地）估价执业行为；引导、监督本会会员正确执行国家的法律、法规，遵守社会道德风尚，遵循专业守则和估价规范；团结组织本会会员进行房地产（土地）估价理论与实践的研究，不间断的专业培训，与国内外房地产（土地）估价专业组织联系与交流；依法维护国家、企业和个人在房地产方面的权益，为本会会员服务，为我市房地产市场的健康发展服务。

（二）2013 年协会工作情况

在市规划和国土资源委员会、市民间组织管理局的指导、支持下，在协会第三届理事会的领导下，2013 年，协会认真组织学习中共十八大和十八大三中全会精神，深入贯彻中央八项规定，不断完善内部机制和制度建设，继续推行行业自治和加强行业自律，各项工作得以稳步推进。

1. 协会自身建设和发展方面

协会坚持一贯的民主办会原则，在重大问题上充分强调集体领导。在协会理事会的领导下，协会纪律委员会、专业技术委员会、学术研修委员会、行政财务委员会按照章程规定的职责范围分工合作，充分发挥各专业委员会的主体作用。作为协会常设办事机构，秘书处积极配合，认真做好各项组织协调和贯彻实施工作，在实践中不断完善工作制度和程序，确保工作开展的稳妥和顺畅。

2013年，为贯彻落实整顿规范市场秩序的要求，协会对当前我市不动产估价市场现状、实施的相关政策法规及执行的效果进行系统研究，制定并发布《深圳市不动产估价行业收费管理规定》，规范估价机构收费行为，保障估价机构的合法权益，促进行业健康有序发展。

2. 会员管理和服务方面

协会一直将服务会员的宗旨贯穿于各项工作中，不断拓展服务领域，改善服务手段、提升服务能力，积极与有关部门协调，协助会员解决困难，维护会员的合法权益。2013年，协会利用现代化的信息手段，进一步为会员提供更优质、便捷的服务。

为充分发挥行业的自律功能，引导注册房地产（土地）估价师正确执行国家的法律、法规，规范从业人员的执业行为，对各类专业投诉、申诉案件及发现的违规违纪行为开展认真细致的调查，并按照章程和有关行业管理规定审慎提出处理意见。

3. 学术研究和技术咨询方面

协会继续培育行业学术研究的综合实力，高度重视研究成果的利用和转化。2013年，协会组织开展了多项专项技术类课题研究，开展了涉及行业持续发展的有关问题的研究，对2011年后出台的估价相关规范性文件进行了梳理，编印了2013版深圳市房地产（土地）估价相关规范性文件汇编。

2013年，协会进一步积聚业内的专家资源，利用专业优势，开展包括技术咨询、专业标准制定、就国家制定的房地产（土地）估价执业准则提出具体实施办法和建议等工作，协助有关部门和单位研究解决了多项技术咨询难题。

4. 专业培训和学术交流方面

为进一步提升我市估价人员的专业水准、执业能力，促进不动产估价行业的健康发展，2013年度，协会组织了各种形式的专业培训和综合培训，定期、不定期举办了多期估价主题沙龙，帮助估价从业人员厘清工作中遇到的实际问题，不断完善和努力提升自我，积极促进技术交流和进步。

2013年，协会继续与境内外相关学术团体、行业组织保持友好往来，热情接待相关兄弟行业组织来访，积极参加国内外估价行业组织举办的专业研讨、学术会议，进一步拓宽学术交流平台。目前，协会与多个城市和地区的不动产估价行业组织建立并保持着密切联系。

5. 协助行业管理方面

2013年，在主管部门的指导下，协会协助开展了房地产（土地）估价机构资质初审、估价机构及从业人员年度检查、信访投诉调查及业务咨询、估价机构及其估价从业人员的备案及数字认证等工作，配合开展我市房地产（土地）估价机构巡查工作，参与行业政策的制定与研究，开展行业调查，进一步完善诚信公示系统。

三、深圳市房地产经纪行业协会

（一）协会简介

深圳市房地产经纪行业协会成立于2008年1月16日，是由在深圳从事房地产居间、代理、咨询的企事业单位及从事房地产市场研究的专业机构自愿发起成立的非营利性行业组织。

协会自成立以来即确立了以“维权、服务、协调、自律”为主旨的职能架构，致力于建设诚信、规范、专业的行业大环境，为本行业的持续、快速发展奠定坚实基础。

（二）2013年协会工作情况

2013年，深圳市房地产经纪行业协会（以下简称“协会”）在业务指导部门深圳市规划和国土资源委员会（以下简称“规划国土委”）的指导下，本着“维权、服务、协调、自律”的宗旨，始终坚持求真务实、科学发展、精细服务的作风，立足行业实际，深耕会员服务，推进行业自律及诚信体系建设，树立积极向上的行业文化，引导行业理性、健康、稳健发展。经过一年的努力，协会主要完成以下行业工作。

1．优化会员服务，推进“业必归会”

（1）锐意创新，实现会员服务信息化升级

协会投入开发的“深圳市房地产经纪行业协会综合服务系统”（以下简称“SISS系统”）于2013年3月1日上线。该系统全面集成会员管理、备案管理、执业管理、密钥管理、诚信公示、继续教育等业务模块，为广大会员提供业务在线申报、远程培训、数据共享等一体化服务，使协会行业自律和会员服务方面迈上了新的台阶。

（2）据理力争，维护会员正当权益

2013年，协会响应广大会员的诉求，将解决物业管理公司及人员干扰正常房地产经纪活动问题列为年度重点维权工作，协同规划国土委主动与市住建局、物业管理协会进行协调、沟通，并通过向群众路线实践办反映情况、向市政协提交提案等多种渠道传达会员呼声，寻求合理解决之道。

（3）追求细节，将会员服务往“小”处做

①依据享有权益不同，将团体会员分为A、B两类，方便会员依实际业务需要，自主选择会员类别；同时协会主动承担会员单位密钥费用，将免费办理单位密钥纳入团体会员应享权益。

②设立“团体会员服务专员”，为会员提供一对一专人服务，实现协会与会员间的无缝对接；特别是年检期间，组织服务专员主动联系会员，为会员提供咨询服务，确保会员单位顺利、及时完成年检等相关工作。

③丰富沟通渠道，即时推送资讯。协会在原网站及团体会员QQ群基础上，先后开通个人会员QQ群、微信等交流平台，即时为会员在线答疑解惑；同时将会刊《房地产经纪》正式改版为电子刊物，年度共投放28万余份，涵盖市场、行业及会员企业信息。

④优化办事窗口服务，在窗口服务现场设置免费电脑、无线WIFI、会员服务卡、饮水机等小设施，为现场办事会员提供便捷、人性化服务。

（4）换位思考，广纳会员意见

2013年，协会开展了会员服务专项问卷调查。经统计，会员对协会服务满意度平均分为7.98分（满分10分）。调查中，会员肯定了协会行业自律、教育培训等方面的成绩及会员服务态度，同时也指出协会在会员维权、行业文化建设等方面仍存在可改进之处。通过及时了解会员意见，协会对下一步工作的方向作了调整。

在协会努力和全体会员的大力支持之下，截至2013年底，协会团体会员总数达351家，占全市备案机构总数80%以上，其中，新增200家团体会员，同比增长132%；有效个人会员共计22946人，基本实现执业人员全员入会。会员队伍的壮大，为实现“业必归会”，扩大和深化行业自律奠定了基础。

（5）苦练内功，提升员工服务水平

一是调整内部结构，将秘书处原培训服务部业务并入行业服务部，实现行业管理工作的统一归口，同时成立“业务受理窗口”，实行“大窗口”服务模式，提升业务受理效率；二是完善内部规章，推进绩效管理，运用TDL等计划跟踪软件实现内部执行力监督；三是启动秘书处团队职业化建设，树立严谨的办事作风；四是坚持开展平均每周一期的员工内部培训，并

第十二章 信息化建设和档案管理

第一节 信息化建设

一、基础环境建设

2013 年，市规划国土委共计受理完成日常信息化应用更新部署工作 1600 余次；受理完成网络系统维护 870 余次；对 13 台精密空调、6 台 UPS、50 多台核心网络及安全设备、30 多台小型机服务器、90 多台物理微机服务器和 120 多台虚拟主机服务器、20 多台存储备份设备及各类软件系统等的日常监控和调试运维工作；完成内网电子政务平台运行环境 JDK 及浏览器版本升级工作，空间基础信息平台 Arcgis 及 ArcSDE 版本升级工作；完成内网个人客户端浏览器 IE8 升级工作；实现市规划国土委各管理局和委机关网络 VPN 双线路备份；实现短信平台电信、联通、移动三家运营商同时接入；对各类存储设备资源进行了优化调整，并在市规划国土委数据中心内网、外网全面实施微机服务器虚拟化工作。

全年共受理各类技术维护请求 42584 次。其中办文系统维护 10623 次，计算机系统维护 15411 次，各类系统授权 16550 次。这些维护请求都得到了及时、有效的处理。组织办文系统操作培训 8 次，市规划国土委共有 200 余人次参加；信息安全培训 3 次，市规划国土委有 1000 多人次参加。通过对行政许可、非行政许可审批事项，重大项目上传监察局和市民中心的数据接口，办文发送通知短信系统以及电话语音查询系统的有效监管，为市规划国土委日常办公的正常进行和行政效能监察的实施提供了有力的技术保障。

完成各项信息安全保密工作，全年未发生信息安全事件。一是按照深圳市绩效评估信息安全指标的要求，完成了信息安全指标报送工作。全年共完成 16 次对网络、服务器和数据库的漏洞扫描、24 次对门户网站和对公众服务系统的应用层扫描和 1 次对网站和等保三级系统的模拟黑客入侵渗透测试工作。二是按照委安全保密工作计划，完成了 2013 年两次市规划国土委信息安全和保密自查、总结，组织了一次市规划国土委信息安全意识培训，顺利通过了深圳市信息安全

联合检查组的现场检查。完成了 2013 年市规划国土委信息系统的安全风险评估工作，共评估 325 个资产，发现并及时解决 132 个信息安全风险隐患，包括 108 个高风险隐患，24 个中风险隐患。完成了 2013 年度 7 个信息系统的等级保护测评工作。

二、应用系统建设

配合业务部门完成业务事项的梳理，按照省、市网上办事大厅建设工作部署，市规土委办文系统改造、产权系统改造、网上办事、信息共享对接等系统按期上线，实现了网上申报、网上预受理、窗口受理和过程及结果数据上传的无缝衔接。

完成耕地和基本农田管理系统建设，形成以耕地、基本农田保护区和基本农田保护块为主要图斑要素，集中展示全市耕地和基本农田保护相关业务数据的耕地和基本农田管理，实现全市耕地和基本农田管理的信息化管理。

优化规划“一张图”系统功能，完成 8 个市规土委管理局现场系统培训和调研，4 月 20 日系统上线并停用原规划图形系统，实现规划类审批业务的统一工作平台。开展“一张图”系统正常日常维护，定期出具系统监控报告。升级规划选址和用地方案审批等业务的辅助核查功能，实现各层次规划、控制线等智能化核查，无缝衔接地籍权属核查，较大提升规划业务审批的智能化、标准化水平。

移动办公系统在市规土委龙华管理局和委员会机关试点应用，实现在移动终端手机和平板电脑上办理行政公文阅办、指定参会人、日程管理、通讯录管理、工作动态查询等实用功能，将部分日常办公从台式电脑扩展到了移动终端，方便领导和工作人员在办公室之外、非工作时间能够及时处理紧急公文和事务，提高了办事效率和文件流转速度。

政务平台运行稳定，为委员会日常办公提供了有力的技术保障，深入推进无纸化协同办公。开展政务系统日常维护，全年完成 3000 多单系统维护工作，有力地支持委员会日常工作的正常开展。开发意见箱、在线服务评价、文件收藏等实用功能，增加与用户的粘度，提高用户满意度。市规划国土委制发文启用电子印章，减少委员会机关和管理局以及事业单位之间的纸质形式文来文往、反复收文、重复复印等现象，大量减少纸张的消耗和信息冗余，实现委内公文制发、交换、处理无纸化。升级电子公文接口，在办文系统中直接接收和发送电子公文，实现市规土委公文管理系统与市电子公文交换系统的无缝对接。市规划国土委启用因私出国出境无纸化申请审批业务，推进外事管理信息化、规范化管理。进一步完善综合项目管理系统，辅助支持 2014 年度前期费计划项目申报、统筹管理工作。

三、数据建设与服务

2013 年，为全市提供基础地理数据服务共 134 批次，规划国土成果数据服务 30 批次。其中地形图数据 4.3 万幅，影像数据 700 多幅，覆盖全市域，平均利用率高达 6 倍，地下管线数据 3 万多公里，覆盖全市域，平均利用率达 1.2 倍，应用于深圳市的城市更新、建设、交通、水利、电力、环保、民政、科教文卫等社会各领域。全年共复核城市更新专项规划成果 47 项，完成委托成果建库及更新 102 项；更新“一张图”项目组成果数据 76 项；收集、整理城市更新单元规

划历史成果 162 项；提供批地会技术支持服务共计 60 次。

对全市 50 多万栋建筑三维模型数据进行优化，新建 1.5 万栋建筑三维模型数据，更新了 2.8 万公里市政地下管线三维模型，三维平台升级后大幅提升了系统的稳定性和访问效率。开发了建筑方案辅助评审桌面系统，实现多方案比对、指标调整、日照分析等辅助评审功能。城市三维仿真系统为水晶岛、腾讯大厦、平安金融中心等 22 个重点项目的近百场次的方案评审提供一个直观和可视化的审视环境。城市三维仿真室 2013 年共接待了 50 多批次的国内外城市规划和建设领域的专家和领导参观考察，成为深圳市城市形象展示与宣传的重要窗口。

完成建设项目数据库整合，建立了市规划国土委统一（包含普通项目、重大项目、城市更新项目等）的完整建设项目库，保障了建设项目编号的唯一性。实现建设项目与成果档案信息的无缝衔接，日常开展建设项目审批信息滚动清理，较大提升建设项目信息质量。完成业务受理与行政公文收文系统功能分离，业务受理、公文收文更加专业化和智能化，强化在业务受理中关联建设项目编号，从源头进行建设项目审批业务围绕建设项目编号的有效衔接。

建成并推广基于宗地的档案信息索引模式，基本建立覆盖全市的宗地档案信息索引数据库，实现图文档一体化地籍信息查询应用，广泛应用于日常地籍管理、地籍调查、业务核查等工作。实现两规处理决定、非农建设用地批复的地籍数据动态更新；深化地籍一张图（地籍专题图）建设，实现档案原文的检索和显示；实现三维图形系统上线试运行，实现规划选址、用地方案、土地合同的三维应用，为深圳市地下空间应用建立初步的信息化基础环境。

完成 2011 年度建筑信息更新调查工作。截至 2011 年底的调查结果显示，建筑物整体呈现数量逐年减少、平均单体建筑体量（总建筑面积）逐年增大的变化趋势。此建筑更新调查数据被市规土委及全市其他部门诸多业务和项目调用，发挥了重要的基础支撑作用。

完成了 2010～2012 年度违法建筑变更调查工作。2013 年，为配合原“农村城市化历史遗留违法建筑处理试点”专项工作的开展，完成了“深圳市农村城市化历史遗留违法建筑普查申报信息核查与违法建筑图形数据库建设工作”图形数据成果的整合，开展了 2010、2011、2012 年三个批次的全市违法建筑变更调查和数据库更新，建立了截至 2012 年底的全市违法建筑数据库，实现了全市违法建筑“一张图”的年度更新。开展了全市违法建筑变更调查数据统计分析工作，对掌握全市违法建筑的变更情况和提升全市规划土地监察工作数字化能力具有重要意义。进一步完善了历史遗留违法建筑处理系统，完成了旧“两规”系统的年度维护工作，对旧“两规”系统，完成了数据修改权限的梳理，促进了旧“两规”处理工作。

四、网站建设

2013 年，加大政府信息公开建设力度，大力提升政府形象，一是在门户网站设计、制作、发布了 26 个专题专栏。包括全国第一次地理国情普查、2013 全国测绘法宣传日、改革创新优化作风专题、党的群众路线教育实践活动专题、第 23 个全国土地日等。二是通过门户网站互动

渠道收到有效信件5075封。其中按照《信访条例》要求及时处理5075封，主动公开196封。网上申请信息公开76件，15个工作日内（含当场答复）76件。三是开展在线访谈11期。有科信测绘处主办的《深圳市土地利用总体规划实施》、总体规划处主办的《深圳市土地利用总体规划实施》、地区规划处主办的《深圳市养老设施专项规划（2011～2020）》等。四是进行民意征集24次。包括“关于向社会公开征求《深圳市建筑设计管理规定（试行）》（征求意见稿）意见的通告”、“关于2013年第二批城市规划项目公示的通告”等。

在五个方面为用户提供了全新的体验和便利。一是优化网站搜索引擎。搜索引擎提供统一入口查询，将网页形式和关系数据库形式的数据统一集成全文检索，提供精准的全文查询，实现迅速、准确、全面定位目标信息。二是开展建设网站无障碍浏览。为视障人士提供了网页字体放大、字体缩小、页面放大、页面减小、开启对比度、开启辅助线等一系列无障碍浏览辅助功能。三是升级门户网站内容管理平台。对后台内容管理及其选件功能进行升级和其他相关功能和接口的开发。已完成部分选件功能定制开发以及外网相关数据交换接口的开发建设工作。四是改版政务内网。亮点是重新梳理规划了栏目结构，增加网站全文检索功能，提供政务公开信息资源库的组合查询功能。五是建设政务信息采集平台。建设集政务信息资源目录体系、政务信息资源库和支持全文检索于一体的政务信息采集平台，规范政务信息报送流程及提醒督办机制，方便政务公开工作的统计和数据共享，为市规划国土委内外网各类网站内容的更新和维护提供系统支撑。

完成了我委门户网、政务内网、市规划委员会网、深圳市地名网、深圳市规划土地监察网、政府在线子站、公务员之窗子站等，共18个网站的日常维护及技术支持工作。通过门户网站主动公开48万余条信息，并开展了两次错别字整改工作，排查疑似错误信息515条、错别字1506字，扫描网站链接8109个，修复错链、死链、断链共计61个。根据《规划和国土资源法律文件汇编》（1—5）要求在内网重建政策法规库，完成652项法律法规的入库工作。

由于更新及时、信息量丰富，市规土委门户网站日均访问量已突破万次。根据国际著名网站排名机构Alexa的报告，市规土委在国内规划、国土行业政府网站中一直名列前3，并获得2013年度全国测绘地理信息系统网站建设第3名、2012年度市政府网站绩效评估行政审批职能部门综合排名第1名、2012年度市直部门网站特色服务奖。

五、重点信息化工程

（一）深化地籍信息平台建设和应用

完成了《地籍管理信息化建设方案》《地籍管理信息化工作方案》编制工作；开展地籍信息平台一期建设，地籍调查子系统、土地清查子系统投入试运行，初步形成各参与者协同工作的地籍调查工作平台；完成宗地统一编码的开发；进一步完善土地利用变更调查子系统，并应用于深圳市2013年度土地变更及城市建设用地现状更新调查工作；完成地籍自动核查功能开发并投入运行，用户得以从繁琐的空间叠加分析结果来手工生成地籍核查意见文本的工作中解脱出来，得到地政地籍处和管理局地籍管理工作人员的高度肯定；完成三维图形系统建设并上线试运行，实现二三维图形无缝集成联动，实现三维划地、三维空间核查分析、三维宗地图制图等三维功能，支持规划选址、用地方案、土地合同的三维业务开展，为深圳市地下空间应用建立初步的信息化基础环境。

（二）完成建设用地审查报批系统建设

实现双层规划体系下建设项目供地审批与农用地转用审批相结合的建设用地审查报批工作模式，优化和完善建设用地审批流程，实现建

设用地审批管理流程化、规范化、精细化。开展土地整备信息平台的项目申报管理建设，实现土地整备项目的网上申报；初步建设闲置土地处置管理系统，闲置土地处置纳入办文系统进行流转，显著推进闲置土地处置工作常态化；深入开展已建设系统的系统完善和应急系统建设，实现图文结合的土地合同管理，实现非农建设用地台账、征地返还地台账管理，建立土地合同与用地批复、收地等业务的系统联通。

（三）开展房地产信息系统的升级完善工作

完成并开通二手房自助交易合同录入打印系统。新开发二手房自助交易合同录入打印系统，同时产权登记系统增加对二手房自助交易合同的信息查看以及与房地产证信息比对的校验功能，并于 2013 年 10 月 28 日开通上线，为市民提供了便捷、高效的服务。该项服务入选南方都市报举办的“100 件民生事实街坊口碑榜”30 强。完成房地产交易涉税征管工作税费直征系统开发。对原有房地产登记系统进行改造、完善，实现房地产登记部门与地税部门在税费计征工作的协同办公，为市民提供产权证办理和税费缴纳的一站式服务。完成存量房计税参考价格更新、查询、评税等工作相关技术服务工作。包括存量房计税参考价格更新入库，完善网上、触摸屏存量房计税参考价格查询功能，为评税部门提供房地产交易、税费等在线数据服务功能。开发企业和经纪机构资质增加二维码。根据有关要求，在 2012 年度的《深圳市房地产经纪机构资质证书》和《深圳市房地产开发企业资质证书》中增加二维码功能。

（四）大力提升空间平台的公众服务与重点应用成效

充分发挥空间地理信息中心的职能作用，面向全市提供空间地理信息服务，以强化需求和服务导向为指导原则，2013 年继续深化和拓展空间信息的开发和应用，通过开展基础地理数据资源建设和升级空间平台的技术体系，完成对基础地理数据的年度修补测的更新入库工作和历史基础地理数据的整理和建库工作，空间平台数据的现势性和完整性显著提升，空间平台的应用服务能力进一步加强，为更好地服务社会公众奠定了坚实可靠的数据基础，助推“智慧深圳”建设。

立足于规划国土业务信息，基于空间平台构建面向社会公众的民生地图，建设了包括土地利用规划、一手房源、一书三证、建筑编码、教育培训、医疗卫生道路交通等 13 大类共 95 小类的民生地图专题，形成规划国土公共地图信息权威发布平台，有效提高了空间平台的社会影响力和社会认知度。

大力支持市社工委“织网工程”综合信息系统基于空间网格的社会信息集成分析、市发改委全口径人口信息整合工程基于空间平台的人口位置流动分析、市卫人委疾病防控决策支持系统基于空间平台的病例空间分布趋势的研究，通过加大对大型重点应用工程的支持服务力度，全面深化空间平台的应用深度和广度，进一步提高平台空间信息资源在全市的城市建设和社会管理的服务作用。近日在由国家发改委组织召开的全国政务信息共享建设工作研讨会上，空间基础信息平台及典型应用案例进行了展示并获得与会专家领导的一致好评。

（五）深入拓展“天地网”应用范围和应用深度

完成了卫片执法技术支持工作。一是完成了2012年度部卫片执法、2013年1、3季度市卫片执法、2013年住建部卫片执法、2013年国土资源部卫片执法自查整改共6个批次的卫片执法技术支持工作。二是加强卫片执法新技术研究，引进卫片执法变化图斑 “继承勾绘”技术，实现了违法用地违法建筑图斑不全过程跟踪和定位。开展了与土地变更调查技术衔接研究，保证了卫片执法和土地变更调查环节数据和中间成果数据的可重用性和一致性。开展了高分辨率遥感影像自动变化检测研究，在高分辨率遥感影像自动配准技术、高分辨率遥感影像自动变化检测技术和卫片执法系统建设等方面提出了明确技术思路。三是进一步规范了卫片执法工作，通过再次梳理卫片执法工作流程和数据结构，固化卫片执法各环节数据格式和数据成果，形成了独立的内业、外业、执法数据成果和分析报告，为建立卫片执法责任制度和执法成果监管打下基础。

“天地网”平台进一步完善，推广应用取得较大成效。一是完成了平台软件升级，对平台JDK、WEBLOGIC等架构进行了升级，对案件处理、综合判定、规划土地监察图形、上传行政执法电子监察和指挥大厅等系统进行改造。新建了收发文管理、催办管理、纠正率考核和简易案件办理等新系统。提高了平台操作的友好性，增加智能搜索、批量附件上传、用户个性化定制等功能。二是完成了平台数据库建设，完成了历史遗留违法建筑处理“一张图”、卫片执法“一张图”、重点巡查路线图、移动巡查轨迹图、违法用地违法建筑案件图斑五类图层的数据关联性、一致性梳理和数据建库。完成了以重大案件为重点的数据库建设，违法用地违法建筑台账清理和建库进展顺利。三是完成了平台的用户培训，对福田、南山、宝安和大鹏等10个区（新区）规划土地监察支队以及街道执法队业务骨干开展了高级培训班，2013年度培训人数约800多余人次。指导了各区（新区）规划土地监察信息化的立项和建设工作，“天地网”平台应用深度和广度明显增强。

完成了共同责任考核技术支持工作。完善共同责任考核指标，将部、市卫片执法检查纳入纠正率考核范围，优化了共同责任考核系统。通过系统对全市10个区（新区）政府、市规划国土委、城管局等8个市政府工作部门和2个市政服务企业的查违实绩进行量化评分，为2013年度全市查违共同责任考核提供技术支撑。

第二节　档案管理

一、档案收集

2013年，同步归档接收市规划国土委各类档案595073卷（份、册、幅），其中综合档案57376卷（份、册、幅），占总量9.6%；产权档案537697卷（份），占总量90.4%。另外，接收宝安区历史产权档案30063卷（份）。2013年全市产权档案同步归档接收情况详见下表，原特区内产权档案历年同步归档情况详见下面示意图。

表 12-1　2013 年深圳市产权档案同步归档接收情况统计表

单位：卷（份）

原特区内						原特区外		
类别	罗湖	福田	南山	盐田	小计	宝安（含光明）	龙岗（含坪山）	小计
缮证档案	27965	36484	34384	5129	103962	46543	52705	99248
初始档案	39	43	90	19	191	292	446	738
抵押档案	19974	29057	25128	3850	78009	50500	50792	10[illegible]492
注销档案	18966	24672	22082	2925	68645	30272	37064	67336
查封档案	888	2514	992	172	4566	1616	6192	7808
解封档案	767	1644	738	137	3286	650	502	1152
其他	0	0	0	0	0	265	999	1264
小计	68599	94414	83414	12232	**258659**	130338	148700	**279038**
合计	**537697**							

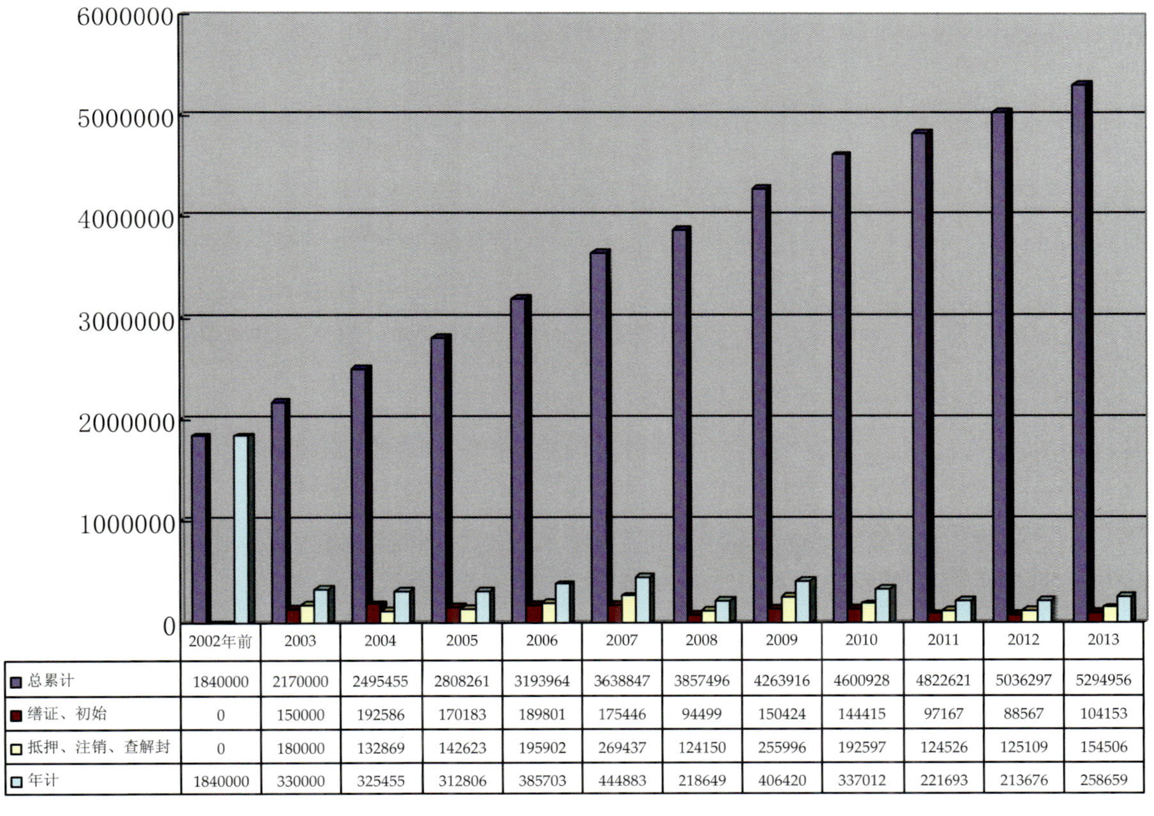

图 12-1　原特区内历年产权档案同步接收情况示意图

二、档案数字化

2013年，继续开展市规划国土委新生档案的同步数字化、库存历史档案的数字化项目，完成各类档案整理606771卷，扫描619436卷。其中：

（一）完成综合档案同步整理56933卷，扫描53168卷；基础测绘档案整理6265册（幅），扫描222册（幅）。

（二）完成产权档案同步整理512882卷，扫描512882卷；历史产权档案整理30691卷，扫描53164卷。其中：

原特区内，完成产权档案同步整理253762卷、扫描253762卷，其中：罗湖区整理68613卷，扫描68613卷；福田区整理93559卷，扫描93559卷；南山区整理79972卷，扫描79972卷；盐田区整理11618卷，扫描11618卷。另外，完成原特区内产权档案扫描20911卷。

原特区外，完成产权档案同步整理259120卷、扫描259120卷，其中：宝安区（含光明新区）同步整理121943卷、扫描产权档案121943卷；龙岗区（含坪山新区）同步整理137177卷、扫描产权档案137177卷。另外，完成宝安区历史产权档案整理30691卷，扫描32253卷。

三、档案查询服务

随着市规划国土委各类档案数字化的深入开展，各类档案的查询利用变得越来越方便、快捷。2013年，产权档案自助查询机（暂时仅具备开具无房证明功能）在市房地产权档案查询窗口成功安装，并扩展应用到直一、直二管理局，得到了查询群众的一致肯定，市房产权档案查询窗口成功获评“深圳市直机关青年文明号”。2013年，市规划国土委各查档窗口为委内外提供归档文件信息、档案数字原文和档案原件的查询利用已超过46.8万余人次、38.2万卷（份、幅）次，其中产权档案查询利用为45.8万余人次、35.6万余份，分别占总量的97%和93%。

2013年，市房地产权档案查询窗口受理社会产权档案查询110337人次、39247份，打印产权清单78942份，查封清单4803份，抵押清单4782份，口头咨询592715条，复印资料26020份，查询户数740440套，打印资料张数313582张；受理委内产权档案查询1369人次、4614份，数据清理调档13份。

受益于产权档案数字化率的不断提高，2013年，市房地产权档案查询窗口在原始产权档案调档量方面继续保持低量，全年仅调用原始档案346份。以下是2013年原特区内产权档案对外查档、委内查档、调用原始档案及数据清理调档数据（不含管理局出具“房屋产权信息查询”数据）对比表：

表12-2　2013年原特区内产权档案数据对比表

单位：份

	合计	罗湖	福田	南山	盐田
对外查档	26020	8902	8688	7634	796
委内查档	3305	1175	812	507	811
调用原始档案	346	69	145	68	65
数据清理调档	13	0	13	0	0

第十三章　房地产法制建设

第一节　立法执法

一、立法

2013 年，深圳市规划和国土资源委员会（以下简称主管部门或市规土委）完成了《深圳经济特区房地产登记条例》修订、《深圳经济特区规划土地监察条例》修订、《深圳市房屋征收与补偿实施办法》《〈深圳市人民代表大会常务委员会关于农村城市化历史遗留违法建筑的处理决定〉实施办法（试行）》《深圳市人民政府关于优化空间资源配置促进产业转型升级的意见》及六个配套文件和《深圳市房地产行业诚信档案管理办法》，并经由深圳市政府（以下简称市政府）批准并颁布施行；组织起草了《深圳市地下管线管理办法》，已经报市政府常务会议审议；起草了《建设用地审批办法》，已经报市法制办审查；稳步推进《深圳经济特区城市规划条例》《深圳经济特区城市更

新条例》《深圳经济特区建筑条例》《深圳市海域管理条例》《深圳市历史风貌保护区和优秀历史建筑管理规定》《深圳市蓝线管理规定》《关于严格变更土地用途和调整容积率管理的若干规定》（草案）、《关于严格征地补偿和土地置换管理的若干规定》（草案）等重要文件的起草及报审工作。

二、执法

（一）坚决遏制新增违建，重大典型案件查处实现突破

一是加强巡查防控。关口前移强化巡查预防，区、街道开展日常网格式巡查，市规划土地监察支队开展重点巡查和机动巡查 1562 次，全年重点巡查 49647 公里，落实动态巡查发现报告。二是强化重大典型案件查处。严查居住类违法建筑、重大项目用地上的违法建设行为、社区规模性统建楼、未批先建政府投资项目等重大案件，推行领导包案责任制，全市查处重大案件 90 宗，市支队查处重大案件 50 宗。优化执法流程，主动实现数字监察平台与市监察局行政执法电子监察系统对接，全年共录入并上传 83 宗案件。规范案件办理程序，对每宗重大案件责任到人、倒排时间。三是继续发挥卫片执法利器作用。开展 2012 年度国土资源部卫片执法检查，顺利通过部、省验收。开展 2013 市片执法检查，提高检查精度，规范工作程序。面对卫片执法检查新变化，增加季度卫片遥感监测，发现违法图斑 5333 宗，提前自行整改，为迎接部卫片执法检查做好准备。开展 2013 年度部土地卫片执法检查自查整改，查处违法用地 2839.83 亩、违法建筑 120.65

万平方米，分别比上年下降34.92%、17.54%。开展2013年住房和城乡建设部规划遥感督察1次。四是开展三级联合查处专项行动。全年共开展三级联合执法45次，通过对违建发生率高、纠正率低等区域开展地毯式巡查执法，营造声势遏制新增违建。开展为期5个月的违法推平土及实地伪变化图斑防控专项行动，清理整改了203个图斑1849.02亩，保持高压态势。逐宗复核光明新区70宗重大典型案件，组织白花、楼村社区生态控制线内违法建筑清拆行动，严厉打击了光明新区顶风抢建行为。全年140套违法加改扩建的房产被暂缓产权登记。查处涉及房地产、地名、测绘、矿产的违法案件7宗，其中房地产登记处罚案件实现零突破。五是开展“领导干部到查违一线去”专项行动。全年共开展180次，全市查违系统科级以上领导深入查违一线、案件现场，履行巡查监控、督察督办职责，进一步落实责任，实现工作重心下移、预防关口前移。

（二）创新工作机制，执法效能不断提升

一是深化法治建设。积极推进规划土地监察条例修订出台，明确了两级执法体制，丰富了执法手段，细化了公安部门协作配合机制，强化了执法监察执行操作程序。汇编典型案例，统一案审标准，修订案审会规则，研究完善重大案件办理程序，推动案件办理规范化。拟订全市规划土地监察工作近期改革创新计划，提出了构建“大监管”体制、创新综合治理模式等十大改革创新课题，发挥规划引领作用。二是深化指挥调度。全年指挥调度1490次，优化重点巡查路线56条，指挥调度巡查路线144条。安装使用54个市级视频监控点，初步构建市级定点视频监控体系。规范全市执法监察数据录入和提取，掌握全市违建动态，汇总12期数字监察平台数据统计报告。举办800人次系统培训，有效提高了执法人员技术水平。指挥大厅接待各地参观考察团队23批次，受到部、省领导的充分肯定。三是加大信息公开。编制印刷规划土地监察和查违舆情45期，发布微博490条和新闻报道250多篇，发送查违信息289条，媒体公告栏刊登147宗投诉案件，收集媒体报道500篇，接听12336举报投诉电话6280件次，接受央视、市内外多家媒体采访60余次。通过在线访谈、公开听证会、查违开放日、规划师进社区等活动加大了公众参与力度。通过监察条例修订主动向人大汇报查违工作深化制度监督，办理人大建议3件，政协提案4件。四是做好国家土地督察和城乡规划督察服务衔接。配合规划督察专员查处罗湖某4S店违法侵占绿地行为，配合土地督察专员开展违法违规征地专项治理。

（三）推进历史遗留问题处理，政策疏导不断创新

一是落实人大决定推进试点工作。市法制办、市规划国土委推进历史遗留违法建筑处理试点实施办法出台。夯实试点工作实施基础，将处理试点区域纳入土地总登记试点范围。二是完善基础数据及平台。深化历史遗留问题处理系统开发，完善全市违法建筑变更情况调查“一张图”建设，落实未完善征转手续空地图形数据库建设。三是推进处理思路创新。开展违法建筑经济社会监测186次，从产业、行业、人口角度分析历史遗留违建与经济社会发展关系，为违建纳入法治管理提供数据支持。开展历史遗留违法建筑处理与土地二次开发模式研究，加强历史遗留违建处理与城市更新、土地整备等存量土地开发模式之间政策衔接。四是推进政策疏导。推进分类查处违法用地和违法建筑指导意见出台。光明、坪山、龙华新区出台原村民非商品住宅建设实施细则，南山、宝安区和坪山新区出台临时建筑审批实施细则疏导政策，福田区开展加改扩分类处理先行先试。

第二节 法规文件选编

古生物化石保护条例实施办法

中华人民共和国国土资源部令第57号

《古生物化石保护条例实施办法》已经2012年12月11日国土资源部第4次部务会议通过，现予以发布，自2013年3月1日起施行。

部 长 徐绍史
2012年12月27日

第一章 总 则

第一条 依据《古生物化石保护条例》(以下简称《条例》)，制定本办法。

第二条 国土资源部负责全国古生物化石保护的组织、协调、指导和监督管理，履行下列职责：

（一）依据法律、行政法规和国家有关规定，研究制定古生物化石保护的规章制度、方针政策以及有关技术标准和规范；

（二）组织成立国家古生物化石专家委员会，制定章程，保障国家古生物化石专家委员会依照《条例》的规定开展工作，发挥专家的专业指导和咨询作用；

（三）组织制定国家古生物化石分级标准，审查批准并分批公布重点保护古生物化石名录和重点保护古生物化石集中产地名录；

（四）依据《条例》规定的权限和程序，负责古生物化石发掘、流通、进出境等相关事项的审批；

（五）建立和管理全国的重点保护古生物化石档案和数据库；

（六）监督检查古生物化石保护和管理的法律、行政法规的实施，依法查处重大违法案件；

（七）组织开展古生物化石保护的科学研究、宣传教育和管理业务培训；

（八）法律、行政法规规定的其他职责。

第三条 省、自治区、直辖市人民政府国土资源主管部门负责本行政区域内古生物化石保护的组织、协调、指导和监督管理，履行下列职责：

（一）贯彻执行古生物化石保护的法律、法规、规章制度和方针政策；

（二）组织协调有关部门和单位支持国家古生物化石专家委员会依照《条例》的规定开展工作。通过成立省级古生物化石专家委员会等方式，发挥专家的专业指导和咨询作用；

（三）依据《条例》和省、自治区、直辖市有关规定确定的权限和程序，负责本行政区域内一般保护古生物化石发掘、流通、进出境等相关事项的审批；

（四）建立和管理本行政区域的重点保护古生物化石档案和数据库；

（五）监督检查古生物化石保护和管理法律、法规、规章在本行政区域内的实施，依法查处违法案件；

（六）组织开展本行政区域内古生物化石保护的科学研究、宣传教育和管理业务培训；

（七）法律、法规以及国土资源部规定的其他职责。

第四条 设区的市、县级人民政府国土资源主管部门依据《条例》和省、自治区、直辖市的有关规定，负责本行政区域内古生物化石保护的管理和监督检查。

第五条 县级以上人民政府国土资源主管部门应当确定相应的机构和人员承担古生物化石保护的管理和监督检查工作。

第六条 国家古生物化石专家委员会负责为古生物化石保护和管理提供专业指导和咨询，主要承担下列工作：

（一）参与古生物化石保护和管理的法律、法规、规章制度和方针政策的制定；

（二）对重点保护古生物化石集中产地保护规划出具评审意见；

（三）拟定古生物化石保护和管理的有关技术标准和规范；

（四）拟定重点保护古生物化石名录和重点保护古生物化石集中产地名录；

（五）为建立国家级古生物化石自然保护区和涉及重点保护古生物化石的地质公园、博物馆等提供咨询服务；

（六）对古生物化石发掘申请出具评审意见；

（七）对申请进出境的重点保护古生物化石、涉嫌违法进出境的古生物化石、有关部门查获的古生物化石等出具鉴定意见；

（八）对古生物化石收藏单位进行评估定级；

（九）开展古生物化石保护和管理的专业培训；

（十）国土资源部规定的其他事项。

国土资源部成立国家古生物化石专家委员会办公室，负责国家古生物化石专家委员会的日常工作。

国家古生物化石专家委员会的章程由国土资源部另行制定。

省、自治区、直辖市人民政府国土资源主管部门可以根据实际工作需要，成立省级古生物化石专家委员会及办公室，具体办法由省、自治区、直辖市人民政府国土资源主管部门制定。省级古生物化石专家委员会接受国家古生物化石专家委员会的专业指导。

第七条 古生物化石分为重点保护古生物化石和一般保护古生物化石。按照科学价值重要程度、保存完整程度和稀少程度，将重点保护古生物化石划分为一级、二级和三级。

重点保护古生物化石分级标准和重点保护古生物化石名录由国土资源部另行制定。

第八条 重点保护古生物化石集中产地所在地设区的市、县级人民政府国土资源主管部门，应当组织编制重点保护古生物化石集中产地保护规划，针对当地古生物化石的分布、产出情况，分类采取保护措施，作出具体安排。重点保护古生物化石集中产地保护规划由所在地的省、自治区、直辖市人民政府国土资源主管部门初审，经国家古生物化石专家委员会评审通过，由所在地设区的市、县级人民政府批准后实施。

重点保护古生物化石集中产地保护规划经批准后，重点保护古生物化石集中产地所在地设区的市、县级人民政府国土资源主管部门应当在30个工作日内逐级上报国土资源部备案。

重点保护古生物化石集中产地名录由国家古生物化石专家委员会拟定，由国土资源部批准并公布。

第九条 申请建立国家级古生物化石自然保护区和涉及重点保护古生物化石的地质公园、博物馆的，申请单位应当在向有关主管部门提出申请前征求国家古生物化石专家委员会

的意见。

第十条　县级以上人民政府国土资源主管部门应当将古生物化石保护工作所需经费纳入年度预算，专款用于古生物化石保护管理、产地和标本保护、调查评价、规划编制、评审鉴定、咨询评估、科研科普、宣传培训等工作。

第十一条　单位或者个人有下列行为之一的，由县级以上人民政府国土资源主管部门给予奖励：

（一）严格执行国家有关法律法规，在古生物化石保护管理、科学研究、宣传教育等方面做出显著成绩的；

（二）举报或制止违法犯罪行为，使重点保护古生物化石得到保护的；

（三）将合法收藏的重点保护古生物化石捐赠给国有收藏单位的；

（四）发现重点保护古生物化石及时报告或者上交的；

（五）其他对古生物化石保护工作做出突出贡献的。

第十二条　国家鼓励单位或者个人通过捐赠等方式设立古生物化石保护基金，专门用于古生物化石保护，任何单位或者个人不得侵占、挪用。

第二章　古生物化石发掘

第十三条　在国家级古生物化石自然保护区内发掘古生物化石，或者在其他区域发掘古生物化石涉及重点保护古生物化石的，应当向国土资源部提出申请并取得批准。

除前款规定的情形外，其他申请发掘古生物化石的，应当向古生物化石所在地的省、自治区、直辖市人民政府国土资源主管部门提出申请并取得批准。

第十四条　申请发掘古生物化石的单位，应当提交下列材料：

（一）古生物化石发掘申请表；

（二）申请发掘古生物化石单位的证明材料；

（三）古生物化石发掘方案，包括发掘时间和地点、发掘对象、发掘地的地形地貌、区域地质条件、发掘面积、层位和工作量、发掘技术路线、发掘领队及参加人员情况等；

（四）古生物化石发掘标本保存方案，包括发掘的古生物化石可能的属种、古生物化石标本保存场所及其保存条件、防止化石标本风化、损毁的措施等；

（五）古生物化石发掘区自然生态条件恢复方案，包括发掘区自然生态条件现状、发掘后恢复自然生态条件的目标任务和措施、自然生态条件恢复工程量、自然生态条件恢复工程经费概算及筹措情况；

（六）法律、法规规定的其他材料。

第十五条　本办法第十四条第二项规定的证明材料包括：

（一）单位性质证明材料；

（二）3 名以上技术人员的古生物专业或者相关专业的技术职称证书，及其 3 年以上古生物化石的发掘经历证明。发掘活动的领队除应当提供 3 年以上古生物化石的发掘经历证明以外，还应当提供古生物专业高级职称证书；

（三）符合古生物化石发掘需要的设施、设备的证明材料；

（四）古生物化石修复技术和保护工艺的证明材料；

（五）符合古生物化石安全保管的设施、设备和场所的证明材料。

同一单位两年内再次提出发掘申请的，可以不再提交以上材料，但应当提供发掘活动领队的证明材料。

第十六条　国土资源部应当自受理发掘申请之日起 5 个工作日内，向古生物化石所在地的省、自治区、直辖市人民政府国土资源主管部门发送征求意见函。省、自治区、直辖市人民政府国土资源主管部门应当听取古生物化石所在地设区的市、县级国土资源主管部门的意见，并在 10 个工作日内向国土资源部回复意见。

第十七条 国土资源部和省、自治区、直辖市人民政府国土资源主管部门批准发掘申请后，应当将批准文件抄送古生物化石所在地的县级以上地方人民政府国土资源主管部门。

第十八条 发掘古生物化石的单位，改变古生物化石发掘方案、发掘标本保存方案和发掘区自然生态条件恢复方案的，应当报原批准发掘的国土资源主管部门批准。

第十九条 依据《条例》的规定零星采集古生物化石标本的，不需要申请批准。零星采集活动的负责人应当在采集活动开始前向古生物化石所在地的省、自治区、直辖市人民政府国土资源主管部门提交零星采集古生物化石告知书。有关省、自治区、直辖市人民政府国土资源主管部门应当予以支持。

零星采集单位应当按照零星采集古生物化石告知书中的内容开展采集活动。确需改变零星采集计划的，采集活动的负责人应当将变更情况及时告知古生物化石所在地的省、自治区、直辖市人民政府国土资源主管部门。

第二十条 中外合作开展的科学研究项目，需要在中华人民共和国领域和中华人民共和国管辖的其他海域发掘古生物化石的，发掘申请由中方化石发掘单位向国土资源部提出，发掘领队由中方人员担任，发掘的古生物化石归中方所有。

第二十一条 建设工程选址，应当避开重点保护古生物化石赋存的区域；确实无法避开的，应当采取必要的保护措施，或者依据《条例》的有关规定由县级以上人民政府国土资源主管部门组织实施抢救性发掘。

第二十二条 发掘古生物化石给他人生产、生活造成损失的，发掘单位应当采取必要的补救措施，并承担相应的赔偿责任。

第三章　古生物化石收藏

第二十三条 古生物化石收藏单位可以通过下列方式合法收藏重点保护古生物化石：

（一）依法发掘；

（二）依法转让、交换、赠与；

（三）接受委托保管、展示；

（四）国土资源主管部门指定收藏；

（五）法律、法规规定的其他方式。

任何单位和个人不得收藏违法获得或者不能证明合法来源的古生物化石。

第二十四条 收藏古生物化石的收藏单位，应当符合《条例》规定的收藏条件，保障其收藏的古生物化石安全。

依据收藏条件，将古生物化石收藏单位分为甲、乙、丙三个级别。古生物化石收藏单位的级别，由国家古生物化石专家委员会评定，并定期开展评估。国家古生物化石专家委员会应当将级别评定结果和评估结果报国土资源部备案。

级别评定结果和评估结果应当定期公布，作为县级以上人民政府国土资源主管部门对收藏单位进行管理和监督检查的重要依据。

第二十五条 甲级古生物化石收藏单位应当符合下列条件：

（一）有固定的馆址、专用展室和保管场所；

（二）古生物化石收藏、修复、展示的场所及附属设施的面积不小于 2000 平方米；

（三）拥有相关研究成果的古生物专业或者相关专业的技术人员不少于 20 人；

（四）有防止古生物化石自然毁损的技术、工艺和完备的防火防盗等设施、设备；

（五）有完善的古生物化石档案和数据库

系统；

（六）有完善的古生物化石收集、登记、入库、保管、使用、注销以及资产、安全防范等方面的管理制度；

（七）有稳定的经费来源，设立了年度保护专项经费。

第二十六条 乙级古生物化石收藏单位应当符合下列条件：

（一）有固定的馆址、专用展室和保管场所；

（二）古生物化石收藏、修复、展示的场所及附属设施的面积不小于1000平方米；

（三）拥有相关研究成果的古生物专业或者相关专业的技术人员不少于10人；

（四）有防止古生物化石自然毁损的技术、工艺和比较完备的防火防盗等设施、设备；

（五）有比较完善的古生物化石档案和数据库系统；

（六）有比较完善的古生物化石收集、登记、入库、保管、使用、注销以及资产、安全防范等方面的管理制度；

（七）有稳定的经费来源，能保障正常运转。

第二十七条 丙级古生物化石收藏单位应当符合下列条件：

（一）有固定的馆址、专用展室和保管场所；

（二）古生物化石收藏、展示的场所及附属设施的面积不小于300平方米；

（三）拥有相关研究成果的古生物专业或者相关专业的技术人员不少于3人；

（四）有防止古生物化石自然毁损的技术、工艺和防火防盗等设施、设备；

（五）建立了古生物化石档案和数据库；

（六）建立了古生物化石收集、登记、入库、保管、使用、注销以及资产、安全防范等方面的管理制度；

（七）有稳定的经费来源，能维持正常运转。

第二十八条 收藏古生物化石模式标本的单位，应当符合甲级古生物化石收藏单位的收藏条件。收藏模式标本以外的一级重点保护古生物化石的单位，应当符合乙级以上古生物化石收藏单位的收藏条件。收藏二级、三级重点保护古生物化石的单位，应当符合丙级以上古生物化石收藏单位的收藏条件。但是，有下列情形之一的除外：

（一）在古生物化石产地和地质公园内设立的博物馆（陈列馆），因科普宣传需要收藏本地发掘的古生物化石的；

（二）古生物化石科研机构、高等院校，因科学研究、教学的需要，在标本库中保存古生物化石的；

（三）国土资源部规定的其他情形。

前款规定的单位收藏和保存重点保护古生物化石的，应当采取必要的保护措施。

第二十九条 古生物化石收藏单位应当建立古生物化石档案，并将本单位收藏的重点保护古生物化石档案报所在地的县级以上人民政府国土资源主管部门备案。

古生物化石收藏单位应当在档案中如实对本单位收藏的古生物化石作出描述和标注，并根据收藏情况变化及时对档案作出变更。古生物化石收藏单位对本单位的古生物化石档案的真实性负责。

收藏单位的法定代表人变更时，应当办理本单位收藏的古生物化石档案的移交手续。

第三十条 国土资源部负责制定古生物化石档案和数据库建设标准，建立和管理全国的重点保护古生物化石档案和数据库。县级以上地方人民政府国土资源主管部门负责建立和管理本行政区域的重点保护古生物化石档案和数据库。

第三十一条 重点保护古生物化石失窃或

者遗失的，收藏单位应当立即向当地公安机关报案，同时向所在地的县级以上人民政府国土资源主管部门报告。县级以上人民政府国土资源主管部门应当在 24 小时内逐级上报国土资源部。国土资源部应当立即通报海关总署，防止重点保护古生物化石流失境外。

第三十二条 国家古生物化石专家委员会每三年组织专家对古生物化石收藏单位进行一次评估，并根据评估结果，对收藏单位的级别进行调整。

收藏单位对级别评定结果和评估结果有异议的，可以申请国家古生物化石专家委员会另行组织专家重新评估。

第三十三条 古生物化石收藏单位应当在每年 1 月 31 日前向所在地设区的市、县级人民政府国土资源主管部门报送年度报告。年度报告应当包括本单位上一年度藏品、人员和机构的变动情况以及国内外展览、标本安全、科普教育、科学研究、财务管理等情况。

设区的市、县级人民政府国土资源主管部门应当在每年 2 月 28 日前，将上一年度本行政区域内古生物化石收藏单位年度报告逐级上报省、自治区、直辖市人民政府国土资源主管部门。省、自治区、直辖市人民政府国土资源主管部门应当在每年 3 月 31 日前汇总并报送国土资源部。

县级以上人民政府国土资源主管部门应当对古生物化石收藏单位进行实地抽查。

第三十四条 国家鼓励单位和个人将《条例》施行前收藏的重点保护古生物化石，在规定期限内到所在地的省、自治区、直辖市人民政府国土资源主管部门进行登记。省、自治区、直辖市人民政府国土资源主管部门应当将登记结果纳入本行政区域的重点保护古生物化石档案和数据库。

第三十五条 国家鼓励单位或个人将其合法收藏的重点保护古生物化石委托符合条件的收藏单位代为保管或者展示。

第三十六条 国土资源部或者省、自治区、直辖市人民政府国土资源主管部门应当组织专家对公安、工商行政管理、海关等部门查获的有理由怀疑属于古生物化石的物品进行鉴定，出具是否属于古生物化石的证明文件。

公安、工商行政管理、海关等部门依法没收的古生物化石由同级国土资源主管部门负责接收。有关国土资源主管部门应当出具接收凭证，并将接收的古生物化石交符合条件的收藏单位收藏。

第四章　古生物化石流通

第三十七条 未经批准，重点保护古生物化石不得流通。国家鼓励单位和个人将其合法收藏的重点保护古生物化石捐赠给符合条件的收藏单位收藏。

第三十八条 收藏单位不得将收藏的重点保护古生物化石转让、交换、赠与给不符合收藏条件的单位和个人。

收藏单位之间转让、交换或者赠与重点保护古生物化石的，应当向国土资源部提出申请，并提交下列材料：

（一）重点保护古生物化石流通申请表；

（二）转让、交换、赠与合同；

（三）转让、交换、赠与的古生物化石清单和照片；

（四）接收方符合本办法规定的相应古生物化石收藏条件的证明材料。

国土资源部应当在收到申请之日起 20 个工作日内作出是否批准的决定。

国土资源部批准转让、交换或者赠与申请前，应当征求有关收藏单位所在地的省、自治区、直辖市人民政府国土资源主管部门的意见；批准申请后，应当将有关情况通报有关收藏单位所在地的省、自治区、直辖市人民政府国土

资源主管部门。

第三十九条 买卖一般保护古生物化石的，应当依据省、自治区、直辖市人民政府的规定，在县级以上地方人民政府指定的场所进行。县级以上地方人民政府国土资源主管部门应当加强对本行政区域内一般保护古生物化石买卖的监督管理。

第四十条 收藏单位不再收藏的一般保护古生物化石，可以依法流通。国有收藏单位不再收藏一般保护古生物化石的，应当向所在地的省、自治区、直辖市人民政府国土资源主管部门提出古生物化石处置方案，由所在地的省、自治区、直辖市人民政府国土资源主管部门指定的国有收藏单位收藏，或者依法流通。

第五章 古生物化石进出境

第四十一条 国土资源部对全国的古生物化石出境活动进行统筹协调。省、自治区、直辖市人民政府国土资源主管部门，应当在每年12月31日前，将本行政区域内有关单位的下一年度古生物化石出境计划汇总上报国土资源部。

第四十二条 申请重点保护古生物化石出境的单位或者个人应当向国土资源部提交下列材料：

（一）古生物化石出境申请表；

（二）申请出境的古生物化石清单和照片。古生物化石清单内容包括标本编号、标本名称、重点保护级别、产地、发掘时间、发掘层位、标本尺寸和收藏单位等；

（三）外方合作单位的基本情况及资信证明；

（四）合作研究合同或者展览合同；

（五）出境古生物化石的保护措施；

（六）出境古生物化石的应急保护预案；

（七）出境古生物化石的保险证明；

（八）国土资源部规定的其他材料。

第四十三条 申请一般保护古生物化石出境的单位或者个人应当向所在地的省、自治区、直辖市人民政府国土资源主管部门提交下列材料：

（一）古生物化石出境申请表；

（二）申请出境的古生物化石清单和照片。古生物化石清单内容包括标本名称、产地、标本尺寸及数量等。

第四十四条 经批准出境的重点保护古生物化石进境的，申请人应当自办结进境海关手续之日起5日内向国土资源部申请进境核查，提交出境古生物化石进境核查申请表。

第四十五条 境外古生物化石临时进境的，境内的合作单位或者个人应当依据《条例》的规定向国土资源部申请核查、登记，提交下列材料：

（一）境外古生物化石临时进境核查申请表；

（二）合作合同；

（三）进境化石的清单和照片。古生物化石清单内容包括标本名称、属种、编号、尺寸、产地等；

（四）外方批准古生物化石合法出境的证明材料。

第四十六条 境外古生物化石在境内展览、合作研究或教学等活动结束后，由境内有关单位或者个人向国土资源部申请核查，提交下列材料：

（一）境外古生物化石复出境申请表；

（二）复出境古生物化石清单及照片。古生物化石清单内容包括标本名称、属种、编号、尺寸、产地等；

（三）国土资源部对该批古生物化石进境的核查、登记凭证。

第四十七条 对境外查获的有理由怀疑属于我国古生物化石的物品，国土资源部应当组织国家古生物化石专家委员会进行鉴定。对违法出境的古生物化石，国土资源部应当在国务院外交、公安、海关等部门的支持和配合下进行追索。追回的古生物化石，由国土资源部交符合相应条件的收藏单位收藏。

第四十八条 因科学研究、文化交流等原因合法出境的古生物化石，境外停留期限超过批准期限的，批准出境的国土资源主管部门应当责令境内申请人限期追回出境的古生物化石。逾期未追回的，参照本办法关于违法出境的古生物化石的有关规定处理。

第六章 法律责任

第四十九条 县级以上人民政府国土资源主管部门及其工作人员有下列行为之一的，由上级人民政府国土资源主管部门责令限期改正；逾期不改正的，对直接负责的主管人员和其他直接责任人员依法给予处分：

（一）未依照本办法的规定编制和实施重点保护古生物化石集中产地保护规划的；

（二）未依照本办法的规定建立和管理古生物化石档案和数据库的；

（三）未依照本办法的规定将重点保护古生物化石失窃或者遗失的情况报告国土资源部的；

（四）其他不依法履行监督管理职责的行为。

第五十条 未经批准发掘古生物化石或者未按照批准的发掘方案发掘古生物化石的，县级以上人民政府国土资源主管部门责令停止发掘，限期改正，没收发掘的古生物化石，并处罚款。在国家级古生物化石自然保护区、国家地质公园和重点保护古生物化石集中产地内违法发掘的，处30万元以上50万元以下罚款；在其他区域内违法发掘的，处20万元以上30万元以下罚款。

未经批准或者未按照批准的发掘方案发掘古生物化石，构成违反治安管理行为的，由公安机关依法给予治安管理处罚；构成犯罪的，依法追究刑事责任。

未按照批准的发掘方案发掘古生物化石，情节严重的，由批准古生物化石发掘的国土资源主管部门撤销批准发掘的决定。

第五十一条 单位或者个人在生产、建设活动中发现古生物化石不报告的，由县级以上人民政府国土资源主管部门对建设工程实施单位处1万元以下罚款；造成古生物化石损毁的，依法承担相应的法律责任。

第五十二条 古生物化石发掘单位未按照规定移交古生物化石的，由批准发掘的国土资源主管部门责令限期改正；逾期不改正，或者造成古生物化石损毁的，涉及一般保护古生物化石的，处10万元以上20万元以下罚款；涉及重点保护古生物化石的，处20万元以上50万元以下罚款；直接负责的主管人员和其他直接责任人员构成犯罪的，依法追究刑事责任。

第五十三条 收藏单位不符合本办法规定的收藏条件收藏古生物化石的，由县级以上人民政府国土资源主管部门责令限期改正；逾期不改正的，处5万元以上10万元以下的罚款；已严重影响其收藏的重点保护古生物化石安全的，由国土资源部指定符合本办法规定的收藏条件的收藏单位代为收藏，代为收藏的费用由原收藏单位承担。

第五十四条 单位或者个人违反本办法的规定，收藏违法获得或者不能证明合法来源的重点保护古生物化石的，由县级以上人民政府国土资源主管部门依法没收有关古生物化石，并处3万元以下罚款。

第五十五条 古生物化石收藏单位之间未经批准转让、交换、赠与其收藏的重点保护古生物化石的，由县级以上人民政府国土资源主管部门责令限期改正；有违法所得的，没收违

法所得；逾期不改正的，涉及三级重点保护古生物化石的，对有关收藏单位处5万元以上10万元以下罚款；涉及二级重点保护古生物化石的，对有关收藏单位处10万元以上15万元以下罚款；涉及一级重点保护古生物化石的，对有关收藏单位处15万元以上20万元以下罚款。

第五十六条 国有收藏单位将其收藏的重点保护古生物化石违法转让、交换、赠与给非国有收藏单位或者个人的，由县级以上人民政府国土资源主管部门责令限期改正；逾期不改正的，涉及三级重点保护古生物化石的，对国有收藏单位处20万元以上30万元以下罚款；涉及二级重点保护古生物化石的，对国有收藏单位处30万元以上40万元以下罚款；涉及一级重点保护古生物化石的，对国有收藏单位处40万元以上50万元以下罚款，对直接负责的主管人员和其他直接责任人员依法给予处分；构成犯罪的，依法追究刑事责任。

第五十七条 单位或者个人将其收藏的重点保护古生物化石转让、交换、赠与、质押给外国人或者外国组织的，由县级以上人民政府国土资源主管部门责令限期追回，涉及三级重点保护古生物化石的，对单位处10万元以上30万元以下罚款，对个人处2万元以上3万元以下罚款；涉及二级重点保护古生物化石的，对单位处30万元以上40万元以下罚款，对个人处3万元以上5万元以下罚款；涉及一级重点保护古生物化石的，对单位处40万元以上50万元以下罚款，对个人处5万元以上10万元以下罚款；有违法所得的，没收违法所得；构成犯罪的，依法追究刑事责任。

第五十八条 古生物化石专家违反法律法规和本办法的规定，开展评审、鉴定、评估等工作，违背职业道德、危害国家利益的，不得担任国家古生物化石专家委员会或者省级古生物化石专家委员会的委员；构成犯罪的，依法追究刑事责任。

第七章　附　则

第五十九条 本办法规定的古生物化石发掘申请表、零星采集古生物化石告知书、重点保护古生物化石流通申请表、古生物化石出境申请表、出境古生物化石进境核查申请表、境外古生物化石临时进境核查申请表、境外古生物化石复出境申请表等申请材料的格式由国土资源部另行制定。

第六十条 本办法自2013年3月1日起施行。

广东省城镇住房保障办法

广东省人民政府令第181号

《广东省城镇住房保障办法》已经2013年1月14日广东省人民政府第十一届110次常务会议通过，现予公布，自2013年5月1日起施行。

省长 朱小丹
2013年1月29日

第一章　总　则

第一条　为了建立健全城镇住房保障制度，保障城镇住房困难居民基本居住需求，根据《中华人民共和国城市房地产管理法》等有关法律法规，结合本省实际，制定本办法。

第二条　本办法适用于本省行政区域内城镇住房保障的规划、实施和监督管理工作。

第三条　城镇住房保障应当遵循政府主导、社会参与、以需定建、适度保障、公开、公平、公正的原则。

第四条　本办法所称城镇住房保障，是指符合条件的住房困难家庭或者个人通过申请租住保障性住房（以下简称保障房）或者领取住房保障租赁补贴，满足基本居住需求。

第五条　住房保障是各级人民政府的重要职责。省、市、区（县）人民政府统一领导、组织、协调住房保障工作。

县级以上人民政府住房保障主管部门负责本行政区域内城镇住房保障的组织实施、监督管理和指导协调等工作，建立健全申请、审核、轮候、退出等制度。

发展改革、公安、民政、财政、社保、国土资源、价格、金融等相关部门按照各自职责，协助做好住房保障工作。

街道办事处或者镇人民政府和社区居民委员会应当协助有关部门和机构，做好城镇住房保障相关工作。

第六条　市、县级人民政府可以设立住房保障委员会，成员由政府部门、人大代表、政协委员、专家学者、群众代表等人员组成，行使住房保障工作的决策权。具体职责由委员会章程规定。

第七条　市、县级人民政府可以设立或者明确城镇住房保障实施机构，也可以委托社会组织或者向市场购买服务。涉及工程发包与承包、货物采购事宜的，应当遵守《中华人民共和国招标投标法》、《中华人民共和国政府采购法》等法律法规规定。

住房保障实施机构具体承办本行政区域内下列城镇住房保障事务：

（一）住房保障需求的调查、分析、统计；

（二）住房保障申请的审核；

（三）保障房选配、收回、回购和租赁补贴发放、调整、终止等事务的执行；

（四）保障房的运营管理和维修养护；

（五）保障房入住、退出和使用情况的登记和检查；

（六）建立健全住房保障服务网络；

（七）其他住房保障有关事务。

第二章　规划与建设

第八条　市、县级人民政府应当定期组织开展城镇居民住房状况调查，根据经济社会发展水平和住房保障的需求，组织编制住房保障规划和年度计划。

住房保障规划应当明确住房保障的目标任务、总体要求、建设和供应规模、土地和资金安排、规划实施措施和工作机制等内容，应当符合土地利用总体规划和城乡规划，并纳入国民经济和社会发展规划。

住房保障年度计划应当明确计划年度内住房保障资金安排、保障房建设用地安排、项目建设用地选址、供应规模及主要政策措施等内容。

第九条　市、县级人民政府应当根据住房保障需求建立住房保障土地储备制度，确保用地供应。

城乡规划部门编制城乡规划时，应当明确保障房的空间布局。国土资源主管部门会同住房保障主管部门根据城乡规划和土地利用规划，编制住房保障用地储备规划，明确保障房建设的具体地块。在符合城市规划控制指标的前提下，保障房用地可以适当提高容积率。

市、县国土资源部门编制住房用地供应计划时，应当对保障房用地供应计划单列。对其中需要使用新增建设用地的，在下达各市、县新增建设用地计划指标中单列，保障房用地供应计划应当与年度土地供应计划相衔接，用地供应后，非经法定程序不得改变用地性质。

第十条　县级以上人民政府应当建立与住房保障需求相适应的资金保障机制，将住房保障资金和住房保障工作经费纳入财政预算。

县级以上人民政府可以按下列渠道筹集住房保障资金：

（一）中央和省安排的专项补助资金；

（二）当地财政年度预算安排资金；

（三）提取贷款风险准备金和管理费用后的住房公积金增值收益余额；

（四）每年提取土地出让净收益10%以上的资金；

（五）通过创新投融资方式和公积金贷款筹集的资金；

（六）出租保障房和配套设施回收的资金；

（七）按照国家规定发行的企业专项债券；

（八）社会捐赠的资金；

（九）可以纳入的其他资金。

第十一条　县级以上人民政府应当加强住房保障政策研究，创新引资模式，鼓励社会资金和社会机构参与建设保障房。

鼓励银行机构发放住房保障中长期贷款，鼓励保险机构积极参与建设项目的保险、再保险。鼓励各类金融机构支持符合条件的企业发行中长期债券筹集资金，专项用于保障房建设和运营。

第十二条　保障房来源包括：

（一）政府投资建设、购买、租赁或者依法收回、回购、没收的住房；

（二）政府委托企业或者其他组织建设、配套建设的住房，企业或者其他组织按照与政府约定建设、配套建设的住房；

（三）单位自筹建设的住房；

（四）产业园区集中配套建设的住房；

（五）社会赠予政府的住房；

（六）其他途径筹集的住房。

第十三条　保障房建设实行集中建设和配套建设相结合。

保障房与商品房配套建设的，国土资源主管部门应当在建设项目用地出让条件中明确配套建设的保障房总建筑面积、分摊的土地面积、单套建筑面积、套数、套型比例、建设标准、房屋权属等事项，并在土地出让合同中约定。

保障房与商品房配套建设的，应当同时规划、设计、施工，并同时交付使用。商品房分期建设的，保障房应当与首期商品房同时建设和交付使用。竣工时应当对照土地出让合同进行验收。

第十四条 住房保障实施机构应当向社会公告拟建设的保障房项目的选址地点、规划设计方案和配套设施，并征求公众意见。

第十五条 保障房项目开发建设，应当符合基本建设程序，严格执行住房建设标准以及建筑工程质量安全、节能和环保等标准，并按照城市规划要求配套建设道路交通、学校、医院、文体等基础设施、公共服务设施和商业服务设施，同期交付使用。

第十六条 省住房和城乡建设主管部门应当依照国家有关工程标准及技术规范，制定保障房的相关工程建设地方标准。鼓励保障房项目开发建设应用节水节能等设备，以及生活用水循环利用技术、太阳能等新能源。

市、县住房保障主管部门应当按照省住房和城乡建设主管部门制定的保障房工程建设地方标准，合理确定保障房项目的建筑面积、套型结构、室内装饰装修标准和配套设施。

第十七条 新建的保障房交付使用前，建设单位应当按照环保、节能、经济适用的原则完成室内装饰装修。以其他方式筹集的保障房在出租前，应当参照新建保障房室内装修标准作相应修缮。

第三章 申请与轮候

第十八条 申请租住保障房或者领取租赁补贴，应当符合以下条件：

（一）在本地无住房或者住房面积低于规定标准；

（二）收入、财产低于规定标准。

申请人为异地务工人员的，在本地就业达到规定年限。

具体标准由市、县级人民政府住房保障主管部门根据本地区实际情况确定，定期调整，报本级人民政府批准后实施，并向社会公布。

第十九条 住房保障由申请人向户籍或者就业所在地街道办事处或者镇人民政府提出申请。各类产业园区的异地务工人员可以由其所在企业统一申报。

第二十条 申请住房保障应当提交下列书面证明材料：

（一）家庭成员及其户籍状况；

（二）收入状况；

（三）住房、存款和其他财产状况；

（四）住房保障主管部门规定的其他材料。

申请人对申请材料的真实性负责。按照规定需要由有关单位或者个人出具证明材料的，有关单位和个人应当出具，并对材料的真实性负责。

第二十一条 住房保障申请，由申请人户籍或者就业所在街道办事处或者镇人民政府受理和初审，经住房保障实施机构会同民政等有关部门复审后，报市、县级住房保障主管部门审核。

第二十二条 住房保障主管部门和实施机构可以通过入户调查、邻里访问、信函索证、信息查证等方式，对申请人及其家庭成员的收入、车辆、存款、有价证券等有关财产情况进行调查核实。公安、银行、证券、国土、房管、税务、工商等部门根据各自职责，依法向住房保障主管部门和实施机构出具申请人有关财产证明。

第二十三条 住房保障申请的审核结果，由受理的街道办事处或者镇人民政府和住房保障实施机构，在办公场所并通过门户网站予以公示，公示期限不少于 20 日。公示期内，对公示内容有异议的单位和个人，应当以书面形式提出。街道办事处或者镇人民政府、住房保障实施机构应当对异议进行核实，并公布核实结果。

拒不配合审查、经审查不合格或者因公示期内有异议经核实成立的，由街道办事处或者镇人民政府和住房保障实施机构退回申请，并书面说明理由。

第二十四条　市、县级住房保障主管部门应当制定轮候规则，报市、县人民政府批准后执行。住房保障实施机构应当建立住房保障轮候登记册，将符合条件的申请人按照轮候规则，列入轮候登记册进行轮候，并将轮候信息在当地政府网站公开。轮候时间一般为3年，最长不超过5年。

轮候对象中享受国家定期抚恤补助的优抚对象、孤老病残人员等按照规定应当优先照顾的住户，优先安排保障房。行动不便的残疾人、老年人等享有优先选择出入方便、楼层较低保障房的权利。

依法被征收个人住宅且被征收人符合住房保障条件的，不受轮候限制，作出房屋征收决定的市、县级人民政府应当优先给予住房保障。

单位建设、产业园集中配套建设的保障房，筹建单位和产业园内部保障对象享有优先分配权。

第二十五条　在轮候期间，家庭成员及其户籍、收入、财产和住房等情况发生变动的，申请人应当主动向住房保障实施机构申报。申请人因情况发生变化不再符合规定条件的，住房保障实施机构应当取消其轮候资格，并书面告知。

轮候超过一定期限的，住房保障实施机构应当对申请人是否符合规定条件重新审核，申请人应当予以配合。经审核，申请人仍然符合规定条件的，其原轮候次序不变。

第二十六条　轮候到位的申请人在提供选择的保障房范围内，按照轮候规则选定保障房；放弃选择的，则重新轮候，由排在其后的申请人依次递补。

第二十七条　申请人选定具体的住房或者选择租赁补贴后，应当在规定的时间内，与住房保障实施机构签订保障房租赁合同或者租赁补贴协议，明确双方的权利义务。

申请人拒签、逾期未签租赁合同或者租赁补贴协议的，视为放弃住房保障的权利。再次申请的，应当重新轮候。

第四章　管理与监督

第二十八条　保障房及其附属设施、物业共用部分、共用设施设备的运营管理和维修养护，由出租人承担。

未经住房保障和城乡规划主管部门同意，承租人不得擅自改建、重建保障房及其附属设施。

政府投资建设的保障房小区的物业服务，由住房保障实施机构主导，公开选聘物业服务企业提供服务。

第二十九条　保障房的租金实行政府定价或者政府指导价，具体标准由市、县级价格主管部门会同同级住房保障主管部门提出，报同级人民政府批准后执行。

保障房的租金价格应当根据当地社会经济发展状况、物价变动情况和住房保障水平适时进行调整。

第三十条　符合低收入条件的住房保障对象按照分档补贴的原则，依申请由政府给予租赁补贴。保障对象领取租赁补贴后可以申请承租政府提供的公共租赁住房，也可以通过市场租赁住房或者充分利用现有住房资源等途径解决基本居住需求。

租赁补贴标准按照人均保障建筑面积、家庭人口、补贴标准、收入水平、区域等因素确定，并实行动态化管理。

低收入条件和具体补贴办法由市、县人民政府确定。

第三十一条　保障房应当自住，不得转让、

人民政府住房保障主管部门责令限期改正，并处3万元以上10万元以下的罚款。

第四十五条 不符合条件的申请人隐瞒或者虚报人口、户籍、年龄、婚姻、收入、财产和住房等状况，或者采取不正当手段，申请保障房或者租赁补贴的，由县级以上人民政府住房保障主管部门驳回申请，并处1000元以下罚款，自驳回申请之日起10年内不予受理其住房保障申请。

符合条件的申请人有上述违法行为的，由县级以上人民政府住房保障主管部门驳回其申请，并处1000元以下罚款，自驳回申请之日起3年内不予受理其住房保障申请。

第四十六条 县级以上人民政府住房保障主管部门查明有关当事人以弄虚作假、贿赂等不正当手段获取保障房或者租赁补贴的，应当解除保障房租赁合同或者租赁补贴协议，收回保障房或者补贴资金，除按照本办法第四十五条的规定追究法律责任外，并按照同期同区域同类型普通商品房的市场租赁价格，补收租金或者按照银行同期贷款利率补收补贴资金的利息。

申请人故意隐瞒、虚报或者伪造有关信息骗取城镇住房保障，构成犯罪的，依法追究刑事责任。

第四十七条 有关单位和个人为住房保障申请人出具虚假证明材料的，由县级以上人民政府住房保障主管部门予以公示，对责任单位处以2万元以上5万元以下罚款，并对主要负责人和直接责任人处以2000元以上5000元以下罚款。构成犯罪的，依法追究刑事责任。

第四十八条 住房保障对象违反本办法第三十二条规定的，由县级以上人民政府住房保障主管部门责令改正，没收违法所得，并处1000元以下罚款；情节严重的，自处罚决定之日起5年内不再受理其住房保障申请。

第四十九条 住房保障对象违反本办法第二十八条规定，擅自改建、重建保障房及其附属设施的，由县级以上人民政府住房保障主管部门责令限期改正，予以警告，并处500元以上1000元以下罚款。

违反本办法第三十九条规定，不配合监督检查，情节严重的，由住房保障主管部门取消其住房保障资格。

第五十条 住房保障主管部门及其他相关主管部门、住房保障实施机构工作人员有下列行为之一的，由任免机关或者监察机关按照管理权限依法给予处分；构成犯罪的，依法追究刑事责任：

（一）挪用、截留或者私分住房保障资金的；

（二）玩忽职守、徇私舞弊、滥用职权的。

第六章　附则

第五十一条 本办法下列用语的含义是：

（一）公共租赁住房，是指由政府主导投资、建设和管理，或者由政府提供政策支持、其他各类主体投资建设、纳入政府统一管理，限定建设标准和租金水平，向符合条件的住房困难家庭和新就业职工、异地务工人员出租的保障房。

（二）租赁补贴，是指政府按照市场租金分档补贴原则，向符合条件的住房保障申请人发放现金补贴，以增强其承租住房的能力。

第五十二条 本办法规定需制定具体办法、轮候规则以及相关标准、条件的，县级以上人民政府或者其住房保障主管部门应当自本办法施行之日起1年内制定。

第五十三条 各市、县人民政府可以根据本办法制定实施细则。

第五十四条 本办法自2013年5月1日起施行。

城乡规划违法违纪行为处分办法

中华人民共和国监察部 中华人民共和国人力资源和社会保障部 中华人民共和国住房和城乡建设部令第29号

《城乡规划违法违纪行为处分办法》已经2012年9月24日监察部第6次部长办公会议、2012年8月27日人力资源社会保障部第101次部务会议、2012年5月10日住房城乡建设部第84次部常务会议、2012年7月30日国家公务员局第37次局务会议审议通过，现予公布，自2013年1月1日起施行。

监察部部长 马 馼
人力资源社会保障部部长 尹蔚民
住房城乡建设部部长 姜伟新
2012年12月3日

第一条 为了加强城乡规划管理，惩处城乡规划违法违纪行为，根据《中华人民共和国城乡规划法》、《中华人民共和国行政监察法》、《中华人民共和国公务员法》、《行政机关公务员处分条例》及其他有关法律、行政法规，制定本办法。

第二条 有城乡规划违法违纪行为的单位中负有责任的领导人员和直接责任人员，以及有城乡规划违法违纪行为的个人，应当承担纪律责任。属于下列人员的（以下统称有关责任人员），由任免机关或者监察机关按照管理权限依法给予处分：

（一）行政机关公务员；

（二）法律、法规授权的具有公共事务管理职能的组织中从事公务的人员；

（三）国家行政机关依法委托从事公共事务管理活动的组织中从事公务的人员；

（四）企业、人民团体中由行政机关任命的人员。

事业单位工作人员有本办法规定的城乡规划违法违纪行为的，依照《事业单位工作人员处分暂行规定》执行。

法律、行政法规、国务院决定及国务院监察机关、国务院人力资源社会保障部门制定的处分规章对城乡规划违法违纪行为的处分另有规定的，从其规定。

第三条 地方人民政府有下列行为之一的，对有关责任人员给予记过或者记大过处分；情节较重的，给予降级或者撤职处分；情节严重的，给予开除处分：

（一）依法应当编制城乡规划而未组织编制的；

（二）未按法定程序编制、审批、修改城乡规划的。

第四条 地方人民政府有下列行为之一的，对有关责任人员给予警告、记过或者记大过处分；情节较重的，给予降级或者撤职处分；情节严重的，给予开除处分：

（一）制定或者作出与城乡规划法律、法规、规章和国家有关文件相抵触的规定或者决定，造成不良后果或者经上级机关、有关部门指出仍不改正的；

（二）在城市总体规划、镇总体规划确定的建设用地范围以外设立各类开发区和城市新区的；

（三）违反风景名胜区规划，在风景名胜区内设立各类开发区的；

（四）违反规定以会议或者集体讨论决定方式要求城乡规划主管部门对不符合城乡规划的建设项目发放规划许可的。

第五条 地方人民政府及城乡规划主管部门委托不具有相应资质等级的单位编制城乡规划的，对有关责任人员给予警告或者记过处分；情节较重的，给予记大过或者降级处分；情节严重的，给予撤职处分。

第六条 地方人民政府及其有关主管部门工作人员，利用职权或者职务上的便利，为自己或者他人谋取私利，有下列行为之一的，给予记过或者记大过处分；情节较重的，给予降级或者撤职处分；情节严重的，给予开除处分：

（一）违反法定程序干预控制性详细规划的编制和修改，或者擅自修改控制性详细规划的；

（二）违反规定调整土地用途、容积率等规划条件核发规划许可，或者擅自改变规划许可内容的；

（三）违反规定对违法建设降低标准进行处罚，或者对应当依法拆除的违法建设不予拆除的。

第七条 乡、镇人民政府或者地方人民政府承担城乡规划监督检查职能的部门及其工作人员有下列行为之一的，对有关责任人员给予记过或者记大过处分；情节较重的，给予降级或者撤职处分；情节严重的，给予开除处分：

（一）发现未依法取得规划许可或者违反规划许可的规定在规划区内进行建设的行为不予查处，或者接到举报后不依法处理的；

（二）在规划管理过程中，因严重不负责任致使国家利益遭受损失的。

第八条 地方人民政府城乡规划主管部门及其工作人员在国有建设用地使用权出让合同签订后，违反规定调整土地用途、容积率等规划条件的，对有关责任人员给予警告或者记过处分；情节较重的，给予记大过或者降级处分；情节严重的，给予撤职处分。

第九条 地方人民政府城乡规划主管部门及其工作人员有下列行为之一的，对有关责任人员给予警告处分；情节较重的，给予记过或者记大过处分；情节严重的，给予降级处分：

（一）未依法对经审定的修建性详细规划、建设工程设计方案总平面图予以公布的；

（二）未征求规划地段内利害关系人意见，同意修改修建性详细规划、建设工程设计方案总平面图的。

第十条 县级以上地方人民政府城乡规划主管部门及其工作人员或者由省、自治区、直辖市人民政府确定的镇人民政府及其工作人员有下列行为之一的，对有关责任人员给予警告或者记过处分；情节较重的，给予记大过或者降级处分；情节严重的，给予撤职处分：

（一）违反规划条件核发建设用地规划许可证、建设工程规划许可证的；

（二）超越职权或者对不符合法定条件的申请人核发选址意见书、建设用地规划许可证、建设工程规划许可证、乡村建设规划许可证的；

（三）对符合法定条件的申请人不予核发或者未在法定期限内核发选址意见书、建设用地规划许可证、建设工程规划许可证、乡村建设规划许可证的；

（四）违反规划批准在历史文化街区、名镇、名村核心保护范围内进行新建、扩建活动或者违反规定批准对历史建筑进行迁移、拆除的；

（五）违反基础设施用地的控制界限（黄线）、各类绿地范围的控制线（绿线）、历史文化街区和历史建筑的保护范围界限（紫线）、地

表水体保护和控制的地域界限（蓝线）等城乡规划强制性内容的规定核发规划许可的。

第十一条 县人民政府城乡规划主管部门未依法组织编制或者未按照县人民政府所在地镇总体规划的要求编制县人民政府所在地镇的控制性详细规划的，对有关责任人员给予记过或者记大过处分；情节较重的，给予降级或者撤职处分；情节严重的，给予开除处分。

第十二条 城市人民政府城乡规划主管部门未依法组织编制或者未按照城市总体规划的要求编制城市的控制性详细规划的，对有关责任人员给予记过或者记大过处分；情节较重的，给予降级或者撤职处分；情节严重的，给予开除处分。

第十三条 县级以上人民政府有关部门及其工作人员有下列行为之一的，对有关责任人员给予警告或者记过处分；情节较重的，给予记大过或者降级处分；情节严重的，给予撤职处分：

（一）对未依法取得选址意见书的建设项目核发建设项目批准文件的；

（二）未依法在国有土地使用权出让合同中确定规划条件或者改变国有土地使用权出让合同中依法确定的规划条件的；

（三）对未依法取得建设用地规划许可证的建设单位划拨国有土地使用权的；

（四）对未在乡、村庄规划区建设用地范围内取得乡村建设规划许可证的建设单位或者个人办理用地审批手续，造成不良影响的。

第十四条 县级以上地方人民政府及其有关主管部门违反风景名胜区规划，批准在风景名胜区的核心景区内建设宾馆、培训中心、招待所、疗养院以及别墅、住宅等与风景名胜资源保护无关的其他建筑物的，对有关责任人员给予降级或者撤职处分。

第十五条 在国家级风景名胜区内修建缆车、索道等重大建设工程，项目的选址方案未经国务院住房城乡建设主管部门核准，县级以上地方人民政府有关主管部门擅自核发选址意见书的，对有关责任人员给予警告或者记过处分；情节较重的，给予记大过或者降级处分；情节严重的，给予撤职处分。

第十六条 建设单位及其工作人员有下列行为之一的，对有关责任人员给予警告、记过或者记大过处分；情节较重的，给予降级或者撤职处分；情节严重的，给予开除处分：

（一）未依法取得建设项目规划许可，擅自开工建设的；

（二）未经城乡规划主管部门许可，擅自改变规划条件、设计方案，或者不按照规划要求配建公共设施及配套工程的；

（三）以伪造、欺骗等非法手段获取建设项目规划许可手续的；

（四）未经批准或者未按照批准内容进行临时建设，或者临时建筑物、构筑物超过批准期限不拆除的；

（五）违反历史文化名城、名镇、名村保护规划在历史文化街区、名镇、名村核心保护范围内，破坏传统格局、历史风貌，或者擅自新建、扩建、拆除建筑物、构筑物或者其他设施的；

（六）违反风景名胜区规划在风景名胜区核心景区内建设宾馆、培训中心、招待所、疗养院以及别墅、住宅等与风景名胜资源保护无关的其他建筑物的。

第十七条 受到处分的人员对处分决定不服的，可以依照《中华人民共和国行政监察法》《中华人民共和国公务员法》《行政机关公务员处分条例》等有关规定，申请复核或者申诉。

第十八条 任免机关、监察机关和城乡规划主管部门建立案件移送制度。

任免机关或者监察机关查处城乡规划违法违纪案件，认为应当由城乡规划主管部门给予行政处罚的，应当将有关案件材料移送城乡规划主管部门。城乡规划主管部门应当依法及时查处，并将处理结果书面告知任免机关或者监察机关。

城乡规划主管部门查处城乡规划违法案件，认为应当由任免机关或者监察机关给予处分的，应当在作出行政处罚决定或者其他处理决定后，及时将有关案件材料移送任免机关或者监察机关。任免机关或者监察机关应当依法及时查处，并将处理结果书面告知城乡规划主管部门。

第十九条 有城乡规划违法违纪行为，应当给予党纪处分的，移送党的纪律检查机关处理；涉嫌犯罪的，移送司法机关依法追究刑事责任。

第二十条 本办法由监察部、人力资源社会保障部、住房城乡建设部负责解释。

第二十一条 本办法自 2013 年 1 月 1 日起施行。

广东省绿道建设管理规定

广东省人民政府令第 191 号

《广东省绿道建设管理规定》已经 2013 年 8 月 8 日广东省人民政府第十二届 8 次常务会议通过，现予公布，自 2013 年 10 月 1 日起施行。

省长　朱小丹

2013 年 8 月 29 日

第一章　总　则

第一条 为了加强绿道规划、建设和管理，发挥绿道的综合功能和效益，保护生态环境，改善人居环境，根据《广东省城乡规划条例》、《广东省城市绿化条例》等有关规定，结合本省实际，制定本规定。

第二条 本省行政区域内绿道规划、建设、管理和开发利用，适用本规定。

本规定所称绿道，是指以绿化为特征，沿着滨水地带、山脊、林带、风景道等自然和人工廊道建立的，可供行人或者非机动车进入的线形绿色开敞空间和运动休闲慢行系统。

第三条 绿道建设应当坚持统一规划、分步实施、因地制宜、量力而行的原则，体现地方自然风貌和历史人文特色。

第四条 县级以上人民政府应当将绿道建设纳入国民经济和社会发展规划、城市总体规划和土地利用总体规划，并保障其实施。

第五条 绿道属公益性基础设施，县级以上人民政府应当在立项、建设、土地等方面予以支持。

市、县（区）人民政府应当将绿道规划、建设、管理、宣传推广等工作经费纳入财政预算，保障绿道工作的正常开展。属于基本建设投资的，应当纳入政府建设投资计划。省财政对经济欠发达地区绿道建设予以扶持。

市、县（区）人民政府应当制定优惠政策，鼓励和支持社会资金参与绿道建设。

第六条 省住房城乡建设主管部门负责统筹协调、指导和监督本省绿道工作，组织实施本规定。

市、县（区）人民政府应当明确绿道管理

部门，确定其工作机构和人员。绿道管理部门负责组织开展本行政区域绿道工作；其他有关部门按照各自职责，做好绿道工作。

第七条　绿道管理部门和相关部门应当利用信息化手段，加强绿道规划、建设、管理和开发利用工作。

第八条　鼓励公民、法人和其他组织参与绿道建设、管理和开发利用，建立政府主导、社会参与的多元化绿道建设、管理和开发利用机制。

第二章　绿道规划

第九条　绿道建设应当符合绿道规划要求。编制绿道规划应当以城镇体系规划和城市总体规划为依据，综合考虑自然环境、人文因素、公众意愿和经济社会发展需要，体现提高生态环境和人居环境质量的总体要求，并与相关规划相衔接。

绿道规划包括全省绿道总体规划和城市绿道总体规划。

第十条　省住房城乡建设主管部门组织编制全省绿道总体规划，报省人民政府审批。

全省绿道总体规划应当确定省立绿道建设目标、空间布局和建设标准，明确绿道控制区划定要求和各地级以上市省立绿道建设任务。

本规定所称绿道控制区，是指为保障绿道的基本生态功能、营造良好的景观环境、维护各项设施的正常运转，沿绿道慢行道缘线外侧一定范围划定并加以管制的空间，主要包括绿廊系统和为设置各类配套设施而应保护和控制的区域。

第十一条　地级以上市绿道管理部门组织编制本行政区域城市绿道总体规划，经本级人民政府批准后，报省住房城乡建设主管部门备案。

城市绿道总体规划应当符合全省绿道总体规划的要求，确定本行政区域绿道建设目标、空间布局和建设内容，划定绿道控制区并提出控制要求，明确绿道分期建设任务，制定规划实施保障措施。

第十二条　绿道规划应当委托具有相应资质的规划设计单位编制。全省绿道总体规划应当由具有城市规划甲级资质的单位编制，城市绿道总体规划应当由具有城市规划乙级资质以上单位编制。

第十三条　绿道规划报送审批前，应当征求有关部门的意见，并采取论证会、听证会或者其他方式征求专家和公众的意见。

经批准的绿道规划，应当在政府网站、新闻媒体或者专门场所公告，并在政府网站上长期公布。

第十四条　经批准的绿道规划不得随意修改。确需修改的，不得减少绿道总长度和控制区总面积，不得影响区域生态结构、绿道连续性和服务功能，并按照规划编制和审批的程序执行。

修改后的绿道规划应当向社会公布。

第十五条　新区建设、旧城改造以及涉及绿道建设的城乡建设项目，应当在编制规划或者设计方案时，统筹安排绿道建设内容。

第三章　绿道建设

第十六条　市、县（区）人民政府应当按照绿道规划制定绿道建设年度实施计划，并组织实施。

第十七条　绿道建设应当利用和依托现有设施，或者与村庄整治、农林水利工程、环境治理工程、园林绿化工程等相结合，节约资源，避免对自然生态环境和历史人文资源造成破坏。

绿道建设项目应当按照基本建设程序的有关规定组织建设。

第十八条 绿道及其配套设施建设主要包括以下内容：

（一）绿化保护带和绿化隔离带等绿色生态基底形成的绿廊系统；

（二）步行道、自行车道或者综合慢行道形成的慢行系统；

（三）停车设施、绿道与其他交通系统的接驳设施等形成的交通衔接系统；

（四）管理设施、商业服务设施、游憩设施、科普教育设施、安全保障设施、无障碍设施、环境卫生设施等形成的服务设施系统；

（五）信息标识、指路标识、警示标识等形成的标识系统；

（六）与绿道相衔接、能够满足居民多种户外活动需求的公共目的地。

第十九条 绿道原则上应当与公路、城市道路保持一定的隔离空间。为保持绿道连通，需借用公路或者城市道路的，应当在公路或者城市道路上设置标识牌、减速带，按照道路标准设置交通标志线、交通信号灯，限制机动车车速。

第四章 绿道管理

第二十条 绿道实行属地管理，可以采用政府监管和市场化运作相结合的管理方式。

市、县（区）绿道管理部门应当统筹做好绿道及其配套设施的管理维护工作，并在绿道投入使用前明确绿道管理单位。

第二十一条 绿道管理部门和管理单位应当建立绿道管理维护制度和安全巡查制度，按照相关技术标准对绿道进行管理维护，加强绿道安全管理，在存在安全隐患的地方设置警示标识，落实防范和应急措施，确保绿道安全和正常使用。

第二十二条

绿道及其控制区内禁止下列行为：

（一）通行与绿道工程建设和管理无关的机动车；

（二）乱丢垃圾、乱张贴等破坏绿道环境卫生及整体景观的行为；

（三）乱搭乱建、占道经营、占道停车、堆放杂物、破坏绿道及其配套设施等影响绿道正常使用的行为；

（四）建设与绿道开发利用无关的建筑物、构筑物；

（五）破坏绿道控制区内的自然生态环境和历史人文资源；

（六）从事对绿道环境和公共安全可能造成不良影响的其他各类活动；

（七）法律、法规禁止的其他行为。

第二十三条 任何单位和个人不得擅自占用、挖掘绿道及其配套设施。因建设确需临时占用、挖掘绿道及其配套设施的，相关主管部门审批前应当征求绿道管理部门的意见。已占用的应当限期归还，并恢复绿道的使用功能。

第二十四条 绿道管理部门应当建立健全绿道档案管理制度，对经批准的绿道规划、施工建设和竣工验收资料等进行整理归档，并报送城市建设档案馆存档。

第二十五条 绿道管理部门应当会同相关部门，向公众宣传和推广绿道。

第五章 绿道开发利用

第二十六条 绿道开发利用应当坚持生态优先、便民惠民原则，发挥绿道的环境改善、休闲旅游和经济带动功能，引领绿色健康生活方式。

第二十七条 绿道管理部门应当会同有关部门，制定绿道开发利用总体目标，根据绿道周边自然生态环境和历史人文资源，结合城市广场、公园等公共空间体系和非机动交通系统建设，确定绿道功能定位，促进绿道使用功能

的多样性，提高绿道使用率。

第二十八条　鼓励利用绿道开展体育健身、休闲旅游、文化展示、科普教育等活动。

第二十九条　绿道慢行系统和体育健身、科普教育等公共服务设施应当免费向公众开放。餐饮、购物、自行车租赁等商业服务设施可以实行市场化经营。

第六章　监督检查

第三十条　各级绿道管理部门应当组织有关部门，加强对绿道规划、建设、管理和开发利用情况的监督检查，并定期向本级人民政府报告检查结果。

第三十一条　公民、法人或者其他组织有爱护绿道及其配套设施的义务，对于破坏绿道及其配套设施、影响绿道及其配套设施使用的行为有权劝阻、投诉和举报。

第三十二条　绿道管理部门应当建立绿道规划、建设、管理和开发利用公众意见反馈机制，并可以聘请社会监督员对绿道规划、建设、管理和开发利用情况进行监督。

第七章　法律责任

第三十三条　县级以上人民政府有下列行为之一的，由上级人民政府责令改正，通报批评；对直接负责的主管人员和其他直接责任人员依法给予处分：

（一）未按照规定审批、公布绿道规划的；

（二）未按照绿道规划制定绿道建设年度实施计划并组织实施的。

第三十四条　绿道管理部门及相关部门有下列行为之一的，由本级人民政府或者上级主管部门责令改正，通报批评；对直接负责的主管人员和其他直接责任人员依法给予处分：

（一）未按照规定组织编制和修改绿道规划的；

（二）未按照经批准的绿道规划组织建设的；

（三）未建立绿道管理维护制度和安全巡查制度，或者未按照规定进行管理维护和安全巡查的；

（四）未按照规定对经批准的绿道规划、施工建设和竣工验收资料等进行整理归档的。

第三十五条　违反本规定第二十二条、第二十三条规定的，由有关主管部门依法予以处罚。

第八章　附　则

第三十六条　本规定自2013年10月1日起施行。

深圳市房屋征收与补偿实施办法（试行）

深圳市人民政府令第248号

《深圳市房屋征收与补偿实施办法（试行）》已经市政府五届六十四次常务会议审议通过，现予发布，自2013年5月1日起施行。

市长 许勤

2013年3月18日

第一章 总 则

第一条 为保障被征收房屋所有权人的合法权益，维护公共利益，规范本市房屋征收与补偿活动，根据《中华人民共和国物权法》、《国有土地上房屋征收与补偿条例》（以下简称《条例》），结合本市实际，制定本办法。

第二条 本办法适用于本市行政区域内因公共利益的需要实施房屋征收以及给予被征收房屋所有权人（以下简称被征收人）补偿的活动。

第三条 区人民政府（以下简称区政府）负责本辖区内房屋征收与补偿工作。跨区的项目由所涉区政府分别负责房屋征收与补偿工作，确有必要由市人民政府（以下简称市政府）统筹的，须经市政府批准后，由市政府责成有关区政府或者相关部门具体负责房屋征收与补偿工作。

市规划国土部门负责对本市房屋征收与补偿工作的实施进行指导、监督与管理，履行下列职责：

（一）依法制定和完善本市房屋征收补偿政策体系、规范准则、运行规则与保障机制；

（二）依法制定和完善产权调换房屋的规划、建设、调配、产权制度等配套政策措施；

（三）在房屋征收决定作出前，组织对未经登记建筑的调查、认定和处理；

（四）建立房屋征收的评估、测绘机构预选库，并对从事房屋征收价格评估、面积测绘的评估、测绘机构进行监督管理；

（五）负责受理对征收工作的举报并及时依职权处理；

（六）其他房屋征收指导、监督、管理职责。

第四条 深圳市土地整备机构（以下简称市房屋征收部门）负责组织实施由市政府确定的房屋征收与补偿工作。

区政府依法确定的房屋征收部门（以下称区房屋征收部门）负责组织实施本辖区内的房屋征收与补偿工作，其中本辖区内设置有新区管理机构的，区政府应当另行确定新区房屋征收部门。

市、区房屋征收部门（以下简称房屋征收部门）履行如下职责：

（一）拟定房屋征收补偿方案；

（二）组织对房屋征收范围内房屋的权属、区位、用途、建筑面积等情况进行前期调查；

（三）确定房屋征收范围后发布征收提示，在房屋征收决定公告后书面通知有关部门暂停办理房屋征收范围内的征收行为限制事项的受理、审批、登记等相关手续；

（四）专户存储、拨付与监管房屋征收补

偿费用，提供周转用房或者安置房，对签约期限内达不成补偿协议的，负责报请政府作出补偿决定并予以公告；

（五）自行或者委托房屋征收实施单位实施签订补偿协议、组织选定房屋征收评估、测绘机构等征收与补偿的相关具体工作；

（六）负责房屋征收补偿档案的管理，公布分户补偿情况；

（七）负责对房屋征收工作人员进行培训和管理，做好房屋征收及补偿的宣传、解释工作，保障被征收人的合法权益；

（八）市、区政府交办的其他房屋征收与补偿工作。

第五条 房屋征收实施单位受房屋征收部门的委托，承担下列房屋征收与补偿的具体工作：

（一）对房屋征收范围内的房屋权属、区位、用途、建筑面积等情况进行前期调查；

（二）与被征收人就房屋征收补偿进行协商谈判；

（三）开展被征收人选取房屋征收评估、测绘机构的具体组织工作；

（四）依法拆除被征收的房屋及其附属设施；

（五）房屋征收部门委托实施的其他房屋征收和补偿工作。

房屋征收实施单位不得以营利为目的。建设单位和以营利为目的的房地产开发公司、物业管理公司等法人和其他组织，均不得接受委托成为房屋征收实施单位，也不得与房屋征收实施单位存在投（出）资、被投（出）资的关系。

房屋征收部门应当对房屋征收实施单位的房屋征收与补偿行为进行监督，并对其在委托范围内实施的行为后果承担法律责任。

第六条 新区管理机构、街道办事处以及各级发展改革、财政、住房建设、人居环境、市场监管、公安、税务、侨务、劳动和社会保障、经贸信息、审计、城管、教育等部门，应当根据《条例》、本办法及政府规定的职责分工，充分履职，相互配合，联动协调，为房屋征收与补偿工作提供协助。

第七条 任何组织和个人对违反《条例》及本办法规定的行为，都有权向市、区政府和规划国土部门、房屋征收部门及其他有关部门举报。市、区政府和规划国土部门、房屋征收部门及其他有关部门接到举报后，应当及时核实、处理并对举报人信息进行保密，将核实、处理情况及时书面告知实名举报人。

监察部门应当加强对参与房屋征收与补偿工作的有关部门或者单位及其工作人员的监督检查。

第二章　房屋征收决定

第八条 为了保障国家安全、促进国民经济和社会发展等公共利益的需要，有下列情形之一，确需征收房屋的，按照本办法规定纳入全市年度房屋征收计划后，由辖区政府实施房屋征收：

（一）国防和外交的需要；

（二）由政府组织实施的能源、交通、水利等基础设施建设的需要；

（三）由政府组织实施的科技、教育、文化、卫生、体育、环境和资源保护、防灾减灾、文物保护、社会福利、市政公用等公共事业的需要；

（四）由政府组织实施的保障性安居工程建设的需要；

（五）由政府依照城乡规划法有关规定组织实施的对危房集中、基础设施落后等地段进行旧城区改建和城市更新的需要；

（六）法律、行政法规规定的其他公共利益的需要。

因政府土地整备确需征收房屋的，应当符合《条例》、本办法的规定，并纳入全市土地整备年度计划。全市土地整备年度计划对土地整备涉及房屋征收的计划安排，与全市年度房屋征收计划具有同等法律效力。

第九条 区（含新区）房屋征收部门应当按照国民经济和社会发展规划、近期建设和土地利用规划年度实施计划以及本办法第八条的规定，编制本区年度房屋征收计划草案，并于每年11月1日前将本区下年度的房屋征收计划草案送市房屋征收部门。

市房屋征收部门汇总各区下年度房屋征收计划草案形成全市年度房屋征收计划草案后，应当在每年12月1日前报市规划国土部门。市规划国土部门应当征求市发展改革部门意见进行审核，在每年12月31日前报市政府批准。

全市房屋征收计划经批准后，确有必要调整的，应当报市政府批准。

未列入全市年度房屋征收计划或者全市土地整备年度计划的，不得实施房屋征收。

第十条 项目建设单位应当根据年度房屋征收计划，开展项目立项、选址等工作，取得规划选址与土地预审相关文件，并在取得规划选址与土地预审相关文件后3个工作日内提交房屋征收部门。

房屋征收部门根据规划选址与土地预审相关文件规定的用地范围，结合房屋产权等实际情况，确定拟征收房屋的具体范围（以下简称房屋征收范围）；城市更新项目确需征收房屋的，房屋征收部门应当按照经批准生效的城市更新单元规划确定房屋征收范围；土地整备确需征收房屋的，房屋征收部门应当按照经批准的土地整备项目实施方案确定房屋征收范围。

第十一条 房屋征收范围确定后3个工作日内，房屋征收部门应当在房屋征收范围、政府网站以公告形式发布征收提示，告知自公告之日起至房屋征收决定公告之日止，因下列行为导致增加房屋征收补偿费用的，对增加部分将不予补偿：

（一）新建、改建、扩建、装修房屋；

（二）改变房屋和土地用途；

（三）已依法取得建房批准文件但尚未建造完毕的房屋的续建；

（四）新签订租赁期限截止日在征收提示发布之日起1年以后的房屋租赁合同；

（五）除婚姻、出生、回国、军人退伍转业、刑满释放和解除劳动教养等必须办理户口迁入、分户之外的其他户口迁入和分户；

（六）以被征收房屋为注册地址办理工商注册登记、变更手续；

（七）其他不当增加补偿费用的行为。

征收提示公告后1年内尚未作出房屋征收决定，次年度房屋征收计划仍对房屋征收作出计划安排的，房屋征收部门应当在计划批准后3个工作日内再次发布征收提示。

房屋征收决定作出后，对违反本条第一款与第二款规定的征收提示、不当增加征收补偿费用的，对不当增加部分不得给予征收补偿。房屋征收补偿评估时，应当以征收提示发布时点作为评估的依据之一。

第十二条 房屋征收范围确定后，房屋征收部门应当组织对房屋征收范围内房屋权属、用途、面积等进行前期调查，并委托市政府确定的承担评估职能的非营利性机构编制房屋征收预算方案，对房屋征收项目费用进行概算。

房屋征收预算方案的编制费用列入房屋征收补偿费用，按照国家关于房地产中介服务收费有关咨询服务的收费标准执行。

前期调查和编制房屋征收预算方案，应当自房屋征收范围确定后30日内完成。

第十三条 房屋征收部门应当在房屋征收范围确定后30日内，结合前期调查和项目费用概算，拟定房屋征收补偿方案报辖区政府。

对新区房屋征收部门拟定的房屋征收补偿

方案，区政府可以委托新区管理机构组织本办法规定的论证、征求意见、听证等活动。

第十四条　房屋征收补偿方案应当包括以下内容：

（一）房屋征收范围、补偿内容、补偿方式、补偿标准、项目补偿费用概算；

（二）作为产权调换的安置房的区位、数量、安置房调换标准、套型面积和结算基本价格、过渡方式、临时安置用房标准等；

（三）拟定的签约期限和提前搬迁奖励期限；

（四）奖励与补助标准；

（五）房屋征收补偿费用账户；

（六）其他应当纳入补偿方案的内容。

第十五条　辖区政府应当组织财政、发展改革、监察、审计等部门对房屋征收补偿方案进行论证。

辖区政府应当在房屋征收范围、政府网站将房屋征收补偿方案予以公布，并征求公众意见，征求意见期限不少于30日。

房屋所有权人有异议的，应当持本人身份证明、委托代理证明和房屋权属证明等文件，在征求意见期限内向房屋征收部门提交书面意见。

辖区政府应当在征求意见期满后30日内，将征求意见情况和根据公众意见对房屋征收补偿方案进行修改的情况，在房屋征收范围、政府网站及时公布。

第十六条　因本办法第八条第（五）项的需要征收房屋的，房屋征收范围内占房屋总建筑面积1/2以上、且占房屋所有权人总数1/2以上的房屋所有权人认为征收补偿方案不符合《条例》、本办法规定的，辖区政府应当组织房屋所有权人和公众代表，按照本市行政听证有关规定组织召开听证会，并根据听证会情况修改方案。

计算房屋所有权人数时，房屋共同共有或者按份共有的全体共有人按一个所有权人计算。

第十七条　房屋征收决定作出前，房屋征收部门应当依据广东省、本市有关社会稳定风险评估、重大决策专家咨询的有关规定，制定社会稳定风险评估方案和论证规程，在本办法第十五条第二款规定的征求意见期内同步组织有关部门和专家、学者对房屋征收范围内房屋征收的社会稳定风险进行评估论证。

经评估论证后，房屋征收部门应当出具风险评估报告，风险评估报告应当作出房屋征收风险等级评价，并提出可实施、暂缓实施或者不可实施的建议。

第十八条　房屋征收补偿费用实行专户存储、专款专用、专人管理、及时拨付原则。

房屋征收决定作出前，房屋征收部门应当会同有关部门落实房屋征收补偿费用，确保房屋征收补偿费用足额到位。

财政、审计部门应当依法对征收补偿费用使用情况进行监督和审计。

第十九条　因本办法第八条第（一）、（二）、（三）、（六）项征收房屋的，应当同时具备下列条件：

（一）拟征收房屋项目符合国民经济和社会发展规划的要求，并取得发展改革部门对项目建议书或者可行性研究报告的批复；

（二）拟征收房屋项目符合城市规划的要求，并取得规划选址与土地预审相关文件；

（三）已按程序进行社会稳定风险评估、征求意见；

（四）房屋征收补偿费用已足额到位，专户存储；

（五）具备符合本办法规定的征收补偿方案。

因本办法第八条第（四）项征收房屋的，应当同时具备前款规定条件，且建设项目已纳入辖区国民经济和社会发展年度计划。

因本办法第八条第（五）项征收房屋的，应当同时具备本条第一款第（一）、（三）、（四）、（五）项规定条件，且建设项目已纳入辖区国民经济和社会发展年度计划，并具有已经批准生效的城市更新单元规划。

政府实施土地整备确需征收房屋的，除应当符合本办法第八条、本条第一款第（一）、（三）、（四）、（五）项规定外，还应当符合土地整备年度计划的要求，并具有经市房屋征收部门审核的土地整备项目实施方案。

第二十条 房屋征收部门应当自本办法第十九条规定条件具备之日起3个工作日内，提请辖区政府或者报经新区管理机构核准后作出房屋征收决定。

辖区政府决定实施房屋征收的，应当在决定作出之日起5个工作日内在房屋征收范围、政府网站或者深圳特区报、深圳商报，将房屋征收决定公告3日，公告日不得为节假日。

房屋征收决定自公告之日起生效，规划国土部门不再另行作出收回被征收房屋对应的国有土地使用权的决定；根据房屋征收决定对被征收房屋进行的补偿，包括收回被征收房屋对应的国有土地使用权的补偿。

第二十一条 房屋征收决定公告应当载明项目名称、征收范围、征收补偿方案、征收实施单位、征收实施期限及征收行为限制、现场接待地点和联系方式、监督举报方式和行政复议、行政诉讼权利等事项。

前款所称征收行为限制，是指征收实施期限内，任何单位和个人不得在房屋征收范围内实施房屋转让和本办法第十一条第一款所列行为。被征收人违反规定的，对不当增加部分不予补偿。

第二十二条 房屋征收决定公告后，作出房屋征收决定的辖区政府及其房屋征收部门应当做好房屋征收与补偿的宣传、解释工作。

房屋征收部门应当在房屋征收决定公告当日，书面通知规划国土、建设、户籍、产权登记、房屋租赁管理、抵押担保、市场监管等部门和单位暂停办理征收行为限制所列事项的受理、审批、登记等相关手续。

暂停办理相关手续的书面通知应当载明暂停期限。暂停期限最长不得超过1年。

第三章　房屋征收补偿和安置

第二十三条 作出房屋征收决定的辖区政府对被征收人以及符合规定的合法使用人给予的补偿包括：

（一）被征收房屋价值（含已经取得的合法国有土地使用权的价值）的补偿；

（二）因征收房屋造成的搬迁、临时安置的补偿；

（三）因征收房屋造成的停产停业损失的补偿。

搬迁费、临时安置费、停产停业损失补偿等标准根据本办法附件《深圳市房屋征收补偿规则》确定。

第二十四条 房屋征收可以采取货币补偿、产权调换以及货币补偿和产权调换相结合的补偿方式。除本办法及市政府另有规定外，征收非住宅房屋以及房屋以外的构筑物、其他附着物等实行货币补偿。

征收被征收人居住的住宅房屋，被征收人可以选择货币补偿、产权调换、货币补偿与产权调换相结合的方式进行补偿。因本办法第八条第（五）项的需要征收个人住宅，被征收人选择在城市更新地段进行房屋产权调换的，房屋征收部门应当提供在城市更新项目或者单元内的房屋，在城市更新项目或者单元内无法提供的，房屋征收部门可以就近提供。

第二十五条 对住宅房屋以产权调换方式进行征收补偿的，作出房屋征收决定的辖区政府应当提供相应的住宅进行调换，并按照下列

规定结算差价：产权调换房屋套内建筑面积超过被征收房屋套内建筑面积的，超出面积部分以市场评估价结算差价；被征收房屋市场评估价格高于产权调换房屋市场评估价格的，以市场评估价的差额结算差价。

以非商品性质住宅房屋进行房屋产权调换的，其所调换房屋的产权仍受相应限制。符合相关规定的，被征收人可以补交规定差价后转为商品性质。

根据《深圳经济特区处理历史遗留违法私房若干规定》、《深圳经济特区处理历史遗留生产经营性违法建筑若干规定》（以下简称“两规”）及其配套政策处理取得非商品性质房地产权利证书的住宅房屋，以住宅房屋的房地产权利证书为产权调换基本单位，按照下列规定进行补偿：

（一）符合原村民非商品住宅建设用地标准（一户一栋政策）的，不超过建筑面积480平方米的部分给予产权调换，超出部分按照本办法附件有关规定给予货币补偿；

（二）被征收人为非原村民的，不超过建筑面积100平方米的部分给予产权调换，超出部分按照本办法附件有关规定给予货币补偿。

第二十六条 对被征收房屋价值的补偿，不得低于房屋征收决定公告之日被征收房屋类似房地产的市场价格。被征收房屋的补偿价格由具有相应资质的房地产价格评估机构依法评估确定，但本办法另有规定除外。

住宅房屋的被征收人选择货币补偿，但被征收房屋经评估的补偿价格低于该房屋在产权调换情况下本次房屋征收提供的所有产权调换房屋的平均市场评估价格的，房屋征收部门应当将该价差部分作为置业补助支付给被征收人。

对房屋以外的构筑物、其他附着物等货币补偿的金额，由征收当事人协商确定；协商不成的，可以委托房地产价格评估机构以重置价评估确定。

第二十七条 被征收房屋的建筑面积（包括套内建筑面积）与房屋用途的认定，以房地产权利证书、房地产登记簿记载的面积和用途为准；但房地产权利证书记载与房地产登记簿记载不一致的，以房地产登记簿记载为准。

房地产权利证书、房地产登记簿未记载或者记载不明的，可以根据合法有效的竣工测绘报告认定房屋建筑面积（包括套内建筑面积），根据合法有效的规划证明文件认定房屋用途。

根据前款规定仍无法认定被征收房屋的建筑面积（包括套内建筑面积）的，应当根据本办法第五章的规定进行测绘。

第二十八条 房屋征收部门应当与被征收人在征收补偿方案确定的签约期限内订立征收补偿协议。

征收补偿协议内容应当包括：补偿方式、补偿金额和支付期限、用于产权调换房屋的地点和面积、交付时间、搬迁费、临时安置费或者周转用房、停产停业损失、产权注销方式、搬迁期限、过渡方式和过渡期限、相关奖励或者补助等事项。

征收补偿协议书示范文本由市房屋征收部门依法编制并予以公布。

征收补偿协议订立后，一方当事人不履行补偿协议约定义务的，另一方当事人可以依法提起诉讼。

第二十九条 征收需整村搬迁、集体安置的住宅房屋，可以在征求被征收人意见基础上，依照城市规划要求并按规定程序决定进行异地重建安置。

征收原有公共基础设施或者公益事业用房，应当依照有关法律法规的规定和城市规划的要求予以重建；不能或者无需在原地重建的，按照原性质和规模予以异地重建或者按照重置价评估给予货币补偿。

第三十条 征收个人住宅房屋，被征收人选择货币补偿的，被征收房屋不记录为住房保障申请条件中的自有住房，被征收人符合《深圳市保障性住房条例》规定的住房保障条件的，可以依法申请住房保障。

第三十一条 征收产权性质为非经营性房屋或者工业用途房屋、但已依法取得营业执照的经营性用房，按照原合法用途予以补偿。

第三十二条 被征收房屋室内自行装修装饰费补偿，由征收当事人协商确定；协商不成的，按照评估确定的重置成新价给予补偿。

室内装修装饰由承租人投资的，出租人与承租人无约定或者不能达成协议的，房屋征收部门应当向出租人支付装修装饰补偿费；出租人与承租人有约定或者达成协议的，按约定或者达成的协议处理。

第三十三条 房屋征收范围内未经产权登记的建筑，属于《深圳市人民代表大会常务委员会关于农村城市化历史遗留违法建筑的处理决定》（以下简称《决定》）第二条规定范围，已经申报但尚未进行处理的，按照下列规定进行补偿：

（一）符合"两规"处理条件但尚未处理的，根据"两规"及其配套政策确定其可以获得的产权状况，扣减其补办处理手续的地价、罚款后予以补偿。可获得非商品性质产权的住宅房屋，以栋为产权调换基本单位，可以参照本办法第二十五条第三款规定给予补偿；

（二）符合原村民非商品住宅建设用地标准（一户一栋政策）的农村城市化历史遗留违法建筑，不超过建筑面积480平方米的部分按照商品性质房屋扣减10%的公告基准地价后予以补偿，超出480平方米的部分给予建筑物重置价补偿；

（三）原农村集体经济组织继受单位所建的生产经营性、商业办公类建筑，位于非农建设用地范围内或者以非农建设用地指标扣减的，按照商品性质房屋扣减其补办处理手续的罚款、地价后予以补偿；罚款参照《深圳经济特区处理历史遗留生产经营性违法建筑若干规定》规定标准的2倍执行，地价按照公告基准地价10%的标准执行；

（四）除以上规定情形外的其他农村城市化历史遗留违法建筑，经规划国土部门审查不属于依法应当拆除或者没收的，对建筑物不予产权调换，扣减参照"两规"相应情形（商业办公类参照生产经营性）规定标准的2倍罚款后给予重置价补偿。

对未经申报或者经规划国土部门审查属于依法应当拆除或者没收的农村城市化历史遗留违法建筑，不予补偿。

属于房地产登记历史遗留问题处理情形的，不再补办房地产登记手续，按照合法建筑扣减补办房地产登记手续的地价、相关税费后予以补偿。

第三十四条 下列原农村集体经济组织继受单位的被征收房屋，依照规定分别处理：

（一）在非农建设用地指标范围、征地返还用地内所建工业用途房屋，符合本市产业导向的，经市政府批准后按"工业进园"的规定给予安排用地，房屋及构筑物、其他附着物等按照重置价评估给予货币补偿；

（二）在非农建设用地指标范围、征地返还用地内的商业用途房屋，按本办法第二十六条的规定给予货币补偿或者按已批准的统建方案与住宅一起以统建安置的形式进行产权调换；

（三）在非农建设用地指标范围、征地返还用地内所建房屋，不符合本款第（一）、（二）项规定的，可以按照等价值原则进行土地置换，置换后的土地用途可以与置换前的用途不同。

征收国有出让土地上工业用房的，经市产业主管部门评估属鼓励发展项目的，可以按"工业进园"的规定给予安排用地，房屋及构筑物、其他附着物等按照重置价评估给予货币补偿。

本条规定的被征收人选择货币补偿的，依照本办法相关规定给予货币补偿。

第三十五条 征收未超过批准期限的临时建筑，只给予货币补偿。

临时使用土地合同已有约定的，按约定处理。没有约定的，补偿金额根据临时使用土地合同或者临时建设工程规划许可文件规定的使用性质和剩余使用期限及土地使用人支出的土地开发成本、收益等实际情况，经评估后确定。

第三十六条 征收华侨房屋的，按本办法有关规定予以补偿，国家、广东省另有规定的，从其规定。

征收华侨房屋的，在房屋征收决定公告后，房屋征收部门应当同时书面通知被征收人或者其代理人。被征收人或者其代理人接到通知后，应当在规定时间内与房屋征收部门办理房屋征收相关手续。因特殊情况不能按照规定期限办理的，被征收人或者其代理人应当在期限届满前向房屋征收部门提出延期申请。逾期不办理或者无法通知的，由房屋征收部门办理证据保全手续后，按照本办法第四十六条的规定报请作出房屋征收决定的辖区政府依法作出补偿决定，并在房屋征收范围内予以公告。

本办法所称的华侨房屋包括：

（一）华侨、归侨的私有房屋；

（二）中华人民共和国成立后用侨汇建造的私有房屋；

（三）依法继承华侨、归侨的私有房屋。

第三十七条 外国领事馆房屋、军事设施、教堂、寺庙、文物古迹、历史文化保护区内的建筑物等特殊房屋的补偿，根据国家、广东省有关规定执行。

第三十八条 征收设有抵押的房屋（包括在建工程），执行国家有关担保的法律、法规的规定。

被征收人应当与抵押权人就重新设立抵押权或者偿还债务签订相关协议，并按规定注销原抵押权登记。

被征收人与抵押权人达成书面协议的，房屋征收部门应当按照协议对被征收人给予补偿。达不成协议，房屋征收部门对被征收人实行货币补偿的，应当将补偿款向公证机构办理提存并通知被征收人；对被征收人实行房屋产权调换的，抵押权人可以变更抵押物。

第三十九条 市房屋征收部门可以根据房屋征收的需要制订安置房建设储备年度计划。房屋征收补偿实行产权调换的，可以根据被征收人的意愿优先从已建好的安置房中安排。

安置房建设、供应和管理的具体办法，由市政府另行制定。

第四十条 房屋征收补偿协议签订时，被征收人应当按照协议的约定向房屋征收部门提交被征收房屋房地产权利证书及注销房地产权利证书委托书；没有房地产权利证书的，应当提交相应的产权证明文件及放弃房地产权利的声明书。房屋征收部门应当及时向房地产登记机构办理注销手续。

征收被查封的房地产的，房屋征收部门应当将征收事项通知查封机关。查封机关解除查封后，房屋征收部门应当及时向房地产登记机构办理注销等房地产登记手续。

第四十一条 因征收生产经营性房屋造成停产停业的，房屋征收部门应当给予适当补偿。具体补偿金额依照本办法附件的规定确定。

第四十二条 房屋征收部门应当按照本办法附件的规定，在征收补偿协议约定或者补偿决定确定的期限内向被征收人支付搬迁费。

选择房屋产权调换的，安置房交付前，房屋征收部门应当提供周转用房或者向自行过渡的被征收人支付临时安置费。搬迁费及临时安置费由征收当事人协商确定；协商不成的，按照本办法附件的规定确定。

第四十三条 被征收人在征收决定所规定的时限内签订补偿协议，按期腾空、交付房屋的，房屋征收部门应当区分不同情况给予不同的奖励。具体奖励规则由房屋征收决定确定，奖励总金额不超过房屋征收补偿协议确定的补偿金额的5%。

第四十四条 被征收人属于生活特别困难人员的，其被征收住宅房屋每户建筑面积小于45平方米（在本市内有其他住宅用房的合并计算），选择产权调换方式的，按家庭人口2人以下建筑面积不小于45平方米、3人以上建筑面积不小于60平方米的标准，由征收人提供成套住宅房屋作为产权调换房屋，规定面积以内部分不结算差价，超出部分按建筑成本结算差价；选择货币补偿的，按规定面积基数以本次房屋征收提供的所有产权调换房屋的平均市场评估价格给予补偿。

被征收人属于生活特别困难人员的，除依法给予征收补偿外，可以给予适当的补贴，但补贴金额不得超过房屋征收补偿协议所确定的补偿金额的5%。

本条所称的生活特别困难人员，是指按照有关规定享受最低生活保障待遇的本市户籍居民；被征收住宅房屋每户建筑面积，按照房屋征收决定公告时被征收人的户籍证明和房地产权利证书或者其他合法房产凭证确定。

第四十五条 房屋征收部门不得擅自延长约定的过渡期限，周转房的使用人应当按约定的期限腾退周转房。

因房屋征收部门的责任延长过渡期限的，对自行安排住处的被征收人，应当自逾期之日起增加临时安置费；使用房屋征收部门提供的周转房的，有权在延长过渡期限内使用周转房。

被征收人不按约定的期限腾退周转房的，应当按同区域、同类型房屋的市场租金支付逾期租金。

第四十六条 房屋征收部门与被征收人在征收补偿方案确定的签约期限内达不成征收补偿协议的，或者被征收房屋所有人不明确的，由房屋征收部门报请作出房屋征收决定的辖区政府作出补偿决定，并在房屋征收范围内予以公告。

补偿决定应当包括补偿方式、被征收房屋补偿金额、用于产权调换房屋的地点、面积和房地产评估价格、搬迁费、临时安置费或者周转用房、停产停业损失、搬迁期限、过渡方式、过渡期限以及补偿费用支付期限等事项。

第四十七条 因被征收人不同意评估机构、测绘机构进场等原因导致房屋征收的评估、测绘无法正常进行的，房屋征收部门应当依法进行证据保全后，会同依照本办法确定的评估机构、测绘机构以实测占地面积、目测房屋层数等合理方式估定相关评估、测绘参数，以相关参数作为房屋征收的评估、测绘工作依据，最终确定被征收房屋补偿金额并作出房屋征收补偿决定，有类似被征收房屋的也可以比照类似被征收房屋的补偿金额予以确定。

第四十八条 房屋征收应当先补偿、后搬迁。

作出房屋征收决定的辖区政府对被征收人给予补偿后，被征收人应当在征收补偿协议约定或者补偿决定确定的搬迁期限内完成搬迁。

任何单位和个人不得采取暴力、威胁或者违反规定中断供水、供热、供气、供电和道路通行等非法方式迫使被征收人搬迁。

第四十九条 被征收人在法定期限内不申请行政复议或者不提起行政诉讼，在补偿决定规定的期限内又不搬迁的，由房屋征收部门就被征收房屋的有关事项依法进行证据保全后，辖区政府应当在法定起诉期限届满之日起3个月内依法申请人民法院强制执行。

人民法院裁定准予执行，并交由作出征收补偿决定的辖区政府组织实施的，房屋征收部门应当将人民法院准予执行的裁定及限期自行搬迁的通知在房屋征收范围、被征收房屋进行张贴。被征收人逾期仍未搬迁的，辖区政府应

当组织城市管理、公安、工商、税务、水电、交通、通讯、消防、物业管理等部门和单位实施强制搬迁和拆除。室内未搬迁的物品无法交予当事人的，由辖区房屋征收部门妥善保管，并公告当事人认领。

3个月后仍无法交予当事人或者无合法所有人认领的，按确认无主财产的法律程序处理。无主财产按有关规定拍卖或者进行其他处理，所得款项扣除保管、拍卖、变卖等费用后仍有剩余的，缴交市财政。

人民法院裁定准予执行并组织实施的，辖区政府应当予以协助。

第四章　房屋征收评估

第五十条 房屋征收评估包括被征收房屋（含国有土地使用权）、构筑物、其他附着物和搬迁费、临时安置费、征收经营性房屋所造成停产停业补偿费、被征收房屋室内自行装修装饰费以及产权调换安置房的评估等。

第五十一条 从事房屋征收评估工作的房地产价格评估机构，应当具备估价机构资质主管部门颁发的房地产（土地、资产）估价机构资质证书，取得市规划国土部门出具的在本市从事评估业务的备案凭证，并向市规划国土部门申请纳入房屋征收评估机构预选库。

第五十二条 市规划国土部门应当按照房地产价格评估机构的资质等级、评估业绩、信用档案、评估技术水平及人员结构等情况进行公开选取，建立房屋征收评估机构预选库，并向社会公示预选库名录。

房屋征收评估机构预选库每2年更新一次。

房屋征收评估机构预选库建立和管理的具体办法由市规划国土部门依照规定程序另行制定。

第五十三条 房屋征收决定公告后，房屋征收部门应当组织被征收人在公布的预选库名录中协商选定房屋征收评估机构。

房屋征收决定公布之日起5日内，房屋征收部门应当在房屋征收范围内公布评估机构名录。

在评估机构名录公布后10日内，被征收人应当以书面形式提交评估机构选取意向书。

协商选取房屋征收评估机构，须经半数以上被征收人同意；房屋征收部门应当委托被征收人协商选取的房屋征收评估机构进行评估。

第五十四条 房屋征收评估机构无法在第五十三条第三款规定的期限内通过协商选定的，房屋征收部门应当在公布的名录中采取摇号方式确定房屋征收评估机构。

房屋征收部门应当在摇号前5日在房屋征收范围内公告摇号时间和地点。摇号过程与结果应当有公证机关现场公证。

第五十五条 房屋征收评估机构确定后，房屋征收部门应当与其签订委托评估合同，并将受委托的房地产价格评估机构的资质证书、营业执照、注册估价师注册证、执业登记牌等复印件在房屋征收范围内现场公示。

评估费用由房屋征收部门承担。房屋征收评估费用按照政府价格主管部门规定的收费标准执行；未规定的，市估价行业组织可以制定相关收费指引进行引导。

第五十六条 房屋征收部门应当将评估机构形成的分户初步评估结果向被征收人公示，公示期不得少于7日，并安排注册估价师进行现场说明解释，听取意见。

公示期满后15日内，房屋征收部门应当将房屋征收评估机构提交的、经修正的分户评估报告转交被征收人，由被征收人签收；被征收人不签收的，房屋征收部门应当载明不签收的原因，将评估结论张贴于房屋征收范围以及被征收房屋。

第五十七条 房屋征收评估机构不得迎合

征收当事人的不当要求，采取虚假宣传、承诺评估价格、给予回扣、诋毁他人抬高自己、虚假申报评估人员等不正当手段承揽房屋征收评估业务。

第五十八条 市估价行业组织应当成立深圳市房地产评估专家委员会（以下简称评估专家委员会），负责受理房屋征收评估技术鉴定。

评估专家委员会由房地产（土地、资产）估价师以及价格、房地产、土地、城市规划、法律等方面专家组成，其中房地产价格评估技术类委员不得少于委员总数的2/3。房地产价格评估技术类委员须具有注册房地产（土地、资产）评估师资格，并执业10年以上；或者取得硕士以上学位，从事房地产评估工作5年以上。

评估专家委员会管理办法和运作规则由市估价行业组织起草报市规划国土部门备案后实施。

第五十九条 被征收人或者房屋征收部门对评估报告有疑问的，房屋征收评估机构应当作出解释说明。被征收人或者房屋征收部门对评估结果有异议的，应当自收到评估报告之日起10日内，向房屋征收评估机构书面申请复核评估。

原房屋征收评估机构应当自收到书面复核评估申请之日起10日内对评估结果进行复核。复核后，改变原评估结果的，应当重新出具评估报告；评估结果没有改变的，应当书面告知复核评估申请人。

房屋征收评估机构进行复核不得收费。

第六十条 被征收人或者房屋征收部门对房屋征收评估机构的复核结果仍有异议的，可以自收到复核结果之日起10日内，向评估专家委员会申请技术鉴定。

评估专家委员会应当自收到鉴定申请之日起10日内对申请进行审查，同意受理的应当指派3人以上单数成员组成鉴定组承担鉴定工作，不同意受理的应当书面答复鉴定申请人。鉴定组组成人员中房地产（土地、资产）估价师应当超过半数。

鉴定费用由鉴定申请人承担。但鉴定结论认为评估报告存在技术问题的，鉴定费用由原房地产价格评估机构承担。鉴定费用按照政府价格主管部门规定的收费标准执行，未规定的，市估价行业组织可以制定相关收费指引进行引导。

第六十一条 评估专家委员会应当对申请鉴定的评估报告的评估程序、评估依据、技术路线、方法选用、评估假设、评估结果确定方式等评估技术问题提出书面鉴定意见。

鉴定意见认为评估报告不存在技术问题的，评估专家委员会应当出具维持评估报告的技术鉴定结论；鉴定意见认为评估报告存在技术问题的，评估专家委员会应当责成房屋征收评估机构改正错误并重新出具评估报告。重新出具的评估报告已改正错误的，评估专家委员会应当出具技术鉴定结论。

评估专家委员会的技术鉴定结论不得复核、重新鉴定，征收当事人无法达成协议的，由房屋征收部门按照本办法第四十六条规定报请作出房屋征收决定的辖区政府作出补偿决定。

第五章　房屋征收测绘

第六十二条 从事房屋征收补偿查勘、测绘工作的测绘机构应当具备房产测绘的资格，并向市规划国土部门申请纳入房屋征收测绘机构预选库。

第六十三条 市规划国土部门应当根据测绘机构的资格、业绩、社会信誉、仪器设备配置水平、人员结构及内部管理等情况进行公开选取，建立房屋征收测绘机构预选库，并向社会公布预选库名录。

房屋征收测绘机构预选库每2年更新一

次。

房屋征收测绘机构预选库建立和管理的具体办法由市规划国土部门依照规定程序另行制定。

第六十四条 根据本办法第二十七条规定可以确定被征收房屋建筑面积（含套内面积）的，不得申请测绘，不得纳入测绘范围。

房屋征收决定公告后，根据本办法第二十七条规定无法确定被征收房屋建筑面积（含套内面积）的，被征收人应当在征收决定确定的期限内向房屋征收部门申请查勘、测绘。

房屋征收决定确定的申请测绘期限截止后，房屋征收部门应当统计申请数量，核实是否需要进行测绘，公告测绘机构名录并告知被征收人协商选取测绘机构。

在测绘机构名录公告后10日内，被征收人应当以书面形式提交测绘机构选取意向书。

协商选取房屋征收测绘机构，须经占符合测绘申请条件的全部申请人半数以上被征收人同意；房屋征收部门应当委托被征收人协商选取的房屋征收测绘机构进行测绘。

第六十五条 房屋征收测绘机构无法在第六十四条第四款规定的期限内通过协商选定的，房屋征收部门应当在公布的名录中采取摇号方式确定房屋征收测绘机构。

房屋征收部门应当在摇号前5日在房屋征收范围内公告摇号时间和地点。摇号过程与结果应当有公证机关现场公证。

第六十六条 测绘机构确定后，房屋征收部门应当与受托房屋征收测绘机构签订书面房产测绘合同并将受托房屋征收测绘机构的资质证书、营业执照、测绘人员执业登记牌等复印件在房屋征收范围内现场公示。

测绘费用由房屋征收部门承担。

第六十七条 市测绘行业自律组织应当组织成立深圳市房屋征收测绘专家委员会（以下简称测绘专家委员会），负责对有争议的房屋测绘成果的合法性、规范性、准确性进行鉴定。

测绘专家委员会由本市从事房屋测绘教学、科研和实务工作的学者、专家和专业人士组成。

测绘专家委员会管理办法和运作规则由市测绘行业自律组织起草报市规划国土部门备案后实施。

第六十八条 房屋征收当事人对房屋测绘成果有争议的，可以在收到房屋测绘成果之日起10日内向出具房屋测绘成果的房屋征收测绘机构书面申请复核。

原房屋征收测绘机构应当自收到书面复核申请之日起10日内对房屋测绘成果进行复核。经复核，房屋征收测绘机构变更房屋测绘成果的，应当重新出具房屋测绘成果；房屋测绘成果未改变的，应当书面告知复核申请人。

房屋征收测绘机构进行复核不得收费。

第六十九条 房屋征收当事人对房屋征收测绘机构的复核结果有异议的，应当自收到复核结果之日起10日内，向测绘专家委员会申请鉴定。

测绘专家委员会应当自收到鉴定申请之日起10日内对申请进行审查，同意受理的应当指派3人以上单数成员组成鉴定组承担鉴定工作，不同意受理的应当书面答复鉴定申请人。

鉴定费用由鉴定申请人承担。但鉴定结论认为测绘成果不合法、不规范或者不准确的，鉴定费用由原房屋征收测绘机构承担。鉴定费用按照政府价格主管部门规定的收费标准执行；未规定的，市测绘行业自律组织可以制定相关收费指引进行引导。

第七十条 经鉴定认为测绘成果合法、规范、准确的，测绘专家委员会应当出具维持测绘成果的鉴定结论。经鉴定认为测绘成果不合法、不规范或者不准确的，测绘专家委员会应当责成房屋征收测绘机构重新出具房屋测绘成果，并对重新出具的房屋测绘成果出具鉴定结论。

测绘专家委员会出具的鉴定结论不得复核、重新鉴定，当事人对其不服的，由房屋征收部门按照本办法第四十六条规定报请作出房屋征收决定的辖区政府依法作出补偿决定。

第六章　法律责任

第七十一条 被征收人对房屋征收决定、征收补偿决定不服的，可以依法申请行政复议或者提起行政诉讼。

第七十二条 市、区政府和规划国土部门、房屋征收部门、房屋征收实施单位、相关部门及其工作人员在房屋征收与补偿工作中不履行职责或者不正确履行职责的，依法追究行政责任；涉嫌犯罪的，移送司法机关依法处理；造成损失的，依法承担赔偿责任。

贪污、挪用、私分、截留、拖欠征收补偿费用的，责令改正，追回有关款项，并依法追究行政责任；涉嫌犯罪的，移送司法机关依法处理；造成损失的，依法承担赔偿责任。

第七十三条 采取暴力、威胁或者违反规定中断供水、供热、供气、供电和道路通行等非法方式迫使被征收人搬迁，造成损失的，依法承担赔偿责任；对直接负责的主管人员和其他直接责任人员，依法追究行政责任；构成违反治安管理行为的，依法给予治安管理处罚；涉嫌犯罪的，移送司法机关依法处理。

第七十四条 采取暴力、威胁等方法阻碍依法进行的房屋征收与补偿工作，造成损失的，依法承担赔偿责任；构成违反治安管理行为的，依法给予治安管理处罚；涉嫌犯罪的，移送司法机关依法处理。

违反本办法第十一条、第二十一条规定，不当增加房屋征收补偿费用同时涉及其他违法行为的，依法给予行政处罚，涉嫌犯罪的，移送司法机关依法处理。

第七十五条 在房屋征收评估、测绘活动中，房地产价格评估机构及其从业人员、房地产测绘机构及其从业人员有违法违规行为的，由市规划国土部门或者其他行政主管部门依法查处，并记入其信用档案。

第七章　附　则

第七十六条 《条例》实施前已依法取得房屋拆迁许可证且现仍在有效期内的项目，继续沿用原有的规定办理。

《条例》实施前依法取得房屋拆迁许可证但现已失效的，原拆迁人可以参照本办法规定的补偿标准或者市场价格与原未签订拆迁补偿协议的被拆迁人协商达成民事补偿或者收购协议，不能达成的不得继续拆迁；符合《条例》、本办法规定的，应当依法征收。

第七十七条 本办法附件《深圳市房屋征收补偿规则》与本办法同时公布实施，市规划国土部门可以根据法律、法规、政策的变动和本办法的规定结合市场实际情况对其进行调整，报市政府批准后实施。

依法有偿收回国有土地使用权时，对地上建筑物、构筑物、其他附着物及相应国有土地使用权的补偿，可以参照本办法的补偿标准执行。

第七十八条 本办法第三十三条所称“依法应当拆除或者没收”的农村城市化历史遗留违法建筑，包括下列情形：

（一）《决定》第九条第一款第（二）至（六）项以及第十条所规定的情形；

（二）压占道路红线；

（三）在主要街道上影响城市景观；

（四）影响城市重点工程建设或者整体布局；

（五）破坏或者影响文物保护和风景名胜区；

（六）占用规划的市政基础设施。

第七十九条 本办法自2013年5月1日起施行。2007年2月17日深圳市人民政府发布的《深圳市公共基础设施建设项目房屋拆迁管理办法》同时废止。

附件

深圳市房屋征收补偿规则

第一部分：各类型非商品房货币补偿的计算方式

序号	产权证明资料	房屋类型	货币补偿金额计算方式	备注
1	《房地产证》（非市场商品房）	私房	被征收房屋类似商品性质房地产的市场价格－10%公告基准地价	
2		行政划拨用地性质的房屋	被征收房屋类似商品性质房地产的市场价格－35%公告基准地价×年期修正系数	
3		房改房	被征收房屋类似商品性质房地产的市场价格－土地收益金（房改购买价的1%）	其他应当补交的费用按相关规定办理
4		其他协议出让土地的房屋	被征收房屋类似商品性质房地产的市场价格－应补交的地价	
5	《房屋所有权证》（含原宝安县级以上政府发放的权属证书）		被征收房屋类似商品性质房地产的市场价格－10%公告基准地价（无土地使用年限）	其他应当补交的费用按相关规定办理，其中应当补交的规划建设管理费用不超过单项工程土建总造价的10%
6	《集体土地使用权证》		被征收房屋类似商品性质房地产的市场价格－10%公告基准地价（无土地使用年限）	
7	《国有土地使用证》		被征收房屋类似商品性质房地产的市场价格	

说明：1. 本表《房屋所有权证》《集体土地使用权证》《国有土地使用证》需经房地产登记、规划国土等相关部门和机构认定。

2. 1999年3月5日前所建历史遗留违法私房、历史遗留生产经营性违法建筑，在本办法施行前已经根据《深圳经济特区处理历史遗留违法私房若干规定》《深圳经济特区处理历史遗留生产经营性违法建筑若干规定》取得非商品性质房地产证的，适用本部分规定补偿标准。

第二部分：搬迁费

序号	类型	搬迁费
1	住宅房屋（含宿舍、公寓、工业配套宿舍）	每平方米40元
2	厂房	每平方米40元
3	办公	每平方米40元
4	商业	每平方米60元

按被征收房屋本体的建筑面积计算，参照以下标准给予搬迁费：

一、被征收人不同意参照搬迁费标准的，可以委托具备法定资质的评估机构对须搬迁的生活用品、办公用品、机器设备和库存产品的搬迁费用进行评估。不能搬迁或者拆除后无法恢复使用的，按评估确定的重置成新价给予补偿。

二、对非政府投资的市政公共设施、管线，征收后给予还建且产权仍归原投资单位的，不予另行补偿。

三、征收住宅或者生产经营性房屋，征收人以期房产权调换或者征收人认可需要二次搬迁的，应当给予二次搬迁费用，并一次付清。

第三部分：临时安置费和过渡期限

一、临时安置费

（一）实行产权调换的住宅房屋，被征收人自行安排住处临时过渡的，征收人应当参照同类房屋市场租金按月支付临时安置费，支付临时安置费的计算期限为，自搬迁之日至产权调换房屋交付使用之日，另外再加3个月装修期临时安置费。

实行产权调换的非住宅房屋，支付临时安置费的计算期限为，自搬迁之日至产权调换房屋交付之日，另外再加6个月装修调试期安置费。

实行土地置换的非住宅房屋，支付临时安置费的计算期限为，自搬迁之日至被征收人与政府签订土地出让合同之日，另外再加12个月临时安置费。

因征收人的责任，延长过渡期限的，应当自逾期之月起增发临时安置费，逾期1至3个月时按原临时安置费标准增发50%，逾期4至8个月时按原临时安置费标准增发70%，逾期9个月以上时按原临时安置费标准增发100%。

（二）实行货币补偿的，给予3个月市场租金的临时安置费。

（三）被征收人使用征收人提供的周转房的，征收人不支付临时安置费。

二、过渡期限

产权调换房屋未建成的，征收人与被征收人应当在房屋征收补偿协议中明确过渡期限。在过渡期限内，被征收人及相关人可以自行安排住处临时过渡，自行安排住处确有困难的，征收人应当提供周转房。周转房应当具备基本居住条件。

过渡期限从房屋征收补偿协议签订后的搬迁之日起按照36个月计算。

第四部分：停产、停业补偿费和擅改经营性用途适当补偿

一、因征收引起的停产、停业的补偿费

（一）能提供与征收决定发布日期间隔3个月以上时间有登记、备案凭证的房屋租赁合同的住宅房屋，按市场租金给予6个月的一次性租赁经营损失补偿。无登记、备案凭证的房屋租赁合同的出租住宅房屋，不给予租赁经营损失补偿。

（二）征收合法经营性房屋引起停产、停业的，根据被征收房屋的区位和使用性质，按照下列标准给予一次性停产、停业补偿费：

能依据完税证明提供利润标准的，给予6个月税后利润补偿；不能提供利润标准的，按

上年度同行业月平均税后利润额计算或者按同类房屋市场租金，给予6个月的补偿。

（三）征收加油站、码头、矿山、采石场等特许经营项目的房屋及构筑物、其他附着物等引起停产、停业的，停产停业补偿费以经营期内税后平均利润或者行业平均税后利润为标准，许可证剩余期限超过36个月的按36个月计算，不足36个月的按实际月数计算。

二、擅自改为经营性用途的适当补偿

征收产权性质为非经营性用途或者工业用途房屋，未经规划国土部门批准擅自改为经营性用途，但已依法取得营业执照的，除按照原用途予以补偿外的适当补偿标准：

（一）能提供与征收决定发布日期间隔3年以上的工商营业执照的，补偿：（现经营性用途房屋租赁市场租金－原用途房屋租赁市场租金）×擅改部分建筑面积×36月（即3年）。

（二）能提供与征收决定发布日期间隔不到3年的工商营业执照的，补偿：（现经营性用途房屋租赁市场租金－用途房屋租赁市场租金）×擅改部分建筑面积×间隔月份（不足1个月的按1个月计算）。

《深圳经济特区物业管理条例》实施若干规定

深圳市人民政府令第258号

《〈深圳经济特区物业管理条例〉实施若干规定》已经市政府五届九十八次常务会议审议通过，现予发布，自2014年1月1日起施行。

市长　许勤
2013年11月27日

第一章　总　则

第一条　为贯彻实施《深圳经济特区物业管理条例》（以下简称《条例》），结合本市实际，制定本规定。

第二条　市住房和建设部门是本市物业管理行政主管部门（以下简称市主管部门），履行下列物业管理监督管理工作职责：

（一）组织实施《条例》以及其他关于物业管理的法律、法规、规章，执行物业管理的有关规定；

（二）研究拟定或者制定物业管理相关政策措施；

（三）指导、协调区政府物业管理行政主管部门（以下简称区主管部门）以及其他相关行政管理部门、街道办事处、行业协会等依法开展物业管理相关工作；

（四）依照《条例》以及其他有关物业管理的法律、法规、规章作出行政处罚等具体行政行为；

（五）统一监督管理全市物业专项维修资金；

（六）指导、监督和管理全市物业管理招投标活动；

（七）建立物业管理电子投票信息系统、网络信用平台和诚信档案制度；

（八）依法处理物业管理重大信访事项；

（九）法律、法规、规章和市政府规定的其他物业管理监管职责。

第三条 区主管部门接受市主管部门的业务指导，履行辖区内下列物业管理监督管理工作职责：

（一）指导街道办事处履行物业管理监管职责；

（二）确认未能依法选举产生业主委员会或者业主委员会集体辞职的情形，责令严重违法的业主委员会限期整改、解散；

（三）撤销违反法律、法规规定的业主大会、业主委员会的决定，撤销管理规约中违反法律、法规规定和显失公平的内容，决定管理规约中对特定业主显失公平的内容对该特定业主无效；

（四）会同街道办事处处理物业管理区域划分的争议；

（五）指导、监督和管理物业管理招投标活动；

（六）办理物业管理区域、业主委员会及其委员、物业服务合同、物业管理招投标、管理规约、业主大会议事规则、业主大会和业主委员会印章、行业协会制裁、安全防范应急预案等备案事项；

（七）批准协议选聘前期物业服务企业的申请；

（八）依照《条例》以及其他有关物业管理的法律、法规、规章作出行政处罚等具体行政行为；

（九）依法处理物业管理信访事项；

（十）法律、法规、规章和市、区政府规定的其他物业管理监管职责。

区主管部门可以根据管理实际，委托街道办事处以区主管部门的名义办理前款第（六）项规定的备案事项和第（八）项规定的行政处罚，但业主委员会成立和行业协会制裁的备案除外。

第四条 街道办事处在区主管部门指导下，负责组织、协调业主大会成立及业主委员会的选举工作，指导、监督业主大会和业主委员会的日常活动，具体负责下列物业管理监督管理工作职责：

（一）负责核实业主大会成立条件并组织、协调成立首次业主大会会议筹备组，指导筹备组开展筹备工作，依照本规定垫付筹备费用；

（二）对未能依法选举产生业主委员会、业主委员会集体辞职、业主委员会被区主管部门解散、业主委员会不按规定召集业主大会会议且拒不执行限期召集决定的情形，组织召集业主大会会议；

（三）对业主委员会主任、副主任无正当理由不召集业主委员会会议的，负责指定1名委员召集和主持业主委员会会议；

（四）调查违反法律、法规规定的业主大会、业主委员会的决定，责令限期改正或者报区主管部门予以撤销；

（五）业主委员会未依法完成换届选举的，监督业主委员会组织换届选举，或者组织换届选举；

（六）代为管理已经解散或者任期届满但未完成换届选举工作的业主委员会的财物、资料；

（七）组织召开街道物业管理联席会议；

（八）依法处理物业管理信访事项；

（九）法律、法规、规章和市、区政府规定的其他物业管理监管职责。

街道办事处应当明确机构、人员和工作经费，依法贯彻落实其物业管理监管职责。

社区工作站协助街道办事处开展物业管理相关工作。街道办事处可以依法委托社区工作站办理物业管理相关事务，但受区主管部门委托的事项不得转委托。

第五条 规划国土、城管、公安、环境保

护、市场监管、民政等部门，按照各自职责对辖区内物业管理活动依法进行监督管理。

市房地产权登记机构应当为主管部门、街道办事处核实业主身份信息提供必要的协助。

第六条 各区政府应当会同市主管部门创新扶持政策，在老旧住宅区和原农村城市化社区推行社会化、专业化、市场化的物业服务。

原农村城市化社区可以在各区政府统筹协调、原农村集体经济组织继受单位具体组织下，参照《条例》、本规定及相关规定，成立物业管理自治机构。物业管理自治机构限于自行组织提供物业服务，或者决定购买物业服务并处理与物业服务企业履行合同的相关问题。

原农村城市化社区物业管理自治机构成立和运作的具体办法，由区政府另行制定。

第七条 建立物业管理人民调解制度，调解处理物业管理纠纷，促进社会建设和社区和谐。

业主委员会应当依照法律、法规、规章以及管理规约，对物业管理区域内业主损害他人合法权益的行为进行劝阻和制止，对物业管理纠纷进行调解。

第八条 市主管部门应当建立市物业管理信用信息库，完善不良行为警示制度，对物业服务企业及相关从业人员、业主委员会委员和候补委员及执行秘书、承担机电设备维修养护或者清洁卫生等专项服务的专业机构等纳入信用信息档案管理。

市物业管理协会应当建立物业服务企业和物业服务从业人员的表彰与惩戒制度。市物业管理协会有关物业服务企业及物业服务从业人员的诚信档案应当与市物业管理信用信息库保持互联互通和信息共享。

第九条 倡导绿色物业管理，鼓励采用新技术、新方法推动物业管理区域内节能、节水、垃圾处理、环境绿化、污染防治等资源节约和环境保护手段的运用，促进物业管理的集约化、信息化、低碳化。

业主大会应当在管理规约中倡导业主、承租人等物业使用人树立和培养资源节约与环境保护的思想观念和行为习惯，明确实行生活垃圾分类。

第十条 提倡物业服务企业参与养老事业，鼓励业主大会、物业服务企业利用物业管理区域公共部位开办日间养老照料中心，探索推行居家养老与社区服务相结合等有利于养老服务业发展、健全养老服务体系的物业服务新模式。相关具体管理办法由市民政部门会同市主管部门、市规划国土部门另行制订，报市政府批准后实施。

第二章 物业管理联席会议

第十一条 根据《条例》第七条的规定，建立市、区、街道三级物业管理联席会议制度。

第十二条 市物业管理联席会议由市主管部门负责召集，由发展改革、财政、规划国土、公安、环境保护等部门作为成员单位，依据《条例》、本规定及有关规定对全市物业管理重大问题进行指导、协调、审议和决策。

区物业管理联席会议由区政府确定成员单位，由区主管部门负责召集，协调处理辖区内物业管理重大问题。

第十三条 街道办事处应当根据物业管理工作实际，组织辖区城管、规划土地监察、公安、安监、维稳、信访、环境保护、社区工作站等部门、机构召开物业管理联席会议，协调处理辖区内下列物业管理问题：

（一）业主委员会任期已届满但仍未完成换届选举工作的；

（二）新老物业服务企业交接中发生矛盾纠纷的；

（三）发生其他严重影响物业管理区域稳定和安全情形的。

街道办事处组织召开物业管理联席会议可以邀请市、区主管部门进行工作指导，也可以邀请物业服务企业、业主委员会委员、业主列席会议。

第十四条 经物业管理联席会议议定的政府内部工作事项，与会政府部门、机构应当予以执行；无正当理由拒不执行的，依法追究行政责任。

经物业管理联席会议议定并由与会政府部门、机构作出的具体行政行为，物业服务企业、业主委员会应当履行，但行政复议机关、人民法院依法决定暂停执行相关具体行政行为的除外；拒不履行的，作出具体行政行为的政府部门、机构应当依法强制执行或者申请人民法院强制执行。

物业管理联席会议召集单位应当整理并保管物业管理联席会议记录。

第三章 业主、业主大会和业主委员会

第十五条 下列主体在物业管理活动中依法享有业主权利、履行业主义务：

（一）房地产权利证书或者不动产登记簿记载的所有权人；

（二）尚未登记取得所有权，但基于买卖、赠与、拆迁补偿等旨在转移所有权的法律行为已经合法占有建筑物专有部分的人；

（三）因人民法院、仲裁委员会的生效法律文书取得建筑物专有部分所有权的人；

（四）因继承或者受遗赠取得建筑物专有部分所有权的人；

（五）因合法建造取得建筑物专有部分所有权的人；

（六）其他符合法律、法规规定的人。

符合前款规定的主体，应当提供合法、有效的证明文件。

第十六条 物业管理区域内业主不足 10 人的，经全体业主一致书面同意决定不成立业主大会的，由全体业主共同履行业主大会和业主委员会职责，业主应当自书面决定之日起 5 日内告知物业所在地的街道办事处和区主管部门。

第十七条 筹备组或者组织选举的业主委员会应当将业主委员会委员、候补委员及执行秘书的候选人相关信息，于选举前 15 日在所在物业管理区域进行公示，公示期不应少于 30 日。

业主大会会议的议题为选举或者罢免业主委员会委员的，社区工作站收到列席业主大会会议书面邀请通知后，应当在业主大会会议召开 3 日前将列席业主大会会议的人员名单和联系方式书面告知业主委员会。

第十八条 业主根据《条例》第十一条第一款第（一）项规定提议召集业主大会临时会议的，应当提供业主签名的书面提议资料和提议业主的有效联系方式。

业主委员会应当在收到提议资料后 15 日内，按照提议资料记载的有效联系方式、业主委员会记录的业主联系方式，核实提议的业主人数是否达到业主总人数 20%以上（含本数，下同）。业主委员会可以通过市主管部门建立的电子投票系统核实业主有关信息。业主委员会拒不进行核实、无法履行职责或者存在争议的，由街道办事处予以核实。

经核实提议符合《条例》第十一条第一款第（一）项规定的，业主委员会应当自核实完成之日起 5 日内就提议议题召集业主大会临时会议。经核实提议不符合《条例》第十一条第一款第（一）项规定、业主仍认为需要的，业主应当重新按照本条第一款规定，提供业主签名的书面提议材料和提议业主的有效联系方式，提议召集业主大会临时会议。

业主大会对物业管理事项已作出决定的，业主委员会在一年内可以不再就同一物业管理

事项组织召集业主大会临时会议；但人民法院、区主管部门依法撤销业主大会决定的除外。

第十九条 业主大会、业主委员会作出的决定涉嫌违反法律、法规规定的，由物业所在地街道办事处负责调查。

经街道办事处调查核实，业主大会、业主委员会的决定确有违反法律、法规规定的，街道办事处应当责令其限期改正。业主大会、业主委员会逾期仍不改正的，街道办事处应当提请物业所在地区主管部门撤销业主大会、业主委员会的决定。

第二十条 《条例》第十三条、第十八条、第四十八条规定的"抄送"业主，可以采用以下方式之一：

（一）信函；

（二）电子邮件；

（三）手机短信。

业主联系方式以入住时登记的方式为准；业主未入住的，以业主首次书面提供的方式为准。业主变更联系方式的，应当自变更之日起15日内告知业主委员会和物业服务企业。

业主委员会或者业主大会召集人按照本条第一款规定方式、以本条第二款确定的联系方式向业主发送相关信息后，即完成抄送。

第二十一条 《条例》第十三条、第十八条、第二十五条、第二十九条、第四十条、第四十四条、第九十五条、第九十六条及本规定第二十七条、第二十八条、第三十三条规定的"公告"、"公布"，物业服务企业或者业主委员会应当采取在物业管理区域内的楼（栋）或者单元张贴的形式进行，同时根据实际情况选择下列至少一种形式作为补充：

（一）在物业项目服务场所、业主委员会办公场所张贴；

（二）在物业管理区域的主要出入口张贴；

（三）在物业管理区域内的广场、商场等人流密集的商业、文体服务设施出入口张贴。

第二十二条 业主大会会议表决应当通过市主管部门建立的电子投票系统进行，但业主大会依法决议不采用电子投票的除外。电子投票规则由市主管部门另行制定。

除业主委员会选举之外的其他业主大会表决事项，投票截止后，业主大会会议与会业主所持有的投票权未超过本物业管理区域内投票权半数，且与会业主人数未超过全体业主人数半数的，可延长业主投票时限，但最长不得超过3个月。业主大会议事规则规定的业主投票延长时限低于3个月的，从其规定。

根据前款规定延长的投票期限届满仍无法达到表决条件的，业主大会终止该事项表决。终止表决的事项，自终止之日起1年内不得重新作为业主大会议题提出，但经业主委员会全体委员三分之二以上多数同意的除外。

第二十三条 《条例》第十四条第三款规定的"业主所拥有物业的建筑面积"，按照房地产权利证书记载的面积计算；尚未登记的，按照竣工测绘的面积计算；尚未竣工测绘的，按房屋买卖合同记载的面积计算。

物业管理区域内全体业主的总投票权数，按照单个业主投票权数的统计总和计算。

《条例》第十九条、第五十二条、第七十四条规定的"物业总建筑面积"，是指该物业房屋建筑面积测绘报告（竣工测绘）载明的总建筑面积。

第二十四条 业主人数和总人数按照下列方法认定：

（一）业主人数，按照物业独立产权单位的业主数量计算，一个独立产权单位按一人计算。但物业独立产权单位尚未出售和虽已出售但尚未交付的，或者同一买受人拥有一个以上物业独立产权单位的，按一人计算；

（二）总人数，按照前项的统计总和计算。

第二十五条 符合《条例》第十九条规定的业主大会成立条件的物业管理区域，其建设单位或者物业服务企业在书面告知物业所在地街道办事处时，应当提供以下材料：

（一）物业管理区域划分备案回执；

（二）业主名册、联系方式等资料；

（三）建筑规划总平面图。

第二十六条 物业管理区域筹备召开首次业主大会时，建设单位或者物业服务企业应当予以配合，不得拒绝派出代表担任筹备组成员。

筹备组成员就筹备工作事项意见不统一的，由筹备组组长在街道办事处的指导下作出决定。

筹备组成立6个月仍无法召开业主大会并选举产生业主委员会的，街道办事处可以解散筹备组并重新成立筹备组。

筹备组工作所需经费，由物业服务企业在物业服务费中列支。没有实施物业管理的，由业主自行筹集；确实无法筹集的，由物业所在地街道办事处先行垫付，垫付费用在该区域实施物业管理后3个月内由物业服务企业在物业服务费中列支。物业服务企业拒不支付的，街道办事处依法予以追偿。

第二十七条 业主大会应当综合考虑物业管理区域规模、物业服务费标准、业主人数等因素，决定从物业服务费或者其他合法资金来源中提取业主大会、业主委员会活动经费以及业主委员会委员津贴和执行秘书薪酬等费用的标准。

业主委员会应当将业主大会和业主委员会活动经费、业主委员会委员津贴和执行秘书薪酬等费用的使用情况，每年至少向全体业主公布一次；物业服务企业可以将从物业服务费中提取的该项费用纳入物业服务成本或者物业服务支出。

第二十八条 业主委员会委员是业主自治的公益性岗位，鼓励业主委员会委员提供志愿服务。有条件的物业管理区域，业主大会可以根据业主委员会委员从事公益性工作情况按月给予适当的津贴，每月津贴总额不得超过本市最低工资标准。

业主委员会委员、候补委员、执行秘书不得接受物业服务企业提供的物业服务费减免、停车费用减免以及其他物质、现金等不正当利益，不得采取挪用、欺骗等方式非法侵占物业专项维修资金、物业共有部分收益等全体业主共有的资金。

物业服务企业应当将业主委员会委员、候补委员、执行秘书缴纳物业服务费、水电气费、停车费、物业专项维修资金等缴费情况，每年向全体业主公布一次。

第二十九条 业主委员会成员候选人由筹备组推荐，10 名以上业主也可以联名推荐 1 至2名候选人，但同一业主只能联名推荐一次。

筹备组根据预定委员、候补委员人数确定候选人总人数，并对候选人资格审查确认后，对委员和候补委员按照规定程序一并组织选举，根据得票顺序依次选出业主委员会委员和候补委员。

业主委员会成员实行差额选举，差额比例不得低于20%，且不得高于50%。

委员、候补委员候选人推荐人数超过预定委员、候补委员人数50%的，由筹备组组织被推荐人投票确定符合前款规定人数的候选人。

第三十条 委员、候补委员得票顺序，按照所得投票权数占与会业主总投票权数的比例与所得投票人数占与会业主人数的比例之和的大小确定；两者之和相等的，所得投票权数较多者排名靠前。

委员、候补委员当选应当经与会业主所持投票权二分之一以上且与会业主人数二分之一以上多数同意。

委员、候补委员当选名额不足或者无人当选的，可以重新选举，也可以补选，具体方式由筹备组在选举办法中确定。

业主委员会换届选举参照本条相关规定，

但业主大会对委员、候补委员当选名额不足或者无人当选的具体处理方式作出决议的，按决议执行。

第三十一条 业主委员会成立后，应当通过社区工作站向区主管部门提交备案申请。

社区工作站应当在3个工作日内对业主委员会书面总结的业主大会成立情况进行核查，街道办事处应当在2个工作日内进行复核并签署意见，并将备案申请及资料转报区主管部门备案。

区主管部门的备案回执由社区工作站转交业主委员会。

业主委员会的变更备案，按照《条例》第二十八条第三款规定，直接向区主管部门办理。

第三十二条 经与会业主所持投票权三分之二以上且与会业主人数三分之二以上多数同意，业主大会可以决定延长业主委员会及委员、候补委员的任期，但决定延长后的每届任期不得超过5年。业主委员会应当在业主大会作出延长任期的决定后10日内向区主管部门备案。

业主委员会向公安机关申请刻制业主大会、业主委员会印章时，应当提供区主管部门备案回执。公安机关准予刻制的，应当在业主委员会印章标明业主委员会的届数和任期。

业主委员会应当根据《条例》第四十九条第三款的规定，制定业主大会、业主委员会印章使用管理规定和档案管理规定。尚未制定管理规定的，业主委员会主任对印章和档案负有保管和依法、正当使用的责任。

第三十三条 业主委员会委员、候补委员职务终止的，应当自终止之日起3日内将所保管的档案资料、印章及其他业主大会的财物移交给业主委员会。拒不移交的，业主委员会、社区工作站应当将其拒不移交的行为予以公告，并可以请求辖区公安机关协助移交；拒不移交的行为给业主造成损失的，业主可以依法追究其法律责任。

业主委员会委员缺员，全体候补委员递补为委员后，仍缺员超过40%但未超过50%的，应当召开业主大会会议增补；缺员超过50%的，参照《条例》第三十八条规定，由区主管部门解散该业主委员会，并通知街道办事处组织召开业主大会会议，重新选举业主委员会。

第三十四条 根据《条例》第四十一条第二款，业主委员会任期届满前6个月，业主委员会应当组织换届选举，并应当在任期届满5个月前将换届选举方案报告区主管部门和物业所在地街道办事处。

根据《条例》第四十一条第三款，业主委员会任期届满前3个月尚未完成换届选举的，由物业所在地街道办事处根据实际情况，按照下列规定处理：

（一）街道办事处确认前期选举工作合法的，由街道办事处组织、业主委员会协助继续完成换届选举，经街道办事处同意也可以由业主委员会在街道办事处的监督下继续完成换届选举；

（二）前期选举工作程序违法、争议较大或者具有其他影响换届选举的重大事项，由街道办事处组织、业主委员会协助，重新举行换届选举。

业主委员会任期届满仍未完成换届选举工作的，物业所在地街道办事处应当代管相关档案资料，并参照首次业主大会会议的程序组织选举产生新一届业主委员会，筹备组成员的组成由街道办事处确定；但经确认前期选举工作合法的，街道办事处可以在前期选举工作基础上继续完成换届选举。

第三十五条 业主代表作为筹备组成员的，应当符合《条例》第二十三条规定的业主委员会委员、候补委员候选人条件。

第三十六条 居民委员会代行业主大会职责的，可以参照《条例》第十七条的表决规则，由居民委员会委员投票决定。社区居委会代行业主大会和业主委员会职责的，其代行时限可至该物业管理区域的业主委员会选举产生之日止。

第四章 建设单位、物业服务企业及物业服务

第三十七条 新建物业出售前，建设单位应当提出物业管理区域划分建议书，并在街道办事处登记后向区主管部门备案。已经实施物业管理的区域由物业服务企业在街道办事处登记后向区主管部门备案。

建设单位或者物业服务企业应当向区主管部门提供以下备案材料：

（一）物业建设宗地红线图；

（二）建筑规划总平面图；

（三）规划国土部门出具的物业项目命名审批文件。

区主管部门对违反《条例》第六十五条规定的物业管理区域划分原则和方法的，应当书面通知建设单位或者物业服务企业，并限期改正，重新办理备案。

第三十八条 原有物业管理区域具有两个以上物业建设宗地红线图，或者已分割成两个以上相对封闭区域的，在明确附属设施设备管理、维护责任的前提下，经区主管部门和物业所在地街道办事处确认，可以划分为多个独立的物业管理区域。

业主大会成立之后，在调整物业管理区域或者合并、分立物业管理区域之前，应当由业主大会依照《条例》第十七条的规定作出决定。

第三十九条 2008 年 1 月 1 日之前取得建设工程规划许可证的物业项目，建设单位应当按照《〈深圳经济特区住宅区物业管理条例〉实施细则》的规定配置和移交物业服务用房。

第四十条 建设单位应当将前期物业服务合同、物业管理区域划分建议书及备案回执、属于全体业主共有的共用部位和共用设施设备、宗地红线图在房屋销售现场公示，并将其作为房屋买卖合同的附件。

第四十一条 异地物业服务企业首次在本市承接物业项目的，应当自物业服务合同签订之日起 15 日内将物业服务合同副本报区主管部门备案。

异地物业服务企业在本规定实施之前已承接本市物业项目的，应当自本规定实施之日起 30 日内将物业服务合同副本报区主管部门备案。

第四十二条 未经供水、供电、供气等公用事业单位、业主或者司法、行政授权，物业服务企业不得对物业相关专有部分或者共有部分实施停水、停电、停气，但水管破裂、火灾等对业主或者公共财产造成重大损失的紧急情形除外。

第四十三条 物业服务企业应当按照下列规定落实安全生产责任：

（一）建立健全安全管理责任制；

（二）制定安全巡查、安全宣传、安全隐患整改等有关安全管理制度；

（三）保障安全措施、安全宣传、安全培训、安全隐患整改等所需经费的投入；

（四）定期开展安全隐患排查并及时发现、消除安全隐患；

（五）制定安全事故应急救援预案；

（六）及时如实报告安全事故；

（七）其他依法应当履行的安全生产责任。

第四十四条 物业服务企业和业主委员会在签订物业服务合同时，应当就物业管理区域内实行垃圾减量分类处理、城市生活垃圾和建筑废弃物等进行减量分类投放和收集事项进行约定。

物业服务合同还应当明确约定，物业服务企业须事先征得业主委员会的书面同意后方可代为对物业范围内园林绿化进行调整，并依法

办理相应行政审批手续；业主大会议事规则、管理规约明确须经业主大会表决的，业主委员会书面同意前应当经业主大会表决通过。

第四十五条　物业服务企业和业主委员会在签订物业服务合同时，应当就物业服务费、物业专项维修资金使用的审计机构选择、审计频率等审计相关事项进行约定。

第四十六条　物业服务企业决定在物业服务合同期满后退出的，应当在物业服务合同期限届满3个月前，书面告知业主委员会并书面报告区主管部门。

物业服务合同未到期，物业服务企业要求提前退出的，物业服务企业应当与业主委员会协商处理物业服务合同终止事宜，并书面报告区主管部门。

对没有成立业主委员会的，物业服务企业应当以书面形式报告区主管部门。区主管部门应当将物业服务合同备案情况、企业退出等情况及时通报物业所在街道办事处。

第四十七条　有下列情形之一的，物业服务企业应当退出物业管理区域，不得以物业服务中的债权债务纠纷未解决、阶段性工作未完成等为由拒绝退出：

（一）物业服务合同依法、依约解除；

（二）经人民法院判决或者仲裁机构裁定物业服务企业应当退出的；

（三）物业服务企业资质被依法吊销，且重新申请核定资质未获批准的；

（四）依法不得继续从事物业服务活动的其他情形。

第四十八条　物业服务企业应当与新物业服务企业完成交接工作后方可退出物业管理区域；尚未选聘新物业服务企业的，由业主委员会在街道办事处的指导下决定是否由原物业服务企业服务至新物业服务企业选聘。

物业服务企业退出后，物业服务合同遗留的纠纷等有关问题可以通过协商、调解、仲裁以及诉讼等途径进行解决。

物业服务企业被区主管部门责令限期退出逾期仍不退出的，除由区主管部门依照《条例》规定予以处理外，对物业服务企业及其主要负责人和直接责任人，由市物业管理协会给予公开谴责的制裁；因物业服务企业拒不退出导致业主损失的，依法承担民事赔偿责任。

第四十九条　区主管部门可以按照公开、自愿、择优的原则，选取物业服务企业建立应急服务企业预选库。有下列情况之一的，可以由街道办事处组织，以抽签形式在应急服务企业预选库中选取一家物业服务企业提供服务：

（一）合同期未满，物业服务企业突然退出，出现管理真空的；

（二）合同期满后，物业服务企业退出，还未成立业主委员会的；

（三）原物业服务企业退出后，业主委员会同意选用应急服务企业的。

应急物业服务合同具体期限由街道办事处和物业服务企业约定，最长至业主大会与其选聘的新物业服务企业签订的物业服务合同约定开始提供物业服务之日止。物业服务内容、标准和收费参照原物业服务企业执行。

第五章　物业使用与维护

第五十条　物业管理区域内发生下列突发公共事件之一的，物业服务企业应当立即向物业所在地街道办事处及区政府相应的主管部门报告：

（一）自然灾害，主要包括水患灾害、气象灾害、地震灾害、地质灾害、海洋灾害、生物灾害等；

（二）事故灾难，主要包括安全事故、环境污染和生态破坏事故等；

（三）突发公共卫生事件，主要包括传染病疫情、动植物疫情、食品安全与职业危害事件等；

（四）突发社会安全事件，主要包括重大群体性事件、重大刑事案件、突发涉外事件等。

第五十一条 物业管理区域内，任何单位和个人不得从事下列行为：

（一）擅自改变按照规划建设的公共建筑和共用设施用途；

（二）违法搭建建（构）筑物、擅自占用或者改建物业共用部位；

（三）擅自占用、挖掘物业管理区域内道路、场地；

（四）擅自利用物业共用部位、共用设施设备进行经营；

（五）破坏、擅自占用消防设施、公共疏散通道、消防通道，破坏消防安全标志，未经相关部门批准擅自改变消防通道；

（六）未经相关部门批准擅自改变影响建筑结构安全的部位；

（七）擅自拆除人民防空工程及人防通讯、警报设施；

（八）破坏公共环境保护设施或者造成环境污染的其他行为。

第五十二条 物业管理区域内发生本规定第五十一条规定行为时，物业服务企业、业主委员会应当根据物业服务合同或者管理规约予以劝阻、制止，并及时报告街道办事处或者区政府相关主管部门。相关主管部门查证属实的，应当根据有关举报奖励的规定，给予奖励。

业主大会、业主委员会应当委托物业服务企业履行物业管理区域内的平战结合人民防空工程及人防通讯、警报设施日常维护管理责任，并为人防通讯、警报设施的安装提供便利。

第五十三条 在物业管理区域内停放车辆，不得占用消防通道，不得妨碍行人和其他车辆的正常通行。

经规划国土、公安消防等主管部门批准，利用物业共有部分设置机动车停放位的，其车位设置、管理等事项由业主大会决定。业主对机动车辆有保管要求的，可以与物业服务企业另行约定。

第五十四条 物业管理区域内，供水、供电、供气、通讯、有线电视、环卫等单位应当按下列规定向最终用户收取有关费用：

（一）业主自用的向业主收取；

（二）物业服务企业自用的向物业服务企业收取；

（三）部分业主共同使用的，由相关业主分摊；

（四）全体业主共同使用的，由全体业主分摊。

上述单位不得强制物业服务企业代收有关费用，不得因物业服务企业拒绝代收而停止提供服务。

物业服务企业接受委托代收有关费用的，可以根据双方签署的委托代收合同约定向委托单位收取代收费用，不得向业主收取手续费。

第五十五条 业主大会决定不将物业管理区域内日常收取的专项维修资金移交市物业专项维修资金管理机构统一管理的，该物业管理区域内日常收取的专项维修资金由业主大会自行依法管理。

物业管理区域由一个独立产权单位申请变更为两个以上独立产权单位的，应当依法设立物业专项维修资金。未及时设立的，市房地产权登记机构不予办理该物业管理区域的相关产权登记手续。

第五十六条 物业维修工程竣工结算金额超过10万元的，在到区物业专项维修资金管理机构办理备案手续前，其结算报告须经具有造价咨询等相应资格的第三方机构予以审核。

市物业专项维修资金管理机构按审核确认的金额办理拨付手续。

第五十七条 业主与物业的承租人或者其他物业使用人约定由物业使用人交纳物业专项

维修资金等费用的，不免除业主履行交纳物业专项维修资金的法定义务。

业主转让或者出租物业时，应当将管理规约内容、物业服务费用标准、日常收取的专项维修资金交纳情况等事项告知受让人或者承租人，并自物业转让合同或者租赁合同签订之日起 7 日内，将物业转让或者出租情况告知物业服务企业。

第五十八条　根据《条例》第八十六条第三款规定，主管部门在代管的物业专项维修资金的增值收益中提取管理费的比例为 10%。

第六章　物业管理招标投标

第五十九条　物业管理招标投标活动，应当遵守《中华人民共和国招标投标法》和有关法律、法规、规章的规定，并依法接受市、区主管部门的监督管理。

深圳市建设工程交易服务中心（以下简称交易中心）是全市物业管理招投标的统一交易场所，为招标人和投标人提供必要的技术、法律咨询服务。

由财政性资金支付物业服务费的物业管理招投标活动，按照政府采购的有关规定执行。

第六十条　建设单位选聘物业服务企业提供前期物业服务的，应当进入交易中心进行招投标。

提倡业主大会进入交易中心进行物业管理招投标活动。业主大会通过招投标方式选聘物业服务企业的，业主大会应当授权业主委员会负责开展各项具体工作。业主大会可以委托招标代理机构办理招标事宜。

第六十一条　建设单位进行前期物业管理招标时，应当在发布招标公告或者发出投标邀请书的 10 日前填写物业管理招标备案表报区主管部门备案。

第六十二条　业主大会选聘物业服务企业的，以下事项由业主大会依法决定：

（一）是否通过对原物业服务企业的续聘方案；

（二）是否通过业主委员会编制的招标文件；

（三）是否进入交易中心进行物业管理招投标活动；

（四）是否委托招标代理机构进行物业管理招投标活动。

在物业管理招投标活动中，业主委员会可以依业主大会授权履行如下招标人职责：

（一）编制招标公告、招标文件；

（二）发布招标公告、发放招标文件；

（三）组织招标答疑、开标和评标会议；

（四）发出中标通知书、与中标物业服务企业签订物业服务合同；

（五）办理物业服务合同备案；

（六）法律、法规、规章规定的其他职责。

第六十三条　招标人进入交易中心进行物业管理公开招标活动的，应当在交易中心发布招标公告。

招标人未通过交易中心进行物业管理公开招标的，应当在深圳市物业管理协会网站发布招标公告。市物业管理协会不得收取招标公告发布费用。

招标人采用邀请招标方式的，应当向 3 个以上具备承担招标项目的能力、资信良好的特定企业发出投标邀请书。

第六十四条　市主管部门应当制订物业管理招标文件示范文本并通过其政府网站等途径向社会公开发布。

招标人可以根据物业管理招标文件示范文本，结合招标项目的特点和需要编制招标文件。

第六十五条　招标过程中发生的交易服务费、招标代理费由招标人支付，但招标成功后依据招标文件的约定由中标人或者投标人承担的除外。

招标人应当自物业服务合同签订之日起15日内将评标、定标情况向区主管部门备案，招标人可以委托物业服务企业在其办理物业服务合同备案时代为办理本备案事项。

第六十六条 物业管理招投标实行评标委员会评标定性评审和招标人自主定标的制度。

招标人根据招标项目实际情况选择下列方法定标：

（一）票决定标法，定标委员会成员在进入定标程序的投标人中通过投票表决方式确定中标人；

（二）抽签定标法，定标委员会成员在进入定标程序的投标人中通过随机抽签方式确定中标人。

第六十七条 定标委员会由招标人负责组建，由7名以上单数成员组成，在定标当日由招标人从2倍以上备选人员名单中随机抽取确定。

招标人为业主大会的，定标委员会成员由业主委员会委员和业主代表组成。招标人为建设单位的，定标委员会成员由招标人自行确定。

与投标人有利害关系的人员不得进入评标委员会。

第七章 法律责任

第六十八条 主管部门、街道办事处、社区工作站、相关行政管理部门及其工作人员在物业管理行政监管中不履行职责或者不正确履行职责的，依法追究行政责任；涉嫌犯罪的，移送司法机关依法处理；造成损失的，依法承担赔偿责任。

第六十九条 业主委员会违反本规定第二十七条第二款规定，未按规定将相关费用的使用情况公布的，由区主管部门责令限期改正；逾期未改正的，对应当负责的业主委员会委员处以3000元罚款。

第七十条 业主委员会委员、候补委员、执行秘书违反本规定，按下列规定处理：

（一）违反第二十八条第二款规定，接受物业服务企业不正当利益或者采取挪用、欺骗等方式非法侵占业主共有资金的，经街道办事处、区主管部门或者其他行政主管部门、司法机关查实的，由业主委员会依照《条例》第三十五条、第三十六条的规定处理并报市主管部门备案；市主管部门应当将该违法行为作为不良行为记入信用信息档案；涉嫌犯罪的，移送司法机关依法处理；

（二）违反第三十三条第一款规定，未将印章、档案等有关资料、财物按时移交给业主委员会的，由区主管部门责令限期改正；逾期未改正的，处以3000元罚款。

第七十一条 业主违反本规定，经相关部门认定有第五十一条规定行为的，相关部门依法处理时应当书面通知市主管部门，市主管部门应当将该违法行为作为不良行为记入信用信息档案；行为时已属于业主委员会委员的由业主委员会依照《条例》第三十五条、第三十六条的规定处理并报市主管部门备案。

第七十二条 物业服务企业违反本规定，按下列规定处理：

（一）违反第二十八条第三款规定，未按规定将相关缴费情况公布的，由区主管部门责令限期改正；逾期未改正的，处以2万元罚款；

（二）违反第四十二条规定，擅自停水、停电、停气的，由区主管部门责令改正；拒不改正的，按涉及户数计算每户处以500元罚款；

（三）违反第五十条规定，未履行有关报告义务的，由区主管部门处以1万元罚款；违反本规定第五十二条规定，明知有关违法建设和破坏行为而不予制止或者报告的，由市物业管理协会根据行业自律相关规定予以惩戒；

（四）违反第二十六条第四款、第五十一条规定，除由相关部门依法处理外，对物

业服务企业及其主要负责人和直接责任人，市物业管理协会可以给予警告或者业内通报批评的制裁；拒不执行相关部门的行政处罚、处理决定的，市物业管理协会可以给予公开谴责的制裁。

第七十三条 建设单位违反本规定第六十条第一款规定，未进入交易中心进行物业管理招投标的，由区主管部门责令限期改正，处以10万元罚款。

建设单位违反本规定第六十一条规定，未向区主管部门办理物业管理招标备案的，由区主管部门责令限期补办备案手续；逾期仍未补办的，处以3万元罚款。

第七十四条 物业服务企业及相关从业人员、业主委员会委员及执行秘书有违反《条例》、本规定的行为并依法承担行政法律责任的，应当作为不良行为记录载入信用信息档案。

第八章 附 则

第七十五条 市主管部门应当在本规定实施后6个月内，依法制定物业管理招标投标程序、规则、专家管理办法以及招标文件示范文本，依规定程序批准后公布。

第七十六条 本规定所称区政府，含新区管理机构；本规定所称街道办事处，含新区管理机构设置的办事处；本规定所称管理规约，含临时管理规约。

第七十七条 本规定自2014年1月1 E 起施行。

《深圳市人民代表大会常务委员会关于农村城市化历史遗留违法建筑的处理决定》试点实施办法

深圳市人民政府令第261号

《〈深圳市人民代表大会常务委员会关于农村城市化历史遗留违法建筑的处理决定〉试点实施办法》已经市政府常务会议审议通过，现予发布，自2014年4月1日起施行。

市长　许勤

2013年12月30日

第一章　总　则

第一条　根据《深圳市人民代表大会常务委员会关于农村城市化历史遗留违法建筑的处理决定》（以下简称《决定》），结合《深圳市土地管理制度改革总体方案》，制定本实施办法。

第二条　本实施办法适用于市政府确定的试点区域内农村城市化历史遗留违法建筑的处理。

对非原村民所建住宅类农村城市化历史遗留违法建筑、对以房地产开发为目的的未经批准建设的住宅类违法建筑（包括建成后已实际分割转让的情形），不予处理确认。

第三条　农村城市化历史遗留违法建筑的处理试点工作，应当遵循《决定》第一条规定"全面摸底、区别情况、尊重历史、实事求是、甄别主体、宽严相济、依法处理、逐步解决"的基本原则。

第四条　市查处违法建筑和处理农村城市化历史遗留问题领导小组负责对农村城市化历史遗留违法建筑处理试点工作进行统筹、协调和指导，强化问责机制，并向各试点区域派驻历史遗留违法建筑处理工作特派员。

试点区域所在区政府（含新区管理机构，下同）设立的查处违法建筑和处理农村城市化历史遗留问题领导小组负责统一组织协调处理工作，下设办公室（以下简称区查违办）开展具体工作并核发处理文书。

第五条　市规划国土行政管理部门（以下简称规划国土部门）负责历史遗留违法建筑的规划土地审查，核定历史遗留违法建筑的用地面积、土地用途、建筑面积、使用功能及期限、权属性质等指标及地价补缴金额。

第六条　建设行政主管部门负责监督历史遗留违法建筑安全鉴定工作，组织制订历史遗留违法建筑安全鉴定及委托相关程序规则，通过招标等公开方式建立历史遗留违法建筑房屋安全鉴定机构目录。

第七条　公安消防部门负责组织制订历史遗留违法建筑消防技术规范、消防安全评价技术规范和消防监督管理办法，办理历史遗留违法建筑消防验收或者备案手续并实施消防监管，加强对消防技术服务机构的监督管理。

第八条　市场监管、公安、房屋租赁、环保、文化、卫生、工业、水务、侨务、民政、司法等相关职能部门及单位按照各自职责参与历史遗留违法建筑的处理工作。

禁止未按《决定》和本实施办法要求申报、办理临时使用备案的历史遗留违法建筑进入租赁市场，房屋租赁管理部门不得为其办理房屋

租赁登记或者备案手续。

供水、供电、供气单位应当加强对供水、供电、供气的管理，发现违法转供水、转供电、转供气的行为，应当立即报告水、电、气主管部门进行处理。

第二章　释 义

第九条　历史遗留违法建筑按实际用途分为：

（一）住宅类历史遗留违法建筑；

（二）生产经营性历史遗留违法建筑，包括工业类、仓储类历史遗留违法建筑；

（三）商业、办公类历史遗留违法建筑，是指实际用于商业批发与零售、商业性办公、服务（含餐饮、娱乐）、旅馆、商业性文教体卫等营利性用途的建筑物及生活配套设施；

（四）公共配套类历史遗留违法建筑，是指实际用于非商业性文教体卫、行政办公及社区服务等非营利性用途的建筑物及生活配套设施；

（五）具有多种用途的历史遗留违法建筑；

（六）用于其他用途的历史遗留违法建筑。

第十条　《决定》第九条第一款第（一）项规定的“存在严重安全隐患”，包括如下情形：

（一）位于山体崩塌、滑坡、泥石流、地面塌陷、地裂缝、地面沉降等与地质作用有关的灾害危险区的；

（二）房屋安全不符合结构安全和抗震设防标准、规范的；

（三）公众聚集场所存在不符合消防安全要求等无法整改的重大消防安全隐患的；

（四）有其他严重安全隐患的。

第十一条　《决定》第九条第一款第（二）项、第（五）项规定的“严重影响城市规划”，除《决定》已明确的外，还包括以下情形：

（一）压占道路红线；

（二）在主要街道上影响城市景观；

（三）影响城市重点工程建设或者整体布局；

（四）破坏或者影响文物保护和风景名胜区；

（五）占用规划的市政基础设施；

（六）法律、法规规定的其他情形。

第十二条　历史遗留违法建筑管理人，是受历史遗留违法建筑当事人书面委托管理历史遗留违法建筑的主体。

原农村集体经济组织及其继受单位，由区政府或者区政府委托街道办事处（含新区设立的办事处，下同）认定。

原村民、“一户一栋”原则中的“一户”，按照《深圳市原村民非商品住宅建设暂行办法》（深府〔2006〕105号）第四条规定确定。

第十三条　本实施办法有关原村民所建住宅类历史遗留违法建筑的处理规定，仅适用于原村民在其原籍所在原农村集体经济组织范围内所建住宅类历史遗留违法建筑，或者在区政府、街道办事处在其原农村集体经济组织范围外安排用地上所建的住宅类历史遗留违法建筑。原村民所建超出前述范围所建的住宅类历史遗留违法建筑，适用本实施办法非原村民的相关处理规定。

历史遗留违法建筑申报人为原籍在本市的华侨及港、澳、台同胞，或者原符合本实施办法第十二条第三款规定，因升学、就业、婚嫁、服兵役等原因户籍已迁国内其他地方的，对在其原籍所在原农村集体经济组织范围内所建的历史遗留违法建筑进行处理时，仍适用原村民相关处理规定。

第三章　审查程序

第十四条　街道办事处负责历史遗留违法建筑处理的初审，包括当事人身份确认、建设时间核查、原批准文件的真实性核查、权属调查和分宗定界、建筑物现状用途核实。

街道办事处在进行前述初审工作时，相关主管部门及其所在辖区的分支机构应当予以配合、协助和支持。

第十五条　街道办事处核查历史遗留违法建筑新建、改建、扩建时间时，可以结合地形图、航拍资料、卫星资料、房屋编码信息、历史遗留违法建筑所属社区工作站和原农村集体经济组织继受单位证明等情况综合确定。

有航拍资料、卫星资料的，应当以航拍资料、卫星资料作为建设时间核查的主要依据。除依法应当保密的外，作为建设时间核查依据的航拍资料、卫星资料应当在历史遗留违法建筑所属社区公示至历史遗留违法建筑处理完毕。

第十六条　对历史遗留违法建筑进行权属调查时，申报人应当向街道办事处提供申报人与原农村集体经济组织继受单位共同出具的承诺书，承诺同意征地或者转地且并不再需要政府支付征转地补偿、与历史遗留违法建筑有关的经济利益关系已自行理清、自行承担相关法律责任等。原农村集体经济组织继受单位出具的承诺书及相关经济利益关系的处理，应当根据本市集体资产处分决策程序的有关规定和股份合作公司章程，经股份合作公司股东大会或者股东代表大会表决确认。

多人共同申报的，各共同申报人还应当提供与历史遗留违法建筑有关的经济利益关系已自行理清并自行承担相应法律责任的承诺书。

当事人有相关土地、房屋权属证明文件的，应当将经与原件核对一致的复印件与本条规定的承诺书一并上交街道办事处。

第十七条　经初步审定权属后，街道办事处应当组织测量机构、历史遗留违法建筑所属原农村集体经济组织继受单位、申报人及相邻业主到现场共同指界，现场测量，填写《分宗定界及权属调查表》（标明示意图、土地面积、地界坐标、界线边长），由申报人、相邻业主签字认可及原农村集体经济组织继受单位盖章确认。

测量机构由区查违办或者街道办事处通过公开招标或者抽签等公开方式委托，历史遗留违法建筑当事人承担测量费用。

相邻业主无法通知、经通知未按时参加或者参加拒绝签字的，街道办事处可以在本实施办法第十八条规定的公示中对相关情况作出特别说明，相邻业主未提出异议的不影响后续处理工作。

第十八条　测量机构应当在现场指界 15 日内出具测量报告及房屋面积查丈报告。街道办事处应当在收到测量机构出具的测量报告、房屋面积查丈报告及相关电子数据后 15 个工作日内将《分宗定界及权属调查表》（含初步核定的历史遗留违法建筑建设时间、建筑物现状用途）在历史遗留违法建筑所在社区公示 10 日。

第十九条　公示期满无异议或者异议经相关异议各方自行妥善处理的，街道办事处应当将申报资料、权属调查及分宗定界资料等处理材料移送区查违办，并将当事人身份、建设时间、建筑面积、现状用途、权属调查及分宗定

界情况补充录入历史遗留违法建筑台账。

本实施办法施行前，街道办事处已按本市相关规定对申报资料进行核查、公示，本实施办法第十四条第一款规定的当事人身份、建设时间、原批准文件真实性、权属调查和分宗定界、建筑物现状用途均已明确的，不需再行初审；有不明确的，应当补充核查后重新公示10日，方可按照前款规定办理。

第二十条　规划国土部门应当根据地质灾害防治规划、年度地质灾害防治方案以及历史遗留违法建筑普查记录编码明确划分地质灾害易发区，并及时印发各区查违办和各街道办事处。

街道办事处进行初审时，对属于下列情形之一的历史遗留违法建筑，应当要求当事人或者管理人委托具有法定资质的地质灾害危险性评估机构进行地质灾害危险性评估：

（一）位于地质灾害易发区内的；

（二）虽位于地质灾害易发区外，但属于在地质灾害（隐患）威胁范围内进行建设并可能形成重大、特大地质灾害隐患的建设工程项目。

地质灾害危险性评估费用由历史遗留违法建筑当事人承担。

受地质灾害或者危险边坡危害的历史遗留违法建筑在危害未消除或者得到有效控制前，不予处理确认。

第二十一条　区查违办收到街道办事处移送的材料后，经审查材料齐全的，应当设立卷宗，并于收到处理材料后20个工作日内按照下列规定分别处理：

（一）除本款第（二）、（三）项规定情形以外，向规划国土部门发出征询处理意见函；

（二）对非原村民所建住宅类历史遗留违法建筑、对以房地产开发为目的未经批准建设的住宅类违法建筑（包括建成后已实际分割转让的情形），不予处理确认；

（三）经审查不属于农村城市化历史遗留违法建筑处理范围的，书面答复申报人并说明理由。

对前款第（二）项规定情形的历史遗留违法建筑，政府可以依法没收、征收，或者依法予以拆除。

第二十二条　规划国土部门应当在收到征询处理意见函之日起30个工作日内出具规划土地审查意见书。

对不属于严重影响现行城市规划的历史遗留违法建筑，规划国土部门应当根据历史遗留违法建筑建成时的规划（含城市规划、土地利用规划）及当事人申报并经街道办事处核查的用途进行规划土地审查。当时无规划，或者虽违反当时规划但符合现行规划的，应当从规划土地管理角度准予按照申报并经街道办事处核查的用途留用。

规划国土部门审查同意的，应当附宗地图，并按本实施办法有关规定计算应当补缴的地价金额，土地使用期限自2009年6月2日起算。

第二十三条　区查违办应当在收到规划国土部门复函后20个工作日内按照下列规定分别处理：

（一）根据规划土地审查意见书应当依法予以拆除或者没收的，由区规划土地监察机构依法实施行政处罚；

（二）对于已列入城市更新年度计划的城市更新单元内、不属于应当依法予以拆除或者没收的历史遗留违法建筑，由区查违办核发《农村城市化历史遗留违法建筑简易处理通知书》，历史遗留违法建筑当事人或者管理人按要求缴清地价和罚款后，在城市更新过程中视为已经处理确认的建筑物。经审批的城市更新单元规划确定的拆除重建范围以外的历史遗留违法建筑和不再实施的城市更新项目范围内的历史遗留违法建筑，经规划国土部门统一函告区查违办后，应当按本款第（三）项及本实施办法相关规定程序进行处理；

（三）除本款第（一）、（二）项规定以外的其他情形，向区查违办委托的房屋安全鉴定机构发出委托鉴定书，对未提供消防验收或者备案凭证的书面告知历史遗留违法建筑当事人或者管理人办理消防验收或者备案手续，涉及基本生态控制线的向环保、工业、水务等主管部门发出案件处理征询意见函；但历史遗留违法建筑已办理临时使用备案，在使用过程中未改变主体结构及用途的，不再重复办理消防验收或者备案和房屋安全鉴定。

对经依法批准的房屋征收和土地整备项目确定拆除范围内涉及的历史遗留违法建筑，参照前款第（二）项规定处理。

第二十四条 收到区查违办发函后，环保、工业、水务等主管部门应当根据基本生态控制线管理的有关规定及相关法律、法规在 20 个工作日内出具处理意见，房屋安全鉴定机构应当出具房屋安全鉴定报告。

历史遗留违法建筑当事人或者管理人应当按照区查违办书面告知的要求，到公安消防部门办理消防验收或者备案手续。公安消防部门应当定期将消防验收或者备案的情况书面告知区查违办。

第二十五条 区查违办委托房屋安全鉴定机构，应当在市建设行政主管部门确定的房屋安全鉴定机构名录中通过抽签方式按批次委托；历史遗留违法建筑当事人承担鉴定费用。

历史遗留违法建筑房屋安全鉴定机构的确定和具体监督管理办法，由市建设行政主管部门在本实施办法发布起 3 个月内依法制订，报市政府批准后施行。

第二十六条 历史遗留违法建筑消防技术规范、消防安全评价技术规范和消防监督管理办法由市公安消防部门在消防安全基本要求得到保障的前提下，根据历史遗留违法建筑的实际情况，在本实施办法发布起 3 个月内依法制订，报市政府批准后施行。

历史遗留违法建筑当事人或者管理人应当根据历史遗留违法建筑建成时的消防技术标准、规范或者历史遗留违法建筑消防技术规范，对历史遗留违法建筑自行进行检查整改后，委托消防技术服务机构进行消防安全评价，持消防技术服务机构出具的消防安全评价合格意见，到公安消防部门依法办理消防验收或者备案手续。历史遗留违法建筑当事人或者管理人取得消防验收或者备案凭证后，应当提交区查违办。

历史遗留违法建筑消防整改和消防安全评价的费用由历史遗留违法建筑当事人承担。

第二十七条 区查违办收到有关部门、单位意见后 15 个工作日内，应当根据各部门意见区分情况予以处理：

（一）历史遗留违法建筑不存在重大安全隐患或者已整改合格的，制作《农村城市化历史遗留违法建筑拟确认通知书》（以下简称《拟确认通知书》），并附区规划土地监察机构拟作出行政处罚告知书、地价缴纳通知书、鉴定费用等相关费用缴纳通知书及委托辖区街道办事处送达的文书等，转由辖区街道办事处送达申报人；

（二）历史遗留违法建筑存在有重大安全隐患且不能整改消除的，或者位于基本生态控制线内不能留用的，由区规划土地监察机构实

施行政处罚，依法予以拆除或者没收。

《拟确认通知书》有效期1年，自送达之日起计算。

第二十八条　前条规定文件送达申报人后，区规划土地监察机构依法作出行政处罚，并附行政处罚决定书、委托辖区街道办事处送达的文书，转由辖区街道办事处送达申报人。

第四章　处理确认和罚款、地价

第二十九条　当事人或者管理人缴纳罚款、地价、鉴定等费用后，申报人持《拟确认通知书》、缴费凭证到区查违办申请办理《农村城市化历史遗留违法建筑确认决定书》（以下简称《确认决定书》）。

符合下列条件的，区查违办应当在申报人提交前款规定资料之日起 15 个工作日内出具《确认决定书》：

（一）历史遗留违法建筑不属于《决定》第九条、第十条以及本实施办法第四十六条规定应当予以拆除或者没收的情形，不属于城市更新项目中依据城市更新年度计划和已批规划应当予以拆除重建的范围，以及不属于本实施办法规定不予处理确认的其他情形；

（二）已按照行政处罚决定书缴纳罚款；

（三）已取得规划国土部门出具的规划土地审查意见书，且已按照规划土地审查意见书要求补缴地价；

（四）已取得经区建设行政主管部门备案的房屋安全鉴定合格的报告并已交清鉴定费用；

（五）已取得消防验收或者备案凭证并已交清相关费用；

（六）已按照本实施办法规定提交相应承诺书或者协议书。

《确认决定书》以栋为单位核发，但属于本实施办法第六十三条规定情形的据实出具《确认决定书》。

第三十条　《确认决定书》应当包括以下内容：

（一）申报人身份情况说明（含共有人）；

（二）建筑物名称及栋号、房屋坐落、房屋用途、层数、建筑面积、建筑结构、基底面积、建成时间；

（三）土地面积、土地用途、权属来源、土地性质、土地使用年期及起止日期、宗地号、用地坐标及宗地附图；

（四）房屋安全鉴定、消防验收或者备案情况的说明；

（五）罚款和地价的缴纳情况；

（六）同意确认的意见，并载明对建筑物、土地使用权限制的具体内容。

第三十一条　申报人应当在取得《确认决定书》后，向市房地产权登记中心（以下简称登记机构）申请办理房地产初始登记，并提交下列材料：

（一）房地产初始登记申请书；

（二）身份证明；

（三）原已取得的《集体土地建设用地使用证》《房屋所有权证》等权利证书原件；

（四）《确认决定书》；

（五）宗地图；

（六）登记机构认为应当提交的其他材料。

第三十二条　历史遗留违法建筑经处理、初始登记后，为非商品性质房地产，限定自用，不得抵押、转让。

住宅类历史遗留违法建筑处理确认为限定自用的非商品性质房地产的，如需出租、进行经营性活动时，应当按照有关规定办理手续，交纳土地使用税等有关税费。

第三十三条　历史遗留违法建筑当事人或者管理人取得《拟确认通知书》后，不愿意办理处理确认手续的，可以向区政府申请政府收购。

区政府组织相关部门按照有关规定收购前款规定房屋后，以市政府指定机构名义办理房地产初始登记，并可以根据房屋实际安全状况作为临时性保障性住房。

取得《拟确认通知书》的历史遗留违法建筑当事人或者管理人未在限定期限内申请房地产初始登记，又未申请政府收购的，政府可以依法实施征收。

第三十四条 住宅类历史遗留违法建筑，按照下列规定处罚、补缴地价后，登记为非商品性质房地产：

（一）原村民所建符合“一户一栋”原则的违法建筑，免缴地价，总建筑面积未超过480平方米的部分免予处罚，总建筑面积在480平方米以上不足600平方米的部分按建筑面积每平方米处以30元罚款，600平方米以上不足800平方米的部分按建筑面积每平方米处以60元罚款，800平方米以上的部分按建筑面积每平方米处以100元罚款；

（二）原村民违反“一户一栋”原则所建违法建筑的多栋部分，多栋的第一栋按现行公告基准地价的25%补缴地价，按建筑面积每平方米处以100元罚款，多栋的第二栋按现行公告基准地价的25%补缴地价，按建筑面积每平方米处以200元罚款，多栋的第三栋及以上栋数部分不予处理确认；

（三）原农村集体经济组织或者其继受单位为解决原村民居住问题统一建设的住宅类历史遗留违法建筑或者以住宅为主的多种用途历史遗留违法建筑，未经规划国土部门批准或者超过批准建设的部分，由原农村集体经济组织继受单位作为历史遗留违法建筑当事人，按现行公告基准地价的25%补缴地价，按建筑面积每平方米处以100元罚款。

原村民与非原村民共同建设、申报的住宅类历史遗留违法建筑，对原村民所建部分按照前款相应规定办理，对非原村民所建部分不予处理确认。

第三十五条 生产经营性、商业、办公类历史遗留违法建筑，按照下列规定处罚、补缴地价后，登记为非商品性质房地产：

（一）对原农村集体经济组织继受单位按建筑面积每平方米罚款20元，位于非农建设用地红线内的免缴地价，位于非农建设用地红线外的按照现行公告基准地价的25%补缴地价；

（二）对原村民、其他企业单位或者非原村民按建筑面积每平方米罚款120元，按照现行公告基准地价补缴地价。

第三十六条 2004年10月28日停工尚未批准复工，或者根据《决定》进行申报时尚未竣工的历史遗留违法建筑，依法应当拆除或者没收的，由区规划土地监察机构依法实施行政处罚；原村民所建符合原村民非商品住宅建设标准、总建筑面积不足480平方米的私宅，可以参照复工相关规定办理手续、按照本实施办法规定接受处理；其他情形，已建起地上建筑物的，按现状封顶后依照本实施办法处理，拒不按现状封顶并擅自续建、加建的，整栋建筑物均不予处理确认。

第三十七条 历史遗留违法建筑位于非农建设用地红线外的，按照下列规定办理：

（一）可以调整至非农建设用地红线内或者以非农建设用地、安置返还用地指标扣减的，按照位于非农建设用地红线内的标准补缴地价；

（二）不能调整或者未扣减非农建设用地、安置返还用地指标的，但属于占用未完善征转地手续、政府尚未支付征转地补偿款的用地的，应当完善征转地手续后，按本实施办法相关规定补缴地价，政府不再支付征转地补偿款；

（三）不属于本款第（一）、（二）项规定情形的，不予处理确认。

历史遗留违法建筑占地跨越非农建设用地

红线的，按照红线内外各自占地面积分别计算应缴地价。

历史遗留违法建筑按照本实施办法以扣减安置返还用地指标方式处理的，安置返还用地折算的具体比例和方式另行规定。

第三十八条 其他用途历史遗留违法建筑的罚款和补缴地价标准，适用现行公告基准地价最接近本实施办法第九条第（一）至（四）项规定用途的罚款和补缴地价标准。

公共配套类历史遗留违法建筑免缴地价、免予罚款。

具有多种用途的历史遗留违法建筑，按照各单项功能的建筑面积依据本章规定分别计算罚款和地价。

第三十九条 历史遗留违法建筑经处理确认、依法办理初始登记后，符合下列条件的，可以按照本市有关规定申请转为商品性质：

（一）原村民符合“一户一栋”原则的住宅类历史遗留违法建筑在480平方米以内的部分，按照申请转为商品性质时的公告基准地价的10%补缴地价；

（二）原农村集体经济组织继受单位所建商业、办公、生产经营性历史遗留违法建筑，按照申请转为商品性质时的市政府有关非农建设用地和征地返还用地土地使用权交易的有关规定缴纳地价；

（三）原村民、其他企业单位或者非原村民所建商业、办公、生产经营性历史遗留违法建筑，按照申请转为商品性质时的市场评估价补足地价。

已依据《深圳经济特区处理历史遗留违法私房若干规定》处理取得非商品性质房地产证的符合原村民“一户一栋”原则的住宅类违法建筑，已取得经区建设行政主管部门备案的房屋安全鉴定合格报告和消防验收或者备案凭证的，也可以按照本条规定申请转为商品性质。

第五章 临时使用

第四十条 历史遗留违法建筑经普查记录后依法处理前，符合本实施办法规定条件的，应当办理临时使用备案，但根据本实施办法第二十三条第一款第（二）项、第二款规定处理的情形除外。

临时使用期限为5年。未办理临时使用备案的历史遗留违法建筑，不得出租、进行经营性活动。

非原村民所建住宅类历史遗留违法建筑临时使用的具体办法，由规划国土部门会同区政府根据本章规定另行制定。

第四十一条 历史遗留违法建筑当事人或者管理人需要临时使用的，应当向历史遗留违法建筑所在区查违办或者受委托的街道办事处提交以下材料，办理临时使用备案：

（一）书面申请书；

（二）当事人或者管理人身份证明；

（三）历史遗留违法建筑申报受理回执；

（四）临时使用的用途；

（五）临时使用承诺书；

（六）根据本实施办法第二十条第二款规定应当由具备法定资质的地质灾害危险性评估机构出具的符合地质安全要求的评价报告；

（七）房屋安全鉴定机构出具的经区建设主管部门备案的房屋安全鉴定合格的报告；

（八）公安消防部门出具的消防验收或者备案凭证。

前款第（六）、（七）、（八）项规定的相应凭证、报告参照本实施办法第二十条、第二十五条、第二十六条规定办理。申请人已有相应的有效凭证、报告，可提交原有有效凭证、报告。

第四十二条 临时使用承诺书主要包括历史遗留违法建筑当事人或者管理人对下列事项的确认及同意：

（一）临时使用是政府依据《决定》对历史遗留违法建筑的临时监管措施，不代表对历史遗留违法建筑的确认；

（二）政府有权在任何时间对临时使用的历史遗留违法建筑依法采取处理措施且临时使用的备案证明自动失效；

（三）历史遗留违法建筑当事人或者管理人不得仅凭临时使用的备案证明索取任何赔偿、补偿。

临时使用的用途由历史遗留违法建筑当事人或者管理人申报，作为对消防安全等临时使用行为的监管依据。

第四十三条 对备案材料符合本实施办法第四十一条规定的，区查违办或者受托的街道办事处应当在 10 个工作日内出具《农村城市化历史遗留违法建筑临时使用备案证明》（以下简称临时使用备案证明），载明以下内容：

（一）临时使用人；

（二）临时使用用途与期限；

（三）临时使用历史遗留违法建筑普查记录编码；

（四）临时使用承诺书的主要内容；

（五）延期方式；

（六）其他事项。

临时使用备案证明核发情况应当载入历史遗留违法建筑台账。

第六章 拆除或者没收

第四十四条 历史遗留违法建筑当事人或者管理人未按照《决定》第四条规定的期限和普查工作要求向历史遗留违法建筑所在辖区街道办事处申报的，由街道办事处在建筑物所在社区、辖区主要公共场所以及市、区政府网站公告 3 个月。

本实施办法施行前街道办事处已按本市有关规定公告的，不再重复公告。

公告期满前获得历史遗留违法建筑当事人或者管理人联系地址、联系方式的，还应当在公告的同时书面通知当事人或者管理人。

第四十五条 公告内容主要包括：

（一）历史遗留违法建筑的具体位置；

（二）历史遗留违法建筑的建筑面积、层数、实际使用状况等基本情况；

（三）补充申报的截止时间；

（四）未补充申报的法律后果。

公告期间，任何单位和个人不得污损、撕毁或者采取其他方式破坏街道办事处的书面公告。

本条第一款规定历史遗留违法建筑的建筑面积、层数、实际使用状况等基本情况无法查明的，可以不纳入公告内容，但应当在公告中说明无法查明的原因。

第四十六条 历史遗留违法建筑当事人或者管理人在公告期满仍不申报的，由街道办事处临时管理 3 个月后依法予以拆除或者没收，公告期内申报的按照本实施办法第三章、第五章等有关规定处理。

第四十七条 街道办事处临时管理时，应当通知在历史遗留违法建筑中居住、生产经营的有关单位、人员在合理的期限内自行迁出历史遗留违法建筑，有关单位、人员应当服从或者予以配合。

有关单位、人员逾期不迁出的，由街道办事处提请所在区政府组织市场监管、公安、查违等部门、机构强制迁出有关单位、人员，无人认领、迁出的财产由街道办事处列明清单，发布招领公告后划定集中区域保管 6 个月。

有关单位、人员在街道办事处保管期内认领的，应当办理认领手续。6 个月保管期满后无人认领的，归国家所有，由街道办事处依法处理。

第四十八条 占用已办理征转地手续的国有土地所建历史遗留违法建筑，可以根据本市

完善城市化征转地历史遗留问题和收地安置的有关规定，以安置返还用地指标置换其所占用的已办理征转地手续国有土地的，不属于《决定》第九条、第十条所称“非法占用已完成征转地补偿手续的国有土地”，补缴地价标准按照本实施办法有关非农建设用地红线内的标准执行。

第四十九条　依法拆除的行政处罚决定书送达后，历史遗留违法建筑当事人或者管理人应当按照行政处罚决定书限定的期限自行拆除，并自行清理相关经济关系。

依法没收的行政处罚决定书送达后，历史遗留违法建筑当事人或者管理人应当按照行政处罚决定书限定的期限腾空历史遗留违法建筑，自行清理相关经济关系，并将历史遗留违法建筑移交区规划土地监察机构没收。

历史遗留违法建筑当事人或者管理人未按照行政处罚决定书限定的期限自行拆除历史遗留违法建筑的，或者未腾空历史遗留违法建筑完成移交的，由区规划土地监察机构依法实施强制拆除或者没收，或者依法申请人民法院强制执行，强制拆除、强制腾空的费用由历史遗留违法建筑当事人承担。需对历史遗留违法建筑内的人员、财产进行清理的，参照本实施办法第四十七条的规定处理。

第五十条　具有《决定》第九条第一款第（三）、（四）、（五）项规定情形之一的历史遗留违法建筑，建设行为发生在土地用途依法确定前的，依法拆除时区别情况给予下列适当补偿：

（一）原村民、原农村集体经济组织或者其继受单位在其原所在农村集体土地上所建历史遗留违法建筑，建筑物参照重置价给予补偿；

（二）非原村民或者其他企业单位所建历史遗留违法建筑，建筑物参照重置成新价给予补偿。

本条规定的历史遗留违法建筑依法拆除后，占地属未完善征转地手续、政府尚未支付征转地补偿的，应当按土地整备等相关政策处理后将原占地纳入国有土地管理。

第五十一条　《决定》施行之前原村民建成的符合“一户一栋”原则的住宅类违法建筑，属于《决定》和本实施办法等规定依法应当拆除或者没收的情形，但该户所有家庭成员在本市均无任何形式的其他自有住房的，在依法拆除或者没收其住宅类违法建筑后，应当按家庭人口 2 人以下建筑面积不小于 45 平方米、3 人以上建筑面积不小于 60 平方米的标准，提供成套住宅房屋或者按不低于前述面积标准、同区域普通住宅市场评估价计算给予补偿，并由原农村集体经济组织继受单位负责安排“一户一栋”住宅、统建上楼，或者在本社区开发建设中给予安置房。

在房屋征收、土地使用权收回前依法拆除或者没收历史遗留违法建筑时，对位于原农村非农建设用地红线内或者位于原农村非农建设用地红线外，但建设行为发生于农村城市化之前且由原村民、原农村集体经济组织或者其继受单位兴建的历史遗留违法建筑，对建筑物给予重置价补贴，对未征、转地或者未依法补偿的占地应当依法办理征、转地手续及补偿。

本条第二款规定的补贴与本实施办法第五十条规定的补偿不得重复。

第五十二条　基本农田、一级水源保护区，依照法定程序批准生效之日为土地用途依法确定的时间。

公共道路、广场、绿地、高压供电走廊、公共设施和公益项目用地及其他城市规划涉及用地，规划用途确定时间由规划国土部门认定。

城市规划对地下管线有规定的，按照前款规定确定土地用途依法确定的时间；没有规定的，以地下管线相关工程竣工验收合格之日为土地用途依法确定的时间。

第七章　征收、搬迁补偿和补贴

第五十三条　历史遗留违法建筑依据本实施办法处理确认后，历史遗留违法建筑当事人应当服从城市规划实施、城市更新、公共基础设施建设项目的需要，房屋征收、土地使用权收回时按照下列规定给予补偿：

（一）已按规定办理商品性质房地产证的，按照国家、省、市对商品性质房地产的补偿标准执行，并按照本实施办法第五十五条的规定限制产权调换；

（二）已按规定办理非商品性质房地产证的，建筑物给予重置价补偿，用地按原处理确认补缴的地价款扣减处理确认后已使用期限相应地价款给予补偿，如原处理确认时免缴地价的则不再给予用地补偿，不实行产权调换；

（三）符合处理确认条件但未办理房地产登记的，或者符合办理商品性质房地产证条件但未办理的，区别情形分别按照本款第（一）、（二）项规定处理，并扣减实际欠缴的罚款、地价以及办理房地产登记应当缴纳的相关税费。

本实施办法对历史遗留违法建筑规定依法收购的，收购价款参照前款规定执行，但法律、法规、规章及市政府另有规定的从其规定。

第五十四条　因城市规划实施、城市更新、公共基础设施建设项目需要实施房屋征收、土地使用权收回时，经普查记录的历史遗留违法建筑尚未依照本实施办法处理的，按照本市房屋征收补偿的有关规定进行补偿，但对已经申报、属于依法拆除或者没收情形的历史遗留违法建筑，具备下列条件之一的，对建筑物给予重置价补贴，对未征、转地或者未依法补偿的占地应当依法办理征、转地手续及补偿：

（一）位于原农村非农建设用地红线内的；

（二）位于原农村非农建设用地红线外，由原村民、原农村集体经济组织或者其继受单位在农村城市化之前所建的。

第五十五条　在实施本实施办法第五十三条第一款第（一）项时，应当区别情形对产权调换补偿方式进行限制：

（一）被搬迁人为非原村民、非原农村集体经济组织继受单位的，仅采用货币补偿方式进行补偿；

（二）被搬迁人为原村民、原农村集体经济组织继受单位的，按照本市房屋征收补偿有关规定实施产权调换。

第五十六条　对原村民所建符合原村民非商品住宅政策、无超建或者无一户多栋情形的住宅类建筑，在实施相关改造、搬迁时，应当给予以下政策优惠：

（一）未达到原村民非商品住宅政策最高控制标准的，依法实施产权调换时，允许在补足建设成本的前提下按照最高控制标准进行产权调换；

（二）采用货币补偿的，按照市场评估价实施补偿，被搬迁改造建筑物建筑面积低于改造、搬迁相关决定发布年度本市人均居住建筑面积的，以本市人均居住建筑面积为基准计算货币补偿的建筑面积，不再结算差价；

（三）市政府规定或者批准的其他政策优惠措施。

第八章　法律责任

第五十七条　当事人提供虚假材料或者利用隐瞒、欺骗手段获得历史遗留违法建筑处理确认，未发生房地产转移、抵押等初始登记以外的其他登记行为的，由区查违办撤销《确认决定书》并书面告知登记机构，由登记机构依法撤销核准登记，由规划国土部门对违法当事人处以原初始登记所缴纳罚款和地价总额20%的罚款，已收取的地价不予退还；已经发

生房地产转移、抵押等初始登记以外的其他登记行为的，由规划国土部门对违法当事人处以原初始登记所缴纳罚款和地价总额 100%的罚款，已收取的地价不予退还；涉嫌犯罪的，移送司法机关依法处理。

当事人未在本实施办法第四十四条第一款规定的公告前进行申报，经公告后方申报的，由区规划土地监察机构处以 500 元罚款。

第五十八条 当事人阻碍执法人员执行公务的，由公安机关依照《中华人民共和国治安管理处罚法》的规定予以处罚，采取暴力、威胁等方式阻碍执法涉嫌犯罪的，移送司法机关依法处理。

第五十九条 对经处理并办理初始登记的建筑物，擅自改建、扩建的，由规划土地监察机构依法查处；违法当事人涉嫌犯罪的，移送司法机关依法处理。

违反本实施办法第四十条第二款规定，将未办理临时使用备案的历史遗留违法建筑擅自出租、进行经营性活动的，由房屋租赁、公安消防等部门依法予以查处。

历史遗留违法建筑临时使用人违反本实施办法规定，擅自改变临时使用功能的，由区规划土地监察机构责令停止违法行为，限期改正；逾期仍未改正的，由区政府或者其委托的街道办事处收回临时使用备案证明，自临时使用备案证明收回之日起 6 个月内该历史遗留违法建筑不得再办理临时使用备案证明。

历史遗留违法建筑临时使用过程中有违反消防、房屋安全规定等其他违法行为的，由相关主管部门依法查处。

第六十条 在处理历史遗留违法建筑过程中，确需对依法应当拆除、没收或者具有严重安全隐患的历史遗留违法建筑实施停水、停电、停气的，由区查违办或者辖区街道办事处将历史遗留违法建筑的具体名称、地址以及停止供应点等信息书面通知供水、供电、供气单位；需恢复供应时，应当书面通知各供应单位。

供水、供电、供气单位停止向历史遗留违法建筑供水、供电、供气后，当事人违法私拉乱接的，由水、电、气主管部门依据相关法律、法规责令停止违法行为，并对私拉乱接的双方当事人进行处理，相关法律、法规未规定罚款的，由水、电、气主管部门分别对双方当事人处以 5 万元罚款。

第六十一条 以房地产开发为目的兴建违法建筑，除依法拆除、没收或者征收所建违法建筑外，对已实际分割转让、造成重大经济损失或者严重影响的违法建筑转让方 依法没收违法所得，违法所得无法确定的，按实际转让违法建筑的建筑面积以评估的工程造价确定；涉嫌非法经营犯罪的，移送司法机关依法处理。

第九章 附 则

第六十二条 经区政府批准复工或者同意建设的建筑物，在批准用地面积、功能和建筑面积范围内的部分，建筑当事人自愿的，可以参照本实施办法处理，批准范围内的建筑面积罚款减半；超过批准用地、功能或者建筑面积的部分，依照本实施办法处理。

原村民所建非商品住宅未超过批准用地面积、功能和建筑面积范围的部分，建筑当事人自愿的，可以参照本实施办法处理。

第六十三条 《决定》施行前，历史遗留违法建筑通过人民法院强制执行程序转让的，买受人应当持相关执行文书、拍卖等买受成交文书、买受人身份证明文件、建筑物《用地测点报告》或者规划国土部门认可的其他测绘报告等材料向区查违办申报；本实施办法施行前买受人已按照本市有关规定向街道办事处申报的，买受人补交建筑物《用地测点报告》或者规划国土部门认可的其他测绘报告后由街道办事处直接移送区查违办。

区查违办及相关行政主管部门应当按照下列规定，对前款规定建筑物进行处理：

（一）除依法拆除或者没收的以外，免予罚款；

（二）买受人不再提交原农村集体经济组织继受单位出具的理清经济关系、征转地关系的承诺书；

（三）买受人按照拍卖等买受成交文书订立时的市场评估地价标准补交缴地价；

（四）符合本实施办法第二十九条第二款第（一）、（三）、（四）、（五）项规定条件的，核发《确认决定书》并准予登记为商品性质房地产；不符合前述条件的，买受人可以申请参照本实施办法第五章相关规定办理临时使用备案；

（五）整栋建筑部分属于前款规定建筑，部分属于其他情形的历史遗留违法建筑的，分别按照各自情况依据本实施办法规定进行处理，符合本实施办法规定的相应处理确认条件的，依法办理房地产登记；

（六）处理确认及房地产登记时，产权取得方式记载为经由人民法院拍卖并载明人民法院执行文书确定的日期，不再记载建筑物建成时间，登记价格以人民法院执行文书确认的买受价格与处理确认支付费用之和确定。

第六十四条 当事人或者管理人拒绝签收行政处罚决定书、行政强制措施决定及其他行政处理决定、通知的，或者行政处罚决定书、行政强制措施决定及其他行政处理决定、通知无法直接送达的，区查违办应当在历史遗留违法建筑所在社区及市、区政府网站公告30日。公告期满，视为已经送达。

第六十五条 1999年3月5日之前所建的历史遗留违法建筑，符合《深圳经济特区处理历史遗留违法私房若干规定》和《深圳经济特区处理历史遗留生产经营性违法建筑若干规定》处理条件，但尚未处理的，参照本实施办法规定的程序进行处理。

第六十六条 本实施办法自2014年4月1日起在试点区域内试行。

城市更新、土地整备和重点开发区域的历史遗留违法建筑，可以优先列入试点区域。

市查违办应当会同市土地管理制度改革领导小组办公室和相关区政府，根据《决定》及本实施办法制订专门的试点工作方案，明确具体的试点区域、期限、工作步骤等，报市政府批准后施行。

国务院关于加强城市基础设施建设的意见

国发〔2013〕36 号

各省、自治区、直辖市人民政府，国务院各部委、各直属机构：

城市基础设施是城市正常运行和健康发展的物质基础，对于改善人居环境、增强城市综合承载能力、提高城市运行效率、稳步推进新型城镇化、确保 2020 年全面建成小康社会具有重要作用。当前，我国城市基础设施仍存在总量不足、标准不高、运行管理粗放等问题。加强城市基础设施建设，有利于推动经济结构调整和发展方式转变，拉动投资和消费增长，扩大就业，促进节能减排。为加强和改进城市基础设施建设，现提出以下意见：

一、总体要求

（一）指导思想。以邓小平理论、“三个代表”重要思想、科学发展观为指导，围绕推进新型城镇化的重大战略部署，立足于稳增长、调结构、促改革、惠民生，科学研究、统筹规划，提升城市基础设施建设和管理水平，提高城镇化质量；深化投融资体制改革，充分发挥市场配置资源的基础性作用；着力抓好既利当前、又利长远的重点基础设施项目建设，提高城市综合承载能力；保障城市运行安全，改善城市人居生态环境，推动城市节能减排，促进经济社会持续健康发展。

（二）基本原则。规划引领。坚持先规划、后建设，切实加强规划的科学性、权威性和严肃性。发挥规划的控制和引领作用，严格依据城市总体规划和土地利用总体规划，充分考虑资源环境影响和文物保护的要求，有序推进城市基础设施建设工作。

民生优先。坚持先地下、后地上，优先加强供水、供气、供热、电力、通信、公共交通、物流配送、防灾避险等与民生密切相关的基础设施建设，加强老旧基础设施改造。保障城市基础设施和公共服务设施供给，提高设施水平和服务质量，满足居民基本生活需求。

安全为重。提高城市管网、排水防涝、消防、交通、污水和垃圾处理等基础设施的建设质量、运营标准和管理水平，消除安全隐患，增强城市防灾减灾能力，保障城市运行安全。

机制创新。在保障政府投入的基础上，充分发挥市场机制作用，进一步完善城市公用事业服务价格形成、调整和补偿机制。加大金融机构支持力度，鼓励社会资金参与城市基础设施建设。

绿色优质。全面落实集约、智能、绿色、低碳等生态文明理念，提高城市基础设施建设工业化水平，优化节能建筑、绿色建筑发展环境，建立相关标准体系和规范，促进节能减排和污染防治，提升城市生态环境质量。

二、围绕重点领域，促进城市基础设施水平全面提升

当前，要围绕改善民生、保障城市安全、投资拉动效应明显的重点领域，加快城市基础设施转型升级，全面提升城市基础设施水平。

（一）加强城市道路交通基础设施建设。

公共交通基础设施建设。鼓励有条件的城市按照“量力而行、有序发展”的原则，推进地铁、轻轨等城市轨道交通系统建设，发挥地铁等作为公共交通的骨干作用，带动城市公共交通和相关产业发展。到 2015 年，全国轨道交通新增运营里程 1000 公里。积极发展大容

量地面公共交通，加快调度中心、停车场、保养场、首末站以及停靠站的建设；推进换乘枢纽及充电桩、充电站、公共停车场等配套服务设施建设，将其纳入城市旧城改造和新城建设规划同步实施。

城市道路、桥梁建设改造。加快完善城市道路网络系统，提升道路网络密度，提高城市道路网络连通性和可达性。加强城市桥梁安全检测和加固改造，限期整改安全隐患。加快推进城市桥梁信息系统建设，严格落实桥梁安全管理制度，保障城市路桥的运行安全。各城市应尽快完成城市桥梁的安全检测并及时公布检测结果，到 2015 年，力争完成对全国城市危桥加固改造，地级以上城市建成桥梁信息管理系统。

城市步行和自行车交通系统建设。城市交通要树立行人优先的理念，改善居民出行环境，保障出行安全，倡导绿色出行。设市城市应建设城市步行、自行车“绿道”，加强行人过街设施、自行车停车设施、道路林荫绿化、照明等设施建设，切实转变过度依赖小汽车出行的交通发展模式。

（二）加大城市管网建设和改造力度。

市政地下管网建设改造。加强城市供水、污水、雨水、燃气、供热、通信等各类地下管网的建设、改造和检查，优先改造材质落后、漏损严重、影响安全的老旧管网，确保管网漏损率控制在国家标准以内。到 2015 年，完成全国城镇燃气 8 万公里、北方采暖地区城镇集中供热 9.28 万公里老旧管网改造任务，管网事故率显著降低；实现城市燃气普及率 94%、县城及小城镇燃气普及率 65%的目标。开展城市地下综合管廊试点，用 3 年左右时间，在全国 36 个大中城市全面启动地下综合管廊试点工程；中小城市因地制宜建设一批综合管廊项目。新建道路、城市新区和各类园区地下管网应按照综合管廊模式进行开发建设。

城市供水、排水防涝和防洪设施建设。加快城镇供水设施改造与建设，积极推进城乡统筹区域供水，力争到 2015 年实现全国城市公共供水普及率 95%和水质达标双目标；加强饮用水水源建设与保护，合理利用水资源，限期关闭城市公共供水管网覆盖范围内的自备水井，切实保障城市供水安全。在全面普查、摸清现状基础上，编制城市排水防涝设施规划。加快雨污分流管网改造与排水防涝设施建设，解决城市积水内涝问题。积极推行低影响开发建设模式，将建筑、小区雨水收集利用、可渗透面积、蓝线划定与保护等要求作为城市规划许可和项目建设的前置条件，因地制宜配套建设雨水滞渗、收集利用等削峰调蓄设施。加强城市河湖水系保护和管理，强化城市蓝线保护，坚决制止因城市建设非法侵占河湖水系的行为，维护其生态、排水防涝和防洪功能。完善城市防洪设施，健全预报预警、指挥调度、应急抢险等措施，到 2015 年，重要防洪城市达到国家规定的防洪标准。全面提高城市排水防涝、防洪减灾能力，用 10 年左右时间建成较完善的城市排水防涝、防洪工程体系。

城市电网建设。将配电网发展纳入城乡整体规划，进一步加强城市配电网建设，实现各电压等级协调发展。到 2015 年，全国中心城市基本形成 500（或 330）千伏环网网架，大部分城市建成 220（或 110）千伏环网网架。推进城市电网智能化，以满足新能源电力、分布式发电系统并网需求，优化需求侧管理，逐步实现电力系统与用户双向互动。以提高电力系统利用率、安全可靠水平和电能质量为目标，进一步加强城市智能配电网关键技术研究与试点示范。

（三）加快污水和垃圾处理设施建设。

城市污水处理设施建设。以设施建设和运行保障为主线，加快形成“厂网并举、泥水并重、再生利用”的建设格局。优先升级改造落

后设施，确保城市污水处理厂出水达到国家新的环保排放要求或地表水Ⅳ类标准。到2015年，36个重点城市城区实现污水“全收集、全处理”，全国所有设市城市实现污水集中处理，城市污水处理率达到85%，建设完成污水管网7.3万公里。按照“无害化、资源化”要求，加强污泥处理处置设施建设，城市污泥无害化处置率达到70%左右；加快推进节水城市建设，在水资源紧缺和水环境质量差的地区，加快推动建筑中水和污水再生利用设施建设。到2015年，城镇污水处理设施再生水利用率达到20%以上；保障城市水安全、修复城市水生态，消除劣Ⅴ类水体，改善城市水环境。

城市生活垃圾处理设施建设。以大中城市为重点，建设生活垃圾分类示范城市（区）和生活垃圾存量治理示范项目。加大处理设施建设力度，提升生活垃圾处理能力。提高城市生活垃圾处理减量化、资源化和无害化水平。到2015年，36个重点城市生活垃圾全部实现无害化处理，设市城市生活垃圾无害化处理率达到90%左右；到2017年，设市城市生活垃圾得到有效处理，确保垃圾处理设施规范运行，防止二次污染，摆脱“垃圾围城”困境。

（四）加强生态园林建设。

城市公园建设。结合城乡环境整治、城中村改造、弃置地生态修复等，加大社区公园、街头游园、郊野公园、绿道绿廊等规划建设力度，完善生态园林指标体系，推动生态园林城市建设。到2015年，确保老城区人均公园绿地面积不低于5平方米、公园绿地服务半径覆盖率不低于60%。加强运营管理，强化公园公共服务属性，严格绿线管制。

提升城市绿地功能。到2015年，设市城市至少建成一个具有一定规模，水、气、电等设施齐备，功能完善的防灾避险公园。结合城市污水管网、排水防涝设施改造建设，通过透水性铺装，选用耐水湿、吸附净化能力强的植物等，建设下沉式绿地及城市湿地公园，提升城市绿地汇聚雨水、蓄洪排涝、补充地下水、净化生态等功能。

三、科学编制规划，发挥调控引领作用

（一）科学编制城市总体规划。牢固树立规划先行理念，遵循城镇化和城乡发展客观规律，以资源环境承载力为基础，科学编制城市总体规划，做好与土地利用总体规划的衔接，统筹安排城市基础设施建设。突出民生为本，节约集约利用土地，严格禁止不切实际的“政绩工程”、“形象工程”和滋生腐败的“豆腐渣工程”。强化城市总体规划对空间布局的统筹协调。严格按照规划进行建设，防止各类开发活动无序蔓延。开展地下空间资源调查与评估，制定城市地下空间开发利用规划，统筹地下各类设施、管线布局，实现合理开发利用。

（二）完善和落实城市基础设施建设专项规划。城市基础设施建设要着力提高科学性和前瞻性，避免盲目和无序建设。尽快编制完成城市综合交通、电力、排水防涝和北方采暖地区集中供热老旧管网改造规划。抓紧落实已明确的污水处理及再生利用、生活垃圾处理设施建设、城镇供水、城镇燃气等“十二五”规划。所有建设行为应严格执行建筑节能标准，落实《绿色建筑行动方案》。

（三）加强公共服务配套基础设施规划统筹。城市基础设施规划建设过程中，要统筹考虑城乡医疗、教育、治安、文化、体育、社区服务等公共服务设施建设。合理布局和建设专业性农产品批发市场、物流配送场站等，完善城市公共厕所建设和管理，加强公共消防设施、人防设施以及防灾避险场所等设施建设。

四、抓好项目落实，加快基础设施建设进度

（一）加快在建项目建设。各地要统筹组织协调在建基础设施项目，加快施工建设进度。通过建立城市基础设施建设项目信息系统，全面掌握在建项目进展情况。对城市道路和公共交通设施建设、市政地下管网建设、城市供水设施建设和改造、城市污水处理设施建设和改造、城市生活垃圾处理设施建设、消防设施建设等在建项目，要确保工程建设在规定工期内完成。各地要列出在建项目的竣工时间表，倒排工期，分项、分段落实；要采取有效措施，确保建设资金、材料、人工、装备设施等及时或提前到位；要优化工程组织设计，充分利用新理念、新技术、新工艺，推进在建项目实施。

（二）积极推进新项目开工。根据城市基础设施建设专项规划落实具体项目，科学论证，加快项目立项、规划、环保、用地等前期工作。进一步优化简化城市基础设施建设项目审批流程，减少和取消不必要的行政干预，逐步转向备案、核准与审批相结合的专业化管理模式。要强化部门间的分工合作，做好环境、技术、安全等领域审查论证，对重大基础设施建设项目探索建立审批“绿色通道”，提高效率。在完善规划的基础上，对经审核具备开工条件的项目，要抓紧落实招投标、施工图设计审查、确定施工及监理单位等配套工作，尽快开工建设。

（三）做好后续项目储备。按照城市总体规划和基础设施专项规划要求，超前谋划城市基础设施建设项目。各级发展改革、住房城乡建设、规划和国土资源等部门要解放思想，转变职能和工作作风，通过统筹研究、做好用地规划安排、提前下拨项目前期可研经费、加快项目可行性研究等措施，实现储备项目与年度建设计划有效对接。对 2016 年、2017 年拟安排建设的项目，要抓紧做好前期准备工作，建立健全统一、完善的城市基础设施项目储备库。

五、确保政府投入，推进基础设施建设投融资体制和运营机制改革

（一）确保政府投入。各级政府要把加强和改善城市基础设施建设作为重点工作，大力推进。中央财政通过中央预算内投资以及城镇污水管网专项等现有渠道支持城市基础设施建设，地方政府要确保对城市基础设施建设的资金投入力度。各级政府要充分考虑和优先保障城市基础设施建设用地需求。对于符合《划拨用地目录》的项目，应当以划拨方式供应建设用地。基础设施建设用地要纳入土地利用年度计划和建设用地供应计划，确保建设用地供应。

（二）推进投融资体制和运营机制改革。建立政府与市场合理分工的城市基础设施投融资体制。政府应集中财力建设非经营性基础设施项目，要通过特许经营、投资补助、政府购买服务等多种形式，吸引包括民间资本在内的社会资金，参与投资、建设和运营有合理回报或一定投资回收能力的可经营性城市基础设施项目，在市场准入和扶持政策方面对各类投资主体同等对待。创新基础设施投资项目的运营管理方式，实行投资、建设、运营和监管分开，形成权责明确、制约有效、管理专业的市场化管理体制和运行机制。改革现行城市基础设施建设事业单位管理模式，向独立核算、自主经营的企业化管理模式转变。进一步完善城市公用事业服务价格形成、调整和补偿机制。积极创新金融产品和业务，建立完善多层次、多元化的城市基础设施投融资体系。研究出台配套财政扶持政策，落实税收优惠政策，支持城市基础设施投融资体制改革。

六、科学管理，明确责任，加强协调配合

（一）提升基础设施规划建设管理水平。

城市规划建设管理要保持城市基础设施的整体性、系统性，避免条块分割、多头管理。要建立完善城市基础设施建设法律法规、标准规范和质量评价体系。建立健全以城市道路为核心、地上和地下统筹协调的基础设施管理体制机制。重点加强城市管网综合管理，尽快出台相关法规，统一规划、建设、管理，规范城市道路开挖和地下管线建设行为，杜绝“拉链马路”、窨井伤人现象。在普查的基础上，整合城市管网信息资源，消除市政地下管网安全隐患。建立城市基础设施电子档案，实现设市城市数字城管平台全覆盖。提升城市管理标准化、信息化、精细化水平，提升数字城管系统，推进城市管理向服务群众生活转变，促进城市防灾减灾综合能力和节能减排功能提升。

（二）**落实地方政府责任。**省级人民政府要把城市基础设施建设纳入重要议事日程，加大监督、指导和协调力度，结合已有规划和各地实际，出台具体政策措施并抓好落实。城市人民政府是基础设施建设的责任主体，要切实履行职责，抓好项目落实，科学确定项目规模和投资需求，公布城市基础设施建设具体项目和进展情况，接受社会监督，做好城市基础设施建设各项具体工作。对涉及民生和城市安全的城市管网、供水、节水、排水防涝、防洪、污水垃圾处理、消防及道路交通等重点项目纳入城市人民政府考核体系，对工作成绩突出的城市予以表彰奖励；对质量评价不合格、发生重大事故的政府负责人进行约谈，限期整改，依法追究相关责任。

（三）**加强部门协调配合。**住房城乡建设部会同有关部门加强对城市基础设施建设的监督指导；发展改革委、财政部、住房城乡建设部会同有关部门研究制定城市基础设施建设投融资、财政等支持政策；人民银行、银监会会同有关部门研究金融支持城市基础设施建设的政策措施；住房城乡建设部、发展改革委、财政部等有关部门定期对城市基础设施建设情况进行检查。

国务院

2013 年 9 月 6 日

深圳市规划和国土资源委员会关于印发《深圳市城市更新历史用地处置暂行规定》的通知

深规土〔2013〕294号

各有关单位：

为进一步规范本市城市更新历史用地处置工作，高效、科学、规范推进城市更新项目实施，根据《关于推进“三旧”改造促进节约集约用地的若干意见》（粤府〔2009〕78号）、《关于加强和改进城市更新实施工作的暂行措施》（深府办〔2012〕45号）等相关规定，我委组织制定了《深圳市城市更新历史用地处置暂行规定》，现予印发施行。

深圳市规划和国土资源委员会
2013年5月17日

深圳市城市更新历史用地处置暂行规定

第一条 为进一步规范本市城市更新历史用地处置工作，高效、科学、规范推进城市更新项目实施，根据《关于推进“三旧”改造促进节约集约用地的若干意见》（粤府〔2009〕78号）、《关于加强和改进城市更新实施工作的暂行措施》（深府办〔2012〕45号）等相关规定，制定本规定。

第二条 本规定适用于经批准纳入城市更新单元计划，以拆除重建方式实施城市更新的历史用地的处置。

第三条 市规划国土主管部门在区政府（含新区管理机构）的协助下，统筹组织城市更新历史用地处置工作。

第四条 对于经批准纳入城市更新单元计划的城市更新单元，在土地、建筑物信息核查和历史用地处置之前，相关主体可以依据现行有关规定，并按下列要求先行申请开展土地、建筑物权属认定工作：

（一）根据市政府有关规定，本社区范围内应当划定非农建设用地但尚未划定，或者应当落实征地返还用地但尚未落实的，可以优先在拟实施拆除重建的建成区按照有关规定予以安排；

（二）拟实施拆除重建的建成区范围内存在旧屋村用地的，按照有关规定申请办理旧屋村范围认定；

（三）拟实施拆除重建的建成区范围内的地上建筑物符合历史遗留违法建筑处理有关规定的，历史遗留违法建筑当事人应当取得市规划国土主管部门审查意见并缴纳罚款和地价，不再补办房屋质量检测鉴定、消防等手续，由市规划国土主管部门核发处理意见书；

（四）拟实施拆除重建的建成区范围内的地上建筑物符合《关于加强房地产登记历史遗留问题处理工作的若干意见》（深府〔2010〕66号）有关规定的，应当按照其规定取得规划确认文件、土地权属证明并缴纳地价，不再补办房屋质量检测鉴定、消防等手续，由市规划

国土主管部门核发处理意见书；如申请人或者其他有关当事人的行为违反有关规定须予以行政处罚的，还应当依法予以行政处罚并由违法行为人缴纳罚款；

（五）拟实施拆除重建的建成区范围内，国有已出让土地上建筑物已办理规划验收手续的部分，视为合法建筑物，如须补交地价的，应当依法缴纳地价；国有已出让土地上建筑物未取得建设工程规划许可证、未按照建设工程规划许可证的规定进行建设、未办理规划验收手续，且根据《中华人民共和国城乡规划法》、《深圳市城市规划条例》等有关规定，属于不影响城市规划或者影响城市规划但尚可采取改正措施，可以补办手续的，应当按照相关规定取得规划确认文件，并缴纳罚款和地价，不再补办房屋质量检测鉴定、消防和规划审批等手续，由市规划国土主管部门核发处理意见书；

（六）适用其他有关规定的，从其规定办理土地、建筑物权属认定工作。

在城市更新单元实施拆除重建时，按照前款规定开展相关工作、取得相应认定文件的土地、建筑物，视为权属清晰的土地、合法建筑物，涉及缴纳的地价和罚款可在取得相关认定文件之后，但必须在城市更新项目实施主体与市规划国土主管部门签订土地使用权出让合同前缴清；但城市更新单元无法实施拆除重建、被调出城市更新单元计划的，相关土地、建筑物应当按照现行有关规定处理。

第五条　城市更新单元计划经市政府批准后，在城市更新单元规划编制之前，计划申报主体应当向市规划国土主管部门申请对城市更新单元范围内的土地、建筑物信息进行核查、汇总，并提交下列材料：

（一）土地、建筑物信息核查申请表；

（二）申请人身份证明；

（三）土地权属证明材料；

（四）建筑物权属证明材料；

（五）未取得房地产权利证书的，提交规划验收证明文件或者建筑物现状测绘报告；

（六）土地信息一览表、建筑物信息一览表及相关图示；

（七）土地征（转）情况证明材料等其他必要材料。

市规划国土主管部门应当在 20 个工作日内完成土地、建筑物信息核查、汇总，将核查结果函复计划申报主体。相关复函不作为土地及建筑物性质、权属、面积等的证明材料。

第六条　根据土地、建筑物信息核查结果复函，对于拟实施拆除重建范围内未签订征（转）地协议或者已签订征（转）地协议但土地或者建筑物未作补偿，用地行为发生在 2007 年 6 月 30 日之前，用地手续不完善的建成区，可以由原农村集体经济组织继受单位（以下简称继受单位）申请进行历史用地处置。

经市规划国土主管部门核查，属于已签订征（转）地协议且土地及建筑物均已按协议进行部分补偿但补偿未完成的用地，不得申请按照本规定进行历史用地处置，应当按照其他相关规定进行处理。

第七条　继受单位应当在计划申报主体申报城市更新单元规划之前或者申报的同时，向市规划国土主管部门申请历史用地处置。但本规定实施前城市更新单元规划已批准的，继受单位可以在项目实施主体提出建设用地申请前向市规划国土主管部门单独申请。

申请处置的对象应当为拟实施拆除重建的建成区内所有符合第六条规定处置条件的历史用地。

历史用地处置申请须经继受单位股东代表大会审议且获 2/3 以上（含 2/3）表决同意，但继受单位章程对表决通过率有更高要求的，从其规定。

继受单位应当提交下列历史用地处置申请资料：

（一）历史用地处置申请及承诺书；

（二）土地、建筑物信息核查结果的复函；

（三）继受单位股东代表大会决议；

（四）所在街道办事处出具的协助核查历史用地行为发生时间的意见；

（五）法律、法规、规章及规范性文件规定的其他材料。

第八条　市规划国土主管部门应当结合历史用地处置情况进行城市更新单元规划审查。历史用地处置申请经审查符合条件的，市规划国土主管部门应当在城市更新单元规划批准后5个工作日内，向继受单位核发历史用地处置意见，同时抄送区城市更新职能部门。

对于本规定实施前城市更新单元规划已批准，单独申请历史用地处置，经审查符合条件的，市规划国土主管部门应当在受理申请之日起20个工作日内向继受单位核发历史用地处置意见，同时抄送区城市更新职能部门。城市更新单元规划须进行相应调整的，按照有关规定执行。

第九条　项目实施主体确认后，市规划国土主管部门可以根据历史用地处置意见按规定程序办理城市更新项目用地审批及出让。

在项目实施主体与市规划国土主管部门签订土地使用权出让合同前，继受单位应当依法自行理清经处置的历史用地范围内的经济关系，自行拆除、清理地上建筑物、构筑物及附着物，并与市规划国土主管部门签订完善征（转）地手续的协议，政府不再另行支付补偿费用。

第十条　城市更新项目涉及历史用地处置的，项目地价应当区分为两部分进行测算：

（一）出让给项目实施主体的开发建设用地面积不超出项目拆除范围内原有手续完善的用地面积的部分，该部分分摊的建筑面积按照《深圳市城市更新办法实施细则》第六十条规定测算地价；

（二）出让给项目实施主体的开发建设用地面积超出项目拆除范围内原有手续完善的用地面积以外的部分，该部分分摊的建筑面积按照改造后的功能和土地使用权使用期限以公告基准地价标准的110%计收地价，其中的10%用作对历史用地行为的处理。

第十一条　城市更新项目范围内实施拆除重建的土地需完善征（转）地手续且未按照本规定进行历史用地处置的，在项目实施主体与市规划国土主管部门签订土地使用权出让合同前，继受单位应当依法自行理清需完善征（转）地手续的土地范围内的经济关系，自行拆除、清理地上建筑物、构筑物及附着物，并向市规划国土主管部门申请签订完善征（转）地手续的协议，政府不再另行支付补偿费用，该申请须经继受单位股东代表大会审议且获2/3以上（含2/3）表决同意。

第十二条　本规定自发布之日起实施，有效期3年。

深圳市规划和国土资源委员会关于印发《深圳市危房拆除重建规划管理规定》的通知

深规土〔2013〕400号

各有关单位:

为规范本市危房拆除重建行为，消除房屋安全隐患，保障人民生命财产安全，根据有关法律、法规的规定，结合本市实际，我委组织制定了《深圳市危房拆除重建规划管理规定》，现予印发施行。

深圳市规划和国土资源委员会
2013年7月3日

深圳市危房拆除重建规划管理规定

第一条 为规范本市危房拆除重建行为，消除房屋安全隐患，保障人民生命财产安全，根据有关法律、法规的规定，结合本市实际，制定本规定。

第二条 本规定适用于本市行政区域范围内危房拆除重建的规划管理。

本规定所称危房，是指具有合法权属证明文件，结构已严重损坏或者承重构件已属危险构件，不能保证居住和使用安全，经依法成立的房屋安全鉴定机构鉴定为危房且鉴定文书提出的处理意见为整体拆除的房屋。

第三条 危房具有下列情形之一的，应当根据相关规定处理，不按本规定拆除重建：

（一）已纳入经市政府批准的土地整备范围内的；

（二）基本生态控制线内已确定的整体搬迁范围内的；

（三）已纳入经市政府批准的城市更新单元计划拆除范围内的；

（四）按照已批准生效的城市规划，所在用地的规划用途为城市道路、城市基础设施、公共配套设施和公共绿地的；

（五）属原村民非商品住宅的。

危房按本规定申请拆除重建后，被纳入土地整备范围或者城市更新单元计划拆除范围的，按照下列规定办理：

（一）尚未取得危房拆除批准文件的，按照土地整备或者城市更新政策予以处理；

（二）已取得危房拆除批准文件的，鼓励申请人不再重建、直接参与到土地整备或者城市更新中，危房按照本规定已经办理房地产权变更登记的，危房拆除批准文件及所附分栋分户数据汇总表可以作为已经拆除房产的权益证明文件。

土地整备或者城市更新经依法确定不再实施的，可以继续申请危房拆除重建，但已经取得危房拆除批准文件、《建设工程规划许可证》的，应当重新报市规划国土部门复核。

第四条 危房拆除重建应当遵循以下原则：

（一）先规划后建设，依法办理拆建审批手续；

（二）符合建筑设计相关标准和技术规范要求；

（三）按原建设规模和用途进行恢复性重建；

（四）土地使用权不重新计算和延期；

（五）原产权单位负责投资建设。

第五条 危房恢复性重建应当符合下列规定：

（一）住宅类危房，在原址上按原占地面积、原建筑规模、原建筑高度和原风格进行重建；

（二）工业厂房类危房，不突破原批准规模，可以结合周边用地条件，在不影响周边建筑物、构筑物合法权益的前提下，对使用功能进行合理整合、适当优化建筑设计；

（三）办公、商业类危房，经批准可以适当增加停车位等配套设施；

（四）公共配套设施类危房，在满足城市规划和行业规范要求的条件下，可以适当放宽建设规模。

危房恢复性重建涉及建筑设计变更的，应当重新申报建筑设计文件。

第六条 危房拆除重建的申请人为房屋所有人或者其法定监护人、权利继承人，房屋所有人可以依法授权业主委员会或者其他相关单位、个人提出申请并组织实施。

第七条 危房拆除须征得本栋建筑全体业主同意，并制定拆除方案，确保周围建筑物、构筑物、道路、管线及拆除工作的安全。危房拆除方案中应当明确有关建筑废弃物减排与综合利用管理措施。

第八条 申请人应当向市规划国土部门申请危房拆除，并提交以下材料：

（一）危房拆除申请书；

（二）房屋安全鉴定材料；

（三）危房拆除方案、征求意见结果和证明材料；

（四）危房拆除机构的资质等级证明；

（五）危房的合法权属证明文件，有抵押的还应当取得抵押权人同意拆除的证明材料，有查封的还应当取得采取查封措施的行政、司法机关同意拆除的证明材料；

（六）原已取得的危房《建设用地规划许可证》、《建设工程规划许可证》或者其他规划审批文件，无《建设工程规划许可证》或者现状建筑施工图存档资料的，还应当提供具备法定资质的测绘机构对现状建筑的测绘报告；

（七）房屋重建的建筑设计方案；

（八）依据合法权属证明文件制定的分栋分户数据汇总表，该汇总表应当包括宗地号、栋号、建筑面积、权利人、份额以及其他与危房密切相关的配套设施等内容；

（九）其他依法需要提供的材料。

第九条 市规划国土部门应当在收到申请材料后进行初步审核。

经初步审核，申请材料符合本规定条件的，市规划国土部门应当在危房所在地公示申请人提交的拆除方案和重建的建筑设计方案，公示时间不少于 7 日。

第十条 公示期满无异议或者经核实异议不成立、异议经有关当事人妥善处理的，市规划国土部门应当自收到申请材料之日起 20 个工作日内出具危房拆除批准文件，明确相关规划设计指标，并附申请人提交的分栋分户数据汇总表。市规划国土部门应当将批准文件抄送市房地产权登记机构和危房所在的区规划土地监察机构。

前款规定的 20 个工作日时限，不包括公示和异议调查处理的时间。

第十一条 申请人应当在危房拆除完成后 30 日内向市房地产权登记机构申请办理变更登记。

第十二条 危房拆除完成后，申请人应当向市规划国土部门申请办理《建设工程规划许

可证》，并提交市规划国土部门同意拆除的批准文件、危房房地产权登记变更证明文件、经施工图审查机构审查合格的施工图设计文件以及法律法规要求的其他材料。

第十三条　危房重建工程竣工后，申请人应当按规定办理竣工验收和产权登记等手续。

第十四条　本规定自公布之日起施行，有效期5年。

深圳市人民政府办公厅关于印发创新型产业用房管理办法的通知

深府办〔2013〕2号

各区人民政府，市政府直属各单位：

《深圳市创新型产业用房管理办法（试行）》已经市政府同意，现予印发，请遵照执行。

深圳市人民政府办公厅
2013年1月7日

深圳市创新型产业用房管理办法（试行）

第一章　总　则

第一条　为加大对创新型产业的支持力度，形成支持创新型产业发展的长效机制，加快构建“高、新、软、优”的现代产业体系，根据《中共深圳市委深圳市人民政府关于加快建设国家创新型城市的若干意见》（深发〔2008〕8号）和深圳市人民政府《关于加快产业转型升级的指导意见》（深府〔2011〕165号），制定本办法。

第二条　本办法适用于本市行政区域内创新型产业用房的规划计划、筹集建设、准入配置、调剂退出等。

本办法所称创新型产业用房，是指根据创新型企业的发展需求，建设或配建、筹集（含租购）并按政策出租或出售的生产、研发、运营及其他配套设施的政策性产业用房。

第三条　创新型产业用房的建设和管理遵循政府主导、统筹规划、市区联动、企业参与的原则。

第四条　市政府成立由市领导任组长，市发展改革、科技创新、经贸信息、规划国土、财政、交通运输、文体旅游、金融等部门和各区政府（新区管委会）为成员单位的市创新型产业用房建设和管理工作领导小组，协调、解决创新型产业用房相关政策落实中的重大问题。领导小组办公室设在市发展改革委。

各区政府（新区管委会）根据全市创新型产业用房规划及计划，负责本辖区投资的创新型产业用房筹集建设、准入审核、调剂退出和监督管理的组织工作。

第二章　规划与计划

第五条　市发展改革、科技创新、经贸信息、交通运输、文体旅游、金融等产业主管部门及各区政府（新区管委会），根据国民经济和社会发展规划、深圳国家创新型城市总体规划及产业发展规划等要求，拟订本行业、本区域创新型产业用房发展需求，报市发展改革和规划国土部门。

第六条　市发展改革部门汇总市、区（新区）创新型产业用房的需求，编制全市创新型产业用房需求发展规划，会同市其他产业主管等部门拟定、调整创新型产业用房的租、售价格方案，报市创新型产业用房建设和管理工作领导小组。市规划国土部门汇总市、区（新区）创新型产业用房的需求，编制全市创新型产业用房空间规划，报市创新型产业用房建设和管理工作领导小组。市财政部门根据市发展改革部门下达的投资计划，拨付创新型产业用房建设或补助资金。

第七条　市规划国土部门会同市发展改革部门结合创新型产业用房空间规划和需求发展规划，根据年度土地利用计划指标安排，编制全市创新型产业用房建设年度计划，明确年度创新型产业用房建设及供应目标、总量、结构、布局等，相关指标纳入固定资产投产年度计划、近期建设和土地利用年度计划。

第八条　市产业主管部门应定期开展年度创新型产业用房调查及创新型企业需求调研，并根据创新型产业用房建设年度计划实施情况，考虑创新型产业用房需求变化等实际情况，建立科学合理的动态评估及调整机制，以满足我市产业和经济社会可持续发展的需要。

第三章　筹集与建设

第九条　创新型产业用房通过以下方式筹集、建设：

（一）企业通过招标、拍卖、挂牌方式取得建设用地使用权建设；

（二）政府直接投资建设；

（三）政府租赁或购买符合条件的工业厂房；

（四）在城市更新项目中按一定比例配建；

（五）在符合城市规划原则下利用单位自有用地建设；

（六）其他符合政策规定的筹集、建设渠道。

第十条　通过招标、拍卖、挂牌方式取得建设用地使用权建设的创新型产业用房实行监管协议书制度。市产业主管部门应当制订监管协议书，明确项目设计要求、建设标准、产权限制、建设工期、可用于租售的建筑面积比例等内容。

市规划国土部门以招标、拍卖和挂牌方式出让创新型产业用房建设用地使用权时，应当会同市产业主管部门合理设置竞买人（竞标人）的资质要求，并将监管协议书的主要内容纳入招标、拍卖、挂牌条件。

竞买人（竞标人）递交书面竞买、投标申请时，须一并提交建设和管理承诺书，确保按照监管协议书相关要求组织开发建设。土地竞得者应与市产业主管部门签订监管协议书，市规划国土部门应当将监管协议书作为土地出让合同的组成部分。

第十一条　市财政投资建设、购买的创新型产业用房，产权由政府相关部门或市投融资平台持有，市政府指定市相关产业主管部门作为管理主体，负责相关创新型产业用房的分配及后续管理。市产业主管部门可依法委托相关

事业组织或管理机构具体实施。

各区（新区）建设、购买的创新型产业用房的分配及后续管理由各区（新区）具体安排。

第十二条 在符合城市规划的原则下，企业利用自有用地建设创新型产业用房的，需向市规划国土部门提出申请。市规划国土部门需征求市产业主管部门意见，报经市创新型产业用房建设和管理工作领导小组审核同意。企业应与市产业主管部门签订创新型产业用房监管协议书。市规划国土部门应当将监管协议书作为土地出让合同或者补充合同的组成部分。

第十三条 按照城市更新有关规定，城市更新项目配建的创新型产业用房，建成后政府可优先以建造成本加合理利润回购；政府不回购的，产权归原所有人，但需按政府拟定的基准价格和准入条件租售。回购价格由审计机构审计后确定。

第十四条 创新型产业用房租售实行政府基准价。基准价格由市发展改革部门会同市其他产业主管部门、规划国土部门拟定。其中，销售基准价格可综合考虑开发成本、税金、合理利润和该宗建设用地使用权市场评估地价、基准地价以及我市产业政策导向等因素确定，租赁基准价格的调整周期为3年。

租售基准价格报市创新型产业用房建设和管理工作领导小组批准后公布执行，租售价格原则上应为同片区同档次产业用房市场评估价格的50%—70%，具体由市发展改革部门牵头拟定。

第四章 准入配置

第十五条 创新型产业用房配置的企业或项目，应符合下列产业之一：

（一）互联网、生物、新能源、新材料、文化创意和新一代信息技术等战略性新兴产业；

（二）先进制造业、现代服务业、优势传统产业及我市产业发展规划中重点支持的其他相关产业。

第十六条 市产业主管部门、区政府（新区管委会）应根据产业发展规划和产业空间布局规划，适时制订创新型产业用房的入驻及配置标准，提交市创新型产业用房建设和管理工作领导小组审定后实施。

第十七条 入驻及配置标准应当包括但不限于以下内容：

（一）企业所属行业类别；

（二）企业经营状况要求，包括资产规模或销售规模、纳税额、人员规模、研发投入、自主知识产权情况等；

（三）项目基本要求，包括投资领域、投资额、投资强度等；

（四）能耗、环境保护、安全生产等要求；

（五）使用建筑面积标准或核定依据；

（六）管理主体规定的其它条件。

第十八条 创新型产业用房的配置坚持租售并举的原则。以出售方式配置创新型产业用房的企业，应同时符合本办法第十五条、第十七条相关要求及下列条件：

（一）最近3年的年均主营业务收入增长率在30%以上；

（二）最近1年实际缴纳入库的企业所得税、增值税、营业税3项的地方分成部分合计超过200万元。

我市重点引进的重大项目依托企业、科研机构，条件可适当放宽，经报请市创新型产业用房建设和管理工作领导小组批准后，可申请购买创新型产业用房。

第十九条 符合条件的企业可向各管理主体申请租用或购买创新型产业用房。管理主体应在5个工作日内对申请企业进行准入资格审核，并将审核结果向社会公示，公示期为5个工作日。公示无异议后办理相关租售手续；公示期间有异议的，由相关管理主体负责调查，出具调查结论，并将结果函告异议者。

第五章　调剂退出

第二十条　建立全市创新型产业用房信息管理平台，收集、发布、更新创新型产业用房的规划、建设、供应、退出等相关信息。

第二十一条　创新型产业用房原则上限定自用。购买创新型产业用房的企业确需转让的，经相关管理主体批准后方可转让，且优先由政府回购，回购价格不高于原销售价格减折旧价；政府不回购的，在市土地房产交易中心按政府拟定的基准价格以公开方式进行转让，次受让方也应符合创新型产业用房准入条件，经相关管理主体资格审查合格后方可参与竞买。

第二十二条　企业租用创新型产业用房的合同期限不超过 5 年。承租企业如需继续租用，可在合同期限届满 6 个月前向相关管理主体申请续约，经管理主体审查符合条件的方可续租。

第二十三条　承租企业因技术升级、规模扩张等原因需扩大租赁规模或变更租赁地址的，可向相关管理主体提出换租申请，经管理主体审查符合条件的方可换租。

第二十四条　入驻企业每年应在规定时间内向相关管理主体汇报入驻和配置标准所要求的相关指标及其变动情况，经审查连续 2 年均不符合入驻条件的，管理主体可终止租赁合同或由政府提前回购用房。

第六章　监督检查

第二十五条　入驻企业在合同期限内擅自转租、转售、抵押、改变其原有使用功能等不按租售合同约定使用创新型产业用房的，管理主体可终止租赁合同或提前由政府回购用房，并追究原入驻企业相关责任。

第二十六条　入驻企业有隐瞒真实情况、伪造有关证明等骗租或骗购行为的，一经查实，取消该企业入驻资格，载入企业诚信不良记录，5 年内不得租赁或购买我市创新型产业用房或享受其它政府专项扶持资金，并向社会公布。

第七章　附　则

第二十七条　本办法自发布之日起试行。

深圳市人民政府办公厅关于印发工业楼宇转让管理办法的通知

深府办〔2013〕3号

各区人民政府，市政府直属各单位：

《深圳市工业楼宇转让管理办法（试行）》已经市政府同意，现予印发，请遵照执行。

深圳市人民政府办公厅
2013年1月7日

深圳市工业楼宇转让管理办法（试行）

第一条 为规范我市工业楼宇转让，推进市场配置产业空间资源，促进产业空间资源有序流转，实现产业转型升级，根据相关法律、法规的规定，结合本市实际，制定本办法。

第二条 本市行政区域内工业楼宇（含本办法实施前兴建的工业楼宇）的转让适用本办法。

本办法所称工业楼宇，是指在工业用地上兴建的用于工业生产（含研发）用途的建筑物、构筑物及其附着物。

深圳经济特区高新技术产业园区内工业楼宇的转让，按照《深圳经济特区高新技术产业园区条例》的规定执行。

属于《深圳市人民代表大会常务委员会关于农村城市化历史遗留违法建筑的处理决定》（以下简称《决定》）及我市其他处理历史遗留违法用地、违法建筑政策适用范围的工业楼宇的转让，按照《决定》及其他相关规定执行。

第三条 本市行政区域内划拨或出让工业用地上已合法建成的工业楼宇及配套设施，除法律、法规、规章、本办法另有规定或者用地批准文件、土地使用权出让合同另有约定外，可以宗地为单位进行整体转让。

第四条 用地批准文件或土地使用权出让合同约定可以分割转让的工业楼宇，可分割转让。

用地批准文件或土地使用权出让合同约定不得分割转让或未明确可以分割转让的工业楼宇，不得分割转让，但具有下列情形之一的可分割转让：

（一）因企业破产清算工业楼宇必须分割转让的；

（二）因人民法院实施强制执行工业楼宇必须分割转让的；

（三）因企业不符合现行产业管理政策、环保要求等，被有关主管部门依法责令停产或者人民法院、仲裁机构的生效裁判文书确定停止生产，工业楼宇必须分割转让的；

（四）企业将其拥有的工业楼宇作价入股，其作价入股后工业楼宇的自用建筑面积比例不低于总建筑面积50%的，非自用部分可以分割转让；

（五）产业转移后，企业总部和财务结算中心继续使用原有工业楼宇，其自用建筑面积比例不低于总建筑面积50%的，非自用部分可以分割转让；

（六）单一企业投资建设的专业产业园区内的工业楼宇，企业自用确有富余，其自用建筑面积比例不低于总建筑面积50%的，非自用部分可以分割转让；

（七）租用工业楼宇从事生产、研发活动满5年的企业，需购买工业楼宇的，已租用部分的工业楼宇可以分割转让；

（八）为满足首次公开发行股票并上市的发行条件，已在证券监督管理部门辅导备案准备上市的公司需购买工业楼宇的，该部分工业楼宇可以分割转让；

（九）法律、法规、规章、市政府规范性文件规定及市政府批准的其他情形。

第五条 工业楼宇的受让人须是经依法注册登记的企业。

用地批准文件、土地使用权出让合同约定或市政府规定受让人准入条件的工业楼宇的转让，受让人必须符合产业准入条件并通过各区（新区）产业主管部门依法进行的资格审查。

第六条 依照本办法规定限整体转让的工业楼宇，自用地批准文件生效之日起或土地使用权出让合同签订之日起不满20年进行整体转让的，政府在同等条件下享有优先购买权。

本办法第四条第二款第（一）、（二）、（三）、（四）、（五）、（六）、（九）项规定的工业楼宇分割转让的，政府在同等条件下可以优先购买。

第七条 工业楼宇及作为专有部分的配套设施分割转让时，作为共有部分的建筑物或配套设施应根据《中华人民共和国物权法》及其他有关法律、法规的规定与相应的专有部分一并转让。

工业楼宇分割转让时，市规划国土主管部门应明确宗地内专有部分与共有部分的范围。

第八条 非商品性质的工业楼宇，进行整体转让的，应按规定程序报批并按公告基准地价补缴地价；进行分割转让的，还应按市场评估地价标准扣减已缴纳的地价计收应缴纳的地价。

本办法第四条第二款规定情形的工业楼宇分割转让的，应按市场评估地价标准扣减已缴纳的地价计收应缴纳的地价。

第九条 城市更新项目改造后形成的工业楼宇可分割转让。

城市更新项目中作为工业配套设施的配套办公、配套单身宿舍以及小型商业服务设施可分割转让，其建筑面积一般不得超过项目总建筑面积的30%。

本条规定的工业楼宇及配套设施分割转让时，按照下列规定补缴地价：

（一）改造后适用《深圳市城市更新办法》第三十八条第一款及第三款规定的地价政策的建筑面积中，属于工业楼宇的，应按照工业和办公公告基准地价的平均值补缴地价；属于配套设施的，应按照市场评估地价标准补缴地价；

（二）适用其他地价政策的建筑面积不再补缴地价。

本办法实施前已签订土地使用权出让合同的城市更新项目，按照本条第三款的规定补缴地价后，项目实施主体可向市规划国土主管部门申请对改造后的工业楼宇及配套设施进行分割转让。

第十条 工业楼宇须在办理房地产权登记并取得房地产权利证书后方可转让、抵押。

第十一条 符合本办法规定可以转让的工业楼宇，可在市政府土地房产交易机构公开交易或自行交易。

第十二条 未经分割登记的工业楼宇依照本办法规定分割转让的，在办理转移登记时除提交法律、法规规定的办理房地产转移登记所需的材料外，还应提交下列材料：

（一）规划主管部门出具的楼宇分割改造相关批准文件及施工图图纸；

（二）消防主管部门出具的楼宇分割消防安全验收合格文件或备案凭证；

（三）测绘部门出具的楼宇分割测绘查丈报告；

（四）转受让方自愿接受本办法有关再转让期限限制、优先购买权、增值收益分成规定的承诺书。

依照本办法或其他有关法律、法规的规定，工业楼宇分割转让需补缴地价的，申请人还应提交已补缴地价的证明文件。

第十三条 依照本办法规定可以分割转让的工业楼宇，以栋、层、间为基本单元进行房地产权登记并核发房地产权利证书。

依照本办法规定不得分割转让的工业楼宇，可以栋为基本单元进行房地产权登记并核发房地产权利证书。

本条所称工业楼宇基本单元，是指有固定界限、可独立使用且有明确、唯一编号（栋号、室号等）的楼宇或者特定空间。

第十四条 工业楼宇转让的，转让方应将一定比例的增值收益上缴政府，纳入政府设立的国有土地收益基金专项管理。具体收缴办法由市规划国土主管部门另行制定。

前款所称的增值收益，是指转让工业楼宇的交易价格扣减该工业楼宇的登记价及转让方受让该工业楼宇时已缴纳的相关税费后的余额；工业楼宇转让时，已按照本办法规定补缴地价的，应同时扣减已补缴的地价。

工业楼宇的增值收益按下列方式缴交：

（一）工业楼宇转让的增值收益额未超过扣减总金额50%的部分，按50%的比例上缴；

（二）工业楼宇转让的增值收益额超过扣减总金额50%的部分，按60%的比例上缴；

（三）工业楼宇转让后，自工业楼宇完成转移登记之日起5年内原则上不得转让。确需在5年内转让的，工业楼宇转让的增值收益按增值收益额100%的比例上缴。

转让方申报的合同成交价格等于或高于转让工业楼宇的计税参考价格的，以合同成交价格作为转让工业楼宇的交易价格。转让方申报的合同成交价格低于转让工业楼宇的计税参考价格的，以计税参考价格作为转让工业楼宇的交易价格。

工业楼宇的计税参考价格由市政府确定的承担评估职能的非营利性机构负责测算，并经市财政、地税主管部门确认后，供工业楼宇所有人查询。

第十五条 区（新区）产业主管部门应会同相关政府职能部门依照有关规定、约定对工业楼宇的使用进行监管。

产业、规划国土等相关主管部门应各司其职，对擅自改变工业楼宇使用功能等违规行为依法予以查处。

第十六条 市政府有关职能部门可根据本办法制定工业楼宇转让的相关实施细则。

第十七条 本办法自发布之日起试行。2008年9月27日深圳市人民政府发布的《深圳市工业楼宇转让暂行办法》停止执行。

深圳市规划和国土资源委员会关于印发《〈深圳市工业楼宇转让管理办法（试行）〉实施细则》的通知

深规土〔2013〕721号

各有关单位:

为贯彻落实《深圳市工业楼宇转让管理办法（试行）》（深府办〔2013〕3号），根据有关规定，我委组织制定了《〈深圳市工业楼宇转让管理办法（试行）〉实施细则》，经市政府同意，现予印发施行。

深圳市规划和国土资源委员会
2013年12月6日

《深圳市工业楼宇转让管理办法（试行）》实施细则

第一条 为贯彻落实《深圳市工业楼宇转让管理办法（试行）》（深府办〔2013〕3号，以下简称《办法》），根据《办法》第十六条规定，制定本细则。

第二条 工业楼宇配套设施的转让适用《办法》及本细则关于工业楼宇转让的规定。

《办法》第二条第二款所称“工业用地”，包括含有工业生产（含研发）功能的混合用地。

《办法》所称“建筑面积”，是指房地产权利证书记载的建筑面积，总建筑面积是指同一宗地内建筑物面积之和。

《办法》及本细则所称“分割转让”，是指同一宗工业用地上建筑物、构筑物及其附着物的分割转让。

第三条 已按《深圳市人民代表大会常务委员会关于农村城市化历史遗留违法建筑的处理决定》（以下简称《决定》）及我市其他处理历史遗留违法用地、违法建筑政策依法处理并取得合法产权的工业楼宇转让，适用《办法》及本细则；但《决定》及其他处理历史遗留违法用地、违法建筑政策对其转让作出规定的，从其规定。

第四条 工业楼宇所在宗地用地批准文件或者土地使用权出让合同中土地使用权人为两个或两个以上，且已明确约定所占产权份额但未约定不得分割转让的，视为《办法》第四条第一款规定的“约定可以分割转让”。

第五条 用地批准文件或者土地使用权出让合同约定不得分割转让或者未明确约定可以分割转让的工业楼宇，在本细则实施前已分割转让并办理转移登记的，以及根据《办法》第四条第二款的规定对工业楼宇进行分割转让的，已分割转让的部分可以按分割登记的工业楼宇基本单元进行再转让；未转让的部分不得转让，但未转让的部分又发生《办法》第四条第二款第（一）、（二）、（三）项规定情形的除外。

第六条 工业楼宇的受让人应当是经依法

注册登记的企业，但下列情形除外：

（一）因人民法院、仲裁机构的生效法律文书取得物权的；

（二）因继承、受遗赠取得物权的；

（三）因共有分割取得物权的；

（四）因政府行使优先购买权的。

第七条　工业楼宇分割转让测绘前，转让方应当根据《中华人民共和国物权法》以及《最高人民法院关于审理建筑物区分所有权纠纷案件具体应用法律若干问题的解释》（法释〔2009〕7号）规定，制定工业楼宇共有部分与专有部分的划分方案，并提交规划国土主管部门进行审核，确定宗地内专有部分与共有部分的具体范围。

第八条　商品性质的工业楼宇进行分割转让的，应当按市场评估地价标准扣减已缴纳的地价计收应缴纳的地价；但转让方能够提供证据证明已按市场评估地价缴纳地价的，不需要再补缴地价。

《办法》及本细则有关地价补缴的规定只适用于工业楼宇中拟转让的部分。

第九条　按照《办法》规定进行分割转让的，转让方在办理补缴地价、签订土地使用权出让合同补充协议的手续时应当分别提交以下材料：

（一）按照《办法》第四条第二款第（四）项进行分割转让的，应当提供企业以其工业楼宇作价入股的协议书；

（二）按照《办法》第四条第二款第（五）项进行分割转让的，应当提供由市产业主管部门出具的产业转移相关证明；

（三）按照《办法》第四条第二款第（六）项进行分割转让的，应当提供区（新区）产业主管部门出具的同意富余部分分割转让并对受让人提出产业准入条件的书面意见；

（四）按照《办法》第四条第二款第（七）项进行分割转让的，应当提供房屋租赁合同及房屋租赁主管部门出具的连续租赁满5年的证明文件；

（五）按照《办法》第四条第二款第（八）项进行分割转让的，应当提供由证券监督管理部门出具的辅导备案登记凭证；

（六）受让人有准入条件限制的，应当提供区（新区）产业主管部门出具的有关工业楼宇受让人资格的证明文件；

土地使用权出让合同补充协议应当确认工业楼宇分割转让符合《办法》及本细则规定的条件。

转让方按照《办法》第九条规定分割转让工业楼宇的，规划国土主管部门应当核实该工业楼宇是否属于改造后所形成的城市更新项目；转让方按照《办法》及本细则规定已划分共有部分与专有部分具体范围的，规划国土主管部门应当核实转让方是否取得经审核同意的共有部分与专有部分划分方案。

第十条　《办法》第六条规定的工业楼宇优先购买权，由市、区（新区）土地整备（储备）机构行使。

市房地产登记机构受理工业楼宇转移登记申请后，经审查工业楼宇属于《办法》第六条规定情形的，应当通过市房地产权登记机构网站公告通知市、区（新区）土地整备（储备）机构行使优先购买权，公告期限不得少于10日。

土地整备（储备）机构决定行使优先购买权的，应当在公告期内书面告知市房地产权登记机构及工业楼宇转让方；逾期未告知的，市房地产权登记机构可以办理后续房地产权登记工作。

第十一条　工业楼宇办理初始登记后首次进行转让的，转让方应当按照《办法》第十四条及本细则的规定缴纳转让增值收益；但具有下列情形之一的，免缴转让增值收益：

（一）城市更新项目中已按市场评估地价

标准计收地价的工业楼宇配套设施首次转让的；

（二）用于安置回迁的工业楼宇登记至回迁户的；

（三）市政府规定的其他情形。

第十二条 根据《办法》第十四条第二款规定计算增值收益时予以扣除的项目包括：

（一）工业楼宇的登记价（无登记价的，扣减所转让的工业楼宇分摊的地价和工程造价）；

（二）转让方取得工业楼宇时依法应当负担并实际已缴交的税费；

（三）转让方转让工业楼宇时依法应当负担并实际已缴交的税费；

（四）按照《办法》及本细则规定补缴的地价款。

第十三条 城市更新项目重建的工业楼宇可进行预售，工业楼宇的受让人应当符合《办法》第五条的规定。

城市更新项目回迁户取得安置回迁的工业楼宇首次转让的，不适用《办法》第十四条第三款第（三）项规定，但应按照本细则第十四条的规定缴纳转让增值收益。

第十四条 除本细则第十一条规定的免缴情形外，城市更新改造后形成的工业楼宇首次转让的，其增值收益按以下方式缴纳：

（一）工业楼宇转让的增值收益额未超过扣减总金额30%的部分，免缴增值收益；

（二）工业楼宇转让的增值收益额超过扣减总金额30%未超过50%的部分，按50%的比例上缴；

（三）工业楼宇转让的增值收益额超过扣减总金额 50%未超过 100%的部分，按 60%的比例上缴；

（四）工业楼宇转让的增值收益额超过扣减总金额100%的部分，按100%的比例上缴。

第十五条 在相关部门依法征收房地产转让相关税费后，工业楼宇转让方应当按照《办法》及本细则的规定缴纳应缴的增值收益。

市房地产权登记机构负责代收前款规定的工业楼宇转让增值收益。代收费用按政府收取增值收益的 3%列支，并纳入政府财政预算，实行“收支两条线”管理。

工业楼宇转让取得的增值收益纳入国有土地使用权出让收支管理，统筹用于土地整备等项目资金需求。

第十六条 本细则自发布之日起施行，有效期5年。

深圳市规划和国土资源委员会关于印发《深圳市房地产行业诚信档案管理办法》的通知

深规土〔2013〕187号

各有关单位:

为加强本市房地产行业信用体系建设,规范房地产市场主体及从业人员行为,促进房地产市场持续健康发展,根据《深圳市房地产市场监管办法》,结合本市实际,我委组织制定了《深圳市房地产行业诚信档案管理办法》,现予印发施行。

深圳市规划和国土资源委员会
2013年4月2日

深圳市房地产行业诚信档案管理办法

第一章 总 则

第一条 为加强本市房地产行业信用体系建设,规范房地产市场主体及从业人员行为,促进房地产市场持续健康发展,根据《深圳市房地产市场监管办法》,结合本市实际,制定本办法。

第二条 本办法适用于本市房地产市场主体及从业人员的诚信信息的采集、建档、公示、查询、管理和信息系统建设。

第三条 本办法所称房地产市场主体(以下简称市场主体),是指在本市范围内从事房地产业务活动的房地产开发企业、房地产经纪企业和房地产(土地)估价企业。

本办法所称房地产从业人员(以下简称从业人员),是指房地产开发企业营销人员、房地产经纪人、房地产经纪人助理、房地产(土地)估价师、房地产(土地)估价师助理,及其他在市场主体中从事相关业务活动的人员。

本办法所称诚信信息,是指市场主体和从业人员在经营活动中形成的能够用以分析、判断其从业诚信状况的信息。

本办法所称诚信档案,是指本办法规定的主管部门和行业组织依照本办法规定的方式,对市场主体和从业人员诚信信息进行整理形成的记录资料。

第四条 市房地产主管部门(以下简称主管部门)依照本办法,组织和指导房地产行业诚信档案管理工作。

市房地产行业组织(以下简称行业组织)依照本办法,负责市场主体和从业人员诚信信息的采集、建档、公示及主管部门委托的其他事项。

市房地产信息技术服务单位(以下简称信息技术单位)接受市主管部门的委托,依照本办法及相关规定,负责房地产行业诚信档案的信息系统建设及主管部门委托的其他事项。

第五条 本市房地产行业诚信档案管理工作，应当遵循客观、公正、准确、及时的原则，并依法保守国家秘密，保护商业秘密和个人隐私。

第二章　诚信信息的分类和采集

第六条 诚信信息包括市场主体和从业人员良好行为信息和不良行为信息。

良好行为信息，是指市场主体和从业人员在房地产市场行为过程中，遵守有关法律、法规和规章，受到各级人民政府、相关行政管理部门、行业组织或者相关专业部门、有关社会团体的奖励和表彰，或者参加社会公益活动，参与促进行业发展活动的信息。

不良行为信息，是指市场主体和从业人员在房地产市场行为过程中，产生的违反行业自律规范的行为、违法违规行为、经查证属实的被投诉举报记录、行政处罚及刑事处罚等行为信息。

良好行为和不良行为的具体内容和表现形式，由行业组织制订指标体系进行规定。

第七条 行业组织应当通过下列方式采集诚信信息：

（一）要求市场主体和从业人员定期反馈；

（二）主管部门反馈在房地产市场管理中掌握的情况；

（三）市场监管、税务、银行监管等其他行政管理部门和司法机关通报；

（四）行业组织在行业自律中认定或者查处；

（五）社会公众、媒体通过正当程序反映，并经主管部门或行业组织查证属实的；

（六）其他合法方式。

第八条 主管部门应当将在房地产市场管理中掌握的市场主体和从业人员诚信信息及时反馈给行业组织，并提供相关材料。

第九条 行业组织不得要求市场主体和从业人员提供和公示下列信息：

（一）与诚信状况无关的信息；

（二）法律、法规、规章规定应当保密或者禁止采集的其他信息。

第十条 行业组织应当制定相关核实和证明规则，确保所采集信息的真实性和完整性。

第十一条 行业组织应当在采集并初步认定诚信信息后 10 个工作日内书面或通过深圳市房地产信息系统平台通知被认定的市场主体、从业人员。

市场主体或者从业人员对本人诚信信息有异议的，应当在收到书面通知之日起 10 个工作日内，向行业组织提出书面异议。

行业组织应当在收到书面异议之日起 30 日内予以核实，30 日内核实确有困难的，经行业组织负责人批准，可以延长 15 日。核实结果应当书面告知异议人。经核实发现诚信信息确有错误或者难以查证属实的，不得作出诚信信息认定并归入诚信档案。

未在规定期间内提出异议的，视为诚信信息属实。

第十二条 市场主体和从业人员的诚信信息发生变更的，行业组织应当依申请或者主动及时对诚信信息进行追加、修改和更新，对诚信信息实行动态管理。

第三章　诚信档案的归入、评级和公示

第十三条 行业组织应当依照本办法，及时将经认定的市场主体和从业人员的诚信信息按照主体类别和诚信信息类别归入诚信档案。

诚信档案应当包括以下内容：

（一）基本信息；

（二）诚信信息类别；

（三）诚信信息具体情形；

（四）诚信信息有效证明材料。

第十四条 行业组织应当将诚信档案制成电子文档，录入行业组织诚信档案信息系统。

信息技术单位应当将行业组织诚信档案信息系统接入深圳市房地产信息系统，与其他房地产管理功能对接。

第十五条 市场主体和从业人员的诚信档案应当在行业组织诚信档案信息系统网站、深圳市房地产信息系统网站上进行公示。

诚信档案的公示内容为对市场主体和从业人员诚信信息的客观、简要描述。

每年度的诚信档案公示期为 3 年，3 年期满后转入诚信档案管理系统的后台保存。

第十六条 行业组织应当结合本行业实际制定诚信档案的评分规则并报主管部门备案。

评分规则应当包括以下内容：

（一）良好行为和不良行为指标；

（二）良好行为和不良行为指标的对应诚信得分或者失分分值；

（三）市场主体和从业人员年度诚信得分的计算规则；

（四）诚信级别及其分数区间；

（五）评级规则的修改条件、规则和期限；

（六）为保证评分规则科学、合理的其他规定。

第十七条 行业组织应当根据其诚信档案评分规则，对上一年度市场主体和从业人员的诚信得分进行测评并进行分级。

行业组织应当在房地产行业诚信档案信息系统公布市场主体和从业人员的诚信级别，但具体诚信得分不予公布。

第十八条 社会公众可以向行业组织申请查询市场主体或者从业人员的诚信档案资料，行业组织应当根据国家和省、市有关档案查阅的规定办理。

第四章　附　则

第十九条 主管部门应当向社会公众宣传诚信档案管理信息系统，并与其他部门充分协调，建立信息共享机制。

第二十条 市场主体或者从业人员对诚信信息的建档、公示过程和结果有异议的，可以依据行业组织章程、行规行约等与行业组织协商解决；协商不成的，可以循法律途径解决。

第二十一条 本办法自公布之日起施行。

深圳市住房和建设局 深圳市发展和改革委员会 深圳市规划和国土资源委员会关于新开工房屋建筑项目全面推行绿色建筑标准的通知

各区人民政府、新区管委会，各有关部门和单位：

为贯彻落实党的十八大关于大力推进生态文明建设的重大战略部署，根据国务院办公厅转发的国家发展改革委、住房城乡建设部《绿色建筑行动方案》（国办发〔2013〕1 号）的总体要求，以及许勤市长在市五届五次人大会议上所作《政府工作报告》关于“新开工建设项目率先全面推行绿色建筑标准”的重要决策，经市政府同意，现就有关事项通知如下：

一、所有尚处于项目建议书、可行性研究或初步设计（方案设计）阶段的各类房屋建筑项目，应当确定该项目的绿色建筑等级。相关绿色建筑咨询单位或设计单位在做项目咨询时，应当考虑广泛采用适宜于本市的绿色建筑技术，包括节能、节地、节水、节材和环境保护等方面的技术、工艺、设备、材料及产品。

二、由政府投资的各类房屋建筑项目，已批复项目概算且其绿色建筑增量成本未超过项目总投资 3%的，无须办理概算调整手续，所需投资纳入项目总投资，待项目竣工后一并报送审计部门审计，项目总投资以审计结果为准。已批复项目概算且绿色建筑增量成本超过总投资额 3%的，应当履行概算调整审批程序。

三、由社会投资的各类房屋建筑项目，应当确定该项目的绿色建筑等级，并将按绿色建筑标准建设的增量成本纳入项目总投资。已完成项目核准或备案手续的项目，如增量成本超过核准或备案管理办法规定限额，需办理变更手续。

四、建设单位在进行绿色建筑项目设计发包时，应当在委托合同中明确绿色建筑等级以及相关指标要求。依法应当招标的房屋建设工程项目，应当将绿色建筑的相关要求列入工程招标文件和合同条款。

五、设计单位应当按照绿色建筑有关法规政策、技术标准及规范的要求，对新开工建设的各类房屋建筑项目进行绿色设计。设计方案和施工图设计文件应当编制绿色建筑专篇，并至少达到绿色建筑评价标识国家一星级及深圳铜级标准。鼓励大型公共建筑和标志性建筑按绿色建筑评价标识国家二星级及以上、深圳金级及以上的标准进行设计。

六、施工图设计文件审查机构应当严格按绿色建筑技术标准和技术规范开展施工图审查，并对相应技术指标进行把关，经审查不符合绿色建筑技术标准和技术规范要求的，不予出具施工图设计文件审查合格意见。

七、各类房屋建筑项目，未按照绿色建筑标准进行项目立项、规划和设计的，不予办理投资计划、规划许可和施工许可等有关审批手续。因特殊原因不能按照绿色建筑标准进行项目立项、规划、设计的，应当报经市绿色建筑专家咨询委员会研究、论证，并经市住房和建设局批准后，方可按原建设标准实施。

八、鼓励已经办理施工许可手续，但仅启动基础工程的项目，按照绿色建筑标准建设，由建设单位交由设计单位按照不低于国家一星级、深圳铜级的绿色建筑等级标准重新进行优化设计。

九、施工单位应当认真编制和实施绿色施

工方案，严格按照施工图设计文件进行施工，确保其承接的房屋建筑项目达到绿色建筑标准。开展绿色施工时，应当对建筑垃圾实施分类管理和再利用，提高建筑废弃物综合利用水平。

十、监理单位应当根据绿色建筑标准、施工图设计文件，结合绿色施工方案，编制绿色建筑监理方案，对所监理的房屋建筑项目落实绿色建筑标准及施工质量，进行跟踪检查，履行监理职责。

十一、各类房屋建筑项目，应当全面使用预拌混凝土、预拌砂浆、高强钢筋、高性能混凝土和新型墙材。要严格执行《关于进一步加强建筑废弃物减排与利用工作的通知》深府办函〔2012〕130号）要求，建筑物的基础垫层、路基垫层、围墙、管井、管沟、挡土坡砌筑等指定工程部位，应当全面使用绿色再生建材。

鼓励有条件的城市更新项目，参照南方科技大学建筑废弃物处理模式，开展建筑废弃物“零排放”的试点示范。

十二、市、区（含新区）建设主管部门在开展建筑节能施工图设计文件抽查和建筑节能专项验收时，应当对各类房屋建筑项目落实绿色建筑标准情况进行核查。对未按照绿色建筑标准进行设计、施工的项目，建设主管部门不予通过建筑节能专项验收，不予办理竣工验收备案手续。

十三、市、区（含新区）建设工程质量、安全监督机构应当依照职责分工对项目建设各方主体执行绿色建筑标准、施工图设计文件和绿色施工、绿色监理等方面的情况进行监督检查，并提供必要的技术支持与服务。

十四、各物业服务企业应当针对建成投入使用的绿色建筑实施绿色物业管理，并达到相应等级的绿色运营管理标准。

十五、按照上述要求，全市新开工建设项目需要到政府相关主管部门重新办理或变更投资、规划、设计、施工等相关审批手续的，可享受绿色通道便利服务。

十六、各相关主管部门应当加强新开工建设的各类房屋建筑项目全面推行绿色建筑标准情况的监督、检查和考核，对按照绿色建筑标准进行建设取得显著成效的单位和个人，应当予以通报表扬和奖励；对执行不力、消极应付的单位和个人，予以通报批评，情节严重的可以作不良行为记录。

十七、各有关单位应加强对我市“新开工建设项目率先全面推行绿色建筑标准”的宣传工作力度。要通过专题片、论坛、展会、培训、科普、节能宣传周等形式，广泛利用广播、电视、报刊、互联网等媒体，营造全社会支持绿色建筑发展的氛围和环境。

十八、本通知自发布之日起实施。

深圳市住房和建设局
深圳市发展和改革委员会
深圳市规划和国土资源委员会
2013年5月22日

深圳市住房和建设局关于印发《深圳市公共租赁住房轮候与配租暂行办法》的通知

深建规〔2013〕10号

各区住房和建设局，宝安区住宅局，各新区城建局，市租赁中心，各有关单位：

为加强公共租赁住房管理，规范公共租赁住房轮候与配租活动，根据《深圳市保障性住房条例》等有关规定，我局制定了《深圳市公共租赁住房轮候与配租暂行办法》。现予以印发，请遵照执行。

深圳市住房和建设局
2013年11月29日

深圳市公共租赁住房轮候与配租暂行办法

第一章　总　则

第一条　为加强公共租赁住房管理，规范公共租赁住房轮候与配租活动，根据《深圳市保障性住房条例》等有关规定，制定本办法。

第二条　本办法适用于本市范围内公共租赁住房的轮候、配租及相关管理活动。

本办法所称公共租赁住房包括由市、区政府直接投资建设、城市更新配建回购以及通过其他途径筹集的公共租赁住房。

第三条　公共租赁住房轮候与配租应当遵循适度保障、诚实信用和公开、公平、公正的原则。

第四条　市住房保障主管部门（以下简称市主管部门）负责建立全市统一的公共租赁住房轮候册，对全市公共租赁住房轮候与配租实行监督管理，依法委托相关事业单位具体实施。

各区（含新区）住房保障主管部门（以下简称区主管部门）协助市主管部门开展公共租赁住房轮候与配租的相关工作，具体负责辖区内公共租赁住房配租管理。

第五条　规划国土、卫生计生、人力资源和社会保障、公安、民政等部门应当按照各自职责，配合市、区主管部门的相关核查工作，及时提供信息核查结果，并对核查结果负责。

行政监察等部门依法对公共租赁住房轮候与配租活动的全过程实施监督。

第二章　轮　候

第六条　公共租赁住房采用首次集中轮候排队、日常轮候递补的轮候规则。

首次轮候的申请起止时间、具体实施方式等，由市主管部门确定，并在市政府网站、市主管部门网站发布通告。通告发布时间距首次轮候的申请开始时间不少于15日。

第七条　申请轮候公共租赁住房，应当符合下列条件：

（一）申请人年满 18 周岁，且具有本市户籍，但投靠子女取得本市户籍的居民不能作为申请人。

（二）申请人参加本市社会保险（养老保险或者医疗保险，不含少儿医疗保险，下同）累计缴费 3 年以上，申请人具有大学本科及以上学历或者中级及以上职称的，参加本市社会保险累计缴费 1 年以上。

（三）申请人及其配偶、未成年子女或者其他共同申请人在本市未拥有任何形式自有住房（含住房建设用地，下同），未领取购房补贴，在申请受理日之前 3 年内未在本市转让过或者因离婚分割过自有住房。

（四）申请人及其配偶或者其他共同申请人提出申请时，未租住任何形式的保障性住房（包括廉租住房、公共租赁住房）；正在本市领取租房货币补贴的，可以依照本办法申请轮候公共租赁住房，经轮候选房并承租公共租赁住房的，停止享受租房货币补贴。

（五）申请人及其配偶无违反国家计划生育政策超生子女行为，或者虽有违反国家计划生育超生子女的行为，但已依法接受处理并自处理之日起满 5 年。

第八条　申请人已经组建家庭的，应当以家庭为单位提出公共租赁住房轮候申请，具有本市户籍或者持有本市居住证满 1 年的申请人配偶、未成年子女应当列为共同申请人。申请人的配偶属现役军人的，可以不受户籍及持有本市居住证期限的限制。

具有本市户籍的申请人父母、成年子女可以作为共同申请人，但在承租期间不得重复享受本市其他任何住房保障政策优惠。申请人的成年子女因服兵役、就读全日制学校而将户籍迁出本市的，视为具有本市户籍。

第九条　申请轮候公共租赁住房，应当提交以下材料：

（一）公共租赁住房轮候申请表。

（二）申请人及其配偶、未成年子女、其他共同申请人的身份证、户口簿或者其他户籍证明。申请人配偶不具有本市户籍的，需另行提交签发日至提出申请之日满 1 年的本市有效居住证。共同申请人属现役军人的，提供军官证、士兵证等证明材料。

（三）已婚（包括离异、丧偶）及未婚但生育的，提供申请人、申请人配偶户籍所在地街道计生工作机构出具的计划生育证明；收养过子女的，提供民政部门出具的相关证明。

（四）申请人、共同申请人已婚的，提交结婚证；离异的提交离婚证明（包括离婚协议书或者法院判决书、调解书）；未婚的（男性年满 22 周岁、女性年满 20 周岁）提供民政部门出具的未婚证明。

（五）属本办法第七条规定具有大学本科及以上学历或者中级及以上职称的，提供学历、职称的认证文件。

申请人在提交前款规定材料的同时，应当签署诚信申报声明，对其提交申请材料和申报信息的真实性、准确性、合法性负责。

第十条　申请人可以登录市主管部门网站按要求在线填写公共租赁住房轮候申请表，也可以在市、区主管部门指定地点领取或者登录市主管部门网站下载公共租赁住房轮候申请表后按要求填写，并备齐本办法第九条规定的材料，向市主管部门或者户籍所在地区主管部门提出轮候申请。

第十一条　接受轮候申请材料的市、区主管部门应当对申请材料进行核查，材料齐备且符合规定形式的，予以受理，并向申请人出具受理回执；材料不齐备、不符合规定形式的，应当当场书面告知原因以及应当补正的材料和补正期限，逾期未补正的，视为主动放弃本次申请。

已受理安居型商品房轮候申请的，不需重复提交相关材料。

第十二条 首次轮候时，市主管部门应当按照申请人轮候基准时间的先后，为受理的申请人排序。

首次轮候截止后，公共租赁住房实行日常轮候，申请人轮候顺序依受理回执号的先后确定，依序排在首次轮候末位申请人之后。

第十三条 申请人取得本市户籍的时间（以下简称入户时间）为其轮候基准时间，但其在本市首次缴纳社会保险的时间（不含补缴和退保，以下简称社保时间）在其入户时间之前（不含同年同月）的，以其首次缴纳社保时间为轮候基准时间。

申请人取得本市户籍或者在本市首次缴纳社会保险时未满 18 周岁的，统一以其年满 18 周岁当日为入户时间或者社保时间。

首次轮候排序的具体方法是：

（一）按照申请人轮候基准时间的先后排序。

（二）两名及以上申请人的轮候基准时间同为入户时间且相同的，先在本市缴纳社会保险者排序靠前；同为社保时间且相同的，先入本市户籍者排序靠前。

（三）两名及以上申请人的轮候基准时间分别为入户时间和社保时间且同年同月的，先入本市户籍者排序靠前。

（四）两名及以上申请人的入户时间相同且社保时间也相同的，按照身份证载明出生日期的先后排序。

（五）身份证载明出生日期仍相同的，由市主管部门通过抽签的方式确定轮候排序。

第十四条 市主管部门应当将符合轮候申请条件的申请人、共同申请人相关信息载入轮候册，并通过统一的公共租赁住房轮候管理信息平台向社会公开，接受社会监督。

符合轮候申请条件且已载入轮候册的申请人、共同申请人以下统称在册轮候人。

第十五条 在轮候期间，在册轮候人的住房、计划生育、户籍、婚姻等情况发生变化的，应当自发生变化之日起 30 日内，持相关材料到市主管部门办理轮候信息变更。

市主管部门应当会同市规划国土、卫生计生、公安等部门，并以其提供的信息数据为准，对在册轮候人的住房、计划生育、户籍等情况进行不定期核查。发现不符合规定条件的，市主管部门应当通知其在 15 日内办理信息变更。逾期未办理的，视为其自行退出轮候册。

第三章　配　租

第十六条 市主管部门应当根据本市年度公共租赁住房建设规模、项目位置、在册轮候人分布区域及数量等情况，制定并发布公共租赁住房年度配租计划。

第十七条 市政府筹集的公共租赁住房，由市主管部门作为配租单位实施配租。市主管部门可以根据实际需要委托区主管部门或者有关单位具体实施。

区政府筹集的公共租赁住房，由区主管部门作为配租单位实施配租。区主管部门可以根据实际需要委托有关单位具体实施。

第十八条　公共租赁住房配租采用集中配租和日常配租方式进行。新建或其他方式筹集的批量房源实行集中配租，因承租人退租等原因出现的零星空置房源实行日常配租。

第十九条　公共租赁住房具备集中配租条件的，配租单位应当及时拟定配租方案，并以配租通告的形式在市、区主管部门网站发布。配租方案应当包括以下内容：

（一）拟配租公共租赁住房房源的基本信息，如项目位置、户型面积、交付时间、租金价格、租赁期限等。

（二）配租范围及具体条件。

（三）认租申请起止时间、申请和受理方式、地点。

（四）确定入围名单的方式。

（五）选房组织方式。

（六）其他必要的内容。

区主管部门拟定的公共租赁住房配租方案应当报市主管部门批准后实施。

第二十条　公共租赁住房应当面向全市范围在册轮候人配租。

区政府筹集建设的公共租赁住房，可以优先面向本区户籍的在册轮候人配租。

由市主管部门配租的公共租赁住房、因特殊原因确需缩小配租范围的，应当在配租方案中予以特别说明；由区主管部门配租的公共租赁住房、因特殊原因确需缩小配租范围的，应当在配租方案中予以特别说明并附相关证明材料。

第二十一条　公共租赁住房以建筑面积65平方米以下的小户型为主，配租单位可以结合房源情况按照以下规则确定：

（一）单身居民、两人家庭配租建筑面积为35平方米左右。

（二）2至3人家庭配租建筑面积为50平方米左右。

（三）3人及以上家庭配租建筑面积为65平方米左右。

建筑面积超过70平方米的房源，可以根据情况面向五人及以上家庭配租。

家庭人口数按照申请人、共同申请人的总人数予以确定。在册轮候人自愿认租低于其家庭人口数对应建筑面积住房的，视为其已按标准享受住房保障。

独生子女死亡且父母不再生育和收养子女的家庭，可以按照其失独前的家庭人口数确定配租建筑面积。

第二十二条　符合配租范围及具体条件并愿意认租的在册轮候人，应当在规定时间内向配租单位提出认租申请，其相关轮候排序信息以配租通告规定的截止受理日轮候册的记载为准。

在册轮候人认租时，其住房、婚姻、计划生育、户籍等情况与轮候册不一致的，应当在配租通告规定的截止受理日之前到市主管部门办理变更。

第二十三条　配租单位应当根据认租申请人数量、本批公共租赁住房房源规模及轮候排序等情况，按照大于房源数量一定比例的原则确定入围户数。轮候排序在先的认租申请人依次入围形成入围名单。

第二十四条　配租单位会同相关主管部门，并以其提供的信息数据为准，对入围名单内申请人的申请材料进行核查。核查合格的，在市、区主管部门及配租单位网站公示5个工作日。公示无异议的，进入选房名单。

第二十五条　配租单位应当根据可供房源数量、户型面积和选房名单等，选择下列方式之一组织选房：

（一）依次自主选房。即入围名单内的认租申请人按照轮候排序，依次参加选房，按照配租建筑面积标准，选择其中一套住房。

（二）依次抽签选房。即入围名单内的认租申请人按照轮候排序，依次参加抽签，按照配租建筑面积标准，在一次抽取出来的若干房源中选择一套住房。

（三）计算机自动编配。即入围名单内的认租申请人按照轮候排序，由配租单位按照配租建筑面积标准，通过计算机一次性为每个申请人自动编配一套公共租赁住房。

（四）其他符合公开、公平和公正原则，并已在配租方案中明确的方式。

第二十六条 选定住房后，认租申请人应当在规定的时间内向配租单位交付 3 个月租金作为租赁保证金，并签订租期不超过 3 年的租赁合同。

选房过程中，认租申请人排序到位选房但未选定住房，或者虽选定住房但未在规定的时间内交付保证金并签订租赁合同的，按放弃本次选房处理，由选房名单内排位在后的其他认租申请人依次递补。

选房名单内的全部认租申请人经递补后有剩余房源的，可面向其他在册轮候人依次递补配租。

认租申请人无法到场的，可书面委托成年共同申请人选房并签订租赁合同。

第二十七条 认租申请人有下列情形之一的，退出轮候库：

（一）本办法第二十六条第二款规定的放弃选房行为达到 3 次的。

（二）已经轮候、选房并签订公共租赁住房租赁合同的。

第二十八条 公共租赁住房承租期间，原申请登记的家庭人口数、户籍、住房、婚姻等相关信息发生变化的，申请人应当自信息变化之日起 30 日内，向市主管部门办理信息变更。

第二十九条 公共租赁住房租赁期满后，承租人仍符合届时公共租赁住房申请条件且需要续租的，应当在期满前 3 个月内向原配租单位提出续租申请。配租单位应当对承租人是否符合申请条件进行审核，经审核合格的，续租信息应当在市、区主管部门网站予以公示，公示无异议或者异议不成立的，准予续租并重新签订租赁合同。

第三十条 申请续租时，根据本办法第二十一条规定，因承租人家庭人口数变化，不再符合原住房配租建筑面积标准，配租单位有相应房源的，可以根据情况及时调整。签订新租赁合同的同时须退出原配租住房。没有相应房源的则可以继续承租原住房，但超出配租建筑面积标准部分，应当按照同期同区域同类型普通商品住房市场租赁指导价收取租金。

第三十一条 因承租人退租等原因出现零星空置房源而实行日常配租的，配租单位应当及时组织排序靠前的在册轮候人实施配租，配租结果应当在市、区主管部门网站公示 15 日。

第三十二条 符合下列情形之一的，承租人应当自发生之日起 1 个月内主动退租，逾期未退租的，配租单位应当依照有关法律、法规、规章等规定或者公共租赁住房租赁合同的约定收回住房，不予退还租赁保证金：

（一）因户籍迁出本市、违反国家计划生育政策超生子女等原因不再符合公共租赁住房申请条件的。

（二）因购买、继承、赠与等原因拥有任何形式自有住房的。

（三）租赁合同期届满后未按照本办法规定退房的。

（四）因违规违约行为应当解除租赁合同的。

（五）其他依法依约应当解除租赁合同、收回住房的情形。

第三十三条 每一家庭或者单身居民只能承租一套公共租赁住房，因结婚等原因而拥有两套及以上公共租赁住房的，应当自行选择保留一套，并在 3 个月内向原配租单位申请退租其余公共租赁住房。逾期未申请退租的，配租单位应当依照有关法律、法规、规章等规定或

者公共租赁住房租赁合同的约定收回住房，且保证金不予退回。

第四章　附　则

第三十四条　公共租赁住房轮候申请表、诚信申报声明书、租赁合同等相关示范文本由市主管部门负责制定。

第三十五条　市、区主管部门可以根据本市人才安居的有关政策和法律规定，确定一定比例的公共租赁住房房源，定向配租给符合条件的人才或者企事业单位。

第三十六条　非户籍住房困难群体可以根据市政府制定的产业配套住房相关规定，享受住房保障政策。

第三十七条　企业投资建设（含城市更新配建但政府未予回购）的公共租赁住房、以及定向配租给重点企事业单位的公共租赁住房，由该企事业单位参照本办法，拟定配租方案报市主管部门备案后实施配租。

企业利用自有存量土地建设（含城市更新配建但政府未予回购）的公共租赁住房，可以优先面向本企业在册轮候人配租。

第三十八条　配租单位应当在签订租赁合同、续租、退租、解除合同等情况发生后 30 日内，将承租人及共同申请人、租住的住房、租期、租金等信息报送市主管部门备案，并纳入住房保障信息系统统一管理。

第三十九条　本市公共租赁住房执行国家、广东省、深圳市关于残疾人、抚恤定补优抚对象等特殊群体在住房方面的优惠政策，申请人可持相关证明文件向配租单位提出申请。

本办法自发布之日起施行，有效期 5 年。本办法施行之前本市有关公共租赁住房轮候与配租的规定与本办法不一致的，以本办法为准。

附录一

有关房地产法律、法规、规章和规范性文件索引

一、规划建设类

（一）法律

1. 中华人民共和国城乡规划法（2007 年）
2. 中华人民共和国建筑法（1997 年，2011 年修正）
3. 中华人民共和国环境保护法（1989 年）
4. 中华人民共和国环境影响评价法（2002 年）
5. 中华人民共和国消防法（1998 年，2008 年修正）

（二）行政法规

6. 村庄和集镇规划建设管理条例（1993 年）
7. 建设项目环境保护管理条例（1998 年）
8. 工程建设项目招标范围和规模标准规定（2000 年）
9. 建设工程质量管理条例（2000 年）
10. 建设工程勘察设计管理条例（2000 年）
11. 建设工程安全生产管理条例（2003 年）
12. 防治海洋工程建设项目污染损害海洋环境管理条例（2006 年）
13. 风景名胜区条例（2006 年）
14. 中华人民共和国防治海岸工程建设项目污染损害海洋环境管理条例（1990 年，2007 年修正）
15. 民用建筑节能条例（2008 年）
16. 历史文化名城名镇名村保护条例（2008 年）
17. 规划环境影响评价条例（2009 年）
18. 国家重点建设项目管理办法（1996 年，2011 年修正）
19. 无障碍环境建设条例（2012 年）

（三）广东省地方法规

20. 广东省实施《中华人民共和国城市规划法》办法（1992 年，1997 年修正）
21. 广东省风景名胜区条例（1998 年）
22. 广东省环境保护条例（2004 年）

23. 广东省城市控制性详细规划管理条例（2004 年）
24. 广东省珠江三角洲城镇群协调发展规划实施条例（2006 年）
25. 广东省土地利用总体规划条例（2008 年）
26. 广东省建设项目环境保护管理条例（1994 年，2010 年修正）
27. 广东省实施《中华人民共和国消防法》办法（1999 年，2010 年修正）
28. 广东省民用建筑节能条例（2011 年）
29. 广东省城乡规划条例（2012 年）

（四）深圳市地方法规

30. 深圳市城市规划条例（1998 年，2001 年修正）
31. 深圳经济特区建设工程施工招标投标条例（1993 年，2004 年修正）
32. 深圳市建设工程质量管理条例（1994 年，2004 年修正）
33. 深圳经济特区建设工程监理条例（1995 年，2004 年修正）
34. 深圳市停车场规划建设和机动车停放管理条例（2003 年，2004 年修正）
35. 深圳经济特区规划土地监察条例(1995 年，2005 年修正)
36. 深圳经济特区建筑节能条例（2006 年）
37. 深圳经济特区建设项目环境保护条例（2006 年）
38. 深圳市建筑市场严重违法行为特别处理规定（2007 年）
39. 深圳经济特区环境保护条例（1994 年，2009 年修正）
40. 深圳经济特区消防条例（1999 年，2009 年修正）
41. 深圳经济特区梧桐山风景名胜区条例（2009 年）
42. 深圳市建筑废弃物减排与利用条例（2009 年）
43. 深圳经济特区城市绿化管理办法（1994 年，2012 年修正）

（五）国务院部门规章

44. 建筑工程设计招标投标管理办法（2000 年）
45. 房屋建筑工程质量保修办法（2000 年）
46. 建筑工程施工许可管理办法（1999 年，2001 年修正）
47. 房屋建筑和市政基础设施工程施工招标投标管理办法（2001 年）
48. 建设项目竣工环境保护验收管理办法（2001 年）
49. 外商投资城市规划服务企业管理规定的补充规定（2003 年）
50. 工程建设项目施工招标投标办法（2003 年）
51. 环境保护行政许可听证暂行办法（2004 年）
52. 工程建设项目招标投标活动投诉处理办法（2004 年）
53. 建筑施工企业安全生产许可证管理规定（2004 年）
54. 环境保护法规制定程序办法（2005 年）
55. 国家环境保护总局建设项目环境影响评价文件审批程序规定（2005 年）

56. 建设项目环境影响评价资质管理办法（2005 年）
57. 工程建设项目货物招标投标办法（2005 年）
58. 建设工程质量检测管理办法（2005 年）
59. 城市规划编制办法（2005 年）
60. 环境保护违法违纪行为处分暂行规定（2006 年）
61. 房屋建筑工程抗震设防管理规定（2006 年）
62. 建设工程勘察质量管理办法（2007 年）
63. 建筑业企业资质管理规定（2007 年）
64. 建设项目环境影响评价分类管理名录（2008 年）
65. 房屋建筑和市政基础设施工程竣工验收备案管理办法（2000 年，2009 年修正）
66. 建设项目环境影响评价文件分级审批规定（2009 年）
67. 建设工程消防监督管理规定（2009 年）
68. 消防监督检查规定（2009 年）
69. 房屋建筑和市政基础设施工程质量监督管理规定（2010 年）
70. 省域城镇体系规划编制审批办法（2010 年）
71. 城市、镇控制性详细规划编制审批办法（2010 年）
72. 城市照明管理规定（2010 年）
73. 城市公厕管理办法（1990 年，2011 年修正）
74. 城市国有土地使用权出让转让规划管理办法（1992 年，2011 年修正）
75. 城建监察规定（1992 年，2011 年修正）
76. 建制镇规划建设管理办法（1995 年，2011 年修正）
77. 城市建设档案管理规定（1997 年，2011 年修正）
78. 城市地下空间开发利用管理规定（1997 年，2011 年修正）
79. 住宅室内装饰装修管理办法（2002 年，2011 年修正）
80. 城市绿线管理办法（2002 年，2011 年修正）
81. 外商投资城市规划服务企业管理规定（2003 年，2011 年修正）
82. 城市抗震防灾规划管理规定（2003 年，2011 年修正）
83. 城市紫线管理办法（2003 年，2011 年修正）
84. 建设部关于纳入国务院决定的十五项行政许可的条件的规定（2004 年，2011 年修正）
85. 城市黄线管理办法（2005 年，2011 年修正）
86. 城市蓝线管理办法（2005 年，2011 年修正）
87. 城乡规划编制单位资质管理规定（2012 年）
88. 城乡规划违法违纪行为处分办法（2012 年）

（六）广东省政府规章

89. 广东省建设工程造价管理规定（1998 年，2000 年修正）
90. 广东省无障碍设施建设管理规定（2005 年）

91. 广东省专职消防队建设管理规定（2008 年）
92. 广东省建设项目安全设施监督管理办法（2010 年）
93. 广东省绿岛建设管理规定（2013 年）
94. 广东省涉及国家安全事项的建设项目管理规定（2013 年）

（七）深圳市政府规章

95. 深圳市地下铁道建设管理暂行规定（2001 年）
96. 深圳市基本生态控制线管理规定（2005 年）
97. 大鹏半岛保护与发展管理规定（2008 年）
98. 深圳市地下空间开发利用暂行办法（2008 年）
99. 深圳市城市更新办法（2009 年）
100. 深圳市建设项目涉及国家安全事项管理暂行规定（2009 年）
101. 深圳市规划土地监察行政执法主体及其职责规定（2010 年）
102. 深圳市内伶仃岛——福田国家级自然保护区管理规定（2002 年，2012 年废止）
103. 深圳市建筑物和公共设施清洗翻新管理规定（2010 年，2012 年修正）
104. 深圳市绿道管理办法（2012 年）

（八）国务院及其部门规范性文件

105. 建设部、国家计委关于印发《建设项目选址规划管理办法》的通知（1991 年）
106. 建设部关于印发《近期建设规划工作暂行办法》、《城市规划强制性内容暂行规定》的通知（2002 年）
107. 建设部关于印发《国家重点风景名胜区审查办法》的通知（2004 年）
108. 建设部关于印发《关于加强对城市优秀近现代建筑规划保护的指导意见》的通知（2004 年）
109. 国务院办公厅转发《建设部关于加强城市总体规划工作意见》的通知（2006 年）
110. 国务院关于编制全国主体功能区规划的意见（2007 年）
111. 国务院办公厅关于加强和规范新开工项目管理的通知（2007 年）
112. 建设部关于贯彻实施《城乡规划法》的指导意见（2008 年）
113. 建设部关于对房地产开发中违规变更规划、调整容积率问题开展专项治理的通知（2009 年）
114. 财政部关于印发《夏热冬冷地区既有居住建筑节能改造补助资金管理暂行办法》的通知（2012 年）
115. 住房和城乡建设部关于印发《关于规范城乡规划行政处罚裁量权的指导意见》的通知（2012 年）
116. 住房和城乡建设部关于贯彻落实《无障碍环境建设条例》进一步加强无障碍环境建设工作的通知（2012 年）
117. 国务院关于加强城市基础设施建设的意见（2013 年）
118. 住房城乡建设部关于印发《关于规范国务院审批城市总体规划上报成果的规定》（暂行）的通知（2013 年）
119. 住房城乡建设部关于印发《关于规范国家级风景名胜区总体规划上报成果的规定（暂行）》的通

知（2013 年）

120. 住房城乡建设部关于印发《村庄整治规划编制办法》的通知（2013 年）

（九）广东省政府及其部门规范性文件

121. 广东省人民政府办公厅关于进一步加强和改进城乡规划工作的实施意见（2006 年）
122. 广东省建设厅印发《珠江三角洲城乡规划督察员巡察办法(试行)》的通知（2008 年）
123. 中共广东省委、广东省人民政府关于贯彻实施《珠江三角洲地区改革发展规划纲要（2008～2020 年）》的决定（2009 年）
124. 广东省国土资源厅关于印发《广东省各级土地利用总体规划审查审批办法》的通知 （2009 年）
125. 广东省人民政府关于推进“三旧”改造促进节约集约用地的若干意见（2009 年）
126. 广东省人民政府办公室转发省国土资源厅关于“三旧”改造工作实施意见的通知（2009 年）
127. 广东省人民政府关于进一步做好我省规划环境影响评价工作的通知（2010 年）
128. 广东省国土资源厅关于印发《广东省土地利用总体规划修改管理规定》的通知（2013 年）
129. 广东省人民政府印发《广东省国土规划（2006～2020 年）》的通知（2013 年）

（十）深圳市政府规范性文件

130. 中共深圳市委、深圳市人民政府关于进一步加强城市规划工作的决定（2005 年）
131. 深圳市人民政府关于印发《深圳市城中村（旧村）改造暂行规定》的通知（2004 年）
132. 深圳市人民政府关于深圳市城中村（旧村）改造暂行规定的实施意见（2005 年）
133. 深圳市人民政府关于推进宝安龙岗两区城中村（旧村）改造工作的若干意见（2006 年）
134. 深圳市人民政府关于宝安龙岗两区自行开展的新安翻身工业区等 70 个旧城旧村改造项目的处理意见（2006 年）
135. 深圳市人民政府关于工业区升级改造的若干意见（2007 年）
136. 深圳市人民政府关于印发《深圳市城中村（旧村）改造扶持资金管理暂行办法》的通知 （2007 年）
137. 深圳市人民政府办公厅关于开展城中村（旧村）改造工作有关事项的通知（2007 年）
138. 深圳市人民政府关于执行《深圳市基本生态控制线管理规定》的实施意见（2007 年）
139. 深圳市人民政府办公厅关于开展宝安龙岗两区城中村（旧村）全面改造项目有关事项的通知（2008 年）
140. 深圳市人民政府办公厅关于推进我市工业区升级改造试点项目的意见（2008 年）
141. 中共深圳市委、深圳市人民政府印发《深圳市关于〈珠江三角洲地区改革发展规划纲要（2008～2020 年）〉的实施方案》的通知（2009 年）
142. 深圳市人民政府办公厅关于贯彻实施中华人民共和国城乡规划法有关事项的通知（2009 年）
143. 深圳市人民政府关于印发深圳市绿道网规划建设总体实施方案的通知（2010 年）
144. 深圳市人民政府关于授权市城市规划委员会建筑与环境艺术委员会审批城市更新单元规划的通知（2010 年）
145. 深圳市人民政府办公厅关于规划土地监察行政处罚案件管辖若干事项的通知（2011 年）
146. 深圳市人民政府关于印发《深圳市城市更新办法实施细则》的通知（2012 年）

147. 深圳市人民政府关于巩固市容环境提升成果进一步加强城市管理工作的意见（2012 年）
148. 深圳市人民政府办公厅关于印发深圳环境质量提升行动计划的通知（2012 年）
149. 深圳市人民政府办公厅关于印发深圳市创建宜居城市行动计划（2012～2013 年）的通知（2012 年）
150. 深圳市人民政府办公厅关于印发深圳市宜居社区建设工作方案的通知（2012 年）
151. 中共深圳市委、深圳市人民政府关于进一步加强城市绿化工作的意见（2012 年）
152. 深圳市人民政府办公厅印发关于加强和改进城市更新实施工作的暂行措施的通知（2012 年）
153. 深圳市规划和国土资源委员会关于印发《深圳市城市更新历史用地处置暂行规定》的通知（2013 年）
154. 深圳市规划和国土资源委员会关于印发《深圳市危房拆除重建规划管理规定》的通知（2013 年）

二、土地类

（一）法律

1. 中华人民共和国土地管理法（1986 年，2004 年修正）
2. 中华人民共和国农村土地承包法（2002 年，2009 年修正）
3. 中华人民共和国农村土地承包经营纠纷调解仲裁法（2009 年）

（二）行政法规

4. 中华人民共和国城镇国有土地使用权出让和转让暂行条例（1990 年）
5. 土地调查条例（2008 年）
6. 中华人民共和国土地管理法实施条例（1998 年，2011 年修正）
7. 基本农田保护条例（1998 年，2011 年修正）
8. 土地复垦条例（2011 年）
9. 大中型水利水电工程建设征地补偿和移民安置条例（2006 年，2013 年修正）

（三）广东省地方法规

10. 广东省土地权属纠纷处理条例（1995 年）
11. 广东省基本农田保护区管理条例（2002 年）
12. 广东省国土资源监督检查条例（2004 年）
13. 广东省湿地保护条例（2006 年）
14. 广东省征收农民集体所有土地各项补偿费管理办法（1994 年，2008 年修正）
15. 广东省实施《中华人民共和国土地管理法》办法（1999 年，2008 年修正）

（四）深圳市地方法规

16. 深圳市土地征用与收回条例（1999 年）
17. 深圳经济特区高新技术产业园区条例（2001 年，2006 年修正）
18. 深圳经济特区土地使用权出让条例（1994 年，2011 年修正）

（五）国务院部门规章

19. 划拨土地使用权管理暂行办法（1992 年）
20. 土地监察暂行规定（1995 年）
21. 土地违法案件查处办法（1995 年）
22. 国有企业改革中划拨土地使用权管理暂行规定（1998 年）
23. 闲置土地处置办法（1999 年）
24. 划拨用地目录（2001 年）
25. 土地登记资料公开查询办法（2002 年）
26. 国家投资土地开发整理项目实施管理暂行办法（2003 年）
27. 协议出让国有土地使用权规定（2003 年）
28. 中华人民共和国农村土地承包经营权证管理办法（2003 年）
29. 国土资源听证规定（2004 年）
30. 农村土地承包经营权流转管理办法（2005 年）
31. 土地利用年度计划管理办法（1999 年，2006 年修正）
32. 国土资源信访规定（2002 年，2006 年修正）
33. 耕地占补平衡考核办法（2006 年）
34. 招标拍卖挂牌出让国有建设用地使用权规定（2002 年，2007 年修正）
35. 土地登记办法（2007 年）
36. 建设项目用地预审管理办法（2001 年，2008 年修正）
37. 违反土地管理规定行为处分办法（2008 年）
38. 国土资源行政复议规定 （2009 年）
39. 土地利用总体规划编制审查办法（2009 年）
40. 土地调查条例实施办法（2009 年）
41. 建设用地审查报批管理办法（1999 年，2010 年修正）
42. 征收土地公告办法（2001 年，2010 年修正）
43. 土地权属争议调查处理办法（2003 年，2010 年修正）
44. 土地复垦条例实施办法（2012 年）
45. 闲置土地处置办法（2012 年）

（六）广东省政府规章

46. 广东省维护水库移民土地山林房产权属的若干规定（1989 年）
47. 广东省城镇国有土地使用权出让和转让实施办法（1992 年，1997 年修正）
48. 广东省地价管理规定（1998 年）
49. 广东省土地使用权交易市场管理规定（2002 年）
50. 广东省集体建设用地使用权流转管理办法（2005 年）
51. 广东省森林林木林地权属争议调解处理办法（2006 年）
52. 广东省非农业建设补充耕地管理办法（2010 年）

（七）深圳市政府规章

53. 深圳市土地交易市场管理规定（2001 年）
54. 深圳市征用土地实施办法（2002 年）
55. 深圳市土地储备管理办法（2006 年）
56. 深圳市临时用地和临时建筑管理规定（2006 年）
57. 深圳市工业及其他产业用地使用权出让若干规定（2007 年，2008 年修正）
58. 深圳经济特区土地使用权招标、拍卖规定（1998 年，2013 年废止）
59. 《深圳市人民代表大会常务委员会关于农村城市化历史遗留违法建筑的处理决定》试点实施办法（2013 年）

（八）国务院及其部门规范性文件

60. 国家土地管理局印发《国家土地管理局土地登记规则》的通知（1995 年）
61. 国家土地管理局印发《关于认定收回土地使用权行政决定法律性质的意见》的通知（1997 年）
62. 国务院办公厅关于加强土地转让管理严禁炒卖土地的通知（1999 年）
63. 国土资源部关于加强土地资产管理促进国有企业改革和发展的若干意见的通知（1999 年）
64. 国土资源部关于进一步推行招标拍卖出让国有土地使用权的通知（1999 年）
65. 国土资源部关于建立土地有形市场促进土地使用权规范交易的通知（2000 年）
66. 国土资源部关于改革土地估价结果确认和土地资产处置审批办法的通知（2001 年）
67. 国务院关于加强国有土地资产管理的通知（2001 年）
68. 国土资源部、监察部关于严格实行经营性土地使用权招标拍卖挂牌出让的通知（2002 年）
69. 国务院关于深化改革严格土地管理的决定（2004 年）
70. 国土资源部关于印发《查处土地违法行为立案标准》的通知（2005 年）
71. 国务院办公厅转发国土资源部关于做好土地利用总体规划修编前期工作意见的通知（2005 年）
72. 国土资源部关于印发《招标拍卖挂牌出让国有土地使用权规范》（试行）和《协议出让国有土地使用权规范》（试行）的通知（2006 年）
73. 国务院关于加强土地调控有关问题的通知（2006 年）
74. 国土资源部关于进一步规范土地证书管理的通知（2006 年）
75. 国务院办公厅关于规范国有土地使用权出让收支管理的通知（2006 年）
76. 国务院办公厅转发发展改革委等部门关于加强固定资产投资调控从严控制新开工项目意见的通知（2006 年）
77. 财政部、国土资源部、中国人民银行关于印发《国有土地使用权出让收支管理办法》的通知（2006 年）
78. 国土资源部关于发布实施《全国工业用地出让最低价标准》的通知（2006 年）
79. 财政部、国土资源部、中国人民银行关于建立国有土地收支统计报表体系的通知（2007 年）
80. 财政部、国土资源部关于印发《土地储备资金财务管理暂行办法》的通知（2007 年）
81. 国土资源部、财政部、中国人民银行关于印发《土地储备管理办法》的通知（2007 年）
82. 国土资源部关于加大闲置土地处置力度的通知（2007 年）

83. 国土资源部关于认真贯彻《国务院关于解决城市低收入家庭住房困难的若干意见》进一步加强土地供应调控的通知（2007 年）
84. 国土资源部、监察部关于落实工业用地招标拍卖挂牌出让制度有关问题的通知（2007 年）
85. 国务院关于促进节约集约用地的通知(2008 年)
86. 国土资源部关于印发《土地利用年度计划执行情况考核办法》的通知（2008 年）
87. 财政部、国土资源部关于印发《中央分成新增建设用地土地有偿使用费稽查暂行办法》的通知（2008 年）
88. 财政部、国土资源部关于印发《中央分成新增建设用地土地有偿使用费资金使用管理办法》的通知（2008 年）
89. 城乡建设用地增减挂钩试点管理办法（2008 年）
90. 国土资源部关于进一步加强土地整理复垦开发工作的通知（2008 年）
91. 国土资源部关于建立健全土地执法监管长效机制的通知（2008 年）
92. 国土资源部关于部署运行土地市场动态监测与监管系统的通知（2008 年）
93. 国土资源部关于贯彻实施《土地登记办法》进一步加强土地登记工作的通知（2008 年）
94. 国土资源部土地利用管理司关于印发《限制用地项目目录（2006 年本增补本）》和《禁止用地项目目录（2006 年本增补本）》的通知（2009 年）
95. 国土资源部关于严格建设用地管理促进批而未用土地利用的通知（2009 年）
96. 财政部、国土资源部、中国人民银行等关于进一步加强土地出让收支管理的通知（2009 年）
97. 国家土地总督察办公室关于印发《土地例行督察工作规范（试行）》的通知（2009 年）
98. 国土资源部、监察部关于进一步落实工业用地出让制度的通知（2009 年）
99. 国务院关于加强地方政府融资平台公司管理有关问题的通知 （2010 年）
100. 国土资源部关于印发《土地矿产卫片执法检查工作规范（试行）》的通知（2010 年）
101. 财政部、发展改革委、人民银行、银监会关于贯彻国务院加强地方政府融资平台公司管理有关问题的通知相关事项的通知（2010 年）
102. 国土资源部关于严格土地利用总体规划实施管理的通知（2012 年）
103. 国土资源部关于大力推进节约集约用地制度建设的意见（2012 年）
104. 财政部、国土资源部关于印发《新增建设用地土地有偿使用费资金使用管理办法》的通知（2012 年）
105. 国土资源部关于进一步加强和改进建设项目用地预审工作的通知（2012 年）
106. 国土资源部关于进一步改进建设用地审查报批工作提高审批效率有关问题的通知（2012 年）
107. 国土资源部、国家发展和改革委员会关于发布实施《限制用地项目目录（2012 年本）》和《禁止用地项目目录（2012 年本）》的通知（2012 年）
108. 国土资源部关于提升耕地保护水平全面加强耕地质量建设与管理的通知（2012 年）
109. 国土资源部关于规范土地登记的意见（2012 年）
110. 国土资源部关于严格执行土地使用标准大力促进节约集约用地的通知（2012 年）
111. 国土资源部办公厅关于发布《国有建设用地使用权出让地价评估技术规范（试行）》的通知（2013 年）
112. 国土资源部办公厅关于下放部分建设项目用地预审权限的通知（2013 年）

113. 国土资源部 国务院侨务办公室关于做好华侨农场土地保护和开发利用工作的意见（2013 年）

（九）广东省政府及其部门规范性文件

114. 广东省人民政府关于加强国有企业改革改组改造中原划拨土地管理的通知（1999 年）
115. 广东省人民政府办公厅转发省侨办、省国土资源厅、省农垦总局关于国有农场土地确权与登记发证工作意见的通知（2001 年）
116. 广东省国土资源厅关于印发《广东省土地使用权公开交易规则》等文件的通知（2003 年）
117. 广东省国土资源厅关于加强土地估价行业管理的通知（2004 年）
118. 广东省国土资源厅关于印发《广东省土地利用总体规划调整修改报批办法》的通知（2004 年）
119. 广东省人民政府办公厅关于加快国有农场土地确权与登记发证工作的通知（2005 年）
120. 广东省国土资源厅关于深入开展征地制度改革有关问题的通知（2005 年）
121. 广东省国土资源厅关于公布和实施《广东省协议出让国有土地使用权最低价标准》的通知（2006 年）
122. 广东省国土资源厅关于进一步做好房地产市场土地供应调控的意见（2006 年）
123. 广东省人民政府办公厅印发广东省非农业建设依法占用基本农田跨地级以上市补划办法的通知（2007 年）
124. 广东省人民政府关于切实做好土地调控工作的通知（2007 年）
125. 广东省人民政府办公厅转发省国土资源厅关于深化征地制度改革意见的通知（2007 年）
126. 广东省人民政府关于建立土地管理共同责任制度的通知（2008 年）
127. 广东省人民政府办公厅印发广东省征收农村集体土地留用地管理办法（试行）的通知（2009 年）
128. 广东省国土资源办公厅印发关于促进扩大内需支持现代产业发展用地若干意见的通知（2009 年）
129. 广东省国土资源厅、广东省农业厅关于省级投资土地开发整理项目竣工验收的暂行办法（2010 年）
130. 广东省国土资源厅关于印发《广东省基本农田调整补划验收暂行办法》的通知（2010 年）
131. 广东省国土资源厅 、广东省农业厅关于印发《广东省高标准基本农田建设项目设计编制规程（试行）》的通知（2012 年）
132. 广东省国土资源厅关于印发《广东省高标准基本农田建设规范（试行）》的通知（2012 年）
133. 广东省国土资源厅 、广东省农业厅关于印发《广东省高标准基本农田建设项目验收规程（试行）》的通知（2012 年）

（十）深圳市政府规范性文件

134. 深圳市宝安、龙岗区规划、国土管理暂行办法（1993 年）
135. 深圳市人民政府关于土地使用权出让年期的公告（1996 年）
136. 中共深圳市委、深圳市人民政府关于进一步加强规划国土管理决定（1998 年）
137. 深圳市人民政府关于加强土地市场化管理进一步搞活和规范房地产市场的决定（2001 年）
138. 深圳市人民政府批转市规划与国土资源局、市国有资产管理办公室关于我市国有企业改制中土地资产管理若干意见的通知（2003 年）
139. 深圳市人民政府办公厅关于印发深圳市属国有企业改制审批工作程序的通知（2003 年）

140. 深圳市人民政府关于坚决制止违法用地和违法建筑行为的通告（2004 年）
141. 深圳市人民政府关于印发《深圳市宝安龙岗两区城市化土地管理办法》的通知（2004 年）
142. 中共深圳市委、深圳市人民政府关于坚决查处违法建筑和违法用地的决定（2004 年）
143. 深圳市人民政府关于贯彻落实国务院关于深化改革严格土地管理决定的通知（2004 年）
144. 深圳市人民政府关于印发《深圳市宝安龙岗两区城市化非农建设用地划定办法》的通知（2005 年）
145. 深圳市人民政府关于印发深圳市工业项目建设用地审批实施办法的通知（2006 年）
146. 深圳市人民政府关于进一步加强土地管理推进节约集约用地的意见（2006 年）
147. 深圳市人民政府关于印发深圳市集约利用的工业用地地价计算暂行办法的通知（2006 年）
148. 深圳市人民政府关于印发《深圳市宝安龙岗两区城市化转为国有土地交接与管理实施方案》的通知（2006 年）
149. 深圳市人民政府关于印发《深圳市原村民非商品住宅建设暂行办法》的通知（2006 年）
150. 深圳市人民政府关于印发《深圳市闲置土地处置工作方案》的通知（2007 年）
151. 深圳市人民政府办公厅关于印发深圳市宝安龙岗两区城市化国有农业用地管理办法实施细则的通知（2007 年）
152. 深圳市人民政府关于在我市出让商品住宅用地中安排建设一定比例政策性住房的实施意见（2007 年）
153. 深圳市人民政府关于印发深圳市土地闲置费征收管理办法的通知（2008 年）
154. 深圳市人民政府办公厅关于印发深圳市企业总部用地用房配置管理办法(试行)的通知（2009 年）
155. 深圳市人民政府办公厅关于实施广东省土地开发整理补充耕地项目管理办法的意见（2009 年）
156. 深圳市人民政府关于印发深圳市国有未出让土地日常管理暂行办法的通知（2010 年）
157. 深圳市人民政府办公厅关于印发《深圳市土地整备资金管理暂行办法》的通知（2012 年）
158. 中共深圳市委、深圳市人民政府关于贯彻落实《深圳市土地管理制度改革总体方案》的通知（2012 年）
159. 深圳市规划和国土资源委员会关于印发《深圳市 2012 年度土地整备计划》的通知（2012 年）
160. 深圳市人民政府办公厅关于印发创新型产业用房管理办法的通知（2013 年）
161. 深圳市人民政府办公厅关于印发工业楼宇转让管理办法的通知（2013 年）
162. 深圳市规划和国土资源委员会关于印发《深圳市宗地地价测算规则（试行）》的通知（2013）
163. 深圳市规划和国土资源委员会关于印发《深圳市贯彻执行〈闲置土地处置办法〉的实施意见（试行）》的通知（2013 年）
164. 深圳市规划和国土资源委员会关于印发《深圳市 2013 年度土地整备计划》的通知（2013 年）
165. 深圳市规划和国土资源委员会关于印发《〈深圳市工业楼宇转让管理办法（试行）〉实施细则》的通知（2013 年）

（十一）司法解释

166. 最高人民法院关于行政机关对土地争议的处理决定生效后一方不履行另一方不应以民事侵权向法院起诉的批复（1991 年）
167. 最高人民法院关于能否将国有土地使用权折价抵偿给抵押权人问题的批复（1998 年）

168. 最高人民法院关于审理破坏土地资源刑事案件具体应用法律若干问题的解释（2000 年）
169. 最高人民法院关于破产企业国有划拨土地使用权应否列入破产财产等问题的批复（2003 年）
170. 最高人民法院关于审理与企业改制相关的民事纠纷案件若干问题的规定（2003 年）
171. 最高人民法院关于转发国土资源部《关于国有划拨土地使用权抵押登记有关问题的通知》的通知（2004 年）
172. 最高人民法院关于审理涉及国有土地使用权合同纠纷案件适用法律问题的解释（2005 年）
173. 最高人民法院关于审理破坏林地资源刑事案件具体应用法律若干问题的解释（2005 年）
174. 最高人民检察院关于印发《关于加强查办危害土地资源渎职犯罪工作的指导意见》的通知（2008 年）
175. 最高人民法院关于审理涉及农村集体土地行政案件若干问题的规定（2011 年）
176. 最高人民法院关于坚决防止土地征收、房屋拆迁强制执行引发恶性事件的紧急通知（2011 年）
177. 最高人民法院关于办理申请人民法院强制执行国有土地上房屋征收补偿决定案件若干问题的规定（2012 年）
178. 最高人民法院关于国有土地开荒后用于农耕的土地使用权转让合同纠纷案件如何适用法律问题的批复（2012 年）

三、房地产类

（一）法律

1. 中华人民共和国城市房地产管理法（1994 年，2009 年修正）

（二）行政法规

2. 物业管理条例（2003 年，2007 年修正）
3. 城市房地产开发经营管理条例（1998 年，2011 年修正）
4. 国有土地上房屋征收与补偿条例（2011 年）

（三）广东省地方法规

5. 广东省房地产评估条例（1994 年）
6. 广东省城镇华侨房屋租赁规定（1994 年）
7. 广东省房地产开发经营条例（1993 年，1997 年修正）
8. 广东省城镇房地产转让条例（1994 年，1997 年修正）
9. 广东省城镇房地产权登记条例（1994 年，1999 年修正）
10. 广东省拆迁城镇华侨房屋规定（1995 年，2004 年修正）
11. 广东省物业管理条例（1998 年，2008 年修正）
12. 广东省城镇房屋租赁条例（1994 年，2010 年修正）
13. 广东省商品房预售管理条例（1998 年，2010 年修正）
14. 广东省租赁房屋治安管理规定（2012 年）

15. 广东省城镇住房保障办法（2013 年）

（四）深圳市地方法规

16. 深圳经济特区房地产转让条例（1993 年，1999 年修正）
17. 深圳经济特区陆路口岸和特区管理线检查站物业管理规定（1999 年）
18. 深圳市人民代表大会常务委员会关于坚决查处违法建筑的决定（1999 年）
19. 深圳经济特区处理历史遗留违法私房若干规定（2001 年）
20. 深圳经济特区处理历史遗留生产经营性违法建筑若干规定（2001 年）
21. 深圳经济特区物业管理条例（2007 年）
22. 深圳市人民代表大会常务委员会关于农村城市化历史遗留违法建筑的处理决定（2009 年）
23. 深圳市保障性住房条例（2010 年，2011 年修正）
24. 深圳公共基础设施建设项目房屋拆迁管理办法（2007 年，2012 年修正）
25. 深圳经济特区房屋租赁条例（1992 年，2013 年修正）
26. 深圳经济特区房地产登记条例（1992 年，2013 年修正）

（五）国务院部门规章

27. 城市房产交易价格管理暂行办法（1994 年）
28. 房地产广告发布暂行规定（1996 年，1998 年修正）
29. 已购公有住房和经济适用住房上市出售管理暂行办法（1999 年）
30. 房地产开发企业资质管理规定（2000 年）
31. 城市房地产转让管理规定（1995 年，2001 年修正）
32. 城市房地产抵押管理办法（1997 年，2001 年修正）
33. 商品房销售管理办法（2001 年）
34. 城市房地产权属档案管理办法（2001 年）
35. 城市危险房屋管理规定（1989 年，2004 年修正）
36. 城市商品房预售管理办法（1994 年，2004 年修正）
37. 住宅专项维修资金管理办法（2007 年）
38. 廉租住房保障办法（2007 年）
39. 房屋登记办法（2008 年）
40. 商品房屋租赁管理办法（2010 年）
41. 房地产经纪管理办法（2011 年）
42. 公共租赁住房管理办法（2012 年）
43. 房地产估价机构管理办法（2005 年，2013 年修正）

（六）广东省政府规章

44. 广东省公有房产管理办法（1983 年，2002 年修正）
45. 广东省建设厅委托实施行政许可项目（2008 年）

（七）深圳市政府规章

46. 深圳市国家机关事业单位住房制度改革若干规定（1999 年）
47. 《深圳经济特区处理历史遗留违法私房若干规定》实施细则（2002 年）
48. 《深圳经济特区处理历史遗留生产经营性违法建筑若干规定》实施细则（2002 年）
49. 《深圳经济特区房屋租赁条例》实施细则（1993 年，2004 年修正）
50. 深圳经济特区物业管理行业管理办法（1998 年，2004 年修正）
51. 深圳市公共基础设施建设项目房屋拆迁管理办法（2007 年）
52. 深圳市房地产登记若干规定（试行）（2009 年）
53. 深圳市海上构筑物登记暂行办法（2009 年）
54. 深圳市房地产市场监管办法（2010 年）
55. 深圳市安居型商品房建设和管理暂行办法（2011 年）
56. 深圳市人才安居暂行办法（2011 年）
57. 深圳市房屋征收与补偿实施办法（试行）（2013 年）
58. 深圳经济特区物业估价管理办法（1994 年，2013 年废止）
59. 《深圳经济特区物业管理条例》实施若干规定（2013 年）

（八）国务院及其部门规范性文件

60. 国务院关于促进房地产市场持续健康发展的通知（2003 年）
61. 建设部、民政部关于印发《城镇最低收入家庭廉租住房申请、审核及退出管理办法》的通知（2005 年）
62. 国家发展改革委、建设部关于印发《城镇廉租住房租金管理办法》的通知（2005 年）
63. 国务院办公厅转发建设部等部门关于调整住房供应结构稳定住房价格意见的通知 （2006 年）
64. 建设部关于落实新建住房结构比例要求若干意见（2006 年）
65. 建设部、商务部、国家发展和改革委员会、中国人民银行、国家工商行政管理总局、国家外汇管理局关于规范房地产市场外资准入和管理的意见（2006 年）
66. 建设部等三部委关于制止违规集资合作建房的通知（2006 年）
67. 建设部关于印发《城镇廉租住房档案管理办法》的通知（2006 年）
68. 建设部关于印发《房屋权属登记信息查询暂行办法》的通知 （2006 年）
69. 财政部关于印发《廉租住房保障资金管理办法》的通知（2007 年）
70. 住房和城乡建设部关于印发《房屋登记簿管理试行办法》的通知（2008 年）
71. 国务院办公厅关于促进房地产市场健康发展的若干意见（2008 年）
72. 国务院办公厅关于促进房地产市场平稳健康发展的通知（2010 年）
73. 住房和城乡建设部关于进一步加强房地产市场监管完善商品住房预售制度有关问题的通知（2010 年）
74. 国土资源部关于加强房地产用地供应和监管有关问题的通知（2010 年）
75. 国土资源部、住房和城乡建设部关于进一步加强房地产用地和建设管理调控的通知 （2010 年）
76. 住房和城乡建设部、国土资源部、监察部关于进一步贯彻落实国发[2010]10 号文件的通知

（2010 年）

77. 中华人民共和国住房和城乡建设部、国家外汇管理局关于进一步规范境外机构和个人购房管理的通知（2010 年）
78. 国务院关于坚决遏制部分城市房价过快上涨的通知（2010 年）
79. 住房和城乡建设部等三部委关于规范商业性个人住房贷款中第二套住房认定标准的通知（2010 年）
80. 国务院办公厅关于进一步做好房地产市场调控工作有关问题的通知（2011 年）
81. 中华人民共和国住房和城乡建设部关于印发《国有土地上房屋征收评估办法》的通知（2011 年）
82. 住房和城乡建设部关于进一步加强住房公积金监管工作的通知（2012 年）
83. 财政部关于印发《中央补助廉租住房保障专项资金管理办法》的通知（2012 年）
84. 国土资源部、住房城乡建设部关于进一步严格房地产用地管理巩固房地产市场调控成果的紧急通知（2012 年）
85. 财政部、住房和城乡建设部关于印发《中央补助城市棚户区改造专项资金管理办法》的通知（2012 年）
86. 住房和城乡建设部印发《住房保障档案管理办法》的通知（2012 年）
87. 住房城乡建设部办公厅关于贯彻实施《住房保障档案管理办法》的意见（2013 年）
88. 国务院办公厅关于继续做好房地产市场调控工作的通知（2013 年）
89. 住房城乡建设部关于做好 2013 年城镇保障性安居工程工作的通知（2013 年）
90. 住房城乡建设部 工商总局关于集中开展房地产中介市场专项治理的通知（2013 年）
91. 国务院关于加快棚户区改造工作的意见（2013 年）
92. 住房城乡建设部 国家发展改革委 财政部关于做好 2013 年农村危房改造工作的通知（2013 年）
93. 国土资源部办公厅 住房城乡建设部办公厅关于坚决遏制违法建设、销售“小产权房”的紧急通知（2013 年）
94. 住房城乡建设部 财政部 国家发展改革委关于公共租赁住房和廉租住房并轨运行的通知 （2013 年）
95. 财政部 国家税务总局关于棚户区改造有关税收政策的通知（2013 年）
96. 住房城乡建设部关于保障性住房实施绿色建筑行动的通知（2013 年）
97. 住房城乡建设部 国家发展改革委 财政部关于印发《农村危房改造绩效评价办法（试行）》的通知（ 2013 年）
98. 住房城乡建设部关于发布《绿色保障性住房技术导则》的通知（2013 年）

（九）广东省政府及其部门规范性文件

99. 广东省建设厅、广东省国土资源厅、广东省财政厅、广东省审计厅、广东省监察厅、广东省国家税务局、广东省地方税务局、广东省发展和改革委员会、广东省物价局、广东省工商行政管理局转发建设部等八部委关于开展房地产市场秩序专项整治的通知（2007 年）
100. 广东省建设厅关于印发《贯彻落实粤发[2006]24 号文件完善住房保障制度具体实施方案》的通知（2007 年）

101. 广东省建设厅关于进一步加强房地产经纪管理的紧急通知（2008 年）
102. 广东省建设厅办公室关于加强房地产信息系统安全管理的通知（2009 年）
103. 广东省人民政府办公厅关于促进我省房地产市场平稳健康发展的若干意见（2009 年）
104. 广东省人民政府办公厅印发关于加快发展公共租赁住房实施意见的通知（2010 年）
105. 广东省住房和城乡建设厅关于加强和规范房地产经济从业人员管理的通知（2012 年）
106. 广东省人民政府办公厅印发《广东省住房保障制度改革创新方案》的通知（2012 年）

（十）深圳市政府规范性文件

107. 深圳市人民政府关于处理深圳经济特区房地产权属遗留问题的若干规定（1993 年，1994 年修正）
108. 深圳市房地产中介行业规范服务标准（2003 年）
109. 深圳市人民政府关于印发《深圳市到期房地产续期若干规定》的通知（2004 年）
110. 深圳市人民政府关于印发深圳市处理房地产登记历史遗留问题若干规定的通知（2004 年）
111. 深圳市人民政府关于稳定房价促进我市房地产市场持续健康发展的意见（2006 年）
112. 深圳市人民政府关于贯彻落实国务院办公厅转发建设部等部门关于调整住房供应结构稳定住房价格意见的通知（2006 年）
113. 深圳市人民政府关于进一步促进我市住房保障工作的若干意见（2007 年）
114. 深圳市人民政府关于加强房地产登记历史遗留问题处理工作的若干意见（2010 年）
115. 深圳市人民政府办公厅印发《深圳市贯彻落实国务院文件精神坚决遏制房价过快上涨的意见》的通知（2010 年）
116. 深圳市人民政府办公厅关于印发深圳市房地产市场秩序专项整治工作方案的通知（2010 年）
117. 中共深圳市委 深圳市人民政府关于实施人才安居工程的决定（2010 年）
118. 深圳市人民政府办公厅关于进一步贯彻落实国务院文件精神坚决遏制房价过快上涨的补充通知（2010 年）
119. 深圳市人民政府关于印发深圳市住房公积金管理暂行办法的通知（2010 年）
120. 深圳市人民政府办公厅关于进一步做好我市房地产市场调控工作确保年度新建住房价格控制目标的通知（2011 年）
121. 深圳市住房公积金管理委员会关于印发《深圳市住房公积金贷款管理暂行规定》的通知（2012 年）
122. 深圳市房屋租赁管理办公室关于印发《深圳市房屋租赁违法案件举报奖励办法》的通知（2012 年）
123. 深圳市住房和建设局关于印发《深圳市安居型商品房轮候与配售办法》的通知（2012 年）
124. 深圳市人民政府关于印发深圳市住房保障制度改革创新纲要的通知（2012 年）
125. 深圳市市场监督管理局关于印发深圳市商品房预售价格备案办法的通知（2013 年）
126. 深圳市人民政府办公厅关于继续做好房地产市场调控工作的通知（2013 年）
127. 深圳市规划和国土资源委员会关于印发《深圳市房地产行业诚信档案管理办法》的通知（2013 年）
128. 深圳市规划和国土资源委员会关于印发《深圳市住房建设规划 2013 年度实施计划》的通知（2013 年）
129. 深圳市住房和建设局 深圳市发展和改革委员会 深圳市规划和国土资源委员会关于印发《深圳市安居型商品房定价实施细则（试行）》的通知（2013 年）

130. 深圳市住房公积金管理委员会关于印发《深圳市商业性住房按揭贷款转住房公积金贷款暂行规定》的通知（2013 年）
131. 深圳市住房公积金管理委员会关于重新发布《深圳市住房公积金提取管理暂行规定》的通知（2013 年）
132. 深圳市住房和建设局关于印发《深圳市公共租赁住房轮候与配租暂行办法》的通知（2013 年）
133. 深圳市人民政府关于印发深圳市工业楼宇转让暂行办法的通知（2008 年，2013 年废止）

（十一）司法解释

134. 最高人民法院关于共有人之一擅自出卖共有房屋无效的批复（1988 年）
135. 最高人民法院关于审理房地产管理法施行前房地产开发经营案件若干问题的解答（1995 年）
136. 最高人民法院关于受理房屋拆迁、补偿、安置等案件问题的批复（1996 年）
137. 最高人民法院关于审理商品房买卖合同纠纷案件适用法律若干问题的解释（2003 年）
138. 最高人民法院关于房地产管理机关能否撤销错误的注销抵押登记行为问题的批复（2003 年）
139. 最高人民法院、国土资源部、建设部关于依法规范人民法院执行和国土资源房地产管理部门协助执行若干问题的通知（2004 年）
140. 最高人民法院关于当事人达不成拆迁补偿安置协议就补偿安置争议提起民事诉讼人民法院应否受理问题的批复（2005 年）
141. 最高人民法院关于人民法院执行设定抵押的房屋的规定（2005 年，2008 年修正）
142. 最高人民法院关于审理建筑物区分所有权纠纷案件具体应用法律若干问题的解释（2009 年）
143. 最高人民法院印发《关于当前形势下进一步做好房地产纠纷案件审判工作的指导意见》的通知（2009 年）
144. 最高人民法院关于审理物业服务纠纷案件具体应用法律若干问题的解释（2009 年）
145. 最高人民法院关于审理房屋登记案件若干问题的规定（2010 年）

四、测绘、地名、地质环境类

（一）法律

1. 中华人民共和国矿产资源法（1986 年，2009 年修正）
2. 中华人民共和国测绘法（1992 年，2002 年修正）
3. 中华人民共和国矿山安全法（1992 年，2009 年修正）

（二）行政法规

4. 地名管理条例（1986 年）
5. 矿产资源监督管理暂行办法（1987 年）
6. 中华人民共和国矿产资源法实施细则（1994 年）
7. 中华人民共和国地图编制出版管理条例（1995 年）
8. 矿产资源补偿费征收管理规定（1994 年，1997 年修正）

9. 矿产资源勘查区块登记管理办法（1998 年）
10. 矿产资源开采登记管理办法（1998 年）
11. 探矿权采矿权转让管理办法（1998 年）
12. 地质资料管理条例（2002 年）
13. 地质灾害防治条例（2003 年）
14. 中华人民共和国测绘成果管理条例（2006 年）
15. 地质勘查资质管理条例（2008 年）
16. 基础测绘条例（2009 年）
17. 自然灾害救助条例（2010 年）
18. 古生物化石保护条例（2010 年）
19. 中华人民共和国测量标志保护条例（1996 年，2011 年修正）

（三）广东省地方法规

20. 广东省测绘管理条例（1997 年）
21. 广东省矿产资源管理条例（1999 年）
22. 广东省地质环境管理条例（2003 年）
23. 广东省实施《中华人民共和国矿山安全法》办法（1994 年，2004 年修正）
24. 广东省地名管理条例（2007 年）
25. 广东省采石取土管理规定（1998 年，2008 年修正）
26. 广东省东江流域新丰江枫树坝白盆珠水库库区水资源保护办法（2011 年）

（四）国务院部门规章

27. 地质勘查市场管理暂行办法（1991 年）
28. 违反矿产资源法规行政处罚办法（1993 年）
29. 地质遗迹保护管理规定（1995 年）
30. 中华人民共和国矿山安全法实施条例（1996 年）
31. 国家基础地理信息数据使用许可管理规定（1999 年）
32. 测绘行政执法证管理规定（2000 年）
33. 房产测绘管理办法（2001 年）
34. 古生物化石管理办法（2002 年）
35. 地质资料管理条例实施办法（2003 年）
36. 公开地图内容表示若干规定（2003 年）
37. 重要地理信息数据审核公布管理规定（2003 年）
38. 测绘作业证管理规定（1995 年，2004 年修正）
39. 矿产资源登记统计管理办法（2004 年）
40. 地质灾害危险性评估单位资质管理办法（2005 年）
41. 地质灾害治理工程勘查设计施工单位资质管理办法（2005 年）

42. 地质灾害治理工程监理单位资质管理办法（2005 年）
43. 地图审核管理规定（2006 年）
44. 矿山地质环境保护规定（2009 年）
45. 测绘行政处罚程序规定（2000 年，2010 年修正）
46. 外国的组织或者个人来华测绘管理暂行办法（2007 年，2011 年修正）
47. 矿产资源规划编制实施办法（2012 年）
48. 古生物化石保护条例实施办法（2012 年）

（五）深圳市政府规章

49. 深圳市门楼牌管理办法（2011 年）
50. 深圳市内伶仃岛—福田国家级自然保护区管理规定（2012 年）
51. 深圳市地名管理办法（2012 年）
52. 深圳市地质灾害防治管理办法（2012 年）

（六）国务院及其部门规范性文件

53. 国土资源部关于重新发布《探矿权采矿权评估资格管理暂行办法》的通知（2000 年）
54. 国土资源部、财政部关于印发《探矿权采矿权使用费减免办法》的通知（2000 年）
55. 国土资源部关于印发《探矿权采矿权招标拍卖挂牌管理办法(试行)》的通知（2003 年）
56. 国土资源部关于印发《非法采矿、破坏性采矿造成矿产资源破坏价值鉴定程序的规定》的通知（2005 年）
57. 国务院关于加强地质工作的决定（2006 年）
58. 国家突发地质灾害应急预案（2006 年）
59. 国家测绘局关于印发《基础测绘成果提供使用管理暂行办法》的通知（2006 年）
60. 国务院关于加强测绘工作的意见（2007 年）
61. 国家测绘局关于印发《基础测绘成果应急提供办法》的通知（2007 年）
62. 国家发展改革委、国家测绘局关于印发《基础测绘计划管理办法》的通知（2007 年）
63. 国家测绘局关于印发《测绘标准化工作管理办法》的通知（2008 年)
64. 国家测绘局关于加强测绘质量管理的若干意见（2008 年）
65. 国家测绘局关于加强涉密测绘成果管理工作的通知 (2008 年)
66. 国家测绘局关于加强互联网地图管理工作的通知（2009 年）
67. 国家测绘局关于加强测量标志保护管理工作的通知（2009 年）
68. 国家测绘局关于印发测绘资质管理规定和测绘资质分级标准的通知（2009 年）
69. 公开地图内容表示补充规定（试行）（2009 年）
70. 国家测绘局关于印发《测绘自主创新产品认定管理办法（试行）》的通知（2009 年）
71. 国土资源部关于印发《保护性开采的特定矿种勘查开采管理暂行办法》的通知（2009 年）
72. 国家测绘局、国家工商行政管理局关于发布《测绘市场管理暂行办法》的通知（1995 年，2010 年修正）

73. 民政部关于颁发《地名管理条例实施细则》的通知（1996 年，2010 年修正）
74. 测绘质量监督管理办法（1997 年，2010 年修正）
75. 国土资源部关于印发《地质矿产调查评价专项项目管理暂行办法》的通知（2010 年）
76. 财政部、国土资源部关于印发《地质矿产调查评价专项资金管理办法》的通知（2010 年）
77. 国家测绘局关于印发《测绘成果质量监督抽查管理办法》的通知（2010 年）
78. 国家测绘局办公室关于进一步贯彻执行《测绘资质管理规定》和《测绘资质分级标准》的通知（2010 年）
79. 国家测绘局关于进一步加强涉密测绘成果行政审批与使用管理工作的通知（2010 年）
80. 国家测绘局关于切实做好国家基础测绘项目成果档案归档工作的通知（2010 年）
81. 国家测绘局、工业和信息化部、国家安全部、工商总局、新闻出版总署、保密局、总参测绘局关于加强地理信息市场监管工作的意见（2010 年）
82. 国家测绘局关于印发互联网地图服务专业标准的通知（2010 年）
83. 国家自然灾害救助应急预案（2011 年）
84. 国家测绘地理信息局关于印发《测绘地理信息市场信用信息管理暂行办法》的通知（2012 年）
85. 国家测绘地理信息局关于印发《关于加强测绘地理信息行政执法工作的意见》的通知（2012 年）
86. 国家测绘地理信息局关于加强涉密测绘地理信息安全管理的通知（2012 年）
87. 国家测绘地理信息局关于做好测绘地理信息应急保障工作的通知（2012 年）
88. 国家测绘地理信息局关于印发《测绘地理信息市场信用评价标准（试行）》的通知（2012 年）
89. 国土资源部关于印发《非法制贩爆炸物品和违法采矿专项治理工作实施方案》的通知（2012 年）
90. 国土资源部关于严格控制和规范矿业权协议出让管理有关问题的通知（2012 年）
91. 国土资源部办公厅关于印发《重要地质钻孔数据库建设试点工作方案》的通知（2012 年）
92. 财政部关于印发《国有冶金矿山企业发展专项资金管理办法》的通知（2012 年）
93. 国土资源部办公厅关于印发《全国地质环境信息化建设方案》的通知（2013 年）
94. 国土资源部办公厅关于认真贯彻落实《古生物化石保护条例实施办法》的通知（2013 年）
95. 国家测绘地理信息局关于印发《测绘地理信息公益性行业科研专项项目管理暂行办法》的通知（2013 年）

（七）广东省政府及其部门规范性文件

96. 广东省人民政府颁布《广东省矿产资源补偿费征收管理实施办法》的通知（1995 年）
97. 广东省建设委员会关于加强房地产测绘和房屋面积测量计算管理工作的通知（1998 年）
98. 广东省人民政府办公厅印发《广东省突发性地质灾害应急预案》的通知（2004 年）
99. 广东省国土资源厅矿产资源开发利用年度检查工作实施办法（2007 年）
100. 广东省国土资源厅矿山储量动态监督管理办法（2008 年）
101. 广东省国土资源厅关于进一步规范矿产资源勘查登记管理工作的通知（2009 年）
102. 广东省国土资源厅关于进一步加强和规范测绘质量管理工作的通知（2009 年）
103. 广东省国土资源厅关于加强矿山地质环境治理和国家级地质遗迹保护项目管理的通知（2010 年）
104. 广东省国土资源厅关于印发《广东省探矿权采矿权招标拍卖挂牌出让管理办法》的通知（2010 年）

105. 广东省人民政府办公厅关于印发《广东省自然灾害救助应预案》的通知（2012 年）
106. 广东省国土资源厅办公室关于印发《广东省国家秘密基础测绘成果利用审批程序规定（试行）》的通知（2012 年）
107. 广东省国土资源厅关于印发《广东省国土资源厅关于连续运行卫星定位服务系统应用管理的暂行规定》的通知（2012 年）

（八）深圳市政府规范性文件

108. 深圳市矿产资源管理暂行规定（1994 年）
109. 深圳市人民政府关于印发《深圳市清理整治采石取土恢复生态环境实施方案》的通知（2005 年）
110. 深圳市人民政府关于加强水土保持生态建设工作的决定（2005 年）

（九）司法解释

111. 最高人民法院关于审理非法采矿、破坏性采矿刑事案件具体应用法律若干问题的解释（2003 年）
112. 最高人民法院行政审判庭关于地质矿产主管部门作出的非法采矿及破坏性采矿鉴定结论是否属于人民法院受案范围问题的答复（2005 年）
113. 最高人民法院、最高人民检察院关于办理危害矿山生产安全刑事案件具体应用法律若干问题的解释（2007 年）

五、综合类

（一）法律

1. 中华人民共和国继承法（1985 年）
2. 中华人民共和国行政诉讼法（1989 年）
3. 中华人民共和国反不正当竞争法（1993 年）
4. 中华人民共和国广告法（1994 年）
5. 中华人民共和国担保法（1995 年）
6. 中华人民共和国价格法（1997 年）
7. 中华人民共和国招标投标法（1999 年）
8. 中华人民共和国合同法（1999 年）
9. 中华人民共和国立法法（2000 年）
10. 中华人民共和国婚姻法（1980 年，2001 年修正）
11. 中华人民共和国海域使用管理法（2001 年）
12. 中华人民共和国政府采购法（2002 年）
13. 中华人民共和国行政许可法（2003 年）
14. 中华人民共和国宪法（1982 年，2004 修正）
15. 中华人民共和国拍卖法（1996 年，2004 年修正）
16. 中华人民共和国公务员法（2005 年）

17. 中华人民共和国治安管理处罚法（2005 年）
18. 中华人民共和国公证法（2005 年）
19. 中华人民共和国审计法（1994 年，2006 年修正）
20. 中华人民共和国个人所得税法（1980 年，2007 年修正）
21. 中华人民共和国文物保护法（1982 年，2007 年修正）
22. 中华人民共和国节约能源法（1997 年，2007 年修正）
23. 中华人民共和国物权法（2007 年）
24. 中华人民共和国反垄断法（2007 年）
25. 中华人民共和国企业所得税法（2007 年）
26. 中华人民共和国防震减灾法（1997 年，2008 年修正）
27. 中华人民共和国企业国有资产法（2008 年）
28. 中华人民共和国循环经济促进法（2008 年）
29. 中华人民共和国森林法（1984 年，2009 年修正）
30. 中华人民共和国草原法（1985 年，2009 年修正）
31. 中华人民共和国民法通则（1986 年，2009 年修正）
32. 中华人民共和国水法（1988 年，2009 年修正）
33. 中华人民共和国消费者权益保护法（1993 年，2009 年修正）
34. 中华人民共和国仲裁法（1994 年，2009 年修正）
35. 中华人民共和国行政处罚法（1996 年，2009 年修正）
36. 中华人民共和国行政复议法（1999 年，2009 年修正）
37. 中华人民共和国安全生产法（2002 年，2009 年修正）
38. 中华人民共和国侵权责任法（2009 年）
39. 中华人民共和国保守国家秘密法（1988 年，2010 年修正）
40. 中华人民共和国全国人民代表大会和地方各级人民代表大会选举法（1979 年，2010 年修正）
41. 中华人民共和国行政监察法（1997 年，2010 年修正）
42. 中华人民共和国涉外民事关系法律适用法（2010 年）
43. 中华人民共和国社会保险法（2010 年）
44. 中华人民共和国行政强制法（2011 年）
45. 中华人民共和国民事诉讼法（1991 年，2012 年修正）
46. 中华人民共和国国家赔偿法（1994 年，2012 年修正）
47. 中华人民共和国海洋环境保护法（1982 年，2013 年修正）
48. 中华人民共和国渔业法（1986 年，2013 年修正）
49. 中华人民共和国公司法（1993 年，2013 年修正）

（二）行政法规

50. 广告管理条例（1987 年）

51. 行政区域边界争议处理条例（1989 年）
52. 中华人民共和国契税暂行条例（1997 年）
53. 行政法规制定程序条例（2001 年）
54. 规章制定程序条例（2001 年）
55. 行政区域界线管理条例（2002 年）
56. 中华人民共和国行政监察法实施条例（2004 年）
57. 中华人民共和国防汛条例（1995 年，2005 年修正）
58. 中华人民共和国城镇土地使用税暂行条例（1988 年，2006 年修正）
59. 取水许可和水资源费征收管理条例（2006 年）
60. 地方各级人民政府机构设置和编制管理条例（2007 年）
61. 行政机关公务员处分条例（2007 年）
62. 中华人民共和国政府信息公开条例（2007 年）
63. 中华人民共和国行政复议法实施条例（2007 年）
64. 中华人民共和国耕地占用税暂行条例（2007 年）
65. 中华人民共和国营业税暂行条例（1993 年，2008 年修正）
66. 中华人民共和国消费税暂行条例（1993 年，2008 年修正）
67. 中华人民共和国增值税暂行条例（1993 年，2008 年修正）
68. 中华人民共和国城市维护建设税暂行条例（1985 年，2010 年修正）
69. 中华人民共和国房产税暂行条例（1986 年，2010 年修正）
70. 中华人民共和国印花税暂行条例（1988 年，2010 年修正）
71. 中华人民共和国土地增值税暂行条例（1993 年，2010 年修正）
72. 中华人民共和国自然保护区条例（1994 年，2010 年修正）
73. 城市道路管理条例（1996 年，2010 年修正）
74. 中华人民共和国审计法实施条例（1997 年，2010 年修正）
75. 价格违法行为行政处罚规定（1999 年，2010 年修正）
76. 气象灾害防御条例（2010 年）
77. 城镇燃气管理条例（2010 年）
78. 国家赔偿费用管理条例（2011 年）
79. 中华人民共和国固定资产投资方向调节税暂行条例（1991 年，2012 年废止）
80. 中华人民共和国税收征收管理法实施细则（2002 年，2013 年修正）

（三）广东省地方法规

81. 广东省经纪人管理条例（1993 年，1997 年修正）
82. 广东省实施《中华人民共和国反不正当竞争法》办法（1996 年，1997 年修正）
83. 广东省行政执法队伍管理条例（1997 年）
84. 广东省各级人民政府行政执法监督条例（1997 年）
85. 广东省森林保护管理条例（1994 年，1998 年修正）

86. 广东省农业环境保护条例（1998 年）
87. 广东省水资源管理条例（2002 年）
88. 广东省行政复议工作规定（2003 年）
89. 广东省实施《中华人民共和国招标投标法》办法（2003 年）
90. 广东省政务公开条例（2005 年）
91. 广东省地方立法条例（2001 年，2006 年修正）
92. 广东省人民政府关于若干临时行政许可事项的决定（2006 年）
93. 广东省海域使用管理条例（2007 年）
94. 广东省港口管理条例（2007 年）
95. 广东省行政执法责任制条例（1999 年，2009 年修正）
96. 广东省行政机构设置和编制管理条例（2000 年，2009 年修正）
97. 广东省实施《中华人民共和国文物保护法》办法（2009 年）
98. 广东省实施《中华人民共和国政府采购法》办法（2009 年）
99. 广东省林地保护管理条例（1998 年，2010 年修正）
100. 广东省森林公园管理条例（2010 年）
101. 广东省突发事件应对条例（2010 年）
102. 广东省行政审批事项目录管理办法（2012 年）

（四）深圳市地方法规

103. 深圳经济特区水土保持条例（1997 年）
104. 深圳经济特区财产拍卖条例（1993 年，1998 年修正）
105. 深圳经济特区政府采购条例（1998 年）
106. 深圳市政府投资项目管理条例（2000 年）
107. 深圳经济特区饮用水源保护条例（1994 年，2001 年修正）
108. 深圳经济特区公证条例（1999 年，2001 年修正）
109. 深圳经济特区福田保税区条例（1996 年，2003 年修正）
110. 深圳经济特区水资源管理条例（1994 年，2004 年修正）
111. 深圳经济特区经纪人管理条例（1996 年，2004 年修正）
112. 深圳经济特区港口管理条例（1998 年，2004 年修正）
113. 深圳市无障碍环境建设条例（2009 年）
114. 深圳经济特区股份合作公司条例（1994 年，2011 年修正）
115. 深圳经济特区信访条例（2011 年）
116. 深圳经济特区道路交通安全管理条例（2011 年）
117. 深圳经济特区环境噪声污染防治条例（2011 年）
118. 深圳市实施《中华人民共和国人民调解法》办法（2012 年）
119. 深圳经济特区社会建设促进条例（2012 年）
120. 深圳市制定法规条例（2012 年）

121. 深圳经济特区合同格式条款条例（2012 年）
122. 深圳国际仲裁员管理规定（试行）（2012 年）

（五）国务院部门规章

123. 评标委员会和评标方法暂行规定（2001 年）
124. 政府采购货物和服务招标投标管理办法（2004 年）
125. 政府制定价格行为规则（2006 年）

（六）广东省政府规章

126. 广东省调处行政区域边界争议的若干规定（1991 年）
127. 广东省《行政执法证》管理办法（1997 年）
128. 广东省各级人民政府实施行政处罚规定（1997 年）
129. 广东省行政处罚听证程序实施办法（1999 年）
130. 广东省生态公益林建设管理和效益补偿办法（1998 年，2002 年修正）
131. 广东省行政机关规范性文件管理规定（2004 年）
132. 广东省无障碍设施建设管理规定（2005 年）
133. 广东省行政审批管理监督办法（2007 年）
134. 广东省规范行政处罚自由裁量权规定(2011 年)
135. 广东省人民政府 2012 年行政审批制度改革事项目录（2012 年）
136. 广东省法治政府建设指标体系（试行）（2013 年）
137. 广东省依法行政考评办法（2013 年）
138. 广东省重大行政决策听证规定（2013 年）

（七）深圳市政府规章

139. 深圳市行政执法主体公告管理规定（2003 年）
140. 深圳经济特区城市雕塑管理规定（1994 年，2004 年修正）
141. 深圳经济特区余泥渣土管理办法（1998 年，2004 年修正）
142. 深圳市实施行政许可若干规定（2004 年）
143. 深圳市人民政府行政执法协调办法（试行）（2004 年）
144. 深圳市非行政许可审批和登记若干规定（2006 年）
145. 深圳市政府信息公开规定（2006 年）
146. 深圳市行政听证办法（2006 年）
147. 深圳市行政事业性收费管理若干规定（2002 年，2007 年修正）
148. 深圳市光明新区管理暂行规定（2007 年）
149. 深圳市规范行政处罚裁量权若干规定（2008 年）
150. 深圳市人民政府行政执法督察办法（2009 年）
151. 深圳市行政过错责任追究办法（2009 年）

152. 深圳市行政监督工作规定（2009 年）
153. 深圳市坪山新区管理暂行规定（2009 年）
154. 深圳市行政服务管理规定（2010 年）
155. 深圳市市级行政审批事项调整目录（2011 年）
156. 深圳市前海深港现代服务业合作区管理局暂行办法（2011 年）
157. 深圳前海湾保税港区管理暂行办法（2011 年）
158. 深圳市龙华新区和大鹏新区管理暂行规定（2012 年）
159. 深圳市行政电子监察工作规定（2013 年）
160. 深圳市公共厕所管理办法（2013 年）
161. 深圳市绿色建筑促进办法（2013 年）

（八）国务院及其部门规范性文件

162. 国家税务总局、财政部、建设部关于加强房地产税收管理的通知（2005 年）
163. 财政部、国家税务总局关于土地增值税若干问题的通知（2006 年）
164. 财政部、国家税务总局关于集体土地城镇土地使用税有关政策的通知（2006 年）
165. 行政处罚听证规则（2007 年）
166. 国家税务总局、财政部、国土资源部关于进一步加强土地税收管理工作的通知（2008 年）
167. 国家税务总局关于房地产开发企业所得税预缴问题的通知（2008 年）
168. 国家税务总局关于印发《土地增值税清算管理规程》的通知（2009 年）
169. 国家税务总局关于印发《房地产开发经营业务企业所得税处理办法》的通知（2009 年）
170. 财政部、国家税务总局关于调整房地产交易环节税收政策的通知（2008 年，2010 年修正）
171. 国家税务总局关于加强土地增值税征管工作的通知（2010 年）
172. 财政部、国家税务总局、住房和城乡建设部关于调整房地产交易环节契税个人所得税优惠政策的通知（2010 年）
173. 国务院关于加强法治政府建设的意见（2010 年）
174. 国务院关于第六批取消和调整行政审批项目的决定（2012 年）
175. 国土资源部关于印发《国土资源部重点实验室建设与运行管理办法》的通知（2012 年）

（九）广东省政府及其部门规范性文件

176. 广东省人民政府颁布《广东省土地增值税征收管理办法》的通知（1995 年）
177. 广东省海域使用管理规定（1996 年，1998 年修正）
178. 广东省违法收费行为处罚规定（1996 年，1998 年修正）
179. 广东省对外商投资企业征免房产税若干规定（1988 年，2002 年修正）
180. 广东省财政厅、广东省地方税务局关于贯彻落实城镇土地使用税暂行条例有关问题的通知（2007 年）
181. 广东省城镇土地使用税实施细则（1989 年，2009 年修正）
182. 广东省国土资源厅关于印发《广东省国土资源厅关于规范行政处罚自由裁量权的实施办法》的通

知（2012年）

（十）司法解释

183. 最高人民法院关于审理行政赔偿案件若干问题的规定（1997年）
184. 最高人民法院关于适用《中华人民共和国合同法》若干问题的解释（一）（1999年）
185. 最高人民法院关于执行《中华人民共和国行政诉讼法》若干问题的解释（2000年）
186. 最高人民法院关于适用《中华人民共和国担保法》若干问题的解释（2000年）
187. 最高人民法院关于适用《中华人民共和国婚姻法》若干问题的解释（一）（2001年）
188. 最高人民法院关于适用《中华人民共和国婚姻法》若干问题的解释（二）（2003年）
189. 最高人民法院关于人民法院民事执行中查封、扣押、冻结财产的规定（2004年）
190. 最高人民法院关于人民法院民事执行中拍卖、变卖财产的规定（2004年）
191. 最高人民法院关于适用《中华人民共和国公司法》若干问题的规定（一）（2006年）
192. 广东省高级人民法院关于行政案件管辖若干问题的意见（试行）（2008年）
193. 最高人民法院关于适用《中华人民共和国公司法》若干问题的规定（二）（2008年）
194. 最高人民法院关于适用《中华人民共和国民事诉讼法》执行程序若干问题的解释（2008年）
195. 最高人民法院关于审理民事案件适用诉讼时效制度若干问题的规定（2008年）
196. 最高人民法院《关于适用〈中华人民共和国合同法〉若干问题的解释（二）》（2009年）
197. 最高人民法院关于人民法院委托评估、拍卖和变卖工作的若干规定（2009年）
198. 最高人民法院关于审理行政许可案件若干问题的规定（2009年）
199. 最高人民法院关于委托执行若干问题的规定（2011年）
200. 最高人民法院关于适用《中华人民共和国公司法》若干问题的规定（三）（2011年）
201. 最高人民法院关于发布第一批指导性案例的通知（2011年）
202. 最高人民法院关于国家赔偿案件立案工作的规定（2012年）

附录二

2013 年深圳房地产大事记

◆1 月 11 日，国土资源部称，全年新增建设用地计划指标原则上不低于上年。

◆2 月 20 日，国务院常务会议出台楼市调控“新国五条”。重申坚持执行以限购、限贷为核心的调控政策，坚决打击投资投机性购房，要求各地公布年度房价控制目标。

◆3 月 1 日，国务院办公厅发布了关于继续做好房地产市场调控工作的通知。通知要求充分发挥税收政策的调节作用。税务、住房城乡建设部门要密切配合，对出售自有住房按规定应征收的个人所得税，通过税收征管、房屋登记等历史信息能核实房屋原值的，应依法严格按转让所得的 20%计征。

◆3 月 5 日，十二届全国人大一次会议提出，全年基本建成 470 万套保障性安居房、新开工 630 万套，继续推进农村危房改造。

◆3 月 15 日，住建部部长姜伟新表示，目前全国已有 40 个城市完成住房信息联网。

◆3 月 25 日，广东省政府发布《广东省人民政府办公厅转发国务院办公厅关于继续做好房地产市场调控工作的通知》。

◆3 月 31 日，深圳市发布《深圳市人民政府办公厅关于继续做好房地产市场调控工作的通知》，通知共包括八方面内容，其中明确提到：2013 年全市新建商品住房价格涨幅低于本市人均可支配收入的实际增长速度；银行业金融机构要严格执行第二套（及以上）住房信贷政策；继续严格执行国家、省、市商品住房限购措施。

◆5 月 5 日，2013 年中国（深圳）国际房地产博览会在深圳会展中心召开。

◆5 月 18 日，国务院批转发改委关于 2013 年深化经济体制改革重点工作意见的通知。通知要求扩大个人住房房产税改革试点范围。

◆5 月 24 日，国务院批转国家发改委《2013 年深化经济体制改革重点工作的意见》，要求扩大个人住房房产税改革试点范围。

◆7 月 5 日，国务院下发《关于金融支持经济结构调整和转型升级的指导意见》，针对房地产行业，意见提出应认真执行房地产调控政策，落实差别化住房信贷政策，加强名单制管理，严格防控房地产融资风险。

◆7 月 6 日，财政部印发《关于做好 2013 年城镇保障性安居工程财政资金筹措等相关工作的通知》。通知提出了六大保障举措，强调首先要严格按照规定渠道筹集城镇保障性安居工程财政资金，明确地方各级财政部门可从公共预算、住房公积金增值收益、土地出让收益、国有资本经营预算、地方政府债券收入中安排资金，用于廉租住房、公共租赁住房、城市棚户区改造等需要政府支持的城镇保障性安居工程项目。

◆7 月 12 日，国务院印发《关于加快棚户区改造工作的意见》，要求 2013～2017 年改造各类棚户区 1000 万户，使居民住房条件明显改善，基础设施和公共服务设施建设水平不断提高。

◆7 月 14 日，住建部解读《国务院关于加快棚户区改造工作的意见》。未来五年，落实棚户区改造

附录三

深圳市规划和国土资源委员会（市海洋局）系统机构设置

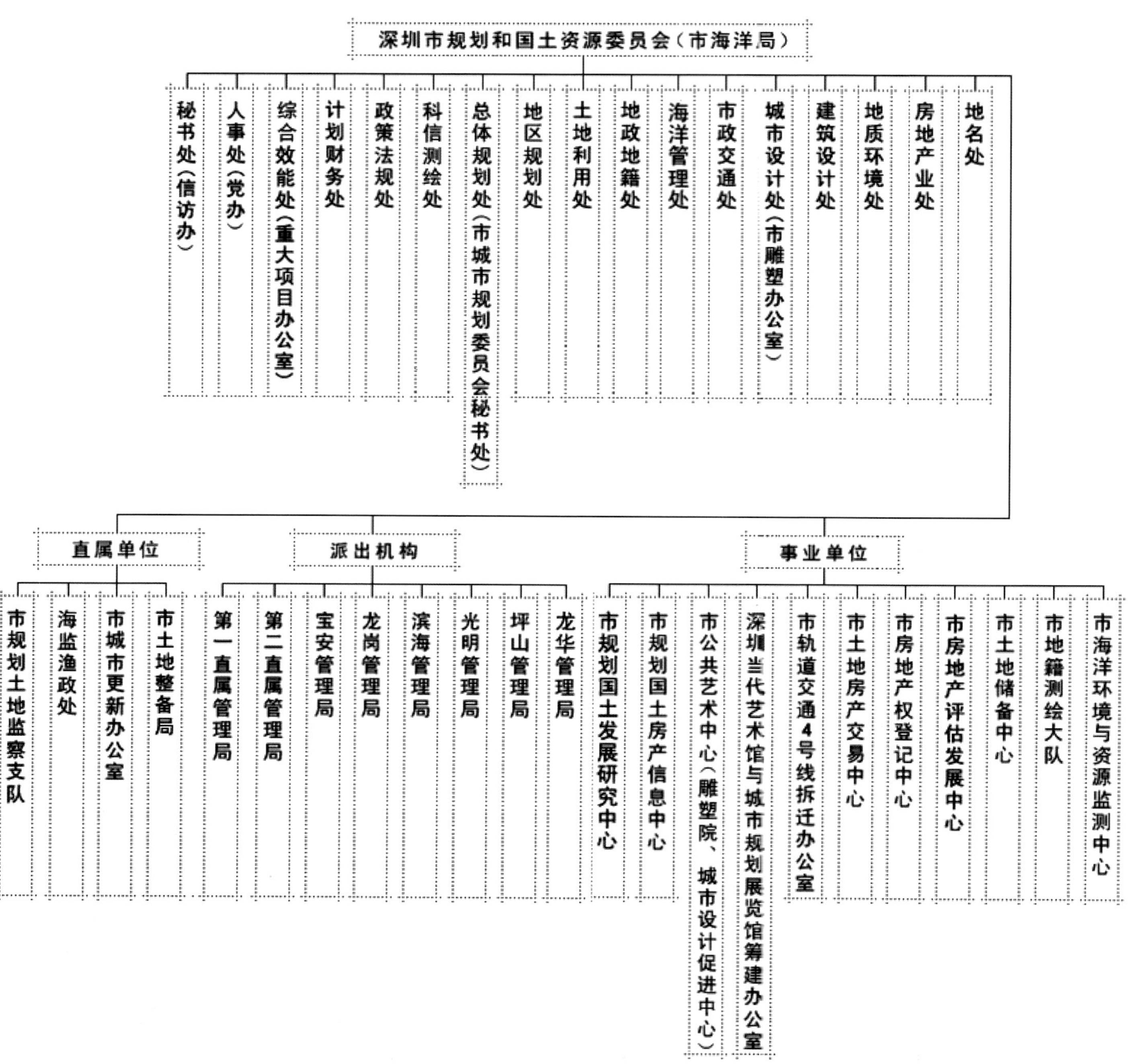

茶光研发与总部园区

驱动世界的梦想

茶光研发与总部园区位于大沙河创新走廊规划核心区，
功能定位为创新型企业及上市公司总部研发基地和人才公寓，
是“南山国际知识创新村”的又一典范项目，
致力于成为大学校区、科技园区及居民社区“三区融合”
的国际化知识型社区，
打造汇聚文化气氛、研发环境和生活韵味的创新高地。

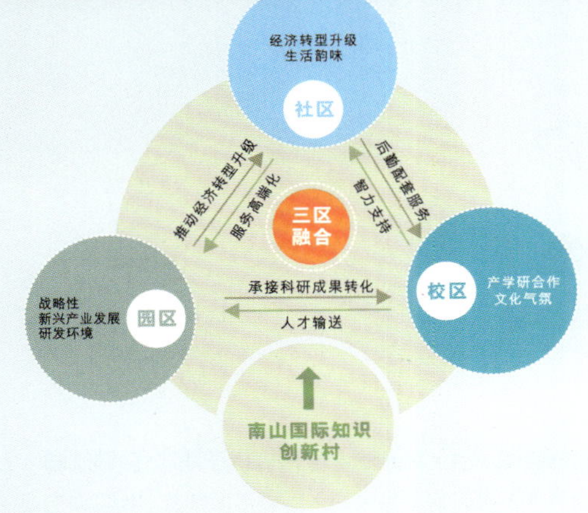

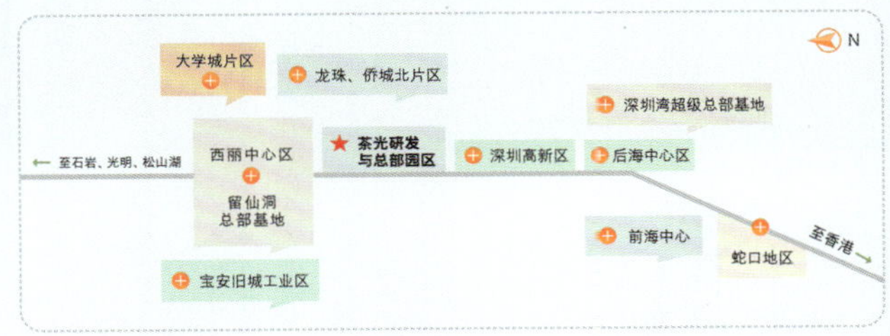

0755 2643 0520

开发商：大沙河建投 | **地址：**深圳市南山区西丽街道办沙河西路与茶光路交汇处

从天玺到天颂

· FROM THE CUL

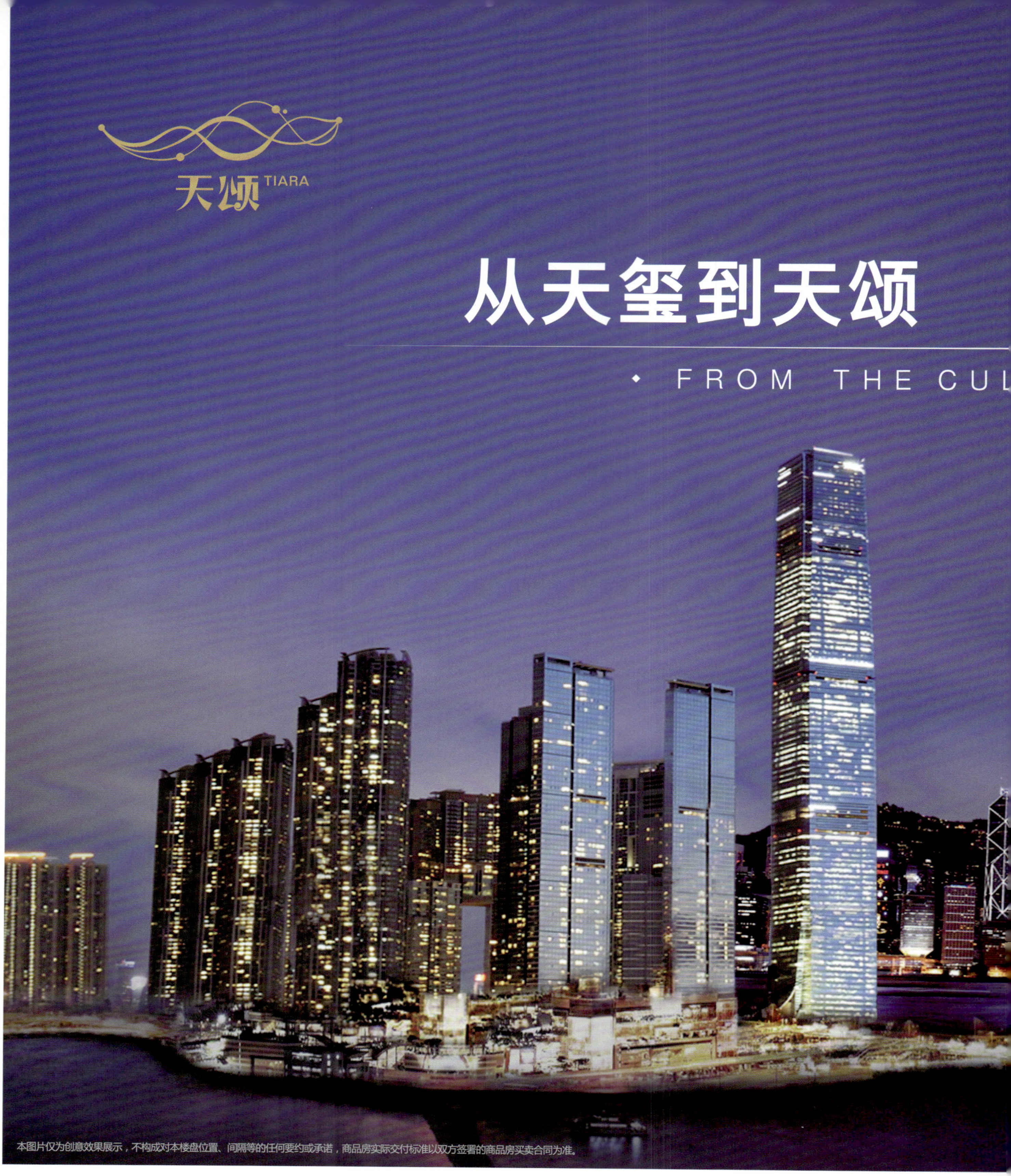

本图片仅为创意效果展示，不构成对本楼盘位置、间隔等的任何要约或承诺，商品房实际交付标准以双方签署的商品房买卖合同为准。

◈ 35年不断探索城市高端人居价值

天玺、擎天半岛、凯旋门、君临天下、漾日居、环球贸易广场、国际金融中心…一路经典传承。
天颂作为港铁在内地首个地产作品，承袭创造经典的传统，成为城市高端人居典范之作。

◈ 高端城市生活服务商

港铁，世界级铁路运营及物业开发服务企业。在香港管理约90000个住宅单位，13个主要购物商场和IFC等顶级写字楼。
港铁天颂，融汇全球化视野和经验，创造纯正国际生活。

经典系出同门

NAN TO TIARA ◆

港铁·天颂

源自港铁　国际级生活领域

国际级生活领域
纯正港式生活

2.3超低容积率
高品质人文住区

1.2万方中央景观园林
无遮挡视距

纯正港式商业中心
国际化消费体验

贴心港铁物业
精彩缤纷生活体验

懿花园
NOBLE HILLS

迷恋湖光　醉爱观湖